U0916823

国家“十五”重点出版工程项目

教育大百科全书

教育技术

[荷]T.普洛波　[美]D.P.埃利　主编

刘美凤　宋继华　译审

INTERNATIONAL ENCYCLOPEDIA OF EDUCATION

西南师范大学出版社

图书在版编目(CIP)数据

教育技术/(荷)普洛波,(美)埃利主编;刘美凤等译. —重庆:西南师范大学出版社,2011.4
(教育大百科全书/(瑞典)胡森,(德)波斯尔斯韦特主编)
ISBN 978 -7 -5621 -3843 -3

Ⅰ.①教… Ⅱ.①普… ②埃… ③刘… Ⅲ.①教育技术学 Ⅳ.①G40 -057

中国版本图书馆 CIP 数据核字(2011)第 059704 号

教育技术

主　　编: [荷] T. 普洛波, [美] D. P. 埃利
译　　审: 刘美凤　宋继华等
责任编辑: 周安平　李远毅等
责任印制: 钟孝钢
出版发行: 西南师范大学出版社
(重庆·北碚　邮编: 400715)
网　　址: www. xscbs. com
印　　刷: 重庆东南印务有限责任公司
开　　本: 787mm×1092mm　1/16
印　　张: 26. 25
字　　数: 699 千字
版　　次: 2011 年 4 月第一版
印　　次: 2011 年 4 月第一次印刷
书　　号: ISBN 978 -7 -5621 -3843 -3
定　　价: 60. 00 元

《教育大百科全书》学术指导委员会

《教育大百科全书》编译委员会

《教育大百科全书》编辑出版委员会

则采取“名从主人、约定俗成”的原则，各学科中已有定译的外国人名采取“名从主科、遵从定译”的原则。

11. 作者名及译者名出现在每个词条中文部分之后，并且作者名都给出相应原文。每个专题的译审者名只出现在该专题扉页上，不另于每个词条后标注。

12. 一般外国译名只在第一次出现时给出原文，其他个别著名人物直接译成中文。

如：亚当斯(Adams)；亚当·斯密

13. 外文人名一般只译出其姓，部分宗教人物、封有爵位的人物译出尊称“圣”或爵位名称。

14. 涉及日本及中国学者的人名时，前者以《日本姓名译名手册》(科学技术文献出版社)为主，后者以核实真人姓名为主。

如：《中华人民共和国的教育制度》的作者 Teng Teng 为滕藤

15. 外国地名根据中国地名委员会审订的《世界地名录》统一；该书未收的地名，根据通用的译名表译出；非英语国家的生僻地名则保留了原文未译。

16. 学术著作、机构团体、杂志名参照专业工具书及通用译名统一。

17. 正文括号中涉及某人的生卒年，其英文原文与生卒年之间用逗号隔开，以便与附录所引用的人名年份区分。

如：葛兰西(Gramsci,1891～1937)

六、图表

18. 词条中相关的图表来源一般根据原文注明作者、年份及页码，以便于读者查阅相关资料。

序

周远清

在当前建设小康社会的征途中，教育事业具有基础性、全局性和前瞻性的地位，关系到国民素质的提高，关系到科学技术的进步，关系到数以千万计的专门人才和大批创新人才的培养。因此，我们必须下大力气把教育事业搞好，根据经济社会发展和人的全面发展提出的客观要求，进一步解放思想，实事求是，与时俱进，在确保教育质量的前提下，继续深化教育改革，大力开展教育创新，努力形成一个比较完善的既能反映先进生产力和先进文化发展要求，又能满足广大人民群众教育需求的新型现代国民教育体系。

要建立这样一个新型的现代国民教育体系，是一个长期而艰巨的任务，不可能一蹴而就。因此，我们既应该有远大的理想，也应该有脚踏实地的精神；既要有历史的责任感，也应该有实事求是的科学态度。就当前我们的工作来说，各级各类的教育行政和科研部门，都要大兴调查研究之风，到教育实践第一线去，真正搞清楚我国国民教育体系的现状，分析哪些方面是有优势的，哪些方面已经与经济社会发展和广大人民群众的要求不相一致，因而是需要花费时间、精力和财力去改革的，还有哪些方面是原有的国民教育体系中根本没有，以至于需要我们充分地发挥教育创新精神研究部署的。到教育实践第一线去，也有助于我们切实和广泛地了解广大的教育实际工作者一些富有创造性的工作，收集和整理他们结合实际情况进行教育教学改革的经验，从而为我们的教育决策和科学研究提供大量翔实可靠的第一手材料。

要建立这样一个新型的现代国民教育体系，不大力发展教育科学事业是不行的。现代教育实践与任何其他的现代社会实践一样，既要合目的性，也要合规律性，是目的性与规律性相统一的实践活动。要想达成良好的教育目的，不讲教育科学是不行的。国内外教育实践的历史已经证明，教育实践的规模与范围越大，教育科学的重要性就越突出。因此，大力发展教育科学事业，在今天比在以往任何时候都急迫，反映了不断深化和教育改革与创新的客观需要。发展教育科学事业，需要各方面的条件和努力。在当前，特别要提倡马克思主义理论联系实际的学风，认真研究新时期有中国特色的社会主义现代化建设以及国际政治、经济与文化发展的新趋势给教育工作带来的新情况、新问题和新挑战，围绕着教育改革和创新过程中出现的又是人民群众最关心的那些基本问题和重大问题，组织攻关，协同研究，推动教育理论创新，为政府决策服务，为教育实践服务，为学生的全面发展服务。

要建立这样一个新型的现代国民教育体系，光靠我们自己的摸索是不够的，还应该在邓小平同志“三个面向”精神的指导下，学习和借鉴国际上一切先进的教育经验、理论和制度，把握并反映国际上教育改革与创新的一些共同特征，并由此探索出一条有中国特色的社会主义教育改革和创新之路。在这方面，我们既有宝贵的历史经验，也有一些值得反思和吸取的教训。回顾20世纪历史上历次大的教育变革，绝大部分都与对当时国际上先进的教育经验、理论和制度的学习有关。甚至可以说，没有这种对国际上先进教育经验、理论和制度的虚心学习，就没有清末民初中国现代教育制度的建立。但是，百余年来，我们在学习国际上先进教育经验、理论和制度时，也经常犯一些简单化的或囫囵吞枣的毛病，给教育实践带来了许多消极的后果。因此，学习国际上一切先进的教育经验、理论和制度，必须坚持“洋为中用”的原则，从中国的传统和现实出发，对它们进行辩证的分析和科学的批判，从而最大限度地有利于我国的教育改革和创新事业。

《教育大百科全书》的英文版，由联合国教科文组织、国际教育研究院组织当今世界教育界各学科的专家撰写，内容涵盖与教育相关的所有领域，将其译介成中文，可以说是中国教育界的一个福音，对于教育决策者、教育研究者以及教育管理者，该书都是一部具有重要价值的参考书。

欣闻《教育大百科全书》中文版即将出版，是为序。

中文版前言

教育是人类通过正式课堂和日常生活以获得知识、人生观和生存技能的一种历程。其意义在于通过传递历史的累积经验，既能为社会培养有效率的人群，又能为个人启智育能，使之具备新的创造力。

根据世界文明史的考察，人类的正式教育始于中国、印度和古希腊，去今约有2 300年的历史。但把教育作为一个独立的学科来进行研究，大抵还是19世纪以来的事情。应该说，这门学科被公众认可的历史远远晚于其他人文社会科学。但自公共学校普及以来，教育领域的各项研究皆取得了长足的发展，且愈来愈国际化，一些重要的研究成果为人类所普遍认同。尤其20世纪以来，各国综合国力的竞争，本质上可以说是教育的竞争。因此，各国政府对教育的重视程度、投入水平和成果质量，也基本成了衡量其现代化和文明化程度的标准之一。

各国文化传统、政治制度和经济状况的不同，反映在教育和教育研究领域是各具特色的。近20年来，随着全球化进程的加速，教育作为一个普世的主题，越来越多地受到各国政府和学界的重视。国际间的教育合作也日趋增加，各国民众和教育界人士希望了解全世界教育和教育研究现状的要求也愈趋迫切。正是在这一背景下，应联合国教科文组织的倡议，欧洲著名的教育出版集团——爱思唯尔科学出版集团(Elsevier Science Limited)，在1985年首次编辑出版了这套《教育大百科全书》，并于20世纪90年代中后期全面修订(90%的词条重新撰写)再版了本套巨著。

这是目前世界上关于教育科学领域最权威也最具实用价值的一部具有理论性、学术性、工具性的全书。本套书几乎囊括了教育的所有课题，所有编委成员均由联合国教科文组织、国际教育研究院、国际教育评价协会和世界银行等权威机构推选，其条目由来自90多个国家和地区的1 000多位具有国际视野的教育专家用英语撰写。将这样一套涵盖了世界各种教育思想、理论、制度和方法，长达1 000多万字的教育百科全书译介到中国，对于我国各级各类教育管理者、教育工作者和教育理论研究者，无疑是一个福音。它有利于我们了解各国教育现状，借鉴世界先进的教育思想与体制，促进与深化我国的教育改革，从而使我国在21世纪步入世界教育强国之林。

正是基于此，西南师范大学出版社和海南出版社联合购进了本套书的中文版权，并被国家新闻出版总署列为国家“十五”重点出版工程。为作好本套书的编译工作，由教育部的相关领导及部分专家组成编译委员会，并邀请全国著名的教育学专家成立了本套书的学术指导委员会。由以北京师范大学教育学院专家为主的100多位本学科中坚学者组成了编译专家组，用长达四年多的时间完成了本书的翻译、审定和编校工作。为作好本书的出版工作，还由教育出版界的著名专家组成了编辑出版委员会。为了方便读者购买和阅读，我们将《教育大百科全书》的22个专题分册出版。在本书即将付梓行世之际，谨向所有关心、支持和参与本书编译出版的领导和专家学者表示诚挚的感谢。

本套书的英文版名为 *The International Encyclopedia of Educaiton*，为避免中文版读者将“国际教育”理解为狭义的“比较教育”与“各国教育概况”，在中文版的书名中去掉了“国际”一词。需要说明的是，作为教育学的经典工具书，本套书无论是作者国籍之多、资历之深，还是学科之广、理论之精、前沿学术之新，均为当世仅见，堪称一部国际性或世界性的教育百科全书。故在编译过程中，难免存在不妥之处，尚祈方家和读者垂教。

西南师范大学出版社

英文版前言

十卷本的《教育大百科全书:探索与研究》(International Encyclopedia of Education: Research and Studies)(以下简称《全书》)的第一版是于1980年规划、1985年出版的,其中的大部分词条撰写于1981年和1982年。它还吸纳了社会科学和人文学科中与教育问题相关的学术成果,为研究教育和从事教育事业的人士提供了丰富的信息。该书面世后,得到了教育学界的广泛好评,并且被美国图书馆协会授予了最佳参考书奖。另外,它还被《选择》杂志评选为1987年"杰出学术书籍"。

所有的人类知识领域中的学术信息永远都处在不断的流变之中。教育的实践,不仅因为立法改革之故而发生变化,而且亦因为要适应新的社会呼声、社会需求以及不同国家的不同经济状况而不断发生变化。理论正被不断地修正,新概念则层出不穷。林林总总的各类作品则伴随着或者紧跟着这些变化纷至沓来。实际上,教育领域及相关领域的学术作品可谓卷帙浩繁,完全可以与自然科学和技术领域相媲美。

教育的各个领域所发生的这种急剧的变化,于1989年和1990年先后催生了《全书》的两个增补卷。由于同样的原因,出版商和主编们都确信,现在是出版一个全新版本的《全书》的时候了。他们的这个想法,得到了《全书》第二版的编辑委员会的肯定。因此,编辑们就决定开始着手编纂《全书》的这一最新版。在少数情况下,本版只是对第一版及其增补卷中的词条进行了更新。然而,在绝大多数情况下,本版使用的都是全新的词条(90%的词条重新撰写)。

每一个主题领域,知识体系都被重新组织安排,并且特别注意了读者在第一版及其增补卷中找不到的主题。教育学的主要领域,比如教育社会学、教育哲学、教育人类学、女性教育以及著名历史人物对教育思想的贡献,都被赋予了更为显著的地位,而且都占据了相当的篇幅。

1. 作为探索、研究和对话领域的教育

《教育大百科全书》是向人们展示国际学术界对教育问题、理论、实践和制度的研究成果的最新全貌的第一次描述。因此,将教育定义为一个有关探索、研究和对话的领域,这是至关重要的。劳伦斯·A. 克雷明(Lawrence A Cremin)在他的著作《公共教育》中,将教育定义为"传播、激发或者习得知识、态度、价值观、技能和情感的有意识的、系统的且持续的努力,以及此种努力所带来的任何预料中的或者预料外的学识"。这是一个非常宽泛的定义,它将自学包括在内了。克雷明里程碑式的三卷本著作《美国教育》的一位评论家提出了这样一个问题:对教育的定义如此宽泛,难道不是几乎等同于人类学家所称的"同化"或者社会学家所称的"社会化"了吗?在那本有关公共教育的著作中,克雷明本人完全否认了这种说法,并坚持认为他提出的教育的概念要比这狭窄得多。然而,即使认同这个非常宽泛的对教育的定义,从具体的层面上来讲,"教育"到底指的是什么?它远非仅指学校以及类似的制度的功能,它是代际间的。儿童和青少年从比他们年长的人、父母以及其他人那里得到教育。父母、兄弟姐妹、同伴和朋友以及教堂、博物馆、图书馆、民间运动、广播和电视网络都是影响儿童和青少年的因素。就像学校一样,它们是按照自己的"课程"来行事的。

因此,"教育"指的是有意识地、有目的地影响或塑造儿童、青少年以及成人的行为的一门艺术(成人教育本身最近已经获得了独立的实践与研究领域地位)。从事教育者,比如父母、老师和其他负有教育责任的人,利用了观念、理论以及以研

究为基础的知识。教育理论研究的是抚养和教育其他人以及如何在一个政治的、社会的、历史的视角中塑造其他人的行为的问题。因此,父母以及老师的教育实践就包含了各种理论洞见和以前的经验之间的整合。这些洞见来自各种学科。

教育理论并不同于诸如物理学这样的一元性的、界定分明的领域。它具有多个学科维度。在法语中,教育理论被称为 sciences pédagogiques。这一术语就暗示着,教育理论包含着源自多个(已确立的)学科的知识。在德语以及斯堪的纳维亚诸语言中,Pädagogik 的含义比英语中的"Education"的含义的范围要狭窄一些。它更具体地指向学校教育,这一含义被如下事实进一步强化了:大学中的教育(Pädagogik)教席设立的目的,就是为了培训学校教师。然而,随着 Pädagoische Hochschulen(大学教育)逐步融入德国的大学,这个领域获得了一个新名称 Erziehungswissenschsften(亦即教育学),这一术语包含教育理论和教育方法。

因此,教育作为一个有关抚育和教育他人的研究领域,就是一个多学科的领域。自 19 世纪末以来,教育方面的学术知识,在很大程度上,是由心理学的经验研究生产出来的。在 20 世纪早期的德国,experimentelle Pädagogik(实验教育学)、experimentelle Psychologie(实验心理学)是同义的。在 20 世纪 90 年代早期,范围广阔的社会科学和人文科学学科构成了教育学的知识"基础":心理学、社会学、历史学、哲学、经济学、人类学和政治学。

严格的教育和一般意义上的行为矫正之间的界限是难以划定的。下面这个类比清楚地说明了这一点:对某个神经官能症患者进行治疗并对之进行训练,和对这个患者进行教育的行为之间,到底有何区别,是难以捉摸的。区分它们的标准之一是——尽管这个标准要应用起来是很困难的——"治疗"的目的(前者是为了让患者恢复某些能力,后者是为了让患者恢复精神健康)。

因此,最广义的教育,就是一个由与抚养和教育他人有关的所有现实问题构成的宽泛的领域。抚养和教育可以是正式的,比如学校教育就是如此;也可以是非正式的,比如大部分情况下在职学习就是如此。发生在家庭中或者同年龄群体间的教养就是非正式的。正如在所有重要的人类事业中一样,教育可从与其目的、过程或者结果有关的学术研究中获益。教育的目的、过程或者结果这些问题,可以由与它们有密切联系的理论研究来解决。然而,在实际的"工程设计"中,教育工作者必须利用其他领域中发展出来的概念、方法和主题,因为这些领域包含着更为定形的有关人类的知识。因此,作为一个研究和实践的领域的教育,就处在许多已经成熟的学科的交叉路口上。

克雷明曾论及"教育的生态环境",它指的是由社会中的教育机构和教育所赖以运作的社会文化及经济制度所构成的一个综合体系。同时,教育理论不是一元的,也不是界定清晰的,它有着多种学科维度。的确,正如上文所言,范围广阔的社会科学和人文学科构成了教育学的知识"基础":它们是心理学、社会学、历史学、哲学、经济学、人类学和政治学。

因此,《全书》中的教育,不仅包含从学前教育到成人教育与工作教育的正式的和非正式的实践,而且也包括与教育有关的学术学科中的知识。这一多样性使得规划一个试图包含这个领域中的所有研究和探索的大百科全书的工作,成为一项高度复杂的事业,根本无法在理论和实践之间或者学术探索及其应用之间,划出什么明晰的界限。

这里,"教育"领域被划分成许多"次级领域"。每一次级领域下都有相应的词条。其中的主要领域如下:

——成人教育
——教育人类学
——比较教育与国际教育
——课程
——教育经济学
——教育管理
——教育评价
——特殊需要儿童教育
——教育政策与规划

——教育研究方法
——教育技术
——女性与教育
——教育史
——人的发展
——教育心理学
——各国(地区)教育制度
——教育哲学
——学前教育
——教育社会学
——教师教育
——教学
——职业技术教育

2. 关于书名中的"国际"

将本书称为"国际"(英文版书名冠以 International,即"国际"一词,为避免中文版读者将"国际教育"理解为狭义上的"比较教育"与"各国教育概况",在中文版的书名中去掉了"国际"二字,以彰显该书的普适性——出版者注)大百科全书意味着,其中的词条对许多国家都具有参考价值。我们竭尽全力,力图让每个词条所叙述的主题都包含着当今的最新信息,并力争(除了其他标准以外)依据相关人士在相关问题上所具有的"世界性"知识的水平来选择作者。然而,这一大百科全书所提供的参考书的广度和多样性是有一定局限性的。首先,没有哪个人能够了解整个世界在某个特定领域中所取得的全部进展。其次,这一大百科全书是以英文出版的,这样做是为了让它拥有广泛的读者群。这要求作者必须以英语写作,但这确实可能导致这样的情况发生:某些作者尽管在他们的相关领域卓著不凡,而且知悉以他们的母语发表的学术著作,但却对以其他语言发表的某些学术研究不甚了了。事实是,经验研究成果之中有超过 80% 的部分是以英文发表的,而且大体上也都是在讲英语的国家(特别是美国)完成的。《全书》体现了这一状况。

尽管如此,全书中 1 262 个词条的作者来自 95 个以上的国家和地区。荣誉编辑顾问委员会力促全书的作者结构达致一种均衡。我们联系了诸如联合国教科文组织(特别是其下的国际教育规划协会)、经济合作与发展组织、世界银行和国际教育成就评价协会等国际性组织,让它们帮着挑选具有国际视野的作者。而且,全书还特别注意将发展中国家特别关心的词条包括进来。那些关于教育政策与规划、教育经济学、职业技术教育和比较教育学的词条,清楚地体现了这一点。

3. 全书的编纂过程

1990 年做出推出全新版本的《全书》的决定之后,两位主编随即任命了 22 个栏目编辑,并要求这些编辑提交他们打算在他们负责的部分中纳入哪些词条,并同时推荐相关词条的作者。1991 年 2 月,由责任编辑、主编和出版商代表组成的联合会议,审议并修改了这些词条清单。此次会议之后,责任编辑们就开始要求作者撰写相应的词条。作者撰写的词条提交上来之后,马上就由责任编辑评审,随后再提交给两位主编审议。有时候,某些词条没有获得通过,或者未能及时提交上来,就必须寻找新的作者。当编辑们对词条中的内容及其国际性没有把握的时候,就邀请外部评议人提出意见。一旦一个词条被两位主编通过,就马上被转到格伦达·克肖(Glenda Kershaw)那里,她领导的、位于普格曼(Pergamon)的编辑人员,马上就进行最后的审稿工作(这包括校正参考文献和索引),之后再将之交付排版和印刷。

我们利用了最新的计算机生产技术来编纂《全书》的第二版。与以前可能使用的传统编辑和排版技术相比,这次的速度和准确性都大为提高了。索引软件的使用,使得编辑人员能够在编辑过程中的任何阶段,完全控制那些复杂的索引。插图则是利用计算机设计技术制作的,这使得它们获得了高度的标准化和准确性。最后,整部《全书》的文字和插图都被记录在一个数字文件中,这样一来,其中的任何部分都可以被修改、摘取或者转化成多种媒体格式。

4. 全书的结构

要安排这一被称作"教育学"的知识体系的结构确非易事,因为这一知识体系源于许多学科。我们面临的最基本选择是,要么以学科为单位,围绕几个主题将相关词条组织成一个综合性的专题,要么让词条变得相对短小一些,以字母顺序来排列。这两种形式没有哪种是理想的。将词条组织成综合性的专题的优点是,某个领域(例如"课程")的所有信息构成了一个整体。其缺点是,某些具体的次级领域就无法作为适当的话题而得到其应得的篇幅。而且,由于某些话题与多个专题相关,因此,不论将相关话题划分到哪个专题之下,都显得有些武断。经过大量讨论之后,最终决定按照字母顺序组织各个独立的词条,同时在相关词条之间安排交叉索引。这样一种形式使得人们能够迅速查找到教育学中的典型主题和话题。这一安排使得这一点显得尤为重要:让按照字母顺序排列的词条的内容相对详尽一些,具体安排是让每个词条平均长约4 000个单词。同时,这还使得主题索引变得更为重要:实际上,主题索引成为全书的关键点之一。

成人教育的135个词条是由责任编辑阿尔伯特·图季曼(Albert Tuijnman)负责的,他担任责任编辑时,正任教于荷兰的图文特大学(University of Twente),并且自1992年中期以来一直在经济合作与发展组织中任职。

自《全书》第一版发表以来的十年之中,成人教育已经发生了许多变化。不仅其投入和参与度在全球范围内都提高了,而且这一领域本身也已经成熟起来。随着20世纪接近尾声,职业教育的重要性已经大幅提高了,而且带来了许多新的成人教育研究论题。这些变化必须反映在"成人教育"这一部分的组织结构中。

该部分的词条不仅涵盖了这一领域中的重要概念和定义,而且是从学科视角来体现其发展的。它们覆盖了世界上所有地区内的成人教育和职业教育的筹资和组织问题。同时还讨论了成人教育的主要提供者以及接受成人教育的主要人群,描述了地区性的、全国性的以及国际性的成人教育政策及项目。另外,还特别对终身发展、认知、成人学习及成人教育的理论和方法给予了相当的关注。而且,相关词条还涉及了成人教育的评价和研究方法问题,以及成人识字率的测算和继续教育的问题。由于原来被认为是相互独立的理论和实践的不断融合,以下两个方面已经得到了越来越多的关注:成人的通才教育和职业教育。

教育人类学这一部分则是由约翰·U.奥布(John U Ogbu)负责的,他任职于美国加利福尼亚大学伯克利分校的人类学系。该部分的词条主要集中在教育人类学的历史和性质、方法和概念以及实质性问题这三个主要方面上。关于教育人类学的历史的词条,解释了这一新兴领域在人类学中的兴起及其性质,以及其在教育学中日益扩大的存在与影响。任何一个新兴的次级领域所面临的挑战之一都是,发展出一个适当的方法及概念框架,以让这一领域的知识能够为改善教育而服务。那些有关实质性问题的词条则丰富了这方面的研究。

比较教育与国际教育部分则是由唐·亚当斯(Don Adams)负责的,他任职于美国匹兹堡大学的教育学院。这部分的词条涵盖了大量的历史和当代问题,并集中在三个主要方面上:界定了比较教育研究和国际教育研究的概念、方法及资料源;职业组织、政府组织和政府间组织开展的比较教育活动和国际教育活动;对与特定教育水平或功能相关的问题和趋势进行的比较分析。比较教育学和国际教育学可以看作是一个全球性的新兴领域,它获得了学术界及职业界的普遍关注,并且利用了教育学和社会科学中的理论及方法。

课程部分则是由阿瑞亚·莱维(Arieh Lewy)教授负责的,他任教于以色列的特拉维夫大学。正如《全书》第一版一样,这一部分的词条包括两个类别。第一个类别的词条,讨论的是与课程安排、课程理论的最新发展、课程研究的创造性方法以及对安排学校课程的方法的评价等方面有关的一般性问题。在这一类别的词条下,给课程评估安排了整整一小节,这一小节特别强调了质量评估问题和对计算机软件的评估问题。

"课程"部分的第二个类别的词条,讨论了各个科目的具体发展和研究。这些词条是按照学校讲授的传统科目组织起来的:母语、外语、人文学科、艺术、社会科学、数学和科学(包括技术)。此外,有一组词条还讨论了学校讲授的生存技能,比如安全教育、家庭教育、保健教育和人生教育等。

教育经济学部分则是由马丁·卡诺依(Martin Carnoy)和亨利·M.莱文(Henry M Levin)负责,二人都是美国斯坦福大学的“教育和经济学”教授。这部分的词条主要集中在教育经济学的三个主要方面:对教育进行投资时应当采取什么样的标准,以及此种投资的回报是什么?组织和生产教育的最有效方式有哪些?应当如何为教育筹措资金?

每个社会及每个个人或者家庭必须决定,应将自己的资源中的多少投入到教育上,以及投入到哪种类型的教育上。有关这个问题的词条探讨了发展中国家和发达国家中不同层次与不同类别的教育的经济回报和社会回报问题。有关教育生产的效率的词条,讨论了学校规模、学校和教育部门的组织及不同的激励计划对教育结果的影响等问题。有关应如何筹措教育资金的词条,则探讨了公共筹资和私人筹资的问题、教育的税收来源问题、政府间责任问题以及对诸如优惠券这样的市场策略的利用问题。

教育管理部分是由威廉·洛·博伊德(William Lowe Boyd)负责的,他任教于美国宾夕法尼亚州立大学的教育学院。这个专题下的词条是围绕着以下四个研究主题组织的:教育管理的理论和实践、学校的绩效及其改进、教育的管理和政策以及教育管理中的服务、任务和问题。

许多词条都有一个共同的主题:在这个社会变化日趋复杂、社会进展日益加速的时代,教育管理者如何应对人们对学校运作的效果和效率提出的更高要求。世界经济的不断重组,以及世界经济的相互间的依赖和竞争的不断加大,已经使得教育及国家劳动力的水平成为生死攸关的问题。与此同时,许多国家的政府体系和教育体系的效率,正经历着一场信心危机。结果是,政府体系和教育体系的重组和“再造”成为20世纪90年代的一个显著特征。由于同时期出现的要求学校消除它们在对待和服务各种社会弱势人群方面的不足之处的压力之故,这些雄心勃勃的计划变得更加复杂棘手了。所有这些情况造成的最终结果是,人们开始对教育政策和教育管理的方法重新思考。

教育评价部分是由位于美国芝加哥的伊利诺伊大学的赫伯特·J.沃尔博格(Herbert J Walberg)负责编辑的。这部分的词条关注的是教育评价的理论、方法及实践。这些词条表明,教育评价涉及从为评价学生而进行的信息收集到收集资料以对国家教育体系进行比较等方方面面的内容。教育评价关注的是教育产品、活动及结果的价值。教育评价为改进教育提供了丰富的信息和深刻的洞见,而且已经被越来越多地运用在教育政策的制定过程之中。这些词条清楚地说明,教育评价是从教育实践中发展起来的,但它更多地以心理学和社会科学的理论和方法为基础。

特殊需要儿童教育部分是由位于美国费城的坦普尔大学(Temple University)教育研究中心的玛格丽特·C.王(Margaret C Wang)负责编辑的。她得到了同属该研究中心的唐·戈登(Don Gordon)的有力协助。这部分的词条关注的是与对有特殊需要的儿童的教育相关的研究和实践。它们围绕着11个主题领域展开:总体情况;课程考虑;诊断和分类;提供服务的替代性方法;有特殊需要的婴儿以及学前儿童;有特殊需要的儿童及青年;轻度和中度残疾的儿童及青年;语言障碍和语言能力培育;当代的情况;教育及相关服务;职业教育和过渡性模型;天才儿童和青年。

在向所有儿童(包括学业成绩很差的儿童以及那些需要不同的、特别的支持和抚育的天才儿童在内)提供普遍的、有效的教育方面,已经取得了长足的进步,特别是自《全书》第一版出版以来更是如此。在世界上许多地方,那种试图确保儿童获得有效的学校教育平等机会的教育改革新浪潮,正致力于提高学校的教育能力,为越来越多样化的学生群体,特别是那些在以前的改革中被过分遗忘或被抛在边缘地位的有特殊需要的学生,提供更好的教育服务。

教育政策与规划部分则是由约瑟夫·P.法雷利(Joseph P Farrell)负责编辑的,他是位于加拿大多伦多的安大略教育研究院(Ontario Institute for Studies in Education)的国际教育和发展教育中心的主任。这部分的词条讨论了发达国家和发展中国家的教育政策的制定及其实施中的主要问题,这既包括正式教育中的问题,也包括非正式或成人教育的问题。其中的许多词条集中讨论了教育政策的制定和规划中的技术性问题。由于教育政策和规划是一个涉及面很广的领域,它利用了几乎所有的基础学科(例如社会学、政治学、人类学、经济学、心理学及测量和统计学等),而且它被以这种或那种方式应用到了所有的教育体系和问题之上,所以,让读者密切注意这个部分的词条之间的交叉索引是非常重要的。

教育研究方法部分则是由南澳大利亚富林德斯大学的约翰·P. 基夫斯(John P Keeves)负责编辑的。这个内容广泛的专题关注的是以下几个方面的内容:教育研究的性质、教育研究所使用的(不论是经验的还是人文的)方法以及(为研究目的而展开的、同时是评价教育实践结果的标准的)教育测量和心理测量所采用的程序及其遇到的问题。这是一个在继续飞速发展的领域:整个20世纪的大部分时间中,它就一直是这样发展着的。然而,最新的发展动力则来源于微型计算机的介入。自《全书》第一版面世以来,微型计算机已经大量地摆上了教育研究者的桌面。这个领域正发生着令人兴奋的变化,有时候还引发热火朝天的争论,并激发着对教育过程的全新理解。人们已经越来越广泛地承认以下这一点:教育关注的是人的特性的变化,而既受个人层面上的又受群体层面上的因素的影响的人的特性,是必须得到精确测量的。

教育技术部分是由特耶德·普洛波(Tjeerd Plomp)和唐纳德·P. 埃利(Donald P Ely)共同负责编辑的,前者任教于荷兰图文特大学的教育科学和技术系,后者任教于美国锡拉丘兹大学的教育学院。

这部分的词条被组织在五个大的类别之下:定义、概念背景及教育技术的传播;程序设计、工具和资源;教育技术实现方案;教育技术的应用及制度环境;新问题。

第一类词条将教育技术当作一种概念和领域进行了讨论,并讨论了教育技术在不同的方法(比如通过各种组织和刊物)下是如何在全世界传播的。

第二类词条集中讨论了诸如评估、设计、媒体制作、扩散和实施等教育技术程序。由于教育技术的设计过程高度依赖于良好的组织,因此这一类别还包含了有关教育技术的管理和教育技术专家经常利用的资源的词条。

第三类词条则讨论了实现教育技术的战略、工艺、材料和设备。有关教育技术的实例则是在教育技术的应用和制度环境这一类别的词条下提供的。最后一类词条讨论的是新出现的问题,比如教育技术和版权的社会因素。

女性与教育部分是由澳大利亚墨尔本大学教育研究院的政策、环境和评估研究系的加布里埃尔·拉可姆斯基(Gabriele Lakomski)负责编辑的。这是全书中新加进来的一部分,主要是为了从国际视角来说明、记录并解释女童和妇女在教育方面为什么会成功,又为什么会失败。

由于女童和妇女所处的极为不同的文化、宗教、经济及其他条件之间有着许多共同的问题,由于对许多问题的解决方案超出了这部分的范围,所以,这部分的词条是围绕三个主要类别组织起来的:相关国家中的女性教育历史;规定、塑造并探索了女性教育、男女不平等和女权主义研究的问题及概念;对那些传统上女性处于弱势的领域(比如某些课程、女性在管理层和教育业中所占的比例以及获得职业培训的机会等)的经验研究和讨论。

教育史是由西克斯登·马克隆德(Sixten Marklund)负责编辑的,他是瑞典斯德哥尔摩大学的国际教育研究所教授。这部分的词条主要归属于下列三个主要领域:第一,教育思想的历史;第二,教育制度体系及其立法史;第三,宏观教育史和教育史学。教育思想史及其应用的词条,主要介绍了一系列的自古典时代开始出现的伟大教育思想家和教育家,从柏拉图直到20世纪90年代的诸如齐奥格·克申施泰纳(Georg Kerschensteiner)和玛莉亚·蒙台梭利这样激进的教育家。教育制度体系及其立法史主要涉及的是教育政策和教育制度的历史,这被分作学前教育、初等教育和中等教育三个方面,另外还补充了一些有关特殊教育、职业教育和成人教育的历史的词条。宏观教育史和教育史学则包括与教育史学有关的词条,此外还包括当代教育史、教育研究史和课程研究与开发方面的词条。

人的发展部分是由弗朗茨·E. 韦纳特(Franz E Weinert)主持的,他是位于德国慕尼黑的马克斯·普朗克心理学研究所的主任。其中的词条覆盖了人的发展研究的三个大的方面:人的发展的基本现象、日常概念和理论;人在生命周期中的发展变化的科学模型;躯体、认知能力和性格的发展变化与发展进程。

为了体现人的发展研究的方法的多样性,第一部分的词条覆盖了研究人的发展最为重要的方法、某些与人的发展有关的日常概念以及关于人的发展的所有最为重要的科学理论。第二部分的词条则覆盖了人的发展的主要时期和阶段,这包括幼儿期、儿童期、青少年期、成年期和老年期。第三部分的词条则讨论了人的发展的主要方面,从人的发展的生物学基础和躯体变化,到认知发展的各种现象和机制,再到人的个性的某些方面的社会环境根源,可谓应有尽有。

教育心理学是由艾里克·德·科尔特(Erik De Corte)主持的,他任职于比利时的卢汶大学(University of Leuven)的教育心理学和教育技术中心。这部分总共有51个词条,这些词条描述了当今世界对人的学习的过程和结果的理解,以及对影响这种过程和结果的人内心的或个人的、环境的、文化的、社会的和教育的因素的理解。这些词条的范围并不仅限于学校学习,而是包括了在工业环境下的学习,比如成人学习。尽管这部分强调的是获得知识和认知技能的问题,它还是包括了一些关于情感方面的、社会方面的和运动神经方面的学习的词条。

自从20世纪70年代以来,教育心理学的一项重大发展是,有关学习和教育的研究越来越针对专门问题了。这种趋势在这部分得到了很好的反映,其中有一系列的词条回顾了与主要主题领域有关的研究,这些主题领域一起构成了普通教育的课程。

另外,还有几个词条对这个领域的历史进行了回顾。而且,我们尽力使这部分覆盖国际上的主要研究,同时确保不同的研究方法都得到适当的照顾。

各国(地区)教育制度是由德国汉堡大学的比较教育学教授、本书的主编之一,T. 内维尔·波斯尔斯韦特(T Neville Postlethwaite)主持的。几乎在任何情况下我们都与各国的教育部联系,让它们安排相关词条的撰写。我们向所有的作者发出一份详细的内容大纲,目的是让对所有国家(地区)的教育体系的全部描述都尽可能地有相同的结构。这要求作者撰写以下内容:其所属国家(地区)的基本背景和社会、政治及经济环境,以及这些因素对本国(地区)教育体系的影响;教育政策与规划;正规教育体系的结构和学生人数,以及对学前教育、特殊教育、职业教育及成人和非正式教育的特别说明;正规教育体系的资金来源;教师的培训和供应;课程开发程序;升学、考试和证书程序;教育评价和研究;20世纪80~90年代的主要教育改革;该教育体系到2000年以前将面临的主要挑战。

有少数国家的教育部没有给出回答。这些国家有的正发生内战、政治动荡或者干旱。某些国家的教育部确实推荐了作者,但是相关作者除了与我们写过少数几封信之外,就再也没有什么音讯了。尽管遇到了这样一些问题,全书中还是包含了142个国家(地区)的教育体系的词条。

教育哲学部分是由美国斯坦福大学的教育和哲学教授丹尼斯·C. 菲利普斯(Denis C Philips)主持编辑的。这部分包括一些很长的词条,这些词条从历史角度回顾了教育哲学、教育哲学中的分析传统和教育研究中的认识论问题。还有一些词条则关注的是地区现象,另外一些则对那些经常影响教育理论和实践的主要的宗教思想派别进行了综述。同样都源自欧洲大陆的解释学、批评理论以及后现代主义,被分别放在不同的词条中讨论。然而,主要词条讨论的却是整个20世纪英美的教育哲学所集中关注的一些具体问题:比如教育中的批判性思维、课程理论、政治和道德哲学及其对教育的影响、当代的认识论理论及其教育学分支、哲学中的实证主义和现实主义及其对有关教育研究方法的影响以及西方作家眼中的马克思的社会理论的遗产。

学前教育是由美国伊利诺伊大学的初级教育和儿童早期教育中心的主任莉莲·G. 卡茨(Lilian G Katz)主持的。这部分的词条涉及了与从出生后到小学之前的儿童的成长、发育和学习等方面有关的话题,以及与这些儿童的父母有关的问题。另外还有一些词条专门讨论了与婴幼儿和学龄前儿童有关的计划的性质。

对于致力于对相关计划的效果进行评估、测量和预测的研究人员来说,学前教育具有特殊的挑战性。学前教育的这三个方面的词条,还回顾了学前教育的评估和学前教育评估的当前趋势,并综述了对学前教育计划展开的纵向研究的结论。

全世界范围内的学前教育以及儿童早期教育方面的专家,都特别强调了家长参与以及旨在对家长抚育孩子的能力进行培训的极端重要性。我们安排了专门的词条,对这类研究成果进行了分析。此外,几乎所有的专家都一致认为,学前教育计划的质量在很大程度上是由学前教育人员的经验和资历决定的。因此,本部分亦将学前教育人员的培训的进展包括进来。

教育社会学是由位于澳大利亚堪培拉的澳大利亚国立大学的社会学系的劳伦斯・J. 萨哈(Lawrence J Saha)主持的。相关词条可以划分为三个主题:教育社会学的理论和主要领域;教育的结构和体系;关于教育过程的社会学。

对教育的社会学研究和解释被大量理论视角所主导着,这些视角全都提供了有关教育如何在社会中发挥作用的深刻洞见。因此,某些词条集中讨论了几种主要的教育社会学理论(包括古典理论和当代理论),并且还特别讨论了相关的生育理论和阻抗理论。除了一个有关教育社会学的词条之外,另有五个词条对有关成人教育、课程、学习、特殊教育和教学的社会学进行了综述。

第二个主题关涉的则是教育结构和体系问题,并且包括了诸如教育体系的不同层级之间的关系、公共和私人教育、能力追踪、教育体系的阶层现象以及教育与国家方面的词条。

最后,有关教育过程的丰富的社会学知识体系则体现在大量的词条之中,这些词条讨论了诸如教师工作和教师的过劳状况、性别差异、家庭结构、友谊模式以及课堂的动力机制等方面对学生的学业和其他在校成绩的影响。

教师教育这部分则是由美国南加州大学的罗林・W. 安德森(Lorin W Anderson)负责组织的。教师教育这一专题的词条是围绕四个主题展开的:教师教育的概念和模式、职前教师教育、在职教师教育以及特殊领域的教师教育。有关教师教育计划的管理、认证、课程和评价都在这些词条中得到了讨论。所谓的特殊领域则包括阅读、语言艺术和文学、数学、音乐、体育、科学以及社会研究。

教学也是由美国南加州大学的安德森教授负责组织的。这一专题的词条则是围绕八个主题展开的:教师和教学的概念、教师的个人特性和职业特性、课堂环境和限制、教师做出规划和决定的行为、讲课策略和教学方法、教师行为和教师与学生之间的互动关系、教师和教学效果以及对教师和教学的研究。具体的词条则覆盖了从有关"作为职业人士的教师"的理论讨论到有关"教师的管理行为"的经验分析的丰富内容。

职业技术教育是由英国爱丁堡大学的肯尼斯・金(Kenneth King)负责编辑的。这部分的词条覆盖了技术和职业技能培训的三个场所:正式的学校教育;独立的培训机构(往往由劳动部而不是教育部负责管理);工业界和商业界内部进行的培训,这包括发展中国家的小型企业、农场和工厂的生产小组以及德国或其他国家的著名的"二元体系"。

"理论"知识和"职业"知识之间的关系是极端复杂的,而关涉它们之间的关系的国家政策,则是与诸如是否能够获得进一步的教育、工作前培训以及(对许多国家来说)受教育者的失业情况所造成的威胁等等问题紧密联系在一起的。此外,技术和职业教育往往比理论教育更加昂贵。因此,除了讨论技术和职业教育的覆盖范围、时间安排及其制度定位之外,许多词条讨论了技术和职业教育的筹资机制问题。

5. 如何使用本大百科全书

正如上文指出的,教育不是一个被某种传统的学科视角一统天下的学术研究领域。实际上,许多学术地位已经确立的成熟学科都对探讨教育中的问题有价值。划分与这些问题相关的知识体系的结构的任何企图,都会遭到数不胜数的困难。尽管本书的词条是按照字母顺序排列的，但是读者还是可能不清楚某个相关词条是否包含着他们需要的信息。因此，出版商特地准备了一卷索引卷（西南师范大学出版社与海南出版社2006年1月出版的10卷精装《教育大百科全书》将索引并在第10卷中），该索引卷包含三个层次的主题索引：名称索引、分类词条表和词条作者表。这应当会有助于克服作为一个研究领域的复杂性所引发的困难，并可引导读者快速查找到自己所需要的信息。

我们要求各词条的作者列明他们撰写的词条的关键词和关键短语，这些关键词和关键短语都是他们希望传达的信息的根本要素。这些术语就构成了主题索引的基础。接着，大量的索引专家利用一个计算机索引程序对超过1 200条的术语进行了协同一致的分析，从而制作出了一个易于使用而且全面的索引，这个索引可满足不同知识层次和不同经验水平的读者的不同要求。涉及某个问题的实质性讨论的页码索引被醒目地标了出来，而交叉索引则将读者导向相关的词条。因此，主题索引就成为使用本全书者可依赖的最重要的工具了。名称索引也提供了一个颇为有用的切入点。

分类词条表则勾勒出了本大百科全书的内容的基本结构。它以“主题词条”将相关词条组织成多个以字母顺序排列的领域，并将涉及相互关联的话题的词条安排在相关的总的小标题之下。某些内容则同时被列在多个不同的专题之下。此外，某些标题则跨越了本大百科全书为安排相关词条而按专题划分的界限。这样，读者就可以找到所有与“阅读”有关的、被安排在一起的词条，即使这些词条是由两个不同的责任编辑负责组织的。

索引卷还包括了一份列明作者及其所属机构的完整列表，并指明他们撰写了哪些词条。同时还包括了一份列明主要教育研究刊物的列表，这对于本大百科全书的读者来说，定会是一个便捷的索引工具。

为了满足读者对某个特定词条内包含的具体内容的更为深入的兴趣，通常作者都在他们撰写的词条后的参考书目之后指明了与相关词条相关的进一步的资料源，而且，还交叉索引了本大百科全书中与他们撰写的词条紧密相关的其他词条。

6. 致谢

编纂一部大型的大百科全书是一项艰巨而浩繁的工程。我们要特别感谢几个人。首先，我们要感谢巴巴拉·芭蕾特（Barbara Barrett），普格曼的编辑部主任，正是她第一次提出编纂这一新版的大百科全书。其次，我们要特别感谢责任编辑，感谢他们的责任心、能力、智慧以及他们在本书工作上所花的大量时间。再次，我们要感谢所有作者，感谢他们撰写（以及重写）相关词条。我们深深地受惠于荣誉编辑顾问委员会以及相关词条复审人的卓绝才识。另外，我们亦深深受惠于汉堡大学和斯德哥尔摩大学的许多人士，他们重打了许多有时候几乎都无法辨认的词条，并且对每一个词条所处的状况都进行了随时随地的追踪。这些人士包括：欧姆特劳德·弗里茨（Irmtraud Friz）、冈达·列姆考（Gunda Lemkau）、罗斯尼·兰宾（Rosine Lambin）、朱莉·弗雷德里克斯（Julie Fredericks）、杰德·哈里斯（Jed Harris）和克里斯蒂娜·雷昂（Kristina Rayon）。我们要感谢菲利普·阿什列特（Philip Aslett）和费昂纳·巴尔（Fiona Barr），他们承担了编纂主题索引的主要任务。最后，我们还要向普格曼的优秀的编辑队伍表示我们由衷的谢意：格伦达·科尔肖、安吉拉·莫瓦（Angela Moar）、艾丽森·唐内特（Alison Dunnett）、彼得·米歇尔（Peter Mitchell）、露茜·赫伯特森（Lucie Herbertson）以及米歇尔·惠顿（Michde Wheaton）。

托尔斯顿·胡森（Torsten Husén）
T. 内维尔·波斯尔斯韦特
（T Neville Postlethwaite）

目 录

·应用与教学背景

·传输系统的选择

·传输系统

·工具、资源与设计功能

·教育技术:概念与研究领域

·评价、传播和设施

·教育技术的影响

·媒体的制作

·有关特定媒体的组织和刊物

·方法论

教育技术的领域

媒体的制作

有关教育媒体的组织和刊物

方法论

计算机化的教育测试（Computerized Educational Testing）

测试开发人员对于测试操作自动化一直有着强烈的兴趣。这主要有两方面的原因。

首先，使用客观性试题进行测试的本质就是为了把测试过程的所有步骤如生产答题纸、测试评分、发送测试报告和测试成绩归档等都标准化。早在计算机出现之前，负责开发大型测试程序的技术人员已经研究出清晰明了的程序来处理这些测试步骤了。只要有机会，人们就会使用技术设备来减少劳动力——正如20世纪60年代以前何勒里斯（Hollerith）所谓的凿孔机被广泛使用一样。计算机出现以后，大部分程序立即被转化为应用软件。人们把计算机和读答题纸的光学扫描仪相结合，进一步提高了测试工作的效率。

其次，教育测试很大程度上依靠心理测试分析来评估试题的测量质量。这些分析是必需的，它能提供以下信息：试题的难度、试题的因子结构、基于测试的预测的精确性或估计新旧测试分数的转换，使新的测试形式具有和旧的测试形式相同的评分尺度。通常，这些分析必须在短时间内完成——即在执行测试之后，测试评分之前。在电子时代之前，测试专家就已经使用巧妙的计算方法和机械计算器在短时间内完成这些分析工作。这些人成为最早使用计算机进行分析的人群之一。

以上简要地提到关于计算机在教育测试中的应用，本词条将不再进一步回顾。计算机在教育测试中的应用给人们带来了很大的方便，但是它们并不复杂，而且在技术上也没有重大的变化。更确切地说，把计算机引入教育测试领域进一步激发了人们开发新的测试技术的兴趣。这种测试技术不仅利用了计算机的高速数据处理能力，而且还利用了计算机的交互能力，海量数据的即存即取能力，新颖的图像处理能力以及控制多媒体环境的能力。这种新技术的实例可以在以下应用中找到：如自适应或随机应答测试，新颖的使用图形执行新的应答测试形式，响应时间的测量，计算机化的测试设计，试题编制的写作系统，在决策支持系统中利用测试成绩，以及真实生活过程的模拟和使用多媒体环境增加测试的有效性等方面。这种新技术正在迅速扩展。它不仅对测试开发人员的工作方式产生了深刻的影响，而且已经通过个人计算机软件传播到了学校。

需要重点指出的是，所有这些应用的出现不只是由于具备了强大的计算机硬件或引进了有效的编程方法。因为在计算机技术发展的同时，新的测试理论模式也在同步开发。位于这些模式背后的基本理论就是众所周知的项目反应理论（IRT）。IRT支持计算机在教育测试中的应用。人们能用它为每个存储在计算机中的试题提供独立的属性评估，让计算机从试题库中选择测试试题，管理测试执行程序，或为新的基于计算机的应答模式设计测试评分模式。最新的例子表明，IRT不仅使计算机化测试变得可行，而且在测试中使用计算机也刺激了心理测试模式的发展。总之，如果没有计算机，也不会有这一切。关于IRT模型的建立原则以及它们在计算机测试中所扮演的角色，将在下面作简要的概括。

本词条余下的篇幅，分成五个部分，每个部分涉及计算机测试的一个不同的方面：(a)计算机自适应测试；(b)试题库系统；(c)自动测试设计；(d)试题编写创作系统；(e)多媒体测试。

由于信息技术的高速发展，计算机硬件很快就会过时。因此，这里将不对现有的硬件进行评论。出于同一原因，对现存的计算机软件也只是顺便提及（Baker 1989，Hsu and Yu 1989，Roid 1989）。

1. 计算机自适应测试

自从开发出来第一个标准化测试程序，测试设计者们就已经意识到他们必须解决那些随之而来的矛盾。假设一个测试设计用来测量被试者某一特定领域的能力，如果被试者的能力是事先知道的，就有可能设计出一个很完美的测试。假如测试中包含的题目没有一个能确切地知道被试能否通过，事先让其填表回答一下这些题目就更有效率。事实上，测试会更关注那些不能确定被试者是否能通过的试题。在测试中包含这些内容并不浪费时间，却能最大限度地提供关于被试者能力的信息。然而，被试者的能力一定是未知的，否则，就不用进行测试了。

大家都知道,斯坦福德(Stanford)和比纳(Binet)在他们1905年出版的第一个智商测试中,曾试图解决这个矛盾,他们通过不断地改变内容以适应测试期间被试者的能力水平。在雷克卡斯(Reckase 1989)中有关于比纳测试的自适应方面的描述。其他人也都沿着同样的方向在努力,如下面介绍的二阶段测试及灵活基准测试程序。

在二阶段测试中,一个简短的定向测试以及随后的一系列不同难度水平的第二阶段测试代替了一次测试的形式。首先进行定向测试。测试结束很快给出一个成绩,然后根据成绩来选择一个最佳的第二阶段测试。当然,定向测试的成绩是具有严格信度的。实际上,针对前面提及的困难,现在采取的办法是在定向测试和第二阶段测试的长度之间做个折中。事实表明,定向测试和第二阶段测试相结合的成绩,通常比相同长度的单一测试的成绩更可靠。然而,除此之外,还有一个更聪明的设计——灵活基准测试。在灵活基准测试中,被试者先完成一个试题,然后根据该试题提供的信息,找到下一试题继续测试。

洛德(Lord 1980)对二阶段测试和灵活基准测试程序都做了描述。尽管这些测试程序都比传统的标准测试更有效,但它们也受到了一定的限制,例如测试形式中严格的试题数量规定以及固定的顺序,特别是不得不在测试中呈现难题等。

为了使测试成为完全的自适应型,不得不考虑以下条件:

(a)传输系统,它能迅速地在一个大题库中找到试题,并把它呈现给被试者。

(b)一个可以根据对所呈现的问题的回答对被试者打分的规则。

(c)选择下一个试题的规则,如同给先前的试题打分的功能一样。

(d)在题库中选择试题用以启动测试程序的规则。

(e)停止测试程序的规则。

计算机能存储大量文本和图片,快速读取内存,对试题呈现进行视频监控,用键盘来记录应答,除此之外,还具有根据复杂的规则执行计算的强大功能。这些功能使计算机成为一个自适应测试的理想环境。所以,只有在计算机生产形成规模以后,自适应测试才能真正实施。

现在,许多测试程序出版者都在出售他们标准化测试程序的自适应版本。自适应测试程序以用于个人计算机软件的形式发布,同时带有包含测试试题的数据文件。一个典型的数据文件包括200~500个试题。人们发现,计算机化的自适应测试(CAT)能实现同样的精确性,而在此之前,完成30%~40%的试题要花将近50%的时间。能及时获得结果的好处使CAT能用于更大范围的领域能力的测试,增强测试的预测效度。CAT在教育中最受欢迎的一个应用是教育计划中的分班测试,例如,大学入学水平测试(Bunderson et al. 1989;Lord 1970,1980;van der Linden and Zwarts 1989;Wainer et al. 1990;Weiss 1983)。

1.1 IRT模型

正如上面所说的,实施一个CAT程序,除了要有计算机环境外,还需要选择试题、对被试者进行打分以及结束程序的规则。同时,这些规则都需要试题解答后的统计信息。这时,IRT开始发挥它的功能。

IRT的实际功能是用参数分别表示被试者的能力和试题的属性。由于这些分离的参数的存在,对被试者进行评分的时候,能用试题参数的评估来修正试题属性。这些修正是统计调整的一个实例。

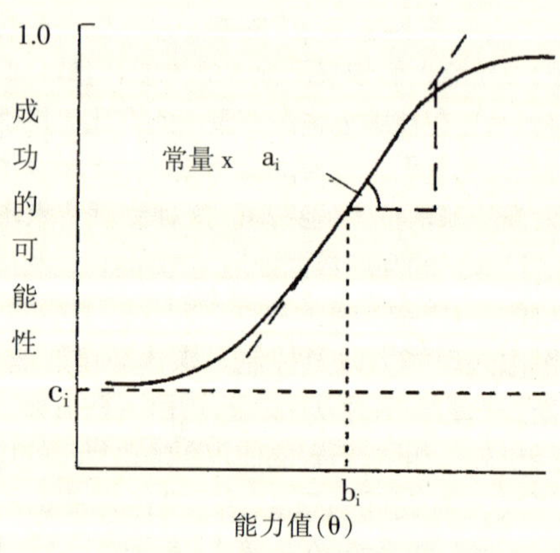

图1 一个测试题的反应曲线

IRT 允许对选自按相同尺度制作的题库中的不同试题进行打分，相同尺度是被 CAT 利用的一个特征，它通过改变试题属性以适应对被试者能力的当前估计。

下面通过一个响应曲线给出了 IRT 模型的一个图形表述（见图 1）。曲线演示了关于试题 i 的正确反应的可能性，以此作为被试者能力参数值的一个函数。试题参数决定了曲线的形状和定位。一个常见曲线的数学形式可用称为三参数的逻辑公式表示：

$$P(+|\theta|) = c_i + (1 - c_i)[1 + \exp\{-a_i(\theta - b_i)\}]^{-1} \quad (1)$$

这里 θ 代表的是被试者的能力，b_i 是难度（定位），a_i 是区分度（范围），c_i 是试题 i 猜测参数（较低的渐近线）。

IRT 模型的一个实际特征是以通常被认为是信息函数的方式呈现一个测量。信息函数给出了一个试题或一个测试的响应信息，把它作为反映被试者真实能力的函数。图 2 概念性地给出了一个由五个试题组成的测试模型，模型中的信息函数和方程(1)相关，我们可以很方便地把信息函数看成一个和标准信度相关的、但是比标准信度更基础的概念。和标准信度不同，信息函数不是单一系数的，但是该函数反映了测试或试题如何在能力等级的每一种可能值上可靠地测量被试者的能力。我们能观察到，图 2 中五个试题的信息函数汇总出了测试的函数。而且，信息函数平方根的倒数是一个测量的标准量，它给出了作为能力值函数的测量的标准误差（Hambleton and Swaminathan 1984，Lord 1980，Rasch 1980）。

1.2 CAT 的规则

在 CAT 程序中，一个明显的选择试题的方法是，在题库中一个试题的信息函数的基础上选择下一个试题。这样，就可以选择出所有试题，并因而具有估计被试者能力值的最大信息。实际上，最大信息规则是 CAT 最流行的试题分配规则。但它不是唯一的规则，另外一个规则是贝叶斯（Bayesian）规则，照此规则，选择下一个试题是为了使被试者能力值后分布的预期变化最小（Owen 1975）。

如果在现实中能通过被测试者对先前试题的回答获取对被试者能力的估计，那么，上面两个试题分配规则就能被操作。最大信息规则的一个天生的伙伴是能力的最大似然估计。在这个估计方法中，把从被试者身上获得的反应模式的可能性最大化，能力值被定义成他们的能力估计。利用现代的硬件和软件，能很快估计 IRT 模型的当前使用状况。对欧文（Owen）规则来说，贝叶斯能力估计是个合适的选择。

在 CAT 程序中，第一道试题的选择是很重要的，因为通过它能获得相当大的信息，如果第一道题不是太偏离目标的话，就能减小测试长度。如果没有被试者能力的已知信息，最好的选择就是以被试人群能力分布定位（主观的）估计出最佳的试题进行测试。如果能得到先前的已知信息，例如在有已知信息能力变量的背景变量的回归分析的情况下，就可能做出更好的选择。还有一种可能，就是

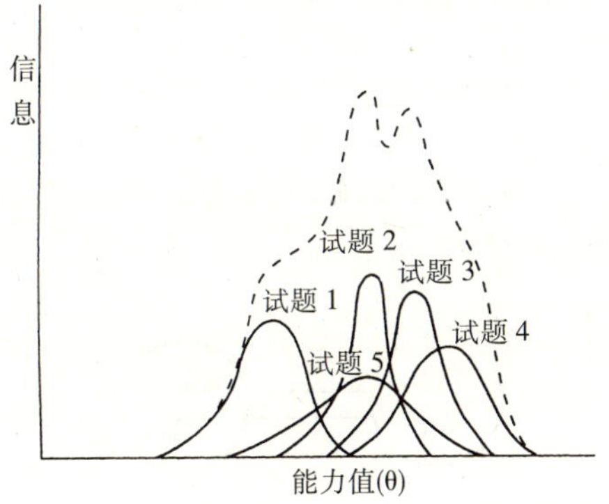

图 2 试题与测试信息函数

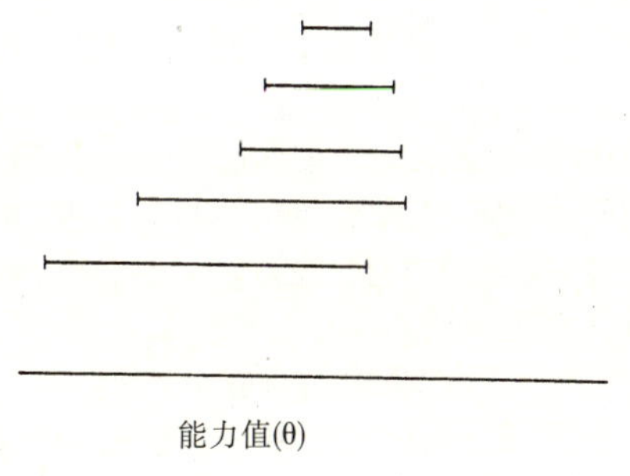

图 3 在 CAT 能力估计中增加的精确度

用计算机选择背景变量信息,同时更新每个新的被试者的回归函数。

如果收集到了有关被试者能力的足够信息,那么 CAT 程序就会被停止。图 3 给出了能力的最大似然估计的信息收集过程的说明。为了方便起见,它所描述的是从信息函数中分离出来的置信度区间,而不是信息函数自身。在测试中每增加一道试题,间隔的宽度也相应减小。同时,间隔的位置会集中到某一特定的能力值上。一旦间隔的宽度低于一个预先指定的极限值,程序就会停止。

上面提到的 CAT 规则的例子,都是建立在假设 IRT 模型中所有的试题参数被提前估计的基础上的。这点在目前有所改善。

2. 题库系统

教育测量中传统的工具是标准化测试。标准化测试是基于试验控制范例的,正如在 20 世纪早期关于试验设计文献中所介绍的一样(van der Linden 1986b)。开发一个标准化测试工具的步骤如下。首先,建立一个测试蓝图,保证测试有一个合适的内容效度。然后编写测试试题,并在该领域进行测试。如果测试的最终版本被组装好了,则要进行其他领域的测试,以确保测试的可靠性以及估计测试的正常发布。做完这个以后,测试就被定下来了,内容上的任何变动都会使它失效。

可是从实际的价值来说,标准化测试是不灵活的,它们的作用常常达不到最佳的水平。例如,为了安全起见,对同一被试小组,同一测试不能使用两次。而且,如果一个测试是用于能力浮动很大的被试人群的,那么对许多被试者而言,该测试很可能不是最佳的。这是早期提到的测试设计的一个悖论。相关的一点是用于教育研究的测试问题,都带有前测一后测设计。如果这个设计中的处理是有效的,那么标准化测试就可能成为无法可靠地测量出被试者能力方面的较大差异的测试。更根本的是,标准化测试的内容效度很低,测试中的题量常常大大少于该领域应该测试的题量。

教育测量的一个新的概念是题库。题库的范例不是试验控制,而是很早就间接提到的统计调整的思想(van der Linden 1986a)。在题库中,利用计算机来存储内容领域的一组测试题。除了试题之外,最初的估计[如那些由 IRT 模型在方程(1)中定义的]也存储在里面。我们假设题库是可操作的,图 4 以图表的形式显示了它的功能。首先,从系统中找出试题组成测试。如果测试是在线传递的,那么 CAT 是一个颇具吸引力的选择。然而,假设不能进行在线传递,那么测试也可以设计成纸笔考试的形式,具体形式根据它们的具体应用而定。题库方式尽管不如 CAT 那么有效,但是这些自定义的测试要比标准化测试强很多。测试的长度不定,但不能超出题库的大小。既可以选择很难的题,也可以选择很简单的题;既可以涵盖很广的能力范围,也可以只包括很小的能力范围。不论试题是如何选择的,当对测试进行打分的时候,系统中的试题参数会根据测试中试题的随机属性,自动修正对被试者的能力估计。

其次,对测试试题的所有回答都会反馈回系统。它们会被保留备用,例如用于试题参数估计的定期更新。这个特征允许系统根据用户的规格说明改进未来测试的合适度。保留试题回答的另一个可能的用途是把它们和背景变量信息相结合,更新用于各种各样被试人群的标准发布测试的估计,或用于找出 CAT 程序的最佳启动试题。

没有计算机,就无法运行题库系统。它们还要用到数据库软件、文本编辑器和图形软件,以存储、分类、检索测试试题以及它们的统计信息。如果发布的是印刷版本的测试,那么就需要桌面排版软件,把试题编辑成它们的最终形式。用于参数估计和升级、测试评分以及测试汇编的统计软件要求具有现代处理器的能力。实际上,把所有这些资源结合成为一个单独的应用程序就可以使题库系统独一无二。具备这里回顾的所有特征的题库系统是 MicroCAT(Stone 1989)。

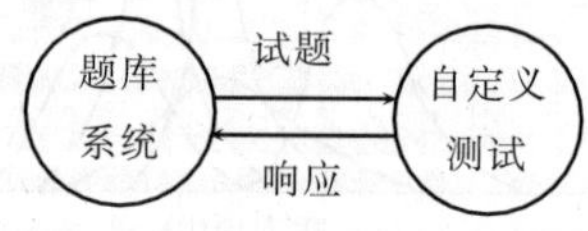

图 4　测试的题库系统的图表

3. 自动测试设计

由题库系统装配而成的自定义测试的设计过程，能自动地进行。正如图 2 已经证实了的，信息函数具有可加性。这个特征允许如下的设计过程。

首先，设计者决定测试的信息函数的目标。完成这个决定的第一步是决定测试所要测量的能力值的间隔。然后选择信息函数的形状。信息函数的形状通常根据测试的特殊用途而定。图 5 给出了两个可能的目标，一个用于诊断性测试，另一个用于掌握性测试。

其次，从题库中选择试题填满目标以下的区域。这个选择必须服从于试题内容的各种限制，以保证一个有效的测试。

为了实现设计过程自动化，就要用到线性编程建模。下面一个简单的例子展示了其中包含的原则。题库中的试题以下标 i 来表示，$i=1,\cdots,K$。对每个试题，定义一个决定变量 $x_i\in\{0,1\}$ 来表明该试题是否被测试选中。能力值 θ_k 中试题 i 的信息用 $I_i(\theta_k)$ 表示。现在，用 $T(\theta_k)$ 表示图 5 中诊断性测试的目标信息函数在能力值 θ_k 上的值，其中，$k=1,\cdots,K$。然后，对于一个任意的测试，能用非负数字 U_k 和 v_k 来表示在值 θ_k 和目标值 $T(\theta_k)$ 之间的实际测试信息的正、负松弛。根据下面的线性编程模型，从题库中选择试题，这样能使松弛变量的值的总和最小：

$$\text{最小化}\sum_{k=1}^{K}(U_k+v_k) \tag{2}$$

满足

$$\sum_{i=1}^{N}I_i(\theta_k)x_i-u_k+v_k=T(\theta_k),K=1,\cdots,K; \tag{3}$$

$$\sum_{i=1}^{N}x_i=1; \tag{4}$$

$$u_k,v_k\geqslant 0,k=1,\cdots,K; \tag{5}$$

$$x_i\in\{0,1\},i=1,\cdots,N. \tag{6}$$

方程(2)中的目标函数把松弛变量的值的总和最小化了。在方程(3)中，松弛变量被定义成测试信息函数对目标值的正、负偏离。方程(4)给模式增加了唯一的限制，它表明测试长度和 n 道试题相等。模式中所有变量的可能值都在方程(5)、(6)中定义了。

能用线性编程软件解决变量值的模型问题，既达到目标函数最小化，同时又满足所有的限制。这些值确定出了一个最佳的测试。

在它的现实形式上，上面的模式太简单了，以至于无法在现实中应用。实际上，在真正的实施中，还需要关于测试内容、认知水平、试题易读性或性别取向等属性以及各种各样的统计标准等额外的限制，这样生成的结果才能被人接受。范德林登和伯克伊－提明格(van der Linden and Boekkooi-Timminga 1989)给出了处理这些规格说明的分类。他们的论文还列举了可选择的目标函数。特尼桑(Theunissen 1985)提出了最小化测试长度的模型。另一个可能性是同时选择一套平行的测试(Adema 1992，Theunissen 1987)。这些参考方法在现在可得到的方法中仅占很小的比例。这里推荐一个模型，该模型常常应用于交互模式中，在交互模式中，计算机程序做出提议，测试设计者对结果进行回顾，然后决定哪些试题留下，哪些必须用计算机替换掉。这个过程重复不断地进行，直到获得满意的结果为止。

能用来解决最小测试长度模型的软件程序是最佳测试设计(Verschoor 1991)。对于拥有一个界面的、允许使用者对目标函数和限制做出他们自己

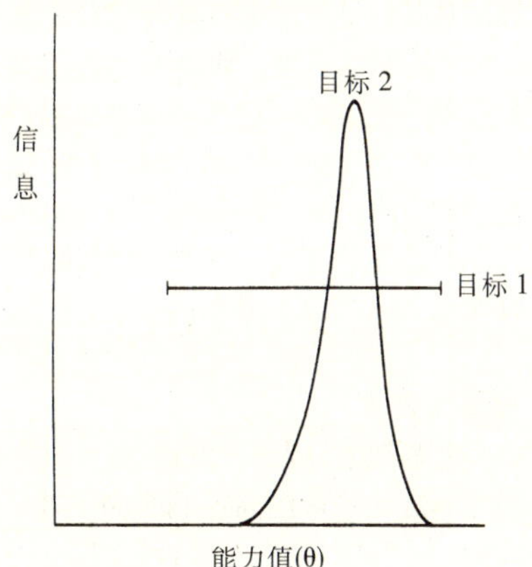

图 5 自动测试设计中的两个目标的信息数

目标 1 = 诊断性测试，目标 2 = 掌握性测试

选择的、通用目的的测试组装程序,目前还存在许多争论(ProGamma 1993)。

4. 试题编写创作系统

试题编写是一个非常花时间的过程,主要是由内容专家对几个阶段进行检查以及进行领域测试。令人吃惊的是,第一版试题的质量通常远远低于最佳水平。在第一版中有一半以上的试题没有达到最终阶段的水平是很寻常的事情。其中出现的典型错误包括语言的拙劣使用、回答的选项带有模棱两可的真实值或不能编制出令人满意的难度范围的试题。试题的质量大大地制约了测试的质量,改善试题编写过程的技术将成为测试技术发展的重要步骤。

尽管计算机的使用渗透了整个试题编写艺术过程,但是它的潜能还没有被充分地认识到。这里将对它的一些发展作简要的概括。这样做的目的,并不是建议可以由计算机软件来代替人类试题编写者。因为在产生文本、做出关键决策或验证产品时,常常需要人类的智慧。然而,计算机技术可以为试题编写者提供一个更便利的环境去实现那些功能。

计算机测试编写的初级水平包括使用字处理软件起草试题和编辑试题两个方面。字处理软件在最近才增加了试题编写过程的有效性控制。这是由于试题中文本总量通常不大。即使是一个语言测试,文本也很少会超出很多页。再者,许多测试常常包括非文本的材料,例如图片、图表、图画、数学符号或表达式或高分辨率的照片等等。很幸运的是,现在大多数字处理软件都有拼写检查或辞典选项,并带有作图程序,能画图、绘制图表或创建数学表达式等。这些功能全部整合在一起,使字处理软件成为试题编写中十分吸引人的工具。

尽管字处理软件能提高试题编写的有效性,但是单单使用字处理软件并不见得就能提高试题生成的有效性。有一个可能的例外是,重复使用同一个字处理程序会导致材料更高的标准化以及将来多重测试的形式,更好地实现平行测试的理想。

随着下一代能够检查语法和拼写错误的字处理软件的产生,相信试题编写质量将会有显著的提高。使用语法和拼写检查之后,许多试题格式的错误都能被敏感地检查出来。严重的错误例子有:(a)选择题中语法的不一致;(b)连线题选项之间的风格不一致;(c)不能满足填空题中允许错误的答案和语法或文本呈现风格一致的要求。

专门设计用于试题编写的创作系统,能提供给试题编写者最终的支持。这样的系统能把上面提到的两方面的支持以及一些新的功能整合起来,创造一个环境,全面地支持试题生产过程的每一步工作。下列功能都是很吸引人的。

(a)首先是支持试题形式的选择。例如,通过对话把试题编写者导向一个合适的形式以完成手边的应用程序。

(b)其次是形式选择好之后的贯穿整个试题编写过程的指导方针。选项包括每个试题模板的定义,对试题中典型文本元素的建议列表,包括非文本材料的规则,用于排序或随机排列选项或制定布局决策的程序,最好是在每一个决策中,系统都能给试题编写者关于所期待的试题难度的各选项效果的投影。

(c)第三,检查试题质量。这不仅包括检查拼写和语法,还包括检查试题的易读性和典型试题编写错误,现在把流通在关于各种各样试题形式的测试文献中运用最广泛的连线题也算进去。试题检查的三级水平能形成一个试题集合的搜索,以找出一个试题中对其他试题正确答案有用的线索。

(d)最后是项目管理。典型的试题编写是一个有众多人参与的过程。创作系统如果是安装在计算机网络中的,它能够提供参与者与他们的输出标准化之间的交流。从原则上讲,下一个参与者能立即继续他的前任已完成一半的工作(Roid 1989, Rikers 1988)。

5. 多媒体测试

在一些内容领域,测试开发者有一个传统,即使用媒体而不是纸笔来提高他们的测试效度。例如,在外语听力测试中使用音频设备,在交通执照的考试中使用幻灯演示设备。

由于运用了新的电子媒体,这些趋势扩张的可能性很大。借助内置处理器或计算机控制模式,这些媒体具有在测试中极具说服力地再现真实生活情境或模拟实时过程的能力。这些媒体的实例有视盘、交互式光盘以及特殊用途的模拟器等。虽然它们应用于教育测试的潜能还没有被完全地开发，但是它们对于测试效度的影响是巨大的。我们能在计算机模拟病人管理的程序中找到它的最初应用，现在它已经被应用到全世界医学知识和技能的测试程序中。我们十分期待其他的应用能迅速出现。在测试中使用计算机控制的多媒体环境是引人注目的。现在，数字技术已经达到几乎能模拟“虚拟现实”的所有过程的水平。这些技术都将用到教育测试中。当前唯一的障碍是使用这些媒体的费用很高，这大大限制了它们在教育测试实践中大规模的应用。然而，如果成本能降下来，这些技术在测试中的应用就会迅速增加。

6. 结论

毋庸置疑，信息技术的使用，将进一步刺激教育测试的发展。信息技术对测试程序的灵活性以及测量质量有着巨大的影响。在教育测量领域中，采用新的形式传递测试以及在不寻常的地方进行测试的形式将会越来越多。我们可以期待，测试灵活性的提高将大大推动教育测量和教学的进一步整合。

W. J. 范德林登(W. J. van der Linden) 著

王周秀 武法提 译

附录

Adema J J 1992 Methods and models for the construction of weakly parallel tests. *Appl. Psychol. Meas.* 16(1):53—63

Baker F B 1989 Computer technology in test construction and processing. In:Linn R L (ed.) 1989 *Educational Measurement*, 3rd edn. Macmillan, New York

Boekkooi-Timminga E 1987 Simultaneous test construction by zero-one programming. *Methodika* 1(2):101—112

Bunderson C V, Inouye D K, Olsen J B 1989 The four generations of computerized educational measurement. In:Linn R L (ed.) 1989 *Educational Measurement*, 3rd edn. Macmillan, New York

Hambleton R K, Swaminathan H 1984 *Item Response Theory: Principles and Applications.* Kluwer-Nijhoff, Boston, Massachusetts

Hsu T-C, Yu L 1989 Using computers to analyze item response data. *Educational Measurement: Issues and Practice* 8(3):21—28

Lord F M 1970 Some test theory for tailored testing. In:Holtzman W H (ed.) 1970 *Computer-assisted Instruction, Testing and Guidance.* Harper and Row, New York

Lord F M 1980 *Applications of Item Response Theory to Practical Testing Problems.* Erlbaum, Hillsdale, New Jersey

Owen R J 1975 A Bayesian sequential procedure for quantal response in the context of adaptive mental testing. *Journal of the American Statistical Association* 70(350):351—356

ProGamma 1993 *Contest* (Software and manual). ProGamma, Groningen

Rasch G 1980 *Probabilistic Models for Some Intelligence and Attainment Tests*, rev. edn. University of Chicago Press, Chicago, Illinois

Reckase M D 1989 Adaptive testing: The evolution of a good idea. *Educational Measurement: Issues and Practice* 8(3):11—15

Rikers J A H N 1988 *Towards an Authoring System for Item Construction.* Department of Education, University of Twente, Enschede

Roid G H 1989 Item writing and item banking by microcomputer: An update. *Educational Measurement: Issues and Practice* 8(3):17—20

Stone C A 1989 Testing software review: MicroCAT. *Educational Measurement: Issues and Practice* 8(3):33—38

Theunissen T J J M 1985 Binary programming and test design. *Psychometri.* 50(4):411—420

van der Linden W J (ed.) 1986a Special issue on test item banking. *Appl. Psychol. Meas.* 10(4)

van der Linden W J 1986b The changing conception of

measurement in education and psychology. *Appl. Psychol. Meas.* 10(4):325—332

van der Linden W J, Boekkooi-Timminga E 1989 A maximin model for test design with practical constraints. *Psychometri.* 54(2):237—247

van der Linden W J, Zwarts M A 1989 Some procedures for computerized ability testing. *Int. J. Educ. Res.* 13(2):175—187

Verschoor A 1991 *Optimal Test Design* (Software and manual). Cito, Arnhem

Wainer H et al. (eds.) 1990 *Computerized Adaptive Testing: A Primer.* Erlbaum, Hillsdale, New Jersey

Weiss D J (ed.) 1983 *New Horizons in Testing: Latent Trait Test Theory and Computerized Adaptive Testing.* Academic Press, New York

其他参考文献

Boekkooi-Timminga E, van der Linden W J 1994 *Linear Models for Optimal Test.* Sage, Newbury Park, California

Gutkin T B, Wise S L (eds.) 1990 *The Computer and the Decision-making Process.* Erlbaum, Hillsdale, New Jersey

Hambleton R K, Zaal J N, Pieters J P M 1991 Computerized adaptive testing: Theory, applications, and standards. In: Hambleton R K, Zaal J N (eds.) 1991 *Advances in Educational and Psychological Testing.* Kluwer, Boston, Massachusetts

中小学教育中的教育技术(Educational Technology in Elementary and Secondary Education)

广义的技术,包括工具(例如视听媒体和计算机)、技能(如程序教学和模拟游戏)以及过程(如系统化的教学设计),在提高和改革初等、中等教育中极具潜力。这些潜力包括提高课堂传播的清晰性和可理解性、为学习的更加个别化提供机制、推动课程改革、促进日常生活中新学习方式的使用以及提高学校的教学生产力等等。

与技术的这些潜力可能相反,现实情况是很少能够得到这些技术工具,只在那些比较富裕的教育机构中才能见到,而且在这些机构中,技术工具一般也只是支持现有课程或教学方法,而不是作为改革或提高生产力的因素来使用。技术,作为解决问题的过程,或作为组织教学的技能,与技术作为工具的概念相比,大家不是很清楚,也不流行。

教育技术得到更广泛、更深入应用的前提条件仍然十分缺乏。一个重要的欠缺因素是教师的培训——包括职前和在职培训,这些培训对使用和维护那些复杂的、基于技术的系统非常必要。其他的欠缺条件包括技术的基础设施、支持性政策、经济来源以及文化方面的接受性等等。这些前提条件在经济欠发达的国家尤其缺乏。

1. 技术的含义

有关教育技术的演讲由于参与讨论的人所持的多种理解而无法进行,热衷于争论的人们各执一词。大部分人(尤其是领域以外的人)认为,技术与那些机械设备、电子设备是同义词;而另外一些人,尤其是这个领域内的专家,则认为这个概念有更广泛的含义,正如英国教育技术国家委员会(1969)提出的定义:“教育技术是为了促进人类学习的过程,对系统、技能和工具的开发、应用及评价。”

有时,在文献中也做出另外一种区分,也是在本词条中所采用的,即把一些硬件概念称为“硬技术”,把过程、技巧等概念称为“软技术”。

2. 教育技术在中小学教育中的作用

在任何社会中,学校除了完成课程教学之外,还承担了许多其他功能,例如,负责培养公民价值观,在家长工作时作为儿童看护,或者提供多种多样的课外活动等。教育技术关注学校的主要任务,即课程中知识、技能和情感等目标的获得。

沃尔博格(Walberg 1984)在对3 000个有关学习效果影响因素的研究数据进行了大量的综合之后,认为有四个因素与学习成绩直接相关:倾向、动机、教学以及教室的精神氛围。其他与学习成绩相关的因素，如学生的社会经济状况、教师的质量、学校的组织结构等，仅仅当它们影响到态度、动机、教学、教室氛围的时候才显得重要。例如，贫困并不直接导致成绩下降，但却可能造成教学资料的短缺，妨碍有效的教学策略的使用，而后者则会直接影响到学习成绩。

因此，可以认为，技术对提高学习成绩具有直接与间接的作用。直接的途径包括提高学习动机、加强教学以及改善教室的心理方面的环境等。

3. 教育技术的潜力

3.1 “低技术含量”的媒体

任何教室中都不缺乏技术，但是如黑板、纸、铅笔等简单的工具，天天使用这些工具的人们对它们非常熟悉，以至于这些人常常想当然地对它们视而不见。但是，这些简单的工具，加上教科书，正是传统教室的技术环境，而且它们就构成了常规教学的形式。在全世界大部分中小学校的教室中，这些低技术含量的媒体仍然是普遍情况，甚至这种情况还是一些地方梦寐以求的理想状态。

在许多中小学教室里，一些相对便宜的视觉材料同样担任着重要的角色。模型——实物的三维表现形式——可以替代那些比较罕见的、昂贵的、易碎的或者无法带到教室里的真实物体。模型可通过一种促进学习的方式简化其实际生活中的物体，重要的细节可以通过不同的颜色来突出显示。学生还可以用实际生活中无法做到的一些方式来操作一个模型（如一个解剖模型）等。

挂图、海报和表格等可以使抽象的事物容易理解，它们的视觉特性代替或补充了学生的认知能力。因此，视觉材料的一个重要功能就是通过对口头讲解补充视觉指示物来增强教学的效果。

3.2 视听媒体

投影材料，例如投影片、幻灯片、电影胶片等，通过投影放大以便让全体学生同时看到，从而提高了图片和图表的视觉效果。如投影，甚至可以在正常室内光线的情况下使用。

投影片可以安排或重新安排成不同的顺序，提供了录像、电影、幻灯卷片所没有的一种灵活性。它们可以在当地由教师很容易地自行制作。如果需要一些固定顺序的静止画面，幻灯卷片可以是一种不太昂贵、紧凑的、方便的形式。如果再以磁带配上音乐和解说，有声的幻灯卷片应该是电影和录像等的一种比较经济的替代性选择。

在家庭娱乐应用中，留声机很快就被磁带录音机和激光视唱机取代，但是在小学阶段，尤其对于音乐和舞蹈课，留声机仍在继续使用，而中学教师则更倾向于使用磁带录音机。

录像和电影，因其可以播放活动影像，可以对生活中的物体和事件提供更加真实的描绘。并且，活动媒体允许对时间和空间进行处理。物体可以根据需要进行放大或缩小，从而使学生注意到重要的特征。事件发生的时间可以被压缩（慢速拍摄）或拉长（慢动作），以便学生可以更好地理解其发生的过程。

通过戏剧性的表现手法，活动媒体可以引起学生情感的反应，这对学生的学习态度和价值观的形成等尤其有用。在世界各地，人种史学方面的电影和录像记录了不同文明的工艺品以及实践，以保留地方的传统等，从而可以使学生欣赏到与自己不同的生活方式。

3.3 计算机媒体形式

计算机在教学中承担了多种作用，其中包括与视听媒体的整合，以促进学习者和信息之间的交互。交互式视频、计算机多媒体、超媒体等概念都是用来描述音频、视频以及计算机软件和硬件之间的不同配置的。

3.4 远程通讯

广播和电视是在学校中最普遍的远程通讯方式。这些技术为那些因地理位置偏远、规模较小而缺乏合格教师的学校提供了教学的可能。除了使用传统的收音机之外，很多国家尤其是拉丁美洲的国家，成功地开发与播送了一种准交互式广播教学课程，即要求学生对问题进行快速、一致的反应或广播节目中给出其他提示。学生做出这些反应之后，节目会播出事先录制好的答案，这样就促进了双向交流。在20世纪70年代尼加拉瓜采用这种方式成功地进行数学教学（Suppes et al. 1977）之后，80年代洪都拉斯和其他国家因为相同的原因采取了这种做法（Moses et al. 1991）。这种准交互式广播形式在外语教学中同样取得了成功,最著名的例子是肯尼亚(Imhoof and Christensen 1986)。另外,真正的双向广播通讯已在澳大利亚使用了很长时间,把老师和住在遥远的农场中的学生联结起来(Conboy 1983)。

同样,广播电视也以传统单向的形式和各种双向的形式得到广泛使用。许多国家尤其是欧洲国家,通过国家电视机构提供广播电视课程。在北美,州、省以及地方的机构以不同的方式提供电视课程服务。

随着卫星技术的发展,通过卫星与偏远地区进行视频和音频的双向传输变得更加容易。一个突出的例子就是TI—IN网,它通过卫星广播视频和双向实时声音的传输为老师和分布在美国各地的中学生服务。这种方式与为一些中学的专门课程提供大量高质量的教师相比,具有很高的成本效益。

3.5 软技术

程序教学法的创始人斯金纳(Skinner)发明了"教育的技术"这个术语,来指为改造教学环境而对行为主义心理学的科学原理的应用。这个心理技术的概念引出了一大批"软技术"——教/学的模式,或者基于行为主义、认知主义和社会心理学的各种预制的模式(Thiagarajan and Pasigna 1988)。

程序教学法,一种借助于印刷材料和计算机的教/学模式,要求学生对问题做出反应并立即提供正确的反馈。最初由强化理论提出的严格的结构已不再广泛采用,但是线性和分支形式依旧非常受欢迎。这种技术的巨大优势,首先在于它允许学习者个人根据材料安排学习进度;其次,它提供了大量练习,并且立即提供正确答案。

程序辅导法,由埃尔森(Ellson 1976)提出,它雇佣教师,教他们遵循结构化的程序,用以补救程序教学法在强化刺激的使用形式(以社会知识代替仅提供正确反应的知识)及反馈方式(用一系列暗示代替仅仅提供正确反应)等方面的缺陷。程序辅导法不断得到应用,尤其在小学阶段的阅读和数学当中应用增多。比较研究的元分析发现,多种形式的程序或结构化辅导成为效果最好或最具成本效益的改革,学习者的成绩达到70~79个百分点,而传统教学仅为50个百分点(Cohen et al. 1982)。许多设计较好的计算机指南等就采用了程序指导的原理。

程序教授法或"直接教学法"是指由一名学生或辅导人员组织的小组学习方式。它的特点包括事先的陈述、由组织者提示学习者做出的一致反应、较快的速度、具体的强化和改正程序等等。宾德尔和沃特金斯(Binder and Watkins 1990)报告说,人们一直采用直接教学法,因为在十多个国家中,其教学效果明显优于传统教学法。程序教授法的倡议者认为程序教授是一个组织教学的完整系统,它尤其支持低年级——特别是对阅读和数学等方面的基本技能的掌握方面。在菲律宾、利比里亚和印度尼西亚,直接教学法已被纳入重建初等教育的"低成本学习系统"的系统当中。

个别化教学系统(PSI或Keller计划)是一种组织全部课程的教学的技术。在PSI中,学生利用传统教学材料按照自己的学习速度进行个别学习,但是这些材料按顺序组织,并且学生必须通过单元测试掌握之后才能进入下一单元的学习。每个单元测验由一名委托人立即给出分数,委托人会与学生见面,回顾并且改正他的错误,这是PSI个性化的方面。PSI大多用于中等教育和高等教育,对自学者来说,与传统课程相比,个别化教学系统取得了显著的成功(Kulik et al. 1979)。

模拟和游戏是相关而又有区别的概念,在实践中它们往往同时出现。模拟指对一些真实生活情境的模仿的表现。游戏是参加者遵循某种可能与现实不同的规则,去努力完成一些挑战性的目标。模拟和游戏都试图使教学变得更加刺激和真实。与其他技术相比,它们能使教室的心理环境变得更加放松、积极,并且形成更以学习者为中心的气氛。

教学游戏对涉及识别、辨析以及操练的目标十分合适,例如对基本语言技能、算术和特殊术语的学习等。游戏对小组活动的构建非常有用,而且可以增加学生对没有太大兴趣的话题的兴趣。

就像很长时间以来,理科常常在实验室进行实验一样,模拟和模拟游戏为学生在社会科学以及理科中进行发现学习提供了实验条件。在与计算机软件进行整合之后,模拟可以做得更加复杂、更适合学生。

人们可以对游戏和模拟进行设计,以激励学生群体的协作学习。加拿大的一家计算机公司已经开发出了一系列基于计算机的协作性的模拟,它们在安大略省得到广泛使用,并且获得了国家教育奖。

一些小组教学技术是从学校学习的社会心理研究中发展而来的。例如,小组促进教学(TAI),就是在小学高年级的数学教学中,将合作学习与个别化学习相结合,让能力不同的四个人组成一组,学生根据自学材料进行个别化学习,组员在个人进行单元测验之前首先检查其他同学的情况,小组成员将根据本组同学通过的多少获得奖励。这种方法最先在美国使用,但是至少在其他五个国家中都取得了成功(Slavin 1986)。

3.6 改变教育环境的技术

除了在改进教学效果和提高学生学习动机方面极具潜力之外,许多技术还具有改变整个学习环境的能力,例如模拟、游戏、程序教学、个别化教学系统以及小组促进教学等等。

更进一步讲,如果把技术视为一种问题解决式的方法论,它还包括设计技术。在微观层面,它包括每一节课以及课的顺序的设计,就像教学系统开发(ISD)中所执行的一样。在宏观层面,它涉及整个教育系统的设计,被称为教育系统设计(Banathy 1991)。在北美,这种设计技术甚至被称为学校重建运动的方法(Reigeluth 1987)。在一些发展中国家,如利比里亚、印度尼西亚和菲律宾,在"低成本学习系统"的计划中,可以说对实验学校的设计在当地取得了一些成功(Nichols 1982)。在美国,商业上发展的可选择的学校,就像埃迪森项目,也是根据这种设计技术进行的设计。但是总的来说,公立学校的权威人士并未接受这种整体设计技术。

4. 教育技术在中小学教育中的现状

全球范围的有关技术应用的调查目前还比较缺乏,但是通过在不同国家或地方所进行的研究(Engel 1991)可以得出令人信服的推论。一项研究(Lu 1993)比较了几个国家的调查数据,另外一项研究(Pelgrum and Plomp 1991)调查了19个不同的教育系统计算机的使用情况。总的数据表明,音视频媒体、远程通讯以及计算机技术的使用率一般比较低,即便使用,这些技术也往往是作为一种附加手段,而不是更广泛地作为促进学校改革或转变教学过程的一个有机部分。

4.1 软硬件的可用性

当然,音视频和远程通讯技术的应用依赖于软硬件是否具备。显然,这种环境条件取决于国家的经济状况。以下的内容大致描绘了全球媒体与技术的使用情况。

4.1.1 经济发展水平较高的国家和地区

在这些国家和地区中(诸如欧共体、北美、日本等),传统的音视频媒体,如投影仪等几乎到处都有,但受教师的欢迎程度却在下降。所有学校都提供了视频手段,一般是用录像带的方式,视频的使用逐渐增加。几乎每个学校都有计算机,平均每20名学生拥有1台计算机,这个比率对中学比对小学更加合适。大约5%的教师使用计算机辅助教学。

4.1.2 经济发展水平中等的国家和地区

在这些国家或地区中,如韩国、巴西、泰国、中国台湾等,传统音视频媒体在个别学校中基本具备,但只是集中存放在一个专门的音视频教室中,而不是每个教室都配备。广播电视和录像带大约有一半的学校能够配备(Lu 1993)。有1/2左右的学校有计算机,中学拥有的数量要多于小学。计算机数量与学生数量的比率约为1:200,大约有2%的教师使用计算机辅助教学。

4.1.3 经济发展水平较低的国家

在大多数拉丁美洲和非洲国家,包括南非在内,传统音视频媒体比较缺乏,而相应设备更加缺乏,当地的制作能力非常有限。即便是最简单的媒体,如粉笔、教科书等,也常常欠缺。约有1/4的学校拥有广播电视、录像机,广播和录音机的拥有量也大致相同。几乎全部没有计算机(Morlan et al. 1991)。

总之,在教育系统管理高度集中的国家,设备和资料的分布比较符合标准,比较平均。而像加拿大和美国这样的分权国家,各教育系统的软硬件设施明显不同,它们更多的是依赖于市场而不是政府供给。

说到软技术,其概念和技术在北美和欧洲以外的地方很少得到认识,其技能也很少被使用。尽管个别的使用例子不计其数,但软技术总的来说的确游离于实践的主流之外。

4.2 应用模式

即使是很容易获得技术的国家,教师对技术的使用仍然十分有限。上面所谈论到的任何一种技术,在世界各地不管哪个国家、哪个层次的教育系统中,大部分教师,都没有天天使用甚至连每个星期用上几次都很难做到。在美国,与主流技术最接近的教育手段包括初等教育阶段的游戏、模拟和留声机以及中等教育阶段的计算机。录像机、录音机和计算机的使用在各地都呈上升趋势。

个人电脑的出现,比起其他任何单个因素,更加唤起了各国对教育技术方面的兴趣。但是,即使在最发达的国家,技术为教育带来的转变仍然没有达到热心于此的人们所预期的速率(Olson 1992, Joseph 1979)。对技术的辅助性的使用仍然占据主流,对媒体技术与课程的全面整合相对缺乏。计算机和其他技术一样,软件的发展远远滞后于硬件建设。对于许多学校,计算机通常只是作为一种现代性的标志,软件需求的问题成为以后考虑的事情。

5. 影响技术潜力发挥的因素

以前对实施教育改革的研究集中在不同水平或层次的指标上,对于不同的改革,这些指标从系统层次、学校层次到某个教师、某间教室的当时的环境等各不相同(Fullan 1982, van den Akker et al. 1992)。

5.1 影响技术实现的系统层次的因素

5.1.1 经济因素

正如前面所提及的,技术改革需要经济投入,尤其那些必备的硬件,不同的国家和教育系统对此的支付能力并不相同。理想情况下,技术的消费是一种能够迅速产生利益的投资,就像当初它在营利机构中曾经做过的一样。尽管技术的费用投入是能够迅速产生利益的,但是,技术首先必须被视为替代和增强人力的手段和各种教育系统中最昂贵的消费因素。因为,正如海涅克(Heinich 1984)所指出的,技术会影响组织内部的权利关系,一旦人们意识到会有被代替的威胁时,肯定会抵制技术在系统层面的利用。

5.1.2 文化因素

一些文化会以任何形式怀疑技术的作用。例如在拉丁美洲,高科技必然与美国有关,所以也必然与文化帝国主义有关。在其他的情况中,家长们出于害怕新技术会威胁到传统文化而发起了一些成功的抵制运动。教师也有传统文化的问题,当他们面临新技术的创新,感觉到他们的价值受到威胁时,也会开始实行罢工或默默地抵抗。

5.1.3 政策因素

整体性的实施需要从政策、管理、资金、后续支持机制等方面做出承诺。复杂的系统如果想实施并维持,必须得到明确并且持续不断的支持。在发展中国家,技术项目往往由外部机构提供支持,但非常不幸的是捐助者对特定项目的兴趣常常是短期的,而许多问题却需要很长时间去解决(Clayton 1979)。

5.2 影响技术实现的学校层次的因素

5.2.1 硬件和软件的获得

教师们倾向于使用非常容易获得的媒体,而不愿意使用那些需要额外的努力才能获得和使用的媒体(Seidman 1986)。那些限制了视听、远程通讯以及计算机设备获得的政策肯定会妨碍它们的使用。在很多情况下,尤其是在不安全或经济贫困的地方,对设备和材料的安全性有更高的要求,所以人们将投影机和类似的设备束之高阁。

5.2.2 软硬件的维护

有故障的设备无法完成任何教学目标。许多学校缺乏保证设备正常使用的技术支持部门。蒂芬(Tiffin)在他对拉丁美洲电视教学问题的分析中生动地描述了这种影响,它说明了系统和学校层面的问题之间是如何相互作用的。他列举了以下许多电视教学系统出现的“事件的标准顺序”:

(a)不合适的项目因素……对广播没有做好完全的准备、组织或计划。

(b)播出不合格。较低质量的声画信息被录制在低质量的录像带上,又在较差的条件下在较低质量的电视机上播放。

(c)用有缺陷的播放器播出,并且能量逐步减弱。

(d)信号传到陈旧的、调整不好的、有缺陷的接收器上,而且可能在喧闹的、光线很暗的教室中使用(Tiffin 1978 P. 221)。

5.2.3 支持人员

众所周知,媒体或技术项目需要专业人员进行组织和维护,一项由中国台湾进行的研究表明了这些支持人员的重要性。研究涉及的小学、初中和高中阶段的老师都认为,对学校来说,全职媒体专家的缺乏是技术使用中面临的最大问题(有63% ~ 77%的教师支持这种观点)。

5.2.4 课程因素

对课程的期望,尤其是当它们出现在考试政策中时,也会决定教师在授课中愿意花费精力来使用技术的程度。许多学校面临来自国家或其他层次的标准考试的压力,这些考试经常强调死记硬背的书面知识,而很少注重基于技术的教学所能够达到的目标,即对知识更丰富、视觉化、整体性的掌握。教师们很快就会了解到什么才是最重要的。

5.3 影响技术实现的课堂层面的因素

5.3.1 教师能力

技术越复杂,对教师的专门培训就越必要。佩莱格伦蒙和普洛波(Pelgrum and Plomp 1991)以大量的数据证明,对教师进行职前和在职的培训在计算机应用中尤为重要。中国台湾的研究同样表明,对设备操作的不熟悉是使用中的一个主要障碍,而且在初等教育中比在较高层次的教育中表现得更为明显。即便在拥有高度发达的教师教育系统的美国,一项研究(Olson 1992)也表明"在未来教师的教学方法课程中很少涉及新技术。只有13%的被调查者承认计算机能够'非常频繁'或'经常'得到使用……"(P. 12)

5.3.2 教师的熟练程度

教师们倾向于使用他们在家里使用得比较熟悉的技术。这很容易理解,人们总是避免那些在教室里有可能会带来尴尬的事情。人们可以在家里通过试误来学习录像机的操作,却很难面对全班同学这样做。恩格尔(Engel 1991)在加拿大埃德蒙顿的研究,表明了个人电脑、录像机(包括从录像带租赁店借来的)以及使用新型"生意兴隆的盒子"的播放机等使用率的增长。

5.3.3 技术的特性

大家都知道,每次革新都根据其愿望而有不同的理解。多尔曼(Dormant 1986)认为"理想的"革新应该是"容易理解、不太昂贵、有较大收益、与原有实践有延续性的"。因此,最可能接受的技术革新往往都是相对于教师的传统实践而言改变最少的。

6. 趋势与问题

教育技术领域深受通讯和信息技术新发展的影响。新的工具常常拓展了教学的可能性,并进而引起了从哲学角度进行新的探索或重新研究的兴趣。例如,情报学,尤其在程序设计语言方面的进展,使得在20世纪90年代初,普通的计算机用户也可以进行超文本创作。超文本指在大的文本数据库的条目之间建立关联的能力,因而允许不同的用户构建不同的注释。当数据库中加入音频、视频的元素时,此系统就称为超媒体。

可以很容易地创建超媒体环境的这种能力,引起了关于教与学的建构主义理论的兴趣。依据这种观点,学习者在日常生活经验的基础上建构自己的意义(Brown 1990),并且当允许学生在完整的、结构化的内容中自由地探索时(与把一系列结构优良的讲座、说明与背诵"灌输"给学生的方式相反),他们会学得更好。超媒体提供了学习者高度自控、复杂的交互以及细节丰富、真实的问题情境等的可能,使它成为促进建构性学习的一种理想工具(Duffy and Jonassen 1992)。

关于教育技术在未来初、中等教育中应用的唯一的确定性预言是,它将会充满活力。更多精确的预测由于目前缺乏全面的国际数据而很难做出。一项关于教育技术应用的国际性调查,与佩莱格伦蒙和普洛波(1991)对计算机调查的模式一起,将对更好地理解目前的状态和未来发展的基本方向有重要价值。

M. 莫伦达(M. Molenda) 著

李海霞 译

附录

Banathy B H 1991 *Systems Design of Education: A Journey to Create the Future.* Educational Technology Publications, Englewood Cliffs, New Jersey

Binder C, Watkins C L 1990 Precision teaching and direct instruction: Measurably superior instructional technology in schools. *Performance Improvement Quarterly* 3 (4): 74—96

Brown J S 1990 Toward a new epistemology for learning. In: Frasson C, Gauthier J (eds.) 1990 *Intelligent Tutoring Systems: At the Crossroads of Artificial Intelligence and Education.* Ablex, Norwood, New Jersey

Clayton J S 1979 Comment: Inhibitors to the application of technology. *Educ. Comm. & Tech. J.* 27 (2): 157—163

Cohen P A, Kulik J A, Kulik C-L 1982 Educational outcomes of tutoring: A meta-analysis of findings. *Am. Educ. Res. J.* 19(2): 237—248

Conboy I 1983 *Two-way Radio in Schools.* Victoria Education Department, Victoria

Dormant D 1986 The ABCDs of managing change. In: *Introduction to Performance Technology.* National Society for Performance and Instruction, Washington, DC

Duffy T M, Jonassen D H (eds.) 1992 *Instructional Principles for the Design of Constructivist Learning Environments.* Springer, Berlin

Ellson D G 1976 Tutoring. In: Gage N L (ed.) 1976 *The Psychology of Teaching Methods.* University of Chicago Press, Chicago, Illinois

Engel D J 1991 Edmonton and area school observation project: The use of instructional technology in the classroom. Paper presented at annual conference of Association for Media and Technology in Education in Canada, Ottawa

Fullan M 1982 *The Meaning of Educational Change.* Teachers College Press, New York

Heinich R 1984 The proper study of instructional technology. *Educ. Comm. & Tech. J.* 32(2): 67—87

Imhoof M, Christensen P (eds.) 1986 *Teaching English by Radio: Interactive Radio in Kenya.* Academy for Educational Development, Washington, DC

Joseph E C 1979 Long-term electronic technology trends: Forecasted impacts on education. Paper presented to the Congress of the United States, House of Representatives, Committee on Education and Labor, Washington, DC. ERIC Document Reproduction Service No. ED 179878, Washington, DC

Kulik J A, Kulik C-L, Cohen P A 1979 A meta-analysis of outcome studies of Keller's personalized system of instruction. *Am. Psychol.* 34(4): 307—318

Lu M-Y, Morlan J E, Lerchalolarn C, Lee B, Dike H 1993 Media utilization by teachers in the United States, Taiwan, Thailand, and Nigeria. *Educational Technology Research and Development* 41 (1): 107—111

Morlan J et al. 1991 International study of media use by elementary and middle school teachers. Paper presented at annual conference of Association for Educational Communications and Technology, Washington, DC

Moses K D, Edgerton D, Shaw W E, Grubb R 1991 International case studies of distance learning. *The Annals of the American Academy of Political and Social Science* 514: 58—75

National Council for Educational Technology 1969 *Towards More Effective Learning.* NCET, London

Nichols D G 1982 Low-cost learning systems: The general concept and some specific examples. *Performance and Instruction* 21 (7)

Olson L 1992 Profiles in technology. *Education Week* January 8

Pelgrum W J, Plomp T 1991 *The Use of Computers in Education Worldwide.* Pergamon Press, Oxford

Reigeluth C M 1987 The search for meaningful reform: A third-wave educational system. *J. Instr. Dev.* 10 (4): 3—26

Seidman S A 1986 A survey of schoolteachers' utilization of media. *Educ. Technol.* 26(10): 19—23

Slavin R E 1986 *Student Team Learning*, 3rd edn. Johns Hopkins University Press, Baltimore, Maryland

Suppes P, Searle B, Friend J (eds.) 1978 *The Radio Mathematics Project: Nicaragua 1976—1977*. Stanford University Press, Stanford, California

Thiagarajan S, Pasigna A 1988 *Literature Review on the Soft Technologies of Learning*. Harvard University Press, Cambridge, Massachusetts

Tiffin J 1978 Problems in instructional television in Latin America. *Revista de Tecnologia Educativa* 4(2): 163—235

van der Akker J, Keursten P, Plomp T 1992 The integration of computer use in education. *Int. J. Educ. Res.* 17(1): 65—76

Walberg H J 1984 Improving the productivity of America's schools. *Educ. Leadership* 41(8): 19—27

其他参考文献

Alberta Department of Education 1987 *Visions 2000: A Vision of Educational Technology in Alberta by the Year 2000*. Alberta Department of Education, Edmonton

Heinich R, Molenda M, Russell J D 1992 *Instructional Media and the New Technologies of Instruction*, 4th edn. Macmillan Inc., New York

Molenda M 1992 Technology and school restructuring: Some clarifying propositions. In: Ely D P, Minor B (eds.) 1992 *Educational Media and Technology Yearbook 1992*. Libraries Unlimited, Englewood, Colorado

United States Congress 1988 *Power On! New Tools for Teaching and Learning*. Congress of the United States, Washington, DC

青年和成人职业技术培训中的教育技术（Educational Technology in Technical Training for Youth and Adults）

维持有竞争力的劳动力是大多数工业化国家政策制定者所关注的主要问题。人们通过许多策略来有效地培训潜在劳动力，对在职的工人进行再培训。随着工作的复杂程度和模糊程度的提高，很多工人需要提高技巧来获得成功。本词条主要讨论：(a)劳动力储备的动态建设；(b)教育技术在青年和成人职业技术培训中的应用；(c)利用教育技术为未来的工作环境储备劳动力。本词条选择了有关教育技术学和劳动力储备文献中的几个问题。

1. 劳动力储备的动态建设

多年以来，大公司把工作场所中的自动化和其他的技术进步视为提高产品满意度的最佳保障。但是，在市场全球化的今天，当代的技术进步成为任何国际间的相互竞争者都可以购买到的资源。那么，一个国际公司和其他公司相比，其竞争优势在哪儿呢？有见识的公司领导者和国家政策的制定者开始认识到，在全球地域经济的竞争中，提高劳动力结构的综合能力也成为一个关键的优势或者紧迫的任务。

中国政府的资深顾问 K. T. 李，在描述为未来的工作储备劳动力的重要性时说："在将来，随着国际交流速度的变快和科学技术进步的加速，如何高效地发展科技人力资源来满足经济和科学发展的需要，已经成为人力资源规划的一个重要任务。"(Li 1992 P. 30)

国家的决策者和其他官员们正在检讨以往劳动力储备的战略：传统职业教育，包括其内容、方法、政策和程序等各个方面都受到了详细的审查。许多国家，例如法国和美国，正在着手对技术培训策略，比如基于工作的学习和实行学徒资格制度等，进行评估，而在这些国家里，这些制度并不是现行制度的主流。职业教育中的课程改革，例如综合课程和技术预科(如下所示)等的改革正在进行探索，而劳动力储备这种不确定的背景也拖延了教育技术学的潜在作用的发挥。以下这四个部分是选择来说明影响劳动力自然储备状况的有关题目。

1.1 学徒制度

尽管学徒制度是几个世纪以前储备劳动力的重要手段，但是作为把青年人从学校引入工作的途径，如今它重新受到了国际上的关注。当代学徒制度的实践当中有两个组成部分:由私人部门提供的工作培训和一般由公立学校提供的相关教学。学徒制度是增加公立学校和私人部门之间合作的有效途径,二者之间的这种伙伴关系是年轻人顺利度过从学校到工作转变期的保障。

学徒制度是很多国家,包括德国、澳大利亚、瑞士等国教育体制的支柱。特别是在瑞士,毫无疑问,这种培训形式,与年轻失业者数量以及该国广为人们羡慕的经济形势之间,存在某种联系(Silvestre 1991)。

在以上三个国家中,年轻人大约在16岁左右结束中学义务教育,并进入劳动力市场,工作逐步代替了教室中的学习。这种学徒制度通过增加年轻人的责任感、技能、识别力、收入和独立性,使他们为将来做好了准备(Nothdurft 1990)。欧洲的这种学徒模式帮助年轻人发展了雇主们所乐于看到的工作美德和成人责任感。绍恩根(Sohngen 1989)列举了德国学徒制度的几个优势,例如提供了兼具理论和实践的最佳学习方式,使学习者直接面对大量的基于工作的学习经验,并把艺术层次的技术呈现在这些新手面前等等。

1.2　职业教育与课程整合

从历史上来看,在数学、科学和通信等方面基础比较好的职业教育的学生,在工作中也干得不错。学院教育和职业教育的主旨是有一定逻辑联系的,这种联系在日本非常流行,日本的职业教育学生学习数学、日本文学、英语、历史和常规科学(Dore and Sako 1989)。萨尔米(Salmi 1991)评估了阿尔及利亚、埃及和摩洛哥等国的职业教育,并且观察到了普通教育和职业教育之间的复杂关系。他认为把职业教育从普通教育中孤立出来的做法是不恰当的。

在美国,有一种课程策略正在得到认可,即把学院教育和职业教育整合起来,这种方式意味着教师的工作必须是跨学科的,必须利用与真实世界有关的主题。学院教育和职业教育的整合可以被定义为把理论的知识和方法与实用的职业指导相结合,以提高学生的成绩水平。

为什么人们对学院教育和职业教育整合感兴趣呢?教育家们开始质疑所教授的学科领域之间相互孤立的正确性。整合的课程可以通过各种联系增强学科主题的相关性,而不是通过孤立来混淆它的目标(Jacobs 1989)。人们已经开始鼓励美国的职业教育者和学院教师共同开展跨学科的项目的合作,将数学、通讯以及科学方面的主题整合到技术课程中。人们认为学习者对于这种整合的知识的长久记忆,比仅仅记住那种孤立的大段信息,要有用得多(Kersh 1989)。

1.3　技术预科

技术预科是指在美国进行的一项课程革新,其特征是指通过跨学科的方法来开展课程和教学。技术预科把理论的内容和方法与实用的职业教育联系起来,以提高学生的成绩水平。此项目有几个特征值得注意:(a)中学和中学后的项目结合在一起,使好学生获得副学士学位或者两年的结业证书;(b)技术的准备由工程技术学、应用科学、实践艺术或商业等领域提供;(c)主要强调数学、科学和通讯等方面的能力;(d)工作安排(根据个人的能力分派工作)是其最终目的。技术预科试图使年轻人为具有高水平的技术内容的职业生涯作准备,这些项目最基本的特征包括学院和职业教育的整合,教育者和私人部门代表之间的合作关系,中学和中学后教育的结合等等。

1.4　劳动力的能力

人们进行了一些研究,以确定在高科技、复杂的工作环境下雇员所需要具备的能力。在美国,相关的研究包括1991年由卡尔内瓦莱(Carnevale)、根纳尔(Gainer)、梅尔兹(Meltze)等人主持的项目,以及"获得必需技能秘书委员会"进行的工作,这一工作又叫"SCANS 报告"(1991)。

卡尔内瓦莱和他的同事列举了雇员们认为最本质的工作者特征:(a)学会学习;(b)读、写、算;(c)交流—倾听以及口头交流;(d)创造性地思考和问题解决;(e)自尊和确定目标,动机/可雇性,职业发展;(f)人际技巧,磋商及集体协作;(g)组织的有效性和领导能力。

SCANS 报告(1991)指出了个人想取得职业成功应拥有的技能。出版此报告的委员会确定了五种能力、技能的三个基础以及对工作绩效非常重要的个人品质等。

这五种能力包括：

(a)资源能力：辨别、规划以及分配资源。

(b)人际关系能力：与他人和谐工作。

(c)信息能力：获取和使用信息。

(d)系统能力：能够理解复杂的关系。

(e)技术能力：能利用各种技术进行工作。

三个基础是指：

(a)基本技能：有效地进行读、写、算、听、说等。

(b)思维技能：创造性思考，做出决策，问题解决，使问题形象化，知道如何学习以及推理等。

(c)个人品质：责任心、自尊、会交际、自我管理、正直、诚实等等。

上面引用的两个文献对劳动力能力的解释有共同点也存在分歧。但是，前面提到的劳动力能力的内容包含了一个劳动力储备方面的难题。培养具备这些技术和能力的劳动者的策略依然是一个重要的问题。美国总会计事务所(1990)比较了英格兰、德国、日本和瑞典等国对未上过大学的年轻人进行职业准备的国家政策。研究发现了部分或所有国家都采用的几个方法：

(a)学校更强调学生的努力，而不是他们的能力，因此，他们希望所有的学生能够获得必需的学术技能，以有效地完成中学后教育或者工作。学校并不把许多学生的落后当作是理所当然的事情。

(b)学校与雇佣团体在引导学生从学校到工作的转变过程中，充当了一个更积极的角色，包括把对工作领域中的介绍纳入到学校课程中的这种努力。

(c)培训后，将取得国家规定的技能水平的资格证书。

(d)政府大量投资进行补习教育、培训以及为失业的校外青年提供就业机会。

使年轻人适应工作环境的政策、内容以及过程在许多国家已重新组合。国家领导者相互学习对方的劳动力储备制度，希望找到可以满足本国需要的解决办法。在这个寻找过程中，教育技术因其在青年和成人技术培训中可能起到的作用受到了关注。

2. 教育技术在青年和成人技术培训中的作用

前面描述了年轻人由学校学习向工作过渡的动态过程。在教育的三个方面正在发生着变化。随着学徒制培训制度和其他形式的基于工作的学习不断引起国际上的关注，教育背景重新引起人们的关注。正在建立教学内容与劳动者需求、劳动者能力和培训的策略之间的一致关系。新的劳动力储备过程正在形成，并且包括了技术预科和课程整合等方法。

这些变革的力量为教育技术在青年和成人技术培训中当前及潜在的作用提供了背景。认识到这些背景至关重要，因为这大致说明了当前的形势，它们的复杂性以及对工作人员进行初始培训和再培训的解决办法的情况。通过对这些情况的了解，人们可以对劳动力储备中遇到的教育问题有一个更形象化的认识。而认识到这些问题也非常重要。对于教育技术利用的一个基本假设是它们应该用于解决适当的教育问题(Ely and Plomp 1989)。与人们期望的这种实践相反，教育者常常首先出于爱好而使用教育技术，然后再寻找那些可能使用教育技术来解决的问题。

对提供青年和成人技术培训的从业者来说，他们面临的教育问题很多，但是，在利用教育技术解决那些问题的有效性方面却缺乏确切的答案。职业和技术教育中也存在折磨着普通教育的那些困扰，即，有限的研究成果阻碍了从业者和理论家去寻求对教育技术效果的评估。

贫乏的研究证据已经限制了那些研究者情愿发表有关教育技术应用的结论和建议。例如，露比勒(Robyler 1990)在她对计算机在学校中的应用进行元分析的时候，曾暗示美国这方面的问题。她指出，在学校使用计算机大约25年来，包括使用微型计算机大约10年来，这种技术对一些指标的影响，包括学生成绩、态度、辍学率、学习时间等，都是不确定的。露比勒哀叹：

> 在微机革命对教/学的影响方面进行系统化评价的唯一最重要的问题，就是在关键的研究领域缺乏足够的数据。各种发现显示出计算机应用在未

来教育中具有重要作用,但是那些作用的真正特性还只是处于初始探索阶段。使用技术对教育产生影响的机会从未像现在这么多,同样,从事研究的机会也不会像现在这样多。下一个10年必须在两方面都得到全面进展。(P.55)

尽管关于计算机和其他教育技术的效果方面的结论难以确定,但是关于它们应用潜力的观点却非常丰富。从劳动力储备所提出的独特的教育问题中产生了各种观点。可以列举其中的一些问题如下:

(a)教育技术如何促进职业教育与学院教育的整合?

(b)教育技术是如何将课堂学习与基于工作的学习连接起来的?

(c)教育技术能够以怎样的方式来促进学徒制的培训系统?

(d)教育技术怎样来鼓励私立部门与公立学校的合作?

(e)教育技术可以怎样复制那些对学习者来说太过危险、昂贵以及费时的学习环境?

(f)教育技术可以怎样帮助学习者为不明确的或结构不良的工作环境作准备?

(g)教育技术怎样增加参加技术培训项目的机会?

(h)教育技术如何有效地提高人们的学习技能?

尽管缺少答案,但可以通过回顾当前教育技术应用的状况来得到对这些问题的认识。以下几段列举了一些应用的实例。

2.1 整合学习系统

整合学习系统,是一种课件或基于网络硬件的管理软件。它不是像大部分软硬件产品那样,作为单机产品的配置,这些系统还包括了一个综合的课程包。整合学习系统使用微型计算机和其他相关硬件配置,但是,它们的使用与微机在学校中的传统使用有所不同(Gooler and Roth 1990)。安装了整合学习系统的教室的硬件配置包括30~35个学生工作站,每个学生工作站包括一台微机及其外部设备。每个学生工作站通过文件服务器相互连接,并与教师工作站相连。但是,这套技术装配的最独特的地方,在于通过这个系统发送的教学内容的质量。

整合学习系统提供了完整的课程包,而不仅仅是不相干的教育项目的集合。它的主要特色是课程内容、教学和评估策略以及系统内部管理教学和学习过程的一套方法(Gooler and Roth 1990)。这些商业产品由教师、内容专家、课程撰写者以及教学设计人员等共同创造,设计中强调了各方面技术的力量。

2.2 交互式电视系统

电视被认为是一种教学媒体。多年来,商用电视为观众提供了各种学习机会,从为成人学习者提供的大学课程,到"大鸟"以及其他"芝麻街"人物为儿童提供的各种信息。随着录像带的出现,学习者能够接受内容广泛的教学,包括卫生与健康、运动与娱乐、宗教、文学、外语及金融财政等等。

电视作为教学媒体的传统的局限性在于它缺乏与学习者的交互。传统的电视或观看录像带将学习者置于一种明显的被动的位置。

交互式电视系统正是用于给学习者和这种媒体之间提供更多的联系。这些系统允许学生与他们电视里的教师、与其他地方的同学或与远距离的专家或来宾进行交流。交互式电视系统允许距离遥远的学习者利用电子手段进行相互交流,这种交互就像面对面教学能够达到的那样。温格(Winger)阐释了交互式电视发展的三个领域:

(a)时间方面,应通过直接接收或每天24小时录像的方式提供教育和培训活动。

(b)空间方面,应保证在工作场所、学校和家都能接收。

(c)主题方面,应允许人们获得大量的信息、课程和数据库(Winger 1991 P.22)。

交互式电视系统应如何支持劳动力储备项目呢?这些系统将学校与学校社区通过电子手段相互联系,这是对教师短缺、学习机会贫乏的农村学校尤其有吸引力的一个特色(Gooler and Roth 1990)。这些系统具有增加学习机会的潜力,能够让学习者在当地参加高成本的职业培训计划,而传统上职业培训的入学率较低。而且,不同地区的学生能够同时、共同地完成小组任务或共同的项目。与工作场所环境相连的交互式电视能使学生直接向熟练工人学习,并且可以观察到真实的工作环境。

2.3 基于计算机的培训系统

尽管上面的两个例子都是指的学校环境,但是教育技术在商业、工厂和非营利性组织中也完成了很多培训任务。教育技术在满足私立部门培训需求方面的应用,可帮助人们了解其在职业和技术教育中的潜在作用。以下列举了核研究人员的技术培训中教育技术应用的几个例子。

(a)人们用基于能力和基于计算机的培训项目,来帮助核研究支持人员通过核安全及核泄漏测验。

(b)交互录像技术用于培训工作人员对核工厂的位置及构成的了解,而一般工人是很难去那个地方的。代理导游允许操作者、安全警卫以及维护人员学习设计和组成部分的位置,而这些位置由于放射线的限制无法进入。

(c)核工业中使用专家系统来跟踪一个专家面对具体的问题方面用到的知识或其逻辑思路。这样就允许专家不在真正的现场,也可以用他的特殊知识解决问题。

(d)计算机模拟可以用于许多领域,来替代那些由于不安全、成本、时间或距离等各种原因而无法到达的真实工作环境。核工业非常需要依赖计算机模拟来训练反应堆控制人员。人们非常仔细而又小心地用全景模拟器去替代核工厂的控制室。通过使用非常复杂的软件和数学模型,这种模拟器可以模拟对正常、不正常以及紧急状态的情况下真实的工厂的反应。

基于计算机的培训系统在各种制造业、服务业以及政府部门非常普遍。它们为各种培训带来宝贵的财富,但同时也存在着相应的局限。

2.4 微型计算机在职业教育中的应用

有几份关于微机在职业教育中应用的研究值得一提。泰索罗韦斯基和罗斯(Tesolowski and Roth 1988)在美国进行了一项调查,确定在47种职业培训中微机使用能力的相对重要程度。公认的利用计算机进行职业教育的专家进行大脑风暴式座谈后,形成了最初的能力结构的蓝图。再经过深入细致的讨论,这些能力被分为5大类:(a)为提高微机使用能力开发一项个人计划(包括8项能力);(b)将基于计算机的教学(CBI)整合于职业课程中(包括8项能力);(c)对CBI进行规划、实施与评价(包括14项能力);(d)为CBI规划并组织职业教育学习环境(包括7项能力);(e)与CBI一起执行课堂管理的功能(包括10项能力)。

舍尔(Schell)和哈特曼(Hartman)在1992年列举了微机、超文本软件连同适应性认知理论对促进职业教育的学习可能的作用。他们引用了在适应性认知理论文献中普遍公认的七个独立因素:多重表象、从背景中学习、学习的迁移、不良结构的环境、可变知识集合、复杂概念的比喻以及规则的例外等。作者们提出了超文本软件与适应性认知理论相吻合的两种能力:(a)对信息进行分离和连接的能力;(b)将多媒体效果进行连接的能力。他们认为作为工具的超文本连同适应性认知,可以帮助职业学生将知识用于真正的工作中的问题。

3. 教育技术、劳动力储备及学习型组织

很多作者提出在工作岗位进行人力资本开发的远景。他们的观点是把知识的创造和传播作为工作组织的基本功能。有几位作者认为,学习是未来工作环境的基础。技术将不断影响组织内部出现的学习。佩雷尔曼(Perelman 1991)断言,如果将计算机科学、认知科学、神经系统科学、感光学、数学以及其他许多领域的先进理论或技术进行结合,那么将大大地改变学习在各种背景环境下的作用。

在工作环境中学习的重要性已经导致了一个名词的出现——“学习型组织”。圣吉(Senge 1990 P.3)将学习型组织描述为这样一个地方,“人们不断扩展自己的能力来创造他们真正期望的结果,新的、广泛的思维模式得到培育,集体的热望得到释放,人们不断地去学习如何共同学习”。伍尔纳(Woolner 1991)将学习型组织描述为:工作与学习,在个人、工作小组以及整个组织这三个层次上持续、系统地整合。

列昂纳多－巴顿(Leonard-Barton)在1992年表述了她将工厂视为一个学习实验室的观点。她认为学习实验室是"复杂的、有组织的生态系统,将问题解决、内部知识、革新与实验及外部信息整合在一起"。她还把学习实验室总结为一个致力于知识的创造、收集和控制的组织。德鲁克(Drucker)将知识的作用从工作场所进一步扩展,认为它是个人与经济的最基本的社会资源。他谈道:"每个组织的目标和功能,不管商业组织还是非商业组织,都是将具体的知识与普通任务进行整合。"(Drucker 1992 P.96)

前述观点描述了未来工作组织中知识和学习的重要作用。那么,教育技术在为学习型组织员工培训和再培训中的作用又是什么呢?通过技术提高人力绩效的争论或许算是一种解答。

史密斯和谢泼德(Smith and Sheppard 1990)界定了人力发展,即通过教会他们如何及什么时候使用技术工具解决已知问题,来拓展员工的能力。他们认为,职业教育背景下人力发展可以看作是一个授权过程,这个过程可以提高那些掌握了技术工具的学生的最优的生产力。

在未来工作环境中,技术可以完成多项功能来促进员工的绩效。卡尔(Carr 1992 P.32)使用了"绩效支持系统"这个概念来描述使用了计算机和相应技术的电子系统,这个系统"恰巧在执行者需要的时候,以恰巧是他们所需要的方式,给他们提供完成一项工作所需要的帮助"。他列举了一个绩效支持系统应该发挥的四个作用(Carr 1992 P.33):

(a)作为图书管理员,帮助执行者快速、准确地寻找和使用信息。

(b)作为导师,为执行者提供指导和专家建议。

(c)作为指导者,为执行者的特别需求提供及时的培训。

(d)作为"执行者",尽可能多地做常规工作,让执行者把精力集中在更重要的任务上面。

将加强学习型组织的观念与由卡尔所支持的关于绩效支持系统的原则进行融合,可以得到未来工作环境中教育技术所充当角色的清楚认识。在这样的环境中,明显的二分法——将技术作为教学的对象和将技术作为教学的过程——将烟消云散。人们将学习技术以及利用技术进行学习。在学习型组织中绩效支持系统的使用,代表了教育技术与技术培训课程在未来的结合。

4. 结论

教育技术在劳动力储备中的真正作用,在不同的国家各不相同。教育技术应该用来解决具体的教学问题,这些问题在世界各地各不相同。青年和成人职业培训的背景、内容、方法、过程也随学科或国别的不同而有差别。作为回应,教育技术可以满足具体的需求以解决职业储备项目中碰到的独特学习问题。

教育技术在青年与成人职业培训中的作用,基本上是动态建设劳动力储备的作用。从政策、过程,到对新工作人员的培训和在职人员的再培训,这些作用在不同的国家和团体中都处于一个不断变化的状态。一般来讲,教育技术系统用来提高获取项目的机会,改进项目的效果,并提高项目的质量。

教育技术以及它们在劳动力储备方面的作用中最令人感兴趣的问题,可能进一步在将来得到发现。技术将持续用于提高和扩展人们在工作中的绩效。学习和知识将组成工作环境的关键因素。教育技术的未来作用将会与工作的结构紧密结合。学习者在接受技术培训时,将很难区分技术是教学的对象,还是教学的过程,抑或二者皆是。职业技能培训中的教育技术将成为一种明显的学习补充。

G. L. 罗斯(G. L. Roth) 著

李海霞 译

附录

Carr C 1992 PSS! Help when you need it. *Training and Development* 46(6):30—38

Dore R P, Sako M 1989 *How the Japanese Learn to Work*. Routledge, London

Drucker P F 1992 The new society of organizations. *Harv. Bus. Rev.* 70(5):95—104

Ely D, Plomp T 1989 The promises of educational

technology: A reassessment. In: Forester A (ed.) 1989 *Computers in the Human Context.* Blackwell, Oxford

Gooler D D, Roth G L 1990 *Instructional Technology Applications in Vocational Education: A Notebook of Cases.* Illinois State Board of Education, Springfield, Illinois

Jacobs H H 1989 *Interdisciplinary Curriculum: Design and Implementation.* Association for Supervision and Curriculum Development, Alexandria, Virginia

Kersh M 1989 Integrative curricula for the twenty-first century. *Educational Horizons* 68(1):2

Li K T 1992 Challenges and opportunities of human resources development. *Industry of Free China* 78(5): 29—33

Nothdurft W E 1990 *Youth Apprenticeship, American Style: A Strategy for Expanding School and Career Opportunities.* Consortium on Youth Apprenticeship, Somerville, Massachusetts

Perelman L J 1991 *The Technology Connection: A Business Action Plan for Increasing Technology and Productivity.* Center for Workforce Preparation and Quality Education, University of Pennsylvania, Philadelphia, Pennsylvania

Salmi J 1991 Issues in strategic planning for vocational education: Lessons from Algeria, Egypt, and Morocco. *J. of Ind. Teach. Ed.* 28(3):46—62

Secretary's Commission on Achieving Necessary Skills (SCANS) 1991 *What Work Requires of Schools.* United States Department of Labor, Washington, DC

Senge P M 1990 *The Fifth Discipline: The Art and Practice of the Learning Organization.* Doubleday/Currency, New York

Silvestre J J 1991 Schooling and vocational training in Switzerland. *OECD Observer* 170:28—31

Smith D C, Sheppard R W 1990 The augmentation quotient: The challenge for vocational education. In: Frantz N, Miller M (eds.) 1990 *A Context for Change: Vocational-Technical Education and the Future.* University Council for Vocational Education, Macomb, Illinois

Sohngen B 1989 The dual system of vocational training in West Germany. Paper presented at the Workforce 2000 Conference, Pittsburgh, Pennsylvania

Tesolowski D G, Roth G L 1990 A comparison of the importance of competencies for applying microcomputers in vocational education. *Journal of Research on Competencies in Education* 20(3):271—286

United States General Accounting Office 1990 *Training Strategies: Preparing NonCollege Youth for Employment in the U. S. & Foreign Countries.* United States General Accounting Office, Washington, DC

Winger M 1991 How the new media are developing the field of education and training. *Educational Media International* 28(1):20—22

Woolner P 1991 Integrating work and learning: A developmental model of the learning organization. Paper presented at the AAACE Annual Conference, Montreal, Quebec

其他参考文献

Andrews D H 1988 Relationships among simulators, training devices, and learning: A behavioral view. *Educ. Technol.* 28(1):48—54

Bailey G D 1992 Wanted: A road map for understanding integrated learning systems. *Educ. Technol.* 32(9):3—5

Carnevale A 1990 *Workplace Basics: The Essential Skills Employers Want.* Jossey-Bass, San Francisco, California

Carr C 1989 Using expert system job aids: A primer. *Educ. Technol.* 29(6):18—22

Compton-Hall M 1990 The future of CBT. *Interactive Learning International* 6(1):35—37

Gredler M B 1986 A taxonomy of computer simulations. *Educ. Technol.* 26(4):7—12

Johnston W B, Packer A E 1987 *Workforce 2000: Work and Workers for the 21st Century.* Hudson Institute, Indianapolis, Indiana

Liebowitz J 1989 Expert systems technology for training applications. *Educ. Technol.* 29(7):43—45

Wilson J, Pickard D 1989 Interactive training-Planning for success. *Interactive Learning International* 5(1): 3—8

媒体与学习(Media and Learning)

媒体发展对学习的支持这一课题，获得了研究者的热切关注，也引起了公众和政府的广泛兴趣。媒体对学习发挥最佳影响作用的条件，至少从以下五个方面得到了不同程度的关注和研究：(a)媒体作为技术或机器；(b)媒体作为指导者或教师；(c)媒体作为社会化的代理；(d)媒体作为学习动机的激发者；(e)媒体作为思考或问题解决的智能工具。区分这五个方面的关键就是五种不同的媒体定义。本词条试图提供最具代表性的媒体定义以及在这五个方面的研究成果。

1. 作为技术或机器的媒体

20 世纪 80 年代以来，教育研究者普遍将媒体定位于它的技术层面，也就是说机械的和电子的方面，这在一定程度上决定了它的功能、形状以及其他物理特性。这些特性通常被用来对媒体进行分类，比如电视媒体、广播媒体等等(Kozma 1991 P. 180)。几十年来，研究者沿用技术工艺学的界定，来研究某一媒体是否比另一媒体更多地促进了学习，或者某一媒体是否在特定的课程内容或者学生类型方面优于另一种。这些研究的进行，并无一定的理论支持——能够解释为什么人们认为一种媒体能够比另一种更加促进学习。

20 世纪 80 年代期间，在数以百计的非理论对比研究之后，有一点清晰起来：来自媒体的学习与技术或机械方面并无多大关系。这一观点正在逐渐被接受(Clark and Salomon 1986, Hannifin 1985, Hooper and Hannifin 1991, Kozma 1991, Ross and Morrison 1990, Salomon and Gardner 1986)。从这些技术研究中得出的一个经常被引用的结论是：侧重于技术和机械方面定义的媒体，仅仅是教学的传输手段，除此之外并不能影响学生的学业成绩，这就好比用卡车装送货物不会给货物本身带来什么变化一样(Clark 1983 P. 457)。运货卡车的例子可以类推之处在于：假如只是用其机械形式(而不是以其承载的内容或其操作的背景来限定媒体的意义)，那么学生的学习根本不会从中获益。然而，学校和政府政策往往反映出一种与此相反的观点。分配一些资金去购买电视或计算机等媒体，在理性上是期望它们最终能够促进教学(Clark and Salomon 1986)。有关调查清楚表明，政府政策制定者应将注意力转向媒体应用于教学的内容以及它们应用的方法。

2. 作为指导者的媒体

媒体的另一种常见的应用，是媒体替代教师或将媒体作为课堂教师的补充。在这种途径中，媒体被定义为技术加上教学内容及所提供的背景。作为指导者，技术的目标是为学校提供附加的教学资源，因为班级规模较大使教学资源受到限制，经费不充足也不能提供丰富的课程，并且边远地区的或个别的学生还有特殊的需要。这一领域的研究倾向于采取大规模调查的方式，系统地得出有关因素的数据：

(a)使用不同种类的媒体技术的单元的数量。

(b)运用不同媒体教授的学科种类。

(c)技术和教学项目消耗的费用以及资金的来源。

(d)由学校购买或开发，并在学制各个层次应用的教学素材“包”和课件的品种与成本。

(e)针对计算机与课堂和课程整合展开的教师培训。

因为描述性研究的范围和后勤问题，他们试图在某一项技术上做到比较具体。在 20 世纪 80 年代，计算机逐渐成为调查的焦点。

2.1 欧洲和北美的计算机应用比较

苏格鲁(Sugrue 1991)比较了欧洲和北美学校的计算机应用情况。贝克尔(Becker 1986)对美国中小学计算机应用提供了深入分析。苏格鲁发现欧美之间有以下共同点：

(a)当地政府对学校购买和使用计算机的资金投入，至少和州政府以及联邦政府提供资金一样重要。

(b)对计算机在全校课程中应用方面的教师

培训相当少，几无例外。

(c)在计算机应用于教学方面，小学滞后于中学，这方面的差距欧洲比美国更加显著。

(d)在中学里，计算机更多地被用于教授计算机，而不是作为教学辅助媒体。

苏格鲁概括的欧美之间的不同点包括：

(a)欧洲的计算机教育软件一般由教育部门主持开发，通常是由中央政府支持的或是从欧洲共同体(现为欧盟)获准的；美国教育软件通常由私人或商业公司进行开发，由学校及大学对其给予评价。

(b)北美学校的计算机学生人均占有数大约是欧洲拥有最多计算机国家的两倍。

(c)欧洲学校比北美学校在计算机软硬件方面有更大的差异及多样性。

贝克尔针对美国学校计算机应用进行了大规模研究，他的分析描绘出了一个计划，这个计划旨在促进计算机在字处理(利用计算机书写)、数学教育以及英语语言训练方面的应用。他指出，美国学校在这方面最严重的问题是教师的计算机知识匮乏以及计算机教学很难适应现有的课程和课堂活动。

2.2 利用媒体教与学的争议

克拉克(Clark)和苏格鲁(1989)回顾了十几年来关于不同媒体学习收益比较研究的争论。20世纪80年代后期大多数此类研究都是将基于计算机的教学与基于教师的教学进行比较。大多数对媒体研究进行的元分析性的调查证明：与传统方案(教师讲授型的)相比，从"新"媒体中进行学习，学生在最终考试中表现出有1/3～1/2的标准差。以大学环境中计算机支持的教学研究为例，计算机媒体的优越性表现为不同课程的最终考核中有从50个百分点提高到66个百分点的增长，这看上去似乎是取得了显著的成效。然而对这些回顾进行更仔细的检查显示：在这些研究当中，将大部分夸大的效果归因于计算机，可能是低水平的实验设计和混淆造成的(Clark 1983, Clark and Salomon 1986)。

根据克拉克(1983)的说法，这一阶段媒体研究中最常见的误导和混淆，主要来源于以下方面不加控制的效果：(a)被比较方案在教学手段与内容上的区别；(b)新媒体的新奇效果，它们随着时间流逝会逐渐消失。克拉克(1983)指出：当同样的教师对所有的教学都使用这种媒体时，较新媒体的正面效果都会或多或少地消失。他推测：在被比较的教学方案中，教学设计者的不同团队或不同的教师提供了不同的内容和教学方式。克拉克还注意到：长时研究中的效果要远小于短时研究中的同类指标。这预示着较新的媒体形式能够带来新奇感，但同时这种感觉会很快消逝。

如果众多的这些媒体比较研究都存在着误导和混淆的话，到了20世纪80年代末期，人们就不知是该将测量到的学习收益归因于媒体，还是归因于教学内容与方式的差别。不过，假如是同一个教师或小组设计相对比的方案，媒体的效果趋向消失，缺少差异的原因可能是出于对非媒体变量的更有力的控制。在此基础上克拉克就用类比总结出了他的结论：媒体不能直接影响学习。他建议：在教学中，媒体在教学中承担的功能类似于处方药的不同传递形式。从来没有人声称是片剂或是药水的具体形式，导致改变了药物对人类生物的功能(除非是使其效率更高或更低一些)。如果不追求效率的话，一付药是以注射剂的媒介形式还是口服药的形式使用，是并不重要的。综合影响生物体的将是处方，而不是药剂输送的具体形式。在这里，药剂输送的媒体形式(片剂抑或液体)完全类似于作为教学媒体的计算机或教育中的教师。并不是计算机改变了学习，片剂药物相对于液体形态药物，它只不过是以不同的形式影响了服药者的生理过程。药物媒介的选择和教学媒体的选择只影响效率以及传输"起作用的成分"的费用，在任何一种情况下，都不影响目标系统的生物或心理本质。药物的积极混合是一种混合物，类似于人们所说的教学方式和信息的结合。是方法，而不是媒体，影响了支持学习的心理过程。

3. 作为社会化代理的媒体

在研究领域，研究主要是检验所谓"大众媒体"对儿童的教育以及社会效果。在这里，媒体的概念被给予如下定义：由基于商业和娱乐的大众传播所提供和呈现的内容或节目,为在家以及在校外的儿童提供指导。在这些研究中被考察的媒体包括电视和电台节目、报纸、杂志以及电影。从20世纪80年代后期以来,这些研究关注的焦点被置于广播电视节目对儿童行为、态度以及在校绩效表现的影响方面。在一份欧洲(以德国为主)大众传媒研究中,斯特里特马特(Strittmatter 1990)注意到:无论是美国还是欧洲,对此都存在着批判,“这些研究活动的理论根基存在着令人惋惜的不足”(P. 489)。

在美国,大量研究将目标锁定于大众媒体是否鼓动了暴力态度及行为,是否分散了学生对家庭作业的注意力。其他一些被关注的问题包括娱乐媒体在儿童价值学习中的作用,这些价值包括两性角色、工作以及平等问题等等。一般的研究结果揭示:暴力行为的一些方面,与价值和行为的发展,与娱乐媒体的应用是相关的,并且对一些儿童比对另外一些儿童的影响要更大一些。另一方面,家长关注儿童收看电视的时间,是否会对儿童在校的绩效表现产生负面影响,这一点在现存的研究中尚未得到有力的支持。

3.1 娱乐电视与在校表现

研究显示:在儿童收看娱乐电视的时数和他们的在校绩效表现两者之间,要么没有关联,要么显示出微小的负相关(Vooijs and Van Der Voort 1990)。但是,娱乐节目对一些孩子的作用比另一些孩子更大。在美国的学龄儿童中,看电视时数平均值被估计为每晚约两个小时,这个数字随着儿童年龄的增长不断增大。据估计,大部分美国儿童不在校内学习时,他们看电视的时间比由一个教师教他们的时间多(Dorr 1986)。不同儿童在电视机前的时间存在着很大的个体差别。大约1/3的儿童持续看电视,但是有10%的儿童完全不看。这种儿童之间收看电视时间上的个体差异多年来保持得十分稳定(Dorr 1986)。怎样解释如此巨大的个体差异?普洛敏等(Plomin et al. 1990)已经提供了有趣的证据:与儿童智能、性情无关的遗传因素,影响着看电视的量。他们认为:因为影响电视收看的遗传因素与影响学校成绩的智能无关,所以收看电视很可能被认为与学校成绩无关。但是儿童们确实是从娱乐电视中学习正面和负面的态度及行为。这样一来,另一个研究领域正在尝试通过正面指导来影响儿童的学习的可能性,帮助他们不受负面的影响。

3.2 教会孩子对电视节目保持批判性的课程

沃伊斯和范德沃尔特(Vooijs and Van Der Voort 1990)已经概括了欧美课程设计研究的结果,这些课程旨在引导儿童学会在看电视的过程中避免负面影响。他们报告说:“缺乏有效的证据,能够说明电视课程对于改变电视对儿童态度和行为的影响是有效的。”(P. 550)但是,他们强调,现存的研究可能并不给出未来的课程可能取得什么成就的感想。他们主张在更长时间里进行有更多理论支持的研究,重点研究最可能受到负面影响的儿童群体的家庭行为(与校内行为相对)。

4. 作为学习动机激发者的媒体

应用媒体激发学生投入更多努力进行学习,已经有了很长的历史了。研究者和政策制定者对新媒体的热情,一部分来自对新媒体会使学习变得更有趣或至少是更投入的期待。认知理论中关于动机的兴趣促进了对有关学生价值、信仰动机品质以及与不同媒体有关的归因(Salomon 1984)的研究。在这种动机研究中,媒体在不同情况下被界定为技术或是界定为指导者,或是界定为社会化代理。这些研究的结果是复杂的,并且在一定程度上相互矛盾。众多有趣的结果中,一个典型的例子包括了新奇的效果,特殊学生获益,在不同媒体倾向上的个体差异以及在媒体节目方面倾注努力的程度等等。

当新教学媒体的教学刚开始时,中小学生的学习动机(相应的,其学习的努力程度)经常有一些增长,但是,随着时间的推移,这种动机就会减弱,直到退到没有引入新媒体之前的水平。例如,在计算机/视频教学的研究中,大部分研究发现,学生对计算机或电视机的新奇性的收益在8周以后就会慢慢消失(Clark and Salomon 1986)。这种新奇性的效果在对大学媒体研究中并不普遍。

动机的收益可能会对少数民族或特殊的学生比较重要。例如,克拉克和萨洛蒙(Clark and

Salomon 1986)回顾了一些研究成果,这些研究中,学生能够一贯地被媒体所激励,他们认为,相对于教师而言,这些媒体对他们更少有偏见,更“可靠和公平”。

萨洛蒙(1984)提供了一个非常有趣的研究媒体动机的模型,这个模型是基于对认知动机理论的一种整合。他谈到学生对不同媒体的信仰和归因中存在着大量个人和文化的差异。克拉克和萨洛蒙(1989)也解释到,不同媒体动机的个人差异可能不稳定,可能会在相对较短的教学时期内发生改变。

克拉克(1982)回顾了性向—施教交互作用的研究,这些研究中,学生选择他们喜欢的媒体教学项目,但是这些研究一直发现,他们在喜欢的项目中比在他们拒绝的媒体项目里成绩低很多。萨洛蒙(1984)提供了证据证明,北美的学生喜欢电视,因为他们认为电视比较“简单”,他还指出,儿童对电视和其他他们认为“简单”的媒体付出“不用动脑”的努力。另一方面,像课本这类媒体,他们认为更具挑战性,所以就不太喜欢,但是学生们在从书本中学习时会更“用心”。作为这项研究的一个结论,我们有理由建议,要谨慎地做出有关希望采用教学媒体来长时间增强学生学习动机的决策。

5. 作为思考或解决问题的智能工具的媒体

在20世纪90年代初,研究的努力被引向探索较新的媒体(如计算机以及视频光碟)呈现教学的方法,这种方法教学生按照工具呈现的方式去思考。例如,这些新的教学程序,可能以某一符号形式模拟专家在写作和语法方面的思考与推理,而这个符号形式最适合学生在头脑中表征这个信息的方式。目的不仅是让学生学到不同的语法规则,而且也是为了使内容与专家的启发式的推理和思维方式结合起来,以便学生将来能够以专家的方式来思考写作。萨洛蒙(1988)称这一过程为认知工具的“内化”,他不仅提供了研究的证据,同时还为此提供了理论的支持。

科扎姆(Kozam 1991)指出,媒体的定义在智能工具的方面扩展了很多,他的定义不仅包括了媒体的技术层面,而且还包括:

> 可供使用的符号体系和能够执行的过程。例如,具有绘图板或者具有语音集成板的计算机可以在其表述中利用比其他计算机更多种类的符号。比起那些存储空间不足的计算机,具有足量存储空间的计算机能够以不同方式处理信息和运行各种专门的复杂系统。这些附加的符号体系以及过程更可能说明这些系统的认知效果,而不是技术本身。(P. 181)

实验证明,通过电影或录像机的“变焦”镜等媒体形式的不断重复操作,完全可能提高儿童将注意力集中于绘画或其他视频演示的某一部分的能力。在儿童观看动画片以后对其进行测量,证实认知模式发生了改变,这些动画片中,三维物体展开成二维的形式,单个事件中不同的视觉角度都得到了检验(Clark and Sugrue 1989, Salomon 1988)。这个试验提供了强有力的证据,真正参与实验的孩子们内化了心智过程的符号表征,这一过程提高了他们注意线索和改变视觉角度的能力。科扎姆(1991)把认知工具途径的实验扩展到了包括通过书、计算机以及多媒体技术等不同形式的信息能力使之可能的工具。温(Winn 1990)为了通过图形(包括计算机图示)显示来学习,提出一种对工具有趣的理论和经验的扩展。

5.1 智能工具途径的争议

有必要注意到:在任何新领域的研究中,智能工具都引起了争论。一种观点认为:工具研究忽视了一些思维过程的“认知不可知性”(Winn 1990)。另一种观点对媒体技术在作为研究对象的认知技能培养中是否扮演了任何实质性的角色提出质疑。克拉克和苏格鲁(1989)提出:没有哪一种媒体技术提供了独特的符号系统或过程并使之成为特定思考或问题解决技能的学习所必需的。他们承认在萨洛蒙提出的条件下,类似视觉缩放和维度转换等处理能够培养思维技巧。但是,他们也提供了这样的证据:在不同的实验处理下(出自不同的符号系统和过程),也可以产生同样的或类似的思维技能(Clark and Sugrue 1989 P. 26 ~ 30)。批评家认为:如果不同的媒体、符号和过程产生了类似的认知技能,那么学习研究的独立变量就不是基于媒体的符号系统或过程。相反,一些符号系统和过程可能对某些学生来讲更有效率(例如速度和成本方面),并且学习效率是由这些符号系统或过程带来的,而非学习活动本身带来的(Clark and Sugrue 1989,Hooper and Hannifin 1991,Hannifin 1985,Ross and Morrison 1990)。因为几乎没有什么研究提供出不同处理方式下的学习效率的测量或比较的数据,批评家认为,教育者可能没有意识到这些新途径的潜力。

6. 结论

如果纯粹从研究的数量来看,媒体调研已经成为教育研究最活跃的领域之一。然而直到20世纪80年代末期,它的持续进展未从任何指导实践的理论中获益。也许正是因为理论的匮乏,大量相似的研究导致了同样没有成果的结局。例如,技术中心主义的研究提供了教师和电视课程带来的学习成效的总体比较。在"媒体作为指导者"和"媒体作为社会化的代理"的研究中,存在着一些概念差异,它们使技术中心主义的研究受挫。这些领域理论的匮乏导致了大量的实验,无论在学校还是社会,都难以解释和应用(Clark and Salomon 1986,Ross and Morrison 1990,Salomon and Gardner 1986)。

许多有关媒体动机的研究,在不断健康发展的认知理论的指导下进行(Salomon 1984)。因为这一领域的实验结果往往与直觉相反,因此当应用于实践中时,它们往往具有潜在的更重要的作用。最后,在智能工具研究方面理论发展很快,并且有一个健康的辩论和讨论环境(Salomon 1988,Kozam 1991)。大部分观测者相信:一些最为关键也是最为有趣的未来研究,将出自这一领域。

R. E. 克拉克(R. E. Clark) 著

李海霞 译

附录

Becker M J 1986 *Instructional Uses of School Computers: Reports from the 1985 National Survey*. Center for Social Organization of Schools, Johns Hopkins University, Baltimore, Maryland

Clark R E 1982 Antagonism between achievement and enjoyment in ATI studies. *Educ. Psychol.* 17(2):92—101

Clark R E 1983 Reconsidering research on learning from media. *Rev. Educ. Res.* 53(4):445—459

Clark R E, Salomon G 1986 Media in teaching. In: Wittrock M (ed.) 1986 *Handbook of Research on Teaching*, 3rd edn. Macmillan Inc., New York

Clark R E, Sugrue B M 1989 Research on instructional media, 1978—1988. In: Ely D (ed.) 1989 *Educational Media Yearbook 1988—1989*. Libraries Unlimited, Littletown, Colorado

Dorr A 1986 *Television and Children: A Special Medium for a Special Audience*. Sage, Beverly Hills, California

Hannifin M J 1985 Empirical issues in the study of computer-assisted interactive video. *Educ. Comm. & Tech. J.* 33(4):235—247

Hooper S, Hannifin M J 1991 Psychological perspectives on emerging instructional technologies: A critical analysis. *Educ. Psychol.* 26(1):69—95

Kozma R B 1991 Learning with media. *Rev. Educ. Res.* 61(2):179—211

Plomin R, Corley R, DeFries J C, Fulker D W 1990 Individual differences in television viewing in early childhood: Nature as well as nurture. *Psychol. Science* 1(6):371—377

Ross S M, Morrison G R 1990 In search of a happy medium in instructional technology research: Issues concerning external validity, media replications and learner control. *Educ. Tech. Res. Dev.* 37(1):19—33

Salomon G 1984 Television is "easy" and print is "tough": The differential investment of mental effort in learning as a function of perceptions and attributions. *J. Educ. Psychol.* 76(4):647—658

Salomon G 1988 AI in reverse: Computer tools that become cognitive. *J. Educ. Computing Res.* 4(2):123—134

Salomon G, Gardner H 1986 The computer as educator: Lessons from television research. *Educ. Res.* 15:13—19

Strittmatter P 1990 European research on media and technology in education: Current status and future directions. *Int. J. Educ. Res.* 14(6):489—505

Sugrue B M 1991 A comparative review of European and American approaches to computer-based instruction in schools. In: Shlechter T M (ed.) 1991 *Problems and Promises of Computer-based Training*. Ablex, Norwood, New Jersey

Vooijs M W, Van Der Voort T H A 1990 Teaching television: The effects of critical television viewing curricula. *Int. J. Educ. Res.* 14(6):543—552

Winn W D 1990 A theoretical framework for research on learning from graphics. *Int. J. Educ. Res.* 14(6):553—564

其他参考文献

Cuban L 1986 *Teachers and Machines: The Classroom Uses of Technology Since 1920*. Teachers College Press, New York

Clark R E, Sugrue B M 1990 North American disputes about research on learning from media. *Int. J. Educ. Res.* 14(6):507—520

Lepper M R, Gurtner J L 1989 Children and computers: Approaching the twenty-first century. *Am. Psychol.* 44(2):170—178

Spencer K 1991 Modes, media and methods: The search for educational effectiveness. *Br. J. Educ. Technol.* 22(1):12—22

US Congress, Office of Technology Assessment 1988 *Power On: New Tools For Teaching and Learning* (OTA-SET—379) US Government Printing Office, Washington, DC

教育中的媒体：静态图片、音频媒体及视听媒体的作用(Media in Education: Role of Still, Audio, and Audiovisual)

长久以来，人们一般靠直觉而不是靠某种理论基础来提倡视听媒体作为口头讲授的补充。本词条讨论了媒体应用的基本理论，并且论述了不同形式的声音媒体、视觉媒体以及视听媒体各自特殊的优点、局限性及其应用。

1. 作为口头讲授补充的视听媒体

历史上，至少从17世纪夸美纽斯(Comenius)时代起，教育家们就一直对视听媒体所具有的补充或取代口头讲授形式的能力感兴趣。无论在西方还是东方的文化中，讲授法在口授教育传统中都占有重要地位，然而它却一直被以下几种局限性所困扰：首先，对口头讲授内容的理解依赖于学生在语言上和概念上的思辨能力，而特定的学习者对这些技巧的掌握可能会有很大不同。一旦在说的人和听的人之间有某些方面没有匹配，就会产生误解。其次，在正式讲授中传递的抽象概念会自然而然地以视觉形式存储和提取，例如，以基本的几何图形的形式。而且，有证据表明，无论事物的关键特征是视觉上的还是以口头形式表述的，学习者都是通过建立直观的脑图记住它们。既然学习者建立脑图的先天能力是不同的，那么视觉的表征形式就有助于实现形象化。从视觉想像调查中得出的一项结论是：视觉辅助能帮助那些不是视觉型的学生，因而能缩小不同倾向的学生之间的差距。第三，在以学校里的教学目标，特别是在以就业为导向的学习中，需要学生掌握的不仅仅是字面上的理解，而且还有将新知识或技能应用于实践的能力。视听教具能极大地增强课堂经验的逼真性，增加培训迁移的可能性。

音频媒体同样用于以下几种实际的教学目的：首先，某些教学目标要求认识并区分实际声音：例如鸟的叫声、带有本国口音的外语、交响乐的演奏、民族舞蹈的伴奏等。在其他情况下，教学内容可能带有语言特性，但是，无论是现场的还是提前录制的，用这种声音媒体可能会有某种管理上的优势。例如，就广播而言，广大的听众可以同时接收，这样人均费用极低。使用盒式录音机在自学中心播放教学内容，允许学生自定步调，可以将学生的手和眼解放出来做别的事情，例如，在听已经录制好的讲解的同时，检查显微镜的载片等等。

2. 理论基础

尽管已经有了上百年的实际运用，但是从理论上对媒体在学习中作用的理解仍然停留在初级水平。在回顾对欧洲和北美有关大众媒体产生的教育影响的研究（Strittermatter 1990）时有人谈到，“在研究活动中遗憾地缺乏理论根基”。扫除理论建构的障碍的重要一环就在于对媒体的确切定义。正如克拉克（Clark 1992）所指出的，学者们在谈到教学媒体时总是关注媒体的不同方面：从它们的物理形式、教学功能到心理上的结果。每种观点都导向明显不同的理论构想和对媒体价值的不同概括。

关于媒体和学习的一个较早出现、至今仍有广泛影响的现代理论构想是“经验之塔”理论，它由霍本等人（Hoban et al. 1937）首次提出，并由戴尔（Dale 1954）进一步说明。“经验之塔”表明：媒体随着学习经验的具体性程度的不同而发生变化，在学习者对一个概念先前经验的多少和用来有效讲授此概念的媒体的抽象程度之间，大致有一种相关性。

“经验之塔”的缺陷之一，就是戴尔之塔中的条目是各种活动（例如设计的经验）、硬件系统（例如电视）和符号系统（例如视觉符号）的混合。什么构成了媒体，它们如何与学习发生联系等，都很难推断。

从20世纪50年代到80年代，大量有关媒体教学同传统教学的对比研究，并不是在某种理论原理的驱动下进行，以解释为什么一个传输系统比另一个传输系统可以引发更多更好的学习。除了根据所使用的硬件和软件之外，这些研究通常不能确切地区分这两种教学处理方式。正如克拉克和萨洛蒙（Clark and Salomon 1986）及其他人所指出的那样，在这些研究中，媒体和方法被严重地混淆了。的确，学习结果与“方法”的相关性似乎要高于与媒体的相关性。克拉克的颇有争议的结论是：媒体，作为交流的通道，“仅仅是传输教学的工具，而对学生成绩的影响，并不比运送食品的卡车对我们营养的改变来得多”（Clark 1983 P. 457）。

3. 媒体与媒体特征

为了对克拉克的挑战做出回应，从而为研究媒体对学习的影响提出一个更加一致的理论框架，科兹马（Kozma 1991）接受并拓展了萨洛蒙（1974，1979）提出的认知观点，并在莱韦和迪基（Levie and Dickie 1973）的认识基础上建立了自己的理论。这一理论是按照媒体使用某种符号系统的能力来定义媒体，关注它在给定的媒介环境下表现出来的“特征”。

所以，一种媒体的特征，是这种媒体的能力——以运动的、彩色的、三维的等方式呈现对象；提供印刷文字、口头语言、实时的视觉和听觉的刺激……一些特征，例如提供图片刺激的能力，是很多媒体具有的特性；而其他特性，比如，以三维的形式呈现物体，就只是相对较少的媒体具有的特性（Levie and Dickie 1973 P. 860）。

区分媒体中“可能”存在的特征与其在某些情况下真正表现出来的特征，可以帮助解释为什么媒体研究的结论总是不一致的困惑。比如，如果在电影A中熟练地运用了色彩和运动图像，而电影B只呈现了单色的、静止的图像，则电影A可能不会产生与电影B相同的教学结果。

关注媒体呈现中所表现出来的特征是认知观点的基础，因为那些符号的表述直接与学习者头脑中呈现观念、信息处理和建立他们自己的图式的方式有关。

更进一步，科兹马（Kozma）的“建构主义”观点认为学习是一个创建意义的过程，而且可以在一个学习者和一个物理设备（例如书或录像带等）之间共享。因此，科兹马选择了题目：“用媒体学习”。科兹马对电视的描述，阐明了从建构主义的观点来看，确定媒体特性应当考虑什么。

电视在可能影响认知结构与过程方面与书本有很多不同的方式。和书本一样，电视也可以运用图片、图表以及其他表征符号系统，但是，在电视中这些符号都是瞬时的，但它能够描述物体的运动。电视中的语言信息可以正确地拼写出来，但是更多情况下只是口头表达，并且同录音带和收音机一样，也是瞬时的。在电视中，因为语言和图示的符号系统是瞬时的并且因为它们同时呈现,收看者不是像原来那样按照前后顺序处理书本上的语言及表征信息,而是会以一种非常不同的方式来处理这些信息。符号系统的使用以及它们的瞬时的特点同样有可能会影响到电视产生的心理表象(Kozma 1991 P. 189)。

在总结媒体的效果时必须牢记的一点是,人们只是提及这种形式或那种形式的“可能性”。实际上,以那种形式设计的材料也许并未很好地利用那些可能性。例如,尽管电视可以表现逼真的动作,它同样也可以并且常常用来仅仅表现一个正在说话的面孔,而对所讨论概念的运动特性不作任何描绘。

相反,可能把印刷媒体仅局限在表现一系列连续的文字。但是,那些文字当然也可以并且经常伴有图片或照片,并通过(表面上是语言媒体)它们来促进视觉学习。

因而,正如在本词条后面的部分尽力要做到的那样,笼统地描述不同媒体的教学特性非常困难。这样,以下所有总结中都存在一个基本的警告,即:有必要检查由那种媒体的个别案例所提供的符号表征形式,去预测它的教学价值。例如,“学习者如何利用‘这张’幻灯卷片的特点来促进他们的学习?”

4. 媒体的一般作用

视频、音频材料以及视听媒体可以在教育中发挥许多作用,它们极为重要的一个作用就是促进学生的学习,而做到这一点的方法之一就是为学生提供丰富的环境、色彩、声音以及运动,从而可以提高学生学习的兴趣和动机。一旦它们引起了学生的注意,这些媒体便可替代性地扩展学生的体验。例如,学生可以不必亲自到国外去“看”就可以观光国外。视频可以给词汇赋予意义。它们可以提供更具体的指示物,这样有助于避免错误概念。学习者可以看到新发明的样子,而不是仅仅听到或读到对它的语言描述。

运动媒体以及连续的静止的视频可以展示一个过程。当学习一项技能时,最好在学习者操作以前先演示一遍,这种演示可以是“实况”的,或者可以拍成电影、视频或一系列图片。

人们常常忽略媒体在评估过程中的作用。人们可以要求学生在一幅照片中辨认一个物体或物体的一部分,要求他们描述记录在录音带上的音乐作品的乐章。电影和录像能够提供发生在问题情景的事件,然后让学生讲出他们将如何对事件做出反应。

5. 媒体类型

媒体的分类方式很多。在本词条中,我们将按照材料的物理性质或媒体系统中使用的“软件”对它们进行分类。例如,只要呈现出的静态图片的大小和装订形式不同,幻灯片和幻灯卷片在这里就是不同的媒体类型,因为它们呈现静止图像的大小不同以及安装和配置也不同。我们将就每种媒体典型的和潜在的属性,分别讨论其优点、缺点和它的应用(我们始终假定任何特定的材料都可能或可能无法利用那些潜力)。

6. 视觉媒体形式

6.1 非投影类视觉媒体

6.1.1 静态图片

静态图片指人、物和地方的照片或类似照片的表征形式。教学中常见的静止图片主要是照片、明信片、书本中的插图以及挂图(放大了的插图)。

优点　非投影类静态图片可以把抽象的信息转化为更现实的形式。它们能帮助教学从言语符号的层次转换到较为具体的层次。它们可以从书本(包括教科书)、杂志、报纸、手册以及挂历上轻易获得。由于不需要任何设备,静止图片使用起来非常简单。并且,它们的价钱也比较便宜,大多数图片花极少的钱就可以买到。

局限　有些静态图片太小,因而不适合集体教学。图片是可以放大的,但放大的过程却耗资不菲。不过,实物投影可以在大班的情况下投射出扩大的图片(将材料从非投影类转换为投影类)。静态图片是二维的,我们可以通过从几个不同角度或位置展示某一物体或场景的一系列图片,来弥补其立体感不强的弱点。静态图片不能表现运动,然而前后相继的一系列图片可以间接表示运动。

应用　非投影类静态图片的运用极为广泛。师生制作的图片可以用来说明特定的课程主题。例如,当地的建筑物照片能说明其特定的建筑风格。实地考察所拍摄的照片能为讨论和班级后续的活动提供非常有价值的素材。

照片特别有助于对过程的研究。例如,铁或纸的生产过程、内燃机的工作过程等。照片对社会科学的讲授也很有帮助,在地理教学中,它们能引证人与环境的关系。所有类型的静态图片都可以用来进行测验和评估,它们尤其有助于以识别人、地、物等为教学目标的教学。此外,非投影类静态图片也可以用来激发有创意的表达,例如,说、写故事或者写诗等。

6.2　投影类视觉媒体

6.2.1　投影

在过去的几十年中,由于其自身具有众多的优点,投影很快在世界范围内成为教室中广泛使用的视听设备。典型的投影机大都是一个大盒子,盒子上部有大的孔径或"镜台"。

由盒子里强光源发出的光穿过放置在镜台上的透明片(大约为8英寸×10英寸或20厘米×25厘米),安装在盒子顶部托架上的一组镜头成像系统,将光束折射90度,使图片越过教师的肩膀投射在其背后。

投影机所用的投影片可以是照相用的胶片、透明的醋酸盐胶片或是其他任何能够通过化学或加热过程压印图片的透明材料。投影片可以单独使用,也可以制成一系列的图片,有一个底部的图片,之后通过铰链把一个或多个图片叠加到底部的图片上。复杂的内容可以通过一次翻动一系列重叠胶片中的一张,来一步步解释。这些叠加的图片给图表增加了一些额外特征。

优点　由于投影系统具有的一系列独特的性质,使得它具有多功能性。投影的高亮度灯泡和高效的光学系统在屏幕上产生的光很强,因而在正常的室内照明条件下就可以使用。教师在教室的前方操作投影机,他能够面对学生,可以同他们保持直接的目光接触。大多数投影机都轻便易携,操作也都很简单。很多材料都可以被投影,包括剪贴画、不透明的小物体以及很多类型的透明物体等。

教师可以控制被投影的材料,可以用彩笔指出其重点,用笔在透明图片上增加细节,或是把被投影的信息遮盖起来一步步地揭示。正如前面提到的,教师还可以用多张重叠的胶片来表现复杂的视觉形象。

教师可以很容易地自制投影片,原来不得不在上课期间写在黑板上的那些信息,可以提前准备,并在适当的时候进行展示。研究表明,当视觉轮廓被展示出来时,可以大大提高对要点记忆的保持。

局限　投影的使用效果很大程度上取决于使用者。投影机不能自动播放信息。投影系统是为集体教学所设计,所以它不适合自主学习。因为投影不能配字幕和声音,所以一般情况下,它也不能用来自学。

印刷材料和其他的不透明材料(例如杂志上的插图)都不能够直接投影,然而,实物投影仪却能做到这一点。如果要使用高架投影系统投影某些不透明的材料,必须经过某些工艺将其制成透明片。

同别的放映系统相比,高架投影系统易造成图像的变形。为了便于讲解者在投影片上书写,投影器一般都放在桌面上。而另一方面,为了不妨碍学生的视线,屏幕要放得高一些。这种位置上的差异容易使投影出来的图片出现变形,我们称它为"梯形失真效应"。

应用　从投影在教室中的普遍配备就可以看出,投影在教学中有广泛的应用。事实上,投影片商家为从幼儿园到大学、从商业到工业的几乎所有的课程领域和教育层次都提供了产品,这也表明了投影的应用之广。这些产品包括单一简易的投影片、精心设计的投影复片、遮挡装置以及其他教学辅助手段。透明的塑料设备,例如时钟、发动机、几何图形等都能得到。教师可以操作这些装置,并通过屏幕展示这些装置各个部分的工作互动情况。

6.2.2　幻灯

"幻灯片"一词指的是摄影用的小型透明片,它被设定一次投影一张。教学上所采用的幻灯片的尺寸大多是2英寸×2英寸(或5厘米×5厘米)，以幻灯片衬纸的外侧尺寸为准。35 毫米和他流行的感光胶片冲洗之后，也通常被重新贴在 2 英寸 ×2 英寸的衬纸上。“图片”自身的实际尺寸随着胶卷或相机的类型而有所不同。

优点　由于幻灯片能够以不同次序来排列甚至是打破顺序重新排列，所以，它们比幻灯卷片或顺序既定的材料更具灵活性。随着照相设备的不断改进和简化，越来越多的教师能够制出自己的幻灯片。自动曝光控制、简单聚焦和高速感光的彩色胶卷也对这一趋势有所助益，而且非专业的摄影者也能够拍出高质量的彩色幻灯片。

先进的幻灯机都可以将几套幻灯片放在盘子内，这样可以利于幻灯片节目的装配。大多数幻灯机还提供了遥控装置，允许教师站在教室前面或教室的一侧，通过遥控器控制幻灯片的播放。某些播放模式还可以提前预设然后自动放映。幻灯机这一特点适宜在展览、演示场合等持续播放幻灯片。

幻灯片的通用性和易操作性，使得为了特定教学目的而建立固定的幻灯片库变得相对容易。教师可以收集存储他们自己的幻灯片库，或是把幻灯片编辑之后放在某个学习资源中心。使用者可以部分或全部地从已有的幻灯片中组织放映内容，这样可以减少制作新幻灯片所需费用。

幻灯片可以整合到个别化学习程序中。尽管幻灯片发明之初是作为面向群体的媒体，但是硬件的革新已经使得幻灯片适合小组教学和自学。

局限　幻灯片不同于幻灯卷片，它是一帧帧独立的，所以极易变得无序。即使保存在盘子中，如果齿轮松动，幻灯片也可能掉出来。幻灯片的衬纸可以是硬纸板、塑料以及各种厚度的玻璃，衬纸缺乏规范使得在幻灯机换片时容易造成阻塞。有磨损边的硬纸板容易卡住机器；塑料衬纸在灯的温度下会膨胀弯曲；比幻灯片片盘槽厚的玻璃质衬纸，可能不会落在合适的显示位置。

未用玻璃封装的幻灯片容易被灰尘和指纹等污染。不当的保存和处理容易造成永久性损伤。与幻灯卷片相比，幻灯片的最后一个局限性是它的费用。一组幻灯片的制作成本可能是同样长度幻灯卷片成本的 2 ~ 3 倍。

应用　正如其他形式的投影类视觉媒体，幻灯可以在任何水平的教学中应用，并适合任何学科领域的教学。很多高质量的幻灯片可以依据自身需要单个地或成套地购买。一般而言，精美的艺术作品、地理和理科，尤其适合使用那些从商业渠道买来的幻灯片。

幻灯片展示的典型主题包括实地考察旅行或对当地商业的观光、为社区制作的可视化历史、对学生活动的记录、学生的作品以及社区问题(例如犯罪和污染)等。其他应用包括展示不同工作岗位上人们的工作状态，用特写镜头一步步教授操作的过程，以及提升对学校和社区项目的公众意识等。

6. 2. 3　幻灯卷片

幻灯卷片是一卷 35 毫米的透明胶片，它包括要一帧帧放映的一系列有关联的静止图片。市场上制造出来的幻灯卷片通常包括 20 ~ 60 幅画片或“帧”。胶片被卷起来保存在小塑料盒里，在每一帧的底部打印出它的描述性信息。

录制的声道通常伴随着胶片上的画面。盒式录音带是为有声幻灯卷片提供解说、音乐、音效等的标准方法。盒式磁带通常在专业的盒式录音机上播放，有时候这种盒式录音机集成在幻灯卷片的放映机上。

对绝大多数有声幻灯卷片来说，无论是唱片还是录音带，除了声道之外，还有另一条轨道，这条轨道所包含的无声信号会自动激发放映机播放下一帧。根据放映机的性能，放映者通常可以选择依据声音手动放映，或是利用无声脉冲自动放映。

优点　由于集成性、易操作性和制作费用的低廉，幻灯卷片已经被广泛使用。一段 60 帧的胶片只有几盎司重，一只手就可以轻松握住。它可以很轻易地插入一架简单的放映机之中。购买商业制作的幻灯卷片平均每帧的花费比买幻灯片和投影片都要便宜得多。人们可以利用幻灯卷片展示那些有序或一步步的过程，而不必担心图片的顺序会打乱，或图片会上下颠倒，而幻灯片就容易出现这些问题。

同声音媒体和运动媒体相比，教师或学生能够控制观看幻灯卷片的节奏。这种性能尤其适于自主学习，而且在教师控制的集体演示中也非常重要。慢速、从容地观看每一帧图片,可能更适合于掌握一节课的内容,然而快速的浏览对整体把握和复习这样的目的来说,也足够了。人们不仅可以控制幻灯卷片的节奏,而且教学的深度也是可控的。讲授者所用词汇及叙述水平,可以根据听众的接受能力进行调整。

幻灯卷片适合自学。人们专门制造了很多类型的台式播放器供个人或小组使用。儿童就可以很容易地将胶片装进这些播放器里。帧与帧之间的固定顺序使学生通过这些材料的学习能够系统化。字幕或录音给视觉形象增加了语言要素,创造了一个方便的自控式学习包。因为使用者可以控制演示的速率,所以当用来独立学习时,幻灯卷片可以由学习者自定播放节奏。

局限性　把帧与帧之间以某种顺序永久性地固定,既有益处也有弊端。幻灯卷片最大的弊端,就是无法做到改变图像之间的顺序而不损伤胶片。并且,返回前面的某张图片或是略过某几帧都十分麻烦。另外,由于胶片是通过齿轮的拉动穿过放映机,因此总有可能撕开齿洞弄坏胶片。胶片装入不当和不细心使用都会造成裂缝,这些都难以修复。

应用　由于幻灯卷片包装简单,易于操作,因此它们非常适合自主学习,并且在学习中心和媒体中心很常见。学生们乐于自己使用幻灯卷片。幻灯片和幻灯卷片的最大区别在于,幻灯片适合于教师自制的展示,而幻灯卷片更易于大规模生产。而且幻灯片比较幻灯卷片而言,它适合于更开放的使用风格。幻灯卷片通常被做成自学包,也就是图像配合着讲述,而讲述通常以胶片上的字幕或是盒式录音带的形式提供。

7. 声音媒体形式

大部分中小学学生把他们在校时间的50%都用在只是听讲上。大学生可能将他们课堂时间的大约90%用于听讲解或小组讨论。我们决不应该低估教室中声音媒体的重要性。"声音媒体"指的是为了教学的目的,记录、传输人的语音或是其他声音的各种方式。教室中最常见的音频设备包括留声机、电唱机、开盘式录音机、盒式录音机以及CD机等。

声音媒体有很多令人满意的属性。首先也是最重要的是,它们大多是比较便宜的教学媒体形式。就拿录音机来说,一旦买了磁带和设备,由于磁带可以消磁后重新录音,因此几乎没有什么附加费。声音素材很容易找到并且使用简单。它们极易适应任何言语水平,并且适用于集体教学和个别化教学。不能够读的学生可以通过声音媒体来学习,而对不能阅读的学生来说,声音能向他们提供早期的语言体验。比起印刷材料,听觉媒体能提供更富刺激性的言语信息。只要教师方面有一些想像力,声音媒体就能达到多种效果。盒式录音机携带方便,只要有电池,在野外也可以使用。鉴于很多学生已经有了自己的盒式录音机,因此它是家庭学习的理想选择,并且磁带可以根据需要的数量很容易地复制出来。

正如所有其他媒体一样,声音媒体也有不足。虽然可以倒带重新听记录的声音片断,或是快进听前面的部分,声音媒体的展示顺序还是固定的。如果没有人站在学生面前同他们面对面地交流,一部分学生就不会全神贯注地听录音教学。他们虽然听到信息,但并没有听进去,也没有真正理解它。购买播放和录音装置的前期投入较高,由教师来制作录音材料也要花费时间。如果学生的技能和经验背景相差悬殊,则难以确定一个合适的提供信息的节奏。另外,保存、检索磁带和唱片也存在着一些问题。

对那种"需要动手"的学习来讲,学生可以通过听教师准备好的磁带而受到程序化的指导。为了提高工作的效率和质量,学生必须双手空闲,两眼关注他们正从事的活动,而不是盯着课本或说明书。磁带讲解允许学生自定步调,并且教师也可以在教室中走动,对学生进行个别指导。关于磁带的一项令人振奋的应用就是口述史项目。学生们可以就其社区的历史访问当地的居民,在准备这个项目的过程中,学生要学习国家和当地的历史,他们所引用的文章可以编订成册以供别的班级使用。

有学习困难的学生(但必须智力正常)可以通过磁带就如何听报告、演讲及其他口头演示活动而接受指导。这些学生可以用记录了故事、诗歌和教学的磁带来训练听力技巧。听完之后,可以用学生以前没有听过的一盒磁带来测评学生的听力水平。

磁带录音机可以用来展示读书报告。学生在媒体中心或家里学习期间，可以录下他们的读书报告，并交由老师评分，最好的报告将存档，保存在媒体中心里。

7.1 留声机

留声机在家庭和学校里是一种常见的播放已录制的声音内容的媒体形式。在20世纪90年代早期，许多流行音乐和古典音乐的制作者都推出唱片以支持盒式录音带和光盘。然而，留声机作为一种教学媒体形式仍有吸引人的特性，所以在教育系统中还在使用。各种类型的交流，从口头言语到飓风的声音、黄嘴布谷鸟觅偶的叫声以及贝多芬的第九交响曲等，都被录制到留声机唱片中。

作品用“磁道”分开，这样给段落作标示就更容易一些。录音中每个段落的位置通常在唱片的标签、唱片套或是防尘封上标示出来。由于留声唱片是用唱片母盘通过高速压印新片而制成的，所以相对较为便宜。

尽管留声机具有众多的优点，但也有很多严重缺陷，其最大的缺陷在于不能经济地本地化生产。如果有人把唱针掉在唱片上或是划了它的表面都会破坏这张唱片。过热和不当的保存会使唱片变形，有可能再也难以播放。而且保存唱片还存在另一问题：唱片比盒式磁带所占空间大。

7.2 录音带

同留声机唱片和光盘相比，录音带的主要优点在于教师能够比较容易地录制自己所需的带子，并且花费不多。当所录材料过时或者不再适用，磁带经过消磁后可再次使用。磁带不像留声机唱片那样易被损坏，它们保存起来也很方便，而且损坏的带子也可以修复，而这一点唱片却做不到。

当然，磁带录音也有一些局限。在录音过程中，背景声有可能同材料一起被录制进去，即使很小的杂音也能毁了一次录制。事实上，磁带消磁重用也存在着问题。正如当不需要它时，它们能够被快捷轻松地消磁一样，有时当应当保存它们的时候，如果操作不当，也可能很快地被消磁。在磁带上查找某个特定的段落也非常困难。磁带上的记时信号有助于检索，但它们不是很精确。

7.2.1 开盘式录音机

在磁带录音技术开始被引入之初，如同16毫米电影胶片，磁带被安装在开盘上。磁带必须穿过录音机，空闲的一端系在一个卷片盘上。这也就是为什么这种磁带形式经常被称为“盘到盘”式。现在常见的盒式录音机于1963年投入使用。在几年之内，这种新式的录音机由于方便、灵活和便携的特点而取代了课堂上的盘式录音机。但盘式录音机仍用于录制唱片、盒式磁带以及光盘的母盘。

7.2.2 盒式磁带

盒式磁带实质上是一个自控式的“盘到盘”系统，这个系统的两个盘永久性安装在一个不平滑的塑料盒子里。1/8 英寸宽的磁带永久地固定在这两个盘上。盒式磁带根据录音时间进行区分。例如，一盘 C—60 型磁带其两面都用上的话可以记录60分钟声音（每面各30分钟）。通常可以买到 C—15、C—30、C—60、C—90 和 C—120 型的磁带。容纳磁带的塑料盒子尺寸是相同的，它们都可以在任何一台盒式机上播放。

盒式磁带经久耐用，不受震动和摩擦的影响。因为不需要手工操作，所以使用简单，它可以在几秒钟之内被装进或取出录音机。可以通过取出带盒边缘的小塑料按钮，来避免无意的消磁。盒式磁带的保存也很方便，盒式磁带所占用的空间仅是录制同等内容的开盘式磁带的1/3。

尽管有上述优点，盒式磁带也有一些不足之处。非常令人遗憾的一点是，长一些的盒式磁带（尤其是120分钟长的）有时候会因为带子过薄而变黏或是缠带。如果一盘盒式磁带断了，它过小的尺寸和有限的可接近性，使得重新接合它比开盘式磁带要困难得多。由于在大多数便携的盒式磁带播放系统中扬声器太小，导致盒式磁带的反应频率和总的质量（声音还原的精确性）不如开盘式录音机和电唱机，然而就大多说教学功能来说，这种质量就足够了。

7.3 激光唱片

激光唱片（CD）在1983年被引入。从表面上看，激光唱片很像不带纹路的小的银色的留声机唱片。激光唱片直径仅为12厘米（4.72英寸）。这种较小的唱片转起来要比留声机唱片快得多，并且储存了多得令人难以置信的信息。有些激光唱片能够记录 75 分钟长的音乐节目。

激光唱片技术为教育过程提供了引人注目的一种选择。教师能够很快地找到唱片的某一部分,甚至可用任何想要的顺序编排要播放的内容。学生可以有选择地检索信息,教师也可以对其有选择地编排。激光唱片的一个主要优点在于它不易受损,无需担心纹路磨损和缠带、断带等。污点可以清洗,一般的划伤也不会影响到播放效果。

在家庭中应用激光唱片已迅速普及。但是购买激光唱片和播放机所需的费用,阻碍了它被教育市场所接纳。然而,随着价格差的减小,激光唱片所具有的优势,尤其是它的不易受损性,将使它在教室中也成为声音媒体的标准形式。

8. 视听媒体形式

8.1 *声音和幻灯节目*

2 英寸 ×2 英寸的幻灯片加上录音带,是在当地制作的最简便的视听媒体形式。这种形式功能多样,便于使用,既适合于集体授课也适合自主学习。编排好的声音和幻灯结合的演讲能产生极强的戏剧性效果,因此能强化学习。声音和幻灯节目既可由教师制作,也可由学生制作,还可以从商业渠道购买。然而,大规模制作的商业节目通常要转化为幻灯卷片或盒式录音带形式。保存幻灯卷片所需的空间比幻灯片要小,并且制作费用要少。也有些商业节目以留声机唱片而不是盒式录音带的形式出售。

声音和幻灯节目中的视觉信号可以手动或自动行进。在手动操作中,视觉和声音元素通常是由两台独立的机器发出来的。当要放幻灯片时,可以听到音轨信号中的“嘟嘟”声。有些音轨不含有声的切换信号,在这种情况下,就必须使用能够指导如何播放幻灯片的脚本。

8.1.1 优点

如前所述,声音和幻灯节目的本地化制作既容易又便宜,只需一台简单的照相机和一台盒式录音机即可。除此以外,它们还可以由学生制作。这种视听展示包括了两种感官刺激,可以对学生产生强烈冲击。声音和幻灯展示能够用来教给学生知识或改变学习态度。经过很少改动甚至无需改动,它们就可以用于个别化教学或集体教学。与书面的学习指导相结合,声音和幻灯节目能够有效地让学生进行参与。

8.1.2 局限

声音和幻灯节目主要的局限之一在于幻灯片易出现声画不同步。这种情况可能会出现在集体教学时,在学生单独使用声音和幻灯节目时则更加普遍。另外,当保持声画同步时,也很难回放和重新观看程序的某一段。这种缺点可以通过将两种媒体合成为一种叫作录像带的单一媒体而得到克服。

8.1.3 应用

声音和幻灯展示可用于几乎所有的教学场景,并且可用于包括用图像引起或激发情感反应的教学目标。它们可以在集体教学中发挥效果,也可以在学习中心用于自主学习。如果可以为一组给定的视觉图像准备多种叙述,那么这种相对简单的多媒体系统作为一种教学工具就显得功能比较丰富。例如,单一一组视觉图像可以用一种叙述声音对主题进行介绍,用另一种叙述声音帮助学生进行更具体的学习。这种叙述可以用两种以上词汇水平,一种适合正常学生的水平,另一种则适合学习上有困难的学生。在外语教学中,一盘磁带可以用学生的母语讲述,在另一盘磁带上则用正在讲授的外语来进行相应的叙述。

8.2 *视频和电影*

在这一部分,视频和电影将放在一起讨论。历史上,这两种媒体有不同的起源:其中出现较早的电影源于照相术的化学程序;而视频则源于电视的电子技术。对运动图像的记录是从电影发展而来的,运用了照相术的化学程序,所使用的录像带运用了电视的电磁程序,而现在的视盘则运用了数字化程序。然而,这些形式都应该被看作是有伴音的对运动图像的存储或展示方式。上述媒体形式在成本、方便性及灵活性等方面很不相同。

视频的原意就是在类似于电视的屏幕上播放图像。任何一种媒体形式,只要它运用了阴极射线管屏幕来展示信息的图像部分,就可以被定义为“视频”,因此视频这一术语囊括了录像带、视盘和激光盘。伴随视频图像的声音可以以磁的形式记录在录像带上,或是以数字形式记录在视盘上。

8.2.1 录像带

在北美和世界上其他绝大多数地区,1/2 英寸的 VHS 录像带是市场上最流行的录像带型号。VHS 也深受业余爱好者青睐,并用于制作教育中有关运动图像的非演播室作品。在 20 世纪 80 年代,VHS 取代了 16 毫米电影胶片,作为普及教育"电影"的选择。VHS 录像带比 16 毫米电影胶片便宜得多,并且得到了广泛的认可,以致一些公司仅以 VHS 录像带形式出售其最新产品。

8.2.2 视盘

最初和最普通的视盘,类似薄的银色的留声机唱片。如同激光唱片一样,图像和声音是以数字形式记录在视盘中的。视盘能够容纳 30 分钟动态视频图像,最多 54 000 帧静态图像或动态图像与静态图像的混合。如同激光唱片一样,视盘能够通过添加索引来快速找到记录内容的任何部分。但是所加的索引必须在生产过程中放入视盘,使用者自己不能添加。当一个视盘播放单元连接到计算机上,视盘上的信息就成为计算机辅助教学(CAI)程序的一个不可或缺的部分。计算机程序可以利用视盘上的索引辅助教学。

同录像带相比,激光视盘的图像更明亮、更逼真。视盘图像的水平分辨率可以达到 350 线,相比之下,录像带只有 240 线。这些图像质量等同或优于 16 毫米电影。同电影胶片相比,视盘在重复使用时图像质量不受损失。相反,电影胶片容易褪色众人皆知,放置时间过长或是使用过频它都会褪色。而且视盘音频的质量也远远高于电影和录像带。

视盘正日益成为播放戏剧电影的流行形式。一些教育电影公司正用视盘形式发行其作品,但是教育者的购买却相对迟缓。播放视盘的设备不如录像机和放像机那般普遍。

8.2.3 光盘

光盘不像视盘那样仅仅用来记录和播放运动图像。光盘上的运动图像通常与语言信息和静态图像一起,合成为计算机所控制的程序。

8.3 电影

电影胶片指的是以光化学的形式记录一系列静止图像的赛璐珞材料。当一系列透明图像,以每秒 24 幅(或帧)的速度播放时,就被人眼误解为运动的图像。正如录像一样,这种对运动的误解是由视觉暂留现象造成的。影片中的声音放在胶片边缘的声道中。最普通的声道类型——光学声道,实际上是随着明暗色调变化记录在胶片上的精确而持久的声像。

电影胶片有各种宽度和图像尺寸。对戏剧电影来说 35 毫米胶片是最常用的,对教学和非戏剧性电影来说 16 毫米胶片是最常用的类型。

8.3.1 视频和电影的不同

因为对媒体的研究表明,播放那些具有相同基本特征——运动、色彩以及声音的材料时,对人的认知、情感和行为的学习产生相同的基本影响,所以似乎可以推断:在实现教学和实践目标方面,它们在本质上也相同。这种观点不完全正确,因为这里存在着后勤上和心理上的区别,而这一点对特定的目标来说非常重要。

从后勤上来说,录像带和视盘都比电影灵活。这两种视频形式都有快进和后退的功能,但电影却没有。视频形式,尤其是视盘,能够作索引,这使得查找节目的某个特定部分成为可能。视频形式的某些技巧,例如慢动作,能够在播放阶段得以实现,但在电影中,慢动作必须在制作阶段加入影片中。录像机可以遥控,这意味着教师不必紧靠机器。由于设备的易操作性,视频比电影更适合于个别化学习。所有这一切表明,视频比电影更容易整合到各种教学方法中。

录像机和电视机比电影更易于为教师使用。实际上在成长过程中,每个人都在学习如何操作录像机和电视机的组合。而另一方面,作为一个成人,实际上每个人不得不学会如何操作较为复杂的电影放映机和架设银幕。用录像机时,教师不必担心图像的聚焦,也不用担心是否确保了银幕与放映机位置合适。另外,银幕上的电影图像更容易受到周围光的影响而使质量降低。然而,如果要把视频图像投影出去,则视频在操作上的优势就减少了。在银幕上调整视频图像非常费时,所用时间比调整电影图像少不到哪里去。

同样的节目，做它的视频复制品要比做它的胶片复制品便宜得多。无论在预算还是人力上，在电影中心购买、处理、保存、分发和维护视频产品要比电影容易得多。购买视频播放机和显示器的总费用要少于16毫米电影放映机的费用。

毫无疑问，尽管先进的视频放映机正在缩小同电影在图像质量上的差距，但是新的电影片的图像在色彩饱和度、对比度、清晰度等方面仍优于视频。不过，绝大多数教师愿意放弃电影图像质量的优势，而选择在教学和操作上更方便的视频。

8.3.2 优点

同其他视觉媒体相比，运动图像在描绘过程上占有明显优势（例如打结、操作制陶用的旋盘），而在这些过程中，动作是必须掌握的。在诸如过程和科学实验这些操作性事件中，按顺序操作至关重要，通过运动媒体来展示效果更佳。对视觉事件的记录使学习者能看到一些亲身观察可能会有危险的现象，比如日食、火山爆发、战争等。有研究表明：掌握身体运动技能需要重复观察和练习。使用记录动作的媒体，标准动作可以被重复观看以供模仿。

8.3.3 局限

正如所有其他教学媒体，在教学中运用的视频和电影也有不足之处。尽管在播放电影的过程中，可以停下放映机并进行讨论，但人们在集体放映中并不经常这样做。尽管录放机比电影放映机更具灵活性，情节也使得录像节目不间断地播放下去。这样，节目以固定的节奏播放，一些观众跟不上而另一些则不耐烦地等待着下一幕。尽管电影和视频有助于表现涉及运动的概念，但它们对需要就某一单帧图像进行详细学习的情况，却很不合适。例如，地图、接线图或结构图。纪录片和情节剧经常把问题弄得复杂难懂；含有讽刺意味的情节可能被年幼无知的观众按照字面的意思理解，反派角色甚至可能被当成英雄。

无论是从软件上还是从硬件上讲，电影已经变成昂贵的媒体。某一节目的录像版通常比胶片版要便宜。购买一套录像放映设备的花费，要远低于买电影放映机和银幕的花费。这就是为什么很多机构不愿意将大量钱投入到购买电影胶片和放映机，而是选择录像带来表现运动图像。但是录像带对学校来说还是太昂贵，不能大量购买，并且设备的成本也限制了它们在学校中的数量。由于费用问题，录像和电影一般由校区的中心机构、地区中心机构、大学以及公共图书馆购买、保存和分发。单个学校购买设备通常很少，这就意味着在它们使用录像节目和电影时都要提前预定。为了让合适的节目在需要的时候到达需要的地方，并且让合适的设备到位后处于良好状态，就必须有统一的安排。繁琐的后勤管理使很多老师望而生畏。

8.3.4 应用

戏剧性的娱乐活动可以使历史事件和人物复活。鉴于其在情感影响方面的巨大潜力，电影可以用来形成个人和社会的态度。研究发现，纪录片和宣传片对观众态度有可以测量的影响。自由发展的戏剧常常用于展现难以解决的矛盾，可以让观众就解决问题的种种方法展开讨论。可以让学生通过观看描述别的社会日常生活的电影或录像来认识异域文化。通过一起观看电影或录像，背景不同的一群人能建立共同的经验基础，这有助于有效地讨论问题。

9. 结论

视觉媒体、声音媒体、视听媒体包括了大量的媒体形式。每种媒体形式都有各自不同的优缺点。其中有些是后勤方面的（是否方便、费用等），有些是心理方面的（所能提供的符号系统和交互类型等）。因此媒体选择必须有所取舍。理论上，这些取舍必须建立在教学原则的基础之上，即对有这些学习需要的学习者来说什么是最好的。最近，对不同符号表征形式的认知影响的研究已经使这些问题更明朗化。实际上，媒体的选择会受到一些简单因素，诸如可得性等的影响。教师们更愿意用手边的东西。硬件操作的方便性也常常是一个影响因素。

J. D. 罗塞尔（J. D. Russell）著
M. 莫伦达（M. Molenda）
李海霞 译

附录

Clark R E 1983 Reconsidering research on learning

from media. *Rev. Educ. Res.* 53(4):445—459

Clark R E 1992 Six definitions of media in search of a theory. In: Ely D, Minor B (eds.) 1992 *Educational Media and Technology Yearbook 1992*. Libraries Unlimited, Englewood, Colorado

Clark R E, Salomon G 1986 Media in teaching. In: Wittrock M C (ed.) 1986 *Handbook of Research on Teaching*, 3rd edn. Macmillan Inc., New York

Dale E 1954 *Audio-Visual Methods in Teaching*, rev. edn. Dryden Press, New York

Hoban C F, Hoban C F Jr, Zissman S B 1937 *Visualizing the Curriculum*. Dryden Press, New York

Kozma R B 1991 Learning with media. *Rev. Educ. Res.* 61(2):179—211

Levie W H, Dickie K E 1973 The analysis and application of media. In: Travers R (ed.) 1973 *The Second Handbook of Research on Teaching*. Rand-McNally, Chicago, Illinois

Salomon G 1974 What is learned and how it is taught: The interaction between media, message, task, and learner. In: Olson D (ed.) 1974 *Media and Symbols: The Forms of Expression, Communication, and Education: The 73rd Yearbook of the National Society for the Study of Education*. University of Chicago Press, Chicago, Illinois

Salomon G 1979 *Interaction of Media, Cognition, and Learning*. Jossey-Bass, San Francisco, California

Strittmatter P 1990 European research on media and technology in education: Current status and future directions. *Int. J. Educ. Res.* 14(6):489—505

其他参考文献

Heinich R, Molenda M, Russell J D 1993 *Instructional Media and the New Technologies of Instruction*, 4th edn. Macmillan Inc., New York

Rosenberg K C 1989 *Dictionary of Library and Educational Technology*, 3rd edn. Libraries Unlimited, Englewood, Colorado

Wilkinson G L 1980 *Media in Instruction: 60 Years of Research*. Association for Educational Communications and Technology, Washington, DC

媒体项目管理(Media Program Administration)

教育机构的媒体项目为该机构的计划提供教学材料和支持服务。这些服务包括提供各种各样的教学媒体资料和生产设备、制作设施以及支持人员等。媒体中心通常把印刷媒体材料、视音频媒体材料与计算机相关的媒体材料和其他技术材料统一放在一个地点,以给使用者带来方便。为了提供高质量和低成本的有效服务,需要好的项目管理。

1. 媒体项目管理者的角色和责任

媒体项目管理者主要关注教学资源的组织,以便使用者能够最佳和最有效地进行利用。一个媒体项目管理者和图书馆/媒体专家担当着多种角色和任务,一份报告(美国学校图书馆员协会和教育传播与技术协会 1988)指出了媒体项目管理者所应担当的三个广义层面的角色,即这个管理者应当成为:(a)一个信息专家;(b)一个教师;(c)一个教学顾问。通过这些角色,媒体项目管理者可以提供获得信息的机会,在教学技术使用方面进行正式和非正式的教学,并且帮助教师对课程和教学活动做出规划。

1.1 信息专家

作为信息专家,媒体项目管理者的作为有以下几个方面(Chisholm and Ely 1976):

1.1.1 项目和组织的管理者

有效的媒体服务必须依据需求评估来决定使用者的需求。根据陈述的目的和目标来开发服务规划。开发的短期或长期的计划或规划都必须为了完成那些目的和目标,并应当形成恰当的策略和时间期限。所以,必须写出组织纲要和一套政策及程序,来引导职员进行项目服务(Vlcek and Wiman 1989)。

媒体项目的组织、政策和程序应当按照如下措施执行:

(a)为用户提供机会享受媒体中心的资源及

服务，并且通过网络可以访问其他中心的资源。

(b)有序地提供充足的资源来满足中心用户的需求。

(c)协助用户寻找信息。

(d)引导用户选择合适的资源，满足他们心理、社会、智力层次以及文化等方面的需求。

(e)制定灵活的政策和程序，以有利于用户使用资源和获得服务。

(f)为获取资源提供有效的检索系统。

媒体管理者应该不断地让用户对他们的服务项目进行评价。无论是所提供的服务类型还是参与传递和服务人员的质量都应当评估。此外，还可以采用已经出版的标准对项目进行评估。两个非常有影响的组织（美国学校图书馆协会和教育传播与技术协会）曾经共同制定了一套针对学校图书馆媒体项目的指南或者称为标准（AASL and AECT 1988）。这些标准基本上是定性的，并且主要依据了目前学校中存在的各种服务的水平。

在很多国家，在地区和地方一级也建立了媒体服务项目、学习资源中心（LRCs）以及中介服务区（ISDs）等。它们拥有资源，也提供课程、教学、研究、计算机和其他方面的专家为本学区或地区的学校共享。这种实践通过共同分担那些个人无法支付的成本的办法，为学校提供了一种高水平的服务。

1.1.2　人员管理者

作为人员管理者，媒体项目管理者需要确定对人员的需求，并根据评估标准撰写工作说明，然后招聘、录用、解雇职员，提供人员培训，以及对员工进行绩效评价等等。人员培训是一个连续不断的过程，应该包括与工作内容相关的一些培训，以确保职员能成功地完成他的工作职责。同时，人员培训也应该包括一些职业发展的内容，使员工为晋升做准备。人员管理实践在不同的国家会因传统和文化等因素而千差万别。

1.1.3　预算管理者

管理者必须做出合理的并且受到监控的预算。开发和管理一个媒体服务项目的预算是项目管理员的一项重要职责。没有预算也就不可能有设备、项目计划、人员等等。预算应当包括对现实与未来的计划。

1.1.4　制作管理者

许多学校拥有各种制作设备（例如录像、计算机等）来保证媒体服务项目能为教师制作出各种教学资料。这些工作从包括制作简单的图表、图形、投影片、幻灯片到复杂的电视节目和计算机程序等等。

1.2　教师

媒体项目管理者的第二个角色，就是作为一名教师，其基本职责是教授信息技能。管理员—教师应该将这一点视为己任，要确保有关信息获得的技能、知识和态度是学校课程的必要组成部分。管理人员应该具有教学经验，并且有充当一名媒体项目管理者的正式准备。

1.3　教学顾问

媒体项目管理者的第三个角色是作为教学顾问。媒体管理者向教师们提供咨询，帮助他们在众多的资源和教学方法中进行选择和利用。一些学校还要求媒体管理者通过正式的教学开发流程来帮助教师。教学开发策略包括帮助教师分析学习者特征、撰写目标、选择教/学活动、选择合适的媒体以及评价教和学的结果等等。

2. 问题

随着专业领域的发展，这个领域出现了一些变化，其外延也随之扩展，其知识的内容和从业人员采用的工具都发生了变化。专业人员若想做好，其知识和技能也需相应发展。为了搞清从业人员的现状，对教育媒体与技术领域的一些问题进行一番回顾和讨论也许会有帮助。

2.1　证书

许多职业都有一个资格审查程序，即在证明其从业人员有资格从业之前，要测试他的知识和能力。关于职业资格审查的这种观点假定，此行业的人员已经足以确定那些要胜任该职业的人需要哪些知识和技能。在教学技术领域，有两个美国的组织对制定媒体人员的从业资格表现出兴趣，它们是教育传播与技术协会（AECT）和国家绩效与教学协会（NAPI）。在20世纪90年代中期，他们的努力还未形成一项资格确认制度，但是他们出台了一系列专业人员应具备的基本能力。

2.2 教学开发

教学开发(ID)始于20世纪60年代中期,它融合了心理、教育、传播、管理、评价、教育技术以及系统论等理论和研究成果(Anglin 1991)。它将那些理论和研究运用于教与学的设计中。在学校里很少有与媒体服务项目一起存在的教学开发项目。

2.3 信息服务:学习资源中心、计算机和远程通讯的融合

图书馆、媒体、计算机和无线电通讯等领域,已经显示出它们在促进教与学方面的效果。不同领域之间的界线也变得不太分明。随着技术的发展,教育应用要求几种技术相互融合。学校图书馆现在已经把计算机作为基本工具,与其他图书馆进行联网,获取、编目、流通馆藏资料等。学校正在停止传统的卡片目录,以电子书目取而代之,这些电子书目可以通过网络直接在教室中使用。计算机图形处理软件的开发、新的低成本微型电视制作设备以及二者结合,用计算机创作交互媒体,正在改变传统的媒体开发的观念。正是由于这些变化的出现,才使得将大多数教学材料通过计算机和显示器传递到教室中成为可能。信息服务领域应当是几个领域的融合,包括图书馆、学习资源中心、电视制作、计算机中心及远程通讯等。

2.4 远程教育

有些媒体管理者从事远程教育的项目,通过录像带、双向电视和卫星等,扩展学生和教师的教育机会。欧洲、亚洲和远东地区的开放大学通过远程教育技术提供完整的学历计划。

3. 世界各地的媒体服务

3.1 英国

在英国,学校课程中计算机的使用得到了“微电子教育支持小组”(MESUs)的鼓励(Foster 1992)。这些小组为培训人员和课程开发人员提供在职或职前的培训。地方教育行政部门(LEAs)形成了联盟。联盟中现有的管理结构有助于鼓励不断提高的参与、所有权和效率。这种参与增加了当外来资金中止时,项目能继续进行的机会。

3.2 苏联

在1991年苏联解体以前,美国的IBM公司与苏联国家委员会合资为公立教育开设了一个“实验学校项目”(PSP)。这个项目将计算机放置在地区中心和一些中学里(Kiselev 1992),这个合作机构被称作“计算机教育信息与出版服务中心”(KUDITS)。KUDITS为大约1 000所项目学校培训人员,为不同层次的学校开发各种学科的计算机软件包,在学校中测试这些软件包,并出版发行它们。

3.3 新加坡

由于国土面积和人口数量有限,新加坡政府自20世纪70年代后期就决定通过提高生产力的方式来提高公民的生活水准。要想提高生产力,必须增加公民的普通教育和职业技能训练。因此,教育得到了优先发展。

“职业与工业培训委员会”(VITB)在1979年设立,到1983年,已从各个职业培训项目的工业咨询委员会的输入中,聘请了76名课程开发专家。VITB专为失学者开发了技能培训的项目,并为新加坡现在的劳动力提供继续教育。此项目使用了一种全面的教学发展模式,每个完整的项目模块都包括目标、预测、学习进程以及课程资料,课程资料包括媒体材料和后续测验的参考材料等等。

新加坡正在设计和建设一个成本高达1 800万美元的职业培训中心。这个中心把课程开发、人员培训、资源服务(包括图书馆与媒体服务,媒体设计、制作,照片、图像处理等)放到一座大楼中,为22个职业培训机构服务。

新加坡也建立了“课程开发中心”(CCD)。优秀的老师在此撰写教学模块、书籍,并设计和整合相关的媒体素材。教育电视台已经关闭,其主要任务转向制作材料方面。这种努力使得学校可以使用这些整合好的文本和媒体资源。

3.4 马来西亚

为了提高教师的质量,20世纪80年代中期,马来西亚教育部在马来西亚半岛建立了四个教学中心。目的就是为了在这里教师们可以学习新的教学技能,并且可以为学校开发和制作教学材料。每个中心都有一个专业图书馆、制作设备以及帮助老师的职员。在职的研讨还经常聘请国内外的专

家参与。

4. 展望

媒体管理者可以设计出未来有哪些教学资源、将如何传递给学生。为了迎接这项责任,他们应当掌握学生怎样学习的认知知识。他们应当理解教/学的过程,具备交流和教学开发的技能,并时刻跟随技术的发展。很明显,图书馆、媒体、制作、远程通讯和计算机将会在提供信息服务这一点上继续融合。这种融合将使职业角色的变化成为必要。人们永远也不会有足够的金钱来利用所有有用的技术的发展。媒体管理者应该仔细研究那些备选的技术并且对其进行明智的选择。合作项目会带来资源和技术的共享,应当努力使其成本效益最优化。当技术一旦被选定,就应该是最好和最具成本效益的。

C. 弗尔克(C. Vlcek) 著
李海霞 译

附录

American Association of School Librarians and Association for Educational Communications and Technology 1988 *Information Power: Guidelines for School Library Media Programs*. American Library Association, Chicago, Illinois

Anglin G J (ed.) 1991 *Instructional Technology: Past, Present, and Future*. Libraries Unlimited, Englewood, Colorado

Chisholm M E, Ely D P 1976 *Media Personnel in Education: A Competency Approach*. Prentice-Hall, Englewood Cliffs, New Jersey

Foster J F 1992 Collaboration: of missionaries and microids. *T. H. E. Journal* 19(6):62—65

Kiselev B G 1992 The Soviet Union's large-scale program to computerize education. *T. H. E. Journal* 19(6):66—67

Vlcek C W, Wiman R V 1989 *Managing Media Services: Theory and Practice*. Libraries Unlimited, Englewood, Colorado

其他参考文献

Chakela L 1990 *The Systematic Implementation of Instructional Video Technologies: A Guide for Administrators of Education, Principals, and Teachers in Developing Nations*. Agency for Instructional Technology, Bloomington, Indiana

Greer M 1992 *ID Project Management: Tools and Techniques for Instructional Designers and Developers*. Educational Technology Publications, Englewood Cliffs, New Jersey

新信息技术和课程(New Information Technology and the Curriculum)

在20世纪,没有什么比各种新信息技术更能刺激人们对课程改革这么多的思索了。计算机、视频、音频、机器人和远程通讯已经呈现出一种共同的数字化电子形式,并发展成为一项新的技术——信息技术(IT)文化意义上可以和旧的工业技术相抗衡。利用IT,几乎任何领域的信息都可以以每秒钟好几百万次的速度自动收集,瞬时传送到地球的各个角落,同时可以根据其几尽完美的可靠性和令人惊讶的复杂性原则进行分析、转换,并变换为可供人使用的各种形式。这种技术在人类历史上没有先例,并且将来肯定能够被广泛应用。如同机器技术一样,IT将以难以预见的方式改变人们的生活和社会。本词条将考察IT在大学预科课程中的应用。第一部分将考察IT如何挑战当前的课程并促使对课程变革的思考。第二部分将考察课程改革者在实施这些改革时至今已经发生的事情。第三部分主要探索研究和革新可能的进展方向。

1. IT对于教育的革命性的潜能

一些大众传媒及学术期刊都认为,工业化的过程和即将到来的现代工业社会向信息社会转变的过程中会产生一些类似的东西(Servan-Schreiber 1980, Toffler 1980)。19世纪到20世纪工业技术的发展和传播已经使正规教育的课程有所改变。它促进了直接就业指导的发展;大力强调了更具经济价值的默读和速记等理论技能而不是口头背诵;更重视更具实践性的阅读理解的技能,而摒弃死记硬背;把更多的学校时间花在科技和数学方面,而较少用于古代语言、古典文学、精美的艺术和其他被认为是装饰性的学科。许多实践性的内容也融进了传统的学术科目,例如,将经济学融入社会研究,商业写作渗透到母语教学中等。

对工业化带来了课程改革这一现象所做的评价也要持一个更全面的观点。随着工业化技术在城镇的广泛使用,越来越多的核心家庭取代了大家庭,人口呈指数增长,大型组织的增加,大众传播媒体的出现,单一民族国家的力量不断增强,这只是向现代工业社会转变的很少几个方面的发展。反过来,这些发展促进和支持了现代大众教育系统的创建:国家主办的、世界的、免费的、义务的。

如果 IT 引起的变化与工业化规模一样,那么学校教育的目的、内容和学校教育的组织结构则难以避免改革的冲击。有些人预见到新信息技术将带来一个自由、和平和富足的新时代,他们希望学校教育能抓住这个重要的历史机遇,以改善人类的命运(Suppes 1979, Bork 1987, Papert 1980)。还有一些人担心出现这种可怕的局面,技术被用来统治和压迫他人,对技术的盲目崇拜丧失了人类社会文明,因此这些人想通过学校培养一批能够对科技的使用和控制做出明智选择的学生(Apple and Jungck 1990, Sloan 1985, Weizenbaum 1984)。这两种极端观念有一个共同点,就是都认为 IT 是当今时代的明显的特性。只有少数一些作家,如著名的丘班(Cuban 1986)和罗萨克(Roszak 1986),公开反对新信息技术的特性具有重大意义及改革能力,并认为 IT 只是一长串发明中(包括电话、收音机、电影和电视)最近发生的一项,虽然很重要,但是对社会和教育没有改革性的影响。

2. 对课程的挑战

学校里通过许多方法来使用信息技术。其中一些方法是使用信息技术来做那些已经用其他方法做过的东西。比如,计算机辅助教学(CAI)可以用来呈现传统课程的内容并且能够执行与练习册中相类似的练习。学生们也可以用字处理器来写文章而不需要用手写或用打字机。打字、计算或画草图等都能直接用计算机来教而不用笔和纸。这种方法将 IT 作为传统内容的新的传输系统,尽管它确实增加了人们对其副作用的关注,比如说 CAI 中支持单纯性的内容而不是需要判断的内容的可能性,或者人们直接使用计算机工具可能鼓励进行更复杂思考的可能性等,但是它并未对现有课程提出直接挑战。

2.1 挑战课程的应用

IT 的其他应用对现有的学校课程提出了直接挑战,同时敦促人们去重新思考那些很长时间以来认为正确的课程决策。在 IT 的最广泛的应用是基于计算机的工具,设计它们来使复杂工作的处理变得快速而简单:字处理器用来写字,数据库管理和统计程序用来分析数据,电子制表软件用来作预算。当这些工具支持在学校里教过的技能时,课程设计者就应该注意决定如何平衡对这个技能的印刷版本与 IT 版本的关注程度。学校应该如何处理教学生用手写与使用字处理器写作之间的关系?如何调整用纸、笔计算与用计算器计算以及用手工绘制和用计算机来画图之间的关系?

计算机工具可以帮助使用者做以前需要在他人帮助下才能进行的工作。例如,检查拼写与语法、解决复杂的算术和代数问题以及画函数数据的图表等。这些电子支持很容易就可以获得的特点,也为教授有关技能提出了一些重要问题。使用这些电子支持会帮助学生们内化这些技能,还是干涉了他们的学习呢?由于有些工作能通过电子的形式来完成,是不是这些技能现在就不需要再教给学生了?通过利用智能辅助工具作为脚手架来支持早期的学习并提供后续建议,是不是这些技能就能够牢固掌握并且节省时间和精力呢?

信息技术提供了新的工具,这些工具使原先不可能实现的事情成为可能,以前非常难做的事情也变容易了。例如,现在科学家、工程师和数学家都要依靠基于计算机的数学模型来阐明和解决那些用其他方法不能解决的问题。包括声音和静态、动态图像的交流及艺术作品现在也能像制作文本一样容易。计算机搜索引擎能在几秒钟内从大量的数据里精确检索出专门信息。计算机科学本身也能够应用于解决许多领域的各种新旧问题。那么，哪些新的能力需要在学校里教？这些新能力又是如何结合进这么多的课程中呢？

在教育中使用 IT 的建议很多，且各不相同，可以毫不夸张地认为它可以用来教授和学习任何事情（Morrison 1989，Plomp and van de Wolde 1985，Rushby 1987，United States Congress 1988）。人们可以想像使用 IT 来教授的课程与用传统方式教授的课程相竞争的景象。技术可选择性地存在，即使很少，也会迫使任何一位有思想的课程制作者将此类重要问题提到议事日程上来。如果这是信息技术对课程仅有的影响，那么它将仍然只是 20 世纪 90 年代最重要的课程问题之一。然而，信息技术的其他影响更加深远，并且使其成为今后几十年教育改革中一个极为重要的问题。

2.2 对以前的妥协的再认识

这些现有的课程，不可避免地是上一代人真正想让孩子们学到的东西和可以利用的教他们的方法之间相妥协的产物。家长们想为孩子请一个像马其顿的菲利普为他的孩子请的那样好的老师（Suppes 1979），但是，如果不请格拉德格林（Gradgrin）先生，他们就不得不请奇普斯（Chips）先生。比如，要想让孩子们来了解莎士比亚的戏剧，谁不更喜欢是让孩子参加一部优秀的戏剧表演，通过和朋友们一起讨论，通过请一位知识渊博的顾问来提出和解答他们各种问题来了解，而不是直接让他们去阅读戏剧的印刷读物？在学习外语的时候，与那种由 1 个讲授者、30 名初学者的和 1 本书组成的封闭环境相比，谁不更喜欢让孩子身处使用母语并且有热心人一直参与的环境中呢？

很少有人能为他们的孩子提供如此丰富、真实的学习环境，因此，也许他们自己可能并不总是有意识地就通过提供适合熟悉的学校结构的学习机会而进行妥协。IT 扩展了可以利用的方法，提供了可能更好地处理这些问题的可能性，更接近于人们想要的。CAI 为每一个孩子提供一种导师（有技能的、有知识的、耐心的、常常很笨的）。莎士比亚剧本的交互式多媒体表达方式提供了比任何书本上都要理想的学习环境。多媒体和远程通讯组成了类似母语交流的社区，这远比一本书好得多。

这些资源若作为一种新教学方法，它要求老师、学生、家长和教育行政部门考虑现在教给孩子们的每一件事，哪些事情对于他们来说是真正有价值学的？哪些事情虽然不是最好的，但仍是最可行的方案？哪些事情现在可以被更好的事情取代？也许人们认为，如果想教好历史，那么手写的记述应当补充上真正的声音、肖像、艺术模仿和那些让学生身临其境的历史图片。人们可能无法再接受只通过印刷文字来教学生。也许人们还会决定让每个孩子就像使用文字一样，学会使用静态、动态图像以及声音进行交流。如果在下一代人的学校课程中印刷课本仍是处于中心地位，那么它应当是人们从很多别的选择性中设计挑选的，而不是像上几代人那样，印刷的课本是他们唯一的选择。

重新思考现存课程的挑战并不是 IT 对课程影响的终点，设计并支持课程的学校机构自身也受到了 IT 的挑战。在 IT 给人们带来新的交互方法和各种新的智能工具的情况下，学校仍然是教育年轻人的最好途径吗？在有 IT 介入的情况下，老师和学生各自熟悉的角色仍是最好的吗？或者现在是否有更好的组织教育资源的方法来满足社会需求和实现人们的梦想呢？

3. 向早期实践学习

从 20 世纪 60 年代起，课程创新者已经实验了在教学方面以多种方法使用 IT。他们中的许多人相信教育上使用 IT 会很快带来很大的进步。许多人希望仅仅是发展 IT 的应用并演示它们，它们可能就会导致自行开始和自行维持的变化过程，从而很快改革当前主流的实践。实际发生了什么呢？

3.1 CAI

学校里最早的计算机实践是用 CAI——操练和练习程序、个别指导、游戏和模拟等。20 世纪 90 年代早期，教育软件相当大的一部分要通过商业购买，并且主要是英语、法语、德国、希伯来语和日语软件，用 CAI 来教小学和中学课程中的基本技能及概念等（Pelgrum and Plomp 1991）。大型的综合的学习系统得到了开发，将所有的学前教育到中等教育的课程置入一个单独的系统，并通过每天接触这些大量材料来仔细地跟踪学生所取得的进步。在绘图板上，智能计算机辅助教育系统很少机械化地与学生交流，而是以一种类似人类的指导者与被指导者的方式去和学生交流。

涅姆科和沃尔博格（Niemiec and Walberg 1987）综合研究了美国 CAI 在测试分数中的影响。他们发现 CAI 起到了适度的正面影响。平均来说，使用 CAI 的效果可能会将学生的平均分数上升到 66 个百分点。它补充而不是取代了传统的教学方式，但也增加了额外的花费。尽管如此，CAI 与其他教育革新相比似乎更具成本效益。涅姆科等（1989）比较了 CAI 与同伴辅导方式的成本效益，人们公认同伴辅导这种教育革新对学生成绩有重要的积极影响。他们发现 CAI 的成本效益几乎是同伴辅导的 3 倍，学生们用 CAI 学到基本的技能的时间要少于他们没用 CAI 来学这些技能的时间。显然，CAI 有一定的效用，但是它没有带来巨大的革命性的作用。虽然在许多国家 CAI 的使用是很广泛的并且不断发展，但是它仅仅影响了学校教育的一小部分。因此，CAI 可以作为教育方式的一种补充，没有看到它在教育系统中变成主要教育媒体的前景。

3.2　有关计算机的学习

另外一些倡导者实验了由技术自身的内容组成的新的课程，被称为“计算机素养”、“计算机科学”或是“信息学”，这些新的内容包括了二进制数学和二进制推理的基本概念，计算机构造和操作的原理，计算机编程的元素以及计算机应用的重要技能，像字处理、数据库、电子制表软件等。低龄学生的计算机素养在许多国家的小学里也非常普遍。许多人认为，早接触技术及其相关理念将促使整个人类来使用和理解新技术，因此，不仅要培养人们为在以 IT 为基础的经济社会的工作做准备，而且还要使人们成为能够掌握对技术控制使用的公民。

计算机素养、计算机程序设计和信息学已经在相当短的时间内进入预科课程，通过佩尔格莱蒙和普洛波（Pelgrum and Plomp 1991）对 19 个国家的教育系统中计算机教育应用的调查发现，除了法国和日本，大部分中学生都通过单独开设计的计算机课程接受了计算机教学。与以往需要长期奋战才能在中学占有一席之地的课程，如经济学、戏剧、视觉艺术等课程相比，世界各地将计算机列入中学课程的发展速度相当快。

有人声称学习计算机编程可以培养新的思考方式，或可以提高分析问题、解决问题的能力，但这些说法很少得到证实。李奥和普瑞特（Liao and Bright 1991）对有关学习编程的不同认知效果进行了元分析，并且得出了大致和 CAI 带来的影响相同的结论——学生成绩平均提升 66 个百分点，这是一个非常重要而适度的影响。

帕佩托（Papert 1980）和 LOGO 社团通过教授编程来培养普遍的思考技能的努力，可谓是最具雄心的尝试。LOGO 的编程语言可以允许很小的孩子来控制计算机的输出。因此他们可以自己发现计算机的基本原则。例如程序的描述、迭代的运算法则、子程序和循环等等方面的知识。这种做法可以让孩子们使用简单但有着强大功能的 LOGO 环境，通过对它的操作和直接经验来学会有用的原理，而不是以抽象的符号方式来学习这些原理。

学会 LOGO 真的能改变孩子们的思维方式吗？目前的研究远远不能显示出令人震惊的效果。某些研究发现了适度的而且可测的积极效果（Clements 1987），而有的研究显示了很小或无法检测的效果（Pea and Kurland 1984）。尽管有大量让人信服的案例说明个别学生的思维受到了深刻影响，但没有发现确凿的数量上的证据，显示其具有惊人的积极效果（Papert et al. 1979）。

3.3　用字处理写作

字处理是一个相当强的写作工具，似乎学会用字处理的年轻人比用纸笔的人写作水平高很多是理所当然的事情。修改的轻松会鼓励更多的修改，也可以将他们从早期的计划写作阶段的禁忌中解放出来。这种可以毫不费力地移动文字的能力，确实可以使写作得到更好的组织。

总的说来，研究证实了这些直觉，当学生们用字处理的时候会做多次修改，但是经常是表面的修改，而不是深层次的、必需的、重要的修改。他们经常写出更长的、更没有错误的文章，而专家认为其总体质量并没有提高（Cochran-Smith 1991，Costanzo 1989）。

3.4 经验教训:一般结论

一个论题接着另一个论题,一个国家接着另一个国家(Asian seminar on educational technology 1985, Duguet 1990, Hawkridge et al. 1990, Li and Lin 1991, Osbourne 1988, Pelgrum and Plomp 1991, United States Congressngress 1988),对IT早期经验的研究呈现出相似的特点。我们已经了解各种IT用于教育的效果,它们都是适度的,而不是革命性的。IT的应用至少是和我们目前做的一样有效,在某些方面可能更有效。学生们喜欢使用IT,并发现它可以激发动机。IT的一些教育应用已经在相当短的时间内设立在学校的课程中。

另一方面,从IT的某些革命性应用中预期的收获并没有得到显示。例如,不管是通过融入LOGO文化或通过传统的教学方法,学习编程对智力增长的效果,都显得很小而不是很显著。通过遍及全球课程的设置来看,最不具挑战性的IT应用是最普遍的。而且最具潜力的应用好像不是很流行,也没有发展起来(van den Akker et al. 1992, Hawkridge et al. 1990, Pelgrum and Plomp 1991, Plomp and van de Wolde 1985)。

各种令人担心的负面影响也都没有显示出来。例如,在学校和课堂上使用计算机好像更能促进师生合作及学生与学生之间的交流,而不会导致很多令人担心的远离社会等现象。

早期的经验似乎暗示IT的应用只是简单的存在,而没产生教育革命。这种稳定的、积累的影响当积累到关键的量时,最终成为一种重要转变的可能性无法排除,但是也没有证据支持它。相反,早期的经验似乎表明,老师很难在课上使用IT。并且,应用的创新越多,害怕在课上面对学生使用它的老师就越多(van den Akker et al. 1992)。IT的实施和取得的成果的质量很大程度上取决于老师如何让IT的应用更好地适应课堂中正在进行的活动。

至少在学校环境中,IT要依靠老师的认可和明智的使用。这个解释表明,技术可能更容易运用于那些相对次要的外围课程当中,那些课程中早期的技术形式(打字机、画草图机、实验室装置等等)已经被接受,并且认为IT对学术核心课程起较小的支持作用。

如果将来学校使用IT的经历同早期的模式一样,IT对现行的学校实践的影响将可能非常重大,但也只是边缘性的,不是革命性的。已有的社会的和机构的利益、结构和过程等支持流行的课程的力量似乎足够强大,可以将IT的教育应用设计成现行的模式。

一些人相信IT的革命性教育潜力,也相信学校教育制度和社会的利益与结构很强大,足以抵制实现这些潜力所需要的改变,这些人可能仍然希望学校系统有一次深入的改组,或产生新形式的教育制度,或两者皆可。例如,远距离学习可以成为规律而不是例外。各种私人和公立机构——家庭、博物馆、教室、社会组织、雇主——都能够承担起儿童的教育责任,并最终使学校降低为只承担教育系统中一个较小的、专门的角色。即使这些竞争的教育形式不成功,那它们对于学校系统的威胁也会为学校改革和重建带来很大的压力。

因此,要重视IT可能为课程带来的影响,包括研究两类可能的设想:不断增加的变化,以至于可能最终会引起重大变革;制度的重建。

4. 实现IT革新潜力的前景

在教育中应用IT的前几十年,可以认为是由于教育中技术革新的乌托邦式的幻想所驱使的小规模的学校和课堂实践。许多IT的应用是在学校或课堂上发明和实验的。有关IT的应用虽然做了,结果也是好的,但是幻想始终没有变成现实。大概,IT的提倡者在改革教育的斗争中已经输了第一轮,但是他们仍旧相信IT最终的改革潜力,并且会继续努力。

那些认识IT潜力的人所面临的任务包括:(a)将最有前途的现有的IT应用与课程进行整合,作为标准实践系统;(b)继续发展和实验强大的新的IT应用,达到好的IT应用对任何课程都可行;(c)探讨把技术应用作为重建学校教育制度的基础的潜力。这些任务,特别是最后一项,需要较多的投资、大规模的合作和对现有课程实践进行根本性变革的意愿。

4.1 现有IT应用的合作

为了更好地使现有的IT应用和每日教学实践

相协调,我们要阐述系统的课程改革中令人烦恼的问题,自第二次世界大战以来,这个问题已消耗了全世界大量的学者和政策制定团体的精力。必须在公众的和专业的教育者之间取得并维持政治上的一致意见以促进变革。进行改革所需要的经济资源必须得到保证。变革需要的专业和技术的要求也必须以某种方式进行满足,包括必要的教师的供应、课堂需要资料的供给、课程结构的调整(教学大纲、时间表、教学安排等)等,来适应这些变化。

完成所有的这些任务是需要研究的。很少有人知道与IT教育应用相关的政治考虑。哪些利益团体支持它的应用?谁又反对它?依据是什么?IT怎样成为教育中最有权利的政治利益集团最关心的问题?什么联盟能够承诺要达成所需要的政治上的一致意见?有关资助IT教育应用的问题需要更多的研究。当IT的基金来自现有研究上的花费时,就会产生冲突,并且成为那些支持在现有工作中使用技术的人的最大障碍。当实验项目的基金与工作的经费竞争时,实验工作就会受阻。能否找到有效的途径来资助IT,从而在经济上支持实验并最终获得成功的回报呢?目前的经验有力地证明,有思想、见多识广的老师是认识到多数现有IT应用潜能的关键因素。总的来说,IT教育应用的潜力越大,它对老师自身技术和判断水平的要求越高。因此,设计一些途径使教师参与到正在进行的这项工作中来至关紧要,这样才能发展教师在课堂中使用复杂IT的技能和判断的水平。设计有力的、经济的方式来完成这项任务也是一个很重要的研究和发展领域。

每一科目、每一个年龄段或年级、每一项革新里都有IT对其潜在的影响。以公正并明达的方式来思考的话,许多新的IT应用所带来的课程改变为课程决策系统提出了空前的需求。能够发现一些方法来帮助现有决策机构处理关于IT决策的质量和数量上的新需求吗?或者说应该创建新的论坛吗?需要研究来识别做出这些决策的途径,并且要发现每一种途径的利弊。

4.2 持续发展

几种主要语言——至少是英语、法语、希伯来语、日语——好的IT应用存在于学校的各学科里,但仍然不是这些学科的全部重要内容和目标。例如,几乎所有的IT应用都涉及职业或学术技能及知识的发展。但IT应用却很少强调以下教育的目的,比如传播文化遗产、培养民族自豪感、促进个人天分的发展等,使年轻人在社会中起到建设性的作用。IT应用将在教育事业中不断扩展,不断发现利用它们的方式来满足社会对学校提出的最迫切的需求:像传播文化遗产、培养民族自豪感、培养多产的劳动力,使年轻人在社会中起到建设性的作用。学校要大大鼓励多方面应用技术来帮助他们完成社会赋予的重要任务。很明显,IT的潜力不仅限于精巧的编码系统及具体的技能。人们需要更加主动地来开发,并使应用适合于其他语言的所有主要课程和目标。各种类型的来自早期实验的研究和评价很好地促进了学习,它们应当继续进行下去。

4.3 重建

重建学校使其从市场的角度更有效地对政策制定者和改革家产生巨大的吸引力,还需要面对大幅提高全体人口教育水平的需求。在这个时代,工业国家在教育系统中通过改革运动保证稳定进步所具有的困难,使得根本的选择变得更富有吸引力。IT给那些要改组教育系统的人提供了许多新的功能,像远程行为、时间变换的可能性以及从那些不是全职教师的人中增加一些兼职老师,比如科学家、艺术家、作家、学者和政治人物等。

组织学校的新方法甚或新教育形式的实验本来就是一项比较大的工程,比那种不断渐进变化的实验要难得多。因此,需要全面的调研、计划和分析。通过研究现在和过去的实验,可以学到大量的有关远程教育项目、公立和私立学校之间的公开竞争、根据成果的报酬或社区中分布式教育等方面的知识。必须根据不同的历史和文化环境进行调整,而这一点不可避免地限制了这些研究结论的确定性。虽然如此,过去的经验和研究却能够建议什么样的新实验是值得一试的。

最后,要了解一个新的建议书,很有必要先进行实验,之后评估其结果。考虑到此类实验的规模,因此关于进行多少这种实验最终将会是一项政治决策。研究团体有这样的专门义务,即鼓励好的研究,进行分析、计划和评价,以便能从昂贵的、有风险的、大规模实验中得到尽可能多的研究成果。研究者也要对实验的设计和评估提供重要的技术建议以便从中得到更多的结论。

在教育重建的实验中,将实验的范围控制在现有的学校管理系统是一个非常重要的问题。因为IT对现有教育机构利益上的威胁,所以,对现存的教育权力结构积极采取行动去认识新的教育形式潜力的动机最多也只是微弱的并且是分散的。另一方面,将控制权归于一个单独的管理系统,会带来合法性问题,并且会引起表面而非实质上的冲突。因此,必须设计一种途径来管理和指导实验并且避免这两种做法的缺陷,不管是在统一的学校教育系统还是在不同的学校和别的教育机构之间进行实验,都必须建立一种有建设性的竞争机制,而这就要求做更进一步的研究和更熟练的外交工作。

5. 结论

无论发生什么,IT都将在学校之外的世界起到重要的作用,并因此也会继续对学校的课程形成重大的挑战。因此,下一代人在学校中注定要面对更加不确定的课程,这是IT承诺(或威胁)带来的结果。这些不确定性本身就成为了一个严肃的问题。学校已经面对着一系列令人畏惧的挑战,包括教育结果要求的提高、在获得更多资源上的难度增加、学生特性的变化使传统教学更加困难以及来自大众媒体和其他娱乐形式对学生时间和精力的竞争等等。在这种情况下,再加上另一种不确定性绝对不是对教育的受欢迎的贡献。在大多数国家里,实现IT在教育方面的潜力甚至并未列入学校课程变革最急迫的需求之一。

那些能够适应快速、持续变化的压力,以及想要把握这些变化所带来的机遇的个人、学校和社会,将在这种挑战的氛围内占据发展的有利地位。这种氛围将会给那些对改进持宽容态度,对于变化易于接受,乐于改进,甘愿承担风险,对有前途的新鲜事物愿意实践,评估实验的好系统,有能力解决矛盾的人带来好处。不加考虑就拒绝变化和不加考虑就接受这些变化的人在这种氛围下都是不适应的,但是,也会有一些保守的观点,它们为接受变化提出严格的标准;还有那些宽容的立场,它们欢迎更多变化。

学校和学校系统已经被长期的资源不足、普遍存在又各不相同的冲突以及管理方面的欠缺削弱了,政府很难在这些相互竞争的、变化的建议中进行判断和进行必要的实验或实现这些转变。因此,如果没有现行的政策来阻止IT的教育应用,它将导致在好的学校比在差学校得到更好的使用。我们需要进一步研究和开发各种途径,更公正地而不是采取强加的令人窒息的一致措施来传播IT应用的好处。

试图描绘IT对课程未来影响中的最大的不确定性就是人们对事物的优先级的不确定性。比如说,对于人们来说什么是最重要的?如果阅读、写作和文学对他们自身来讲是最重要的,那么扩大课程的范围包括用别的媒体来交流,最多只能取得有限的成功。另一方面,如果印刷媒体的技能和内容的重要性是因为它在当今社会的重要作用,那么随着其他交流媒体重要性的不断增强,印刷媒体将对教育来说不再那么重要,从而采用其他媒体的教育就可能得到发展。人们总是直到他们面临选择时,才能知道在哪种情况下如何选择。

因此,IT对课程最重要的意义在于它使得人们有机会来重新考虑,对于他们来讲什么是真正重要的,并重新检查他们的课程的优先级。基于IT的改革能否生根发芽、不断发展直至取代现行的模式,从目前来看,不是一个能够通过研究或分析来回答的问题,就像当前和下一代人不能决定表达文化身份的形式一样。人们给予这类问题的回答将确定对他们来说什么是最重要的,什么将要改变他们将来文明发展的方向。如果这个答案是可以预见的,那么这种选择也就毫无意义了。

D. F. 沃克(D. F. Walker) 著

李海霞 译

附录

Apple M, Jungck S 1990 "You don't have to be a teacher to teach this unit": Teaching, technology, and gender in the classroom. *Am. Educ. Res. J.* 27(2):

227—251

Asian Seminar on Educational Technology 1985 *Computers in Education: An Outline of Country Experiences*. UNESCO Regional Office for Education in Asia and the Pacific, Bangkok

Bork A 1987 *Learning With Personal Computers*. Harper and Row, New York

Clements D J 1987 Longitudinal study of the effects of LOGO programming on cognitive abilities and achievement. *J. Educational Computing Research* 3(1):73—94

Cochran-Smith M 1991 Word-processing and writing in elementary classrooms: A critical review of related literature. *Rev. Educ. Res.* 61(1):107—155

Costanzo W V 1989 *The Electronic Text: Learning to Write, Read, and Reason with Computers*. Educational Technology Publications, Englewood Cliffs, New Jersey

Cuban L 1986 *Teachers and Machines: The Classroom Use of Technology Since 1920*. Teachers College Press, New York

Duguet P 1990 Computers in schools: National strategies and their extension to the international level. *Prospects* 20(2):165—172

Hawkridge D, Jaworski J, McMahon H 1990 *Computers in Third-World Schools: Examples, Experience, and Issues*. Macmillan, London

Li C, Lin Z 1991 CAI in China: An overview of the fourth national conference of the Chinese Association of Computer-based Education. *Educ. Tech. Res. Dev.* 39 (3):99—107

Liao Y-K C, Bright G W 1991 Effects of computer programming on cognitive outcomes: A meta-analysis. *J. Educational Computing Research* 7(3):251—268

Morrison A 1989 *Computers in the Curriculum of Secondary Schools*. Scottish Council for Research in Education, Edinburgh

Niemiec R P, Sikorski M F, Walberg H J 1989 Comparing the cost-effectiveness of tutoring and computer-based instruction. *J. Educational Computing Research*5 (4):395—407

Niemiec R P, Walberg H J 1987 Comparative effects of computer-assisted instruction: A synthesis of reviews. *J. Educational Computing Research* 3(1):19—37

Osbourne C W 1988. *International Yearbook of Educational and Instructional Technology 1988*. Kogan Page, London

Papert S 1980 *Mindstorms: Children, Computers, and Powerful Ideas*. Basic Books, New York

Papert S, Walt D, di Sessa A, Weir S 1979 *Final Report of the Brookline Logo Project*. Artificial Intelligence Laboratory, Massachusetts Institute of Technology, Cambridge, Massachusetts

Pea R D, Kurland D M 1984 *On the Cognitive Effects of Learning Computer Programming: A Critical Look*. Bank Street College of Education, New York

Pelgrum W J, Plomp Tj 1991 *The Use of Computers in Education Worldwide*. Pergamon Press, Oxford

Plomp Tj, van de Wolde J 1985 New information technologies in education: Lessons learned and trends observed. *Eur. J. Educ.* 20(2—3):243—256

Roszak T 1986 *The Cult of Information: The Folklore of Computers and the True Art of Thinking*. Pantheon, New York

Rushby N (ed.) 1987 *Technology-based Learning: Selected Readings*. Kogan Page, London

Servan-Schreiber J J 1980 *The World Challenge*. Simon and Schuster, New York

Sloan D 1984 *The Computer in Education: A Critical Perspective*. Teachers College Press, New York

Suppes P 1979 The future of computers in education. *J. Computer-based Instruction* 6(1):5 10

Toffler A 1980 *The Third Wave*. Collins, London

United States Congress 1988 *Power On! New Tools for Teaching and Learning*. US Congress, Washington, DC

van den Akker J, Keursten J J H, Plomp Tj 1992 The integration of computer use in education. *Int. J. Educ. Res.* 17(1):65—76

Weizenbaum J 1984 *Computer Power and Human Reason: From Judgment to Calculation*. Freeman, San Francisco, California

语言教育中的新信息技术(New Information Technology in Language Education)

20世纪后期,信息技术的飞速发展不可否认地影响着教育事业。本词条讨论了几种富有想像力的使用信息技术来进行语言教育的方法,这些方法都是基于语言学习中合理的教学原则的。

1. IT辅助语言教学的方法

现代社会计算机的应用越来越普及,它已成为现代人完整生活的一部分。许多语言教育者也对信息技术辅助他们的学生进行语言学习的方法感兴趣。以下主要讨论信息技术辅助语言教育的四种主要方法,这些方法阐明了在此领域内最新的重要发展,并且为语言教育者在课堂中实施教学和评估提供了相应的选择。这四种方法是:(a)以远程通讯为媒介的写作;(b)利用文字处理软件的写作;(c)超媒体支持的语言学习;(d)基于模拟的口语学习。

选择这些方法有三条标准:首先,它们包括了新信息技术的应用,而且教育机构有能力支付这些花费。第二,这些方法要建立在已有的较好的教育理论和语言理论的基础上。额和奥利弗耶(Ng and Olivier 1987)认为,设计计算机辅助语言的学习节目和材料要拥有理论根基,并要建立在对语言的理解和学习的基础上,这一点至关重要。第三,这些方法让研究者和老师们产生真正的兴趣。

用来鉴别这四种方法的数据资料包括:(a)1987~1992年之间的教育资源信息中心(ERIC)数据库里有关计算机辅助语言教育的文章;(b)在加拿大的一所大学里与计算机辅助教学课程的老师一起工作期间所做的观察资料。对于每种方法的讨论要关注以下几点:(a)该方法的显著特征和它的教育或语言原理;(b)该方法具体运用的项目例证和研究报告的详细阐述;(c)该种方法所包含的技术。

2. 以远程通讯为媒介的写作

计算机的使用者虽然在空间上间隔着很大距离,但可以通过网络,即电话线来交换信息和想法。最普通的用于教育目的的信息交换方法是电子邮件和电子会议,前一种方法类似于在两个人之间或一个人与一组人之间进行邮政通信,但电子邮件的速度要快得多。电子会议允许参与的成员们通过给一组人写文件来表达他们的想法,并在他们之间相互交换关于工作的意见。不同于面对面的会议,电子会议可以是不同步进行的,即参加者不必在同一个时间在线使用计算机。这样,参加会议的成员可以抽空对讨论中交换得来的意见进行思考,并写下自己经过深思的回复意见。

2.1 作者社团

在语言教育中,这些电子交流方法正被用于通过参加作者社团来辅助学生发展他们的写作能力。对于很多正在学习写作的学生来说,一个关键的问题是作文习作中的不自然。应该教会学生,写作的目的是要将个人意图与读者的期望相协调(Berkenkotter 1981,Scardamalia and Bereiter 1987)。然而,在传统课堂上,学生们写一篇作文的目的通常是为了完成任务和获得好的分数。读者——通常仅仅是老师的目的就是给作文判分。以远程通讯为媒介的写作给学生提供了一些真正的读者,这些读者包括他们的伙伴、老师,或者是其他学校的老师和学生,而且也可能是专业作者,例如职业小说家和诗人等。特别是,当涉及这种交流的学生来自不同国家、不同文化的时候,学生自己也会很自然地认识到准确表达的重要性。在科恩和里尔(Cohen and Riel 1989)的报告中说,参加远程通讯为媒介写作的小组的学生懂得他们是在把自己的信息与不同文化国家的学生一起分享,与那些受传统方法教育的学生所写的、由教师判分的期中考试作文相比,他们能写出更高质量的作品。

电信媒介的环境也给学习者提供了认知合作的机会。依靠这个环境,学习者们的作品可以被团体的所有成员们查看,学生们担负起阅读伙伴们作品的责任,并且评价他们自己的工作。这种学习获得反馈的范围,通常比绝大多数的教室内学习所能获得的反馈要大,从而为老师提供了有意义的场合,使得老师可以帮助他们的学生学会通过总结他人的意见来修正自己的工作。学生们也从中学会了给出自己对于风格、推理和论点等方面的选择的理由，并且给出建设性的意见。

2.2 电子住所和电子学习圈中的作者

利用电子邮件或计算机会议进行写作教学可以采用两种主要的方式：个人方式和群体方式。前一种方式是指学生加入到一个电子会议中进行写作，然后与他们选择的这个写作社团中的任意成员相互交流；后一种方式是指同一个班的学生作为一个工作组，与其他班级或其他组的学生进行交流，这种班级内的写作交流一般发生在普通的面对面情况下，但是班级间的交互方式是电子式的。以下两个项目的描述说明了这二者之间的差别：

电子住所中的作者项目（Owen 1992）把加拿大的一些学习写作和语言艺术的学生、他们的老师以及一些有建树的作家连接起来，项目是为小学、初中、高中一直到高中后教育的学生准备的，项目参与者进行写作、阅读、思考其他人的作品，并且提供反馈意见和自己的想法。一些专业作家和更成熟的项目参与者们指导学生之间的讨论。比较有代表性的步骤是，学生们在把会议上相关的内容传送到微机上形成文本文件之后，会获得打印的其他参与者们的作品以及专家们的评论，然后，学生们脱机阅读反馈意见，在教室里或家里使用文字处理软件进行修改并写出感想后，重新再登录上网，并把它们用电子的方式传送出去。所有学生的作品都可以被整个工作组中的成员查看到，但是学生可以选择使用真名或笔名。

"学习小组"（Reil 1990）是运行于 AT&T"学习网络"（由电信公司创建）上的一个教育项目，直接与教室中的老师合作为学校提供计算机网络服务。一个"学习小组"由若干个教室（平均为七个）组成，选择这些教室时，尽量使它们在文化和地域上的差异达到最大。以四个月为一周期，这些教室通过电子通信的方式来相互交流，以完成一个共同的目标。该目标的组织围绕着一系列由"学习网络"的课程和技术专家、参与该学习小组的老师们设计的结构化的活动展开。这一系列活动按顺序包括：（a）参加该学习小组的所有班级制定计划；（b）各个班级作为一个小组来执行任务从而完成自己的计划；（c）创建一个关于本项目的联合发行刊物；（d）对此发行刊物进行共享和评价。这些项目可以与任何一个课程领域相关，因为写作是一个自然且大众的选择。例如，"Mindworks"是一个包括美国、加拿大、德国的小学和初中学生进行创造性和探索性写作的"学习小组"。不同班级的学生们单独或集体进行写作，决定最终刊物中采用的作品，随后分成小组对最终的作品进行评估，最后总结出对"学习小组"的评论和意见。这样经过四个月的努力后，学习小组的成果包括诗歌、故事和短篇散文，涉及的主题有青春期、食品、变幻的季节和动物等（Jameson 1991）。

2.3 远程通讯的硬件与软件

一个教育远程通讯系统由计算机、调制解调器、通信软件、电话线和访问中央计算机系统的权限组成。

如果一个教育机构已经拥有了一台计算机和一部电话，那么使用一个远程通讯系统的费用包括访问中央计算机系统的花费、购买调制解调器和通信软件的投资等。调制解调器的价格已经大幅度下降，因此学校很容易买得起一台传送和接收数据速度在每秒 2 400 波特左右——即每秒传送2 400 比特位或 300（2400/8）字节的调制解调器。有一类通信软件是公共领域的软件，比如 Kermit，另一类是收取一定合理费用的完整开发的软件的一部分，比如微软公司的软件。在很多学校，接入网络受到大学项目的支持，例如，加拿大 Simon Fraser 大学的 Xchange 教育网就在校园的计算机系统上提供了大量的账号给大不列颠—哥伦比亚省的学校。

3. 利用文字处理软件写作

利用远程通讯媒介的写作代表着技术应用的一种创新，但在大多数学校中它仍然不是标准的资源。相反，利用文字处理软件写作的应用技术却在学校随处可见。实际上，利用文字处理软件来帮助写作是语言教育中最为广泛探索的基本技术方法之一。

3.1 采用专门的写作策略

在写作课中使用文字处理软件最显而易见的

好处是学生们能够很容易、很快地修改他们的文章,避免了不断地重写整篇文章的麻烦。提高修改文章的效率,就其本身而言,并不必然导致写作水平的提高。然而,软件的编辑、排版功能使学生能容易地插入、取代、移动文本,从而轻松达到写出易读的、清晰的文章的要求。更有益的是,这些软件的性能让老师们能够更好地形成和贯彻教学程序来解决写作学习中的难点,这些难点可以被有责任心的语言老师注意到,并记载到资料中。

例如,教育研究者们发现,孩子能够想像出来的东西和他们实际写出来的东西之间是不同的。维果茨基(Vygotsky 1978)认为,孩子们倾向于用"代码"词语来写作——"代码"词语指的是对于作者非常熟悉且能够理解的但是对于读者却无法领会的词。很多小学老师也观察到,当要孩子们口头解释他们自己想到的东西时,他们能够通过大量的细节很好地表达出来。然而,当要求他们把想法写到纸上时,他们却往往写得平淡无味。此时使用文字处理软件来帮助写作就成为一种有效的解决方法(Ng and Prosser 1992)。利用这种方法,语言老师从学生们所建议的许多主题中选定一个,然后写出一些关于这个主题的写作提示,并把它们保存在文字处理软件的文件中,再将文件传到学生的磁盘中(举个例子来说,有关"电影制作的故事"的写作提示例子可以包括:"写一个引领句来描述你如何在你邻近地区的某地突然遭遇到一件不寻常的事情";"写一些句子说说你对于电影是如何被制作出来是怎样认识的";还有"你喜欢的电影明星突然出现在电视中,写一句话说出他是谁,还有他正在做什么")。首先要求学生们讨论一下这个主题和关注细节的重要性,然后他们会得到一张磁盘,然后对磁盘里的每一个写作提示做出反应,之后,他们会脱离这些写作提示,用一个新文件名对文件进行保存,并把这些片段修订成一个完整的文件,使之更详尽、充实和连贯。

关于写作的研究不断指出,评价在写作过程中扮演着至关重要的角色。例如,斯卡尔达马利亚和贝赖特(Scardamalia and Bereiter 1983)研究了在评价和修改过程中不同的认知过程是如何相互作用的,并且开发了一套帮助学生们评价和修改他们工作的提示和指示(一些提示的例子如:"人们不能了解到为什么这个重要";"我已经偏离了主要论点";"我最好给出一个例子";"我最好去掉这个句子并用另一种方式表达它")。在计算机实验室的写作班级中,学生们经常搭伴修改他们的文章。从老师那里得到的有效提示,对作者和同伴努力想做真正修改而不是仅做表面文章来说,都是必要的支持。

3.2 关于写作中使用文字处理工具的问题

学校已经普遍使用文字处理软件,文献中有关用文字处理软件进行写作的主题也很常见。科克伦-史密斯(Cochran-Smith)对有关文献进行了批判性的评论,来探究文字处理软件与写作之间的相关的综合问题,她使用了一个详细的框架,主要包括五个方面的问题:(a)在写作中使用文字处理软件的社会性和技术性方面的问题;(b)用文字处理软件进行写作对学生写作过程的影响;(c)对学生写作的质量和数量方面的影响;(d)学生对于使用相应软件的态度;(e)使用键盘和文字处理软件的策略与学生年龄之间的关系。在她的调查所得出的结论中,有一点与用文字处理软件进行的写作尤其相关:"文字处理的效果与各种教学干预相互缠绕,常常与在课程中对文字处理软件的介绍以及与分配的各种个人写作任务同时发生。"(Cochran-Smith 1991 P. 137)

3.3 写作辅助工具

文字处理软件现在具体表现为许多写作辅助工具,例如微软的Word,已经内置了可以定制的词汇表、拼写检查、辞典和语法检查等功能。语法分析部分的功能仍然是比较表面的。例如,语法检查只能是在生硬的语法规则基础上,识别显而易见的标点、动词和句子结构问题。缺乏指导的学生依赖这种分析工具的使用,对学习是有害的。例如,一些语义和逻辑错误就无法检查出来。

然而,拼写检查工具非常有效。例如,麦克勒格和卡萨考(McClurg and Kasakow 1989)对Appleworks和Sensible Speller的使用以及拼写教学中的拼写训练与练习程序进行了研究。学生们用文字处理软件完成了他们的作文,并在运行了拼写检查程序之后他们会得到打印输出的拼写错误的单词,这些单词会输入到计算机的练习程序中，然后，每周3次，每次15分钟，他们再利用计算机练习拼写。研究者们观察到，不管是通过长期测评还是短期测评，学生们以这种方式接受拼写指导，其效果要远远好过由手写、进行拼写测试以及完成拼写书上各种活动等组成的传统方法。

4. 超媒体支持的语言教学

人们通常指责教育软件存在两个问题：(a)文本对信息呈现的控制；(b)学生们必须按照预定的线性方式进行课程学习。那些对超媒体教学提出反对意见的人认为，一些学生通过文本才能学得更好，另一些则是通过视觉或听觉形态的材料才能学得更有效。多种形式的复合使用对于学习语言的学生非常重要，因为语言交流包括原文的、图表的、听力的和其他符号表征和信号等。旨在帮助学习者主动建构知识的现代教学方法，不能很好地被传统的线性软件所支持。然而，通过计算机技术两种新的发展——超文本与多媒体是可以回答这些反对意见的。

虽然“超媒体”这个概念有时与“超文本”这个词交替使用，但是前者强调了多媒体与超文本的结合。“多媒体”指的是计算机控制或以计算机为媒介的技术的集合，它能使人们获得和使用各种形态的数据：文本、声音、静态和动态图像等。“超文本”指的是用来组织和存储数据的一种非线性的方法，包括各主题——节点——通过网页连接的联合。当一个超文本系统应用于一台计算机上时，使用者能够经过多个路径把一条信息传到另一条信息上，同时能通过增加链接和新信息等，来加入或创建他们自己的信息结构(Seyer 1991)。

4.1 在真实语境中实施控制

学生们在超媒体支持的语言学习环境下，通过点击鼠标就能够得到所有媒体形式呈现的各种信息：文本、语音、音乐、图表、动画片和动态图片等。正如维亚特(Wyatt 1988)所说，这些教育方式为语言学习带来了新的空间。学生们现在能够看见和听到真正语境中的各种语言互换的视频场景，在这些语境的地点和形势中，语言的特殊类型和功能得到正确、普遍和有效的使用。他们能够观察和模仿手势与口语之间进行交互的细微差别，这样，不仅阐明了语言的词汇、习惯用语和语法，而且也表明了适合语言的文化和社会特点的用法。更重要的是，学生能够控制他们学习的重点，例如，他们可以集中学习说或写的部分，略过他们已经掌握的部分。更换和选择这些内容像换电视频道或选光盘上的一首歌一样方便。而且，为了让学生注意一个语言互换场景的重要特点，超媒体材料还包括教学中的问题、提示和复习等过程。这样，学生的进步——例如在阅读理解和听力方面可以很容易地由计算机进行监控。

最为关键的是，学生们可以在一门课程的任何一点，决定对一个语言交流的细节方面进行深入钻研。例如，学生想在词汇和表达用法方面得到提高，就要首先复习一系列视频中的专门的部分，阅读文章段落，查电子术语表，得到那些不确定的单词的精确解释和发音。然后，他们可以转回到视频场景中，并注意这些词汇和表达法在具体语境中怎样使用，针对词汇做测试，选择哪部分视频场景来提示词汇和表达法的使用，最后在写作中对这些变换进行重建。

4.2 法兰西交互与阅读光盘

越来越多的项目开始使用交互的音频、视频和超文本进行语言教学(Friedlander 1988, Hult et al. 1990, Jones 1991b, Smith 1989)。“法兰西交互”(Ingraham and Emery 1991)就是这种项目之一，它非常明显地试图把使用多媒体与超文本技术的好处结合起来。

法兰西交互旨在为各种在英国专科大学学习外语的学生，创建一个交互的以学生为中心的语言学习系统。这个系统主要是支持个性化的自我监控的教学。最初的课程由20个关于初级法语的模块组成，每个模块包括4个计算机辅助语言学习单元。第5个模块是复习前4个模块的内容，并且提供一次评价。第一部分是前10个模块，集中于事件和人物的物理描述，以及希望、心愿、意图等抽象概念。第二部分则集中了一些典型情况下知识的运用，在这一部分，正确运用社会语言学的意识将得到强化。

每个单元的开始是对事物的说明，接下来是一个拓展的"真实生活"的对话或场景,它举例说明用到的习语,并收录那些要求学生们学习的语法与词汇。接下来,课程分为一系列的练习,用来提高学生们功能、语法、词汇等方面的运用能力。学生可以在单元的任意一点暂停或重放一部分,按下"帮助"按钮就可以得到与上下文相关的帮助建议,还可以点击"更多帮助"得到关于一个特殊问题的进一步的解答信息。人们设计这个"更多帮助"系统,是为了最终把许多语言学习的资源结合在一起,例如:(a)详尽的语法书;(b)概括了语言功能的书;(c)描述交流中重要文化要素的书;(d)详尽的词汇表等。这些资源都是电子存储,而且学生可以随时使用。这些组成部分还包括多种媒体,例如,词汇表可以提供单词的发音和释义。

像阅读光盘(Shaw 1991)和光盘图书(1990)这些项目集中在阅读上,相对来讲不是那么复杂。例如,光盘图书就是由带有文字和插图的计算机页面的少儿读物组成。这些书将文本与声音、音乐和声响效果综合在一起。读者对任一特定词语,只需在屏幕上用鼠标点击,就能够得到这个词的发音、对它用另一种语言的翻译和它的简单释义。

4.3　*超媒体的硬件和软件*

能够提供计算机控制的声音和图像的交互技术自从20世纪80年代前期就开始使用了,但至今在教育中也没有得到充分的发展。语言学习中使用超媒体主要有两个原因。第一,计算机在功能和质量上越来越强,而它的价格却在不断降低,而且计算机运算速度的增长也保证了几乎可以毫无明显延迟地获取和使用声音及动态图像。第二,光学存储介质的容量也不断增加,价格不断下降。例如,除了视频光盘以外,还有音频光盘(CD)、只读式存储光盘(CD-ROM)等。视频光盘是以模拟信号存储数据,但是CD存储采用的是像计算机采用的那种数字格式(Van Horn 1991)。因此,CD用于计算机会更方便,它们也要比视频光盘便宜。但是,视频光盘可以储存比CD-ROM更多的数据。

如果一个语言教师希望使用超媒体,就必须购买支持其应用软件的硬件。进行超媒体教学所需的最简单的系统可以是一台个人电脑,装有声卡、高分辨率的显示器、光驱以及话筒或耳机等。如果要用视频光盘,就要安装视频播放设备。

如果教师想开发超媒体程序软件,除了上面所提到的设备,以下的东西也要具备:视频采集卡和视频编辑软件——例如Windows下的微软视听软件;声频编辑软件,如微软声音系统;著作软件,如多媒体工具手册;可重复使用的光盘等。

5. 基于仿真的口语学习

尽管基于超媒体的语言学习素材有了很大的发展,但是这些素材对于演讲训练来说仍然不是非常有效。基于计算机的语言资料能够提供精确的发音、措辞与声调的模板,但是它们无法了解和点评学习者的语音反应。声音辨别技术尽管有相当多的研究,但进展缓慢。然而,语言教育家们充分利用了现有的信息技术,来帮助学生们提高口语能力。一个很好的方法就是使用仿真软件来提高学生们的口语水平。

5.1　*为学生对话提供机会和鼓励*

在教授学生们讲一门新语言时,加强在发音和运用方面的准确性非常重要。为学生们提供说外语的机会,并鼓励他们进行能够实现真正的相互交谈,会更有助益。在语言教学中,由于让学生住在每天都讲那种外语的环境中不大可行,因此要设计各种各样的活动和资料来创建有意义的语境,以刺激学生说外语。角色扮演和使用电影、新闻和故事等来激发学生讨论,是语言课堂中两种常用的教学策略。信息技术,特别是计算机仿真,能够促进这些方法的使用。

5.1.1　*动机与语境的框架*

计算机仿真有很多种,也有很多种分类方法(Alessi and Trollip 1985, Jones 1991b)。根据内容,可以将仿真程序分为两类:一类是有关控制物理对象或演示科学过程的,比如,驾驶飞机和做物理实验等;另一类则是在预先设置好的人文环境下,为了探究社会、伦理、经济的原理和应付各种限制,而进行角色扮演和做出决策。由于后一类仿真在使用中不需要学生掌握专业领域的知识,语言教育者发现它们更加有效。这种类型的计算机仿真通常给出一个情景,然后或者把使用者置于不同的角色中,来探索各种反应,或者基于一系列变量来征求决策,以达到理想的结果。

语言教学中仿真程序的应用几乎都是在小组环境下。程序提供了一种动机和语境的框架,由于学生扮演不同的角色或通过讨论来做出决定,因此语言作为一种交流工具的功能可以很明显地展示出来。交谈和角色扮演轮流进行,可以为教师提供机会以确定学生的优势和弱点,然后为正规语言结构的训练选择或开发教学素材。当然,如果学生们是使用同一种母语,也存在他们在活动中转而使用母语的可能性。软件的质量和教师的监控是确保学生坚持说新语言的关键因素。

5.2 商业开发的仿真产品

在语言教育中有许多商业开发的仿真软件,有一些在学校中非常流行,例如《Carmen Sandiego 在何处》、《模拟城市》和《另一边》等。学生们学习他们的第一语言时,这些软件常常可以帮助培养他们社会决策和问题解决的能力。在第二语言的教学中,这些程序可以用来模仿语言上的交互,同时也可提供上述技能的练习。然而,成功的语言和其他技能的发展,要依靠附加的相关的学习活动。例如,在程序使用之前和使用过程中对协作行为进行模仿和练习。

仿真软件从编程的复杂程度上来看有很大不同,但是它在提高学生语言交互的有效性方面,却和它的技术问题没有什么必然联系。仿真软件涉及的主题及它们与学生兴趣和课程的相关性,显得更为关键。以下将就这一点来说明两个简单但有效的仿真程序。

5.3 传奇故事和商业主管决策

《传奇故事》(Jones 1991a)是一个简单的迷宫,它给学生们提出一个难题:一个正在谈恋爱的女孩,发现她的男朋友开始变得疏远并躲避婚姻这个话题。学生们要对此进行讨论,并对这个女孩对她男朋友最好的朋友提出的要求——“你一定知道出了什么事,请告诉我”——做出一个合适的回答。这个软件有利于对他们所做出的结论的原因,进行进一步的讨论。琼斯(Jones)的报告中写道,当利用这个软件对几组研究生进行试验时,都毫无例外地产生了比采用商业冒险仿真更多的口语作品。

《商业主管决策》(Chen 1992)是一种计算机仿真软件,为了教授母语是中文的学生的高级商业管理英语口语。在10个星期的课程中,这些程序只教授最基本的管理概念,计算机操作、键盘输入以及其他与语言学习无关的东西压缩到最少。它主要关注促进学生们之间的交流。

在管理一个虚拟的空调制造厂的背景下,学生们通过动态的和有意义的英语交流,可以学到商业管理中最重要的概念——比如战略规划和政策制定。在模仿之前和之后要设计一些活动。每个星期的课程包括三个步骤。第一,教师介绍一小段有关模拟主题的背景信息。第二,学生使用脚本来练习相关的英语表达,分析脚本,并进行复制。第三,学生使用模拟程序。他们被分为三人或四人小组;这些小组扮演相互竞争的空调制造商。每组必须讨论自己的方针和策略。每组决定的结果被输入计算机,并显示出当前的竞争结果。学生用他们学过的表达法来评价自己公司在整个模拟过程中的表现。陈(Chen)的报告中给出了非常令人振奋的结果:在每一次模仿期间,学生们都用要学习的语言进行热烈的讨论。同时,也可以发现,通过模仿可以实现“保持学生注意力防止其走神的内在控制机理”(Chen 1992)。

6. 结论

对这四种在语言教育中使用的信息技术的讨论,说明了几个观点:首先,在语言教学中使用技术并不一定用很大的花费。第二,语言教学并不仅仅是提供给学生计算机和软件。教师需要提供一系列学习内容的相关结构,监督学生学习,设计有效的干预策略。第三,在设计或选择软件以及使用它们的方式时,必须考虑到语言学习的原则,以满足学生学习的需要。第四,对于掌握语言技能的各个方面来说,学生的积极参与都非常重要,使用计算机可以帮助促进这种参与。

对于信息技术应用的这些讨论毫无疑问地说明,信息技术现在没有取代,将来也不会取代老师。相反,这对教育者的工作要求提高了,需要他们更敏锐、更富有想像力和更机智地同学生一起工作。

E. K. L. 额(E. K. L. Ng) 著

李海霞 译

附录

Alessi S M, Trollip S R 1985 *Computer-based Instruction: Methods and Development.* Prentice-Hall, Englewood Cliffs, New Jersey

Berkenkotter C 1981 Understanding a writer's awareness of audience. *College Composition and Communication*32:388—389

Chen Z 1992 Learning management English through computer simulation. *Simulation/Games for Learning* 22(3):164—171

Cochran-Smith M 1991 Word processing and writing in elementary classrooms: A critical review of related literature. *Rev. Educ. Res.* 61(1):107—155

Cohen M, Riel M 1989 The effect of distant audiences on students' writing. *Am. Educ. Res. J.* 26(2):143—159

Discis Books 1990 Interactive computer books for children. *Tech. Trends*35(5):35—38

Friedlander L 1988 The Shakespeare project: Experiments in multimedia education. *Academic Computing* 2(7):26—29, 66—68

Hult S, Kalaja M, Lassila O, Lehtisalo T 1990 Hyperreader—An interactive course in reading comprehension. *System* 18(2):189—198

Ingraham B, Emery C 1991 "France InterActive": A hypermedia approach to language training. *Educational and Training Technology International* 28(4):321—333

Jameson M (ed.) 1991 *AT & T Learning Circle: Mindworks Middle #6 Circle Publication.* Aubrey Elementary School, Burnaby, British Columbia

Jones F R 1991a Mickey-mouse and state-of-the-art: Program sophistication and classroom methodology in communicative CALL. *System* 19(1/2):1—13

Jones G 1991b Some principles of simulation design in interactive video for language instruction. *Simulation and Gaming* 22(2):239—247

McClurg P A, Kasakow N 1989 Word processors, spelling checkers, and drill and practice programs: Effective tools for spelling instruction? *Educational Computing Research* 5(2):187—198

Ng E K L, Olivier W P 1987 Computer assisted language learning: An investigation on some design and implementation issues. *System* 15(1):1—17

Ng E, Prosser R J 1992 Computers and learning. In: Ng E (ed.) 1992 *Designs for Learning: Educational Uses of Computers.* Centre for Distance Education, Simon Fraser University, Burnaby, British Columbia

Owen T 1992 Wired writing: The writers in electronic residence program. In: Mason R (ed.) 1992 *Computer Conferencing: The Last Word.* Beach Home Publishing, Victoria, British Columbia

Reil M 1990 A model for integrating computer networking with classroom learning. In: McDougall A, Dowling C (eds.) 1990 *Computers in Education.* Elsevier Science Publishers, Amsterdam

Scardamalia M, Bereiter C 1983 The development of evaluative, diagnostic, and remedial capabilities in children's composing. In: Martlew M (ed.) 1983 *The Psychology of Written Language.* Wiley, New York

Scardamalia M, Bereiter C 1987 Knowledge telling and knowledge transforming in written composition. In: Rosenberg S (ed.) 1987 *Advances in Applied Psycholinguistics. Vol. 2: Reading, Writing, and Language Learning.* Cambridge University Press, Cambridge

Seyer P 1991 *Understanding Hypertext: Concepts and Applications.* Windcrest Books, Blue Ridge Summit, Pennsylvania

Shaw S 1991 The reading disc: Learning to read using interactive CD. *Educational and Training Technology International* 28(4):316—320

Simon Fraser University, Faculty of Education 1992 *Xchange Communications Guide '92.* Faculty of Education, Simon Fraser University, Burnaby, British Columbia

Smith W F (ed.) 1989 *Modern Technology in Foreign Language Education: Applications and Projects.* National Textbook, Chicago, Illinois

Van Horn R 1991 *Advanced Technology in Education.* Brooks/Cole Publishing, California

Vygotsky L S 1978 Interaction between learning and development. In: Cole M, John-Steiner V, Scribner S, Souberman E (eds.) 1978 *Minds in Society: The Development of Higher Psychological Processes*. Harvard University Press, Cambridge, Massachusetts

Wyatt D H 1988 CALL What can research tell us about CALL? *System* 16(2):221—223

其他参考文献

Garrett N 1991 Technology in the service of language learning: Trends and issues. *Modern Language J.* 75 (1):74—101

数学教育中的新信息技术(New Information Technology in Mathematics Education)

"新信息技术"这个术语主要是指微型计算机(包括台式机、便携式电脑或笔记本电脑)和手提计算器(从四功能计算器到可编程的绘图计算器),同时也包含了新出现的信息媒体的使用,诸如视盘和与微型计算机一起使用的 CD-ROM,以及可以通过计算机访问的远程通讯网络等。"数学教育"这个术语是指学校里数学的教与学。

在数学的课堂教学中,越来越可以利用功能强大的计算技术,这就具有了改革数学教学的潜力。这种转变有可能是由于数学本质(它将影响到课程的内容)的变化,或者是学习的可用模式(它将影响到教/学过程)的改变,以及技术(它将影响到可获得的学习工具的性质以及教师和学生如何教授和学习数学)的改变所引起的。

然而实验研究(Becker 1990)显示,尽管在技术上已经可以做到,但是数学教学的预期转变在绝大多数课堂上并未发生。技术的普遍使用并未具体体现出上述的改变,而是支持了传统实践。本词条主要关注新信息技术的革新应用,这些应用有潜力在数学教育方面带来预期性转变,并讨论那些与近来研究中出现的技术有关的教与学方面的争议。

1. 有改革能力的技术应用

弗雷泽(Fraser 1988)将应用于数学教育方面的计算机软件分成了四个主要的类别:"数学工具箱"、"催化剂"、"正式的语言接口"和"辅导"。数学工具箱包括诸如计算器、电子数据表和图形应用程序等多用途工具,以及诸如 Theorist 和 Mathematica 这样强大的数学计算环境。催化剂软件包含了诸如几何画板、探索性的微观世界环境(Olive and Steffe 1990)以及描述和运用数学关系的工具这样的推测工具等。正式语言接口是强大的可编程环境(例如 LOGO),它为教师和学生提供了解决算法问题的能力,以及创造他们自己的基于计算机的学习环境和数学工具的能力。"辅导"主要是设计用以强化学习技能的练习环境。

从弗雷泽提出这种分类以来,一种被称为"超媒体"的新型软件出现了,它横跨了所有的四个类别。超媒体能给其他的媒体和信息资源,如录像带、激光唱片、远程数据库以及其他的软件应用工具等,提供简单的通道。超媒体软件可以用来为采集数据创造工具,为现象呈现模拟以及提出问题,并通过和其他形式的软件(例如工具箱、催化剂软件和其他的可编程语言)相连接来共同进行研究,甚至创造简单的辅导。

能够有效改变教/学过程以及现有课程的技术的革新应用,主要是来源于弗雷泽分类的前三大类以及超媒体技术的应用。在以下各部分,我们将会简明地描述数学技术(训练和实践辅导)的最普遍的应用,并对照性地描述具有革新性应用技术例子的国家的研究与发展项目。

1.1 课堂上技术的普通应用

1989 年国际教育成就评价协会(IEA)的国际"CompEd"的调查(Becker 1990)显示,美国计算机在数学教学中的最普遍的应用还维持在 20 世纪 80 年代初的水平:学习编程以及进行运算的操练和实践。这些占主导地位的应用与弗雷泽分类的最后两类相对应,并没有导致如开普特和龙贝格(Kaput and Romberg 1989)所预期的、也是美国(NCTM 1989)以及其他地方(Steen 1989)的数学家和数学教育工作者所提倡的学校数学的改革。这些改革努力设法将重点从基础知识和运算技巧的机械学习,转变到强调推理和解决问题的建构性数学学习。

基于技术主要应用的研究结果已经被混淆了。贝克尔(Becker 1990)指出,即使当计算机有规律地(1学年至少每个学生每星期1个小时)用于数学教学,对于学生数学成绩的效果在某些情境下也是微不足道的,甚至是消极的。贝克尔对于覆盖16个州、31所学校的47名教师的研究显示,"那些利用传统软件的传统数学学习,即便一年到头始终应用那些软件,通常也只有在特定的环境下才能产生有利的结果——对于整体来说,这样的方法甚至是弊大于利"。

1.2 计算机整合于课堂实践中

舍高德和哈德利(Sheigold and Hadley 1990)在他们对600名具有很高声望的专门的计算机应用教师的研究中所获得的结果,与贝克尔研究报告的结果形成了鲜明的对比。与国家调查数据(Becker 1990)中报道的相比,舍高德和哈德利的研究显示了区别更大、更具价值的计算机应用。精心挑选出来的教师"尝试并且成功地将计算机与他们的教学相结合",他们充分利用了有价值的工具,诸如表格和画图功能、绘图程序以及拼写检查程序等。他们利用LOGO以及其他的可编程语言进行工作,在他们的教学中使用模拟和微观世界,并经常性地使用电子公告板。按照贝克尔的观点,专门的教师和更典型的使用计算机的教师之间在教学风格和方法上存在着根深蒂固的哲学观念上的差别,这可以说明前者成功以及后者不能成功的原因。他做出了如下的结论:

> 由于计算机会对学生如何经历学校教育带来差别,这一点将要求老师以及管理者适当地调整他们对于恰当以及不恰当的教学行为的观念,重新排列不同类型教育内容的价值,改变引导他们的课堂以及学校管理策略的习惯和假设。(Becker 1990 P. 8)

以下的三个部分描述了通过利用技术质疑和改变教学行为、讲课内容、评估以及管理策略方面等的项目。

1.3 使用计算器和计算机的代数和学习微积分前的必修课程

马里兰大学(Lynch et al. 1989)开发的"计算机强化代数课程",是一个基于课堂的充分利用多用途计算机工具的项目。这个项目的目标就是"提高学生对适度复杂定量环境的计划和执行数学分析的能力"(P. 690)。项目参与者使用计算器、简单的计算机编程,以及商用的、项目产生的软件来绘制表格和图形,为数据集进行函数拟合,绘制不规则图形以及处理符号表达式等。

在这个项目运作的三年里,教师和学生相互都面临着新的角色,产生了一种对于代数方法新的认识,将其作为解决现实问题的工具。学生之间的相互协作和公开讨论在课堂互动中起主要作用。结果,学生提高了他们口头上以及书面上表达数学想法的能力。与传统的代数课相比,这个项目有更多的关于应用的讨论,更加注重有关思想的表述,有更多的学生活动(Heid et al. 1990)。根据费(Fey)的看法(1991),与传统代数课的学生相比,计算机强化代数课程的学生对关键概念具有更为与众不同、更加丰富的理解力。

德玛拉和韦特斯(Demana and Waits 1990)也提倡将计算器和计算机强化方法应用于高中代数课以及学习微积分前的必修课程。他们使用图形计算器、电子数据表和具有放大功能的计算机图形程序。在课堂上,学生在引导下的发现式教学环境中使用图形计算器,作为对单一计算机交互式的讲课示范的补充。大规模现场测试的结果显示,使用这种技术的学生成为了一个很好的问题解决者,并且"形成了对于函数很强的直觉和理解能力,而这一点成为帮助微积分、高等数学以及科学等研究取得成功的基础"(P. 213)。这些技术的应用已经将在传统微积分课程中遇到的问题,转换成了常规的代数和学习微积分前的必修课程的问题。

也有一些项目报告了同样的结果,这些项目是:荷兰将计算机图形方法应用于微积分,以及英国在中学学生中使用图形计算器(Ponte et al. 1991)。

1.4 使用计算机建构工具的几何学直觉方法

多用途工具,例如图形计算器和电子数据表,能够用于数字和代数领域的推测,而几何作图工具为用户提供有力的手段来直观地探索几何关系。最早在教室使用的这种类型的工具就是"Geometric Supposers"(Schwartz and Yerushalmy 1985)。这些工具开发出来,用于欧几里得几何学的推测。它们为学生提供了一套计算机化的几何作图工具和计算工具。这些程序能够"记忆"学生在任何作图中的每一步,并能够在那些为普通班级学习图形的新例子中,重复这些相同的步骤。这种能够在同一类图形不同的例子中复制作图顺序的能力,使得学生能够验证关于他们自己作图的推测。

兰珀特(Lampert 1988)报告了这些新教学工具在"教师思考学生和教师思考几何"方面的效果。她研究了 7 个教师,这些教师在 1986 ~ 1987 学年在各自高中的几何课程中使用了"Supposer"。她的报告说明了"这个教学工具具有一定的潜力来改变教师对怎样才算理解了几何的思考方式,去影响教师关于如何在课堂上获取这些知识的想法,以及改变他们的教学实践"(P. 1)。但是,兰珀特强调,"课堂里的主题和社会秩序至少是这样的一个因素,它决定在现有技术条件下能在教与学中获得什么。Geometric Supposers 的作用不在于它本身能做什么,而在于当教师们能够使用,并且能够通过它所设计的方式安排使用时,它能使教师做什么"(P. 1)。

在葡萄牙,人们对一个用 LOGO 开发的计算机工具进行了相似的研究,被称为 LOGO. GEOMETRIA。这个工具允许学生在笛卡儿坐标系中,进行传统的几何学的作图。它使得学生可以通过键入恰当的命令,构建点、线和其他的二维图形,以及在这些图形的基础上执行运算操作(Ponte et al. 1991)。这项研究在一所州立学校两个年级的 10 个班级中进行。这项实验课程的主要目标,是鼓励学生通过小组解决问题的环境,构建解析几何以及矢量几何的相关概念,并形成对于验证的必要性和实用性的理解。这个项目在实现这些目标方面取得了成功,同时也显示出学生对于他们自己的工作变得更加自信,甚至在日常的课堂里,会提更多的问题,会为他们自己解决问题的想法和方法辩护。

法国和美国的独立研究与发展计划,使用支持几何学直觉方法的动态图形界面(例如:Macintosh 的"mouse"交互界面),开发了一种新型的计算机催化软件。Cabri-Geometre(Baulac et al. 1988)和几何画板(Jackiw 1991)允许用户通过简单的鼠标指针拖动屏幕上出现的图形结构,来实现几何图形的连续的、动态的变换。所有嵌入图形的几何关系在图形连续的变化中保持不变,因此,用户可以看到在这些几何图形中哪些是不变量、哪些不是不变量。程序的记录和重现特性,为用户提供了图形的书面记录,它能够存储起来,并在需要的时候用以重建图形(在一系列新的"条件"下)。记录的特性同时也为教师评价学生使用这种工具的工作提供了一种手段。

在几何画板的第二版中,用户可以确定基于构建目标的变换。自定义变换能够从组合变换中建立,并且在一个图形中反复使用。图 1 显示了一个四边形围绕中心点重复多次扩张和旋转的结果。改变限定旋转的角度,将会导致整个结构卷曲或者舒展。改变限定扩张比例的部分,将会导致螺旋中四边形的减小或者放大。改变原始的四边形,则会导致螺旋形中的每一个图形相应的改变。所有的这些,在用户移动鼠标指针时都会实时改变(图略)。

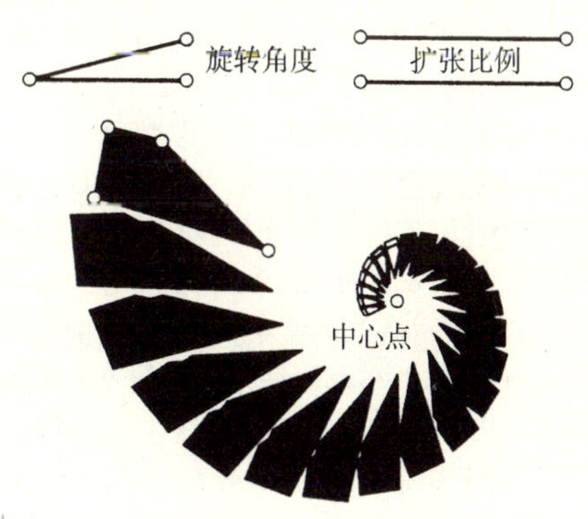

图 1　四边形围绕一个中心点的重复旋转与扩张

人们对于在此类工具的辅助下，构建和理解变换几何学中关系的意义，至今仍然未知。在佐治亚大学（Olive 1991），利用 Sketchpad 最初的调查显示，通过这个软件，年轻人和专业数学家可以产生丰富的几何学洞察力。在法国和日本以及在美国的一些中心，人们正在开展使用 Cabri-Gemetre（Nohda 1991，Geometer's Sketchpad Rasmussen 1991）的研究。

几何画板的动态变换能力，使它能够根据笛卡儿的思想创造出用几何学来研究代数函数的环境。在佐治亚大学，一些博士生正在利用几何画板进行通过几何方法来学习函数的研究（Lin and Hsieh 1993）。

1.5　LOGO 和学校数学

在奥利芙和哈特菲尔德（Olive and Hatfield 1991）的关于数学教育中的计算机应用的论文中，他们指出，在全世界的课堂中 LOGO 程序语言被广泛采用。LOGO 的"龟形几何"为孩子们提供了一种环境，使学生有机会从几何思维的视觉水平发展至描述水平（Van Hiele 1986）。该环境的图形方面允许孩子们使用与思维的视觉水平（形状和图形的视觉比较）相关的操作，来生成 LOGO 程序形式的图形程序化定义，以绘制该图形。这种程序的创造，使孩子们致力于一种描述水平的活动，即关于图形元件的分析和如何组合这些元件。有些研究调查了当学生使用 LOGO 工作时，对促进他们几何思维发展的潜力。克莱门茨和巴蒂斯塔（Clements and Battista 1989）调查了在 48 名美国 3 年级学生中，LOGO 的计算机程序设计在进行特定的几何概念化时的效果。他们总结道，"如果给定嵌入 LOGO 的教育环境，而且这种环境可以帮助孩子们在这种框架下的经验来结构的话，那么 LOGO 能够作为一个概念化框架用于几何学习"（P.466）。

蓬特等人（Ponte et al. 1991）报告中的三项研究，显示了相似的确定的结果。第一项研究是作为国家在葡萄牙的中小学新技术整合计划（Minerva 计划）的一部分，在 5～6 年级的孩子中进行的研究。第二项研究是作为法国教育部资助的 Loge Espace 项目的一部分，在法国高中学生中间进行的使用 3D LOGO 环境的研究，叫作 INTERDIM。第三项研究就是里斯本大学的乔·菲利甫（Joao Filipe Matos）负责的 LOGO 与数学教育项目的一部分。这项研究使用一个专门为研究矩形的面积和周长的学生设计的 LOGO 微观世界。

在 LOGO 数学项目中，霍伊尔斯和萨瑟兰（Hoyles and Sutherland 1987）通过一个在英国的为期 3 年的研究（1983～1986），探讨了 LOGO 在中学数学几个领域中的潜力。研究人员发现，教师的角色对于在数学课堂上实现 LOGO 的潜力至关重要。他们发现教师需要促进 LOGO 和非 LOGO 数学工作之间的联系，需要在一个问题的过程和结构中激发思考。"在数学课堂上的 LOGO 程序设计活动，能够为学生提供不仅对他们自身，也对教师更加实用的直觉数学推测和策略。"（P.76）

在上面描述的项目中大体上有三个共同点。第一，无论是对于教师还是学生，当计算机技术用作一个数学探索的工具时，是最有效的。第二，计算机不能（也不应该）取代教师。第三，教师的角色在促进有效的学习中至关重要。在奥利芙（1992）的文章中还能找到关于这些观点的更为详细的讨论。

2. 未来的趋势与启示

随着计算机技术价格的持续下降和计算能力的增长，可以预见，在数学课堂上计算机和计算器的使用将会更加广泛。甚至是在一些经济困难的发展中国家，政府也开始支持在每一个学校配置计算机的计划。例如，在委内瑞拉，一个被称为"每个学校一台计算机"的国家计划于 1988 年开始启动。在墨西哥，一个在中学语言、科学以及数学教学中推广计算机的实验性计划于 1986 年启动，现在已扩展到包括从学龄前直至成人教育各个层次的学校。在巴西，计算机教育国家计划于 1989 年颁布，现在已经有 20 个为学生、老师和公众提供全面服务的中心。古巴在 1987 年颁布了一个国家计划，以在教育领域推广计算机。在所有这些计划中，数学学习都是焦点之一。

在发达国家，人们可以预期学生将拥有自己的个人笔记本电脑，随身携带往返于学校和家庭之间。现代可编程图形计算器，就是这种普遍的便携式电脑的先驱。新信息技术的普及,使得人们开始怀疑老师和学生所扮演的角色以及学校教育的本质。学校、教师和学生个人可以通过电话线访问计算机网络,从而可以通过计算机网络从国家和全球的数据资源库中获得各种信息。

远程通讯网络的发展和个人计算机的使用,为全世界的学生、老师以及研究人员提供了一个新的交流和协作的媒介。美国技术教育研究中心(TERC)已经建立了一些国际远程通讯网络。全球实验室项目一共有75个基地,其中33个在北美,7个在南美,27个在欧洲(包括苏联),4个在南非,2个在澳大利亚,2个在东南亚,1个在日本。学生和教师可以共享数据,对有关全球生态的项目进行共同协作。数据的采集和分析是应用数学以及全球生态数学模型基本组成部件的丰富资源。俄国学生,受到全球实验室项目的影响,已经提议将数学奥林匹克项目推广到国际社会(Berenfeld 1992)。

TERC和莫斯科的新技术研究所(INT)已经为那些对科学和数学项目的协作感兴趣的教育工作者,建立了一项新的电子会议。该会议被称为"eastwest. edu",可以通过互联网访问。正如廷克(Tinker 1992)所言,苏联科学家和数学家联合研究的机会前所未有:"现在正是一个为科学和数学教育服务的协同工作的绝好时机。"(P. 20)

在美国的佐治亚州,作为国家投资的教师提高计划LITMUS[数学领先技术的注入和它的社会用途(佐治亚大学 1992)]的一部分,在今后的三年中,两个乡村学校系统里的数学教师,将使用 eastwest. edu 电话会议,共享他们在将计算机技术整合到数学课堂中的经验。这种国际协作,对于充分揭示新信息技术在数学学习中的深远意义很有必要。通过计算机网络,不同国家之间学生和老师想法的快速交流成为可能,这预示着全球化教室的开始,其意义已经远远地超出了数学教育的范围。

J. 奥利芙(J. Olive) 著
李海霞 译

附录

Baulac, Bellemain, Laborde J-M 1988 *Cabri-Geometre.* Computer program. Université Joseph Fourier, Grenoble

Becker H J 1990 *When Powerful Tools Meet Conventional Beliefs and Institutional Constraints: National Survey Findings on Computer Use by American Teachers.* (Report No. 49) Center for Research on Elementary and Middle Schools, Baltimore, Maryland

Berenfeld B 1992 Introducing telecomputing to Soviet schools. In: Tinker R F, Kapisovsky P M (eds.) 1992 *Prospects for Educational Telecomputing: Selected Readings.* TERC, Cambridge, Massachusetts

Clements D H, Battista M T 1989 Learning of geometric concepts in a LOGO environment. *J. Res. Math. Educ.* 20: 450—467

Demana F, Waits B K 1990 Enhancing mathematics teaching and learning through technology. In: Cooney T J, Hirsch C R (eds.) 1990 *Teaching and Learning Mathematics in the 1990's.* National Council of Teachers of Mathematics, Reston, Virginia

Fey J 1991 Calculators, computers, and algebra. Paper presented at the US-Japan Seminar on Using Computers in Mathematics Teaching, University of Hawaii, Honolulu, Hawaii

Fraser R 1988 Computers and the teaching of mathematics-Plenary presentation. In: Hirst A, Hirst K (eds.) 1988 *Proceedings of the Sixth International Congress on Mathematical Education.* Janos Bolyai Mathematical Society, Budapest

Heid M K, Sheets C, Matras M A 1990 Computer-enhanced algebra: New roles and challenges for teachers and students. In: Cooney T J, Hirsch C R (eds.) 1990 *Teaching and Learning Mathematics in the 1990's.* National Council of Teachers of Mathematics, Reston, Virginia

Hoyles C, Sutherland R 1987 Ways of learning in a computer-based environment: Some findings of the LOGO Maths Project. *Journal of Computer Assisted Learning* 3: 67—80

Jackiw N 1991 *The Geometer's Sketchpad.* Computer Program. Key Curriculum Press, Berkeley, California

Kaput J, Romberg T 1989 *Exploiting New Technologies for Reform in Mathematics Education.* National Center for Research in Mathematical Sciences Education, Madison, Wisconsin

Lampert M 1988 Teachers' thinking about students' thinking about geometry: The effects of new teaching tools. (Technical report #88—1) Educational Technology Center, Harvard Graduate School of Education, Cambridge, Massachusetts

Lin P, Olive J in press Dynamic, linked, multiple representation of functions using the Geometer's Sketchpad. Submitted to the *International Journal of Mathematical Education in Science and Technology*

Lynch J K, Fischer P, Green S F 1989 Teaching in a computer-intensive algebrá curriculum. *Math. Teach.* 82(9):688—694

Nohda N 1991 Study of problem solving with Cabri-Geometre in secondary school mathematics. Paper presented at the US_Japan Seminar on Computers in Secondary School Mathematics. Honolulu, Hawaii

NCTM 1989 *Curriculum and Evaluation Standards for School Mathematics.* National Council of Teachers of Mathematics, Reston, Virginia

Olive J 1991 The Geometer's Sketchpad: A new computer tool for learning geometry. In: Harvey J, Demana F, Waits B K (eds.) 1991 *Proceedings of the Third International Conference on Technology in Collegiate Mathematics* Addison-Wesley, Reading, Massachusetts

Olive J 1992 Technology and school mathematics. In: Secada W (ed.) 1992 Reform of school mathematics in the US. A special issue of the *Int. J. Educ. Res.* 503—516

Olive J, Hatfield L L 1991 Computers in mathematics education. In: Husén T, Postlethwaite T N (eds.) 1991 *The International Encyclopedia of Education, Supp. Vol. 2.* Pergamon Press, Oxford

Olive J, Steffe L P 1990 Constructing fractions in computer microworlds. In: Booker G, Cobb P, Mendicutti T N (eds.) 1990 *Proceedings of the Fourteenth PME Conference*, Vol. 3. International Group for the Psychology of Mathematics Education

Ponte, Nunes, Veloso 1991 Using computers in mathematics teaching. Projecto Minerva, Department of Education, Faculty of Sciences, University of Lisbon, Lisbon

Rasmussen S 1991 Researching support materials for geometry education software. SBIR Phase I Report to the National Science Foundation (Grant # ISI—9060238). Key Curriculum Press, Berkeley, California

Schwartz J, Yerushalmy M 1985 *The Geometric Supposer.* Sunburst Communications, Pleasantville, New York

Sheingold K, Hadley M 1990 *Accomplished Teachers: Integrating Computers into Classroom Practice.* Center for Technology in Education, Bank Street College of Education, New York

Steen L A 1989 Mathematics for a new century. *Australian Mathematics Teacher* 43(2):19—23

Tinker R F 1992 East-West collaboration. *Hands on!* 15(1):20

University of Georgia 1992 *The LITMUS Papers*, Vol. 2, No. 1 (whole issue) (newsletter for Project LITMUS). Department of Mathematics Education, University of Georgia, Athens, Georgia

Van Hiele P M 1986 *Structure and Insight: A Theory of Mathematics Education.* Academic Press, Orlando, Florida

其他参考文献

Alessi S M, Shih Y F 1989 The growth of computer assisted instruction in Taiwan schools. *Computers in Education* 13(4):337—341

Hawkridge D, Jaworski J, McMahon H 1990 *Computers in Third World Schools.* Macmillan, London

Kaput J J 1992 Technology and mathematics education. In: Grouws D A (ed.) 1992 *Handbook of Research on Mathematics Teaching and Learning.* Macmillan Reference, New York

Kinnaman D E 1990 What's the research telling us? *Classroom Computer Learning* 10(6):31—39

Kumagai K 1991 The use of computers in school: The

state of using computers in mathematics classroom in Japan. Paper presented at the US—Japan Seminar on Computers in Secondary School Mathematics, Honolulu, Hawaii

Wirszup I, Streit R (eds.) 1990 *Developments in School Mathematics Education Around the World*. National Council of Teachers of Mathematics, Reston, Virginia

科学教育中的新信息技术(New Information Technology in Science Education)

人们越来越认为,科学教育应当致力于培养学生适应未来的信息时代,在这样的时代里,信息技术(IT)将成为日常生活中熟悉的一部分。本词条说明了信息技术在科学教育中的典型应用。它们的潜能和效果将在科学教育发展的背景下进行讨论,重点集中于计算机在科学教育中扮演的角色以及与科学教育紧密联系的技术如多媒体技术的发展上。

1. 科学教育中 IT 技术的应用

很多的计算机应用同样地特别关注科学教育。

1.1 模拟、建模系统和微观世界

这一类型中绝大多数的应用是为科学教育设计的。模拟是现实世界的表征。通过利用这些表征,学生能够获得一些对于现实的理解。通过模拟,学生可以学习部分现实世界的东西,而这在以前由于安全、道德规范、费用、所需设备或者规模等原因是不可能的。模拟有助于抽象概念的形象化。它们在现实和学生关于系统的心理模型之间搭起了一座桥梁(van Schaick Zillesen 1990)。

建模系统和微观世界可以被看作特定类型的模拟。利用动态建模系统,学生可以建立他们自己的反映现实情况的(数学)模型。这样一来,学生可以理解他们的模型所代表的现实中的复杂联系。建模系统没有内置的教师控制,而模拟则要求教师对于模型、显示框架以及交互作用类型进行一定的控制(Cox 1992)。

微观世界的目的并不在于表征客观世界。它们是想像的教育世界,通过它可以使研究科学问题、发展假说、设计实验来验证这些想法以及利用反馈来反思现象的概念等成为可能(Linn 1988)。

1.2 基于微机的实验室

这代表了那些作为实验室工作工具的应用。它们可能是为了专门的主题(例如热量和温度)或者更普遍的应用而设计的。通过基于微机的实验室,实时的数据采集成为可能。重复试验,同时测量不同的变量,使用一个非常短或者长的时间量程,分析数据,以及用图形描述数据等变得更为容易。教学时间可以用于分析和解释数据,而不是用来采集数据。基于微机的实验室要求一些辅助的硬件。

1.3 数据库

数据库被用于从不同的知识领域存储和检索信息。相对而言,学生更容易获取关于一定主题的更多的信息。例如,关于环境问题的信息,能够通过远程信息处理与其他国家或城市的科学课进行交换。通过信息检索,学生能够锻炼解决问题的技能等。

1.4 计算机辅助教学

从简单的"训练和练习"到复杂的辅导,很多不同的程序属于这种类型的应用。这类的计算机辅助教学在科学教育中并不普遍。尽管如此,还是有很多这种类型的程序应用于科学领域。这种类型的应用的要求之一就是要使学习过程的个别化成为可能。

1.5 交互视频技术

这种技术可以看作是计算机应用的扩展。对于辅导来说,视盘可以提供逼真的照片而不是书写的文本或者图示。对于基于微机的实验室,视盘可以提供测量的背景。交互视频技术的应用在科学教学的课堂中创造了多媒体环境。

人们也使用其他的 IT 技术,但是它们对于科学教育并不典型。例如,计算机管理教学,能够执行课堂管理的功能。此外,通用的计算机工具,例如电子数据表和字处理软件等,可以用于计算以及

书写报告。

2. IT 在科学教育中的潜能

20 世纪 60 年代以来,科学教育领域取得了显著的进展,包括:(a)"做的科学",一种基于探究的方法;(b)对科学、技术和社会之间关系的强调(人们熟知的 STS);(c)强调学生在学习科学时观念转变的重要性等。以上三个方面都要求一个学习的环境,在这个环境中,学生在其中扮演了一个积极的角色;而传统的科学教学方法则强调事实与理论学习。尽管这些革新受到了科研人员和课程专家的很多关注,但是它们几乎不能成为日常科学教学的一个组成部分。这主要是因为缺乏时间来转变教师的角色以及设计丰富的学习环境(Roth 1989)。

本词条从项目实施的角度,概述了科学教育中新信息技术的潜能。需要注意的是,当使用新的 IT 技术时,很多科学教育的预期效果几乎不能得到经验研究的支持。

2.1 学生的潜力

模拟、基于微机的实验室和数据库,都是掌握科学概念以及科学过程中的技巧所需要的重要方法。德赖蒂和斯坎伦(Driver and Scanlon 1988)认为新信息技术,例如计算机模拟,能够帮助学生清晰地进行推理,使他们能够将个人或者小团体的思维结果形象化,而这正是科学教育概念转变方法的重要特征。更普遍地讲,可以断言,新信息技术提高了学生的绩效和动机。

提到模拟,在罗布利尔(Roblyer)等人的元分析(1988)中发现,它对于大学和高中学生的绩效有着积极的效果。在其他的评论(Bangert-Drowns et al. 1987, Niemiec and Walberg 1987, Frey 1989)中,基于比较早期的研究,有些人认为模拟对于学生的绩效并没有实质性的效果。直到最近,人们才把数据库以及基于微机的实验室对于学生绩效的效果纳入元分析中。研究结果显示,利用模拟来工作的学生至少能够和控制组的学生做得同样好(Frey 1989)。元分析的结果表明,除了学生的绩效之外,利用计算机应用程序工作可以激发学生的动机。当使用计算机应用程序工作时,学生对于计算机以及教学的态度比较积极。对于模拟同样如此,模拟或许不能提高学生的操作能力,但是它们对于维持学生对于科学教育的兴趣是非常重要的。

关于通过模拟或者基于微机的实验室,利用计算机应用来掌握科学过程的技巧以及科学概念的研究仍在进行中。一些研究(Mokros and Tinker 1987, Linn and Songer 1991)显示,通过基于微机的实验室,使学生的绘图技能提高了。有限的证据证明,通过建模系统比通过模拟,可以使学生获得对于科学概念和过程更高的理解能力。

2.2 学习过程中的潜力

科学教育的发展支持了教学活动,例如学生在其中扮演着积极角色的实验室工作者。众所周知,教育中的新技术具有创造大量不同学习环境的潜力。人们希望创设那些能够促进学生积极参与的环境以及个别化教育或者促进学生协作所需要的环境。基于微机的实验室,提供了一个数据采集和用图形表征数据的环境。这允许学生将注意力更多地集中在实验的设计以及数据的解释上。利用模拟和数据库,提供了有趣而丰富的环境,学生可以在其中开展实验和运用数据来理解当前的主题。交互视频技术,由于它具有随机存储的能力以及多种呈现形式,提高了个别化教学的可能性(Bijlsstra 1986)。

人们对学习过程中学生的协作以及"执行任务时间"进行了研究。霍金斯和沙恩果尔德(Hawkins and Sheingold 1986)以及科克斯(Cox 1992)对学生使用数据库和模拟进行协作学习的情况进行了报告。在林恩(Linn)关于基于微机的实验室用途的研究中,有一项未曾预期的发现:当使用基于微机的实验室工作时,也增加了学生之间的协作(Linn and Songer 1991, Striley 1987)。学生将他们的试验结果与其他人的相比较来进行检验。

斯特里利(Striley 1987)在她关于基于微机的实验室的研究中,发现了在上课期间一个发生率相当低(和持续时间短)的"任务中断"期。芬德哈莫尔等人(Findhammer et al. 1986)从事一个荷兰的基于微机的实验室研究,得到了同样的结论。弗雷(Frey 1989)总结出,"执行任务时间"在评估教育中使用新技术的效果的研究中,应该作为一个显性变量。

2.3 课程中的潜力

信息技术不仅仅具有改变学习过程的功能。林恩和松格(Linn and Songer 1991)认为,基于微机的实验室,对于学习科学概念以及科学过程中的技巧全部潜能只有在科学专业课程中才可能,因为科学课程会深入地论述为数不多的几个主题,而不是在表面上讨论很多主题。模拟和数据库的应用很可能会遵循同样的途径。此外,科学教育中的科学—技术—社会观点提倡信息技术,而信息技术本身就是专业课程内容的一部分。

已经有人报告,信息技术具有在一般或特殊任务中缩短学习时间的效果。罗布利尔等人(1988)对其他评论进行了总结,他们认为,当使用计算机工具时,例如计算机辅助教学,大约可以缩短10%的学习时间,这是一个重要的收获。对于交互视频技术,有人报告了同样的结果(Cushell et al. 1987)。像基于微机的实验室、数据库以及模拟这样的应用,一个重要的方面就是能够将学生从枯燥的体力劳动中解放出来(Cox 1992)。从而,学生可以将更多的时间用在课程的其他部分,或者放在对科学概念以及过程技能的学习上。然而,还没有人提出证据来支持这些观点。

3. 科学教学中的信息技术

佩莱格伦蒙和普洛波(Pelgrum and Plomp 1991)介绍了国际教育成就评价协会(IEA)在计算机教育应用方面的研究成果。他们的研究包括了19个教育系统在1989年计算机使用的状况。这项研究中关于计算机在科学教育中使用情况的主要成果已由普洛波和沃格特(Voogt)进行了总结,他们的成果概括如下。

3.1 硬件

计算机应用的前提条件之一是硬件的可获得性。在绝大多数工业化国家,平均每个中学拥有计算机的数量在13~20台的范围内,这是美国1985~1986年达到的水平。通常计算机被安放在专门的计算机教室内。地点的专门性以及计算机的平均数量,限制了在科学教育中经常使用计算机的可能性,这个事实可以由科学课教师使用计算机教学的较低比例反映出来。例如,在比利时佛兰德和荷兰的初级中学中使用计算机教学的学校中,仅有4%的科学课教师使用计算机。新西兰的比例是17%,瑞士和葡萄牙的比例是15%。美国是例外,有39%的初级中学的科学课教师使用计算机。高中教育的百分比略高:比利时佛兰德21%,荷兰32%,新西兰37%,瑞士31%,美国58%。

3.2 学生使用软件的类型

在康珀(Compe)有关科学课教师使用计算机的研究数据显示,在1989年,尤其是在初中教育中,学生绝大多数采用的是训练和练习软件。在那些典型的适合于科学课教学的软件(模拟、基于微机的实验室以及常用工具,如图形、统计和电子数据表)中,只有模拟和电子数据表在高中被广泛地使用。例如,在法国使用计算机的学校中,有45%的中学科学课堂上使用了模拟,匈牙利59%,瑞士58%,美国78%。电子数据表在日本科学课堂上的使用率为49%,波兰41%,瑞士55%。在初中教育中,模拟的应用在日本(55%)和美国(75%)使用计算机的学校中相当集中。在科学课堂上使用计算机的频率差别很大。美国是这方面的先驱,而日本仅仅处于起步阶段。概括来说,计算机的潜能基本上未被科学课教师所开发。

3.3 使用计算机的教学方法

在科学课教师使用计算机的教学方法中,显示出对训练和练习软件的广泛应用。在1989年,计算机仍然广泛地应用于训练模式,例如学生做练习。课堂中使用计算机用以解释和演示,对初中和高中的科学课教师同样重要。计算机提供教学的辅导软件在一些国家,例如德国、美国的初中,以及法国、印度、新西兰、美国的高中教育中试行。在美国,计算机经常使课堂变得丰富多彩。在法国的初中教育中利用计算机进行测验,已经众所周知。计算机还具有补救教学的能力,但它这方面的应用却相对较少,这或许会让人感到吃惊。

3.4 作为使用计算机结果的转变

1989年,据使用计算机的科学课教师汇报,学生最重要的转变就是他们对于课程兴趣的增加,这个发现和前面所提到的元分析的证据吻合。根据不同的研究(Linn and Songer 1991,Cox 1992),很多教师反映学生之间的协作增加了。也有很多教师反映,以小组形式工作的学生以及个人活动时间增加了。关于班级活动所花费时间的信息比较混乱。在各个国家,班级活动时间的增加或减少相互平衡。我们无法得出结论,证明因为个体或者小团体活动的增加,而使所有的班级活动有所减少。

使用计算机的教师,对于计算机的使用在学生成绩方面的影响,以及关于学生成绩的反馈的可用性是肯定的。在很多教育系统中,高中科学课程覆盖面已有实质性的增加,但初中教育尚未做到。

计算机应用带来的一个负面的改变,就是教师在组织课程和备课时间上的要求都提高了。即使在那些教师使用了很长时间计算机的国家,也存在这些方面的大幅度增长。另一方面,可喜的是,在美国只有相当低百分比的教师反映,他们在组织课程上存在困难。

3.5 使用计算机存在的问题和不用它们的原因

教学实践中计算机的引入,可以被很多教师看作是他们日常教学事务中的剧烈转变。他们不仅要学习如何利用新的教学工具,而且他们的教学材料和实践也受到了实质性的影响。可以想像,这就是为什么很多教师不使用计算机的原因之一,也是那些使用计算机的教师遇到的很多问题的根源。1989 年,使用计算机的科学课教师仍然缺乏足够的软件和硬件。其他的问题与教学有关:软件的适应性以及它们与教学实践和课程的整合。目前,科学课堂上对于训练和练习,以及全班性的解释和演示的强调,是为了适应计算机变革的压力而产生的结果(Walker 1986)。另一个问题是缺乏开发使用计算机的课程的时间。显然学校可以获得的课程材料中,缺乏足够的具体指导和建议,来帮助教师轻松地组织课程。

将使用计算机的教师所遇到的问题,和他们那些不使用计算机的同事提到的原因对比一下,会发现二者显示了一个清晰的并行倾向——使用计算机遇到的最重要的问题,就是其他人不使用它的最重要的原因。很明显,不使用计算机的教师了解到的有关使用计算机的同事的情况阻止了他们对计算机的使用。这种情况为那些负责在学校中实施新信息技术并使其制度化的人提供了重要的信息。使用计算机和不使用计算机的教师之间真正的区别在于缺乏知识和技能,这是不使用计算机的教师最常提到的。显然,这个领域内的在职培训非常必要。

4. 信息技术在科学教育中应用的展望

本词条是 20 世纪 90 年代前期科学教育中新信息技术状况的反映。计算机应用,例如专门为科学领域具体的课题而开发的模拟技术和基于微机的实验室,清晰地展现出新信息技术在科学教育中的应用的可能性。新出现的一些发展集中在更多通用工具的发明,包括基于微机的实验室技术、建模系统和电子数据表,以满足不同层次科学教育中大量不同的应用。这些发展将会为科学教育中的信息技术发掘出新的潜能。然而,回顾 1989 年科学教育中这些信息技术的使用,非常明显,仅有一部分关于信息技术能力的期望得到了实现。数量非常有限的科学课教师为了教学的目的使用计算机,而且这种类型的应用也未达到较高的水平。

J. M. 沃格特(J. M. Voogt) 著

李海霞 译

附录

Bangert-Drowns R L, Kulik J A, Kulik C C 1985 Effectiveness of computer-based instruction in secondary schools. *Journal of Computer-based Instruction* 12(3):59—68

Bijlstra J 1986 *Interactieve Video en de Opleiding van Operators, een Literatuurstudie*. Department of Education, University of Twente, Enschede

Cox M J 1992 The computer in the science curriculum. *Int. J. Educ. Res.* 17(1):19—35

Cushall M B, Harvey F A, Brovey A J 1987 Research on learning from interactive videodiscs: A review of the literature and suggestions for future research activities. Paper presented at the Annual Convention for Educational Communications and Technology, Atlanta, Georgia

Driver R, Scanlon E 1988 Conceptual change in science. *Journal of Computer Assisted Learning* 5(1):25—36

Findhammer W J, Verkerk G, Heijeler R 1986 Het gebruik van een microcomputer bij het practicum natuurkunde. *Tijdschrift Didactiek β-wetenschappen* 4(3:)168—177

Frey K 1989 Effekte der Computerbenutzung im Bildungswesen. *Z. Pädagogik* 35(5):637—656

Hawkins J, Sheingold K 1986 The beginning of a story: Computers and the organization of learning in classrooms. In: Culbertson J A, Cunningham L L (eds.) 1986 *NSSE-yearbook*: 85 Part 1 Microcomputers and Education. NSSE, Chicago, Illinois

Linn M C 1988 Science education and the challenge of technology. Paper presented to the annual meeting of the American Educational Research Association, New Orleans, Louisiana

Linn M C, Songer N B 1991 Teaching thermodynamics to middle school students: Waht are appropriate cognitive demands? *J. Res. Sci. Teach.* 28(10):885—918

Mokros J R, Tinker R F 1987 The impact of microcomputer-based labs on children's ability to interpret graphs. *J. Res. Sci. Teach.* 24(4):369—383

Niemiec R, Walberg H J 1987 Comparative effects of computer-assisted instruction: A synthesis of reviews. *Journal of Educational Computing Research* 3(1):19—37

Pelgrum W J, Plomp Tj 1991 *The Use of Computers in Education World Wide: Results from the IEA Computers In Education Survey in 19 Educational Systems.* Pergamon Press, Oxford

Plomp Tj, Voogt J in press Using new technologies effectively. In: Fraser B, Walberg H (eds.) in press *Improving Science Education: What do we Know?*

Roblyer M D, Castine W H, King F J 1988 Assessing the impact of computer-based instruction: A review of recent research. *Computers in the Schools* vol 5(3/4):1—149(special issue)

Roth K J 1989 *Conceptual Understanding and Higher Level Thinking in the Elementary Science Curriculum: Three Perspectives.* Institute for Research on Teaching, College of Education, East Lansing, Michigan

Striley J 1987 The computer as lab partner: Classroom experience gleaned from one year microcomputer-based laboratory use. *Journal of Educational Technology Systems* 15(3):225—236

van Schaick Zillesen P G 1990 Methods and techniques for the design of educational computer simulation programs and their validation by means of empirical research (Doctoral dissertation, University of Twente, Enschede)

Walker D F 1986 Computers and the curriculum. In: Culbertson J A, Cunningham L L (eds.) 1986 *NSSE-year-book*: 85 Part 1 Microcomputers and Education: 22—39. NSSE, Chicago, Illinois

其他参考文献

Journal of Computers in Mathematics and Science Teaching

学前教育方面的电视节目(Preschool Educational Television Programs)

本词条回顾了一些国家对于学前教育方面的电视节目的研究,并在现有研究的基础上,概括了对于它们的效果的认识。它主要调查了目前学龄前儿童多大程度迷恋收看电视节目,提出了对这一问题的思考,为将来的研究提出了建议。

1. 孩子们从电视中学到了什么

有关电视效果的最广泛的调查和报道,均涉及儿童收看电视上的暴力影片与其社会攻击行为日益增长的发生率之间的联系。然而,与教育节目制作的讨论密切相关的是:有持续的证据显示电视是一个有效的工具,它既能帮助儿童学习文化技能,如字母、数数以及图案识别等,又能帮助他们学习一系列符合社会道德标准的品行,包括协作、友爱和对任务的坚持性等(Williams 1981 P. 183 ~

184)。

1.1 积极观看与消极观看

在20世纪80年代中期以前,大量的研究是基于这样的假设进行的,即孩子们相对被动地收看电视。研究发现,儿童观众更经常地表现出集中于行为中的“盯视”模式,而不是以“评论”、“模仿”或者“再现”为特征(Palmer 1986 P.8)。然而,布赖恩特(Bryant)和安德森(Anderson)强烈地反对这种把孩子主要当作被动的电视观众的看法,他们指出,孩子们经常显示出有选择性和高度差异性的收看策略,他们的注意力分散在屏幕和他们收看环境中的其他干扰上(Bryant and Anderson 1983 P.1~34)。很多权威现在把儿童当作他们收看的电视节目的阐释者,与媒体有认知的交互,带着他们情绪上的、社会的以及文化的经历来构建个人的意义(Dorr 1986 P.21~41,Manley-Casimir and Luke 1987 P.238~240)。

但是,认识到儿童是他们收看的电视节目积极的仲裁人,加剧了确定节目和特定学习效果之间因果关系的困难。一般而言,下列的节目特征能够促进学习:重复、清晰、鼓励参与、熟悉、正面强化、情绪认同、变化、现实、激发、高度连续性以及可跟上的速度。儿童变量包括年龄、进取心、兴趣水平以及对媒体本身的理解能力。最后,像家庭和实验室这样的环境变量,也能够影响电视节目对于学习的作用。

1.2 理解能力

理解能力是孩子们从电视上学习知识能力的基础。尤其是在学龄前阶段,孩子的认知能力迅速发展,教育节目一定要精确限定在一个确定的年龄阶段。一些研究已经证明,理解能力决定了注意力,而注意力对于学习的发生是必不可少的(Byrant and Anderson 1983 P.1~33,Kodaira 1990 P.139,Rolandelli 1989 P.69~81)。能够提高学龄前儿童理解能力的节目特征包括:以儿童为中心的定位、符合年龄特点的语言和传输速度、有孩子出现、清晰地描述所有主要信息、很少或者不需要推论、对核心内容不间断地陈述以及具有良好结构的叙述性情节的格式等(Dorr 1986 P.55)。

1.3 成年人的引导

研究同样表明,当年幼的孩子在成年人的陪伴下观看电视节目时,大人可以帮助他们消化和解释他们所看到的,这样孩子们能够从电视节目中得到更多的东西(Byrant and Anderson 1983 P.287)。很多的学龄前作品,例如《罗杰(Roger)先生的邻居》,把成年人的引导结合到节目本身。当表演者直接对他们演讲,鼓励他们对电视屏幕说并模仿所描述的行为时,儿童观众便会更多地参与和模仿(Kodaira 1990 P.40)。可以预见,如果在播出前后都伴随专门设计的教学活动,教育电视节目将更加有效(Forsslund 1991 P.20)。

2.可以获得的主要节目

在国与国之间,对学龄前教育节目制作的关注和所投入的资源差异很大。规范的环境、公共电视机构或者居民游说团体的力量、商业市场的竞争等都有很强的影响。大体上,我们将详细地说明下面一些国家高质量学龄前电视节目的开发,这些国家拥有强大的公共广播授权,要求电视台满足最低节目制作的要求。对每个国家的叙述,都包含一些学龄前节目的例子。

2.1 美国

在全国范围内学龄前教育节目中占优势的是《茜赛姆街》,它是由公共基金资助的儿童电视节目制作组制作的。它被设计用来教授入学准备的技能,尤其是针对较低社会经济团体中的贫困儿童。节目最先于1969年播出,目前已经向超过40个国家出售,其中的15个国家进行了改编。经过深入的研究,在关于其他节目的形式、特点以及效果的讨论中,《茜赛姆街》被广泛引用。反复出现的真人动作、木偶和动画等形式,使该节目节奏比较快而且获得了很高的关注。但是,它也因为使用了强烈的视觉和听觉模式、快速的知觉变换、高刺激的商业化编辑技术而受到了批评,因为那些特征大幅度地降低了学习的可能性。

与此相反,《罗杰先生的邻居》节目自从1967年开始播出以来,以其较慢的速度和主持人的主持为特点。主持人经常在屏幕上出现,直接与儿童交谈,鼓励他们回答并思考提出的问题。尽管研究表明，儿童并不像他们关注《茜赛姆街》那样关注这个节目，但是有持续的证据证明，这个节目有符合社会道德规范的信息，通过观看，产生了自发的、积极的行为。

2.2 加拿大

加拿大公共广播公司（CBC），从1972年以来已经生产了自己的《茜赛姆街》版本，它结合了大约50%的加拿大内容，提高了节目与加拿大观众的相关性。手法包括用法语片段替换了其中的西班牙语部分，识别本国居民，删去了那些明显是来自美国的信息，同时结合了具有典型的加拿大性格的提线木偶角色。在魁北克大量讲法语的地区，制作了名为“告别”的完全独立的节目，它模仿了《茜赛姆街》的形式和方法。

地方资助的安大略省电视公司制作了许多全国播出、全球范围销售的儿童节目，像《特别一日》，它面向4～6岁的儿童。经过广泛的研究和设计，为鼓励儿童在其中交互，这个节目设计了一个苏醒过来的百货公司的侏儒，强调在社会环境中和物理世界中的问题解决的能力。安大略省电视公司的《斑点门》，从1970年开始播出，主要特征包括中等长度的叙述、富于想像力的游戏以及每天的报时课程，节奏平稳。《斑点门》在播出期间，有36%的学龄前儿童通过电视收看。《罗杰先生的邻居》在加拿大也被广泛地收看。

2.3 澳大利亚

澳大利亚广播审查委员会（ABT），是一个管理澳大利亚广播事业的独立的法定权威机构，要求每年最少播放130小时的学龄前儿童节目和260小时的儿童节目，才可以具有电视许可证。

澳大利亚广播公司出品的《欢乐学校》，从1966年开始播出以来，全国70%的学龄前儿童每周3～5天收看该节目。很多的研究材料表明，在诱发学龄前儿童的直接反应上，不管是依据频率和持续时间，还是在引起更多的社会交互、身体活动和唱歌方面，《欢乐学校》比《茜赛姆街》更为有效（Noble 1991 P.2）。

从1974年开始，澳大利亚电视网推出了《肥猫和它的朋友》。利用真实的表演，这个节目为3～4岁大的儿童提供了能够产生共鸣的日常体验，刻画了自然、科学、艺术、营养和情感联系。它同时也为创造性、身体活动和反思提供了机会。在1992年，从世界文化年中得到灵感，澳大利亚电视网开始推出《图书角》，它是为激发学龄前儿童阅读活动而设计的。

2.4 英国

英国广播公司的《欢乐的日子》在英国有70%的学龄前儿童收看。主要面向3～6岁的儿童，这个节目的特色在于每天在不同的地方拍摄，为观众提供了各种不同的背景和表现风格。节目元素包含规则的特征、熟悉的形式、现实与想像的平衡，并且尝试去描述与更广泛的观众群（包括身体有残疾的儿童和代表广泛人种的节目主持人）相关的环境。

《词与画》和《聊天》，都是英国广播公司针对5～7岁的儿童推出的作品，目的在于促进阅读能力和语言发展。据报道，被调查的幼儿园教师中，有接近90%的人使用教育电视节目作为这些领域的辅助（Choat et al. 1986 P.175～181）。

针对相同年龄群的另一个英国广播公司的作品《角落》是完全根据观众提出的常识性问题而制作的。这个节目使用多种形式，包括演播室表演、戏剧性的素描、木偶和电影场景，以满足孩子们对于像我们为什么要睡觉，或者飞机是怎样飞行的这样的问题的好奇心。戴维斯（Davies）对于《角落》的观众适合程度的研究显示，6岁和7岁的儿童在记忆和回想方面存在着巨大的差异（Davies 1989 P.25～36）。按照皮亚杰的理论，戴维斯指出，这反映了认知发展从前运算阶段向具体运算阶段转变。他强调设计创造性的途径和恰当的呈现技术来阐明抽象概念的重要性。

2.5 日本

日本广播协会（NHK）从20世纪50年代开始为学龄前儿童制作了很多节目。1990年，为幼儿园和托儿所的老师设计的NHK教育频道，为这个年龄阶段的儿童制作了6个系列的节目，包括健康、社会生活、自然、语言、音乐和创造力等方面。超过76%的日本托儿所和超过71%的幼儿园采用了NHK的节目（Kodaira 1990 P.135），其中有一些还在国际上出售。

对其中一个节目《你能行吗》的影响的研究显示，有规律地收看能够促进学龄前儿童的创造活动，这些儿童表现出了极大的独创性，而且不断重复观看，也表现出与创造性模仿和总体理解相关能力的显著进步(Kodaira 1990 P. 138)。

专门为2~3岁的在家的儿童设计的节目《与妈妈在一起》，比较理想地采用了请一位家长主持的方式，从1959年开始播出，至今已经成为日本所有儿童电视节目中播放时间最长的一个。这个节目在形式上与英国广播公司的《欢乐的日子》以及美国广播公司的《欢乐学校》相似。尽管日本儿童喜欢的节目绝大多数都是日本自己制作的，但是对于NHK播出的《芝麻街》，他们还是显示出了逐渐增长的兴趣(Kodaira 1990 P. 130)。

3. 未来的研究

学龄前教育电视节目领域的研究面临的挑战很多，困难也很多，包含：工作的对象是一些缺乏认知能力或者语言技巧来精确描述他们的体会的儿童；在实验室环境中复制儿童自然的观看环境，或者在自然环境里实施严格的观察研究；隔离变量以确定归属一个特定节目的学习效果等。

除了《芝麻街》之外，评估单个节目效果的独立研究相对来说很少。此外，很多研究聚焦于鉴定电视节目无意识的负面作用，而不是试图去评价电视节目正面的影响。将来的研究应该设法纠正这种不平衡，不仅要调查孩子们从电视节目中都学到了什么，还要调查他们能够学到什么。

很明显，我们需要更长期的研究和更多地使用探究方法，特别是调查收看环境对于电视节目效果和用途的影响，孩子们对自己的电视节目经历的感知，以及节目选择的动机。有关内容与形式之间联系的复杂性的研究，以及对不同节目进行不同评定技术的开发，也将是非常有用的。

一个始终应该优先考虑的问题就是扩展对儿童观众意义构建的关注。这样一个观点包含了相当重要的承诺，希望提高对电视节目教育潜力的理解。多尔(Dorr)指出，相关问题应包括："在怎样的环境下，电视节目内容可以影响哪些儿童？""在怎样的环境下，电视节目对儿童的影响会不同于传递相同内容的其他途径？"(Dorr 1986 P. 99)另一个问题就是："孩子们怎样搞清他们所看到的东西的意义？"

4. 结论

电视作为一个教育工具具有明显的潜力：它能够使得抽象的概念具体化、可视化；它能够激发创造力和语言发展；它连续地提供了这样一个窗口，来观察遥远、危险或者十分昂贵、难以直接经历的世界。随着研究的重点从记录电视节目潜在的危害，转移到它潜在的教育利益，更加有效地为学龄前儿童设计节目的机会显著地增加了。尽管这受到了所有教育工作者的关注，但是这种可能性对于像南非这样的国家尤其重要。在南非，98%的儿童不入幼儿园，更依赖于能够在家中获得的资源(Liddel and Masilela 1990)。

S. 格雷顿(S. Graydon)
M. 曼利－卡希米尔(M. Manley-Casimir) 著
李海霞 译

附录

Bryant J, Anderson D R (eds.) 1983 *Children's Understanding of Television: Research on Attention and Comprehension*. Academic Press, New York

Choat E, Griffin H, Hobart D 1986 Language, educational television and young children. *Journal of Educational Television* 12(3):175—187

Davies M M 1989 Why can people jump higher on the moon? *Journal of Educational Television* 15(1):25—36

Dorr A 1986 *Television and Children: A Special Medium for a Special Audience*. Sage, Beverly Hills, California

Forsslund T 1991 Factors that influence the use and impact of educational television in school. *Journal of Educational Television* 17(1):15—30

Kodaira S I 1990 The development of programmes for young children in Japan. *Journal of Educational Television* 16(3):127—150

Liddel C, Masilela P 1990 The use of preschool education programs on radio and television by Black South

African children. *Journal of Broadcasting and Electronic Media* Winter:85—92

Manley-Casimir M E, Luke C (eds.) 1987 *Children and Television—A Challenge for Education.* Greenwood, Westport, Connecticut

Noble G 1991 Preschoolers' responses to *Playschool* Unpublished lecture

Palmer P 1986 *The Lively Audience—A Study of Children Around the Television Set.* Allen and Unwin, Sydney

Rolandelli D R 1989 Children and television: The visual superiority effect reconsidered. *Journal of Broadcasting and Electronic Media* 33(1):69—81

Williams T Mc 1981 How and what do children learn from television? *Human Commun. Res.* 7(2):180—192

其他参考文献

Nikken P, Peeters A L 1988 Children's perceptions of television reality. *Journal of Broadcasting and Electronic Media* 32(4):441—452

Palmer E 1987 *Children in the Cradle of Television.* Lexington Books, Lexington, Massachusetts

教育规划中的技术(Technology in Educational Planning)

教育规划的过程往往无法利用数据指导决策。这实质上是因为缺乏一个能够为教育决策者和管理者及时地传递有效、可靠的数据的教育信息管理体系。这并不意味着数据无法获得，而是数据的检索和分析比较困难。微机的诞生和应用，可以提高信息在整个教育系统内部的检索、分析和传播的效率。

数据的有效性和可靠性的问题将不会消失，这些问题是大多数数据收集活动固有的特征。应用微机可以大大减少规划历经的时间，并且使规划管理过程不至于过分集中和集权。但是，计算机化当然不能使规划过程合法化，就像规划不能使决策合法化一样。一个功能性的假设就是，大多数的规划是政治性的合理化决策过程。计算机技术的应用被看作指导政治决策的过程中增加对话的工具和增强合理性的一种尝试(Duvieusart 1991)。

1. 教育危机和信息鸿沟

所谓的教育“危机”，是由教育系统存在的问题和争端所致。库姆斯(Coombs 1985)和西蒙斯(Simmons 1980)对此问题进行了很好的回顾和讨论。可以将他们的要点概括如下：

(a)学校系统的极其低效。例如，通过提高生师比或班级的大小来提高教育经费或生均经费，常常并没有伴随着相应的教育质量的提高(Haddad 1987)。而且更严重的问题是，教育消费和资源的可获得性之间的差距在增大。经济的不景气使政府对教育资源建设的投入大幅减少，而政策制定者也不愿制定大的预算给教育。

(b)供求不匹配，即劳动市场对人才的需求与供给之间，家长、学生和顾主的期望与学校教的内容之间的差距。

(c)教育和工作机会之间日益增长的不平等。人们一直在争论谁将会在日益增长的教育消费中获益最大。毫无疑问，教育在20世纪七八十年代的快速膨胀，并没有使受教育的权利在地理、性别、社会群体上得到更公平的分配(Carron and Chau 1980)，也没有使收入的分配得到改善(Psacharopoulos and Marin 1976, Lucas 1977)。

尽管人们对以上现象进行了无数的调查并试图解决它们，但看起来这些问题还会存在相当长一段时间。基于教育危机将延续至21世纪的这种可能，我们不仅要把目光放在教育系统内，而且要关注教育的规划、管理和研究等，这些被认为是保证教育系统能够以系统的、合理的、高效的方式进行发展和管理的流行的实践。但是，必须承认，教育规划有它的局限性。由于其教育决策的政治性质和规划研究模式本身的缺陷，问题的症结似乎在于规划者和政策制定者没有能力充分理解和控制教育系统内部所发生的事情。

必要知识的缺乏，或者说“信息鸿沟”的产生，主要有两个原因(Weiler 1978, Windham 1980)。

第一个原因是在教育过程中被教育规划者和研究者忽视了的所谓的“黑匣子”，它可以使不同背景、资质和能力的孩子成为受教育的公民、合格的工作者和教育服务的满意受益者（Lickheed and Verspoor 1991，Haddad and Colletta 1990）。第二个原因是学生、父母、工作者对自己未来行为的不确定性。这种不确定性最终决定一个教育计划的成败与否。更糟的是他们的行为受众多因素的影响，其中很多都超出了教育规划者和教育管理者的控制范围。

实际上，我们可以获得关于学生的表现以及教师教学的信息。校长和老师可以利用这些信息为学生提供指导，决定哪些学生需要重修，或者调整教师的安排等。与此相似，虽然公司招聘方并不能确定前来应聘的学生的“能力”高低，在大多数情况下，他们只能依赖教育文凭，但在录用之后，他们必须深入了解所录用的这些学生与工作相关的能力和弱点。因此信息鸿沟并不是因为缺乏信息，更重要的是因为缺乏对这些数据进行分析，并进而把这些数据转化成有用的信息。后者可能由两个因素导致。

首先是信息传递的方式。传统的方式是由学校和研究所等传递给中央层次的教育规划者和管理者。这通常放弃了对数据的适当分析和信息的交换。正如其他信息管理系统，当学校内部所产生的信息从学校传到中央规划办公室，信息已经进行了概括和集中。例如，大量关于教师、学生的细节资料被保存在各自的学校中，只有经过总结的信息才会传到地区和中央一级的教育规划者和教育管理者那里。像每个学生的学科成绩、社会背景及每个教师的表现、教学任务、教学风格等一般不总结在内。而且，在许多国家，学校统计数据收集主要依靠问卷调查。这几乎阻碍了对学生和教师个人情况的收集。因此，除了通过一些高度集中的替代性的指标，这种信息传递过程并不能使规划者和管理者更好地了解学校内部的情况。如果规划者和研究者仅仅通过这样的措施，如：对每个学生的教育消费进行平均，对师/生的比率进行平均等来决定学校的特色，我们会毫不奇怪地发现，他们的许多研究会产生无法确定或者相互矛盾的结论（Hanushek 1979，Dreeben and Thomas 1980）。

第二个因素是，教育规划者和管理者们针对多种目的进行的大量学校调查只能得到有限的使用。这些调查都带有明显的计划和管理目的，如学校补助的计算、在职教师培训计划、学校的建筑和维修预算等。这些调查也几乎不能用于其他目的。例如，不同的调查采用了不同的计算规则、分类体系、覆盖的人群等。研究者为了克服这种信息不足而进行额外的调查经常面临没有回应（因为学校对常规调查早已超负荷）或样本数量太少（由于时间和资金的限制）的困扰。而且，个别学校中存在的有价值的信息，通过大多数研究所采用的普通的问卷调查也无法轻易获得。

2. 规划的过程和规划历经的时间

或许所有教育规划者和管理者都承认，教育规划过程包含几个相互联系的阶段，如调查研究、政策分析、规划、决策和实施阶段等。管理与调查研究密切相关（Psacharopoulos and Woodhall 1985）。但现实生活中，这种规划过程往往只是一种理想情况，难以在实践中取得成效。往往是研究者还没有得出结论，而计划早已制定和执行，而这些计划甚至不是建立在从实施过程中得来的信息的基础上。因此，规划就降低成为使先前所做的决定合理化的一个过程和证实预期目标任务的研究。导致出现这种情况有很多原因，现介绍三点：

首先，制定和引进新的教育规划之前，教育规划者和政策制定者常常等不及教育研究的结果。例如：为了满足国内外的广泛需求，很多发展中国家花费高额代价创建了许多技术学校和农业大学。而研究者还没有提出证据，证明经济增长、失业和职业技术教育之间存在联系。再如，学校的一个语言政策也得快速地进行了规划和政策制定过程，常常是来自教育者们自身的巨大压力，他们表面看起来是代表学生、家长和雇主利益的，而在之前并没有进行或完成任何关于语言政策对学校教与学之效果的研究。

第二，教育研究往往不能提供“结论性”的证据，让规划者和政策制定者能制定他们的计划。出现这种情况的部分原因是规划者和政策制定者无法快速、方便地获得研究的结果(反之亦然)(Psacharopoulos 1979),另一部分原因是上面提到的数据的问题。

第三,可能一个教育规划方案获得通过和执行很长时间以前,周围的环境就已发生变化。这种情况部分是由于长时间的计划、预算及遵循合法的程序,部分是因为一些影响教育的因素,如就业机会、可利用的资金来源、学生的需求等变化迅速。因此,以过去实施和管理过程的经验为基础制定规划就显得不合时宜了。

3. 对规划者和管理者的挑战及计算机化的承诺

对规划者和管理者的挑战是双重的。一方面要克服信息鸿沟,另一方面要减少规划历经的时间。由于教育系统中制定政策、程序、预算和实施涉及很多因素,因此,及时、全面、准确的信息和快速的反应能力非常重要。在许多国家,规划者和政策制定者的责任只是制定目标和确定预算。实际的计划实施是可以调整的,仅作为经验反馈给中央级的规划者和政策制定者。计算机的应用,特别是微机的应用,可以为教育政策分析者和规划、管理者提供以下方面的帮助:(a)信息共享;(b)规划过程的分散与分权;(c)缩短规划过程中不同方案的制定和评估时间。

3.1 信息共享

信息共享主要有两种方式。首先,不同使用者需要同样的信息用作不同的用途。例如,规划者根据教师的数量、学历、水平为教师培训制定计划。而管理者利用同样的信息来决定教师的薪水和补贴;如果再加上学生取得的成绩的信息,研究者可以用来确定教师的教学效果。

第二种信息共享是教育系统内部不同使用者的信息共享。例如,地区级的规划者准备自己的预算,中央教育部的规划者对他们的预算请求给予通过或提出修改,而他们用的是同一套关于学校、学生、教师的信息。

计算机的应用极大方便了信息的传输。人们可以通过在线的电子数据交换,或通过其他脱线的电子媒介,如磁盘、磁带等进行数据传输。事实上,学校、地区、国家各级的信息可以集中在数据库或网络数据库中进行共享。这样可以减少重复工作,解决数据的质量问题,尤其是纵向数据以及信息产生过程中的时间差等问题。而且,无论是地区级还是中央级的规划者和研究者,均可获得关于学生和教师在学校中的详细信息,这样可以更准确地评估教室里发生的事情。计算机可以有效地对信息进行集中,虽然这些信息实际上可能来自不同的学校。

3.2 规划过程的分散与分权

由于地区规划者和管理者处于比较有利的位置来了解学校如何表现,计划如何实施,来了解教育需求和学生、家长和雇主们的期望,因此他们希望规划过程分权的愿望是不言而喻的。然而这个愿望并没有实现,因为中央级的规划者害怕不能拥有准确和最新的信息来有效控制地方上的工作,并且地方级的规划者和管理者们一方缺乏专家指导和相应设备来自己实施和研究计划。

上面提到的信息共享的承诺可以减轻人们所描述的担心。随着计算机时代的到来,缺少专业知识的情况将得到很大程度的改善。随着价格便宜、功能强大的微机落户地方级教育办公室,通过计算机程序就可以把信息传送给规划者和管理者。这个过程将伴随对区级人员进行信息管理、注册信息发布和教育预算准备的培训。利用微机的软硬件实现此功能并不难。而且,这个过程也使人们确信,同样的技术、程序可以被中央教育部和地方教育办公室共同采用。

3.3 缩短规划试行的时间

政策制定者和规划者制定的教育规划常常是因为缺少时间和必要的信息,不能通过合理的规划程序进行,用计算机进行存储和处理数据使信息变得容易获取,而且大大减少了必要的计算时间。利用计算机的信息处理能力和速度可以开发更复杂的规划模型。当然,这并不意味可以使规划和决策更加合理。计算机的应用使规划者们摆脱费时的大量的计算。因此,他们可以把更多精力放在规划模型的假设以及规划和决策过程的质量及政策方面。

4. 微机的威力

4.1 硬件和软件

普萨卡罗普洛斯(Psacharopoulos 1981)预言:

硅芯片的应用带来的“新技术成本的快速下降必将导致教育产业基础结构的变化”。可能没有人能够预见到从1981年以后微机技术所发生的巨大变化,微机越来越便宜,但功能几乎每天都在变得更加强大。当然,同样没有人能够预见到,尽管微机技术发展迅速,但并未给教育带来结构性的变革。基于INTEL8088芯片和MS－DOS操作系统,微机的存储能力从20世纪80年代初期的64Kb(64倍的1 024字节)飙升到20世纪80年代中期的640Kb。到90年代初期,微机的存储能力已不成问题,采用OS/2的2.0版本操作系统和80386、80486处理器,至少能达到8088机器的10倍以上。例如,在最新OS/2的2.0版本的操作系统中,可以进行多任务的操作。理论上讲,每种应用程序占用48Mb内存(48倍的1 024Kb字节)。除此之外,数据可以存储在硬盘、磁盘和只读光盘中。而且,一台微机可带有超过7Gb(7倍的1 024Mb字节)容量的硬盘。虽然80年代计算机技术的发展突飞猛进,但很多人预言90年代的变化发展将更加日新月异。

这意味着可被计算机存储、回收、处理的信息的数量是惊人的。因此,教育规划者和研究者将不用担心计算机对大量的关于教师和学校数据的处理能力。而且,微型机越来越小,规划者和管理者可以在旅途中带上他们的“便携式计算机”、“膝上电脑”或“笔记本电脑”以及手提式打印机和所有的数据及程序。

与此同时,微机软件在应用范围和复杂程度上也有进一步发展。应用软件无所不有,从文字处理软件、电子制表软件、数据库管理软件、操作系统软件到一些专业处理软件,如计算机辅助设计软件(CAD)、专家系统、统计分析软件等等,都可以很容易得到图形化使用界面(GUI)的版本。下面就是一些教育规划和管理中用到的软件。

4.1.1 数据库管理软件

数据库管理软件主要用来创建、保存和获取数据记录。这些功能类似于手工的卡片索引系统,但是它对数据的处理、筛选更加快速、便捷。比如,一个包含了学生记录的文件,可以按某种顺序进行分类和索引;也可以展示所有学生的期末成绩。可以从文件中快速筛选出低于某个分数段的学生记录,并编译成报告。数据库管理软件的功能还体现在对多个文件的处理上。人们常常把两个数据库中相关的记录连接起来。例如,有关教师的信息可存放在三个不同的数据库中,分别由学校的督导、教育部的人事和会计部门负责,通过使用一个在三个数据库中都有的特殊标志(比如教师的身份证号码),就可以将数据连接起来,用于对一些项目如再培训项目,进行一定的分析。使用数据库管理软件避免了数据的冗余,可以更好利用可获得的信息。随着微机的发展,不仅文字数据,而且非文字数据,如地图、照片等都可以存在数据库中,并与数据库中的其他记录相连。

4.1.2 电子制表软件

文字处理软件用于组织文本,数据库软件用于记录数据,电子制表软件则主要用于计算。它主要用于一系列相关数据的计算和预测。表1为电子制表软件应用的一个实例——一个教师需求预测的高度简化的模型。

表1中最后一行的数字由(a)行除以(b)行得出。(a)(b)行的这种联系可以定义在电子制表软件中,(a)(b)行数字的变化会反映到底行。电子制表软件的这些功能在制定基于不同假设而得出的不同测试结果的计划时,显得特别有用。上述模型可以扩展至对不同类型学校教师需求的个别分析,扩展至教师工资的考虑,扩展至相关的规划和

表1　预测教师需求的数量

	第一年	第二年	第三年	第四年	第五年
总入学数(a)	100 000	101 000	102 000	103 000	104 000
生师比(b)	40	40	40	40	40
教师需求量(a)/(b)	2 500	2 525	2 550	2 575	2 600

预测实践,如中小学教育的入学率,估算学校和其他设施的需求,甚至计算需要的花费等(Colletta and Yip)。

4.2 通讯

微机的发展使不同用户间的信息共享更为便利。人们利用同轴电缆/调制解调器把同一地区的大量计算机连接起来,组成 LAN(局域网)进行通讯。不久的将来,人们会看到下述学校数据处理和组织的结构将成为发展中国家的一个基本特征。

(a)在学校、学院层次,学校、教师、学生的信息可以存储在一台微机上,学校利用数据库来管理和教学。这些数据,不管有没有经过总结,都可以存在磁盘中传给地方教育部门。

(b)在地方一级的教育部门,信息将被处理并存在微机或联网微机上。如果数据正确,人们可以利用微机对数据进行处理,即使有的教育规划者和研究者没有受过微机培训也可以操作。而且计算机程序在上传到主机运行之前,还可进行创建和调试。

(c)中央—地方的通信也可通过磁盘传送。大容量高密度的磁盘可存储 1.2Mb 的数据。Bernoulli Box 的容量更大,能存储 20Mb 的数据。即使在笔记本电脑中,超过 100Mb 存储容量的硬盘也迅速成为标准。而且,中央教育部的计算机通过电话线和调制解调器可以为地方级教育部门发送短信及指令,实现"对话"功能。例如,一个在中央教育部修改过的计算成本的程序,可以传给地方各级教育部门,并能同时使用。

(d)除了所需的配置足够大之外,中央教育部门的硬件和通讯设置也可以采用与地方部门相似的模式。越来越多的人进入数据库管理系统进行管理和研究,例如,为了清算账目和进行审计。

以上做法不仅节省了在数据汇报和处理过程中的大量人力劳动,而且使信息交换更加迅速,有利于计算规则、定义和规划标准及过程的标准化。

有两点我们必须记住:第一点是关于信息的"集中"。尽管数据事实上还保存在各个学校,但通过网络可以把学校和地方级的教育信息集中到教育部。我们再也不用从各个学校中收集各种数据,希望将来能派上用场(可实际上这种情况永远也不会发生)。因为存储在学校计算机的信息可以轻易筛选出所需的数据给教育部门。信息存储和收集的分散化毫无疑问。第二点是保密性问题。在设计任一信息系统时,不能忽视数据在不同使用者间交换的便利程度。但是,我们也并不希望不加区别地让所有的人都能得到学校中教师和学生的信息。可以通过很多方式加上安全措施。通常利用计算机软件,可以保证网络上数据的安全。而且,当教育部为了计划和研究目的使用完教师和学生的资料后,计算机会把它们自动删除。

5. 结论

计算机的使用使规划者们的工作、生活有了全新的变化。他们不用再把更多的精力放在数据的计算和一系列收集数据的调查上,而是要与自己的计算机竞争以设计出新的规划方案或新的分析方法。他们有了更多的时间来注重规划的质量、政策方面的问题和规划的分析和决策过程,包括更经常地与学生、教师、家长和其他对教育感兴趣的群体进行对话等。否则,他们会坐在自己的"制图板"前无所事事,面对结果的冗余。最后,计算机的应用不应该使教育规划和决策成为一种定量的、技术垄断性的方式,而应该是一种更合理、更人道、更具分析性和参与性的方式。

N. J. 科莱塔(N. J. Colletta)
Y. H. 克翁(Y. H. Kwong) 著
李海霞 译

附录

Blaug M 1982 The distributional effects of higher education subsidies. *Econ. Educ. Rev.* 2(3):209—231

Carron G, Chau T N (eds.) 1980 *Regional Disparities in Educational Development: A Controversial Issue and Regional Disparities in Educational Development: Diagnosis and Policies for Education.* UNESCO, Paris

Colletta N J, Yip H K in press *Microcomputer Applications to Education Policy Analysis and Planning.* UNESCO, Paris

Combs P H 1985 *The World Crisis in Education: The View from the Eighties.* Oxford University Press, New York

Dreeben R, Thomas J A 1980 Introduction. In: Dreeben R, Thomas j A (eds.) 1980 *The Analysis of Education Productivity: Issues in Microanalysis.* Ballinger, Cambridge

Duvieusart B 1991 *SIMEDUC 1.1. A Simulation Model for Educational Development.* UNESCO, Paris

Haddad W, Colletta N J 1990 *Meeting Basic Learning Needs: A Vision for the 1990s.* WCEFA, UNICEF House, New York

Haddad W D 1978 *Educational Effects of Class Size.* World Bank, Washington, DC

Hanushek E A 1979 Conceptual and empirical issues in the estimation of educational production functions *J. Hum. Resources* 14(3):351—388

Husén T et al. 1978 *Teacher Training and Student Achievement in Less Developed Countries.* World Bank, Washington, DC

Lockheed M E, Verspoor A M 1992 *Improving Primary Education in Developing Countries.* Oxford University Press, Oxford

Lucas R E B 1977 Is there a human capital approach to income inequality? *J. Hum. Resources* 12(3): 387—395

Orivel F 1986 Economic crisis and educational crisis: Looking ahead. *Prospects* 16(2):197—204

Psacharopoulos G 1979 Academic work and policy formation, *Prospects* 9(4):409—413

Psacharopoulos G 1981 The state of educational planning, revisited. *Prospects*11(2):154—158

Psacharopoulos G, Marin A 1976 Schooling and income distribution. *Rev. Econ. Stat.* 58(3):332—338

Psacharopoulos G, Woodhall M 1985 *Education for Development: An Analysis of Investment Choices.* Oxford University Press, New York

Schiefelbein E, Simmons J 1981 *The Determinants of School Achievements: A Review of the Research for Developing Countries.* IDRC, Ottawa

Simmons J 1980 An overview of the policy issues in the 1980s. In: Simmons J (ed.) 1980 *The Education Dilemma.* Pergamon Press, Oxford

Weiler H N 1978 Towards a political economy of educational planning. *Prospects* 8(3):247—267

Windham D M 1980 The dilemma of educational planning. In: Anderson L, Windham D M (eds.) 1980 *Education and Development.* Lexington, Cambridge, Massachusetts

其他参考文献

Hansen W L, Weisbrod B A 1969 The distribution of costs and direct benefits of public higher education: The case of California. *J. Hum. Resources*4(2):176—191

计算机模拟和建模(Computer Simulation and Modeling)

现在,计算机模拟和建模工具已经用于许多不同的学科中,通过为学生提供有关某一领域的学习环境来启发他们的想像力。本词条描述了一些现在可利用的计算机模拟和建模工具并提供了一些如何把这些工具用于课程的例子。

1. 定义

计算机模拟是真实世界的表征,学习者能通过改变其特定因素或属性的值,或改变特定条件的意义来进行研究。模拟有一个基本的模型,通常以一个或更多的数学关系,或一批合格的对象,或一套文本规则和条件的形式存在。计算机建模是一个涉及建造模型的过程,不过,使用一个模拟也可以被认为是对一个现存的模型的探索。

2. 模拟

许多早期的模拟程序都是用 BASIC 语言编写的,其基本的数学模型用户是看不到的。学生可以通过改变变量的值,观察图或表格形式的演示结果,来研究模拟。随着计算机技术的迅速发展,模拟现在已经包括那些基于用户可修改的模型成分,能产生并行的多重演示,包括通过“鼠标”手控装置操作屏幕上的一个指示器移动影片顺序。

2.1 设计模拟

早期模拟的设计常常需要数学和程序设计语言(如 BASIC)方面的知识和能力。然而,后来开发的基于不同种类模型的模拟,可以很容易被教师修改和扩充。

范斯切克热勒斯和米恩(van Schaick Zillesen and Min 1988)开发了一个教学设计模拟系统,叫作 MACTHESIS(THESIS)。这个系统是依据他们的“平行教学”理论(Min 1992)开发的,能在屏幕上同时演示数个窗口:以图表的、数学的或图形的形式显示模拟的概念模型;显示模型中两个或多个变量之间的关系图形;给用户和教师提供的教学和指导方针。还给教师提供了一个编辑窗口,用来改变其中的概念模型的可视化程度。

其他类型的创作系统能使开发者生产基于定性模型、数据库以及半定量模型的模拟(将在本词条稍后部分描述)。能被教师和学生修改的模型的模拟,与计算机建模环境之间有相当大的重叠,其中,在计算机建模环境中允许用户创建完整的基础模型,包括运行这一模拟。

3. 建模

计算机建模,包括以下方面的构建:再现某一物理过程的一个或多个数学关系,或将一套说明链接在一个逻辑框架上,或通过因果循环将网络概念链接在一起,或再现一些其他类型。所有模型都能粗略地归入到定量、半定量或定性的模型中。在教育中,通常用下面的工具来建模:(a)编程语言;(b)创作工具;(c)通用软件;(d)教育建模程序包。

3.1 编程语言

计算机模型能用任何一种编程语言(如 BASIC)来创建,但所需要的技能和时间常常超出学校可行的范围。然而,帕佩托(Papert 1980)发明的用于教育建模的编程语言 LOGO,能使 6 岁大小的学习者使用海龟工具进行图表演示或表示定性关系,建立定量的模型。它的运用在学校相对广泛一些,特别是在数学学习上。其他高级语言包括 Prolog 和 Smalltalk 也能用于不同类型的建模,只是这些语言在课堂中应用得很少。大部分编程语言在使用过程中都会碰到一个额外的困难,那就是与创建模型本身一样,必须创建输入和演示的规则。

3.2 创作工具

创作工具的设计有助于计算机“程序”的开发,因为它无需具有使用通用编程语言的技能。微机系统能让教师方便地使用它设计和创建自己的模型,当它足够简单的时候,学生也能用它在课堂上创建自己的模型。

3.3 通用软件

通用软件包括现在广泛应用于学校的商业软件,例如数据分析软件、电子数据表格程序包以及字处理软件。使用数据分析软件,学生能够提出再现两个或多个变量关系的模型,并通过数据分析软件来测试他们的模型(Webb and Hassell 1990)。使用电子数据表格,学生能够在单元格中输入变量的值和数学方程式,并能通过曲线图、饼形图等形式来显示结果。

通用软件建模受到软件框架以及该类建模所要求的范围的限制。教师认为这类软件很复杂,通常不易使用,然而,随着 Windows 操作环境以及课程支持材料的出现,它在课堂中的应用将不断增加。

3.4 建模程序包

设计针对成人市场的更通用的软件,常常会遇到一些困难,为了克服这些困难,特地为教育开发了建模软件包。第一个用于科学教育的建模软件包产品是动态建模系统(DMS)——参阅奥格波恩的作品(Ogborn 1985)。最初的产品都是以物理模型为例子的,后来扩展到包括生物、化学、地理、经济和数学等模型,这些产品现在都可以在荷兰和德国更高版本的建模软件包中获得(Comet 1991)。各种模型都可用一系列简单的数学关系创建,这些关系是计算机在交互过程中通过循环计算得到的。变量之间的关系能用图表或表格形式演示。

用于动态、定量建模的其他建模软件包包括布利斯(Bliss 1992)描述的斯特拉(Stella),单元式建模系统、计算者和代数提出者以及更早时候出现的 THESIS。Model Builder(Webb et al. 1991)是针对 10 岁以上小学生所设计的定量建模环境之一,该建模环境比 DMS 有更自然的语言语法。它在屏幕上展示了包含每个变量和子模型的方框,以及创建图片、图表和表格的工具。

上面所提到的建模软件包，主要用于通过代数关系设计的定量模型。由探索性学习程序工具(Bliss et al. 1992)开发的半定量系统 IQON，使学生能通过把因果循环与不同的变量链接在一起来开发模型，而不需要编写正式的代数关系。定性的工具，例如专家系统命令解释程序 Expert Builder (Webb et al. 1993)，允许学习者建构以问题、事实、规则和建议形式的短语逻辑网络，在屏幕上演示通过逻辑连接器链接在一起的方框模型。模型一旦被建立起来，学生们就可以通过查询它来测试变量的逻辑关系以及模型背后的推理关系。这种系统是基于形式逻辑和推理规则构建的。

这些仅仅是许多建模环境中的一小部分，随着教师变得更加自信以及意识到建模软件包在学生学习中的价值，它们在学校中的应用将会不断扩大。

4. 模拟和建模的课程实例

劳里纳德(Laurillard 1978)对一系列学生在模拟过程中发生的学习交互进行了描述，这些描述同样可应用于建模。它们包括：检查知识和理解、实验、想像、推理和解释。计算机模拟和建模也促进了学生社交技能的发展，它们包括：小组合作、交流思想、组织活动和发展实验技能等。下面举的例子说明了模拟和建模活动的范围，这些模拟和建模活动能使学生参与上述那些学习经历。

4.1 模拟

这里有许多基于理论模型的特定主题的计算机模拟例子(Cox 1992)，这些例子是设计用于自然科学教学的，因为自然科学教学中的某些实验，如果在学校实验室做，不但太危险、费用太昂贵，而且浪费时间。这样的实验有：生物学上的肉食动物捕食系统、植物竞争以及人类能量消耗；物理学上的密里根(Millikan)石油下落实验、卫星运动、原子轨道；化学上的反应速度测量、有机合成以及化学键接等。

计算机模拟在教育上的另一种应用是模拟教学过程及其生产过程，如化学上硫酸的生产、物理上核反应的操作、地理和经济学上钢铁工厂的定位等。

在人类学和社会科学的许多主题中的角色扮演和决策上，也开发了一些模拟系统。例如，让学生扮演工程师的角色，设计高压煤气管道以满足国家煤气的需求，并考虑所涉及的成本，或者从事服务中心的工作，帮顾客接通工程师的电话，到顾客家中进行器具修理工作，或者计划一个新的重要的安装等。人文学科和社会学科上的其他模拟例子包括地理上的人口增长以及历史上 19 世纪美国西部开发等。

现在不但有很多关于使用模拟来加强学生学习的研究资料，而且对教育建模的支持也在不断地增加，以扩展学生创造性的活动，为他们提供阐述自己针对某一给定领域想法的机会。

4.2 建模

运用现在可用的工具，几乎能将建模应用于所有的课程领域。例如，学生研究生物学上的人口增长率时，可以建立一个定量的模型，通过该定量模型把人口比率关系与最初人口以及每一代人口的数量联系起来。这个简单模型还能向外扩展，包括利用繁殖能力因素和其他的变量如死亡率、可得到的食物等判断出生人数在总人口中的比率。

学生使用半定量建模工具 IQON 建立一个模型，研究睡觉、健康、跑步和食物之间的关系，每个成分都随着它们和每个变量的最初变化之间的关系增加或减少。学生在课堂中使用 Expert Builder 建立一个有关病症和建议的逻辑网络，由病人说出各种不健康症状，让该模型像医生那样为病人提供关于这些病状的治疗建议。

在自然科学中使用 Model Builder，能让学生进行放射衰变研究，其中包括一个元素的半衰期、可能的衰变、核裂变以及随机的核衰变等。学生还能利用 Model Builder 建立一个地理模型，模拟雨水在一个较小地区的运动和存储，从而调查降水强度、水的存储、溪流排放以及水的蒸发等概念。学生还能利用 Model Builder 研究经济，调查一个国家的支付平衡及其货币的通货膨胀，进口关税和(货币)贬值之间的关系等等。

在教育应用中，“内容自由”建模软件与特定主题软件相比，一个明显优点是，只要有合适的支持材料，同样的建模软件包就能用于许多不同的课程领域,以及不同年龄段的学生。例如,科克斯等人(Cox et al. 1993)开发了一个基于三种不同的建模环境使用的能量课程软件包,它包括数学、自然科学、设计和技术以及信息技术的材料。使用这些软件能使学生调查他们自己在同一时间关于不同过程和概念的思想变化,以及学习有关建模、图形表示和使用计算机模拟复杂的物理、经济或地理过程的信息技术技能。

除了建模框架强加的约束之外,不存在任何内嵌式的教师控制。因为建模主题和理解水平都是由学习者自身决定的,而不是由软件开发者决定的。

5. 结论

很多研究者(Brna 1991)都指出,在教育中使用计算机模拟和建模,不但增强了学生的学习经验,而且为学生提供了一个颇具挑战性的学习环境。然而,由于模拟和建模的不断增加而形成的个人学习和小组合作学习的氛围,需要在学习组织上做出相当大的变动来适应。学习者学习方式的这些改变,也对传统的教师角色提出了更多的挑战,教师既作为知识的提供者,同时又是学习的指导者,两者轮流出现,对教师培训工作产生了重大的影响。

M. J. 科克斯(M. J. Cox) 著
王周秀 武法提 译

附录

Bliss J et al. (eds.) 1992 *Tools for Exploratory Learning*. Lancaster University, Lancaster

Brna P 1991 Promoting creative confrontations. *Journal of Computer Assisted Learning*7(2):114—122

Comet (Software Company) 1991 *Katalog—Software für Schüle und Lernen*. Coment, Duisburg

Cox M J 1992 The computer in the science curriculum. *Int. J. Educ. Res.* 17(1):19—35

Cox M J, Webb M, Booth B, Robbins P 1993 *Energy Expert*. Advisory Unit for Microtechnology in Education, Wheathampstead

Hassell D, Webb M 1990 MODUS: The integrated modelling system. *Comput. Educ.* 15 (1—3): 265—270

Laurillard L M 1978 Evaluation of student learning in CAL. *Comput. Educ.* 2(3):259—265

Min F B M 1992 *Parallel Instruction: A Theory for Educational Computer Simulation*. Interactive Learning International

Ogborn J 1985 *Dynamic Modelling System*. Computers in the Curriculum Project, AVP, Chepstow

Paper S 1980 *Mindstorms, Children, Computers, and Powerful Ideas*. Basic Books, New York

van Schaick Zillesen P G, Min F B M 1988 A design system for educational computer simulation programs for computers used in secondary education in the Netherlands. In: Lovis F, Tagg E D (eds.) 1988 *Computers in Education*. North-Holland, Amsterdam

Webb M, Booth B, Cox M, Robbins P 1991 *Model Builder*. Advisory Unit for Microtechnology in Education, Wheathampstead

Webb M, Booth B, Cox M, Robbins P 1993 *Expert Builder*. Advisory Unit for Microtechnology in Education, Wheathampstead

其他参考文献

AVP 1992 Educational Software for the BBC, RM Nimbus, IBM PC and Archimedes. Computers in the Curriculum Project, AVP, Chepstow

Centre for Educational Research and Innovation 1987 *Information Technologies and Basic Learning: Reading, Writing, Science and Mathematics*. OECD, Paris

Kent A, Lewis R (eds.) 1987 *Computer Assisted Learning in the Humanities and Social Sciences*. Blackwell, Oxford

Watson D M 1992 The computer in social science curricula. *Int. J. Educ. Res.* 17(1):51—61

计算机辅助学习(Computer-assisted Learning)

计算机辅助学习(CAL)包括各种使用计算机

进行学习的方式。因此，操练与练习、个别辅导程序包、常规统计程序、建模、模拟、字处理、桌面排版、艺术程序包、用 LOGO 语言进行探究、卫星图像的操作——所有这些都在 CAL 的范围之内。CAL 对教育的主要吸引之处在于它能使用户和软件之间进行直接交互。和其他教学工具相比，它的主要弱势是过分依赖于它的使用环境。当技术取向促进 CAL 进一步发展的时候，它作为媒体，能使学习更主动，并能形成学习者取向，这种潜能常常让教育革新者感到很兴奋，因为他们相信这预示着信息技术新时代的到来。尽管给予了大量的关注和投资，但是真正地应用于教育机构的 CAL 总数并不很多。而且，证明它的有效性的证据也相当稀少。

1. 根据程序类型的 CAL 分类

1.1 操练与练习

这个程序要求学习者完成特定的任务，并对他们的表现给予反馈以及根据他们的表现来确定任务的顺序和难度。比如，要求学生们完成算术测试中的减法运算。如果学习者回答正确，那么程序就会指向更难的任务；如果学习者做得很差，不断给出错误答案，那么接下来程序就会选择更简单的减法运算。有些程序可以识别错误模式，并针对存在的问题给出一系列任务。

这些程序，通过关注学习者对知识的特殊部分和先后顺序的回忆，在要求内容精确的地方显得最有价值，例如语言翻译。作为个别学生的精确学习与测试环境，这些程序的价值在于使教师获得了自由，让他们有时间去关注学生其他的学习活动。

1.2 辅导

辅导程序延伸了操练和练习形式，先给学习者提供信息或示范，然后要求他们完成一些输入。同时还对那些输入给予反馈。例如，教学习者操作某个设备，程序先演示一段该设备装配的动画，要求学习者按顺序操作，对他们的输入进行分析，并告知他们是做对了还是犯了某种错误。

1.3 模拟

这个程序模拟一个环境。围绕系统模型创建，允许学习者通过改变系统的参数值设置，以及用图片或图表的形式演示系统行为的变化来提供反馈。例如，在一个基于池塘模型的模拟中，该池塘内有三种主要居住者——浮游植物、草食动物和鱼，学习者可以改变其中一种或多种生物的数量，观察这种改变对其他种类生物产生的影响。

如果由于安全、时间、费用或一般实用性等原因，无法用其他方式使学习者对该环境进行探索，模拟则为环境的学习提供了一种方法。模拟关注的是探索和发现学习，它不是一个有固定或正确答案的练习，解决方案的流程是可变的。

模拟可以是基于科学世界中已知的关系模型、经济学中的理论模型或历史事件的模型。许多科目中的概念都太缺乏具体性以至常常需要围绕一些模型为它们构建定义。教师们曾长时间地寻找在某种程度上描述这些模型的方法，使它们能被学习者理解和利用。复杂的关系常常需要简化后再进行探究。计算机模拟为学生直接操控模型中的变量来探究和揭露事物间的关系提供了机会。

1.4 游戏

一些模拟设计得如同游戏一般，常常包含角色扮演。例如，在一个基于世界风带的模型中，学习者扮演船长的角色，选择他们出发和结束的港口，并且对航行过程中遇到的不同风向做出反应。在其他的模拟中，学习者小组可以采用不同的角色，以决定采取什么样的行动。例如，在计划咨询的模拟中，可以包含扮演当地社会礼仪人员、农场主、财富开发者、环保机构人员以及当地的计划官员等不同角色。有时候还会加入竞争性的成分，学习者们通过竞争产生解决方案。

在这种模拟中，程序关注的不仅仅是模型的本身，还关注学习者在模型中表现出的兴趣。学习是建立在发现和猜想上的；模拟可以使用询问和做决策的方法来鼓励学生进行学习。而角色扮演模拟就通过让这些问题间接暴露在模型中来刺激学习者对一般问题的兴趣。

1.5 建模

这种程序允许学习者为他们自身建立模型，探索他们的固有属性。它们是使用模型进行模拟的自然延伸，能使学习者体验和操作模型的基本结构和动力，以便评价他们在模型内知识概念组织过程中的行为和角色。随着用户界面建模工具可用性的增加，建模走出了实验室，进入了普通课堂。

1.6 一般目的的程序包

程序包如字处理、数据查询和电子数据表等都不仅仅是单一的程序。它们都由两部分组成：(a)程序，包括多种操作和演示数据的程序；(b)数据文件，用来存储数据，以便查询。

这些常常被称为实用的或开放的程序包。尽管这些程序包是用于CAL的，但是它们和用于商业和贸易上的程序包很相似，甚至是一模一样。

同样的，数据库是模拟查询模型的原始材料。先前，教师只能呈现给学习者有组织的事实概念；现在，学生们能自己去探究事实，寻找原型并对它们进行分析。查询设计能使他们通过把数据整理成数据子集来建立查询，使用程序寻找匹配项，给出图形化的呈现结果。大型的数据集合，如人口普查的返回结果、教区记录、联合国以及政府的国家及地方的统计等，还能用来检验如"在人口少的国家中每一个医生都是有钱人"的假设等。

这些程序鼓励从局部领域的研究或实验中收集数据，并进行编码。通过局部地收集数据学习直接的经验与从其他资源中整理大型的数据集合一样重要。许多主题都是基于事实的，数据收集的价值和随后的查询占据同样的分量。这些程序还要求有关信息获取和测量、整理和分类以及通向查询和数据分析等高级技能的基本技能。

1.7 用于特殊目的的工具

有专为特殊目的设计的程序包，如桌面排版、音乐合成以及卫星图像的捕获与编码。这些程序包与用于成人世界的程序包样式相同，但通常要更简单些。因此，在本质上是一种写作程序设计语言的LOGO语言中，它的教育功能就是在屏幕上拖动一只符号海龟。在学习海龟控制命令的过程中，学习者要面对如同程序设计原理一样的几何符号与现状的复杂性。

2. 根据使用类型的CAL分类

另一种考虑和理解CAL本质的方法是通过用途分类。有些是根据计算机扮演的角色进行分类的。泰勒(Taylor 1980)把计算机分为三种角色：导师、工具和受辅导者。在引导学习者通过程序逐步学习的时候，计算机是作为导师使用的；例如在操练和练习程序中，学习无疑是通过紧密的软件框架驱动的。在使用内容自由的通用软件如字处理或数据查询时，计算机就被作为工具使用。当学习者为了获得理解而应用程序时，计算机就被作为受辅导者，例如用LOGO语言学习或进行实时控制实验。

基米斯(Kimmis 1977)提出了另一种观点，他们设计了一个关注学生使用CAL时的交互性的框架。它基于学习的四个范例：指导的、启发性的、推测性的以及解放的。指导功能依据的是程序学习的思想，在操练和练习中可以看出。启发性的功能引导学习者通过发现完成学习过程：通过软件的进程揭示内容、主要的概念和有关的理论。计算机模拟提供了关于这种范例的一个典型例子。

推测性的范例注重学生通过探究任一主题的解释、辅助表达以及测试想法和假设来进行的学习。这个范例建议通过用于一般目的和特殊目的的工具进行建模和数据查询。解放的范例是与计算机减少不可靠劳动的概念相关的，这使学生从精神困惑中解放出来，从事更有意义的工作。这个范例常常要与其他范例联合进行。

3. 使用的证据

CAL实际上是如何被使用的？关于这一问题的证据(它的价值归功于它的作用)是杂乱不一的。一些证据来自使用多种方法的系统性的学习研究和分析；其他的证据来自出版物中教师对CAL实际如何为他们工作的描述。

3.1 认知获取

众多学术研究都是建立在可测量的认知获取基础上的(Roblyer et al. 1988)。涅梅茨和沃尔博格(Niemiec and Walberg 1992)从一项全面注重定量研究的文献调查中得出结论，CAL在提高学生学习结果上是相当有效的。他们的调查表明这个结论出现了很多次。科利斯(Collis 1988)支持这一结论，尽管对其中一些研究的有效性有疑问。这个调查的许多研究都注重内容，通常使用指导程序，常常把精力集中在低水平的技能上。

然而也有一些研究注重特殊的人群和主题，开始涉及高级的思维技能。德赖弗和斯坎伦(Driver and Scanlon 1989)得出结论,通过启发和推测模拟,可以更好地理解较难的科学概念,而霍伊尔斯等(Hoyles et al. 1989)极力维护小学生在他们自身的认知目标方面从使用 LOGO 中取得成就的观点。所收集的读物,诸如博伊德 - 巴内特和斯坎伦(Boyd-Barrett and Scanlon 1991)报告了很多个别化学习的研究。特殊的主题(科学的、算术的以及语言的等)和特殊的程序包(例如 LOGO 和字处理)在这项工作中处于支配地位。

3.2 社会和文化维度

关于 CAL 的使用,还出现了一个不同范围的研究,即更注重社会和文化的维度。当围绕一项任务工作的时候,学生之间的谈话将成为与 CAL 相关的一个重要维度(Chatterton 1985)。这关系到小组工作的价值,特别是学习者之间的合作以及任务的协作。约翰逊(Johnson 1985)表明了小组工作的好处:协作小组中的学习者能取得更多的成就。佩亚和沙恩果尔德(Pea and Sheingold 1987)在某一机构的长期研究中也支持这一观点。其中,由于 CAL 的出现而产生的学生内在兴趣和动机水平,是与小组协作以及谈话相关的成分。在许多案例研究(Blomeyer and Martin 1991, Watson 1992)中,常常使用人种学的研究方法,而不用定量的研究方法,注重积极的学习环境的产生,而不是企图测量特殊的认知获取。

3.3 CAL 和教师

对 CAL 使用的复合影响因素的探究,占了所有研究领域的1/3,而且还在不断扩大。一些研究关注教师在使用 CAL 时的教学方式和态度。奥尔森(Olson 1998)一直关注教师的角色方面,对教师来说,CAL 若是支持他们的教学风格,则可以接受,若是对他们有威胁,则应抛弃。其他人则考虑到与 CAL 相关的组织和管理上的问题。穆尼恩和科利斯(Moonen and Collis 1992)得出结论,即使是在一个技术丰富的环境里,使用 CAL 的增量变化将是缓慢和复杂的。范登阿卡克等(van den Akker et al. 1992)得出结论:造成使用 CAL 的令人失望的经历,常常与差劲的、考虑不周全的引进策略有关——实际上,是没有很好地考虑使用这种革新技术本身所固有的复杂性。

4. CAL 的一般属性

从研究证据和大规模的报告(美国国会,技术评估办公室 1988)中,得出大量的对 CAL 已知的和潜在的有益影响:

(a)发展以下方面的技能:解决问题;数据的观察、收集、分类、分析、解释和适当表示;语言能力。

(b)鼓励:创新工作;实地调查数据的收集;使用来自广泛的多种资源的数据;具有特定需要的独特成就。

(c)提高:人文科学的探究;科学和数学的概念理解;对 LOGO 的逻辑思考;利用数据库进行预测和演绎工作;利用新工具进行创新的探索;合作和社会技能;观点明确的演说。

计算机辅助学习有时也会被不恰当地使用。字处理程序常常被作为清晰的备份工具使用,用于简单分析的图形再现的数据包,而这用手工就能做得很好。实际上,CAL 可能被用来强化学习中不期望发生的方面:操练和重复练习的使用,可能只简单地复制没什么价值的、枯燥的课堂作业。

5. 结论

CAL 成功应用的例子是很少的。佩莱格伦蒙和普洛波(Pelgrum and Plomp 1991)明确地指出了在大多数国家中,使用计算机的老师比例很小,他们提及的计算机在教育方面的应用就更少了。

出现这个问题,很大一部分原因在于大家还不清楚为什么会将计算机引进到教育中。霍克雷杰(Hawkridge 1990)明确指出了学校中引进计算机的四个主要原因:社会的、职业的、教学的和催化的因素。CAL 的这一角色常常被认为是职业的需要(例如,在学校中使用 CAL,为学习者在成人世界中使用 IT 作准备),而不是教学的需要(例如,有助于学习自身)。催化的基本原理,取决于使用计算机能促进学习和教育机构本质的完全改变;帕佩托(Papert 1980)对与之类似的信息表示支持。这与声称对 CAL 没有兴趣是由于教育机构内部以及现有教学法整合工作的失败直接矛盾。

要扭转现在的局面,还需要进行更多更深入的研究。研究团体面临的最大问题之一是,假设 CAL 产生出一个新的、独一无二的交互环境,要将其优势图表化,也不是一件容易的事情,因为这样做不符合研究的标准形式。CAL 的优势在于开发高级思维技能,同时产生过程取向而非产品取向的结果,这一切都推动着 CAL 交互环境的开发。

D. M. 沃森(D. M. Watson) 著

王周秀 武法提 译

附录

Blomeyer R L, Martin D (eds.) 1991 *Case Studies of Computer Aided Learning*. Falmer Press, London

Boyd-Barrett O, Scanlon E 1991 *Computers and Learning: A Reader*. Addison Wesley, Wokingham

Chatterton J L 1985 Evaluating CAL in the classroom. In: Reid I, Rushtoon J (eds.) *Teachers, Computers and the Classroom* Manchester University Press, Manchester

Collis B 1988 *Computers, Curriculum and Whole Class Instruction: Issues and Ideas*. Wadsworth, Belmont, California

Driver R, Scanlon E 1989 Conceptual change in science. *Journal of Computer Assisted Learning* 5(1): 25—36

Hawkridge D 1990 Who needs computers in schools and why? *Comput. Educ.* 15(1—3): 1—6

Hoyles C, Noss R, Sutherland R 1989 Designing a Logobased microworld for ratio and proportion. *Journal of Computer Assisted Learning* 5(4): 208—223

Johnson R T, Johnson D W, Stanne M B 1985 Effects of cooperative, competitive and individualistic goal structures in computer assisted instruction. *J. Educ. Psychol.* 77(6): 668—677

Kemmis S, Atkin R, Wright E 1977 *How do Students Learn? Working Papers on Computer Assisted Learning*. Centre for Applied Research in Education, University of East Anglia, Norwich

Moonen J, Collis B 1992 Changing the school: Experiences from a Dutch technology-enriched school project. *Education and Computing* 8(1—2): 97—102

Niemiec R P, Walberg H J 1992 The effects of computers on learning. *Int. J. Educ. Res.* 17(1): 99—107

Olson J 1988 *Schoolworlds—Microworlds: Computers and the Culture of the Classroom*. Pergamon Press, Oxford

Papert S 1980 *Mindstorms: Children, Computers and Powerful Ideas*. Basic Books, New York

Pea R D, Sheingold K (eds.) 1987 *Mirrors of Mind: Patterns of Excellence in Educational Computing*. Ablex, Norwood, New Jersey

Pelgrum W J, Plomp T 1991 *The Use of Computers in Education Worldwide*. Pergamon Press, Oxford

Roblyer M D, Castine W H, King F J 1988 Assessing the impact of computer based instruction: A review of recent research. *Computers in Schools* 5(3—4)

Taylor R P 1980 *The Computer in the School: Tutor, Tool, Tutee*. Teachers College Press, New York

United States Congress, Office of Technology Assessment 1988 *Power On! New Tools for Teaching and Learning*. United States Government Printing Office, Washington, DC

van den Akker J, Keursten P, Plomp T 1992 The integration of computer use in education. *Int. J. Educ. Res.* 17(1): 65—76

Watson D M 1992 Case studies of classroom processes using geography simulations. In: Plomp T J, Pieters J M, Feteris A (eds.) 1992 *European Conference on Educational Research*. University of Twente, Enschede

其他参考文献

McDougall A, Dowling C (eds.) 1990 *Computers in Education*. North Holland/Elsevier, Amsterdam

Underwood J D M, Underwood G 1990 *Computers and Learning: Helping Children to Acquire Thinking Skills*. Blackwell, Oxford

计算机管理学习(Computer-managed Learning)

本词条陈述了使用联网的计算机管理教学和

学生个别化学习的实践。该词条提供了美国计算机管理学习的发展简史——从早期的计算机辅助教学（CAI）一直到整合学习系统（ILS）的使用，并描述了整合学习系统的特征。该词条还对计算机管理教学的国际应用，它的进一步演变，以及它对学习者、教师和课程效果的少量的系统研究做了讨论。

1. 计算机管理学习的本质和起源

计算机管理学习是一个不断发展的教育学实践，它使用联网的计算机为个别学习者提供教学软件、创作软件以及电子信息资源。这种系统的明确特征是：（a）计算机教学与其他和学习有关的应用软件的整合；（b）具有管理与个别化学习者的系统应用相关的信息流的能力；（c）关于学生进步情况和成绩的系统进程报告。

计算机管理学习的起源可以追溯到20世纪60年代计算机辅助教学在美国的一些大学、军队培训中心以及公司中的使用和发展。早期的这些工作都是把它设计成作为同时为许多学习者提供个别的、交互的教学的手段。该系统使用主机计算机和网络终端，存储、分配和管理必要的教学程序以及信息流，以支持个别化的电子教学。

2. 成长和演变

20世纪60年代和70年代，在学校应用计算机管理教学的前20年间，它局限于用规范性的、线性的方法教授基础数学和语言技能。尽管在一些大学中实验性的应用超出了这个限制，但是这些实验对学校用户的应用类型几乎没有什么影响。

在美国的学校，计算机管理学习的成长和演变是由技术、经济、社会和教育现实的复杂混合形成的。贯穿整个20世纪70年代，当学校的计算机应用仍处于要求使用昂贵的主机计算机和小型计算机以及一定水平的技术专家的时候，这使多数教育者对此都很谨慎，美国学校中的计算机管理学习系统在这时候的成长是比较慢的。然而，到了80年代，随着低成本、不再令人生畏的技术以及可联网的微型计算机的出现，成本和技术的障碍有了相当大的降低。同时还伴随着计算机管理学习系统的商业提供者数量的重大增加。这个增长与元研究的发现相符合（Kulik 1985），表明CAI教学常常相当于或超过传统的教学。

这些商业化开发的系统的最初的市场，是那些寻求改进的学校和工作培训中心：（a）基本技能的矫正教学；（b）教学的责任。随即，一个更广阔的市场出现在学校和大学之间，它们对利用技术进行教学方法的革新很感兴趣。为了响应这个广阔的市场，这种系统开始传递超出基本技能教学的学习。结果，美国学校中计算机管理学习装置的数量由20世纪80年代早期的几千台，发展到90年代初估计要达到的2万台。

2.1 整合学习系统

美国许多计算机管理学习装置已经商业化地销往学校，作为“学习整合系统”——市场上销往学校的系统使用这个名字，表明这个系统除了能传递CAI之外，还包括其他方面的应用，如字处理、电子百科全书以及其他生产和研究的工具。20世纪90年代中期，该系统中的术语“整合”指除了每个系统能识别自己专有的教学软件之外，还具有整合和管理各种计算机应用软件的能力。然而，这种整合通常并不意味它自身就是一种覆盖全部内容领域的课程和学习的整合方法。

然而正如在教学和管理的质量上不同一样，整合学习系统在复杂性和完善度方面也不同，它们常见的功能和特征在表1中做了概括。

3. 计算机管理学习的国际应用

在1993年，在学校联网的计算机配置上有相当基础的国家，除了美国之外，还有以色列、日本和瑞典。然而，在这些国家当中，只有以色列安装和使用了相当数量的计算机管理学习系统。

以色列的计算机管理学习开始于20世纪70年代中期，当时美国把开发的系统使用权授予了以色列的一所大学。这推进了计算机管理学习在以色列一些学校的使用，同时促进计算机管理学习在以色列不断地扩展。以色列对计算机管理学习的这种认同促进许多系统的商业发展，其中有两个系统同时占领了以色列和美国的市场。尽管我们可以估计以色列学校使用计算机管理学习的百分比

表 1 **整合学习系统的功能和特征**

软件分布	
教学软件	连续的课程(由系统提供)
	——事先预定的课程顺序
	——课程的重新排列以及教师课程计划
	没有顺序的补充课程(由用户自己添加)
工具软件	字处理,拼写检查,笔记本等
	数据库或文件系统
	计算器
	电子数据表
参考软件	电子百科全书,字典等
	科研数据库
系统存取与安全	
分层存取	由教师、学生、系统管理者进行
密码	要求的、可选择的或无效的
系统生成数据的备份	备份在系统硬盘上或磁带上
学生测试	
诊断测验	
成绩测验	
生成报告	
个别学生(通过课程)	完成的百分比/正确的百分比
	花费的时间
	学生对课文的反应
	课堂反应分析
	多门课程表现总计
给家长的学习进展报告	
关于课堂、多个课堂以及特殊小组的报告	
关于整个学校或多个学校的报告	

上面所列的都是整合的计算机管理

与美国相当,但是对于这两个国家的官方统计数据,这里都没能得到。

在瑞典,国家教育权威机构在20世纪80年代确立了一项国家政策,号召在全国范围内,所有学校都使用联网的(不是单机的)计算机。从那时起,教育管理的责任就被分散了,而且关于计算机的联网政策导致了网络的广泛使用,为学生们提供了使用软件进行写作、计算以及其他创作性任务的机会。但是商业发行者发行的与课程相关的软件只获得了适当的发展。在这里也没有关于瑞典学校软件使用情况的官方统计数据。

仅日本有关于学校联网的计算机使用的详细统计数据。表2的数据来自日本教育部,它提供了到1992年3月31日为止,日本学校联网的计算机配备的大体情况。必须指出,这些数据仅仅是关于联网的计算机的存在情况,而不是指这些联网的计算机都已经用于计算机管理学习了。日本教育软件委员会指出,合适的软件产品还处于开发的初期。目标是要创建满足被日本学校广泛应用的国家课程需要的网络化软件。

国际上其他的关于计算机管理学习的应用看起来似乎都还处于发展的初期。例如,在澳大利亚,使用这种学习方式似乎局限于初中水平的主机计算机的应用。许多其他国家的学校都缺乏联网的计算机和合适的软件资源。然而,如果其他国家在鼓励计算机管理学习发展的条件上,都与美国相类似的话,计算机管理学习的国际应用就会增加了。这些条件是指:(a)教育权威机构/教师使用可联网的计算机进行个别化教学的意愿;(b)学校具备可利用的计算机网络;(c)适当的、充足的教育软件资源;(d)实施计算机管理学习所必需的财政资源;(e)对学习成效的关注。

4. 关于进一步发展的问题

毋庸置疑,计算机管理教学将会继续演进和发展。然而,因为这种演进多数都依赖于由商家安装、维护和升级的学校专用计算机管理学习系统的发展和市场,这是不是假定了它的未来发展也得很大程度地依靠类似的专用系统的商业发展?如果这种系统是继续基于卖主专用软件之上的,那么,怎样才能做到技术和教学的开放,使其他处于竞争地位的专用软件也能整合到这种系统中?

表2　　日本学校安装的联网计算机

学校类型	安装的百分比(%)	学校数量
小学(6~12岁)	6.3	1 529(总数24 267所)
初中(13~15岁)	28.4	2 988(总数10 551所)
高中(16~18岁)	37.5	1 554(总数4 144所)
所有学校	15.6	6 081(总数38 962所)

资料来源:日本教育部

正如前面所提到的,当前先进的计算机管理学习是从20世纪六七十年代的CAI系统发展而来的。尽管现在的ILS系统运行良好,超过了CAI,但是它们充分保留了CAI用于个别化教学的良好次序、规范性诊断和顺序方法,使它们与当前的建构主义关于学习的观点形成鲜明的对比。建构主义关于学与教的思想,对正在进行的计算机管理学习的演变的影响程度又将如何呢?

所有的计算机管理学习都是通过管理软件的使用来进行"管理"的。这些软件是当前所有ILS的核心成分。它不仅管理系统,而且能使教师根据学习者的情况来计划和适应系统的使用。要达到什么样的程度,才能做到将来的计算机管理学习能使学习者自己根据个人的学习需要和兴趣来计划和适应系统?学校中与ILS无关的教学管理系统使用的增加,以及大量的可用于网络的与ILS无关的教育软件的增长将怎样影响计算机管理学习的演变?

5. 少量的研究和评价

上面所有的问题都表明,对于计算机管理学习的许多方面都需要做系统的研究。现存的研究中很少提到计算机管理学习对学与教以及学生和教师的影响。大多数相关的研究陈述的CAI的效果,都是通过基本技能的标准成绩测试来衡量的。一个在1990年的关于用于美国学校的八个主要的ILS的比较评估报告发现,广大的使用者都接受计算机管理学习,但是教师和学习者都对特定的系统提出了许多具体的批评(EPIE 1990)。还发现在教学软件和管理系统的质量上有很大的变化。

1992年,在计算机管理学习上,只有一个多年的国际研究(Hativa 1991, Hativa and Lesgold 1991)。该研究是关于四种商业开发的ILS(美国两种、以色列两种)在美国和以色列学校超过六年的使用情况的总结。该研究仅仅局限于"算术实践"。研究得出结论,四种系统都不能满足学校使用者的课程和教学管理的需要。从这些所给出的发现中能很明显地看出，为了形成计算机管理教学在教育生产方式上的未来发展，需要给现在正在进行的系统研究一个很广泛的基础。然而，我们还要继续关注，在这种未来的发展中，持续的研究和持续的市场推动，谁将扮演主要的角色。

P. K. 科莫斯基(P. K. Komoski) 著

王周秀 武法提 译

附录

EPIE Institute /Komoski P K 1990 *The Integrated Instructional Systems (IIS) Report: A Comparative Evaluation Report on Eight Integrated Learning Systems.* EPIE Institute, Hampton Bays, Author New York

Hativa N 1991 Cognitive, affective, and social impacts of arithmetic practice with ILS: An integration of findings from six-years qualitative and quantitative studies. ERIC Document Reproduction Service No. ED 336 060, Washington, DC

Hativa N, Lesgold A 1991 The computer as tutor: Can it adapt to the individual learner? ERIC Document Reproduction Service No. EJ 43 1610, Washington, DC

Kulik J A 1985 Consistencies in findings on computer-based education. ERIC Document Reproduction Service No. ED 269 012, Washington, DC

其他参考文献

McLaughlin P 1990 Computer-based education: The best of ERIC 1989. ERIC Document Reproduction Service No. ED 341 386, Washington, DC

Plomp T, Moonen J (eds.) 1991 Implementation of computers in education. ERIC Document Reproduction Service No. EJ 436 930, Washington, DC

计算机在教育中的应用(Computers in Education)

本词条概述了计算机在教育中的应用。在对专业术语做了概括的定义之后，对于计算机在教育中的功能的分类，给出了两种不同的方法。然后，总结了有关实现这些潜能的因素。最后，引出了新的功能，并对可能影响它们实现的因素做了简单概括。

1. 定义计算机教育应用的领域

自20世纪50年代初期以来，关于计算机教育应用这一主题一直在讨论之中，相关文献层出不穷(Hunter 1982)。因此，虽然主题一直没变，但是关于该主题的新的发展、规模以及经验都在增长。本词条将从功能角度简要阐述计算机在教育领域中的应用——即如何将计算机应用于教育以及与实现其潜能相关的正面或负面的影响因素。首先，需要将与讨论范畴有关的“计算机”和“教育”这两个术语作一个说明。

1.1 对术语“计算机”的定义

术语“计算机”涵盖了所有把计算机作为一个组成部分的环境。因此，本词条中“计算机”的定义既包括我们熟悉的单独的微机，也包括与其他学习资源概念关联的计算机，还包括那些与其他的计算机、电子化资源、其他类型的设备或与以上提到的全部情况相连接的计算机(Moonen and Collis 1991)。

最基本的要素是用户主动自觉地与计算机进行交互(而不是作为使用另一种设备的自然结果，例如电话)。考虑到计算机和其他媒介、信息资源以及通信技术在技术方面的整合，把计算机仅仅理解为大家熟悉的独立单元是不现实的。在这一词条中，将用单词“计算机”来代替更精确，但很累赘的名称，例如NCIT(新的通信与信息技术，教育部使用的术语，来自1989年举办的第24届OECD国家的部长会议)或“虚拟计算机”(Sawyer 1992)。

1.2 对术语“教育”的定义

在本词条中，“教育”具有更广的解释，大大超出了纯粹的学与教的范围。教育包括以促进学与教为目的的有意识的经验建构，也包括能引起学与教的交流和互动。因此，它不仅和K—12学校系统同义，而且包括高等教育、职业教育、专业教育、培训以及在传统的、结构化的教育机构之外的教育环境。

因此，“计算机教育应用”指的是计算机作为一种媒体，在发生于教育环境或与教育环境相关的信息、交流以及指导材料中的应用。

2. 计算机教育应用:功能透视

应用于教育领域的计算机有很多不同的功能,包括:与使用类型相关的功能以及与计算机教育应用所隐含的哲学背景及动机相关的功能。

2.1 根据使用类型分类

将用于教育领域的计算机的功能进行分类,一种方法是根据使用的软件来确定使用类型。以下是有关面向学生和面向教师的使用方法的描述,不过这些描述还不够彻底。就使用类型而言,可以有不止一种的分类方法。

面向学生的使用方法包括结构化的、预先制定的学习任务,例如下面的:

(a)训练、实践以及测试。

(b)个别辅导(包括"智能"多样性)。

(c)教育游戏。

(d)模拟(一些变体,特别是用于培训的)。

(e)"问题解决"软件(一些变体)。

(f)把学习计算机及其功能,作为他们自己的目标。

关于功能类型的广泛研究,可以从20世纪60年代到现在的文献中找到(Atkinson and Wilson 1969,Tayor 1980)。"智能"教学和辅导,人工智能与学生模型发展的结合应用,是人们目前正在研究和开发的领域(Mandl and Lesgold 1988,Wenger 1987)。关于基于计算机的培训方面已经有很多研究,相关内容包括在培训中使用计算机进行技能学习(Dean and Whitlock 1988)。阿莱西和特罗利普(Alessi and Trollip 1991)收集了关于个别辅导、训练、测试、教学游戏及模拟的大量文献。

关于在教育环境中使用计算机是为了学习关于计算机自身的知识,还是使用计算机作为学习其他相关主题经验的工具,或者两者之间的比例该如何分配的问题,已经被讨论很久了(Tinsley and Tagg 1984)。可是就最合适的比例到底是多少还是没有达成一致意见。20世纪90年代初,许多国家的学校都配备了计算机,这些计算机主要用于与计算机(或信息技术)相关的课程,而不是用作更一般的学习活动的代理(Pelgrum and Plomp 1991)。

其他面向学生的使用包括那些在教育环境中,设计用于特定的学习任务或内容的那些功能,允许灵活运用:

(a)模拟(一些变体,包括一些"微型世界"的变体)。

(b)问题解决软件(一些变体)。

(c)MBLs(基于微型计算机的实验材料)。

(d)在关系数据库,超文本链接栈或"电子图书"中的电子化组织数据集(Barker 1992)——这些数据集中的任何一个都可以是纯文本形式,也可以是多媒体形式。

(e)专家系统(一些变体)。

面向学生的使用也包括用于教育目的的工具或无内容限制的环境:

(a)书写环境,包括字处理和桌面排版系统。

(b)数据库环境(不是围绕特定的主题或目的事先组织好的,如同分类中的——这些或许是在线的,或在本地计算机上或本地外存上的)。

(c)计算、投影和统计软件(包括电子数据表)。

(d)编程环境(特别是LOGO)。

(e)基于电信的通信环境(包括那些信息传递、电子公告牌以及计算机会议)。

(f)用于视听生产和操作的电子环境(包括画数学函数的环境、支持创造性的可视化环境和写作环境)。

(g)"认知工具"(例如认知地图、思想组织者以及其他类型的软件,包括专家系统,为他们在建构方式的学习期间提供扩展认知的功能)。

关于这些分类也有大量的文献说明。例如,对基于微机的实验室工具这一主题已经做了广泛的讨论,而且有关学生学习的特征也已经做了分析(Thornton and Solokoff 1991)。LOGO编程经验的暗示已经受到长期与广泛的关注(Papert 1982,Pea et al. 1985)。对电信的教育应用的调查也正在引起全世界的关注(Roberts et al. 1990,Mason and Kaye 1989)。最后,在计算机教育应用中,一个正迅速兴起的课题是把计算机作为认知工具——一种能够通过"放大学习者的认知加工"手段来帮助学生处理信息的基于计算机的工具(Kommers et al. 1992)。

面向教师的使用包括教师创作工具的使用,以及用于资源获取和处理,用于通信的工具,包括:

(a)上面提到的学生使用的所有工具。

(b)学生管理和记录保管软件(用于各种各样类型的数据管理,包括个别学生成绩记录以及全面信息管理系统的数据积累)。

(c)用于生产特殊类型学习材料的软件(从印刷材料如测试库中的难题或检测题,到演示材料的生产,如投影仪的透明胶片或用于呈现的多媒体材料)。

2.2 根据应用的理论基础分类

计算机教育应用功能的一个不同分类方法是考虑应用背后的理论基础,而不是给不同类型的软件分组。计算机教育应用有多种不同的目的。例如,霍克雷杰(Hawkridge 1990)把它分为以下类型:(a)社会的——通过计算机意识,以一般的方式为学生将来在社会中的立足作准备;(b)职业的——教给学生与将来的工作或学习直接相关的技能;(c)教学的——改善传统学科领域的学与教;(d)催化的——使用计算机作为教育系统某些方面的重大变革的催化剂,其中包括学习者;(e)信息技术工业——建立当地的信息技术工业,通过大规模地模拟它的硬件和软件产品的使用或通过最终提供对当地产品有经验的劳动力实现;(f)成本效益——减少全体的教育费用或完善它与传统体制相关的结果。这些分类说明了计算机教育应用的范围。

霍克雷杰关注的是学校的以及直接目的的动机,威利斯(Willis 1991)则按照不同的背景传统和谁在教学领域的各个方面处于领导者角色的取向,对计算机教育应用领域进行了验证。威利斯在计算机教育应用的背后,发现了六种"模型",每一个都关系到"不同的角度、不同的传统以及教育计算本质的不同定义"(P. 355):计算机科学模型、教育心理学模型、程序教学模型、教学设计模型、信息中心模型以及视听设备模型(照这样罗列,还应该增加交流模型)。这些背景取向的一个表现就是把计算机教育应用的功能解释成不同的方式,或至少对计算机使用方式的重要性进行排序。

3. 与实现计算机教育应用潜能相关的因素

正如广泛地收集描述计算机教育应用方式的文献一样,也存在相当多的关于影响这些潜能实现的因素的信息。这些因素当中的一部分能增加计算机教育应用成功的可能性,另外一部分则阻碍其实现(van der Akker et al. 1992, Sheingold and Hadley 1990)。各因素形成了相互关联的系统,系统中每一个单独成分的状态都持续影响着许多其他的成分的状态(Peled et al. 1992)。对这些因素进行概念化的另一个方法是把它们按照对计算机教育应用的环境实施的宏观水平、中观水平及微观水平的影响进行分组(Pelgrum and Plomp 1991)。下面是佩莱格伦蒙(Pelgrum)和普洛波(Plomp)方法在学校类型教育环境下的再现,这个方法也能应用于培训情境或非正式的教育环境。作为计算机教育应用功能的分类,下面罗列的情况还不彻底,因为在许多情况下,分类是重叠的。

3.1 实现计算机教育应用的宏观影响

这些影响包括:

(a)对计算机教育应用的特殊功能的价值的团体态度(社会的、文化的、政治的),以及它们和教育优先权相关的伦理/哲学地位。

(b)涉及经济限制和经济动机的计算机教育应用的可能性范围,以及涉及带给计算机使用的各方面的压力范围。

(c)涉及资金、领导者、协作、传播及模拟可能性的支持的方向、程度、范围和水平。

(d)系统用于有关资源的开发、传播及跟踪支持,以及计算机教育应用所必需的支持,例如教育软件、课程和课程材料、适当的教师教育和硬件及其相关设备等。

(e)课程领域成功完成的范围,设计那个领域和计算机应用相关的全面标准。

这些层面的影响形成了镶嵌式的环境,在其中包含了计算机教育应用。在这里,因素间的相互联系很密切。例如,系统中某种教育软件的分类的可用性,要根据那种软件如何开发和发行而定,它交替反映了在特定的文化和社会框架中运行的经济的、政治的和有组织的决定的连锁关系。如另一个例子,关于版权和软件盗版方面的社会态度对可行的教育软件市场的出现有相当大的影响。如果不对教育软件开发进行财政的刺激,当地的教育软件工业将不可能自然地发展,软件的可利用将不得不依靠政府的财政津贴,教育软件开发根据形成它的政策和权宜不断进行交替。大多数情况下,教育软件开发和传播的组织效率,严格影响系统中可得到的资源的可用性,而且这种影响是最终的影响(Murray-Lasso 1990, Fullan et al. 1987, Walker 1986, Moonen and Plomp 1987, Collis and Oliveira 1990)。

3.2 实现计算机教育应用的中观影响

下面大体列举了这些中观影响:

(a)与政策、资源的可获得性及“社会风气”相关的机构框架。

(b)有关计算机使用的教师可利用的支持,包括提供室内的计算机协调程序,以及为老师发展个人技能和进行课程准备提供充分的时间及使用计算机的机会。

(c)在学术机构内对与计算机相关的资源的组织涉及公平和获得的难易度。

(d)有关计算机使用的支持和激励机构中重要人物的领导特征。

(e)机构的社会和人口一般特征,包括它的教师和学生。

每一个教育机构都有它们自己的关于计算机应用的文化和历史,这些都是实现任何特定类型的计算机功能的因素(Fullan et al. 1987)。尤其是机构领导的态度和支持,对计算机在教育环境中的实施有强烈的影响(Cox et al. 1988)。组织的决定,例如哪些人能访问学校的计算机以及访问时间的长短,以及用于制定这些决定的程序严格影响一个机构可利用的计算机功能的范围。对一个系统的计算机进行协调的负责人的方法和个人见识,对计算机教育应用的实施也有影响。而且,机构的一般人口特征,包括它的老师和学生对计算机的经验水平,或对普遍的教育环境革新的认识,给围绕任何情况发生的计算机应用设置了一个框架(Collis 1988, Fullan et al. 1987)。

3.3 实现计算机教育应用的微观影响

这些影响包括以下方面:

(a)特定教师和学生在计算机应用情境下的特征,包括背景经验、态度和能力。

(b)计算机应用发生情况下学习过程的组织,包括整合其他的学习活动,以及在学习过程中,学生和学生之间、教师和学生之间的交互策略。

(c)计算机相关资源自身的特征,有硬件和周边环境等限制因素,也包含资源的教学设计这个关键因素。

与这些所谓的微观水平上对计算机教育应用的考虑有关的书籍也很多。许多书和资源都建议教给教师课堂整合和管理的策略,这些策略中,更高级的是按照他们能处理课程组织中不同水平的复杂性,考虑教师和学生的背景特征(Boyd-Barett and Scanlon 1990, Kearsley et al. 1992),教育软件的设计也是计算机教育应用的一个领域,有大量的关于设计考虑的文献,随着计算机应用于学校的新功能以及如有关多媒体和互联的计算机系统的新的复杂性的出现,这方面的文献还将继续增多(Moonen and Schoenmaker 1992, Venezky and Osin 1991)。

3.4 计算机教育应用的潜能的实现

现在已有大量关于已经意识到的计算机教育应用的潜能的研究和评论。通常,大家都同意,有针对性的计算机教育应用环境的建设是一个复杂的、困难的以及耗时间的过程,需要更多的见识和支持。教师在其中扮演关键的中心角色。当计算机应用于教育的特殊环境下产生正面效应的许多例子被引用时,计算机教育应用的整体影响,仍然未能得到与霍克雷杰(1990)确定的六个理论基础中任何一个目标相关的结论,或许,第一类——社会准备除外。计算机教育应用环境的大规模的出现,很可能提升学生和教师的计算机意识和普遍的应用水平(van der Akker et al. 1992, Collis 1991, Kurland and Kurland 1987)。

4. 计算机教育应用的新兴方向

计算机教育应用的新兴方向与技术潜能的演进、计算机在教育背景下应用的新概念以及更好地理解和巩固过去经验的需要有关。此外,这些分类常常是重叠的,许多不同的观点都是可能的。

4.1 朝着互联和整合方向发展

在技术、教育和社会层面上,关于计算机教育应用,都存在一个强烈的朝着互联方面发展的趋势。在技术层次上,计算机不断地和视频、音频资源进行整合,以及通过网络与其他计算机及教育资源之间建立联系。在教育层面,有朝着承认协作工作的价值,以及"计算机支持的协作"这一多学科成长领域的方向不断发展的趋势。世界是一个地球村的概念,在社会和经济现实的强调下,也有助于计算机教育应用朝着互联的方向运动。互联和整合也涉及计算机朝着作为教育环境的一个整合部分的运动,整合既按照计算机在"传统的"学科领域的应用方向,也按照计算机作为刺激更多的学科领域整合的催化剂方向进行。

4.2 朝着作为个人教育工具普及方向发展

整合的另一个观点是,计算机的应用与教育中的学习、工作及交流过程越来越多地整合在一起。字处理、桌面排版、基于计算机的交流以及访问电子信息,都是计算机应用的方面,它不断发展成为教育活动的共同特征。"认知工具"和"智能主体"(作为计算机的新的比喻说法)的出现,伴随着个人与计算机之间的自然语言处理的发展,将对学习产生普遍深入的影响;不管怎样,它们两者作为一个有组织的系统,对教育的影响将相当持久,而且会变得很明显。

4.3 朝着明确优先权的方向发展

最后一点是,在对计算机教育应用进行十多年广泛的(且昂贵的)实验之后,出现了对与它们在系统中的实施成本有关的计算机在教育中的各种应用的利益进行评估的趋势(OTA 1988)。由于教育系统中资金和资源的限制,因此,与有策略地建立最大的预测支出领域相比,很少有人愿意对计算机教育应用进行大规模的探究。例如,与在小学或初中里的应用相比,人们或许会对计算机应用于职业教育或专业技能教育更有兴趣(这已经成为欧洲的案例了)。在许多国家中都对政府对教育软件供应的财政援助程度,甚至对计算机在教育中的全面应用进行了严格调查,结果发现在这些国家中,大量的政府投资主要发生在20世纪80年代,例如荷兰。最后要补充说明一点,在上面2.2部分所列的计算机教育应用的一些类型,如果它们的使用要符合全系统的成本效益标准,其可行性或许要受到质疑。

B.A.科利斯(B.A.Collis) 著

王周秀 武法提 译

附录

van der Akker J, Keursten P, Plomp T 1992 The integration of computer use in education. *Int. J. Educ. Res.* 17(1):65—76

Alessi S M, Trollip S R 1991 *Computer-Based Instruction: Methods and Development*, 2nd ed. Prentice-Hall, Englewood Cliffs, New Jersey

Atkinson R C, Wilson H A (eds.) 1969 *Computer-Assisted Instruction: A Book of Readings.* Academic Press, New York

Barker P 1992 Electronic books and libraries of the future. *The Electronic Library* 10(3):139—149

Boyd-Barrett O, Scanlon E (eds.) 1990 *Computers and Learning: A Reader.* Addison-Wesley, Wokingham

Collis B A 1988 *Computers, Curriculum, and Whole-Class Instruction: Issues and Ideas.* Wadsworth Publishing, Belmont, California

Collis B A 1991 Anticipating the impact of multimedia in education: Lessons from the literature. *International Journal of Computers in Adult Education and Training* 2(2):136—149

Collis B A, Oliveira J B 1990 Categorizing national computer-related educational policy: A model and its applications. *Information Technology for Development* 5(1):45—68

Cox M, Rhodes V, Hall J 1988 The use of computer-assisted learning in primary schools: Some factors affecting the uptake. *Comput. Educ.* 12(1):173—178

Dean C, Whitlock Q 1988 *A Handbook of Computer Based Training*, 2nd edn. Kogan Page, London

Fullan M G, Miles M B, Anderson S A 1987 *Strategies for Implementing Microcomputers in Schools: The On-*

tario Case. Ministry of Education, Toronto

Hawkridge D 1990 Machine-mediated learning in Third-World schools? *Machine-Mediated Learning* 3 (4):319—328

Hunter B 1982 Computer literacy: 1949—1979. In: Seidel R J, Anderson R E, Hunter B (eds.) 1985 *Computer Literacy Issues and Directions for 1985*. Academic Press, New York

Kearsley G, Hunter B, Furlong M 1992 *We Teach with Technology: New Visions for Education*. Franklin, Beedle & Associates, Wilsonville, Oregon

Kommers P A M, Jonassen D H, Mayes J T (eds.) 1992 *Cognitive Tools for Learning*. Springer-Verlag, Berlin

Kurland D M, Kurland L C 1987 Computer applications in education: A historical overview. *Annual Review of Computing Science* 2:317—358

Mandl H, Lesgold A (eds.) 1988 *Learning Issues for Intelligent Tutoring Systems*. Springer-Verlag, Berlin

Mason R, Kaye A (eds.) 1989 *Mindweave: Communication, Computers and Distance Education*. Pergamon Press, Oxford

Netherlands Ministry of Education and Science 1992 *Enter the Future: Long-Term Considerations for the Use of Information Technology in Education*. OPSTAP Series 33. Ministry of Education and Science, Zoetemeer

Moonen J C M M, Collis B A 1991 *Multimedia in het onderwiis: Een verkenning*. Ministry of Education, Zoetemeer

Moonen J C M M, Plomp T 1987 *EURIT* 86: Developments in Educational Software and Courseware. Pergamon Press, Oxford

Moonen J C M M, Schoenmaker J 1992 Evolution of courseware development methodology: Recent issues. *Int. J. Educ. Res.* 17(1):109—121

Murray-Lasso M 1990 Cultural and social constraints on software portability. *Journal for Research in Computing in Education* 23(2):252—271

Office of Technology Assessment (OTA) 1988 *Power On! New Tools for Teaching and Learning*. US Government Printing Office, Washington, DC

Papert S 1982 *Mindstorms: Children, Computers, and Powerful Ideas*. Basic Books, New York

Pea R D, Kurland D M, Hawkins J 1985 LOGO and the development of thinking skills. In: Chen M, Paisley W (eds.) 1985 *Children and Microcomputers: Research on the Newest Medium*. Sage, Beverly Hills, California

Peled E, Peled Z, Alexander G 1992 Computerization of an Israeli school system: Project Comptown 1985/1986—1989/1990. In: Collis B A, Carleer G (eds.) 1992 *Technology-Enriched Schools: Nine Case Studies, with Reflections*. International Society for Technology in Education, Eugene, Oregon

Pelgrum W J, Plomp T 1991 *The Use of Computers in Education Worldwide*. Pergamon Press, Oxford

Roberts N, Blakeslee G, Brown M, Link C 1990 *Integrating Telecommunications into Education*. Prentice-Hall, Englewood Cliffs, New Jersey

Sawyer W D M 1992 The virtual computer: A new paradigm for educational computing. *Educ. Technol.* 32 (1):7—14

Sheingold K, Hadley M 1990 *Accomplished Teachers: Integrating Computers into Classroom Practice*. Center for Technology in Education, Bank Street College of Education, New York

Taylor R P (ed.) 1980 *The Computer in the School: Tutor, Tool, Tutee*. Teachers College Press, New York

Thornton R, Sokoloff D 1991 Learning motion concepts using real-time microcomputer-based laboratory tools. *American Journal of Physics* 59(4):375—376

Tinsley J D, Tagg E D 1984 *Informatics in Elementary Education*. North-Holland, Amsterdam

Venezky R, Osin L 1991 *The Intelligent Design of Computer-Assisted Instruction*. Longman, New York

Walker D F 1986 Computers and the curriculum. In: Culbertson J A, Cunningham L L (eds.)

Wenger E 1987 *Artificial Intelligence and Tutoring Systems: Computational and Cognitive Approaches to the Communication of Knowledge*. Morgan Kaufmann Publishers, Los Altos, California

Willis J 1991 Graduate training in educational computing: Training the next generation of technology leaders. *Computers in the Schools* 8(1/2/3):333—347

其他参考文献

Ambron S, Hooper K (eds.)1990 *Learning with Interactive Multimedia: Developing and Using Multimedia Tools in Education.* Microsoft Press, Redmond, Washington

Center for Educational Research and Innovation 1987 *Information Technologies and Basic Learning: Reading, writing, Science, and Mathematics.* OECD, Paris

Ministerio de Educacion y Ciencia 1992 *Information Technology in the Curricula of the Different* EC Countries. Task Force Human Resources, Education, Training and Youth, Commission of the European Community, Brussels

Ragsdale R G 1988 *Permissable Computing in Education: Values, Assumptions, and Needs.* Praeger, New York

数据库的教学运用(Database, Instructional Uses of)

数据库在商业领域中是很常见的,现在,它们也被应用于世界范围的中等教育中。这些程序不受内容限制,不包含实际的信息,但是却能提供处理包含在数据文件中的信息的能力。现已有按照特定目的设计的教育数据库,它能让从5岁起的孩子创建他们自己的数据文件、对数据进行查询、用图表对数据进行显示,以及对他们的最终查询结果作分析等。数据库作为商业教育、地理、数学、历史和自然科学等各种学科的探究性学习工具,在教育领域被广泛应用。

1. 数据库在学校中的可利用性

1990~1991年间,在加利福尼亚实施了一个调查,其中有这样一个问题:"罗列5个最常用的软件/视频/激光唱片/CD-ROM的名称。"总共有280个学校回答了这个问题,对于关于软件的答案,包括了两个综合程序包(由数据库、字处理软件和电子数据表格组成)和两个字处理软件。合起来,综合程序包占了39%(使用计算机的教育者1992)。1991年,威尔士大学的教育学院在英国进行了一个小规模的调查,它调查了课堂中使用的不受内容限制的软件的情况。把它的调查结果和美国的调查做了精确的比较之后,发现字处理软件和数据库都是最普遍应用的程序包。然而,在调查中,大约只有25%的老师对在教学中使用数据库感到有自信(Moss 1992)。日本的一个调查也确定数据库为信息技术基本技能的主要成分。尽管日本在把计算机引进课堂行动中起步比较晚,但是他们在1993年就在初中开设了一门新课程"信息技术基础"。这门课程允许学生在自然科学、数学和社会研究等学科内容的学习中使用数据库。

2. 数据库的教学方面

在一个学校中,数据库程序包的可利用性和它们在教学中的实际应用是不同的(Downes 1990)。不同的组织因素,如对计算机的访问权限、教师的培训水平以及和课程相关的教学材料的适合程度,都大大制约着数据库的使用。在英国、美国和澳大利亚的一些从业人士(Freeman and Levett 1985, Underwood 1988, Downes 1985),认为在制约数据库运用的因素中也存在一些教学方面的因素。

在文字处理程序中输入文本或使用图形程序包在屏幕上作画,都是具体的行为。技能是可以从纸、笔到计算机进行直接转移的。然而,在使用数据库的时候,就不得不使用一套新的技能:信息处理技能和数据处理技能。这些都必须在孩子们更好地使用数据库之前就教会他们,而且在信息时代这些技能更是必要。信息处理技能能使孩子们通过收集信息,然后为了特定的目的或为了满足特定的标准,对他们需要的信息进行整理和选择,从而感知他们周围的世界。例如,在关于历史主题的部分中,他们不得不写关于他们自己国内本地人的生活方式的报告。并不是他们收集的所有证据都是撰写报告所必需的,因此他们必须决定哪些是最重要的,以及该如何组织和呈现信息。

在数据库中处理信息需要额外的数据处理技能：把信息组织到该标题下的记录中去，做好输入数据库的准备；用查询语言搜索数据文件；把数据转化成图表的形式；以表格、列表或图表的形式打印结果等。

孩子们决定什么信息是他们所必需的之后，开始通过观察、问卷或测量技术收集信息，把它们存储到各个类别中，并对它们进行分析。把信息输入计算机数据库引入了另一个严格的要素，那就是数据要能被更有效地查询。数据库具有把数据转化成图表或映像的优点。这给数据增加了另一个维度，鼓励孩子们在解释图表或映像的时候，进行算术或空间上的思考。

表 1 显示了信息处理技能和数据处理技能的概括。

这里有足够多的关于数据库在很多学校学科中作为学习工具的适合程度的证据，它们不仅仅是传授信息技能的背景。数据库在课程中的作用包括高度的个别化的、以孩子为中心的学习。在学科中使用数据库的主要目的是为探究式学习提供一个调查性的方法。它本意不是目的，而是达到目的的手段。

表 1　　各种活动中的信息处理和数据处理技能

活动	技能：信息处理	技能：数据处理
数据收集	形成假设	组织数据
	形成质疑的态度	设计数据捕捉表格
	确定资源	在计算机中输入/检查数据
	资源的区别	对数据进行编码
	关联性	在磁盘上存储数据文件
	组织	键盘使用技能
	观察	
	映像解释	
	测量	
数据检索和查询	假设	浏览
	精确定义问题	数据选择
	修改问题	数据匹配
	组合问题	在查询语言中形成一个问题
	问卷调查	分类数据
	采访	
	转录	
	校对	
数据演示和分析	理解不同图解、统计和测绘技术的局限性	选择和转化数据，用于合适的演示方法：图形的、列表的、空间的、数字的、统计的
	回顾所有的收集、检索和分析数据的方法	
数据评价	评论结果	
解释结果	讨论	
	个人或小组内的自我评价	
	学科标准的应用	
	修正或接受假设	
	做出决策	

3. 孩子们如何使用数据库

3.1 建立数据文件

在英国的小学中,“我们自己”是一个很流行的主题:把孩子们自己的特征和属性加入课堂内容中,一起作为科学调查的一部分。这些不通过计算机就可以完成,但是使用数据库能使关于数据收集、查询、演示和分析的调查更精确和彻底。在这个主题中,可以通过以下步骤实现数据库的应用。

首先,孩子们收集关于他们自己属性的数据。我有多高?我的眼睛和头发是什么颜色的?我能跳多远?编辑数据文件需要考虑大量的关于数据的问题。数据是如何测量的?测量使用的单位是什么?用单个单词或句子来描述是不是更好?这些都被老师所讨论,直到得到一个每个人都可以遵循的标准。

孩子们不得不决定数据文件结构,制定一个数据捕捉表。这里包括被提议的数据文件的标题,以及每个孩子在标题下收集的信息的简单描述。许多表单都要有键入数据的空格。在这样一个数据文件中,或许有 30 条记录,每一条对应班上的一个孩子,有 8 或 10 个问题单元。

孩子们成对地工作,把信息输入数据库:一个打字,另一个检查数据是否已经正确地输入。还要不时地保存一下数据文件。

下一个阶段是进行数据检索和查询。在这个阶段,孩子们针对数据文件进行提问,例如“谁是班上最高的?班上最矮的人的身高是多少?是不是女孩要比男孩高?”这对某一些孩子可能是一个难题,因为每一个问题都需要翻译成数据库能识别的查询语言。实验结果表明,在引导孩子进行查询过程中,菜单界面比命令方法更好。

查询结果可以用图表显示,例如用饼状图表示整个班级的眼睛颜色或头发颜色,或超过某一高度的那些孩子的列表。这时,保存一份来自计算机的结果打印副本是很重要的。数据库格式自由的本质,意味着数据可以以不一定适当的方式呈现。让孩子们从经验中学习,和他们的老师讨论,对哪一种目的来说都是很适合的方法。

演示查询结果并不意味工作的结束。孩子们必须严格地查看结果,考虑例如这样的问题:“我回答了我的问题了吗?我能够解释我为什么得出这样的结论吗?我期待的答案找到了吗?在输入和收集数据的时候,每个人都犯了上面列出的错误了吗?”

在编辑数据文件期间,孩子们执行了一组很复杂的任务,用到了各种各样的技能。一些是与信息处理和数据处理相关的,其他的则是与科学的调查过程相关的。这些任务的主要目的是调查他们使用数据库作为组织和安排他们自己信息的工具的特征,而不仅仅是学习数据处理技术。

3.2 使用大型数据文件

当孩子们在没有指导的情况下查询大型数据文件的时候,他们在调查的过程中,采用了一系列学习策略。有的学生倾向于从一般到特殊的查询,以便找出数据的本质和内容;其他的则希望直接找到信息的某一条目。孩子们通过应用如“浏览”整个数据文件,然后逐渐缩小查询范围,最后找到所需要的信息等这些技术处理数据的过程中,找到了自信。要完成这些任务,他们必须掌握把一个问题“翻译”成查询语言的技术(Spavold 1989)。

在那些内容不受限制的软件已经使用多年的国家中,都有不断成长的课程材料市场,以支持信息技术在学科教育中的使用。学校已经有数据库程序包,但是,如上面所提到的,他们或许还没有充分的课程材料或教学支持材料,用来鼓励学科教师在他们的课堂上使用信息技术。现在已经开发了使用一个数据文件和关于特定主题的其他材料的综合支持的程序包,以适应这种需要。例如,能让澳大利亚的历史老师,访问程序包里关于由英格兰第一支舰队带来的罪行的数据文件,看当时的图片资源以及来自那个时期的其他的记述等。

当一个主题有几项任务,但是仅仅只有一个任务必须使用计算机的时候,课堂中的计算机管理是很容易的。在有可以独立使用的材料时,常常鼓励教师使用数据库,例如学生工作表,使用它作为辅助材料,学生不必经常找老师帮助。

3.3 数据的远程收集和数据记录

环境信息,例如天气数据或河流情况,或来自学校实验室的实验数据,可以通过数据记录装置电子化地收集。和计算机一样,这些装置包括一个中央处理器,但是它们看起来和计算机不完全相似。

例如,一个天气数据记录器看起来或许就像一个气象站一样,而一个全功能的数据记录装置,可以是一个带有发光二极管显示的小盒子和大量的输入输出接口的插座。每个装置都和一台计算机建立连接,通过软件建立操作系统,下载已收集的数据。用这种方式收集的数据,都是经过整理的,可用于数据库查询和演示。它减轻了学生信息收集中的重复性工作,允许把重点放在查询、演示和分析中。除此之外,数据还可以输入电子数据表格,用作活动模型。

3.4 CD－ROM(光盘)

CD－ROM 能容纳大量的数据。这些数据可存储在大量的数据文件中,通过上面所描述的数据库方式或类似的方法迅速访问。如果数据是由大量的单词组成的,例如莎士比亚的作品或一本百科全书,任何一个单词或词组都可以通过自由文本搜索的方法找到。可以把一些数据整理到层次数据库中,这时的搜索将发生在不同的层次中——使用这样的安排和检查一个课本中内容、章节及标题很相似。尽管 CD－ROM 是一种理想的存储手段,但是每一个 CD 中的用户界面、数据结构、搜索方式及策略都是不同的。不存在标准方法。因此,这一次学生掌握了一种 CD 的使用,也不能保证这些技能能迁移到另一个实例上。在数据的质量、补充材料以及使学生更容易访问的技术提高上是有限制的。这些限制因素没必要从媒体的影响中减少,但在将来还是有机会得到改善的(Baumbach 1990)。

最吸引人的并且用户界面友好的 CD 包含图片形式的数据(静止的或运动的图像)、地图和声音以及文本和数字信息。例如,由国家图片社和 IBM 开发的关于哺乳动物的 CD,允许通过一个简单的界面查询哺乳动物特征的数据文件。这种 CD,任何用户只要稍加培训就可以非常容易地使用了。

3.5 图形信息系统

在商业领域,例如规划和环境监测领域,已经开发出了由地图文件和数据文件组成的专门的数据库。现在它也被用在中学的地理教学中。在地图和统计数据可随意获得的地方,例如美国,在教学上引进地理信息系统(GIS)就不存在任何障碍。在加利福尼亚,成立了一个"学校中的 GIS"小组,游说议员呼吁在全国地理课程中用 GIS。这个小组正在积极地开展 GIS 的教师培训和教学材料的准备。在英国,GIS 也是国家课程的一部分,地理协会还专门为教师创造了一次启发运动。与列表或图表相比,地理教师对地图上的数据的反应相对要更积极一些,因此他们会在教学中更有效地使用这些数据库。

4. 国际合作

现在,我们有机会在全世界范围内共享数据文件中的信息。由意大利、葡萄牙和西班牙发起的"课堂中的欧洲"活动,是一个关于人力资源、培训和年轻人主题的由欧盟特遣部队赞助的项目。它由每个国家的国家信息技术中心管理。发起者的目的是想开发包含来自欧洲每个国家及整个欧盟的地理数据文件的全面的数据库程序包。在这个项目中,不论是数据库的开发、数据文件的装配、用于学校的材料的试验,还是后期开发的给教师和学生使用的材料,都必须确保程序包能被教师们接受和采用。这个项目现在已经开发了四种版本的程序包和材料,它们分别是意大利语的、西班牙语的、葡萄牙语的和英语的(EC 项目 A103)。

5. 数据库建设中的新技术

多媒体系统的发展,意味着数据库不再仅仅包括文本或数字。图形、静止或运动的图片、声音和地图等为这个领域的新发展,提供了无数的机会。在用多种形式访问和输出信息的能力,以及通过直接的图形用户界面回应用户的需求方面,存在令人鼓舞的前景。然而,这还是要受数据获取和硬件装配费用的限制。这种能使数据在一定程度上被利用的机会,在以前是得不到的。

在加拿大,关于本地人民的文化信息都是从渥太华的国家文明博物馆采集的(Douglas 1990)。其中一个关于 44 个不同的部落和 30 个主题,总共 1 320个单元的数据文件构成了一张交互式的影碟。影碟的数据文件中还增加了影片和幻灯片。

加拿大的学生们把光盘用作信息资源，或者从中收集支持假设的证据，或作为课堂演示的资源材料。采用这种方式，更多的孩子能通过积极地参与调查过程，学习他们的文化遗产。

6. 结论

数据库对学生的学习做出了重要的贡献。学生能使用数据库来帮助自己感知周围的世界，发展数据处理技能、信息处理技能以及具体学科分析技能。数据库为加大信息的访问，提供了令人兴奋的机会。“信息时代”已经开始了，学生也正在学会利用信息技术所提供的机会。

D. 弗里曼（D. Freeman） 著
王周秀 武法提 译

附录

Baumbach D J 1990 *CD-ROM Information for Students: Anticipated Outcomes and Unexpected Challenges. Computers in Education, WCCE90 Proceedings. North-Holland, Amsterdam*

Computer Using Educators 1992 from the CETAP Report (California Educational Technology Assessment Project) quoted in the *Computer Using Educators Newsletter* 13(9)

Douglas F D 1990 *Video Processing with the Native Peoples of Canada. An Interactive Video Disk Database project*. The Sixth International Conference on Technology and Education, Orlando, Florida

Downes T 1985 *Using Databases in the Classroom.* Computers in Education WCCE85 Proceedings. North-Holland, Amsterdam

Downes T 1990 *Information Skills, Information Technologies and Young Learners: A Reappraisal.* Computers in Education. WCCE90 Proceedings, Sydney, Australia. North-Holland, Amsterdam

EC Project A103 Version 1 undated. *Europe in the Classroom*

Freeman D, Levett J 1985 *QUEST in the learning environment. Computer-assisted Information Handling as a Tool for Learning and Curriculum Development.* Computers in Education. WCCE90 Proceedings, Sydney, Australia. North-Holland, Amsterdam

Moss G D 1992 Comparing awareness and use of contentfree software in secondary schools. *Comput. Educ*

Nashinosono H 1992 Japanese experiences in information education. Paper presented at the Educational Technology Conference, Pulau Pinang, Malaysia

Spavold J 1992 Children and databases: An analysis of data entry and query formulation. *Journal of Computer Assisted Learning* 5(3): 145—160

Underwood J 1988 An investigation of teacher intents and classroom outcomes in the use of Information handling packages. *Comput. Educ.* 12(1): 91—100

超文本在教育中的应用（Hypertext Educational Application）

超文本是利用计算机组织和获取信息的一种相对新颖的文本组织方式。把超文本作为一种创建学习材料的手段仍处于探究阶段，这些应用于教学的超文本材料总体上仍处于实验阶段——这些将在下面给出的超文本发展简史中作简要的说明。基于超文本的学习环境在一些方面对学习者提出了挑战，如超文本中的导航以及注释和编辑的使用，超文本还对学习评价者提出了更严厉的挑战。

1. 定义

超文本能把大量的信息分解成可管理的条目，在计算机中根据它们的语义关系链接在一起。以超文本方式存储的信息常常以网络节点的方式呈现，建立链接的每个网络节点都包含一个条目信息。条目常常由文本和图片构成，但是它们也可以包含多媒体（例如音频和视频），这种情况下，在格式上有时会被称为“超媒体”形式。一些节点的内容可以在屏幕的不同位置同时演示。然而大多数人都认为传统的文本是以固定的、由作者定义好的线性顺序把信息呈现给读者的（除非浏览或跳过某些页），而超文本则允许根据读者的选择及显示链接（通过鼠标点击按钮或热区）的次序，以各种不同的顺序浏览相同的信息。因此,它试图在知识领域里呈现丰富的相互链接,而这种相互联系如果不借助超文本这种形式,就只能部分地被呈现,如文本中的交叉引用。尽管在紧紧围绕时间维度进行的多媒体元素的应用方面有了一些新的考虑,但是在作为超文本的系统的功能特性方面,基本上没有变动。

1.1 历史

超文本作为管理可预见的海量信息的必要工具,早已被早期的思想家们期待已久了,如布什(1945)和尼尔森,他于 1965 年在其已经完成的"世外桃源"项目(参阅本词条第 2 部分)中应用了"超文本"这个单词。从那时起,计算机能力的不断增长大大地促进了它的发展(Nielsen 1990)。

在 20 世纪 80 年代,超文本的主要发展是在新的信息处理环境方面,当时所使用的高级图形用户界面,和现在常见的微软的 Windows 3.1 以及苹果公司的 Macintosh 很相似。还有一些超文本用于早期的计算机辅助学习领域,例如交互媒体(Yankelovitch et al. 1988)、KMS(知识管理系统)和 Guide(Brown 1987)都是基于包含文本与图形框架的。很快人们就发现超文本这种新媒体和印刷媒体明显不同,不仅因为计算机屏幕的特征,还有其他很多方面。例如,通过系统呈现新的材料,随着鼠标的点击,立即要求读者的注意,然而翻课本就基本上没有任何影响。现在,许多计算机辅助学习材料的开发者都把注意力转向超文本,就是因为它的交互潜能,和以前的媒体相比,超文本能创造更多变化的、内在动机的学习材料。

随之也出现了许多支持超文本应用创作的图形创作环境,有用于创建超文本链接的组合工具,如 HyperCard(由 Macintosh 提供)以及用于 Windows 的 ToolBook。采用这两种组合工具都能很容易地学会支持创作环境所期待的多种功能的高级程序语言。

2. 超文本学习环境

2.1 简单的超文本

早期的时候,采用程序教学方法的学习(Skinner 1968)方式把教育研究者引向了超文本。程序教学法曾一度支配计算机在培训和学习中一定程度上的应用,但随着学习心理学的范式由行为主义向建构主义转变,程序教学越来越受到质疑,因为在程序教学中,知识和信息是不同的。还存在一些相似的转移迹象,即远离以前正式的学习材料所提供的学习形式,安排预备的学习材料以弥补学习者资源库中可察觉的不足之处,就像智能教学中的那样。人们希望超文本能满足研究性学习的要求,通过给学习者提供比以前更大的自由,根据他们的特殊兴趣,让他们自己直接地、有顺序地探索知识领域的内容。

尽管人们很有兴趣把它用到学习上(Conklin 1987),然而,对作为信息媒体的超文本使用效果的实际调查结果却很令人失望。结构化学习的支持者注意到在超文本结构中缺乏一致性,研究指出学习者在超文本网络中确定其方向时会遇到困难,因为常常可以通过多种路径到达同一条信息。所有的评论都与以网络导航为基础的超文本范例相关。有些人认为伴随交互和探究超文本的使用,足以推进必要的生成性学习程序的发展。

兰多(Landow 1987)提出,需要对到达和离开一个节点做出新的规定。可以把它编成一套规则,沿着下面的路线进行:

(a)在超文本链接中,学习者期待链接的材料之间存在有目的的、有意义的关系。

(b)链接中的重点是鼓励学习者形成关联性思考习惯。

(c)如果超文本链接不能满足这样的期望,就表明是不相关的,或不重要的。

(d)链接的图片材料必须和添加的文本一起出现,使学习者能在链接出发点和到达点的信息之间建立联系。

现在有许多证据表明,利用超文本手段进行无目的的探究或简单地检索事实,并不能促进深层次的学习。例如,学习者在已经访问过的节点上会失去方向感,这表明这种学习的发生是表面的,没有和其他节点的超文本结构和内容建立密切的联系。这时学习者不得不频繁地做出更多的决策,不管是不是元认知所要求的,这种情形都会出现(认知监控中的个别不同,可以在说明线性超文本的比较研究中观察到一些不同的结果)(Rouet 1992)。此外,简单的超文本结构很少能够使学习者有深度地学习材料。实际上,学习者"在超空间迷失"或认知超载现象,已经趋向于把简单超文本的使用置于次要的地位了,要解决这个问题,除非给学习者提供适当的培训,例如,在给予用其他方式进行超文本导航时,允许学习者先形成认知地图。要求设计一个支持学习的框架,在适当的时候提供适当的工具,使那些或许没有很好理解学习过程的学生的境况也能得到好转。这或许可以称为"学习支持环境"(Hammond 1991)。

2.2 概念地图

认知地图是一种基于语义网络的、广泛使用的、纸质的学习技术。计算机化的语义网络工具能使学习者在各种想法之间建立联系,给各种关系作标志并且描述想法之间的本质关系。这样做的结果就是形成一个描述学习者知识现状的概念地图(Jonassen 1991)。超文本和语义网络工具都具有节点和链接,因此它们之间存在紧密的关系。两者的主要区别在于语义网络中的链接具有固定的类型,如"具有属性",而大多数超文本链接是没有类型的。语义网络想呈现的是学习者在一个特殊领域的知识状态,而超文本网络呈现的是网络节点的相关程度。有些超文本系统也允许链接是类型化的。

3. 超文本导航

采用简单的支持措施能简化导航任务,这是当前被人们广为接受的观点。现在,高级的超文本系统能提供许多工具,帮助学习者克服导航问题(例如,概述地图、网页——在它里面,通过图标呈现每个节点以及用连有图标的线段显示节点间的链接)。即使是适当大小的超文本,由于太多重叠的线条,网页也会变得很混乱。它们或许会太大,或许要花很多时间在屏幕上进行绘制。作为选择,一组图标可以浓缩为一个,以减少必须呈现在屏幕上的相互联系的链接的数量,但这会给区别有密切关系的节点带来困难,除非使用计算方法。

于是,通过在超文本材料的路径上设立标记,以及沿着路径前进和后退的方法,为导航指明了方向。使用"书签"标记特殊的节点也是很有帮助的,这样学习者就可以更容易地返回原位,还有人建议把书本作为超文本进行组织的隐喻,采用"电子书"的形式(Benest 1990)。

查询功能再次创造了传统数据库"自由文本查询"工具。其他的学习者工具包括沿着原路径返回的设备,以及进行有指导的旅行的设备,用它可以再创造多重线路探究的超文本。在具体实践中,这些发展改变了使用超文本的形式,从探究变为用适当的工具搜索资源数据。基于资源的学习在教育中有相当长的历史,备受推崇,由于结合搜索功能的超文本的支持,使它变得更易管理。

4. 注释和编辑

大多数有经验的学习者使用超文本的时候,都要求所给工具能允许对个别条目作个人注释。注释不仅仅通过提供个人路标帮助导航,如书签,很好地标记一个条目是作为使用超文本进行建构学习的一部分的认知行为的结果。此外,对超文本进行编辑是信息人格化的一种手段,它使信息更有用、更易理解。简单的超文本结构以及创作工具的简易使用允许学习者对存在的材料进行注释。

允许学习者对存在的条目进行编辑以及创建新的条目或链接,并把它作为学习过程的一部分,是颇具建设性的(Ess 1991)。这也可以扩展到超出网络范围的协作工作原则中,但是这个方面一直没有被很好地研究,尽管它的潜能在超文本发展的早期就被认识到了。一个常见的例子是,自己开发学习材料的学生,能比同栏用建构主义方法使用超文本系统学习的其他学生,学到更多的东西(Beeman et al. 1987)。

实验性的斯特拉思(Strath)教学系统(Kibby and Mayes 1989)提供了一种不同的交互方法。该方法不提供正式的链接,但是,作为代替的是,超文本创建者和后来的使用者都可以在其中给每张卡片的各种热区添加属性(看图1)。当学习者用鼠标选择某一热区时,就会执行计算,决定接下来呈现的最合适的卡片,通过简单的算法来决定哪个最适合。学习者可以向系统提出询问,决定哪些属性是初始热区和目标热区所共有的,这样,不论是在

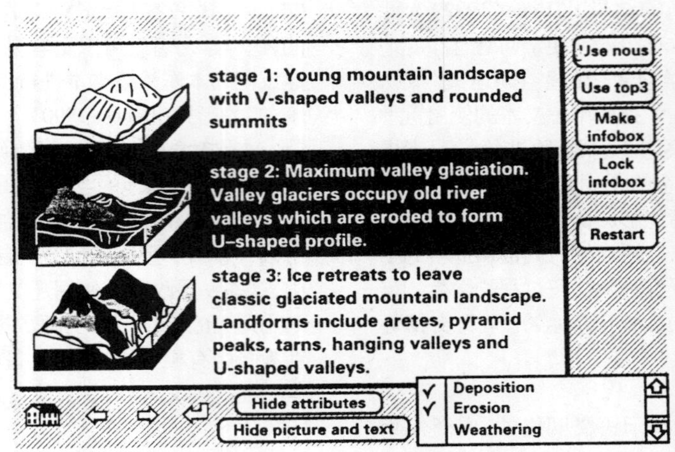

图 1　斯特拉思教学系统的界面显示图

(a)黑色部分是被选择的热区;(b)带有滚动条的窗口显示了它的相关属性;(c)按钮支持各种各样的导航形式

浏览模式还是搜索模式中,都可以把学习者的注意力集中到材料的基本特征上。在学习者测试中也可以采用相同的程序,根据热区进行判断,每个热区都来自两张卡片,上面有最大数目的公共属性。这种用来创建有吸引力的超文本学习环境的方法还没有得到充分的探究。

5. 学习评价

任何情形下的学习评价都是存在很多问题的。因为学习者评价一直受有效设计问题的困扰,一个大的趋势就是,通过决定哪些是对于学习者和基于计算机的学习环境以及学习材料的交互来说更客观的方面,来进行评价,这种决定又通常通过关注其有用性来进行。超文本的学习评价,由于其中存在一个系统,对于这个系统的有效的应用也必须被学习,所以在相当程度上会更加麻烦。可以公正地说,许多企图用超文本材料评价学习成就的实验,在对一个或多个与实验或测验有关的变量的控制上都很失败,特别是在有效地使用新的超文本系统进行主题培训时。

麦克奈特(McKnight)等对比曼(Beeman)等(1987)关于学生在两门课程——英语文学和生物上超文本(交互媒体)的使用报告的分析表明,甚至在一个相对小的评价中,想获得可以分析的结果都必须投入很大的努力:由一个社会科学家小组对每一门课程都做周密的观察,一次是在引进超文本之前,一次是在超文本材料被使用的时候;在整个评价中,多次访谈教师和学生;要求一组学生在授课期间把他们的活动以日记的形式记下来;使用特殊配置的计算机实验室,对教师和学生都进行监视(McKnight et al. 1991)。

麦克奈特还指出,所报告的正相关只说明了低于10%的结果的偏差。研究者自己也指出,明显的进步与其归因于超文本的引进,还不如归因于和它的引进有关的因素,霍桑效应(the Hawthorne effect,指工人、学生等因受到研究人员的关注而增加产量或提高成绩——译者注)就是在评价教育材料和系统时一直存在的一个新难题。

M. R. 科比(M. R. Kibby)　著

王周秀　武法提　译

附录

Beeman WO et al. 1987 Hypertext and non-lineal thinking. In: *Proceedings of Hypertext 1987*. ACM, New

York

Benest I D 1990 Computer-assisted learning using dynamic electronic books. *Comput. Educ.* 15(1—3): 195—203

Brown P J 1987 Turning ideas into products: The Guide system. In: *Proceedings of Hypertext 1987.* ACM, New York

Bush V 1945 As we may think. *Atlantic Monthly* 176(1):101—108

Conklin J 1987 Hypertext: An introduction and survey. *IEEE Computer* 20(9):17—41

Ess C 1991 The pedagogy of computing: Hypermedia in the classroom. In: *Proceedings of Hypertext '91* ACM, New York

Hammond N 1991 Tailoring hypertext for the learner. In: Kommers P A, Jonassen D H, Mayes J T (eds.) 1991 *Cognitive Tools for Learning.* Springer-Verlag Berlin

Jonassen D H 1991 Semantic networking as cognitive tools. In: Kommers P A, Jonassen D H, Mayes J T (eds.) 1991 *Cognitive Tools for Learning.* Springer-Verlag, Berlin

Landow G P 1987 Relationally encoded links and the rhetoric of hypertext. In: *Proceedings of Hypertext '87.* ACM, New York

Kibby M R, Mayes J T 1989 Towards intelligent hypertext. In: McAleese R 1989 *Hypertext: Theory into Practice.* Blackwell Scientific, Oxford

McKnight C, Dillon A, Richardson J 1991 *Hypertext in Context.* Cambridge University Press, Cambridge

Nielsen J 1990 *Hypertext and Hypermedia.* Academic Press, Boston, Massachusetts

Rouet J-F 1992 Cognitive processing of hyperdocuments: When does non-linearity help? *Proceedings of* ECHT '92

Skinner B F 1968 *The Technology of Teaching.* Prentice-Hall, Englewood Cliffs, New Jersey

Yankelovitch N, Haan B J, Meyrowitz N, Drucker S M 1988 Intermedia: The concept and construction of a seamless information environment. *IEEE Computer* 21(1):81—96

其他参考文献

Jonassen D H, Mandl H (eds.) 1990 *Designing Hypermedia for Learning.* Springer-Verlag, Berlin

LOGO 的教育应用(LOGO, Educational Application of)

"LOGO"既是一种计算机语言,又是一种教育哲学。本词条讨论了这种语言的主要特征,这种哲学的主要原则,LOGO 环境下研究的一些方面,以及 LOGO 背后的一些观点的扩展,它们已被广泛用于建构一种被称为"建构主义"的有关学习的思考方式。

1. 什么是 LOGO

LOGO 是一种强大且易学习的计算机语言,成人、青少年和儿童都能用它来表达他们的想法。被设计作为应用于教育的一种语言,LOGO 适用于几乎所有的计算机教育应用,已经经过许多次的修改,现在至少在全世界 45 个国家的学校中使用。它的一句格言是"没有门槛,没有天花板"。也就是说,LOGO 是如此容易入门,因此在小学中都已广泛使用。与此同时,它还具有高级功能,能促进所有年龄的人的学习。它是进行初中阶段数学和计算机科学教学的一种优秀的语言,现在已经被研究生院用于进行数学、物理、建筑设计、艺术和音乐的教学。

LOGO 的另一个格言是"用于学习的语言",对它的思想进行概括,也就是说 LOGO 也是一种教育方法。用 LOGO 进行编程活动,结合对隐藏在那些编程活动背后的思想的反思,可以实现更大的目的,其中一个目的是发展一般的问题解决能力。为此目的,编程活动是设计用来帮助学生做以下事情的:(a)把复杂的问题分解成"一定智力大小的字节";(b)测试、修改、再测试问题的解决方案;(c)开发启发性装置,特别是那些利用无目的事件的装置;(d)把零碎的问题拼成新的、有趣的方法。LO-

GO 是一种使各种抽象的知识更具体化的方法,因此使学习者更容易适应;而且计算机本身是一个用于发现和发明的简单工具。

1.1 LOGO 的发展史

在 20 世纪 60 年代中期,明斯基(Minsky)和帕佩托(Papert)[麻省理工学院(MIT)的人工智能实验室的共同创始人],开始对计算机应用感兴趣,"不仅仅是作为在实际工作中解释如何学习和思考的工具,而且是一种改变(这种改变可以更改)、或许是改善人们学习和思考方式的工具"(Papert 1980 P. 208 ~ 209)。与在其他地方的小组联合,他们开始了一个带有双重目的的、长期的研究项目:(a)为孩子们设计一个有一些简单入口的路径的 LISP(表处理解释语言)版本;(b)开发一种方法应用语言研究孩子们是如何学习、思考和学会思考的。这种语言就叫作 LOGO(来自希腊语"logos",思考的意思),强调它解释和操作复杂的思想的力量。作者的第一次革新,是一个机器"海龟",它在程序的控制下可以绕着地板移动,并在它的后面留下一条轨迹,该产品现在已经成为 LOGO 的一个最著名的应用方面。结合海龟作图和 LISP 的能力,形成了一个强大的、更高级的语言,可以很容易地开始令人兴奋的探索,同时,它还有说明高级计算概念如递归、全表处理、变量作用域以及状态透明等潜能。

1.2 LOGO 语言的特征

LOGO 包含了五个特别的特征,它们说明了 LOGO 在学校之所以那么流行,主要归功于它的功能。尽管风靡于学校的其他计算机语言(例如 BASIC 和 Pascal)也具有这些特征中的一部分,但是除了 LOGO,没有一种语言包含了这些特征的全部。这些特征有助于使 LOGO 成为一个令人愉快的、相当简单的、自然的语言,它能以灵活的方式处理复杂的任务。

(a) LOGO 是一个交互式的编程语言。指令一经输入就可以立即被执行。这样,用户就可以立即看到结果,而不要等写完、编译完整个程序才能看到结果发生。这个特征有助于使 LOGO 的学习令人愉快,特别是因为一些简单的指令,几乎是即刻就可以在屏幕上产生戏剧性的效果。

(b) LOGO 有一致的语法。它有一套统一的解释表达式的规则。在许多计算机语言中,每种类型的指令都有它自己特定的句法,因此,同样的表达式,依据它的上下文可能意味着不同的事情。在 LOGO 中不会发生这样的事情,多数内容都遵循常规用法。一旦学会了句法的细节,它们就能应用于 LOGO 的所有表达式。除此之外,LOGO 句法常常类似于普通的语言。因此,LOGO 语言很容易入门。

(c) LOGO 是一种可扩展的语言。用户不局限于设计者写入语言中的命令。可以创造新的命令,给予描述性的名字,并加到 LOGO 的词汇表中去,然后就可以使用它们,如同它们是在一开始就写入语言一样。在较新的 LOGO 版本中,甚至可以重新定义旧的命令,这样它们就能按新的方式运行。LOGO 的扩展和修改词汇表以及能共享一般语言的能力,使 LOGO 的学习成为一个自然的过程。

(d) LOGO 是一个模块化的语言。程序员能写一些较短的程序(称为子程序)来完成部分任务,而不是写一个很长的程序来完成一个任务。然后子程序能用于一个超级程序中,这个超级程序把它们结合起来完成整个任务。这个特征有助于简化复杂的任务。一旦子程序写完了并经过测试,程序员就无需再了解它们是如何工作的,只要知道把它们和其他子程序结合起来能完成什么就足够了。

(e) 通常,LOGO 使用局部变量。也就是说,变量的值(例如,数字或词以及数字或词的列表)是临时的,仅被程序中使用它们的过程调用,一旦不再需要就将其释放。局部变量允许过程间互相交流,避免一个过程使用的变量的值与另一过程变量的值相互混合,这不仅会让初学者很少产生混淆,还使它更容易被用于开发各种背景的通用程序。局部变量使 LOGO 成为一个非常灵活的媒体,在 LOGO 中,程序趋向演进为程序员能瞥见的、新的、有趣的可能性,而这在任务开始时却是不可预见的。

2. LOGO 哲学

和帕佩托一起在整个 20 世纪 70 年代及 80 年代前期共同致力于 LOGO 开发的人们,在许多方面都是不寻常的。他们特别有意识地在计算机科学与教育中着手创造新的特质。起初,他们在自己的实验室里安排了一个孩子们的学习环境,邀请孩子们进入实验室使用刚刚出现的语言。并鼓励高度个性化的和具体的与计算机交互的方式。他们吸引了各种各样的人群——心理学家、社会学家、教师以及孩子们自己——来研究儿童借助计算机进行学习以及帮助他们思考计算机在教育中所扮演的角色。当他们建构包括认识论的、美学的、心理学的行为的语言时,认识到了他们所做的选择,他们详细地争论这些选择。在趋向于把知识最终看成是正式的和建议性的世界里,他们看到了各种各样的知识形式,其中有许多都是同样有效的;在某段时间当人们普遍认为学习是有层次的时候,他们却强调学习者需要通过个性化的协商和再建构的过程获得恰当的知识(Turkle and Papert 1990)。

2.1 "头脑风暴"

帕佩托在"头脑风暴"中描述了这个小组开发的教育方法(1980)。副标题为"孩子、计算机和强大的思想",该书成了一本特别有影响的书,并在LOGO普遍使用的课堂中扮演关键的角色。帕佩托希望他的读者认真思考两个基本思想。

第一个是设计计算机的可能性,这样学会与计算机交流就是一个自然的过程,这更像是居住在法国来学法语,而不是试图在美国外语教学的课堂里通过一个不自然的过程来学习。第二个是学会使用计算机来交流,可以改变其他学习发生的方式(Papert 1980 P.6)。

头脑风暴项目的教育理念超越了计算而形成一个更普遍的学习方法。

(a)新学习的知识应该能在学习者已建立的个人知识上发展和继续。例如,海龟是"肢体知识的协调",因为它能和学习者自身的肢体知识结合起来;或者是"自我协调",因为它能和学习者自身的感觉结合起来。

(b)新学习的知识应能使学习者达到对自身有意义的目标,而且这些目标部分是由学习者自己决定的。成年人创建的练习通常很少符合孩子们的个人的意图。

(c)新学习的知识应能在大的社会和文化背景下对学习者有用。一些学习活动应不仅仅是孩子们的游戏,教学材料应和大人们使用的相似。就像婴儿说话,提供给孩子一个进入丰富、复杂的成人语言世界的入口,因此所有的学习都是为渐增的更深层的理解打下基础。

(d)错误和正确的回答一样有助于智力的进步。当一个程序不能像所期待的那样工作时,学习者就会感到需要调试它(例如,修理它),以达到某些个人目的。那么,学习者必须研究错误——而不是忽略它——这样可以重新建构他们的思考。

(e)对自己的思想进行再思考是学习的重要部分;元认知是推动学习者进步、使他们能发展解决新问题的策略的成分。追求个人目标的学习者感到需要思考他们是如何做事的。总的来说,创建一个产品的过程比完成一个产品更重要。

2.2 微观世界

帕佩托在头脑风暴中提供的教育理念的核心,指出了存在一个"微观世界"的概念,在那里,人们——特别是孩子,大人也可以——能以一种自然的、愉快的、合作的方式进行学习。帕佩托把在微观世界中的学习和孩子们学习语言的方式进行了比较,一个情形是在微观世界中很少需要正式的教学。在微观世界里,当他们在从事内部动机的活动时,人们能学到强大的思想。工作在微观世界里的人们形成了一个社区,他们在那里互相交谈、互相学习,为了共同的利益进行合作。在这里,教师的角色成了指导者、向导和学习伙伴,而不是一个分配信息和评价反应的人。

帕佩托把微观世界描述成知识的孵化器。每个微观世界都有对象——物理的、图标的/符号的——可用来创建其他的对象,因此能使学习者建构他们自己的知识。每个微观世界都有它自己的文化,以确立活动发生的条件以及限制可能的活动范围的边界。在这个空间里面,学习者们自由地创建他们自己的对象、定义他们自己的规则以及发展他们自己的思想。

3. LOGO 研究

LOGO的研究遍及整个世界,在非洲如塞内加尔和津巴布韦,在亚洲、澳洲、欧洲的许多国家,还有在美国以及中美洲和南美洲。尽管许多研究都已经调查了LOGO是否"奏效",但是得到的结果都是优劣俱在。有些支持帕佩托所说的 LOGO 能教授常见的问题解决的技能;其他的研究则不同意。这种不确定情形引起了一些激烈的争议和一些严肃的讨论(Papert 1987,Walker 1987)。尽管没有对这些已经出版文献的全面回顾,但读者可以对一些简单回顾进行参考(Au and Leung 1991,Clements 1991,Emihovich and Miller 1988,Littlefield et al. 1989)。

3.1 皮亚杰的学习

在 20 世纪 60 年代初,帕佩托曾与皮亚杰在日内瓦共事,在头脑风暴中,他把自己的思想和皮亚杰的思想进行了明确的结合。特别值得注意的是,他使用术语"皮亚杰的学习"(Piagetian learning)来提及"没有课程的学习",这意味着他"支持孩子们通过周围的文化来建构他们自己的知识结构"(Papert 1980 P. 31 ~32)。在 80 年代早期,许多使用 LOGO 和研究 LOGO 环境的人,倾向于关注这二者中的第一部分,把"皮亚杰的学习"解释成为"不需要教的学习",忽略了教师在提供环境和支持学习中所扮演的关键角色。因此,教师根本无法参与其中,学习被假设成是自然发生的。在这种情况下,一点都不奇怪最初的关于 LOGO 的研究看起来不支持皮亚杰的观点。然而,勒龙(Leron 1985)指出,在帕佩托的"没有课程的学习"和他所坚持的孩子们能学习强大的思想之间有明显的冲突。勒龙的观察表明,孩子们常常达到他们的个人目标,而没有真正理解希望他们学会的思想。勒龙提出了术语"准皮亚杰的学习"(quasi-Piagetian learning),表明即使是在一个理想的微观世界,也需要有教师在其中扮演一个积极的角色。

一些研究者表明,尽管帕佩托的观点常常是参考皮亚杰的,但他的看法却和维果茨基(Vygotsky)的工作很相似。沙利文(Sullivan 1985)指出,维果茨基研究了孩子们自发的概念和通过教学获得的概念之间的相互联系。这些思想能帮助处理勒龙描述的冲突。埃尔霍维奇和米勒(Emihovich and Miller 1988)则指向维果茨基关于社会知识建构中的语言角色的观点。他们的研究揭露了一些特殊元认知策略,有助于教师在 LOGO 环境中使用。

3.2 建构主义

LOGO 哲学是建立在建构主义学习心理学的基础之上的。也就是说,它假设知识是通过学习者积极地建构而形成的,而不是简单地从一个人的思想传输到其他人的思想中。由帕佩托和他的同事在麻省理工学院媒体实验室发明的"建构主义"这个术语,现在添加了第二个成分。"'知识建构'会适当地发生,特别是在学习者有意识地建构一个公共的实体的背景下,不管它是海滩上的沙子城堡还是宇宙中的理论。"(Harel and Papert 1991)在这种环境下,学习者不仅仅从事内部的建构,还外化了他们所学的东西。没有这项增加的要素,就没有充分的证据证明关于学习者围绕关键概念,例如"分数"、"雨林"、"动词"或"民主政治"建构的意思,而且这些意思完全有可能包含根本性的不一致或严重的不完善。当社会性建构仍然无法提供充足的证据的时候("即使它是奏效的"),额外的信息也是很重要的。

更重要的是,给定一个用于建构的适当工具以及用于想像和思考的充足时间的环境,所有人都能看到的人造物品的制作,将是知识建构的强大刺激因素。帕佩托的学生所做的研究明确地表明,建构主义活动提高了教学效果(Harel 1991)。而且,发生在建构主义环境下的各种各样的合作,为人们提供了丰富的机会来捕捉各种各样的工作方式。图克尔和洛扬(Turkle and Leung 1990)概括了两种相对的建构方式。有些人是计划者,倾向于分析性的工作,很容易从一般过渡到特殊。另外一些人则倾向于直接与物品打交道,通过协商、再协商完成他们的任务。对建构的分析表明,不存在一种方式优于另一种方式的情况。对与老师进行交互的分析表明,对这条线的研究,可以引导教育者以更有效的方式帮助孩子们学习(Harel 1991,Harel and Papert 1991)。

P. 佩雷拉(P. Pereira) 著

王周秀 武法提 译

附录

Au W K,Leung J P 1991 Problem solving,Instructional methods and Logo programming. *J. of Educational Computing Research* 7(4):455—467

Clements D H 1991 Enhancement of creativity in computer environments. *Am. Educ. Res. J.* 28(1):173—187

Emihovich C, Miller G E 1988 Learning Logo: The social context of cognition. *J. Curric. St.* 20(1):57—70

Harel I 1991 *Children Designers.* Ablex, Norwood, New Jersey

Harel I, Papert S (eds.) 1991 *Constructionism: Research Reports and Essays 1985—1990.* Ablex, Norwood, New Jersey

Leron U 1985 Logo today: Vision and reality. *The Computing Teacher.* 12(5):26—32

Littlefield J, Delclos, V R, Bransford J D, Clayton K N, Franks J F 1989 Some prerequisites for teaching thinking: Methodological issues in the study of Logo programming. *Cognition and Instruction* 6(4):331—366

Papert S 1980 *Mindstorms: Children, Computers, and Powerful Ideas.* Basic Books, New York

Papert S 1987 Computer criticism vs. technocentric thinking. *Educ. Researcher* 16:22—30

Sullivan E V 1985 Computers, culture, and educational futures—A meditation on *Mindstorms. Interchange* 16(3):1—18

Turkle S, Papert S 1990 Epistemological pluralism: Styles and voices within the computer culture. *Signs* 16(7):128—157

Walker D F 1987 Logo needs research: A response to Papert's paper. *Educ. Researcher* 16(5):9—11

其他参考文献

Clayson J 1988 *Visual Modeling with Logo: A Structured Approach to Seeing.* MIT Press, Cambridge, Massachusetts

Cuoco A 1989 *Investigations in Algebra: An Approach to Using Logo.* MIT Press, Cambridge, Massachusetts

Goldenberg E P, Feurzeig W 1987 *Exploring Language with Logo.* MIT Press, Cambridge, Massachusetts

Harvey B 1985, 1986, 1987 *Computer Science Logo Style*, Vols. I, II, III. MIT Press, Cambridge, Massachusetts Lawler R W 1985 *Computer Experience and Cognitive Development: A Child's Learning in a Computer Culture.* Horwood, Chichester

Minsky M 1988 *The Society of Mind.* Simon and Schuster, New York

Solomon C 1986 *Computer Environments for Children: A Reflection on Theories of Learning and Education.* MIT Press, Cambridge, Massachusetts

模块化课程(Modular Curricular)

一个"模块"就是课程材料的一个单元,它本身就是一个完整的部分,但也可以为了完成更大的学习任务或更长期的学习目标而在它的基础上增添内容形成更进一步的单元。该系统起源于高等进修中短期的、可授予学分的课程(Buss 1989),后来慢慢遍及世界上各种教育、培训形式的所有方面。在模块化课程的建立上,有两种公认的方法。第一种方法是从一门课程的学科内容开始。这是把课程分成很小的单元,每个单元都作为更进一步理解课程内容的基础。第二种方法是把学生作为起点。给学生提供一个很大的按菜单排列的模块菜单,从它开始可建构起大量的模块来满足个别需要。例如联合国教科文组织信息化学习指南手册,提供了一系列单元,通过它可以在国际基础上开发不同的课程(Large 1987)。

1. 课程的模块化

把课程分成教学模块的方法就是把注意力集中在课程的一个个教学模块上。它把对课程内部的敏锐关注和对外部的强大适应性结合起来,这种方式对学生和老师都有很大的吸引力。

1.1 学生动机

如果课程材料的排序仍被教师掌握,课程材料的整个结构和中间目标都是与后继课程一致的。这时,需要说明的仅是怎样去满足这些目标,以及满足这些目标所要求的学习技能(Hargreaves 1984)。更灵活的方案需要更大程度的课程协商,包括在某些情况下,在教师和学生之间制订明确的条款。在这里,两种模式都强调成功地达到短期的目标,而不是为了满足模糊不清的、甚至是退步的目标而招致连续的失败。

这些目标因后面工作的类型和模块自身的性质而不同。一些教学模块是诊断性的:可以通过表明课程性质的"审阅人"单元做出选择。其他的模块则是补救性的:设计用来在学生需要的时候,锻炼他们具体的技能或能力。有些教学模块自身具有明显的实证外观(设置这个模块用以显示……),有些是更具行为性的(在这个模块的结论中,你将能够……),有些模块则更具有表现性(在接下来的五周中,你将经历……)。在开发适合个人和小组需要的分支程序上,有很大的可能性存在。

1.2 教学模块规范

由于以许多不同的方式使用这些教学模块从而形成个人的计划,这就要求所有相关的教学模块的内容和各自的目的必须是明确的。尤其是在使用这些模块时没有教师参与准备的情况下,这一点更重要。例如,当教学模块是:

(a)"存储的":即保留下来给其他成员以后使用,作为将来的课程模块的一部分(Southall 1988 P. 161~181)。

(b)被个别学生为了诊断或补救的目的直接使用。

(c)被其他机构在联盟的基础上区域性地使用(Booth et al. 1988 P. 196~207)。

(d)学生把这些模块与其他模块一起整合到相互补充或连续性的计划里使用(参阅下面的2.2和2.3部分)。

(e)与另外的教师小组所准备的其他教学模块一起进行交叉引用。

由于这些原因,模块化方案中的每一个单元都需要清楚地标注它的目的和内容。标注的题目应该是明确的,而且,当鼓励教师采用系统的方法进行单个的课程的学习时,其所采用的方法也应该被注明。教学模块在被罗列到备选集之前常常要经过严格的实地测试(Mason 1983)。许多机构也采用标准化的模块形式辅助那些准备这种材料的人。这样能确保注意力集中在关键特征上,当要求在选项间作一个选择的时候能给予最大的帮助。

这些"教学模块规范"也能用来评价每一个陈述的结论的目的,以及记录学生学习每一个特定单元的过程。

1.3 课程开发

不要认为一个教学模块本身就意味着结束,真正重要的是把这个教学模块放在此处的目的以及使之与周围的模块相结合的方式。

在20世纪90年代初期,为了各种不同的课程目的,全球就使用了可选择的模块结构形式(Warwick 1987)。例如,传统主义者通过把它的内容分解为有意义的认知部分来明确他们的工作方向。进步论者允许学生从大量独立的教学模块中建构个人的课程,甚至产生他们自己的认识论模式。行为主义者通过在详尽的连续单元中的逐渐的进步来完成学习过程,采用一系列学分来奖励成功,在经验学习的人眼中,教学模块把创造性从时间表的压迫下拯救出来。

1.4 常见缺陷

然而,教学模块计划不是万能药。它开发的任何形式都是有缺陷的:

(a)学生和老师都可能会被充分激励,但是如果没有设置进步监控和成绩记录的适当系统,这也于事无补。

(b)课程或许是精心设计的,但是如果导致的方案在组织上如此复杂以至几乎没有人能理解的话,那么它们就几乎没有用了。

(c)课程可以通过教学模块来开发;但它也可能在开发过程中变得支离破碎。

由于这些原因,必须严格控制在这样的方案中对模块的选择。

2. 课程设计

所有的教学模块方案都企图保持学科内容的内部一致性与学生直接参与之间的一种平衡。结合上面提到的课程控制的需要,这通过以下方面达到:(a)一些材料的预先建构;(b)学习记录和学生指导联合系统的引进;(c)这些方法的结合。

下面将概括五个可清晰辨别的模块配置类型,多样性中含有一致性。

2.1 补充法

在补充法中,没有预先决定教学模块开展的顺序。学生可以在放于他们面前的模块之间进行完全自由的选择，根据他们的个人需要，个人选择不同的顺序。这个模式在社会研究领域、鼓励跨学科方法的课程设置中很常见，有助于一个机构进行纵向整合。例如，社区院校，常常使用这种方法让年轻人和老年人一起学习。

在更正式的环境，例如一所学校和一所大学，教学模块趋向于学习期限等同，而且都有一个时间限制，任何这样的课程都必须在此期间完成。当结合更职业性或辅助性目的时，例如提高特定的工作场所技能或建立个别学术弱点领域（Norman 1990），在这些领域中，明显要求更大的灵活性。在诸如这样的方案中，可以很好地给学生指派私人教师或指导教师，他们的角色是以个人的路径通过教学模块网络的协商方式来帮助学生的（Pyart B and Pyart S 1988）。整个领域的管理上，常常呈现出熟悉的矩阵模式，运用这种模式，责任将由指导教师和以生产这个教学模块为自身任务的人之间分担。

2.2 序列性教学模块

序列性教学模块方法介绍了以最少的模块预置结构来保证达到特定目标的进步，但仍保留了很大程度的个人选择。这个系统常常有大量的有各种各样社会和学术背景的个人注册，例如美国大学的研究生学习以及许多远程学习方案（开放大学 1992，Banfield 1990）。学分的引进通常是为了这个目的，尽管在奖学金的可转移性以及形成性和总结性评价之间的平衡上还存在一定的问题（Graham 1989）。

另一个序列性规划的例子是，个人有机会学习大量互相松散关联的职业取向的教学模块时，在某些节点或“流”上都有路标给予他们提示：例如，会计事务、购买活动、人事工作。引进不同类型的教学模块也是为了这个目的。例如，英国职前教育证书，通过一系列“入门的”、“探索的”以及“预备的”单元发展了10项核心技能，那些单元在重点和实用性取向上都在逐步职业化。

2.3 核心内容相同的教学模块

核心内容相同的教学模块方法确保无论选择哪些教学模块，都能通过把它们当中的每一个与它们共同的核心相联系，来保持课程主题的完整。贯穿整个课程的中心要点或主题，常常被组合成一个或多个“关键的”、“核心的”或“统一的”教学模块，或作为一个“起关键作用的方案”，这些模块是所有的学生都必修的（Le Roux and James 1989）。有时候，在一个个人计划的适当位置选择这样的教学模块，所采用的方法会偶然导致课程的不平衡——核心的教学单元以一种快速而连续的方式一个接一个地出现。因此，更普遍的方法是，通过实践的或创造性的应用，在课程开始的时候对它们列出一个进度表，用以指引随后所有的单元，或者在课程结束时把它们集中在一起。另一种方法是，把核心问题制定成时间表，作为一系列“引领课程”，贯穿整个学习过程，或者要求学生在规定的基础上围绕每一个关键的教学模块不断“循环”。

2.4 并行规划方法

这种方法不是非常普遍，是各个机构面向更大的课程单元时所采用的，或者是用来表明一个或多个跨学科学习主题时所采用的方法。采用的模式是不同系科同时进行相平行的教学模块，在相同的时间段上，给同一小组的学生安排时间表。模块间是相互独立的，但是在它们之间有连续的交叉引用和链接。

2.5 教学模块化的分层

在所有模块化课程中，灵活度最低的课程，是那些预先设定好它里面不同单元学习的精确顺序的课程。在一个纯粹的分层课程中，在进行阶段2之前必须先掌握阶段1，阶段2是理解阶段3的一个重要的必要条件，以此类推。如果一个学习者不能按顺序完成任何一个阶段，将导致他课程整体学习的失败。大多数课程从前都是用这种方法来处理的，整个班级坚决地以稳定的步调把学习向前推进，那些步调都是事先完全安排好的。教育现在已经把这种极端的做法抛弃了，但是还保留着逐步掌握内容这个中心观念。在模块化规划中，通常把它和个人联系在一起，而不是和整个班级联系在一起，然而在模块化教学中，又把它与学习概念联系在一起，形成一系列能带来持续的、短期的、成功的激励机制。

3. 记录保管

对大多数教学模块方案中强调课程协商，意味着对连续的评价以及成绩的累积记录极度信赖。这些不仅能够描述出个体的进步,否则就可能成为单元的混乱的网络,而且对将来采取的最佳学习路径提供了一些指示。这与斯塔克(Stake)提到的"形成性"和"总结性"评价密切相关(Stake 1976,Kaiserman 1988)。

每一个模块以及它的内容的明确说明都已经介绍过了,在清楚地标注出每一个教学模块和它的内容的规范后,还需要在学生做出课程决定前给他们充足的时间消化这些信息(Blum 1988)。学生在做出选择前也需要征求父母的同意;甚至是最成熟的个人也能从可靠的指导老师的建议和指导中获益。

3.1 教师辅导

常常为了这个目的而建立独立的辅导系统。前面所完成的模块列表以及它们精确的内容和结果,都能在这里轻松地得到,保持记录的诊断性特征远远胜于其监控性特征。它不仅表明过去的成功和失败,而且能根据这些刻画出需要进一步发展的技能、概念和态度。

如果学生个人不具备很好的先前的知识,这也是无法实现的,同时,教师的人际关系技能也特别重要。在这里,课程协商围绕着从各种资源中挑选出来的信息循环出现:事业心、学生自己对实力和弱点的评估,这些是如何与可得到的教学模块记录关联的,他们喜欢的和讨厌的工作类型,有吸引力的学科领域以及过去值得欣赏的教学方法等。

当把外部的评估也包括在内的时候,不管在什么情况下,大量的标准参考、内容的一致性以及模块特征之间等价的、具体的指导方针等,都要根据认证来拟订。随着计算机生成成绩记录的出现(Molyneux 1988)以及用户建档和能力分析领域的发展,教师辅导的整个过程都会变得更方便(CNAA 1991)。

D. 沃里克(D. Warwick) 著
王周秀 武法提 译

附录

Banfield J 1990 Unit course development: A part-time degree for adults. *Adult Learn.* 1(5):143—144

Blum A 1988 Think globally, act locally, plan centrally. *J. Environ. Educ.* 19(2):3—8

Booth A, Darwood D, wright J 1988 Consortia issues. In: Warwick D (ed.) 1988 *Teaching and Learning Through Modules*, Blackwell, Oxford

Buss D 1989 Modular structuring in art and design: A comparison between British and American degree courses. *Studies in Design Education and Craft Technology* 21(3):162—170

Council for National Academic Awards (CNAA) 1991 *The Assessment of Management Competencies: Opening the Debate* CNAA, London

Graham J 1989 Professional development profiles and their implication for portability in modular schemes. *British Journal of In-Service Education* 15(1):46—50

Hargreaves D 1984 *Improving Secondary Schools.* Inner London Education Authority (ILEA), London

Innovations Abstracts USA 1984 *International Dimensions in Community College Education* 6(6)

Kaiserman P 1988 Assessment without compromise. *2D*(1):42—51

Large J A 1987 *A Modular Curriculum in Information Studies.* UNESCO, Paris

Le Roux A A, James R 1989 An approach to the BTEC requirement for cross-modular assignments. *Journal of Further and Higher Education* 13(1):27—33

Mason J 1983 Developing a cancer prevention elective course. *Journal of Medical Education* 58(10):796—803

Molyneux G Profiling through computers. In: Warwick D (ed.) 1988 *Teaching and Learning through Modules.* Blackwell, Oxford

Norman L 1990 A modular staff development programme. *NASD Journal*, 22:11—18

Open University 1992 Student Handbook. Open University, Milton Keynes

Pyart B, Pyart S 1988 Negotiated pathways. In: Warwick D (ed.) 1988 *Teaching and Learning through Modules.* Blackwell, Oxford

Southall C 1988 Credit banking. In: Warwick D (ed.)

1988 *Teaching and Learning through Modules.* Blackwell, Oxford

Stake R 1976 *Evaluating Educational Programmes: The Need and the Response.* CERI OECD, Paris

Training Agency 1989 *Contract Learning: The Phillips Petroleum Experience.* Training Agency

Warwick D 1987 *The Modular Curriculum.* Blackwell, Oxford

其他参考文献

Ettinger J M (ed.) 1991 *Improved Career Decision-making in a changing World.* Garret Park Press, Garret Park, Maryland

Gartside P The National Certificate in Scotland: Five years on. *Coombe Lodge Report* 22(4—90):173—176

Love C, Gloeckner G 1991 *Planning and Integrating Basic Skills into Vocational Teacher and Counselor Education Curricula.* Colarado State University, Fort Collins, Colorado

Moon R 1987 *The Modular Curriculum: Remaking the Mould.* Harper and Row, London

Mulder M 1989 New office technology: A study on curriculum design. *Journal of European Industrial Training* 13(4):19—27

Spears A E 1988 Developing training skills: A Saudi Arabian modular course. *J. Educ. Technol.* 19(2): 105—113

Stevenson J C 1989 The road to maturity: Developing a relevant curriculum. *The Australian TAFE Teacher* fourth quarter 39—45

Wasden F et al. 1987 Preparing principals in a school-university partnership. *Principal* 67(1):16—18

程序化学习(Programmed Learning)

"程序"一词在教育领域之外的意思是:(a)一系列事件的罗列,例如一场音乐会或表演的节目单;(b)被一起考虑的系列事件本身;(c)有目的的行动或表演的一套明确计划。如果有一个预先定义好的事件顺序,而那些事件是提前计划好的,那么就可以说该事情已经程序化了。人们还常常用这个术语来描述收音机和电视传输的与众不同的节目:能被分开编写、也能录制以不断重复——则称为收音机和电视节目;而需要计算机来执行不同系列的指令——则被称为计算机程序。不论是在广播还是在计算机背景下,迅速区别硬件和软件都是件很正常的事情。硬件(机器、装置、仪器等)制造是机械工程师的任务,软件开发(内容、指令、材料等)则是传播学家或信息科学家的任务。程序是软件的一个单元,它被设计成一个离散的实体,能独立于其他的程序运行。

在20世纪50年代中期,斯金纳(Skinner)和克劳德(Crowder)就开始用不同的教学机器进行实验,用教学机器很自然地给学生展示载有信息的翻转纸片或胶片,如同运行程序一样,而这些教学顺序的准备过程就像编程一样。后来,格拉泽等人(Glaser et al. 1960)设计了一个方法,用课本的形式呈现斯金纳的程序,他们就把新产品称为"纸教学机器",随后或许觉得这个术语会导致一些混乱,又改为"程序化的教科书"。这个新的术语不能解决定义问题,因为,根据较早的定义,所有的教科书在某种程度上都能被认为是程序化的。但是这个术语后来一直被沿用。因此,和斯金纳、格拉泽和克劳德的早期实验产品类似的教科书都被称为程序化课本,其他的课本则不用这样的称呼。后来,人们就用"程序教学"或"程序化学习"来描述整个新发展的领域——教学机器的新类型、维持这些机器的程序以及独立于机器的程序化课本。

程序化学习领域后来的工作者后悔它的早期术语太生硬,企图改变它,但未能取得成功。一般大众和大多数教育者都坚持认为程序化学习和它最早期的大多数产品是一体的(就像把几何与毕达哥拉斯及欧几里得视为一体一样)。现在,教育技术专家已经开始冷落这个术语,改用新的名字来描述与最初在程序化学习标题下开发的许多原则相结合的革新。

本词条采用了回溯历史的方法编写。首先,它描述了程序化学习最初的发展,给出了程序化学习的"形象"。然后,作为进一步研究和实践的结果,阐述了有多少最初的思想被修改以及有多少新的思想被引进。最后,它讨论了一些发生在"程序化学习"领域中的革新,指出了在这本百科全书的哪些部分中还包含这些内容。

1. 早期发展

关于程序化学习,虽然在更早的时候就有一些值得肯定的工作,但是真正让程序化学习引起人们关注的人是斯金纳,他在1954～1968年之间发表的文章,引起了科学界和教育界甚至是公众的注意。和许多教育革新不同,斯金纳的工作是建立在有清晰链接的理论基础上的——他采用了操作性条件反射的心理学理论。根据这个理论,行为只有在立即强化的情况下才能习得,也就是说,学习需要伴随一些令人愉快的事件作为强化,如食物、表扬或注意等。因此,程序员或教师的任务,就是安排相关的偶然事件的强化,以便对某些问题或任务的正确回答能立即得到奖励,如果是错误的回答则得不到奖励。斯金纳强烈反对会引起机能障碍程度焦虑的惩罚,甚至极力推荐把错误回答保持在最小限度,这样就不会引起对学习活动产生消极态度的危险。他在较早时期的用老鼠和鸽子进行的实验表明,通过把学习顺序分解成大量的小步骤,该理论方法就可以在实际中实现。这样做不但能把错误率保持在最小,而且允许经常性的、即时的强化。某个行为可以通过偶然事件的强化,慢慢改进而形成,例如,在最初的阶段,几乎对任何一个新单词的发音企图都给予奖励,然后,根据正确回答的数量逐渐变得严格。借助口头的材料,这个过程能通过在开始的时候给学生强烈的提示(暗示或给出一半的答案等),然后逐渐减弱提示的力度来实现。明显的,这整个过程都需要严密地控制,为此,斯金纳发明了他的第一个教学机器。

斯金纳早期的教学机器都具有一些共同的特征。每一时间出现的教学顺序都只有一步,被称为一个帧,因为它出现在机器上方的一个"图文框"或"窗口"。受到窗口大小的限制,大约可以写30个单词。每一帧都要求学生作一个明确的回答(根据机器的类型,写一个单词、打一个孔或按一个键),然后在他们准备翻到下一页之前或打孔回答完后,就会自动呈现下一帧的内容,通过把他们的答案与正确答案比较之后看其是否正确。如果程序经过良好的设计、测试和修改等适当准备的话,学生的回答几乎都是正确的;并采取强化来确认这些正确的答案。回答正确的学生可以根据自己的步调进行学习,从设计用于教学的程序中逐步获得知识。

早期的程序化课本在两个重要的方面对这些机器进行了模仿。第一,把它们的呈现分为相同大小的画面帧,使用相同的技术生成和改进学习顺序的结构。第二,通过在不同的页打印连续的画面,每一幅新的帧的开始部分都是它前一帧的答案,尽量防止学生在做出他们自己的回答之前看到答案(机器演示必须保证的特征)。在采用这种类型的一篇典型的课文里,第1页呈现画面帧1、6、11、16和21,而第3页呈现画面帧2、7、12、17和22,因此,让后头课本中所有奇数页都以这样的顺序排列,在第9页就可以完成25帧的序列课程。

那么,总结这些斯金纳程序或线性程序(这样称呼是因为每个学生按照相同线性顺序的画面帧学习)的主要特征是:(a)将主题事件细分成有逻辑顺序的小步骤;(b)不断改变顺序直到错误率降到最低;(c)学生的明确回答;(d)及时呈现正确的答案;(e)允许学生自定步调的个别学习模式。

30年以前,普莱西(Pressey)基于斯金纳的不同原则,设计了一系列自学装置,但是在当时几乎没有引起任何兴趣。普莱西指出,学生能从测试中学习,特别是在对他们的行为提供立即反馈的时候。因此他设计了一个测试机器,要求学生通过按键来回答选择题,直到按到了正确的键之后,才呈现下一个问题。这个假设是这样的,在学生已接受了最初的教学之后——不管是书写的材料还是传统的讲演或课堂——他们能通过适当的机器呈现的测试来巩固他们的学习,直到他们掌握所有的问题,不犯任何错误为止。普莱西和斯金纳的关键区别是斯金纳把错误看成是要避免的东西,而普莱西则把错误看成是对学生很有用的反馈。普莱西观点的进一步发展是利用错误去引导学生把注意力集中在适当的解释或补救顺序上，这最早是由克劳德开始的。

克劳德是培训电子设备故障的检修工的教师，在那里他发现“教练和学生”的方法是最成功的。然而在实际培训中，总是缺乏教练。因此，克劳德企图通过设计一个模拟导师来自动执行教练程序。这可以通过给学生一些信息、设置一些选择题以及在选择每一个选项的时候都给出不同的回答来实现。因此，当学生在一个程序里沿着不同的路线或分支前进的时候，要给予关注，看他们在进入下一步之前是否理解了这一步的所有知识点。其中采用大量的会话形式，让学生感觉到他们是不停地在和一位远程教师进行交谈，教师特别注意诊断和修正他们的个人错误。克劳德把他的机器叫作“自动教师”，使用缩微胶卷来呈现他的程序。用学生在键盘上的反应来控制着影片的移动，由此正确地显示下一个画面。很快，这些分支程序也被转化成课本的形式，每一页一个画面帧，一个多项选择题根据学生回答的不同能把学生引导到不同的页面。到达那一页之后，学生就能立即得到反馈，看他们是正确还是犯了某个特殊的错误。如果正确，则呈现给学生下一知识点的信息，否则，学生将被要求再次回答该问题或进入一个简短的补救步骤。

克劳德的画面帧要比斯金纳的更长些，而且对于新材料一次只显示一段，这是他的特色之处。当克劳德把这个程序应用于教育的时候，他选择了初中数学和计算学科。虽然该教学方法没有形成一定的行为，但是形成了解释和推理能力。克劳德方法对那些老练的成人和聪明的孩子更具吸引力，因为总是做对那些简单的问题会使他们觉得很枯燥，而不是进行强化。然而，有一点不足是补救环节的提供减少了画面帧设计的负担，这使得开发程序的时候，对写得很差的教学帧的检测和修改的可能性变得更小。

自20世纪60年代以来，研究者开始着手比较分支程序线路的实验，对步子大小、错误率以及反应模式等变量做了调查，而开发者则关注程序员培训和程序编写。在中学和大学中实施的程序化学习，关注的主要问题是给不同的学生配置不同的程序，以及对学生不一致的速度学习的课堂进行管理。过了1954～1964这10年开拓期的最初的兴奋之后，形成了一个更成熟、更有思想、更实际的方法范畴，这些方法范畴形成了接下来的三个部分的主旨。

2. 编程准备

在下面的条款中，斯金纳和霍兰（Skinner and Holland 1958）描述一个用于语言知识教学的程序的最初阶段的准备工作：

课程规格。程序员必须知道在完成一个课程之后，学生的语言行为是什么，以及他如何广泛而精确地谈论这个领域。

预先获得的知识。假设学生在开始课程之前就拥有某些领域的语言行为。这一点必须说明，程序员不必在任何时候都要求没有包括在说明中或在该程序的前面部分没有提供的材料……

定制获得的知识。在每一步，程序员都要问，“学生在进行这一步之前必须具有哪些行为？”有顺序的步骤就导致了进步，从最初假设的知识到最后全部技能中的具体目标。在学生掌握进行某一步骤所必需的知识之前，不会遇到那一步骤。

列出术语等。在给每一套程序编写画面帧之前，程序员要制订以下列表：(a)包含的术语；(b)过程或原则；(c)大范围的说明性例子（P. 163～164）。在接下来的10年间，这些阶段中的每一个都被重新概念化，其发展的方法范围，仍然被认为与编程过程的本质没有什么区别。

斯金纳和霍兰所描述的学生的有目的的“语言行为”，很快就按照学习目标被重新定义，因此，引进了一个不需要对它的意思做相当大的改变的、培训心理学家、课程专家及心理测量学家都已熟悉的术语。随着梅格（Mager 1961）的“准备程序教学的目标”的流行，他提倡在一本短小的、富于机智的程序课本中，设置行为目标。这使目标的概念获得了巨大的推动。很快，在行为术语中，目标的明确说明成为了所有程序化学习课程规格的标准形式。

还需要一个关于学生先决条件的说明，它指明了学生在进行课程之前需要获得什么知识。只有学生具备所有的必需的先决条件，线性课程的严格的递进式的方法才能奏效，甚至是分支程序都要受补救程序的数量的限制，那些补救程序用来处理学生没有完全地准备好的知识。有时候这个先决条件的说明会用前测来代替，每个预期的学生都必须通过这种前测。但也存在另一种前测，包含程序中要教的材料，预想学生们是无法通过这种前测的。最初采用这种用法是有科学根据的，也就是说，按照前测与相同的或等价的后测之间的不同成绩，来测量学习所得。后来还发现了使用前测的另一个诊断性的目的。一些学生已经具有程序中所包含的某个领域的能力，通过前测就可以让他跳过这个领域的学习，这仅仅是前测设计的一个很小部分，这样的前测能让知识渊博的学生跳过一些部分的学习，但是不能跳过其他的部分。

这些发展是对斯金纳原来程序的相对简单的扩展，直到程序准备的第三和第四阶段，主要的问题才出现。在这里，人们很快意识到，斯金纳的“对要获得的知识排序”和“罗列术语”在为复杂的概念性的材料编程时，提供的指导是不充分的。学习阶段也是不能随意分离的。因此，从工业培训领域引入术语“任务分析”，来描述程序准备中的这些困难但却关键的阶段。尽管一些作者喜欢很不谦虚地呈现他们的观点，然而至今在任务分析领域还是没有达成关于合适方法的一致意见。尽管如此，还是形成了一些概念和策略，否则，任何一个教学设计工作者都将缺乏可以借鉴的可选方式的资源库。很值得一提的是，有四个主要的思想被证明是关键的——熟练的作业者或熟手、等级、矩阵以及知识类型的分类。

熟练的作业者或熟手的思想包含双重意思：一方面，它和培训心理学家的工作分析惯例相联系；另一方面，它又受到20世纪60年代和70年代初期的课程改革运动的影响，课程改革运动中使学生在学科学习中更像工作中的学者的目标，得到了广泛的提倡。工作分析方法被证明对程序员在工业和军队环境下工作很有用，但是它在教育中的直接作用不大。然而，它关注“知道怎么做”的重要性，而不是关注“知道那个”，通过学习目标来强调对课程规范的行为聚焦。对学科专家的关键知识、技能和态度的再分析的方法，和教育直接相关，但是在实际中，常常被证明很难实现，因为在现实中，它通常会和课程传统及评价的传统模式相冲突。尽管一些教育者认为程序化学习对基于思维过程的课程是特别不合适的，但是在这个领域中还是存在一些很有趣的工作。

等级方法和斯金纳最初的顺序概念十分接近。它假设每个目标都能细分成许多子目标。每个子目标都要依靠这个范围内其他子目标的预先学习，很容易让人想到目标等级，学习者一级一级地向上爬，一段时间内有一个子目标，每一步都是接下来要学的东西的基础。这为小步子学习提供了传统的理论根据，使这些步骤成为至关重要的事件。理想的等级方法需要经验性地证实，但它通常是假设程序员能通过对主题的仔细分析来辨别它们（White and Gagné 1974）。尽管先决知识的一般概念已经被普遍接受了，在关于许多领域知识是否都是用这种有条理的、逐个的方式获得的，还是存在相当大的争议。然而，这种分析方式给先后顺序的问题提供了一种很有用的方法，即使一些个别的步骤是后来才加上去的。

对一系列子目标或教学节点排序的更灵活方法是矩阵系统，尽管有些人说它不敏锐（Thomas et al. 1963）。它首先把斯金纳所说的术语、原则和例子沿着两维矩阵的横轴和纵轴陈列。两项之间的联接通过矩阵中适当的方格涂上颜色标明。例如一个红色的方格表示A是原则B的一个例子，一个绿色的方格表示A和C都是同一原则的例子，一个蓝色的格子表示原则B是原则D的前提条件等等。对矩阵进行仔细的解释，然后提出程序的可能顺序，公开陈列以供程序员们进行选择，例如，在演绎（从例子到原则）和推论（从原则到例子）之间选择。在分类中，根据知识类型，有两种截然不同的分类方法：一种是基于布鲁姆（Bloom）的教育目标分类法以及它的各种各样的发展，它们当中的许多都是有具体的主题的（Bloom et al. 1971）；其他是基于学习心理学家的类型学的，这些则致力于寻找例如区别、联系、概念和原则之间的差别（Gagné 1977）。在这本百科全书中对两者都做了相当详细的讨论。每种方法中都有大量的变化，因此，大多数程序员都选择一个看起来适合他们要处理的特定问题的分类系统，常常加入他们自己的修改，使其适应每一个具体的情形。

3. 帧的设计

任务分析、知识点及顺序的确定，也能被看成是准备过程的一部分，单个帧的设计以及它们之间的连续性是程序编写的中心任务。因此，出现了两个截然不同的程序编写方法——线性小步骤编程和分支大步骤编程——在帧设计中，每一个都有它自己的应用程序。但是很快就出现了混血儿，程序员开发出包含线性程序和对知识丰富的学生可向前跳着学的可选择的路径，以及能和短小的线性顺序结合起来的分支程序（Markle 1969）。普利斯型程序对此做了延伸，包含了（补习性的）辅导小程序，常常把这些程序叫作“附属程序”，因为它们用在传统课堂和讲座的材料之后。然而，当老师以很相似的方法开始使用普通的小程序时，这些区别有时都是人为的。

20 世纪 60 年代期间，有了十分显著的变化，线性编程的最初的指导逐步被抛弃，有时候是有利的，有时候则不然。最先去除的是小帧，发现它低估了许多学习者的认知能力。而且，最初的帧大小是早期的教学机器的窗口大小的仿制，一个限制已经去掉了，在许多教育环境中，教学机器已经被便宜的且更灵活的程序化文本所代替。为了效益，提出在学生能处理的范围内，允许同时接收很多信息。精通程序的人一次能处理大量的信息，如果不是实际需要，把它们分得太细会延迟学生的知识掌握。很明显地，如果包含了很多的信息，当程序被测试时，能进行适当的修改。当对文本段落进行分析的时候，当包含地图或图表的时候，或当任务分析揭示能以算法形式再现的程序化知识的时候，大帧特别的重要。他们也能使帧设计任务更困难和更有想像力，因为不得不创建一些应答，要求学生处理更大的、更复杂的信息模块。早期关于这个方法一个很有影响的阐述者是吉尔伯特（Gilbert），他设计了一个复杂的任务分析和帧设计系统，叫作“mathetics”，生产出了一些一流的程序。吉尔伯特为以“精简编程”著名的方法铺平了道路，在这个方法中，程序员尽量使用一些新的大帧设计，使步骤最大化，生产程序时用到的帧尽可能少。这个工作组的程序员提倡的一种方法是，把他们最初的教学内容列表转换成少量的标准帧。如果正确地回答了每一个标准帧，则表明达到了一个重要的学习目标。因此，在通常情况下，全套标准帧应该与后测类似。设计完这些标准帧，程序员试图让学生在尽可能少的准备性教学的基础上，成功地完成每一个帧。由于程序被证明“太精简了”，能被很容易地检测和修改，因此这些能用于实际工作方法中，并且比惯例的写法更能刺激程序员的创造性。

随着促进正确回答的一系列技术的开发，塑造行为的过程变得更成熟了（Markle 1969）。然而，一些线性程序员放弃了形成有利于学生模拟对话的思想，使学生很大程度上依赖问题—回答的顺序，而不是逐步摆脱提示。这点引起了学科专家的注意，但是那些没有从事教学或没有实际经验的人，常常不能意识到那些对回答问题无用的信息最好少学。沉浸于教师自然趋势的程序员谈了很多，都被收集在霍兰（1965）的著名的“熄灭”技术中，他指出，如果那些部分对找出正确的答案是不必要的，那就都可以剔除，学生学的已经够多了。尽管如此，能理解积极反应的重要性的程序员，能更充分地利用问题—回答顺序，比斯金纳最初所设想的要多得多。

积极反应原则是斯金纳最初坚持的公开回答的一个修改。当用课本来代替教学机器时，学生不得不写答案（而且书本是非重复使用的）的好处就受到质疑了。现在发现，在许多的情况下，积极反应都是充分的，为了回答一个问题，学习者的头脑不得不处理必要的信息，对回答的明显的显示是不必要的，除非必须用它作为以后修改程序的证据。然而，公开的回答还是很好的：（a）当学习者是年龄很小的孩子的时候；（b）当材料很难的时候；（c）当教授特殊的术语的时候。

提供结果知识的相关原则也受到质疑，尽管有证据表明它通常都是有利的。特别是反馈能刺激更多的行为这一点：（a）如果学习者是有动机的；（b）如果结果知识是信息丰富的；（c）如果学习者知道，或被告知如何订正他们的错误。尽管不再用于如此严格的方式，积极反应和反馈的原则对教学设计还是很重要。指出它们对认知以及行为方法学习来说都是很必要的这一点也相当重要。

有两个更进一步的假设很常见，线性和分支范例都是个别化学习以及学习者自定步调的。研究结果和实际经验都表明，任何一个都不可以放弃，但两者在特定的环境中，都必须修改。一个可供选择的办法是，在一个程序中让成对的学生一起工作，假设他们能互相挑战、互相帮助、互相使对方感到快乐。把成对工作和个别工作相比较，通常没有很大的不同（Hartley 1974）。然而，人们可以预料这样的发现都是要依靠特定伙伴的选择、伙伴一起工作的先前经验以及特定课堂的学习环境的。

当使用固定步调的媒体来呈现程序的时候，例如运动图片或录音带，学习者自定步调常常要被放弃，因为这种类型的一些程序在询问问题的时候也不会停下来，允许学生在准备好之后再运行它们。当没有充足的设备或场地提供给个别化学习的时候，固定步调的集体演示是很必要的，现在有人提出争议，固定步调的程序在时间上可能更有效。一旦最初的新鲜劲过去了，学生们就没有很高的动机去遵从帕金森（Parkinson）的规则，学生们所采用的工作速率是为了适合可用的时间（Hartley 1974）。

4. 发展的测试

尽管斯金纳的强化理论，在保持一个很低的错误率上获得了特殊的优先权，但是这个特别的原则越来越不重要，不是因为理论的争论已经解决了，而是因为在错误中能获得更多的实际意义。斯金纳（1958）的评论“现在已经证实机器教学的一个意想不到的好处是能给程序员提供反馈”在近几十年来已经不被重视。自从程序员要根据错误知道哪儿要修改和怎样修改之后，他们对错误的分布的兴趣更高，而不是错误率。例如，已经把特别的关注给了标准帧中的错误了，回答的优先顺序能被细察，作为找到错误的线索。但是在一点儿都不重要的帧中，错误都是被忽略的，除非它们出现的频率很高或帧设计中一些明显的改善已经清晰可见了。

程序化学习最大的贡献是态度方面。程序员以他们的程序要能为目标人群中的任何学生工作为己任。因此，发展的测试关注的是课程改善，直到最后的确认阶段，他们才找到他们的最后版本的有效性的肯定证据（Markle 1967）。在早期阶段，修改的线索比统计更重要，程序员很快发现，来自个别学生精细地工作的有用反馈，要比来自大规模的测试更多。这允许他们当场讨论错误，试验出可供选择的解释。一个“精简程序员”小组建议，把通常的程序编写顺序编成：(a) 准备标准帧的顺序；(b) 辅导少数学生通过这些帧，把他们的对话记录在录音磁带上；(c) 利用这些经验编写程序的初稿。

随着人们越来越意识到开发测试的重要性并对最初的编程范例越来越没有信心，他们开始寻求根据开发过程而不是产品特征来定义程序化学习。毋庸置疑，在首选定义上的这种改变，是由大量在市场上出现的低质量的产品引起的，这些低质量的产品没有经过适当的开发，但是仍然带有表面的相似性，成为早期的程序化课本。但它也代表了程序员意见的真正的改变，尽管他们在使大部分教育者从基于产品的程序化学习印象中转变出来方面做得很失败。图 1 总结了在 20 世纪 60 年代后期，大多数程序员所接受的事件序列，它不仅仅是描述，而且刻画了编程过程的特征，并且对它做了界定。

5. 向教学系统迁移

当人们尽量让普通的教师在普通的课堂中使用程序作为更大的教学系统的一部分的时候，产生了一大堆新的问题（Schramm 1964）。首先，程序只能用于孤立的主题，因此，要从已经出版的程序材料中建构整个课程相当困难。这使它们比传统的课本更不方便（而且昂贵），也说明教师很可能会在使用中遇到困难。其次，当整个程序化课程出现的时候，它们对以前所描述的帧设计几乎没有改进，而且一概无趣。再次，教师对从市场中泛滥的低劣的仿制品中很好地测试和确保筛选出高质量的程序这项困难的工作毫无准备。一本劣质的教科书还能被忍受和适应，一个劣质的程序简直是一个灾难。在 20 世纪 60 年代，许多老师都遇到过这样的程序，进而被有效地灌输了反对程序化学习的思想。

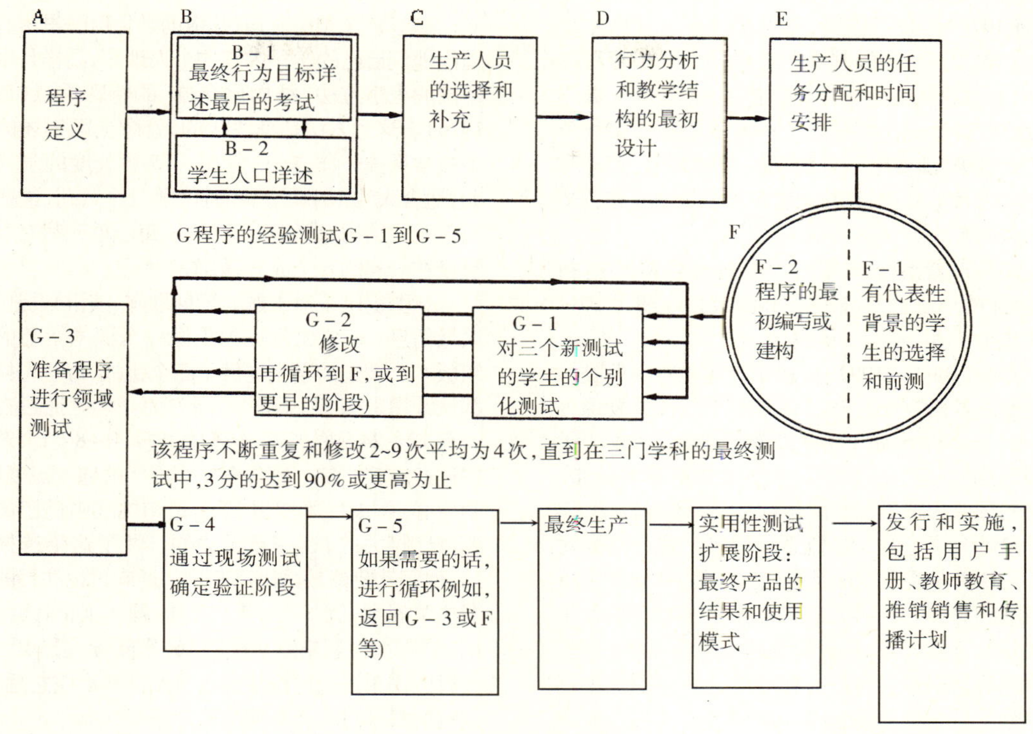

图1　程序开发的流程图

资料来源：Lange 1967

即使是优质的程序，文化和组织因素也会阻碍其恰当的实施。大多数学校无论在实践上还是在观念上都不是为个别化学习设计的。老师发现在管理那些提前完成任务的学生，或当所有学生处于不同阶段的时候，要把程序和小组活动整合起来很困难。教学机器过剩以及关于是否需要机器的争议，引起了相当大的困惑。关于传统教育无效的声明以及机器代替教师的说法构成了很大的威胁，在程序化课程中教师的角色问题也变得摇摆不定，激起了更进一步的焦虑。

很快人们就发现，存在两个主要的选择：把程序用来作为一个临时的基础的补充，或不得不重新设计使用程序的教学系统。前者是不存在威胁性的，但是未必能成功。尽管用于临时的主题和临时的学生的程序与现存的课堂实践是一致的，但是在可用的程序的选择、购买和保持教师意识方面的问题还是相当大。对程序化学习没有特殊兴趣的教师，对这些问题几乎漠不关心。

增加从程序设计到课程设计的规模，把它作为一个教学系统，是一个很吸引人的建议。系统方法成为教育技术中一个重要概念，把这种方法用到程序教学中，如图1所描述的。因此，那些开拓程序化学习领域的先驱的很多努力，都被转到所谓的教育开发或教学开发上来。在20世纪60年代末、70年代初发明的许多新型的教学系统，都要大大归功于程序化学习。但是在每种情况下，都发明了新名以突出其特殊的特征，避免与对早期程序化学习例子的一些否定态度产生联系。

许多在20世纪60年代末期学校层次上演变而来的早期的教学系统，都在魏斯格贝尔（Weisgerber 1971）中做了描述，而更多的最近工作则总结在这本百科全书的其他条目中。一个保留程序使用的、仍被认为是早期先驱的系统是Kent数学工程（1978）。这个系统把9～16岁的数学课程分成7个等级，演变出一个清晰的教师角色，管理和补充它的教学材料，并开发出了一个给学生布置适当任务的系统。

任务布置系统和相当多的各种各样的材料（程序化的小册子、录音磁带和游戏），在超过10～15年的时期里，不断地被精炼。

邓金（Dunkin 1992）描述了高等教育中的类似的发展。术语“模块方法”常常用于包含凯勒课程（Keller and Sherman 1974）以及那些描述如同“录音辅导”的课程，因为它们频繁地使用录音磁带。录音辅导课程最开始的时候独立于程序教学，但是后来结合了它的一些概念和技术。这个交换对双方来说都是受益的，因为能鼓励程序员使用更大范围的媒体，对实际工作进行编程。这些大学层次的教学系统中，许多都是建立教师角色，有些是管理的，有些是补救的，有些包含学生围绕主题讨论以及常常鼓励智能查询的部分。例如，苏塞克斯大学开发的一门生物课程，包含一些很智能化的程序化文本，并用视听材料、模拟和辅导来对此进行补充，帮助学生找到学科不同方面的联系，以及在他们的学习中发扬一种探究式的方法（Tribe et al. 1975）。

6. 可供选择的范例

这些链接和探究，以及帮助学生自己思考和创造出他们自己的学科内容的个人地图，同样是根本不同的程序方法“结构化交流”的特殊重点（Egan 1976）。这个方法是模块化的，就像上面描述的许多教学系统一样，有一些10～15页长度的学习单元，适合大约1小时的个别化学习。然而，这些学习单元的结构，是独一无二的。每个单元都有互相链接在一起的6个成分，如图2所示。

意图提供了对主题的短期取向，演讲则提供了大量信息——它常常读起来像一个课本章节的浓缩版本。调查为学生提供了四个挑战，每一个挑战都设计用来探索主题的不同方面。学生通过在一个有12～24题的应答矩阵中选择4～8题来对这些进行应答。每一题包含一个很短的原则或说明，学生必须决定它们当中哪些是和挑战中提出的问题密切相关的，哪些是无关的。做了这个选择之后，他们就要请教讨论指南——通向讨论注释的一套决策规则，例如“如果你包括题5，则阅读注释L”或“如果你忽略题9或题16，则阅读注释P”等。在对少许布置的讨论注释进行阅读和反应之后，学生就继续针对观点完成结论部分。

这种方法不同寻常的优点是，能强制学生对他们自己的观点进行综合，附带地处理和记住相当多的信息。它把自己作为辅助程序，能在比普利斯的多项选择测试系统更复杂的认知水平上巩固教学主题。

来自多项选择测试的学习思想，以不寻常的方

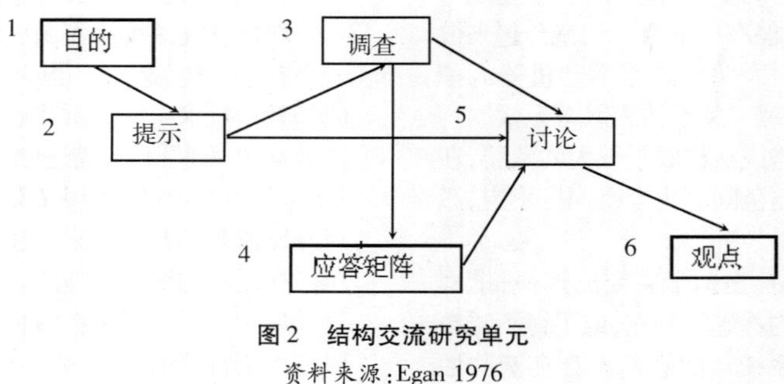

图2　结构交流研究单元

资料来源：Egan 1976

式被用于称为反馈课堂的地方。在它更成熟的形式中,每个学生都有一个应答板,用来回答多项选择问题,用电线连接到教师书桌的一个主记录上,因此老师能定期地问全班一个问题,并收到学生及时反馈的答案。这能保持学生积极地参与,确保老师能检查严重的误解,能在足够早的阶段就对课程进行修改。一个更简单的安排是使用成对的薄纸板做的圆盘。一张圆盘分成5个部分,在一边标记为A、B、C、D、E,在另一边涂上不同的颜色,然后把同样大小的第二张圆盘中间镂空。如果给每个学生两张这样的圆盘,他就能用它来回答多项选择问题,把要选择的答案在第二张圆盘镂空部分显示出来。当他举起圆盘的时候,老师仅仅能看到和学生的选择相当的颜色。例如,蓝色,因为其他的颜色将被另一张圆盘没有镂空的部分遮盖了。这能使教师通过迅速查看学生所举的圆盘的颜色分布,判断学生答案的大致分布。采用这种方式有计划地演示一系列多选项选择题(很可能用一个投影仪演示的),就能被认为是组成了程序教学。

建立在程序教学概念上的更完全的方法是一个称为"程序化辅导"的系统。这是一对一的教学,教师在其中通过仔细建构的打印指令教学生。通常,学生都有一些练习册,教师被程序化为用自适应的、分支的风格去回应学生各种各样的行为。这个系统特别适用于阅读教学,能被改编成为使用一个教师助手、父母或甚至是另一个学生作为教师的系统(Ellson 1976,Thiagarajan 1976)。有时候,它采用一种称为"点拨"的顺序技术,其中的每一道题在最初的时候,都以相当困难的形式呈现,然后通过加提示,逐渐变得容易。这个过程和经验丰富的课堂教师很像,但是它与早期的线性程序员开发的渐弱的或撤销提示顺序正好相反。

最后,可能对将来最具意义的是在计算机辅助学习(CAL)中开发出的一些新的方法。然而,这里要指出的是,人们在准备CAL的顺序的时候,都不知道教学设计的发展是由程序化学习的许多具有创造性的支持者促成的。计算机为新型的程序设计提供了很大的可能性,但是许多老的思想仍然是有用的。在20世纪50年代,CAL犯了和程序化学习同样的错误:没有认识到教学设计是一种很高的技能,是一项很花时间的活动,致使市场上低质量的软件泛滥,缺乏对实施问题的注意等。

7. 结论

现在,许多人都把程序化学习看成是历史奇物。至今,它的一些产品仍被排列在最有用、最有效的可用材料之中。现在,这个术语仍和那些泛滥在市场上的低质量的程序相联系,不过它的思想已经被结合到个别化学习的新方法中去了。关于程序化学习的文献集是对教学设计的一个重要贡献,设计者们仍须从仔细地观察程序化学习的文献集的一些很成功的产品中进行学习。

M. 埃拉特(M. Eraut) 著

王周秀 武法提 译

附录

Bloom B S, Hastings J T, Madaus G F 1971 *Handbook on Formative and Summative Evaluation of Student Learning*. McGraw-Hill, New York

Dunkin M J 1992 Teaching: University and college. In: Clark B R, Neave G (eds.) 1992 *The Encyclopedia of Higher Education*, Vol. 3 Pergamon Press, Oxford

Egan K 1976 *Structural Communication*. Fearon, Belmont, California

Ellson D G 1976 Tutoring. In: Gage N L (ed.) 1976 *The Psychology of Teaching Methods*. 75th National Society for the Study of Education (NSSE) Yearbook, Part 1. University of Chicago Press, Chicago, Illinois

Gagné R M 1977 *The Conditions of Learning*, 3rd edn. Holt, Rinehart and winston, New York

Glaser R, Homme L E, Evans J L 1960 An evaluation of textbooks in terms of learning principles. In: Lumsdaine A A, Glaser R (eds.) 1960

Hartley J 1974 Programmed instruction 1954—1974: A review. *Program. Learn. Educ. Technol.* 11: 278—291

Holland J G 1965 Research on programming variables. In: Glaser R (ed.) 1965

Keller F S, Sherman J G 1974 *The Keller Plan Handbook*. W A Benjamin, Reading, Massachusetts

Kent Mathematics Project 1978 *Teachers Guide Levels*

1—4. Ward Lock, London

Lange P C (ed.) 1967 *Programmed Instruction*. 66th National Society for the Study of Education (NSSE) Yearbook. University of Chicago Press, Chicago, Illinois

Mager R F 1961 *Preparing Objectives for Programmed Instruction*. Fearon, Belmont, California

Markle S M 1967 Empirical testing of programs. In: Lange P C (ed.) 1967

Markle S M 1969 *Good Frames and Bad: A Grammar of Frame Writing*, 2nd edn. Wiley, New York

Postlethwait S N, Novak J, Murray H T 1972 *The Audiotutorial Approach to Learning*, 3rd edn. Burgess, Minneapolis, Minnesota

Schramm W L (ed.) 1964 *Four Case Studies of Programmed Instruction*. Fund for the Advancement of Education, New York

Skinner B F 1958 Teaching machines. In: Lumsdaine A A, Glaser R (eds.) 1960

Skinner B F, Holland J G 1958 The use of teaching machines in college instruction. In: Lumsdaine A A, Glaser R (eds.) 1960

Thiagarajan S 1976 *Programmed Instruction for Literacy Workers: A Guide for Developing Self-instructional Materials and Strategies for Adult Learners, Literacy Teachers and Discussion Leaders*. Hulton Educational, Amersham

Thomas C A, Openshaw D, Davies I K, Bird J B 1963 *Programmed Learning in Perspective: A Guide to Program Writing*. Educational Methods, Chicago, Illinois

Tribe M A, Eraut M R, Snook R K 1975 *Basic Biology Course, Tutors' Guide*. Cambridge University Press, Cambridge

Weisgerber R A (ed.) 1971 *Developmental Efforts in Individualized Learning*. Peacock, Itasca, Illinois

White R T, Gagné R M 1974 Past and future research on learning hierarchies. *Educ. Psychol.* 11: 19—28

其他参考文献

Davies I K, Hartley J (eds.) 1972 *Contributions to an Educational Technology*. Butterworth, London

Glaser R (ed.) 1965 *Teaching Machines and Programmed Learning: A Source Book. Vol. 2: Data and Directions*. Department of Audiovisual Instruction, National Education Association, Washington, DC

Lumsdaine A A, Glaser R (eds.) 1960 *Teaching Machines and Programmed Learning*. Department of Audiovisual Instruction, National Education Association, Washington, DC

CD 技术(CD Technology)

压缩光盘(CD)是一种从光盘复制高密度数字数据的系统。CD 的共同特点有:盘片的直径(12 厘米),大的容量(大约 650 兆字节),处理的数据类型(专指数字的)以及通过激光形式进行播放(Philips New Media Systems 1986, Miller et al. 1991)。

压缩光盘是在 1980 ~ 1990 年间引入的,代表了数据的数字存储技术的巨大进步。CD 已经成为一种新型的出版媒介和计算机全新应用的基本组成部分,是一种在教育领域中有巨大潜力的工具。

本词条将对 CD 的技术特点和 CD 提供的可能应用进行全面回顾,并突出说明这种技术所具有的限制。像 CD - ROM(只读光盘)、CD - ROM XA(光盘—只读存储扩展结构)、CD - I(交互光盘)等这些技术解决方案,都是基于 CD 的,这些技术的使用,使得处理多媒体类型的数据也成为可能。下面将描述这些系统的一些可行的教育应用。

1. CD - DA 和 CD - ROM

1982 年 10 月份生产的第一张 CD 是 CD - DA(数字音频压缩光盘,通常就叫作 CD)。由飞利浦和索尼联合制作的数字音频只读光盘,接受了高保真音乐的新思想,对声音进行近乎完美的复制,缩小尺寸,而且几乎不会因划痕而损伤表面。

音频只读光盘能以数字数据的形式记录音乐(长达 72 分钟的立体声),消除了背景音乐的噪声、失真和抖动等动力范围内的所有问题。CD - DA 成功(到 1991 年末为止共卖出超过 1 亿台播放器和30亿张盘)的基本因素之一是标准的存在,该标准是由飞利浦和索尼公司在“红皮书”文件里定义的,它保证了任何只读光盘能在任何播放器上播放。

随着CD-ROM的发明,CD-DA的巨大潜力促使飞利浦和索尼对将其用于数据应用的可能性进行思考。它于1983年10月份公布,并于1986年3月份投入使用。为CD-ROM定义的这个标准在著名的“黄皮书”文件里做了描述,并利用了早已在CD-DA中开始应用的激光记录数据的技术、用母盘制作和复制的技术。然而,CD-ROM对数据块有更可靠的纠错代码和更正确的寻址系统。除了物理格式的标准(某扇区的具体规定和可寻址数据的最小单元等),还定义了对逻辑格式的具体规定。实际上,1985年当工业上刚开始采取最初措施的时候,人们很快就意识到,如果每个软件公司和数据准备服务都利用它自己的逻辑格式,每一个通过其他文件管理系统查看时都将不会被识别。而且,CD-ROM要成为一种出版媒介,它必须有一种可以进入整个公共领域的逻辑格式。因此,定义了一种将文件和目录放在盘上的格式。这种被称作High Sierra Group的标准,源自计算机厂家、软件开发商和系统集成人员的专门委员会提出的建议,后来由ISO 9660国际标准组织批准。这一标准保证了按照ISO 9660制作的任何类型的CD-ROM盘和最流行的操作系统(MS-DOS、UNIX、VMS和APPLE DOS)之间的可交换性(Einberger 1987)。作为这种适应性的结果,CD-ROM已经打入了世界的所有市场。到1991年底,全世界已经卖了200多万个驱动器和1 200万张盘(Schwerin 1992)。

与其他类型的媒介相比,CD-ROM有优点,也有缺点。其优点有:高密度存储能力;大量应用程序的低成本复制;档案信息的地区分布;硬件价格较低;数据不易被破坏;是可移动媒体;可以通过个人计算机读取信息,并能进行本地控制;由于没有磁头碰撞,从而保持了数据的完整;固定的用户成本也鼓励使用。最后,这一系统还有一个吸引人的特点,就是它的使用越来越简单方便。CD-ROM的缺点包括:数据准备的成本相对较高;系统性能特点受限,尤其是在数据读取时间方面;与磁质媒体相比,传输速度相对较慢(Struckhoff 1989)。

CD-ROM便于处理大量文本,举例来说,它能存贮相当于15万页A4纸的信息。然而,它也能处理其他数据:以CD-DA格式可以存储长达72分钟的音频。尽管如此,当复制教育节目中常出现的演讲内容(3.4 KHz的带宽)时,音乐所需要的声音复制的极高质量(即20KHz带宽)完全被浪费了。由于这个原因,有时也用其他非标准格式的音频。对静止图像而言,通过把VGA(Video Graphics Aapter,视频图形适配器)卡插入到计算机,能获得非常好的显示效果。

在1991年底的时候,全世界的CD-ROM上一共有约3 500个专辑。其中大多数是文本。然而,也有多媒体的应用。教育市场上最著名的一种光盘是由BBS交互电视公司生产的“生态光盘”。“生态光盘”针对的是14~18岁的学习生态学的学生,它模拟了真实的自然保护区,学生在其中可以自由地探索和做实验。通过菜单,学生可以步行穿越保护区,获得关于保护区的所有统计数据以及对今后50年的预测,观察和收集各类标本,听取专家的意见,分析管理的问题。“生态光盘”在带CD-ROM驱动的Macintosh平台上进行操作。

2. CD和多媒体

CD的巨大存储容量,不仅提供了在这个存储器上记录文本、音频、软件和数据的可能性,还有其他需要更多存储空间的媒体文件。因此,考虑多媒体的应用是可能的,用户可以通过计算机和图形用户界面(GUI)以完全透明的方式利用所有形式的信息,包括静止的或运动的图像、图片和动画、文本、声音和音乐。

为了把多媒体带给更广大的公众,标准——现代信息产业的关键概念——的制定是非常必要的,并因此兴起:有国际组织承认的法律标准,有由于市场扩张而被认可的实际标准,还有几家制造商之间协议所创建的“协议标准”。市场提供的作为CD-ROM发展的多媒体解决方案(下面将要进行分析),都是基于以上三个标准中的某一个的。

2.1 光盘—只读存储扩展结构

1988 年 8 月份由索尼、飞利浦和微软开发的 CD - ROM XA 是符合 ISO 9660 标准的 CD - ROM 数据格式的一种扩展,附带有某些 CD - I 的特点。如果要播放 CD - ROM XA,用户需要先在个人电脑里插入一张卡。这个系统为下列具有创造性的功能提供了可能性:

(a)记录长达 19 个小时的压缩音频,可以有不同的质量标准。质量水平的多样化允许音频质量及其所占内存的大小能适应设计的需求。

(b)能瞬间交换到 16 个不同的音频频道。

(c)在数据传输操作过程中复制音频。

(d)当观看高质量彩色静止帧或部分屏幕、部分动画进程时,可以同步复制音频。

在教育领域的竞争中,CD - ROM XA 可以与视频光盘结合应用,制作出包含大量动画和音频信息的多媒体产品,利润可观。语言教学仅仅是应用之一,它能保证从这两种技术的联合应用中获益。

2.2 交互式数字电视(DVI)

最近,ISO(国际标准化组织)为视频压缩定义了 MPEG 标准,与数字化系列运动画面相关的问题也开始得到有效的解决。20 世纪 80 年代末,尽管当时这一标准还未确定,市场上已经出现了很多受版权保护的解决方案,其中最著名的是 DVI。DVI 不是光盘,而是一套压缩和解压缩算法,和一系列插入计算机卡上的芯片,通过它可以从 CD - ROM 中取得下列结果:

(a)65 万页文本。

(b)22 小时中频段的单声道音频。

(c)5 000 幅高分辨率的静止图像。

(d)72 分钟全屏幕、全运动视频。

从教育应用的角度看,DVI 的优点有很多。能应用多种媒体,从而获得最完整的教育效果。除此以外,数据完整的数字记录提供了高度的灵活性,其中包括通过网络传送信息。缺点在于运动图像的质量,虽然对于很多用途而言,这种质量已经足够了,但对有关科技图像的教育应用而言,仍比较差(与 VCR 的质量相比)。而且,尽管对所有多媒体平台来说都存在这样的情况,它的应用软件制作成本相对来说还是比较高。

就 DVI 的教育应用而言,20 世纪 90 年代早期,美国的一些机构像卡内基—梅隆大学、利哈尔大学和银行街教育学院等就进行了原始应用程序探索。“Palenque 项目”是银行街教育学院创建的。它按空间进行组织,替代人们的旅行经历,也是一种带有主体和等级结构的多媒体数据库,一个高度可视化的直觉界面。所有这些都被错综复杂地交织在一起,使学生能够参观墨西哥 Palenque 逼真的古老玛雅文化遗址。当探索的时候,学生们可以决定他们要去遗址的位置,也能决定他们想要观察哪些方面的信息。

2.3 基于 CD 的整合解决方案

上面简要介绍的解决方案都是专门为专业市场而开发,整合在计算机平台里的。然而,也有一些解决方案整合在计算机制造阶段,这些计算机装配了制作或使用多媒体产品所必需的所有硬、软件。

已经专门为多媒体计算(MPC)创造出来一些教育方案。最有名的产品之一是,由康普顿(Compton)新媒体出版的《康普顿多媒体百科全书》。百科全书提供了31 200篇论文、15 000篇说明文、地图、表格和图表、60 分钟的声音、动画、在线字典和 7 种多重输入途径。

另外一个针对 MPC 制作的应用软件是《多媒体贝多芬:第九交响乐》。用户能听到由维也纳爱乐乐团演奏的交响乐,同时读到原版的德文文本和英语译本,从而了解交响乐和演奏该乐曲的乐器之间的音乐结构,获得对每一乐章的深入分析和一些音乐术语的定义。另外,用户能在“第 9 个游戏”中测试他们的知识,那是一种多达 4 个人参与的交互测试。

两个进一步整合的解决方案是由 IBM 建议的 Ultimedia 系统和由苹果公司 1991 年 6 月提出的基于 QuickTime 软件的系统。

2.4 针对消费者市场的 CD

除了专业市场的解决方案,还有一些为消费者市场设计的解决方案,其成本更加平稳。其中最著名的是交互压缩光盘。

设计 CD - I 时所用的手段已经大大不同于设

计其他系统时所用的手段。实际上,它并没有被看作是个人计算机的外围设备,而是被看成与电视相连的家庭高保真系统的附加部分。“绿皮书”里阐述的标准中定义了可利用的多媒体数据的类型和格式。由飞利浦和索尼之间达成的协议定义了用来处理数据的硬件(特别是前者,自从 1987 年 3 月完全明确地规定了 CD-I 以来,给予了很大的支持)。

在一个 4.75 英寸 CD 的单面上,就可以存贮:

(a)8 700 幅优质电视画面图像。

(b)65 分钟的动画加上 AM 质量的单声道声音。

(c)超过 19 个小时的 AM 质量的单声道声音。

(d)15 万页文本。

(e)72 分钟的运动视频、部分屏幕、部分运动图像。

现在还出现了全屏、全运动设备的可能性。

从教育的角度讲,CD-I 具备数字化多媒体方案所要求的所有特点。在 20 世纪 90 年代早期,大多数应用是为了娱乐。一些应用程序是为了“教育娱乐”,例如,摄影学课程节目。CD 一步一步地引导摄影学习者,从选择照相机到选择镜头。学生能从录像的胶片上拍运动图像,并可以直接看到结果:图像被分块存储,大家一起讨论结果。

3. CD 和多媒体技术的教育影响

在检查可行的技术应用的同时,研究多媒体技术在教育领域的实际影响也是适当的。然而,在目前应用程序有限的情形下,不可能有明确的结论来证明它的有效性。初始研究是关于交互视频光盘培训的有效性的,因为视频光盘是学校里有最长使用历史的系统。其中有一项研究是这样陈述的:

> 经过系统化精心开发的交互式视频光盘教学,表现了新的创造型教学策略,正在开始表现出持续的肯定的结果。典型的是,与使用其他手段的学习者相比,利用交互式系统的学习者获得了明显较高的成绩。尽管他们花在教学上的时间比较少,但他们还是经常这样做。这些学习者始终都报告说,与传统媒体形式相比,他们喜欢并选择利用交互式视频光盘系统。(De Bloois 1984 P.53)

尽管如此,很多人都认为,直到消费者市场的价格全面下降,设备和方案制作的成本价格降低以后,多媒体才会对教育产生深远的影响。而且,直到 20 世纪 90 年代早期,标准的缺乏也阻碍了出版商在教育市场的大量投资。

然而,为了获得深入的知识以便做出经过深思的决策,教育领域必须从现在开始研究和评价多媒体对教育真正的贡献可能是什么。大学和中小学校正在开展大量研究,揭示革新人员在利用技术方面的主要兴趣,这些技术允许更灵活的教学,提供交互和令人非常振奋的更适合于当代教师和学习者需要的学习环境,而与此同时,这些技术也关注高级思维技巧和交流能力、协作式问题解决和终身学习。

P. 基斯兰迪(P. Ghislandi) 著

李国玉　宋继华 译

附录

De Bloois M 1984 *Effectiveness of Interactive Videodisc Training: A Comprehensive Review.* Monitor Information Services, Future Systems Inc., Falls Church, Virginia

Einberger J 1987 CD-ROM characteristics In: Ropiequet S, Eiberger J, Zoellick B (eds.) 1987 *CD ROM Optical Publishing.* Microsoft Press, Washington, DC

Miller R L, Sayers J H, Reeve V L, Kasten A S 1991 *Multimedia and Related Technologies: A Glossary of Terms.* Monitor Information Services, Future Systems Inc., Falls Church, Virginia

Philips New Media Systems 1986 *Dictionary of Terms*, 2nd edn. Philips International, New Media Information Center, Eindhoven

Schwerin J B 1992 *OPIA 92 Optical Publishing Industry Assessment.* Infotech, Woodstock, Vermont

Strukhoff R 1989 What is CD-ROM? In: Oberlin S, Cox J 1989 *CD-ROM 1989—1990 Yearbook* Microsoft Press, Washington, DC

其他参考文献

Greenberger M 1990 *On Multimedia.* Voyager Compa-

ny, Santa Monica, California
Luther A C 1989 *Digital Video in the PC Environment. Featuring DVI Technology*. McGraw-Hill, New York
Roth J P (ed.) 1991 *Rewritable Optical Storage Technology*. Meckler, Westport,
Philips International Staff 1988 *Compact Disc Interactive. A Designer's Overview*. McGraw-Hill, New York
Sherman C 1988 *The CD-ROM Handbook*. McGraw-Hill, New York

计算机网络在教育中的应用(Computer Networking for Education)

在各个层次的教育活动中——小学、中学、大学、成人和远程教育——应用计算机网络,为增加和转变教学与学习的机会和成果提供了新的选择方式。自从20世纪60年代以来,教育工作者采纳并调整了计算机网络(电子邮件、电子公告牌和计算机会议),以便通过扩展对专业知识和教育资源的获得途径来提高课程质量,增加同一教室或多个教室之间的学生交互和相互协作,进行学分或非学分课程的教学。计算机网络提高了面对面和远程教育的水平,激发了史无前例的互动的新型教育交互,为一种新型范式——网络学习创造了基础。

然而,新的机会也为教师和学生带来了新的挑战。本词条描述了这一新兴领域,并从世界范围内寻找了案例来说明这种应用、结果和计算机网络在教育中应用的问题。

1. 背景和概述

人际交流与交互是计算机网络的主要应用。分时计算机网络的教育应用能上溯到20世纪60年代末期(即PLATO系统),而电子邮件网络在课程活动和信息交换中的应用开始于70年代早期(Hunter 1992)。计算机会议和电子公告牌系统,最早在70年代早期开发出来,并从70年代开始应用于教育通信,到1981年为止,计算机会议已经用于课程传递(Feenberg 1993, Harasim et al. 1994)。

1.1 课堂助手

计算机网络最早的教育应用之一是应用电子邮件,通过扩展课堂讨论的机会来完成传统面对面的课堂活动(Quinn et al. 1983)。计算机会议和电子公告牌系统也常常被用于学习伙伴之间的信息交换和协作项目,共同完成任务,与教师进行交流,获得在当地无法获得的专业知识资源或其他资源。早在1969年,斯坦福大学就开始通过计算机网络给密西西比、肯塔基州、加利福尼亚地区的低收入学生开展数学教育课程(Hunter 1992)。现在,所有层次的教育中都采用计算机网络,将其用作课堂助手。

1.2 网络教室

网络教室把地理位置不同的课堂(当地的或全球的)联系起来,进行信息交换和小组活动(Harasim et al. 1994)。最早的例子之一是1969年由达特茅斯(Dartmouth)的分时计算机连接的中学网络(Hunter 1992)。1983年实施的"文化互动学习网"(ICLN),使用电子邮件将加利福尼亚圣迪亚哥的学校学生与阿拉斯加州及美国其他州的同龄人,还有日本、墨西哥、波多黎各和以色列的同龄人联系起来(Levin et al. 1990)。加利福尼亚RAPPI网络(1985~1987)把加拿大、法国、意大利和英国等七十多个不同学校的老师和学生联系起来,促进与不同地区和国家同龄人之间的信息交换(Hart 1987)。学校层次网络的其他著名例子有国家地理儿童网、AT&T学习网、欧洲校园网等,它们将大学生和美国、加拿大、拉美以及非洲的课程联系在一起(Bellman et al. 1993)。

1.3 在线课程

自从20世纪80年代中期以来,网络被用于学分和非学分课程的教学。这种应用主要是由大学和成人教育学院进行的。一些研究院,如安大略教育研究学院(OISE,一所附属于多伦多大学的教育研究院)和在线教育(附属于纽约社会研究新学院),从1985年下半年开始提供完全在线的研究生层次课程。其他机构——如那些与虚拟教师项目相关的机构——对计算机会议系统的应用进行了开发并用于本科课程的教学（Hiltz 1990，1993）。全部学位或职业课程都是从网上提供的。培训课程也采用网络开展在线课程。

1.4 远程教育和开放学习

远程教育机构和课程利用计算机会议系统和网络作为辅助或完全的课程传递模式。1984 年，美国在线大学开始利用计算机会议系统，来补充学习者与辅导者的交流，并为小组讨论提供论坛。1989 年，英国开放大学开始开设第一批大规模远程教育课程，其中包括计算机会议系统（Mason and Kaye 1989）。欧洲在计算机网络方面的开创举动，为增加开放和远程教育机会提供了有价值的模式和经验（Mason 1993，Collis 1991）。

1.5 职业培训网络

网络还被应用在更广泛的教育框架中，而不仅仅局限于课程整合。像因特网、电子公告牌系统和商务活动（计算机服务、美国在线）等网络上的成千上万的专家论坛和用户小组，支持老师和教育工作者之间的专业协作，并为教师提供培训以及专业发展。电子时事通讯在网络上被广泛发布和传播，作为职业培训活动的一些小型课程、专业演讲、专题讨论会和正式课程也都能从网上获得。

1.6 社区学习

网络提供了多种社区教育和配套服务。开始于 1988 年在蒙大拿州的广阔天空电报网络为好几个农村学校、社区和合作社服务。公共免费网络很活跃。Cleveland 免费网络（国家公共远程计算机网络）于 1986 年建成，作为社区的一种计算机服务，在健康、教育、技术、政府、艺术、娱乐和法律等这样的领域提供免费网络服务。菜单是对应着社区中的相应部分建立起来的，包括管理大楼、公共广场、图书馆和大学周边地区。GeoNet 支持整个欧洲电子乡村旅馆社团的建立（Mason 1993）。计算机网络也用于连接家庭和学校，为学生增加教育机会，并且在某些情况下，也为父母参与和父母教育提供机会。

2. 理论框架

2.1 概述

计算机网络在教育中的应用被称作在线教育（Harasim 1990）、虚拟教室（Hiltz 1994）和学习网络（Harasim et al. 1994）。以教育网络为基础的模式应该从计算机的其他教育应用中区分出来：（a）计算机辅助教育，比如计算机辅助教学（CAI）、计算机管理教学（CMI）、基于计算机的培训（CBT）和广泛代表了计算机辅导学生的其他计算机应用术语；（b）编程，学生设计指令，告诉计算机如何执行特殊的处理任务；（c）将计算机用作工具，如字处理、电子表格或数据库管理等应用。这些应用包括学生和计算机之间的个人交互，没有促进教育社区成员之间的相互交流和交互。学习网络以人际交流为特点，注重教学设计，把基于信息的计算机网络组织成一种教育环境。

2.2 新型范式：网络学习

用于教育目的的计算机网络代表了一种新的学习范式：网络学习。网络学习也与面对面的教育环境有一些共同的功能特点，也就是说，交互式小组交流。然而，参与者在地理上是分离的，这样，网络学习还与远程教育有共同的特点。然而，远程教育是基于传送模型的（Burge 1988），这在理论上和实践上都强调个人学习而不是小组学习。由网络系统连接的与地点无关的、小组人员之间异步的交互的独特组合，产生了一种被称为网络学习的新型教育模式和学习结果。

网络环境虽然有学习的局限，但也提供了独特的机会。网络环境的第一个特点是网络技术支持小组交流。电子邮件网络促使一对一（个人间）和一对多（广播）交流，而小组邮件设备或发送列表支持小组交流活动。计算机会议和一些公告牌支持个人间模式和广播模式，也提供了专门为支持多对多（小组）交流而设计的系统特性。

作为小组交流系统，网络在某些方面是为人熟知的。在这里，大家讨论一些话题，教师介绍新的主题，也可创造一些“空间”以促进各种学习活动。学习者与同伴、专家和导师形成网络，问问题，共享信息，参与讨论，辩论，充当学徒或协作工作。学习者可以 2 个人或 20 个人一组一起讨论问题，开始联合研究项目，创办一份报纸或完成一个短篇故事。

它和在线学习也有一些重大的和基本的区

别。最明显的是,小组交互是不受场地限制的。用户并没有被他们居住的地点所限制。通过使用网络,学习者和老师都能很方便地与世界其他地方的学习者和老师建立联系,获得本地资源(老师、图书馆、教科书等)以外的想法、观点、文化和信息。

时间自主或异步是大多数学习网络的第三大特点。尽管少数网络支持同步模式(比如像视频图形、视频会议和音频会议这样的实时系统),但大多数网络主要是作为一种异步通讯环境操作的。异步网络永远是"开放"的,课堂讨论和交互可以在每周7天、每天24小时中的任何时间进行。

现在,尽管多媒体网络已日益普及,但大多数网络仍是基于文本的。网络通讯基于文本的特点促进了观点的表达与交流。为了"出席",参与者必须做出评论,一旦评论进入小组论坛,就会有响应和小组交互。而且,基于文本档案的可获得性,提供了一种小组的记忆形式,可以对以前的讨论作回顾分析。

最后一个特点是计算机媒介。计算机媒介促成了前四个特点,并为提高通讯和智能工作引进了新的工具。计算机能进行数据的存储、检索、处理和操作。各种软件程序,从超文本的拼写检查到信息管理系统,都能应用于计算机网络。教育软件程序能帮助用户结构化信息,并且将新观点与以往观点互相联系起来,支持个人和小组知识库的创建。

3. 学习网络的设计与实施

不论课程活动完全是在线传递还是以网络辅助形式传递,对应用设计的关注,是成功的学习网络中最关键的因素之一。网络学习,正如面对面教育一样,也需要内容专家或过程专家(指导教师)的干预,组织内容,制定教学活动序列,结构化任务和小组交互以及评价过程。

3.1 计算机网络中所应用的学习手段

计算机教育网络中有六大类学习方法(Harasim et al. 1994):(a)询问专家;(b)导师引导;(c)辅导员支持;(d)同伴交互;(e)结构化的小组活动;(f)获得相关信息。前三种方法需要人这种在线资源来支持学生工作,比如说,导师、专家和教师。后三种是以学生为中心的,模式的选择依赖于内容领域和课程设计。当定义好结构和角色,或当所获得的信息与某一项特殊的学习任务相关时,这些手段就能取得最大的成功。

3.1.1 询问专家

学习网络为与当地或全球学科领域专家(科学家、作家、教授等)的接触提供了便利。教师首先要建立一张愿意扮演这种角色的专家的名单,并创建一套开始那项活动的程序。学生给某一特定领域的专家发送问题,并在几天内收到答案。这一模型的最大优点是能快速获得最新的相关资料,并能收到一份答案。

3.1.2 导师引导

导师法是一个历史悠久的教育方法。在线导师是某一特殊学科领域的教授,他能提供过程中的反馈,直到初学者掌握了学习任务为止。在这一过程中,导师慢慢"引退",初学者开始探索专家的实践。例如,学生给在线导师提交一首诗或一个短篇故事,在线导师能在如何更好地提高写作技巧方面提供指导。学生与导师交互可以持续几周甚至几个月,同时学生提交或重新提交作品并从导师那儿获得持续的反馈。在线导师身份是一种在人文科学和理科中使用的技巧。

3.1.3 辅导员支持

要为所有年级的/阶段的学习者提供辅导,以支持教育活动。辅导员补充了面对面和在线课堂的不足,而在远程模式中,在线辅导员提供了教学支持和交互的主要资源。

3.1.4 同伴交互

同伴交互是以协作学习的原则为基础的,在在线环境中是很有效的(Harasim 1990)。有两类同伴交互:非正式的和结构化的。非正式同伴交互可以有各种形式:"电子笔友";专业兴趣小组讨论(如新闻组和分发表);社会交互,就像是在为非正式社会交往而建立在免费网络上的"虚拟咖啡馆"或公共广场上那样。通常,通过这种公共空间激发的交互,随着学习者找到了有相同兴趣的同伴,很快就转移成个人电子邮件消息的交换。对大多数网络学习者来说,这些形式是很普通的。结构化的同伴交互将在下面结构化小组活动中进行讨论。

3.1.5 结构化的小组活动

这是一个为了在截止日期前提交和完成任务而设计的基于课程的学习方式。有很多类型的课程小组活动:长期结构化的、短期非结构化的、基于同伴交互和有指导的培训。

为网络环境而重新有效设计的小组学习结构包括研讨会、小组讨论、学习伙伴和同伴、工作小组、学习圈、模拟和角色扮演以及辩论组。另外,像"虚拟咖啡馆"或学生休息厅以及学生们在技术上或其他问题上进行"互助"的空间等这样的小组,也都是很有价值的。

3.1.6 获取网络资源

像因特网这样的全球网络,使人们能登陆在线数据库或档案(数据文件)、图书馆以及成千上万的特殊兴趣论坛,从核物理到环境问题的各种主题应有尽有。

4. 教育结果

4.1 主动学习

人们发现网络环境除了可以支持意义的积极建构,还可以支持学生的积极参与。为了在网上"出席",学生们必须表达并发送信息。讲出某一观点并在小组论坛中共享,对认知有很大的好处,针对某一思想而不断进行的小组交互也能增强知识建构过程。研究表明,如果课程设计得合适,大多数学生能积极地、定期地在线发送消息(Riel 1992,Harasim 1989),而且通讯总量分布得也相当平均(Harasim 1989)。用户提到了几个因素,有机会控制参与速度、地点和时间能提高参与程度。异步减少了广播时间的竞争。而且,可以编辑信息和可以匿名进行基于文本交流的特色,使学生在在线讨论中更积极参与(Bellman et al. 1993)。

网络也有助于促进意义的积极建构(Harasim 1990)。网上的小组交互生成了一个观点和答案的数据库。获得对某人观点肯定或否定的反馈,作为对新信息和观点的反应,能够促进认知重组。认知主义学习策略,如对丰富的观点库进行多通道或直接搜索,是非常有益的。而且,有机会接触到真实观众会更大地激发动机,研究发现这将有助于提高写作技巧(Cohen and Riel 1989)。

4.2 成就和用户特点

对用户特点开展的研究,主要是针对大学生的在线课程教学。伊尔茨(Hiltz 1990,1994)发现,虚拟课堂的结果与传统面对面课程的结果至少是一样的。一般的学生都报告说,教育经验的获得和质量都得以提高。研究表明,学生满意的程度较高,并且还有大量报告说他们还将选修另外一门在线课程(Hiltz 1990,Phelps et al. 1991)。

伊尔茨(1990)发现,如果能充分利用设备和网络教学过程中的教学工作和方法,充分了解学生的特点,一般来说,提高教学效果是有可能的。被激发探索学习网络环境的学生都是有自我约束力的,与传统课程中所获得的成绩相比,那些口语表达水平一般或较好的人也有可能获得较好的结果。缺乏这种动机和大学基础水平技巧的学生,或者那些没有自己的计算机的人,很有可能会退出在线课程,参加时间更不确定,比在传统课程中的行为更差。

4.3 全球学习

计算机网络使通讯能跨越国家的界限,使学习者"遇到"其他国家的同伴和专家并与之交流。全球网络提高了跨国的沟通和理解以及认识世界人民的相互联系。学生们能联网讨论或收集关于当今问题的具有显著地理差异和社会差异的数据,并探究解决的方法。

通过网络进行的全球教育也提出了挑战。在有地域距离的人们中间开展小组工作是很困难的,有关跨文化交流的问题、沟通语言和课程的选择的问题需要得到解决(Mason 1993)。对某一事件(如战争)或活动(如捕鲸)的不同文化和经济观点既是对全球教育的挑战,也可以丰富全球教育(Riel 1993,Teles 1993)。

4.4 教师的继续教育

使用计算机网络的教师报告说,网络学习可以给学生增加学习机会,同时为建立教师网络提供机会,这使他们有一种新生的感觉(Teles and Duxbury 1992,Riel 1992)。登陆网络可以获得同伴支持和教师资源,也促使教师们接纳教育改革,并改变教学方法。

5. 研究方向

虽然历史很短暂，但是在计算机教育网络方面已经进行了重要的研究，尤其是在学习者参与（即频率、量和交流分布）、学习者满意度、对教学的影响以及课程设计与实施中的问题等方面。收集的数据证明了这一崭新领域的巨大潜力，并且说明了一些组织上和教学中的重要问题。现在有必要对在线环境下的学习过程进行系统化研究，探究在决策、问题求解和知识建构过程中的人际交互模式。这样的研究对支持网络学习的软件设计、在线环境中的教学设计以及理解学习网络中的认知和情感过程都是很有价值的。计算机媒体促进了行为档案的建立，能够对学习成绩进行内容和交互方面的回溯分析。

当多媒体越来越多地呈现于网络的时候，就有必要研究学习的不同形式与媒体之间的关系。有必要研究像具体教育任务和媒体形式以及内容之间是否适合、多媒体网络中教与学的方法、判断不同媒体之间的相对成本和效果等这样的问题。最后，还有一项迫切的需要，即有必要建立关于计算机网络这样的教育技术的理论。教育或传播理论，或建立在实地经验和研究之上的网络学习概念等理论，可以用于指导计算机网络在教育中应用的发展。

6. 结论

计算机网络技术（电子邮件和会议系统）的迅速发展，激发了超越地理和时间界限的新的教育机会。全世界所有教育层次的教育人员都采用了计算机网络。教育的新型范式——网络学习——已经出现。这一术语描述了网络学习的应用程序和特点，勾画了教学的设计和实施问题。以知识建构中的小组协作、集体共享目标、积极参与和跨文化交流为基础的网络学习，将是21世纪重要的终身培训途径。

L. M. 哈拉什姆（L. M. Harasim） 著

李国玉 宋继华 译

附录

Bellman B, Tindimubona A, Arias A Jr 1993 Technology transfer in globat networking: Capacity building in Africa and Latin America. In: Harasim L M (ed.) 1993 *Global Networks: Computers and International Communication*. MIT Press, Cambridge, Massachusetts

Burge L 1988 Beyond andragogy: Some explorations for distance learning design. *Journal of Distance Education* 3(1): 5—23

Cohen M, Riel M 1989 The effect of distant audiences on students' writing. *Am. Educ. Res. J.* 26(2): 143—159

Collis B 1991 Telecommunications-based training in Europe: A state-of-the-art report. *Am. J. Distance Educ*, 5(2): 31—40

Feenberg A 1993 Building a global network. In: Harasim L M (ed.) 1993 *Global Networks: Computers and International Communication*. MIT Press, Cambridge, Massachusetts

Harasim L M 1989 On-line education: A new domain. In: Mason R, Kaye T (eds.) 1989 *Mindweave: Communication, Computers, and Distance Education*. Pergamon Press, Oxford

Harasim L M 1990 Online education: An environment for collaboration and intellectual amplification. In: Harasim L M (ed.) 1990 *Online Education: Perspectives on a New Environment*. Praeger, New York

Harasim L M, Hiltz S R, Teles L, Turoff M 1994 *Learning Networks: A Field Guide*. MIT Press, Cambridge, Massachusetts

Hart R 1987 Towards a third generation distributed conferring system. *Canadian Journal of Educational Communication* 16(2): 137—152

Hiltz S R 1990 Evaluating the virtual classroom. In: Harasim L M (ed.) 1990 *Online Education: Perspectives on a New Environment*: Praeger, New York

Hiltz S R 1994 *The Virtual Classroom*. Ablex, Norwood, New Jersey

Hunter B 1992 Linking for learning: Computer-and-communications network support for nationwide innovations in education. *Journal of Science Education and Technology* 1(1)

Lenk C 1992 The network science experience: Learning from three major projects. In: Tinker R F, Kapisovsky P M (eds.) 1992 *Prospects for Educational Telecomputing: Selected Readings*. TERC Publication, Cambridge, Massachusetts

Levin J, Kim H, Riel M 1990 Analyzing instructional interactions on electronic message networks. In: Harasim L M (ed.) 1990 *Online Education: Perspectives on a New Environment*. Praeger, New York

Mason R 1993 Computer conferencing and the new Europe. In: Harasim L M (ed.) 1993 *Global Networks: Computers and International Communication*. MIT Press, Cambridge, Massachusetts

Mason R, Kaye T (eds.) 1989 *Mindweave: Communication, Computers, and Distance Education*. Pergamon Press, Oxford

Phelps R, Wells R, Ashworth R, Hahn H 1991 Effectiveness and costs of distance education using computermediated communication. *Am. J. Distance Educ.* 5(3):7—19

Quinn C N, Mehan H, Levin J A, Black S D 1983 Real education in non-real time: The use of electronic message systems for instruction. *Instructional Science* 11(4):313—327

Riel M 1992 Learning Circles: A functional analysis of educational telecomputing. *Interactive Learning Environments* 2:15—30

Riel M 1993 Global education through learning circles. In: Harasim L M (ed.) 1993 *Global Networks: Computers and International Communication*. MIT Press, Cambridge, Massachusetts

Teles L 1993 Cognitive Apprenticeship on Global Networks. In: Harasim L M (ed.) 1993 *Global Networks: Computers and International Communication*. MIT Press, Cambridge, Massachusetts

Teles L, Duxbury N 1992 *The Networked Classroom*. Simon Fraser University, Burnaby

其他参考文献

Canadian Journal of Educational Communication 1987 16(2): Spring (issue devoted to computer-mediated communication in education)

Roberts N, Blakeslee G, Brown M, Lenk C 1990 *Integrating Telecommunications into Education*. Prentice-Hall, Englewood Cliffs, New Jersey

Tinker R F, Kapisovsky P M (eds.) 1992 *Prospects for Educational Telecomputing: Selected Readings*. TERC Publication, Cambridge, Massachusetts

Waggoner M D (ed.) 1992 *Empowering Networks: Computer Conferencing in Education*. Educational Technology Publications, Englewood Cliffs, New Jersey

信息存储和检索(Information Storage and Retrieval)

"信息检索"是指在信息系统中搜寻,找到所需要的信息的对象。这些需求可以很清晰地分成三大类:(a)有助于解决某种问题或做出某种决策的信息;(b)有关教育或其他领域内容的"背景"信息;(c)有关某一专业领域最新发展的信息。最后一类通常是指"最新信息需求",但是,另外两种类型都没有一个普遍认可的术语来描述。它们的满足通常都是通过对过去文献的检索来达到的。这类搜索有时被称作"追溯检索法"。因为这种检索是利用数据库(印刷的或电子的),所以它们也常常被称作是"数据库检索"。

追溯检索法的需求反过来可以分成以下几类:(a)对每一项实际数据的需求;(b)需要找到一本或多本讨论某一主题的出版物,但是不列举出版的或与某一资源相关的总文献;(c)综合性检索的需求,在某一个时间段内检索关于某一学科的尽可能多的信息。

1. 信息检索系统

图1 列举了很多类信息服务的主要活动。输入包括服务所要求的出版物。这意味着存在选择标准以及基于对所服务社区信息需求的详细而正

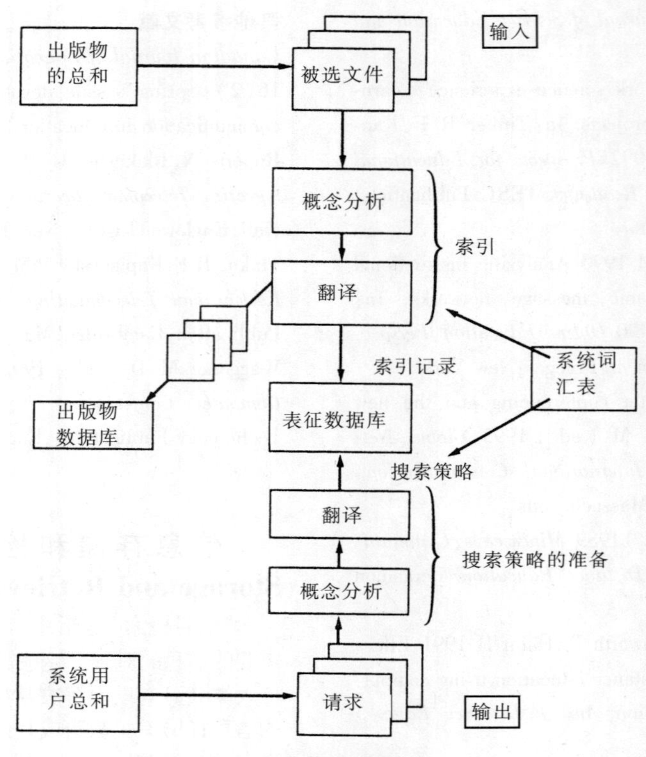

图 1　多种信息服务的功能

确的认识之上的政策。管理文档选择最明显的标准是相关的主题，但是其他标准或许也很重要，比如文档类型、语言或资源。

一旦搜索到那些出版物，就需要对其作索引。如图 1 所示，主题索引过程包括两个非常明显的智能性步骤：对出版物的“概念分析”和将概念分析“翻译”成特殊的词汇。对有效的概念分析而言，索引者既需要理解文档是关于什么的，还需要很好地了解服务用户的需求。

第二步是将概念分析翻译成某种词汇或索引语言。在大多数系统中，这包含限定词汇表的应用，即限定的一套用来表示主题的术语。这样一张词汇表可能会是一张主题的标题清单、一个分类框架、一个类属词典或者只是一张“认可了的”关键词或词组的清单。另一方面，限定词汇表对索引人可使用的术语没有任何限制，它通常暗指，可以使用出版物本身出现的单词或词组。索引者用于表示出版物主题内容的单词，无论是出自受限制的词汇表还是无限制的词汇表，都经常被称作“索引术语”。一旦完成索引，出版物就进入了出版物数据库，索引记录也进入下一个数据库，在那里，索引记录以一种根据各类主题和其他要求能方便地被找到的方式组织起来。索引记录数据库或出版物表示数据库，可能跟一份卡片文件或一份印刷形式的索引一样简单，但是现在更可能是一份通过在线网络或以 CD－ROM 盘（光盘—只读存储）形式发布而获得的电子数据库。这种数据库可以看作是出版物数据库的索引。

出版物数据库和出版物表征数据库之间的区别现在已经很模糊了。被搜索的表征或许不是一套索引术语，而是一小段文本——题目、摘要甚至是某一对象的整个文本。整个文本以可查询形式存在于其中的数据库,实际上实现着文档数据库及其表征数据库的功能。

实际上,这种服务的输出那边所包含的步骤,非常类似于输入那边包含的步骤。所服务的用户群提交各种各样的要求,信息服务人员为这些要求准备好了搜索策略。搜索策略的准备也包含概念分析与翻译两个步骤:分析要求,看看用户真正要寻找的是什么,并将这种概念分析翻译成系统词汇。对所提要求的这种概念性分析,被翻译成系统语言(即与一种逻辑表述形式相联系的一组术语)就是搜索策略。

搜索策略必须以某种方式与表征数据库相匹配。这可能包括搜索卡片文件、印刷索引、缩微胶卷、磁带或磁盘。与搜索策略相匹配的表征(即满足搜索的逻辑要求)从数据库中被检索到,并传递给请求者。这一过程,或许是反复进行的,当搜索结果满足了请求者的要求时就完成了,有时候请求者要的结果也许是数据库中没有与信息要求完全相适应的结果。

图 1 描述的步骤描述了一种授权搜索的情况,这种情况下有信息需求的人把搜索数据库的责任转给信息专家程序。在非授权搜索的情况下,这个过程在一定程度上由于用户可以直接进入数据库而被简化。然而实际上,在这里,用户必须对他们自己的信息需求进行概念性分析,并将他们的分析翻译成系统语言。当然,在搜索大多数系统时,搜索策略并不是从数据库构建而成,而是分别从搜索操作本身构建的。搜索策略很可能是通过交互、有启发地发展起来的:概念分析和翻译活动或多或少是与数据库搜索活动并发的。

信息检索系统的输出结果通常包括一个或多个书目参考,还可能带有一些附加信息,比如一份摘要或出版物进行索引所依据的词条清单。这些表示通常传递给进行检索的人。请求者紧接着可能会请求信息中心或者其他中心提供所提及的部分或所有出版物。在某些情况下,信息中心消除了中间步骤,自己就给请求者发送了出版物或者是员工认为最相关的一份样本。有时候,信息检索功能和文献传递功能在单一系统里是绑定在一起的。例如,基于计算机的系统或许包含出版物的整篇文档,搜索的输出结果是这些文档的全文打印结果,而不仅仅是其摘要。然而,大多数信息检索系统传递的是文件(即出版物)的表征。文档本身的传送完全是独立的活动,这种活动或许是、或许不是由进行文献查询的组织提供的。

信息中心活动有时候被称为"问题回答",也可看作是一种形式的信息检索。问题回答服务试图对某一具体问题做出直接回答(如,……的高度是多少? ……的成本是多少? ……的地址是什么),而不是简单地指出可能会提供问题答案的出版物。许多图书馆和其他类型的信息中心提供了这种问题回答服务。

已经开发出来了好几种基于计算机的问题回答系统。这些系统接受自然语言提出的问题,但是要求一种预先规定好的句法结构,然后直接输出答案,要么打印出来,要么在屏幕上显示。一种存储物理、化学或其他类型数据并从存储数据中回答问题的系统可以称为"数据检索系统"。所存储的数据可以称之为"数据库"。这种系统中所存储的数据样本有人口普查数据、输入数据和输出数据。

另一类信息检索系统是存储了某套出版物全部文本的系统,并在与代表某种信息需求的搜索策略相匹配时,能检索出这一文本的一部分(如选定的段落)。基于计算机的系统可以存储一段合法文本(如,某个国家的法规),允许检索与特殊单词相匹配的文本段落。问题回答系统、数据检索系统和文本检索系统都是信息检索系统的合法形式。

2. 信息检索的问题

图 2 中给出了一种较为复杂的信息检索问题。本质上,问题是信息需求与信息的匹配。这只能以一种非常间接的方式完成。大多数信息(即作者想要转达的)显示的是文本(一些是图片、声音或其他非文本形式),而信息需求作为对某类信息服务做出的请求被呈现出来。信息服务创建了文本的结果显示,将其存储在数据库里,并提供了一种

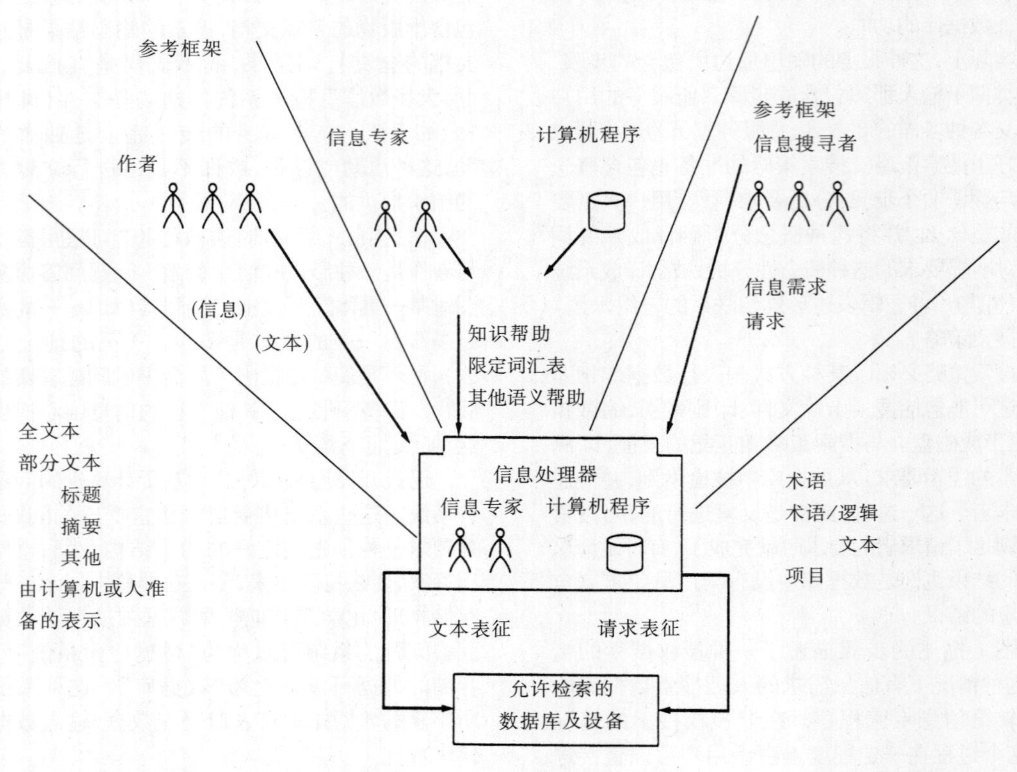

图 2 信息检索的基本问题

能搜索到这些表征法的方法。数据库可以用纸、缩微图像或电子形式来存储,其搜索方法既能像卡片目录或打印索引上的词条排列那样简单,也能像计算机或一组计算机程序那样复杂。信息服务还创建了请求显示结果的方法(某种搜索语句),并在数据库里进行处理,检索那些与请求表征匹配或大致匹配的文本表示。

文本表征包括全部文本(如,纸上文档准确的电子备份)、部分文本或其他形式的人为或自动建立的表征。请求表征包括术语、按逻辑关系呈现的术语、文本语句或对象(如,一些系统可能会允许搜索者输入已知的某一对象细节,然后再查找在某些方面与它类似的其他对象)。

为了构造(文本或请求的)表征法,需要进行各种各样的知识帮助。最明显的是传统的限制词汇表,如 ERIC 描述信息词表,但是还要借助其他的帮助。

当然,图 2 中基本主题的许多变异是可能的。例如,许多情况下,创建了文本表征法的信息服务(即创建数据库)不会与搜索服务一样。而且,查找信息的人并不可能代表对信息专家的搜索,而只可能独自处理。

信息检索问题从图 2 中清楚地表现出来了。文本或许不是信息的完善表示(然而,由于这是一个明确的通信问题,通常它不被看作是信息检索问题),文本表征(如由索引者或概括者完成)可能也不完善。同样,请求也不是对信息需求的完善表征,搜索语句也不可能完善地表征请求。而且,请求者的参考框架也不可能与信息专家的参考框架即作者的参考框架一致，那么信息检索问题实质上就可以被看作是使信息需求与信息大致匹配的尝试。因此，搜索结果不能总是令人满意，这也就不足为怪了。

3. 信息检索系统的组成

图1中清楚地列出了信息检索系统的主要组成部分。系统或许被看作是包括六个主要的子系统：(a)选择子系统；(b)索引子系统；(c)词汇子系统；(d)搜索子系统；(e)用户与系统的交互子系统(用户—系统接口)；(f)匹配子系统，即，使出版物表征与信息需求表征相匹配的子系统。

很多情况下，人们把匹配子系统看作是这六个子系统中最不重要的，因为它对整个系统的有效性(即是否能检索满足用户信息需求的对象)没有直接影响，但是，很明显，它对整个系统的经济性和高效率——如在响应时间的测量方面——有相当大的影响。在基于计算机的大多数系统中，对对象的选择、检索，对索引和搜索中所应用词汇的控制、搜索策略的准备以及对与系统用户的交互——例如，为了请求协商的目的，计算机本身有很少或几乎没有直接贡献。这些就是所有的智力活动，在大多数现存系统中是由人来完成的，这些智力活动控制了系统的有效性。

控制检索系统有效性的最重要因素可以分成两组：(a)数据库因素；(b)与数据库开发相关的因素。重要的数据库因素，也可看成是输入因素，有三个：(a)包括什么出版物；(b)索引操作中识别和表征学科内容有多完整和准确；(c)表示学科内容的系统词汇有多恰当。还有三种“开发”或输出因素：(a)信息中心的员工能多大程度地理解用户的信息需求(用户—系统交互)；(b)他们能多好地把信息需求转换成搜索策略；(c)系统词汇能多么准确地表示系统用户的分类兴趣。

4. 图书馆作为信息检索系统

信息检索服务是这样一种服务，它通过搜索数据库(印刷或电子)响应用户对某一主题的“信息”请求，以确定看上去与该主题有关的输出对象。

仅仅是从20世纪70年代以来，这类信息服务在大多数图书馆中才相当普遍。更早的时候，这些服务只能在一些专业图书馆中才能提供，尤其是工业中的那些服务。总体来说，除了为用户进行最简单的文献检索，公共场所、学校和学术图书馆缺乏资源去尝试任何事情。相反，他们一般喜欢指导用户找到合适的印刷资源，从而能自己进行搜索，如果必要的话，在使用这些资源方面指导他们。

自从20世纪70年代早期以来，这种情况发生了戏剧性的变化。除了一些较大的公共图书馆，在各种规模的学术和专业图书馆，使用在线网络搜索书目数据库也是很常见的。CD－ROM形式的分布式数据库正在各种图书馆中越来越普遍，一些大学正在它们自己的计算机设备上安装大型的书目数据库，使人们能通过用户工作站登陆。

信息搜寻者可以访问图书馆，请图书管理员进行搜索，这通常是在线完成的，尽管它也可能包含使用印刷或CD－ROM形式的数据库。或者，图书馆用户自己能利用印刷工具或使用图书馆终端来直接登陆数据库，从而进行搜索。当终端在办公室或家庭中使用越来越广泛的时候，越来越多的人不用信息专家的帮助就可以自己进行在线搜索。事实上，一些图书馆现在更倾向于培训用户自己进行搜索，而不是依靠他们来进行搜索。

最后，一些个人或机构或许宁愿通过付一定的费用给信息中介人来完成数据库搜索，而不是去图书馆或自己进行搜索。

当然，从更广泛的意义上来说，图书馆本身可以被看成是一个信息检索系统。换句话说，图1中描述的活动是大多数图书馆从事的活动：他们获得各类出版物，形成收藏库——出版物数据库，并编纂一套表示法数据库——图书馆的书目；图书馆用户搜索这一目录，确定与某一主题相关的对象，或图书管理员可以代替用户进行搜索。事实上，图书馆的活动非常类似于数据库出版商的活动。

不幸的是，卡片目录(或者对这一点，印刷书本形式的目录)作为主题访问工具有很明显的局限性。然而，自从在线目录在图书馆里普及以来，对主题访问的兴趣重新高涨，这在整个图书馆专业来说是很明显的，因为一般说来，在线目录为更复杂的搜索方法和更有效的主题访问提供了可能性。通过图书馆目录进行主题访问的影响因素，与通过其他任何类型的书目数据库进行主题访问的影响因素是完全相同的。

F. W. 兰开斯特（F. W. Lancaster） 著

李国玉 宋继华 译

教学广播（Instructional Radio）

教学广播可以被定义成为了系统地提高学习而设计的广播节目。教学广播仅仅是开发无线电的几种应用之一（McAnany 1973）。世界上很多国家将广播用于教学，以补充或丰富课堂教学。自从1974年以来，大量的投资用于学校广播，被称作交互式广播教学（IRI），与课堂教师一起发挥重要的教学作用，对学生成绩所产生的重要影响也已经显现出来。尽管IRI利用了传统的广播，但还是使用了“交互”这个术语，因为广播稿的撰写使儿童在广播过程中积极地参与进来了。

广播能支持所有层次的教育，包括校内的和校外的学习。里瓦隆多和汤普森（Nwaerondu and Thompson 1987）对教育广播进行了概述，包括1941年在加拿大开始播放的农业广播论坛、支持学校课程的节目，以及为激发听众而采取行动或者改变在家庭计划或健康教育等领域的行为所设计的广播。他们也讨论了广播所应用的情景，比如独自收听、小组讨论和使用辅助设备等。

本词条的范围被限定为为了支持学校教育而对广播的使用，尤其是指在基础水平上。这样，“教学广播”这一术语或许比“教育广播”这一比较广泛的术语更加合适。但是，考虑到后一个包含学校中广播节目的术语在历史上的应用，“教学广播”和“教育广播”在这里可以互换。

霍克雷杰和罗宾逊（Hawkridge and Robinson 1982）列出了教学广播的以下四个特征：

（a）为了有助于累积学习而安排的一系列节目。

（b）与校外教育专家进行磋商来安排节目。

（c）通常伴随着印刷媒体。

（d）有时候由教师和学生来评价节目。

1989年，通过日本奖金秘书处和日本广播文化研究机构对48个国家的91个研究机构的调查发现，教育广播的目标是：（a）补充学校教学；（b）促进教育内容的现代化；（c）开发新的教学方法；（d）使学校很快地获得新信息（Kodaira 1991）。尽管这些目标并不新颖，但是这一调查确实表明，节目已经从以课程为基础开始转变为具有更普遍的意义，比如说和平与战争、人际关系、文化遗产和环境。例如，1989年日本广播获奖节目是水的专栏和一个由韩国广播系统提交的有关环境污染的节目（韩国）。由这一调查确立的其他趋势之一是国际合作包括节目合作的巨大发展。

这一词条总结了传统教育广播在世界各主要地区的地位，接着关注了交互式广播——应用交互式广播的IRI是什么，它的效果和成本怎么样。

1. 教育广播概述

第一批教育广播节目是在20世纪20年代早期播出的。1924年，英国广播公司（BBC）开始在国家基础上为学校和成人提供教育广播，澳大利亚的教育广播也在几年以后紧跟着开始了。到1930年为止，很多国家都已经开始应用无线电广播，在接下来的20年里，教育广播经历了一个巨大的发展。然而，在20世纪50年代和60年代，人们的兴趣转变为新出现的电视技术。

尽管如此，在20世纪90年代，广播仍在为教育服务，甚至是在一些经济比较发达的国家也存在这种情况。澳大利亚广播公司（ABC）每天大约播放1小时教育广播；BBC每天大约播放1.5～2小时。在小学水平上，BBC提供诗歌、音乐、舞蹈和故事等方面的节目。在中学水平上，有现代语言、新闻与时事、英语和科学等节目。节目在晚上重播以便老师能够记录下来，方便以后使用。

教育广播在经济欠发达地区特别重要，因为出于成本的考虑就排除了教育电视的广泛应用。事实上，很多发展中国家正在进行教育广播的革新性工作。因此，这一调查将主要关注非洲、亚洲和拉美等地区的国家。

1.1 非洲

1990年1月在津巴布韦的哈拉雷举行的非洲

广播教育大会上，16 个非洲国家就教育广播在他们各自国家的地位问题做了报告，包括下列国家——博茨瓦纳、喀麦隆、加纳、几内亚、肯尼亚、莱索托、利比里亚、马拉维、马里、莫桑比克、尼日利亚、斯威士兰、坦桑尼亚、乌干达、赞比亚和津巴布韦。大会的会议记录总结了非洲教育广播的经验：

非洲教育人员不论是在小学里还是在校外学习的情况下，在基础教育上一般来说都会优先使用广播。例如，在博茨瓦纳，教育频道每天为小学生播放 7 小时、每一部分为 15 分钟的社会研究、科学、时事、英语口语和讲故事等课程。尼日利亚小学六年级的学生收听英语、数学和社会研究的定时广播教学。（Githiora 1990 P. 4）

尽管大多数非洲国家进行教育广播，与会国家认识到在有效利用这一媒体方面还存在严重的问题：

与会国家发现各个国家的广播教育都经常面临相似的问题。由于高质量广播设备的缺乏，受过专门培训的人才的不足，并且由于在家里和学校里缺乏收音机、电池和维修服务等因素而引起的技术困难是最常见的。在某些情况下，广播节目设计得很糟糕，或者是利用广播教育的各个部门之间缺乏协调。在学校里，老师有时不知道如何应用广播节目来完成课堂教学，而且经常缺乏补充材料。其他问题包括缺乏制作新节目的资源，还缺乏评价节目有效性的评价人员。（Githiora 1990 P. 4）

1.2 亚洲

1990 年亚洲和太平洋地区教育广播研讨会会议记录提出了亚洲广播节目的更新（Domingo 1990）。另一个重要资料来源是远程教育地区研讨会论文集（Asian Development Bank 1987）。研讨会是 1986 年由亚洲发展银行组织的，出版的论文集包括教育广播作为地区远程教育方案一部分的讨论。在一些亚洲国家，很多教育节目已从广播转到了电视。例如，日本有很悠久的教育广播的传统，能追溯到大约 60 年前，可是在 20 世纪 90 年代其主要的媒体是电视：97% 的日本小学利用教育电视，然而只有 7% 的小学利用教育广播。澳大利亚广播公司每周发送 25 小时的教育电视，但是只发送 1.5 小时的教育广播。ABC 的节目强调基础教育（读、写、算）、课堂教学的提高、成人和职业教育，还有外语。

好的教育广播节目需要好的课程设计人员、创造性的撰稿人和好的研究和评价。例如，韩国教育发展机构（KEDI）因其基于研究的课程开发和学校广播途径而受到好评。KEDI 所制作节目的主要目标是减少城市和农村教育质量的差异。KEDI 提供了大约每周 4 小时的节目，既包括电视节目也包括广播节目（Joo 1990）。

在马来西亚，广播和电视都有丰富的节目。小学广播节目包括几种语言的节目、品德教育和环境教育。教育部的教育技术分部做出了具体的努力，通过面向教师、为教师提供免费的辅助材料来提高节目在学校中的利用率。利用与评价单元中也认识到了评价的重要性，其中包括形成性评价和总结性评价、学校的年度调查以及样本学校的深入研究等（Thor 1990）。

多样的节目形式也是好节目的优势之一。泰国的一所开放大学（STOU）研究了节目的形式范围。广播和电视节目中可以利用以下形式——讲座、对话、讨论、访谈、短剧、小测验、戏剧、新闻记录节目、演示与实验、音乐以及杂志等。每一种形式都有其对应合适的应用，但是，不管所利用的形式如何，吸引听众的兴趣都是最重要的。现在还没有有关每种形式相对有效性的数据（Ajchariyakul 1990）。

亚洲的很多其他国家利用教育广播，包括孟加拉远程教育学院，它每天为校内外的青少年广播中小学层次的有关各种学科的广播节目（Asian Development Bank 1990）。全印度广播电台用 16 种语言为小学广播节目。小学的节目主要是为了丰富课余生活，面向中学校园的节目则与教学大纲紧密地联系在一起（Asian Development Bank 1990）。在印度西部的古吉拉特邦，帕特尔（Patel）英语培训与研究学会自从 20 世纪 70 年代中期以来一直在广播教师培训节目。教英语学英语系列节目每周广播半小时。每一课都既包括课堂演示又包括相关讨论,在节目中邀请听广播的教师积极地参与进来(Jain 1990)。

尽管亚洲地区的教育广播有很多成功案例,但这一地区的许多国家也报告了很多问题,如经费不足,广播频道、广播器材与设备不足,受过培训的教师不够,对节目的利用率不高,辅助材料不多等(Nakano 1990)。另外,广播工作人员、政府甚至教师都对教育广播中的教育节目缺乏兴趣。而且,在广播时间上,教育广播还必须与娱乐节目以及商业节目进行竞争(Kodaira 1991)。

当新型学习技术越来越普及的时候,亚洲国家开始重新审视广播不断变换的需求。随着技术的引入,如交互视频和计算机辅助教学,教育人员和广播人员重新定位了广播在这些技术中扮演的角色,形成了广播媒体应如何有效应用于终生学习的策略(Nakano 1990)。

1.3 拉美和加勒比海地区

在拉美和加勒比海地区,教育广播在正式的学校系统中用于教育要比非洲和亚洲少。厄瓜多尔广播电台广播的中学课程是个例外。然而,这一地区在利用广播支持非正式教育方面有很多经验。最著名的课程是哥伦比亚开发的 ACPO(Accion Cultural Popular)系统。在拉美,用广播来支持基础教育的最重要应用是交互式广播教学,这将在下面进行论述。

2. 交互式广播教学

2.1 历史回顾

交互式广播教学(IRI)开始于 20 世纪 70 年代中期的尼加拉瓜数学广播节目,这一节目是由美国国际发展机构(USAID)资助、由斯坦福大学和尼加拉瓜教育部进行管理的。这是第一个为了提高发展中国家尤其是农村地区小学生学习成绩而精心设计的测试广播节目潜力的研究与开发项目(USAID 1990)。尼加拉瓜的小组为小学一至四年级开发了一系列每天半小时的数学课程。制作了将近 700 节课,并在学校里进行了测试和认真的评价(Friend et al. 1980)。考虑到尼加拉瓜的项目效果非常好,USAID 接着于 20 世纪 80 年代早期在另一个地区(非洲)又资助了一个项目来测试另一学科(英语)的 IRI。英语教学在肯尼亚尤其重要,因为学校的教学媒介大约在小学四年级开始由母语转变为英语。肯尼亚广播语言艺术项目(RLAP)为小学前 3 个年级开发和测试了每日半小时的英语课程(Imhoof and Christensen 1986)。

大约与肯尼亚项目开始的同一时间,另一个 IRI 项目也在多米尼加共和国开展起来,以测试 IRI 解决另一问题——小学教育入学率低的潜力。被称作广播辅助基础教育社团(RADECO)的这一项目,在没有小学的社区里成立了收听广播的小组。一般来说,在这里,儿童每天早上在地里干完活以后,下午凑在一起收听广播,参与一个小时的 IRI 课程——大约半小时是数学,半小时是西班牙语的阅读和写作。另外,这些课程里包括一些社会研究和自然课程。广播部分由社区的成人来监管。对 RADECO 的评价表明,这些非正式广播小组的儿童学了更多的数学知识,而且与参加传统学校学习的儿童所获得的语言技巧是同一水平(Eshgh et al. 1988)。

早期这些研究与开发项目中的最后一个是在巴布亚新几内亚,IRI 技术被应用于教学科学。这需要一个更开放、以发现为导向的方法来进行训练,并更好地利用手边的材料。在对小学四年级学生的评价中积极的发现是性别差异减少了:在控制组里,男孩和女孩的成绩差异比广播小组的要高(Galda et al. 1990)。

这些早期的项目表明,IRI 能提高正规学校的教学质量,能用于提高小学入学率。它同时也表明,具体学科的教学和方法的教学都可以有效地在国家之间传送,在非正规环境和学校里一样能有效地应用。

在 20 世纪 90 年代早期,拉美、非洲和亚洲十几个国家将近 100 万的儿童通过 IRI 学习受益。给儿童教的课程有数学、第二语言英语、西班牙语阅读和写作、科学、健康、环境教育和第二语言西班牙语。另外,成人还可以通过 IRI 学习识字、识数和接受市民教育。最后,IRI 还用来进行师资培训。

2.2 效果

在大多数国家,IRI 被用作辅助课堂教师提高教学质量。这些课程在几乎所有的环境中都能提高学习,但是它们在教学材料少、师资质量不高的学校里能发挥更大的作用。

IRI 最大的特征之一是,这些项目都是以认真的研究和评价为基础的。很多国家的教育广播节目是由广播节目制作人创作,用来补充课堂应用的。IRI 项目是由课程专家设计的,教授核心教学材料,并对学生成绩产生巨大的影响。对它们的评价常常显示出这些项目的积极影响。

在玻利维亚,IRI 数学课程用于教二至五年级,同时适用于小学高年级学生的一系列新的健康广播教育节目也在开发过程中。对数学课程的评价结果表明,广播课程对学习有巨大影响,IRI 节目缩小了城市和农村学校学习的差距(Barron et al. 1992)。

表 1 列出了对 IRI 项目所有评价的累积结果,在这个表里,那些结果能被转换成一种效应大小。效应大小是一种用来比较不同干涉因素的影响的有用统计量,先求出实验组和控制组之间的平均值,然后由控制组的标准差去除。0.5 的效应大小表明,实验组得分为控制组标准差的一半,这表示差距很大。

尼加拉瓜和洪都拉斯关于 IRI 数学节目的研究表明,与课本介绍相比,广播课程对学习有更大的影响(Jamison et al. 1981,Foote et al. 1991)。

2.3 IRI 有效性的影响因素

IRI 课堂的观察员与高水平的活动以及儿童的参与密切相关。儿童通过口头回答问题、写、读、利用简单材料、唱歌或进行体育锻炼来响应进行广播的老师,这种响应常常会一分钟好几次。很多非IRI 广播课程包括不同类型的呈现,常常会用戏剧性的形式,但是这时儿童通常是被动的听众。然而,一些教育广播节目的制作者,早在 20 世纪 30 年代早期就已经意识到了积极参与的价值。1931 年在华盛顿召开的国家广播教育咨询委员会第一届大会上,贝克尔(Ida Baker)提出了一个数学广播课程的例子,它具备当时 IRI 项目的一些特征。因此,IRI 的一些观察员提出质疑,既然交互或参与的方式在早期的广播中对一些制作者来说就已经很熟悉了,广播这种形式哪一点才是新的(Tyson 1931)。

在小学教育中,IRI 以下列因素的特殊结合为特征:

(a)节目中邀请了听众的积极参与,通常一分钟好几次。

(b)所设计的节目用来展示核心教学材料,而不仅仅是作为补充或丰富。

(c)节目教大量课程,所教的学科中,每周广播的课时超过 5 节。

(d)节目内容是由学科专家和课程设计专家开发的。

(e)节目体现了教学法的重要原则,包括学习者的积极参与、正确答案的直接反馈、分布式学习和系统复习。

(f)节目的每一节课都分成若干部分,半个小时的节目通常分成 10 个部分。这不仅包括分布式学习和系统复习的需要,还创造了多种有助于抓住儿童注意力的方法。两到三个部分用来进行娱乐,可以唱歌,也可以锻炼身体。

(g)每个节目都利用了扩展的形成性评价,包

表 1　IRI 项目的累积评价

国家	年	学科	年级	平均效应大小
玻利维亚	1988～1989	数学	2～3	0.91
洪都拉斯	1988～1990	心算	1～3	0.49
肯尼亚	1982～1984	英语	1～3	0.53
尼加拉瓜	1976～1978	数学	1～4	0.55
巴布亚新几内亚	1989	科学	4	0.36
泰国(东北)	1980	数学	2	0.58

括对每一节新课的人员观察和定期成绩测试。这些信息既可以用来修改以前为广播录制的课程,也可以改变未来课程。

(h)通过总结性评价来评估这些课的影响。

2.4 成本

上一部分中提到的系统化方法相对来说不常用到,一个原因就是它的成本。自20世纪70年代中期以来,USAID已经在开发IRI项目方面投资了2 500万美元。为了制作一年的高质量节目,花100万美元是很普通的。但幸运的是,作为以前这样一种经验的结果,现在可以以一个低得多的成本制作出新的IRI广播节目。而且,可以改编已有的系列节目,将其用于其他国家,改编成本只占开发一套新节目成本的一小部分。

一旦开发出IRI项目,就开始由关注开发成本转变为关注再生成本。换句话说,学校要花多少钱才能在很长的一个学期里保证IRI系列节目的播放?几个IRI项目里都实施了成本研究,包括尼加拉瓜、肯尼亚和多米尼亚共和国的第一批项目

表2 再生增量成本:洪都拉斯、玻利维亚和莱索托

国家	再生增量成本(美元)	MOE成本(美元)	MOE成本百分比
玻利维亚:数学	0.81	0.52	0.8
洪都拉斯:心算	1.01	0.40	0.4
莱索托:英语	0.94	0.42	1.8

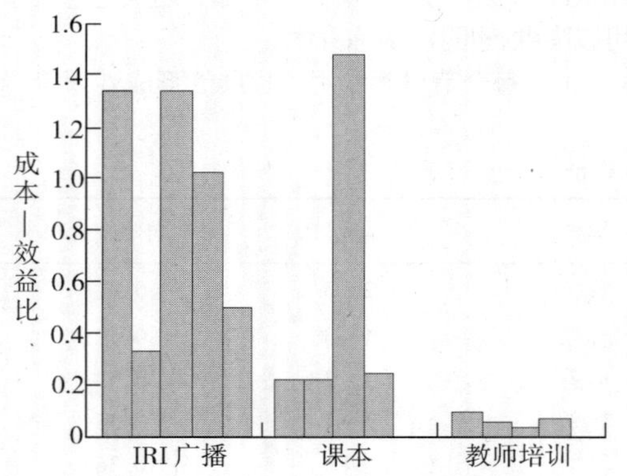

图1 广播、课本和教师培训的成本—效益比较

(Well and Klee 1978, Kemmerer and Friend 1985, Sanguinetty 1985)。最近,还在玻利维亚、洪都拉斯和莱索托实施了研究(Tilson et al. 1991)。假设洪都拉斯和莱索托有20万儿童,玻利维亚有60万儿童,表2表明了IRI项目的增量再生成本是每个学生每年大约1美元。在表2的第三栏里,需要强调指出的是教育部(MOE)的成本比总的再生成本要少得多,因为广播课程的成本经常由政府或私立广播电台补助津贴,收音机和电池的部分成本由社团吸收。

另外一个成本考虑在最后一栏里列出来了。数据表明,玻利维亚和洪都拉斯IRI项目的总成本只占教育部预算很小的一部分。但是,在莱索托,IRI的成本占教育部预算的百分比要高一些。这样,尽管IRI项目的总成本各个国家差别并不大,但是由于广播项目所需的总预算比例不同,教育部预算成本的影响差别也是很大的。

为了有助于评估提高基础教育的成本—效益,世界银行的洛克希德和哈努什克(Lockheed and Hanushek 1988)从使用IRI、新课本或辅导教师培训项目里收集了数据。图1列出了他们的研究结果(再加上上述玻利维亚和洪都拉斯的新IRI数据)。需要指出的是,图1所代表的13份研究,每一份都是完全独立的,也就是说,没有直接的比较。这些研究只在普通统计度量的基础上进行了对比,即每一美元费用的效应大小变化。在他们发现结果的基础上,与课本或教师培训相比,IRI是一个更有成本效益的干预因素。这些结果表明IRI应该被看作是改革基础教育方案的一部分。

2.5 IRI的新方向

两个新方向可以看作是IRI未来发展的特征:进入学前教育,服务于需要发展能力的儿童,从而有助于确保他们刚一进入正规的学校系统就能成功;进入成人项目领域,因为成人需要进一步开发他们的知识和能力。IRI方法论体系曾成功地应用于小学生,将其改编以适合于更小的儿童应该不困难。他们可能会很好地响应广播节目里的邀请,积极地参与。然而,如果儿童是在家里而不是在小组环境里收听节目,那么IRI方法论体系将必须作更大的调整。

对成人听众的IRI技术调整可能会是一个大的挑战,因为对儿童起了很大作用的一些问答不适合成人。哥斯达黎加已经开发了一套30课时的广播课程来支持小学教师教数学。洪都拉斯开发了一套新的成人IRI课程,主要是基础的识字识数技巧,重点放在市民教育上。对这些节目的评价将有助于判断IRI方法是如何成功地应用于成人的。

3. 希望和限制:教育广播的未来

尽管还没有全世界的教育广播听众总人数的相关数据,但是可以想像这个数据可能会很庞大。然而,尽管教育广播应用得很广泛,它仍然处在教育改革的外围,正如许多年前的其他技术一样。一份1945年的刊物表明,“在过去的十年中,曾有一些无线电爱好者很乐观地认为,广播是教育中治百病的灵药,在课堂上收听广播将会给学生带来奇迹般的教育变化”(Woelfel and Taylor 1945)。然而,这些作者同样还报告了一些事实,它们包含了1941年在俄亥俄州调查的结果和当时美国教育广播的情况,结果表明只有15%的学校经常使用媒体。这一低使用率有许多原因,与1990年哈拉雷大会上非洲教育工作者所报告的相似,原因也已在这一词条的前面部分总结过了。问题包括学校中缺乏收音机、学校课程安排的困难、不能令人满意的广播设备、信息缺乏、信号接收不好、与课程无关的节目以及教师缺乏兴趣等。

乐观主义者认为,教育广播可能会在20世纪90年代提高基础教育的过程中发挥越来越大的作用,那么,这是什么原因呢?有几个因素导致教育广播日益受到赞同,尤其是在经济尚不发达的国家:

(a)正如1990年在泰国宗滴恩举行的全民教育大会(WCEFA 1990)所强调的,为每一个人提供高质量的基础教育仍是一个巨大的挑战。在学校教育中仅利用传统方法来达到目标是很困难的,技术被定义为新的改革中很有潜力的重要部分。

(b)无线电广播和无线电接收装置的质量、信号转播的带宽都已经大大提高了,更多的变化正在悄悄地发生。例如,1993年就有计划要在非洲上空发射一颗非洲太空卫星,能为整个非洲大陆提供100个或更多的数字无线电频道。用数字接收装置和截抛物面天线来接收这些信号也是可能的。

(c)越来越多的农村地区用上了电,减少了对收音机电池的依赖。即使是仍需要电池的地方,太阳能收音机或太阳能蓄电池的应用也日益广泛。

(d)在所有的技术中,收音机仍然是应用最广泛、价格最便宜的,几乎遍及世界每一个角落。相对便宜且可靠的收音机到处都能买得到。

(e)制作高质量课程的能力大有提高,这对课堂学习能产生巨大的影响。交互式广播节目在这一方面提供了重要的例子。

(f)最后,在很长的学期中实施和支撑教育广播系统所需的行动日益受到高度评价——对教师和指导员的支持;补充材料;维修广播设备的系统;在没有电的地方,电池或太阳能的提供;节目的研究与评价。

4. 总结

随着20世纪20年代零星出现的初期努力,教育广播在接下来的30年里有了一定程度的扩张。然而,20世纪50年代随着电视的出现,人们逐渐开始关注这种新技术。20世纪60年代,在尼日尔、科特迪瓦、美属萨摩亚群岛、萨尔瓦多、美国和其他地方开发了几个重要的教育电视节目。然而,这些早期节目很多都失败了,主要是由于经济的原因。这一结果使很多教育家开始重新看待作为一种经济有效工具的教育广播,尤其是利用了从IRI项目中得到的研究数据。

本词条总结了教育广播的状况,特别关注了利用广播支持基础教育——交互式广播教学——的最新投资状况。从涵盖全世界的几个项目中得到的数据表明,IRI对学习产生了积极影响。成本研究也表明IRI在大多数国家是负担得起的。尽管广播作为提高基础教育的一种主要工具仍然没有被广泛接受,但是人们还是认为它与其他更传统的干预——像课本和教师培训——是紧密结合的或是并列的。

T. D. 蒂尔森(T. D. Tilson) 著

李国玉 宋继华 译

附录

Ajchariyakul N 1990 Educational broadcasting for more effective distance education of STOU. In: Domingo Z T (ed.) 1990

Asian Development Bank 1987 *Distance Education in Asia and the Pacific: Proceedings of the Regional Seminar on Distance Education.* Asian Development Bank, Manila

Asian Development Bank 1990 *Distance Education in South Asia: Proccedings of the Round Table Conference on Distance Education for South Asian Countries.* Asian Development Bank, Manila

Barrón B, Oros E, Fryer M 1992 Informe evaluacion sumativa—2do a 5to 1991: Matematica por radio in Bolivia. Education Development Center, Newton, Massachusetts

Domingo Z T (ed.) 1990 *Proceedings of The 1990 Symposium on Educational Broadcasting in Asia and the Pacific Region.* Technology and Livelihood Resource Center, Manila

Eshgh R et al. (eds.) 1988 *Radio-Assisted Community Basic Education (RADECO).* Duquesne University Press, Pittsburgh, Pennsylvania

Friend J, Searle B, Suppes P (eds.) 1980 *Radio Mathematics in Nicaragua.* Stanford University, Stanford, California

Foote D, Moulton J, Friend J, Faraola J 1991 *Evaluation of Mathematics Instruction by Radio in Honduras.* Applied Communication Technology, Menlo Park, California

Galda K, Katak R, Watson F 1990 *The Effect of Grade 4 Radio Science Lessons on Student Achievement in Papua New Guinea.* Friend Dialogues, Shelby, North Carolina

Githiora W (ed.) 1990 *Report of the African Conference on Radio Education.* Education Development Center, Newton, Massachusetts

Hawkridge D, Robinson J 1982 *Organizing Educational Broadcasting.* Croom Helm, London

Imhoof M, Christensen P (eds.) 1986 *Teaching English by Radio: Interactive Radio in Kenya.* Academy for Educational Development, Washington, DC

Jain S 1990 So far yet so near: An experiment in teacher development using the radio. *Media and Technology for Human Resource Development* (3) 1: 11—25

Jamison D T, Searle B, Galda K, Heyneman S P 1981 Improving elementary mathematics education in Nicaragua: An experimental study of the impact of textbooks and radio on achievement. *J. Educ. Psychol.* (73) 4: 556—567

Joo K K 1990 The process of content planning in Korean educational broadcasting. In: Domingo Z T (ed.) 1990

Kemmerer F, Friend J 1985 *Strategies for and costs of disseminating the Radio Language Arts Project throughout Kenya.* Academy for Educational Development, Washington, DC

Kodaira S I 1991 Worldwide educational broadcasting: Diversity and challenge in a new era. *Studies of Broadcasting* 27: 221—243

Lockheed M E, Hanushek E 1988 Improving educational efficiency in developing countries: What do we know? *Compare* (18) 1: 21—38

McAnany E 1973 *Radio's Role in Development: Five Strategies of Use.* US Agency for International Development, Washington, DC

Nakano T 1990 Profiles of educational broadcasting in 1990s: A review of profiles and prospects from the fiveyear experiences with symposia on educational broadcasting in the Asia-Pacific region. In: Domingo Z T (ed.) 1990

Nwaerondu N G, Thompson G 1987 The use of educational radio in developing countries: Lessons from the past. *Journal of Distance Education* 2 (2): 43—54

Sanguinetty J 1985 *The Replication of the RADECO Project in the Dominican Republic: Recurrent Cost Implications.* Development Technologies Inc., Washington, DC

Thor O C 1990 Towards effective use of educational broadcasting in distance education. In: Domingo Z T (ed.)1990

Tilson T, Jamison D T, Fryer M, Godoy-Kain P, Imhoof M 1991 *The Cost-Effectiveness of Interactive Radio Instruction for Improving Primary School Instruction in Honduras, Bolivia and Lesotho.* Education Development Center, Newton, Massachusetts

Tyson L (ed.)1931 *Radio and Education.* University of Chicago Press, Chicago, Illinois

United States Agency for International Development (USAID) 1990 *Interactive Radio Instruction: Confronting Crisis in Education (Instruccion por Radio Interactiva).* Education Development Center, Newton, Massachusetts/USAID, Washington, DC

Wells S, Klees S 1978 Education decisions and costs analysis for the Radio Mathematics Project in Nicaragua. In: Suppes P, Searle B, Friend J (eds.) 1978 *The Radio Mathematics Project: Nicaragua 1976—1977.* Stanford University, Stanford, California

Woelfel N, Tyler I K (eds.) 1945 *Radio and the School: A Guidebook for Teachers and Administrators.* World Book Company, New York

World Conference on Education for All 1990 *World Declaration on Education for All and Framework for Action to Meet Basic Learning Needs.* Interagency Commission, New York

其他参考文献

Bates A 1984 *Broadcasting in Education: An Evaluation.* Constable, London

Duby A 1988 *Educational radio: We Can Learn From Other Countries' Experience. A Literature Survey* (Internal Paper). South African Broadcasting Corporation, Johannesburg

Forsythe R O 1970 *Instructional Radio: A Position Paper.* ERIC Clearinghouse on Educational Media and Technology, Stanford University, Stanford, California

Friend J 1989 Interactive radio instruction: Developing instructional methods. *Br. J. Educ. Technol.* (20) 2: 106—114

Galda K 1984 Learning maths by radio. *Media in Education and Development* 17(1): 40—42

Grise P J 1974 *Educational Radio: A Review of the Literature.* Florida State University, Tallahassee, Florida

Jamison D T, McAnany E G 1978 *Radio for Education and Development.* Sage Publications, Beverly Hills, California

Schramm W 1977 *Big Medio, Little Media: Tools and Technologies for Instruction.* Sage, Beverly Hills, California

Spain P L, Jamison D T, McAnany E G (eds.) 1977 *Radio for Education and Development: Case Studies.* World Bank, Washington, DC

教学电视和录像(Instructional TV and Video)

如果就像美国教育家约翰·杜威指出的,“经验”是最好的老师(Dewey 1916),那么能向大量人群呈现替代经验的电视媒介就是非常强大的教育媒体。不幸的是,实现这一潜力的许多不懈的努力都令人失望。然而,研究表明媒体可以有效地教学,而且自从20世纪60年代以来,电视,除了加强千百万商业企业的培训努力之外,还在扩大全球教育系统方面,逐渐开始扮演越来越重要的角色。另外,新的技术进步提供许多令人激动的新的教学机会,这一切都将加强20世纪90年代乃至21世纪教学电视的使用。

在这一领域,有好几个相关的术语被广泛地应用。术语“教学电视”(ITV)主要是指为专业教学任务而设计的节目。“教育电视”(ETV)是一个比较宽泛的术语,它包括能提供相关信息的任何节目的教育应用,而不管它是否是为某门课程的学习专门设计的。“学校电视”是为了在公立学校中使用而开发的一种ITV形式,大多数公司培训节目可能被当作是一种简单的“教学电视”。

1. 历史

在20世纪50年代,电视这种新媒体作为一种新的教学机会被全世界的教育工作者热情地接受。美国、欧洲和日本的公共电视网络为学校和家庭播放课程。这些直播节目主要用来呈现教师讲座,因此这一媒体的视觉潜力几乎完全没有被挖掘出来。在美国,播放教育节目的电视台,与强大的商业网络相比,规模相对较小,资金短缺,但是到20世纪60年代后期,这些教育电视台终于形成了国家范围的网络,即公共广播服务(Blakely 1979)。在英国,从1959年开始,英国广播公司和独立电视当局每天都为学校提供服务。欧洲各国的国家电视服务也开始开发学校广播节目,著名的有荷兰、德国和斯堪的纳维亚的国家。日本广播公司(NHK)开发了一个非常综合的学校广播课程表,到20世纪60年代早期为止,NHK为教育广播专门建立了一个独立的国家网络(Nishimoto 1969)。在发展中国家,各自的经验也不同,但是对大部分来说,除了那些有外部机构辅助的主要项目,学校电视活动在范围上多少是有限制的(Katz and Wedell 1980)。

1.1 大规模项目

开发了很多应用电视作为主要教学发送系统的大规模项目。第一个项目可能是在20世纪50年代末期在美国马里兰州实施的。选出杰出的老师作为"主要老师",把他们教授的课程通过闭路系统转播给整个校区的所有课堂。每一个教室都有跟踪电视播放教学的老师。四年以后,标准成就测验(SAT)结果表明,学生在某些课程领域里取得了显著成绩。

在20世纪60年代早期,为了使美属萨摩亚群岛的教育系统现代化,又一次大规模应用了电视。尽管学生的成绩水平从未达到过美国大陆的标准,英语水平还是有所提高。美属萨摩亚群岛的教室里帮助指导学生的"监控老师",从对美国教师的观察中学习,最后,当电视节目开始播放课程的时候,他们承担起了这些课(Schramm et al. 1981)。

20世纪60年代末,美国在萨尔瓦多播放了另一套重要的教育电视节目。在新建立的中学层次的技术学校中,电视是主要的教学资源。虽然大多数大规模的电视节目倾向于减少课堂教师的作用,但是在萨尔瓦多,教师整整被培训了一年,培训内容是在课堂上如何有效地使用电视教程。尽管节目的开始很有希望,但是一系列不幸的事件最终导致了节目的衰落,这其中包括教育部长的死亡,他开创了这一节目并领导了全国教师的罢工。最初的结果表明,对七年级学生的成就水平相当有影响,但是对八、九级的学生利用电视教学几乎没有什么提高(Mayo et al. 1976)。

在哥伦比亚,另一套拉美学校电视节目成为美国维和部队在20世纪60年代所做出的最大的唯一的努力。电视每天大约给25万名小学生提供90分钟不同学科领域的教学。评价研究做了8项对比,统计表明,电视教学在3项对比中比传统课堂有显著的优越性(Schramm 1967)。

20世纪60年代早期,尼日利亚利用学校电视做试验,但是这在很大程度上是不成功的。节目被地区竞争、管理矛盾、技术困难和教师抵制等因素所阻碍。有一点,研究人员发现,学校中大约3/4的电视机根本不起作用(Schramm 1967)。

法国电视制作商,在以前的殖民地尼日利亚利用电视的教育潜力做试验,建立了一系列小学水平的"远程学校"。节目设计得非常有创造性,很受欢迎。学校出席率也不错,成就测验得分能与传统学校学生的成就测验得分相比。不幸的是,节目并没有随着原来预想的扩大,部分原因是由于尼日利亚管理人员与老师的反对。

尼日利亚的经验激发它的参与者在象牙海岸规划更大的项目。人们希望,电视能给这个国家最偏远的地区提供高质量的教育。然而,阻碍节目成功进行的因素有很多。官僚主义的低效率和来自教育机构的反对都延缓了设备建设,以至于项目从一开始就受到阻碍。由于项目完成和扩张比预期所花时间要长,而且成本超支太多,从而使这个一开始成本好像比较小的项目变得非常昂贵。在这个国家没有电的地区使用的是电池供电的电视机,成本是很大的。法语是教学语言,然而几乎没有学生能充分地接触它,因而人们发现电视课程很难理解。考虑到引进它时的那些条件,这个节目很可能是过于雄心勃勃的一项任务,但是它从未达到过期望的程度(Lenglet et al. 1979)。

1975~1976年开展的一个一年实验——印度卫星教学电视实验(SITE),在6个不同的州向超过2 000个村庄播放节目，白天播放学校的电视节目，晚上播放成人教育节目。在提高出席率或提高学生成绩测验中的分数方面，学校的广播节目并不像起初所期望的那样成功。然而，与附近没有接收电视广播的乡村学校相比，在语言发展和学习兴趣方面有显著的提高。开始，成人节目吸引了大量观众，但是几个月以后人们对它的兴趣就减小了。为广大边远地区的人们制作和转播节目非常具有挑战性，这个项目成功地面对了这一挑战。然而，它的教育影响被很多因素所限制：包括各村庄方言不同造成的困难；无法预测的节目单上排满了各种类型的节目，却始终没有表现出对当地的关注；节目缺乏想像力，不能吸引观众的兴趣；电视总体上不能承担“延伸领导者”的角色，即不能使人们充分参与适当的跟进讨论和相关活动(Shukla 1979)。

1.2 学校电视

尽管如此，从学前到大学所有水平的课程中，教学电视仍然被证明是一种有效的媒体。或许它最成功的是《芝麻街》(《茜赛姆街》)，一个由美国儿童电视创作室(CTW)开发的教小孩子语言和数学技能的系列片。到目前为止它不仅在美国是最受欢迎的教育电视节目，而且世界各地纷纷对之“克隆”。《芝麻街》是运用复杂方式使用媒体的第一个重要的教育电视系列片，包括巧妙的摄影、快速编辑、有趣的电影片段和动画等等。在指导节目的有效设计方面，研究观众对节目的反馈也发挥了巨大的作用(Polsky 1974)。这种制作方法已经成功地被CTW应用到学校与家庭其他系列片的开发中去了。

教学电视机构(AIT)通过联盟的途径使美国各州和加拿大各省签署了制作学校节目的合同。联盟成员提出他们最感兴趣的节目类型，AIT对他们的产品和传播进行监督管理。

而很多欧洲国家有相当集中化的系统，其中，国家公共电视服务监管制作和电视在学校的分布，在像美国、加拿大和澳大利亚这种比较大的国家里，流行一种混合模式，即国家的这种努力得到了省级或地方单位的支持和加强。在某些情况下，这些扩展到全国范围甚至国际范围的地区性单位获得了声誉。加拿大安大略电视台是一个极好的例子，因为它制作的节目不仅在全国播放，还在美国和其他讲英语的国家播放。对加拿大讲法语的学校来说，魁北克电台提供了法语语言学校远程广播(Sharon 1984)。

应用最广泛的学校电视节目或许是在日本的小学里。NHK与教育部和学校紧密合作，制作与现有的学习课程整合良好的节目。来自NHK的制作商与教育者合作开发节目，鼓励孩子们通过问题进行思考，独立发现概念。补充节目的书面材料被广泛地传播和使用。NHK甚至鼓励全国教师组织在教育中创造性地使用广播，这吸引了大量会员的积极参与。小学科学、社会研究和道德教育节目吸引了全国大量的学校观众(NHK 1969)。

全世界各个国家，中学的电视利用水平都很少达到小学的电视利用水平，这有几个原因。在把学校分成各个部门性质的中学系统里，节目时间的安排要困难得多，在这样的系统中老师只在很短的一段时间里有专门的一组学生。由于他们是专家，所以中学老师在教室里需要的视音频支持好像更少。小学老师通常必须教所有的学科，有可能更易于接受使用材料，而这些使用材料有助于他们教课，尤其是像科学或社会研究这样的特殊学科。电视能提供的这种具体视频案例，对思维过程还缺乏想像力的小孩来说可能更重要。为了克服电视转播带来的时间安排问题而使用录像带，这激发了人们更好地开发中学水平的电视节目。

英国开放大学是高等教育利用广播的最成功的例子。它是为增加高等教育入学机会而规划的，通过利用整合后的多媒体，它已经取得了成功，在整合的多媒体中，印刷材料、无线电和电视都被用来传递教学。认真设计这些材料也是开放大学各种手段中的一个关键方面。内容专家与教育工作者在开发材料时紧密配合。研究人员对学生的回答提供了有帮助的反馈。在诸如泰国、印度尼西亚和中国等许多国家的开放大学里，英国的经验成为全球模式。一些节目为数以万计的学生服务，帮助他们扩展国际高等教育系统，既有学位节目，也有职业培训(Kaye and Rumble 1981)。

日本有它自己国家的"空中大学"。在美国，高等教育中没有这样的国家远程教育系统。然而，许多社区学院提供主要通过电视节目发送信息的"远程课程"。公共广播公司制作了许多最好的"远程系列节目"，作为安娜伯格(Annenberg)奖学金收集的一部分。其他社区学院社团也积极地制作和播放远程课程。

或许，在教育系统所有层次中整合各种媒体应用(包括电视)的最好例子，是韩国教育开发机构(KEDI)所做的工作。随着系统化计划和适当的媒体材料的应用，KEDI 帮助它的国家加强了教育系统，它现在输送的学生，其成绩水平是国际对比中最高的(Morgan and Chadwick 1971)。

电视被证明是一种很有潜力的有效教学设备。但是，开发学校电视是一项复杂的事业，其成功依赖于很多不同的因素，包括有效的管理、可靠的装置、教师合作、有意义的课程手段、吸引产品技术、分发相关材料和对项目人员有适当反馈的有效研究工作。电视也有可能会很昂贵，与其他教学媒体相比，它的成本效益经常依赖于大量学生的使用，来抵消庞大的启动资金(Schramm 1977)。

1.3 公司电视

电视作为教学媒体的使用，当然绝不只被限制在学校环境里。它被广泛应用在商业领域来培训员工。事实上，与典型的学校电视制作相比，许多这样的培训磁带预算更大、制作方法更复杂。最新、最通用的电视格式，比如电视唱片、数字视频和高清晰度电视，通常在公立学校应用之前很久，就在公司中出现了。公司中的电视通常有很多功能，因为它能被用于定向、公共关系、广告、信息等。为了节省旅游成本和时间，远程会议已经成为大公司在广大范围内开展商业业务的重要手段。与工业社会相比，技术发达社会的经济更加是信息导向的，作为通讯媒体的电视越来越成为一种重要的资源。

2. 研究

对电视教学影响的研究要解决很多问题。最通常的研究类型探究教育节目的教学效果。另一类则研究了制作技术对教学电视的吸引力和教学效果的影响。其中一些研究了学生对电视作为教学媒体的态度。另一份研究则探究了教育电视被教师有效利用的方法。

20 世纪五六十年代，无数研究对比了通过电视发送课程和用传统方式教授类似课程的教学效果。其中大多数并没有发现明显的区别(Chu and Schramm 1967)。最近对 74 项设计良好的对比研究进行元分析，产生了一个有利于电视的"效应值"，为 0.15，这是一个很适中的区别，这可能会使电视课堂中的学生成绩比老师在教室里教的学生学习成绩大约要高 5%(Cohen et al. 1981)。

尽管这些发现或许有助于平息对媒体异常严厉的批评，但回想起来，这种结果好像正是所期望的。这些年来，重复进行了这么多的"媒体对比"研究，其可信性经常受到怀疑，到 20 世纪 80 年代为止，理查德・克拉克(Richard Clark)最先提出了怀疑，即媒体本身是否对教学质量有影响，就像 20 世纪 60 年代以来马歇尔・麦克卢汉(Marshall McLuhan)的观点被广泛争论那样。克拉克把媒体称作"纯粹的工具"，这从本质上说是课程发送中的中性因素(Clark 1983)。教学技术领域的其他人批评了克拉克的观点，指出特殊的教学手段是依赖于具体媒体的本质的。接下来的讨论想要澄清一件事实，关于一种特定类型硬件(电视对书本)或一段特别节目(《芝麻街》对《罗杰先生的邻居》)的影响，得出有意义的结论是很困难的，而且最有用的研究手段或许只是在于教育工作者能利用的特定媒体特性，比如说利用运动图片、具体制作技巧或戏剧化处理。

早期研究探究了不同制作技术和处理的影响，报告中常常说，其中大多数因素在教学上并没有多大的差异(Chu and Schramm 1967)。然而，随着制作和研究技术越来越复杂，越来越多的证据表明，技术的选择影响了观众的参与，或许也影响了成绩水平。

日本的 NHK 和美国的 CTW 联合开展了许多"形成性研究"，以确定什么样的生产技术能最好地抓住孩子们的兴趣。NHK 的研究人员发现，在教学上，利用画外音描述现象的电影胶片比教师讲座的大头像效果要好。学生们记忆电视图像也比记忆文本的效果要好。利用嵌在材料中的问题也有助于学生以后更有效地应用概念(Tiene et al. 1986)。在CTW,人们发现,重复故事、歌曲和其他作品元素对孩子是很有吸引力的。惊奇因素是抓住观众注意力的另一条有效方式,这包括使用现场直播、特技效果和新型编辑技巧。在吸引观众方面,就像使用不同的语言形式(修辞、头韵或行话等)一样,幽默也是一个关键因素。最后,有熟悉的角色也能吸引孩子们,在《芝麻街》中,这包括木偶和卡通角色(Lesser 1974)。

以色列的研究人员萨洛蒙(Salomon)研究了是否能用摄像机和编辑技巧来模仿学习者的认知过程。他发现这在某些情况中能起作用,如利用变焦镜头帮助反应较慢的学生发现和记忆复杂视频中的细节。但是,这些技巧是否能推广到其他领域,像记忆文本中的细节等,还没有得到令人信服的论证(Salomon 1979)。而且,最近越来越多对吸引学生注意力制作技巧有效性的研究,解决了一些具体问题,比如呈现的信息密度、材料发送的速度和听众的认知水平(Bryant and Anderson 1983)。

研究文献与关于老师在课堂上如何能最好地利用电视的讨论比较一致。萨洛蒙(1979)证明了,将节目作为学生必须对其负责的学习经验而不是作为一种娱乐提供给学生,将提高对材料的理解和记忆。学生们从提供材料之前的介绍和之后的讨论中获益。询问学生关于材料方面的问题,使他们能积极地思考,是一种有效的手段。随时开始和结束(录像带)节目以便讨论关键问题,如果做得好的话,就能有所帮助。重现某些片段在教学上也是有效的。

英国独立电视当局于1967年建立了一个教师奖学金计划,为老师利用教学节目的不同方法的有效性研究提供资金。BBC也监控老师在这个过程中对其节目的使用。英国学校的一份历时两年的研究声称,学生的自我形象、学习动机和语言技巧都得到了提高,在项目中他们参与了音视频材料的创作。另一份研究则发现,通过参加关于"批判性观看"的短期课程,儿童对实际节目的理解大幅度提高。总而言之,英国的研究工作强调了老师角色的重要性,他们通过适当的教学、回顾关键问题或讨论等,使节目对学生更有意义(Moss et al. 1991)。

在文献中探究了新的电视形式的使用。其中写了很多关于录像带和光盘视频给老师带来的方便。如果在播放电视片断时能提高对媒介的控制能力,上面提到的技术运用能变得容易。尤其是,在新的视频的交互形式中,录像机或影碟机与计算机相连,能将计算机化教学的优点与电视教学的优点联系起来。其中一些能力将包含仔细设计的学习序列、学生输入的机会、反馈的提供、适当的强化、对努力的评价、在不同水平上的分支等。研究结果表明,实际上,在提供教学方面,"交互视频"比线性视频好(Schwier 1987)。尽管数字电视提供了更大的灵活性,但是它在与媒体协同工作方面是这么新,以至于在20世纪90年代早期,它的教学潜力还没有被完全挖掘出来。

3. 商业电视的教育影响

教育工作者曾经努力清除商业电视对学生及其在校行为的影响。世界各地的老师和父母都非常关注学生花多少业余时间看电视娱乐节目,而不是读书或完成家庭作业。波斯曼(Postman)曾宣称电视是一个独立的"课程",它促进了一种被动的、单一思维模式的、自我放纵的观点,并断言,学校应该有责任鼓励知识普及和批判性的思考来抵抗电视的影响(Postman 1979)。

另一个研究方向一直在关注从观看商业电视中能学到什么。通过它的新闻和纪录片节目,电视是一扇"世界的窗口"。它提供了从传统艺术形式的表演到流行文化的表现等多种不同的文化经验。它或许有自己的一套"隐性的课程"。人们可以分析、批评其价值判断。

在20世纪70年代早期出现的"视觉文化"运动,是想使教育工作者在某种程度上认识到年轻人对世界的概念主要来自由视觉媒体提供的替代经历,其中最重要的媒体是电视。这个运动鼓励教育工作者与学生一起探究,他们是如何解释视觉图像的,或许是潜意识中被视觉图像所影响,这种材料实际是如何设计制作的,最后,他们是如何通过视觉艺术更有效地表达自己的(O'Reilly and Splaine 1987)。这项运动的支持者通过电子媒体从很多领域探究了这些问题，包括格式塔心理学、艺术史、信息处理、光学、脑生理学和广告。

4. 20 世纪 80 年代和 90 年代的发展

在 20 世纪 80 年代，教学电视经历了好几次技术发展，这为 20 世纪 90 年代和 21 世纪提供了新的教育机会。尽管它是在 20 世纪 50 年代发明的，录像带技术的成熟却是在 80 年代。家庭和学校中录像机的激增以及视频存储的兴起，使电视成为一种比过去灵活得多且容易获得的媒体。尽管它经常用于娱乐目的，业余爱好和特殊兴趣的视频还是相当多的。随着更便宜更轻便的电视摄像机的开发，视频已经成为更多学生正在用来做试验的一种媒体，不论是在学校还是在家里（Carlisle 1987）。

而且，更复杂的视频格式也在 20 世纪 80 年代出现了。电视唱片用激光光盘来呈现电视，这提供了稳定的静止画面和快速随机读取的电影胶片。单面 12 英寸盘一面能存储54 000幅静止图片，通过遥控能在几秒钟内清晰地呈现任何一张。因为它的快速存取能力，这种光盘特别有利于在计算机与放像机连在一起的“交互视频”系统中应用。在这样的系统中，通过材料的清晰排序、交互、分支个性化和评价这样的计算机能力，能提高电视教学质量。“交互视频”是一种很有潜力的动态教学媒体。然而，它也很昂贵，很复杂，因此，它在学校系统中的应用非常有限（Schwier 1987）。

为了便于在光盘上呈现，电视也进行了压缩。交互光盘（CDI）和数字交互视频（DVI）就是这样的两个系统。其中，DVI 更强大，能在交互性比较强的环境里呈现带数字效果的全运动视频序列。一个 DVI 节目能让小学生“虚拟旅行”墨西哥衰落的玛雅文化，学生们可以在遗址上四处移动，进行探索。数字电视在视频中插入视频、分解图像、扩大和压缩图片、创建多个版本的图像等方面有更大的灵活性。对这类有效教学应用能力的研究，是一个仍处在初步阶段的研究领域（Arwady and Gayeski 1989）。

电视信号的传播经历多年，已经有了显著的变化，不再是那些在地区范围内从转播塔播放几个频道的时代了。在 20 世纪 90 年代早期，卫星就有了能覆盖地球 1/3 表面的双向传输的多频道广播“覆盖面”。微波天线能为点对点和多点广播发送、接收信号。20 世纪 80 年代，通过这些转播新技术所拥有的增强型广播能力，全球远程教育系统扩大了它们的地理范围及其客户规模（Hezel Associates 1992）。

有线电视系统利用光缆为上百个频道提供了清晰的电视信号。“教室中的有线电视”国家协会促进了美国学校使用有线电视。学校正在架设电缆，这将为好几个频道提供广播教育材料，比如学习频道、探索频道、艺术和娱乐网络以及公共广播服务。

技术也提高了电视的显示质量。20 世纪 80 年代，大屏幕投影仪的质量就有了很大的提高。而且，高清晰度电视（HDTV）系统日益完善，这将大大提高大的电视画面的分辨率。在 20 世纪 90 年代，电视终于接近了电影投影的清晰度和大小。

在 20 世纪 90 年代，电视或许会进入一个新的时代，那时它将比以前更有动力、更灵活，而且更盛行。它的教育影响是否相应地扩张，我们将拭目以待。从一开始就与媒体相伴的经验表明，作为教学媒体的成功将依赖于提供用户友好的硬件、有效表达重要教学需求的有想像力的节目、有效应用的教师培训和有成本效益的应用手段。

D. 蒂耶尼（D. Tiene） 著

李国玉 宋继华 译

附录

Arwady J, Gayeski D 1989 *Using Video: Interactive and Linear Designs.* Educational Technology Publications, Englewood Cliffs, New Jersey

Blakely R 1979 *To Serve the Public Interest: Educational Broadcasting in the United States.* Syracuse University Press, Syracuse, New York

Bryant J, Anderson D (eds.) 1983 *Children's Understanding of Television: Research on Attention and Comprehension.* Academic Press, New York

Carlisle R 1987 *Video at Work in American Schools.* Agency for Instructional Technology, Bloomington, Indiana

Chu G, Schramm W 1967 *Learning From Television: What the Research Says.* National Association of Educational Broadcasters, Washington, DC

Clark R 1983 Reconsidering the research on learning from educational media. *Rev. Educ. Res.* 53(4):445—459

Cohen P, Ebeling B, Kulik J 1981 A meta-analysis of outcome studies of visual-based instruction. *Educ. Comm. & Tech. J.* 29(1):26—36

Dewey J 1916 *Democracy and Education.* Macmillan, New York

Hezel Associates 1992 *Planning for Educational Telecommunications: A State By State Analysis.* Hezel Associates, Syracuse, New York

Katz E, Wedell G 1980 *Broadcasting in the Third World: Promise and Performance*, 2nd edn. Harvard University Press, Cambridge, Massachusetts

Kaye A, Rumble G (eds.) 1981 *Distance Teaching for Higher and Adult Education.* Croom Helm, London

Lenglet F, McAnany E, Grant S 1979 Educational TV in the Ivory Coast. In: Melmed A (ed.) 1979 *The Organization and Management of Educational Distance Media Systems: Some New Directions.* EDUTEL, Palo Alto, California

Lesser G 1974 *Children and Television: Lessons from Sesame Street.* Random House, New York

Mayo J, Hornik R, McAnany E 1976 *Educational Reform with Television: The El Salvador Experience.* Stanford University Press, Stanford, California

Morgan R, Chadwick C (eds.) 1971 *Systems Analysis for Educational Change: The Republic of Korea.* US Agency for International Development, Washington, DC

Moss R, Jones C, Gunter B 1991 *Television in Schools.* Libbey, London

Nippon Hoso Kyokai (NHK) 1969 *Survey and Study of Educational Broadcasts.* NHK, Tokyo

Nishimoto M 1969 *The Development of Educational Broadcasting in Japan.* Sophia University and Charles E Tuttle, Tokyo

O'Reilly K, Splaine J 1987 *Critical Viewing: Stimulant to Critical Thinking.* Midwest Publications, Pacific Grove, California

Polsky R 1974 *Getting to Sesame Street: The Origins of the Children's Television Workshop.* Praeger, New York

Postman N 1979 *Teaching As A Conserving Activity.* Delta Books, New York

Salomon G 1979 *The Interaction of Media, Cognition, and Learning.* Jossey Bass, San Francisco, California

Schramm W (ed.) 1967 *New Educational Media in Action: Case Studies for Planners.* UNESCO International Institute for Educational Planning, Paris

Schramm W 1977 *Big Media, Little Media: Tools and Technologies for Instruction.* Sage, Beverly Hills, California

Schramm W, Nelson L, Betham M 1981 *Bold Experiment: The Story of Educational Television in American Samoa.* Stanford University Press, Stanford, California

Schwier R 1987 *Interactive Video.* Educational Technology Publications, Englewood Cliffs, New Jersey

Sharon D 1984 *Communications and Information Technologies in Canadian Elementary and Secondary Schools.* TV Ontario, Toronto

Shukla S 1979 The impact of SITE on primary school children. *J. Commun.* 29(4):99—105

Tiene D, Akiyama T, Kodaira S 1986 Educational television research in Japan. *Educ. Comm. Tech. J.* 34(3):176—182

其他参考文献

Hawkridge D, Robinson J 1982 *Organizing Educational Broadcasting.* Croom Helm, London

Kodaira S 1991 Worldwide educational broadcasting: Diversity and challenge in a new era. In: Theoretical Research Center, NHK Broadcasting Culture Research Institute 1991 *Studies in Broadcasting.* Broadcasting Culture Research Institute, NHK, Tokyo

Masterman L 1980 *Teaching About Television.* Macmillan, London

McLuhan M 1964 *Understanding Media: The Extensions of Man.* McGraw-Hill, Toronto

Tiene D, Futagami S 1987 *Educational Media in Retrospect.* World Bank, Washington, DC

语音实验室(Language Laboratories)

语音实验室是一个包含录音机、录像机,有时还包括计算机设备的教室,用来帮助学生在有或没有老师的情况下学习一门外语。它有三个主要功能:(a)允许学生听由本地人读的语言材料;(b)允许他们与同伴同学分别进行听说训练;(c)使他们能自定步调学习外语。

1. 语音室的起源

在20世纪前半期,外语教学有一个转变,从教授写作技巧转变成教授说的技巧。随之产生了录音、编辑语音资料以补充传统课本的需要。这种方式很早就随着唱机的出现而可以利用了,这种通过唱机进行语言教学的方式非常有名。然而,唱机有两个突出的缺点:首先,生产成本高;其次,不能改变已经记录的内容。这两个问题随着录音机的出现而解决了,录音机在第二次世界大战以后很普遍。随着录音机越来越便宜,使用也越来越方便,尤其是随着盒式磁带的出现,它们的应用成了外语教学中的常规。当专门为语言教学预留出一间特殊的房间,并安装上录音机时,这个房间就叫作"语言实验室"。

2. 语音实验室的类型

根据设备的技术功能,可以安装三种语音室:(a)音频—被动型,学生只能听录音;(b)音频—主动型,学生可以听,也可以记录自己的声音;(c)音频—主动—比较型,学生可以将自己的声音录音与所听语音相对照。

所设计的语音室可以有老师在场,并经常装有称为"教师控制台"的设备,使老师可以控制学生的位置。这种装置允许老师监听个别学生,打断他们以便为其提供建议或技术支持,把一些学生连接起来使他们能进行会话练习,给部分或所有的学生进行指导,或者是给他们转播录音。一些语音室也安装了投影仪,提供图片展示物体和情景,代替了翻译,这使得情景会话更直观。在20世纪70年代早期,当录像机大范围普及的时候,与声画同步相关的问题(利用两台不同的机器)解决了。

3. 语音室的兴起

20世纪六七十年代,语音室的大量普及归根于三个主要原因。首先,它给学生提供了传统教室所缺乏的可能性:学生能够听本族语的人讲话,而不是听带有外国口音的老师说;学生们可以不停地操作磁带资料,而不必在课堂上等待可能的机会,学生们可以根据他们各自的需要重复材料。当配备上了"图书馆系统"时,语音室对教室外的学生开放也成为可能。配备了这样一个系统,个人或学生在业余时间就能从图书馆借磁带,自定进度学习,并且只有当需要的时候才从老师那里寻求帮助。为了简化进入图书馆的步骤,一些机构(比如美国的密歇根大学)开发了一个完全自动的系统,允许拨号进入语音资料库。

语音室这么受欢迎的第二个主要原因是,它帮助老师从耗时的教学中解脱出来,比如朗读课文或纠正学生的发音,而为更重要的任务留出时间,比如与学生进行会话。

第三个原因是可用设备满足了外语教学法的需要,当时刺激—反应理论对其影响非常大。人们认为,学习语言不过是在有意义环境中对语音(刺激)的反应。这种获得语言的观点导致了句型练习这种教学材料的开发。人们认为,通过反复听恰当的语言句型(刺激),通过重复所听到的(反应),学生们能够掌握一门语言。

语言教学的另外一个观点是"直接教学法"。在20世纪前半期开发的——第二次世界大战后仍然非常具有生命力——其目标是不用母语来教授外语。单词和句子的意思通过展示图片而不是翻译来教的。这种语言教学的观点是通过装有幻灯放映机的语音室来实现的。所用的教学方法作为一种"视听"方法非常有名。它的成功主要归结于法国的 CREDIF—— 一个促进法语作为外语的政府资助组织。

4. 语音室的衰落

在初始成功并普及到一般的学校以后，语音室失去了很多吸引力，在20世纪80年代几乎从正规学校完全消失。在史密斯（Smith）的大规模研究（1970）中，他比较了通过听说学习方法（包括使用语音室）获得的结果和多种传统方法获得的结果，发现传统方法并没有更糟，有时还能做得更好。为了解释语音室的失败，可以归纳为几个因素。首先，刺激—反应理论对于语言学习来说被证明并不成功。通过机械操练来学习句型，对于学生在新的意义语境中学习用处不大，在新的语境中，很多不同的语言句型必须同时应用。直接教学方法也不是没有问题：图片常常很模糊，而且即使老师没有要求，学生们也想把外语单词翻译成母语。第二，一般来说，学生们不能把自己的反应正确地与他们从磁带上听到的相对照。第三，音频设备的价格降低，很多学生家里也有了自己的设备——或者是，口袋里有了随身听。因此，对语音室的需要就减少了。前两个原因可以用里弗斯（Rivers 1968 P. 320）的话来总结："语音室不能教学。教学必须通过教室里的老师与学生进行交流来完成。"

5. 语音室的复苏

随着计算机的应用及其价格的大幅降低，从20世纪90年代开始，语音室开始重新受到重视。尽管计算机只是偶尔在"传统的"语音室里应用，它主要是用来在屏幕上再现课本上的内容。语言教师掌握计算机相关功能也要花一段时间。与课本或录音机不同的是，计算机可以像老师一样评价学生做出的回答。装有计算机的语音室实际上能在某些方面教外语。而且，计算机不仅能以老师认为有用的方法教，而且使学生能接受专门为他们的个别需要而进行的指导。计算机能用于部分教学任务，像帮助学生理解课文等。需要解释的单词或短文通过反相显示或其他颜色来标注，通过给学生提问题来评价他们对所听到的语言的理解。而且，可以设置很多选项，使学生能获得课文在其他方面给出的而且他们想知道的信息（如特殊单词的意思可以通过查字典来了解，或语法信息，如果学生不能将复杂的语法形式分析或其构成成分，则可以通过在线语法获得从而对学生有所帮助）。当学生完成以后，可以评价教学是否成功，并对学生下一步做什么提出建议。最后，计算机能帮助学生做语言练习，当学生犯错误的时候可以给出正确的反馈。

除了直到20世纪80年代后期仍然居高不下的价格因素以外，计算机语音室的大规模应用受到阻碍还有两个重要因素：（a）计算机程序开发的缓慢；（b）口语的缺乏。

计算机程序的设计与编写是一项特殊的能力，远不是普通的语言教师分内的事。大多数语言教学的软件要么是由没有外语教学背景的专业人士制作的，要么是没有坚实的计算机科学背景的语言教师制作的。而且，由于计算机语音室本身的缺乏，大多数这种软件的设计，其目标是补充标准外语教学方法，而不是被整合到具体课程材料中。现在，这些问题随着"写作系统"的开发已被解决了，即专业人士所写的计算机程序，能实施各种外语教学任务。教师只被要求按照写作系统所规定的格式，准备他们的教学材料。

由于现在可以买到许多高质量声卡，口语的问题也已经解决了。多少有些令人惊奇的是，与传统的盒式磁带录音机相比，计算机有绝对的优势。课文中发音困难的单词或段落可以由程序给予特殊的关注。学生可以通过简单地在屏幕上操作来听具体的单词或段落。可以让学生听一段话，然后请他们打出他们所听到的，通过这种方法来评价学生的听力理解。程序还将通过在屏幕上写或实际说来复述故事，并对故事如何发展提出想法等多种方式来评价他们的结果。当然，学生也可以记录自己的声音并与老师的录音进行对比，但是这在传统语音室里早已实现，因此这一功能并不常用。

计算机语音室还提供了使用图片的新功能。通过传统的幻灯放映机，图片经常太笼统而不能清晰地表达意义。在早期的语音室中，用两台独立的机器分别播放幻灯片和相应的一段语音是非常困难的，老师的存在是必需的。所有这些问题随着电视唱片的出现都解决了，它能存储十多万张图片，每一张图片都能与声音同时播放。大量图片使详细表达意义成为可能。只有一个问题仍然存在：正如唱机唱片所面临的问题一样，电视唱片的内容也不能改变，但是这个问题将有可能解决。允许老师更改声音和画面的多媒体系统已经出现在市面上了。

传统的语音室因为不能教学，已经不怎么使用了。然而语音室正在卷土重来，因为，以计算机化的形式，它完全有这个能力。

而且，计算机语音室已经成为一个真正的实验室，即人们不仅能在装有机器的房间学习外语，而且能在其中进行控制实验。很多计算机程序记录了学生是如何做的，还记录了他们所取得的成绩。同时，老师和研究人员可以审查什么教学材料或什么学习策略最有效。这种语音室使得不同的学生能够根据个人的特点，比如智力、勤奋和社会背景，来选择不同的材料或不同的策略，可以通过比以往更加受控的方式来进行实验，从而检验假设。

A. G. 塞亚罗恩（A. G. Sciarone） 著
李国玉 宋继华 译

附录

Smith D Jr. 1970 *A Comparison of the Cognitive and Audiolingual Approaches to Foreign Language Instruction*：*The Pennsylvania Foreign Language Project*. Center for Curriculum Development Inc

Rivers W M 1968 Teaching Foreign-language Skills. University of Chicago Press，Chicago，Illinois

其他参考文献

Craven M-L，Sinyor R，Paramskas D（eds.）1990 *CALL*：*Papers and Reports*. Athelstan，La Jolla，California

Jung U O H（ed.）1988 *Computers in Applied Linguistics and Language Teaching. A CALL Handbook*. Peter Lang，Frankfurt

Smith W F（ed.）1989 *Modern Technology in Foreign Language Education*：*Applications and Projects*. National Textbook Company，Lincolnwood，Illinois

Stack E M 1971 *The Language Laboratory and Modern Language Teaching*，3rd edn. Oxford University Press，London

教育中的远程通讯（Telecommunication in Education）

“远程通讯”这个术语，最简单的定义是指发送者和接收者之间远距离消息的交换。180 年前电报机和 120 年前电话机的发明提供了一种电子手段，不仅不用物理手段就克服了空间距离，还克服了传递印刷或手写消息所必需的时间因素。应用物理科学通过电子化和小型化而引起的进步在速度、数量和质量方面创造了一个根本性的变革，通过这种变革，信息能被传送到世界上任何一个地方。“世界各地的通讯是准即时的——毫无疑问，它将给社会结构带来根本的变革。”（Bobillier 1979）

20 世纪 70 年代开始的远程通讯设备和大型计算机的融合，在 20 世纪 80 年代随着微机和通讯软件的快速发展而日益加快。成本的降低、远程通讯单元数量的增加和操作的简化，把远程通讯和计算机带进了几乎教育的每个分支领域，也带给了许多教师和学生。这种通讯潜力再也不被局限于巨大的中央数据处理单元，而成为越来越多个人使用的日常工具，这将对全球通讯系统产生巨大的社会和经济影响（Fennessy 1978）。

远程通讯与信息科学或计算机数据处理的融合，被称为“远程通信及信息处理技术”（Telematics），源自法语中的术语“telematique”。从这个开发引出的技术融合不仅导致了另外一个技术系统的产生，还产生了一种新的通讯策略（Singh and Liebowitz 1984）。

通讯本质上是一种意义的交流。新出现的远程通信及信息处理技术领域本身不是一种目的，它通过通讯对人类进步与发展所做的贡献最终会受到公正的评价。需要从计算机和远程通讯对人类能力培养的贡献方面好好理解它在全球教育社区越来越多的应用，而不仅仅是从它作为数据的技术与经济传递方面去理解它。

远程通讯网络被组织成电子系统和程序，这使得机构和个人能够通过电子手段可靠地交换信息。这种网络包括电缆、卫星和转换装备，但是最重要的是综合程序，它使得这些技术设备可以被利用。

1. 技术系统

下面这一部分将从教育用户的角度来描写远程通讯设备和系统的主要技术配置。

1.1 计算机会议

计算机会议是一种以计算机为中介的通讯形式,这种形式中,信息被输入、检索,并由一组注册到某一特定主题会议的成员响应。这些信息类似于电子邮件。计算机会议在信息组织方式方面差别很大。它为每一位用户保存了信息的连续记录,以便当成员"加入"会议时,只呈现上次结束以来的未读信息。例如,如果一个会议有10个成员,并积累了200条信息,每一个成员都会有一份个人用户简档,里面标注了他们每次登录会议系统时的已读和未读信息。"A"成员可能已经看到了所有最新的信息,当下次登陆时就没有"新信息"。"C"成员可能好几天不在,一回来就登录会议系统,被提示读15条"新信息"。

每一个成员都可以读取信息、响应信息或者创建一条新信息。信息可以按年月顺序读,也可以按逻辑引用顺序读。会议通常由会议主席召集,他负责确立一个主题、批准成员进入密谈或闭合会议以及做必要的工作促进成员之间的讨论。

会议可以是开放的、封闭的或机密的。开放的会议在会议索引表上列出,新成员可以自我注册。封闭的会议也在会议索引表上列出来,但是只有经会议主席批准的成员才可以参加。这类会议常常在课程会议中使用。机密会议在系统上运行但是不列出来,并且只有通过会议主席或会议组织者才能获得权限。这类会议常常用于商业或管理目的。

20世纪90年代早期,世界重要的计算机会议系统有:1986年欧洲共同体建立的EUROKOM(基于COM和PORTACOM)(Bryden 1990);1984年加拿大威尔夫大学开发的CoSy;新泽西技术学院开发的EIES;美国合作系统开发的PARTICIPATE。

计算机会议性能可以作为其他软件系统的子功能得以利用,但是已列出的会议系统是专门为电子会议开发的。大多数可用的会议系统是非实时的,成员可以在自己方便的时候登录系统。信息由其他用户分别独立地输入、存储和提取,其他用户可能会同时在线。这种非实时的最大优点是会议用户不受世界时区的限制。用户能在正常工作或清醒的时候检索和发送信息,一天24小时完成几种通讯交换。

最近,计算机会议的非实时特性的主导地位受到了教育需求的挑战。在一个对38名护士学生进行的控制性比较研究中,希金斯(Higgins 1991)发现,使用同步会议的二人组合比使用非同步会议通讯模式的二人组合能更好地认识会议信息的内容。在两种模式中,学生都对利用计算机会议作为一种学习手段感到满意。

1.2 计算机文件传输

远程教育应用,包括像字处理或计算机作业这种基于计算机的练习,可以利用计算机的文件传输能力从学生向教师电子化地传输数据,而不是通过邮递硬盘或软盘来邮寄材料。文件传输的使用,与依赖邮件服务的传统函授教育相比,使相距很远的学生能更快地交流所完成的工作。

学生能够离线完成他们的作业,然后通过"上传"功能传送已完成的工作,这只占完成在线作业所需时间的一小部分。类似的,教师的指导和评论也可以被"下载",以便离线时用。文件传输性能大大减少了上线联网所需的时间以及实时通讯连接所带来的高成本。计算机文件传输效仿了传真的功能,而且还具备随时交换完整文档的优点。

1.3 电子黑板

电子黑板(或电传打字机,或音频图形显示)是一个数字化的写字界面,指导教师从始发端在上面写字,它通常与远程系统联合使用。信息在接收端的监视器上显示出来,它们通过电话线或其他远程通讯网络联系起来。如果安装了双系统,接收端也能作为始发端,在它的"黑板"上创建信息,然后在指导教师和其他接收端屏幕上显示出来。

应用电子黑板需要两根或更多的通讯电线,一根用来进行双向语音通讯,一根或多根用来数据传输。电子黑板是一种实时远程通讯的同步形式,并在系统使用的全过程中带来传输费用。

1.4 电子邮件

正如名字所暗含的,电子邮件是一种两人或多人之间利用电子传输而不是纸或邮局传输信息的通讯手段。电子邮件在形式上与计算机会议相似,它最大的不同在于电子信息的管理。邮件由发信人寄给一个或一组特定的人。信息可以被读、回复或复制给其他人,但是每组信息都是一个独立的通讯单元。它不像计算机会议那样有强大复杂的信息处理功能。同时,电子邮件还有一个优点,它允许私人通讯只传送给某些人。在这个意义上,它为公开的计算机会议提供了有用的私人通讯补充。

1.5 传真

尽管印刷材料传真传输的基本形式开始出现于19世纪中期(Buchman 1988),早于电话出现的日期,这种设备的可靠性大大提高却发生在20世纪80年代末,全世界范围内的传真利用有了巨大的发展。传真设备扫描一张印刷材料,将信息进行数字化处理,通过世界各地的电话线传输到指定接收机。在接收地点,当接到传输指令的时候,用纸将这一信息打印出来。办公室一般都安装了专门的电话线和传真装置。但是,在稍小一些的办公室和家庭,组合的电话和传真机可以装在同一条电话线上。传真传输的优点是,在交换的发端和收端都有硬拷贝,而且即使接收端无人值守也能接收信息。这成为非实时通讯的有效形式。

可用传真传输完整的文档,它经常用来传递1~10页的消息。在较大的组织里,常常可以看到传真系统被用于部门之间,以及位于国内或国外其他地点之间的文档的内部传输。

1.6 卫星

卫星技术成为全球远程通讯最重要的组成部分之一。它通过电报、微波、广播电台和电视等传统分配方法,促进了全世界远程通讯交流量的大幅增长。从战略考虑安放在赤道上空22 300米处同步轨道的3个卫星就能覆盖世界的大部分地区(Gross 1990)。

卫星在始发地点和收发地点的装置之间提供了通讯连接。为了满足更多的观众,除了有上、下行链路的卫星以外,还需要电视、广播或基于计算机的节目制作设备以及足够的电视接收装置和投影仪。电子设备的小型化和低成本使得家庭直接接收电视或广播信号成为可能。在其他的应用中,电话公司可以利用卫星连接使声音和计算机通讯直接跨越大洲大洋,从而更容易更便宜。

卫星从两个方面有助于教育。一方面,由于它的容量很大,因此,在发展中国家对众多的人口输送教育课程,成本会很低。另一方面,它可以为人口稀疏、幅员辽阔、地形恶劣的边远地区输送这些课程,而传统的以地面为基地进行的设置在这些地区不可行。

1.7 远程计算机辅助教学

计算机辅助教育(CAI)使公共机构环境中的学生能利用认真排序的、基于计算机的学习材料达到教学目标,并能为学生练习和行为的直接反馈提供机会。计算机辅助教学的优点有教学时间的缩减(Sheckley 1986)、学习动机的提高(Kulik and Kulik 1987)以及表现能力的提高(Marcoulides 1990)。

通过数据传输对远程学生实施CAI的远程计算机辅助教学,利用计算机辅助学习服务于做全职工作并利用业余时间学习的更广泛的人群。这些学习者能够从家里或工作地点获得学习材料。随着英国开放大学20世纪70年代发展的巨大成功,远程教育在世界范围内的发展,引起了人们为服务于边远地区的学习者而使用基于计算机学习资源的浓厚兴趣。

远程CAI包括在中心计算机上提供计算机辅助学习材料,这些材料可以通过公共数据网络获得。登录的单元通常是在学生的远程学习地点带调制解调器和通讯软件的个人微机。

1.8 远程教室

远程教室是许多特殊通讯系统在协调的教/学环境中的集成,学生和指导教师分布在相距很远的两个或多个地点。通讯设备这样安排是为了所有的学生都能获得同样的信息,而不论呈现的是声音、电视还是数字显示。站点之间声音和图像的传递利用两条或多条声音/视频通讯的双向通道,进行声音/视频消息的同步传递。同远程会议和传统课堂一样,远程教室提供了同步活动,并要求所有参与者的同时参与。远程通讯设备可以根据当地条件、站点距离或法律/经济因素而采用这些形式中的一种。笔直的光纤或共轴电缆、点对点微波和混频电视或卫星传送，是在安装远程教室时可以考虑的选项。

远程教室被设计成在应用时只需要最小的操作支持。输入安全标志代码和口令后的自动系统安装，指导教师选择教室功能和自动摄像头选择，是该系统的特征，系统中设计的这些特征，能提高使用的简便性与可靠性，降低操作成本。

远程教室的教育活动与传统教室的那些活动相似，如带讨论的讲座、学生提问、数据和视频演示、学生主导的讨论/会议和学术委员会会议。

1.9 远程会议

电话在超过两方交流或电话会议中的教育应用，是通过远程会议系统完成的，每一个连接点都包括一个转换桥、扩音器和麦克风装置。实际上，连接点的数量受转换桥上所接的电话线最大数的限制。每一个点或教室通过在指定时间呼叫转换桥，加入远程会议系统。桥上的每个点都能获得指导教师的消息，每个站点也能响应指导教师或其他站点提出的评论和问题。

在教室站点，尽管离指导教师很远，但是接收/传送装置被连接到电话线上，这扩大了输入的声音信号，提供给学生互相连接的麦克风，允许每个学生进行评论或提问题。当教师允许的时候，这些评论可以被所有互联的站点收听到。

远程会议从本质上说是通讯的一种同步形式，所有的参与者在同一时段必须连接到网络上。在一些应用中，可用另外一根电话线传递来自指导教师或远程站点的视频、电子黑板或图形图像。在其他一些应用中，视频材料的复制品提前送到每个站点，然后当教师呼叫的时候在当地播放。

1.10 可视图文系统和数据库

可视图文系统的开发可以追溯到1976年赛姆·费迪达（Sam Fedida）对可视数据的论证（Binder 1985）。它源自于英国邮局总部（GOP）提高一般营业时间之外未充分利用的电话系统使用率的要求。可视数据的开发，通过开发电视机，确保创建了一个使用电话线的大规模市场，将电视机作为一个包含巨型数据库的远程主机计算机的显示装置。可视数据的开发于1978年作为市场试验以PRESTEL的名义被介绍给英国公众，在1979年作为商业服务介绍给英国公众（Binder 1985）。后来它作为可视图文系统被广泛认可。

交互可视图文系统由斯泰因（Stynen 1984 P. 435）定义为“一种用户友好工具，允许以电视技术为基础、经过标准电话网络到达远程计算机以连接低成本用户终端，并允许检索信息和执行事务处理服务”。

英国GPO开发PRESTEL后不久，法国通用远程通讯说明（DGT）于1980年开始实行一项远程通信及信息处理技术项目，要“把计算机技术和远程通讯的组合优势带给全国几乎所有的家庭和办公室”（Binder 1985 P. 50）。法国的这一系统使用一种低成本的特定终端，叫作MINITEL，而不是依靠电视机这一手段。法国被称为TELETEL的可视图文系统服务，其最初目的之一是为其用户提供电子电话指南。

继英国和法国之后，其他国家也紧跟着开发了自己的可视图文系统版本。加拿大于20世纪70年代末期介绍了TELIDON，瑞典制作了DATAVISION，日本的CAPTAIN系统，德国提供的BILDSCHIRMTEXT服务等，都成为使用和登录英国PRESTEL的第一批国家系统之一。美国没有直接参与早期的可视图文系统开发。然而，在1982年，加拿大TELIDON和美国电报电话公司（AT&T）开发的技术协议融合成一种新的可视图文系统标准协议，即北美呈现级别协议句法（NAPLPS）。可视图文系统的最大特点是呈现图形信息的能力，这种能力从PRESTEL简单的块状图形到NAPLPS的高分辨率不等。

20世纪70年代末，当上述可视图文系统还处于早期开发的时候，现代微机基本上还不存在。到80年代末期为止，微机的出现在很多应用方面代替了可视图文系统的专用终端。尽管重要的可视图文系统依赖于大型机或功能强大的大容量微机，但是80年代中期，在将计算机单机作为学习站点和可视图文系统文件服务器使用方面还是有很多发展的（Moore 1986）。

可视图文系统不仅仅局限于作为显示图形的系统。布里当（Bryden 1990）报告说，欧洲有很多文本和数字数据库，主要是利用包含关键字的命令式或菜单式搜索程序。这些系统使用计算机终端或微机作为登录装置，而不像早期的开发那样使用电视机或解码器。北美的大多数可视图文系统活动是基于 NAPLPS 的，其他利用纯文本显示的服务，像 Compuserve、Dow Jones 和 BIX，在能使用计算机的公众那里很受欢迎。到 1990 年为止，基于电视机服务的可视图文系统，由于将微机作为其终端装置使用，而且将其独特特点与以计算机为中介通讯的更综合、更复杂的领域进行会聚，所以它的独立存在面临着结束。可视图文系统作为独立的远程通讯实体好像没有很大的发展前途。然而，通过电子途径登录教育计算机数据库，确实表明了将可视图文系统应用与计算机应用中更一般的领域进行融合，对教与学所产生的巨大潜力。

可视图文系统的早期工作，是基于运行在标准微机上的低成本分布式多媒体教学系统而不是在与多媒体手段相关的专用工作站，它们是有一些前景的。

尽管可视图文系统是一个双向交互系统，但应该指出的是，英国和法国的并行开发是一种使用 TELETEXT 的广播电视信号的单向服务。不是像在可视图文系统里那样直接登录远程数据库，远程文本系统在电视画面的垂直消隐行里广播有限的、约 100 页的“杂志”。用小型键盘来选择在电视机上显示的广播页码。实际上，可视图文系统和远程文本系统在图像显示方面很相似，但是在获得的材料数量和交互程度方面不同。

2. 教育应用

随着 20 世纪 80 年代作为“很多国家提供教育的标准组成部分”的远程教育的出现（Keegan 1986），在教育需求和供给之间出现了一条鸿沟，摩尔和汤普森（Moore and Thompson 1990）认为这是传统手段不能跨越的。在这一部分，探究了在二十多个国家、州和省份被选择的教育应用，这些教育应用试图克服教育需求和供给之间的鸿沟。

2.1 计算机会议

2.1.1 NKI 电子大学，挪威

1987 年，挪威奥斯陆的 NKI 计算机科学电子大学将 EKKO——一种计算机会议系统，引入在信息处理、编程和系统分析方面的全时或部分时间方案（Paulsen 1990）。在 1987～1990 年之间，利用计算机会议提供了 10 门课程，大约有 175 名学生完成了学分制的课程。这一系统用于辅导、课程会议、管理和测试通知以及在“咖啡馆”会议里的社交活动。人们发现参加 EKKO 会议的学生比校园里的学生获得了更好的成绩（Paulsen 1990）。未来的学生能登录 EKKO 系统了解方案和课程信息，并可以在线应用和注册。

2.1.2 为农村妇女搭桥，加拿大马尼托巴省

配合音频远程会议及短期的住校期间学习，计算机会议为分散在马尼托巴农村的小社区的 44 名妇女提供了获得就业准备技能的机会。1989 年，这些妇女参加了布兰东（Brandon）学院 6 个月的强化训练。以计算机为中介的通讯培训是在为期 3 天的居住期间进行的，3～5 个妇女组成的小组每周召开音频远程会议，进行小组学习活动，人们认为这种便携式计算机的定期计算机会议是一种完成各种农活和家务劳动之后在家参与课程的有效方式（Matheos 1990）。

2.1.3 RURTEL，苏格兰

阿克顿（Arkleton）基金会，一个独立的非营利性慈善信托机构，1988 年在苏格兰的海兰和爱尔兰地区确立了 RURTEL 作为引导项目，论证和探索了农村地区信息和通讯技术的贡献。RURTEL 提供了计算机会议、电子邮件和其他基于 CoSy 软件的电子数据服务。起初，从 Nethy bridge 农村的农场办公室在 TORCH 大容量微机上操作，现在，是以设在因弗内斯（Inverness）的海兰和爱尔兰开发委员会办公室为基地，在 DEC—VAX 上进行操作的。

这个地区可以通过连到国际数据网的英国电信包交换服务获得这一服务。目前的 125 名用户包括社区企业联合会、农村培训委员会、因弗内斯的信息技术教育中心、设得兰群岛鲑鱼生产者以及英国与其他 13 个国家的机构。这一系统通过为工人提供再培训机会和为共同体发展机构提供管理支持，正被用来加强地区在欧洲共同体内共享的能力（Misener and McCreary 1990）。

2.2 计算机文件传输和电子邮件

除了上面讨论的计算机会议,信息的电子交换还包括电子邮件信息和数据文件传输,这可以通过在线阅读信息,用很短的时间、花费很少的成本来完成。除异步通讯以外,会议系统常常还包括传输和电子邮件功能。

2.2.1 远程教育,英国开放大学

开放大学(OU)以计算机为中介的通讯的第一次应用开始于1988年2月份,以一门新的信息技术课程出现,它围绕远程通讯的应用探究了社会和技术问题。它第一次出现,就注册了1 364名学生,其中1 022名学生参加了10月份的期末考试。400小时的课程给印刷材料分配了300小时,给实践工作分配了80小时,给音视频材料分配了20小时。评价一个项目,要评价它的上传和下载任务,其中,使用电子邮件和会议系统给学生提供了一项重要的综合活动。学生们在线至少花费10个小时,这些活动是他们实践工作的一部分(Heap 1990)。

2.2.2 以计算机为中介的写作,加拿大的安大略省多伦多和不列颠哥伦比亚省伯那比

加拿大安大略省多伦多的一个市内中学在英语课上利用远程通讯,使学生与全北美甚至全世界的其他学生、作家和老师通讯。参与"以计算机为中介的写作"课程的学生使用字处理软件写了原创的诗歌和短小说,然后通过远程通讯设备将其直接上传到不列颠哥伦比亚西蒙·弗兰泽大学的主机上——隔着半个大洲和3个时区。西蒙·弗兰泽教育工会的教师被当作是"电子社区的作家",对提交的作业发表电子评论(Owen 1990)。

2.3 传真

传真在教育中的使用主要是为了管理、研究和学术交流的目的。一些远程教育项目报告了在远程教师和学生之间使用传真进行的简单交流。一位业余时间参加加拿大毕业生计划学习的国际开发官员,定期与她工作所在国家的指导教师们就任务安排进行交流——这些国家有印度、巴基斯坦和西班牙。

对10个拉美信息网络公司的调查共统计出54台传真机。报告指出,除了电话、电传和传真,书信是最经常用的交流手段。据推测传真很快将代替电传(Rodrquez 1991)。

2.4 卫星

宾夕法尼亚利哈尔大学价值50万美元的远程通讯设备,把远程教室和卫星传送联系起来,使该大学能对28所美国大学的国家技术大学(NTU)社团做出贡献。NTU面向全美向远程听众发送研究生层次的专业和技术课程(美国教育传播与技术协会 1991 P.4~6)。

2.5 远程CAI

加拿大威尔夫大学三年的教育开发项目,在1988~1991年期间,通过远程教育成功地将基于计算机的教学和计算机会议整合成一门一般意义上的课程(Lauzon and Moore 1991)。原始的在校课程包括两次大的讲座会议和一次一小时的小型小组讨论。通过函授实施的该课程的远程教育非常受欢迎,每年都吸引两百多名学生。然而,在同样的期末考试中,一直参加函授学习的学生成绩比参加讲座—讨论式学习的学生成绩要低一个等级。

远程CAI课程把使用VITAL(整合了教与学的可视图文系统)课程传送系统的控制测验模块结合起来代替讲座,用在线计算机会议来代替面对面小组讨论。大学校园的学生们通过光纤高速网络上的微机(PC)来学习课程,从安大略省到北卡罗来纳州的在家学习的学生,通过标准电话线和报文分组交换公共网络上的PC机以及调制解调器来学习。这一课程包括身体有缺陷的人和盲人学生。通过使用特殊改造的计算机外围设备和声音合成器,不仅仅使距离问题得到解决,而且残疾和失明问题也能被克服,从而促进学习。

学习远程CAI课程的学生现在与大学校园里的学生做得一样好。研究结果表明通过远程通讯进行学习,有很高的接受度和满意度,并能很快适应类似课程的学习。在线学习和面对面辅导中与学生一起工作的指导教师报告说,他们开始能够测量远程学生的智力水平,与他们在课堂上亲自测量的一样精确。

2.6 远程教室

至少从20世纪60年代早期纽约的一所建筑学校开发了一个装配有电视和其他视听媒体的实

验教室的时候起，装有通讯媒体的特殊教学设备就已经存在了。20世纪50年代末60年代初，宾夕法尼亚州立大学的卡彭特和格林希尔（Carpenter and Greenhill 1958）为大学校园里的课程开发了一套闭路电视应用节目。在80年代，随着兼容的远程通讯系统的发展，以前分散的教学电视和计算机教学活动逐渐融合在一起。当90年代新型远程教室出现的时候，这种融合就很明显了。

2.6.1 威尔夫—滑铁卢链接，加拿大

自从1974年以来，安大略省威尔夫和滑铁卢的大学把它们的化学和物理研究生课程逐渐结合在一起。这两个大学相距大约25公里，用车辆在两所大学之间穿梭运送员工和学生，参加讲座课、研究协作和学术会议。活动的增多使员工和学生都感到来回穿梭负担很重，而且浪费时间。

1985年，这两所大学做了一份最初的计划，想把它们之间用电子手段联系在一起，在这两所大学各装配一套远程教室，以便于许多需要来回穿梭的活动能通过远程通讯设备来完成。1991年，投资成本约100万加元（85万美元）的威尔夫—滑铁卢链接（G—W链接）开始投入使用，它支持所有这些参与机构的化学、物理联合研究生计划。

这种教室是自操作的，并且指导教师通过教师控制台上的触摸屏输入登录代码和密码，来激活这个教室。触摸屏是一个基本的控制面板，用来选择教室功能，如“课堂”、“讨论”、“会议”和“电子黑板”等，也可用来选择各种媒体设备，比如录音带、录像带、计算机显示器和全景照相机等。

2.6.2 得克萨斯州A&M交互服务网络，美国

高速交互数据及压缩视频网络，将得克萨斯州A&M大学的3所学院的校园电台和得克萨斯州的11个站点连接起来。网络允许多达14个不同的小组或多个独立的部分在同一时间、利用同一多路转换进行联网。

网络在各个站点之间提供了交互视频会议和音频数据传输。得克萨斯州A&M系统的8位校长和高级行政官员利用视频会议设备举行定期的“面对面”计划会议和简报。网络的教育应用开始于1991年的9月份（AECT 1991）。

2.7 远程会议

自从1876年电话发明以来，它在发达国家的商业和个人通讯中的应用越来越必不可少，相对来说，它被用作教与学的媒体应该是近来的事（Verduin and Clark 1991）。音频放大装置、能力增强型电子交换设备和教室“对讲”套件的组合，导致了大量消除距离的教育应用软件的开发。尽管远程会议系统以其音频格式应用了好几十年了，将来，低成本压缩视频的出现，或许会促使其包含音视频特色。

2.7.1 教育电视网络，美国威斯康星州

1966年，威斯康星—麦迪逊大学创建了教育电话网络（ENT），进一步加强它的任务，将大学的界限扩展到州的界限（Verduin and Clark 1991）。1980年，ENT招收了大约32 000名学生，通过5千米的电话网络连接了100多个城镇的会议站点。1975年，又创建了一个电话网络，全州扩展网络（SEEN），这利用了“电子作家”软件和慢扫描电视（Feasley 1982）。

2.7.2 联系北部，加拿大多伦多

加拿大北部地理分布广阔，零星分散在偏远社区里的少量人群，从某种意义上被一个称为“联系北部”的学习中心网络的发展给联系在一起。此网络由安大略省政府机构建立（Confederation College 1991）。除了音频—远程会议系统和远程作家设备，学习中心还包括录像带和录音带倒放装置，为桑德湾协调中心方圆800里以内的100个社区服务（Anderson and Sweet 1990）。

桑德湾应用艺术与技术邦联学院应用远程会议和其他社区技术为参加工作的成人提供基于文本的远程教育方案。该学院在如下这些应用领域里，经过远距离提供13种证书和学位：救护和紧急护理，商业管理，早期儿童教育，老年医学，法律与安全，护理，职业健康和保险，本地人的岗前培训。在每周连续3小时的典型课程里，在有指导者的音频—远程会议系统花1个小时，学习中心的小组活动花1个小时，个别学习花1个小时。

2.8 可视图文系统和数据库

20世纪70年代开发了可视图文系统，并在80

年代早期作为现场实验、商业服务和大量政府津贴,被引入到消费公众和教育社区中去。然而,到80年代中期为止,它早期的前景开始消退。宾德(Binder 1985 P. 69)曾经评论说,在早期的一些应用中,"未来派的教导主义导致了一些不能实现的期望"。英国和北美的这些衰落的著名例子,很容易获得。

在英国,有3 000用户、在PRESTEL上操作的农业咨询服务"农场链接",于1988年被取消了。在南佛罗伦萨,有2万用户的公用数据库检索业务,即一种社区可视图文系统服务,于1986年被关闭。类似可视图文系统服务而且有5 000用户的公用数据库检索业务,由加利福尼亚的一个新闻小组进行操作,于1986年垮掉。对用户的调查表明,尽管他们喜欢这项服务,但是他们拒绝这样的成本(Gross 1990)。在加拿大,到1989年为止,信息提供者开发的许多服务要么结束要么缩小规模。当PRESTEL在英国继续提供公众服务时,它的膨胀并没有与法国TELETEL的成功保持同步。1989～1991年,当比奥(Beoo)公司介绍蒙特利尔和多伦多的可视图文系统公共服务——它以电话发明人亚历山大·格拉汉姆·贝尔(Alexander Graham Bell)的名字取名为ALEX时,加拿大在这方面的兴趣经历了昙花一现般的死而复生。

尽管这些可视图文系统应用并不是专门用于教育的,它们的存在和发展活动为教育者开发教育应用程序提供了动力。其他教育者对进一步开发有相当的兴趣,同时还有几个继续应用的例子。

BRUETEL(英国)是PRESTEL的一种闭合—用户小组服务,1984年,作为一种教育服务,开始为苏格兰西部岛屿的学校发挥作用(Matheson and Hunter 1991)。现在,岛上学校可以从当地写作系统的主机计算机,获得起初安置在刘易斯岛屿的社区的BRUETEL(源自Norse和Gaelic对社区复杂且巧妙应答以及PRESTEL的首字母缩写词)。老师鼓励学生在这些小的孤立的社区里准备他们自己社区里可视图文系统的故事——历史、经济、地理、植物和动物——并把这些报告输入到BRUETEL数据库里。这种形式的电子社区不仅给学生提供了关于他们自己社区和地区的历史发展的信息,还帮助他们获得了流行的信息技术技巧。它还提供了一种在线演示,说明了信息技术是如何帮助克服距离信息和学习中心太远的问题的。

VITAL/VISION(加拿大)是一个基于NAPLPS的课程写作系统,它包括自己的数据库安排和呈现显示系统。VITAL(整合了教与学的可视图文系统),是1984～1985年由加拿大威尔夫大学开发的(Moore 1986),现在已经成为一个多交互的教与学系统。每年,威尔夫大学的3 000名学生都要通过VITAL接受一部分辅导,像英语、土壤科学、植物学、农业商务、一般语义学、社会学、神经生理学和动物学等这样的科目。对于在线学生而言,全校园学生都可以登录图书馆和学习实验室在家学习,远程教育学生能通过连接到公共电话系统的高速校园通讯网络登录。

这一系统是一个经典的闭合用户小组可视图文系统,但是越来越被聚合成一种特殊的计算机应用程序,与其他基于计算机的学习系统共存并整合在一起,共用一种共同的远程通讯基础结构。它吸引人的地方在于,课程材料准备的简便、运行成本的低廉、学生使用的简便以及教学图形和动画的高质量。高分辨率分形图像提供了近乎摄影质量的图像,而且将位图图形所需要的存储容量减少到了原来的1/60,现在正在进一步探索这种图像。

VISION是VITAL的商业版本,并由美国陆军部队采用,用来训练美国的电子技术人员。这一应用包括使用激光视盘以及与电子测量装置的互联。其他应用被用于进行工业培训。

VITAL/泰(泰国)是VITAL的另一个版本,其中,学生显示屏上是用泰国语表示的,利用NAPLPS可视图文系统代码的动态的可重定义的字符集创建了一个泰国字母表。自从1986年以来,VITAL/泰在泰国的开放大学的三门科学与数学课程里应用,在被选的地区学习中心为远程教育中的学生提供测试和反馈(Sohpasan and Prescott 1987)。对学生应用、接受和行为的研究表明了这种方法在发展中国家对远程教育的适应性与可靠性。

当前的VITAL/泰系统使用的是带硬驱动的IBM PS2分布式单片机,为使学生登录到这个系统上,该机装载了课程模块。远程通讯并没有连接到中央设备上。然而,为响应学生的菜单选择,系统运行当地可视图文系统的闭合用户小组,从预定的消息文件直接给学生反馈。

2.9 小结和未来的发展方向

在提到的远程通讯在教育中应用的各种例子中,有两种基本的发展模式。第一种是用这些新设备和系统来扩展当前给学生提供的教育实践,这些学生在距离上是分散的,但是为了同步通讯通过电子手段结合在一起。这些例子包括一些卫星应用、音频远程会议和远程教室活动。这一方法的特征之一是,它需要所有的参与者在同一时间召集在一起,这使人想起通过音视频辅助途径来支持或补充教师主导的课堂活动。在这种情况下,远程通讯设备通过消除距离来帮助老师。

第二种途径把更多的控制权、自由和责任放在学习者的手中,以便登录和使用远程通讯资源。这种通讯是异步的,不要求按固定步骤。这里的例子包括计算机会议、传真、文件传输、电子邮件、远程CAI、可视图文系统和数据库登录。当教学实践中深深建立起自制性、独立性和终生学习的概念时,这些应用有望在类型和数量上都翻番。正是这种方法及其技术在教育中应用的哲学根源,保证了对克服教育需求和教育资源准备之间的差距做出的重要贡献。为了这一点能成功实现,必须提出的中心问题是,这种教育准备形式的经济问题、学术的专业培训问题、在教学其他形式的设计中学术的专业培训问题以及为了召集实施所需要的人和资源机构所做的必要安排。

G. A. B. 摩尔(G. A. B. Moore) 著
李国玉 宋继华 译

附录

Anderson T, Sweet R 1990 Use of computer mediated communication as an administrative tool and support system for collaborative work. In: University of Guelph Office of Continuing Education 1990 *Proceedings of the Third Guelph Symposium on Computer Mediated Communication.* University of Guelph, Guelph

Association for Educational Communications and Technology (AECT) 1991 *Tech Trends* 36(4): 7. AECT, Washington, DC

Binder M B 1985 Videotex and teletext: New on-line resources for libraries. In: Stueart R D (ed.) 1985 *Foundations in Library Information Science.* JAI Press, Greenwich, Connecticut

Bobillier P 1979 Teleinformatics '79. In: Bouting E J, Danthine A (eds.) 1979 *Proceedings of the International Conference on Teleinformatics.* North-Holland, Amsterdam

Bryden J 1990 Computer mediated communication in Western Europe. A perspective on experience and new directions. *Proceedings of the Third Guelph Symposium on Computer Mediated Communication.* University of Guelph, Guelph

Buchman J H 1988 *The Authoritative Guide on the Use of Telefacsimile in Libraries: An Occasional paper* (Series 2, No. 3). Ohio State University, Columbus, Ohio

Carpenter C R, Greenhill L P 1958 *An Investigation of Closed Circuit Television for Teaching University Courses*, Report No. 2. Pennsylvania State University, University Park, Pennsylvania

Confederation College 1991 *Distance Education Booklet.* Confederation College, Thunder Bay

Feasley C E 1982 Distance education. In: Deighton L C (ed.) 1982 *Encyclopedia of Education*, Vol. 3, Macmillan, New York

Fennessy E 1978 The global picture. In: The Royal Society 1978 *Telecommunication in the 1980s and Beyond.* The Royal Society, London

Gross L S 1990 *The New Television Technologies*, 3rd edn. Brown and Benchmark Publishers, Madison, Wisconsin

Heap N W 1990 Implementing open learning networks: A large scale study. In: University of Guelph Office of Continuing Education 1990 *Proceedings of the Third Guelph Symposium on Computer Mediated Communication.* University of Guelph, Guelph

Higgins R 1991 Computer-mediated cooperative learning: Synchronous and asynchronous communication between students learning nursing diagnosis. Doctoral dissertation, University of Toronto, Toronto

Keegan D 1986 *The Foundations of Distance Education*. Croom Helm, London

Kulik J E, Kulik C L C 1987 Computer-based instruction: What 200 evaluations say. ERIC Document Reproduction Service No. ED 285521, Washington, DC

Lauzon A C, Moore G A B 1991 Integrating computer-based instruction and computer-conferencing for distance delivery. Paper presented at the Canadian Society for the Study of Adult Education, Kingston

Marcoulides G A 1990 Improving learner performance with computer-based programs. *J. Educ. Res.* 6(2): 147—155

Matheos K 1990 An assessment of the use of electronic conferencing in a course for rural women in Manitoba. MSc thesis, University of Guelph, Guelph

Matheson K A, Hunter M M 1991 The BRUETEL VIEWDATA System: The School's Viewdata System in the Western Isles of Scotland. Education Department, Stornoway(mimeo)

Misener B, McCreary E K 1990 The Rurtel network in Scotland: An electronic highway for rural development. In: University of Guelph Office of Continuing Education 1990 *Proceedings of the Third Guelph Symposium on Computer Mediated Communication*. University of Guelph, Guelph

Moore G A B 1986 The development of VITAL: A microcomputer based videotex teaching and learning system for education. *Canadian Journal of Educational Communication* 15(2): 105—116

Moore M G, Thompson M M 1990 *The Effects of Distance Learning: A Summary of Literature*, Research Monograph No. 2. University of Pennsylvania, University Park, Pennsylvania

Owen T 1990 Computer-mediated writing and the writer in electronic residence. *Proceedings of the Third Guelph Symposium on Computer Mediated Communication*. University of Guelph, Guelph

Paulsen M F 1990 Organizing an electronic college. *Proceedings of the Third Guelph Symposium on Computer Mediated Communication*. University of Guelph, Guelph

Rodriquez G 1991 Infrastructure, communications and projects for information networks in Latin America. *NTC/NCT Newsletter*, Instituto para America Latina, Lima 6(14): 8—10

Sheckley B C 1986 Micro-computers and adult learning: Maximizing potentials. In: Heerman B (ed.) 1986 *Computing and the Adult Learner: New Directions for Continuing Education*. Jossey-Bass, San Francisco, California

Singh I B, Liebowitz J (eds.) 1984 Editorial comments. *Telematics and Informatics* 1(1): 1—2

Sophasan K, Prescott C 1987 A videotex-integrated teaching and learning system for Sukhothai Thammathirat Open University distance education. Paper presented at the 16th Pacific Science Congress, Seoul

Stynen J 1984 The integrated videotex system concept. In: Cantraine G, Destine J (eds.) 1984 *Proceedings of the Second International Conference on New Systems and Services in Telecommunication*. North-Holland, Amsterdam

Verduin J R Jr, Clark T A 1991 *Distance Education: The Foundations of Effective Practice*. Jossey-Bass, San Francisco, California

视盘技术：交互式（Videodisk Technology: Interactive）

交互式视盘是一种提供包括图片、文本、静止图像、音频和全彩色/动态视频等多媒体信息的信息存储设备。自从20世纪80年代早期以来，交互式视频技术迅速演化为信息存储媒体、硬件设备和一种学习环境。在20世纪80年代早期，激光视盘有四种不同的存储格式，成为被广泛接受的标准。这一时期，视频光盘硬件也改变了它的“面貌”——外形更漂亮、更容易使用、速度更快而且功能更强大。作为一种学习环境，随着认知心理学的发展和对学习过程的深入理解，出现了交互式视频技术。各种形式的实验和对交互式视频技术的使用，带动了它在教育和培训中的创造性应用，这些创造性应用也将适用于将来配置的硬件和信息存储格式。因此，本词条的目的是通过描述这一技术的不同特点、已经出现和即将出现的应用、研究结果以及利用系统性能创建的基于理论的学习模型，来总结这些进步。在本词条的最后对它在教育和培训中的未来进行了思考。

1. 交互式视频光盘技术的特点

1.1 几种优异的格式

在交互式视盘技术的创建过程中，四种格式一直占据绝对优势：菲利普(Philips)的激光反射盘、汤普森(Thompson)的传送盘、RCA 的电容刻槽盘和日本视盘公司的电容无槽盘。在耐久性、可靠性和速度方面，菲利普利用激光技术的模拟视频光盘提供了最好的格式，因而它自认为这就是最好的标准。尽管它具有这种地位，而且它在市场上也有相当大的占有率，但现在模拟格式本身还是受到了更便宜更快速的 CD - I/DVI/CD - ROM 和数字视频等格式的数字技术的挑战。这在其他词条中也有描述。考夫曼(Koffman 1990)预测说，至少在不久的将来，趋势将会是将模拟存储和数字存储联合在一起，利用两者的优点开发交互式多媒体系统。

1.2 视频光盘的特点

视盘是在视盘硬件上运行的信息存储设备。可以在纸上、幻灯片上或电影/录像带上记录的任何信息都能在视频光盘上存储。这包括图片、文本、静止图像、音频、全彩色和全动态视频。现在，生产的视频光盘仍旧有两种格式，恒定角速度(CAV)格式和恒定线速度(CLV)格式。与 CLV 光盘较长的寻址时间相比，可随时读取、双声道音频的 CAV 光盘很明显有很好的交互优点。这两种格式都是由激光束读取，能在同一硬件上播放。12 英寸 CAV 光盘的每一面都能存储54 000幅静止图像，或 30 分钟的动态视频及相同时间的双声道音频。与它相比，CLV 光盘能连续播放 60 分钟。这些光盘也有较小的 8 英寸的版本，同时它的容量也成比例地缩小。因为激光光盘是以从内环到外环的方式读取数据，所以这两种尺寸的光盘都能在同一硬件上运行。

大多数视盘必须在特殊的"母盘制作"设备上进行记录和复制。随着技术的进步，现在个人已经能够使用 DRAW(直接读写)光盘技术在本机上制作他们自己的光盘。然而，这种方式也存在极大的劣势，即首批支付费用太高，而且因光盘的重量不同而需要特定的播放器。

1.3 硬件性能

尽管交互式视盘硬件的配置有多种形式——它只可能是一台单机播放器，能随机读取、单帧锁定、前进或后退播放、快放、慢放和跳跃——现在，典型的是与计算机连在一起并由计算机控制的系统。较新的播放器能捕捉和存储有限的静止帧，为没有计算机控制的静止图像提供声音(Kinget et al. 1990)。当计算机与交互式视频播放器连接在一起的时候，计算机附加上交互视频播放器，那么，可操作性图形、文本和动画、跟踪和处理能力以及像触摸屏、光笔、鼠标、键盘和小型键盘、操作杆、条形码读出器和声音识别设备等各种各样的输入设备，也就可以作为教学系统的一部分开始使用。这两种类型的配置原先分别被归类为水平 1 和水平 3 交互式视频系统。水平 2 交互式视频被用于单机视盘硬件，有内嵌在视盘本身的计算机控制码。当前文献中很少讨论这一水平。

1.4 开发软件

一旦制作出视盘，就需要与计算机整合在一起，以便在水平 3 的系统中可以应用。那种促使开发人员重新开发(即重编程序)现有的交互式视盘的软件已经有了很大的发展。原先，只可能通过使用编程语言、编辑语言或非常有限的编辑系统才有可能进行初期开发。这意味着，创作任何一种交互式视频光盘教学，都要雇用编程人员。幸运的是，编辑系统的效率和能力已经大大提高，而不再妨碍其简便易用的特点。因此，这些编辑系统使不会编程的开发人员(像学校、学院和大学的老师，商业和企业中的培训人员)能制作他们自己的交互式视频教学软件。

1.5 学习系统

交互式视频最重要的方面是作为学习系统的

概念。格拉博夫斯基（Grabowski 1989）认为，尽管硬件和存储媒体最终会改变，但在概念上，它可以用作学习环境却是不变的。将交互式视频技术有效地应用于学习的潜力依赖于利用系统交互能力的教学设计。如果把交互式视频技术看作是演示系统而不是学习工具，设计者制作出的可能会是昂贵、浮华、非交互、线性、电子翻页的教学系统，而不是那种学习者参与、学习者主导的很吸引人的教学。廷克（Tinker 1992 P. 26）把好的学习环境明确指定为那种激发学习者用新知识“深入思考和整合”以往知识的环境。依据尤普帕和安德森（Iuppa and Anderson 1988）的理念，设计良好的交互式视频课程，是那些引起学习者与视频片段通过中断、排序、选择和从作用与反作用中选择进行交互的课程。弗兰德（Flanders 1992）指出，在一个鼓励自我表现的安全环境中，交互式视频有能力激发所有的感觉。对信息丰富的数据库的探究，能促使用户建立自己的个人知识体系。

在保持这些观点的时候，可以明确地归纳出这一技术的三种相互联系的用途。一个是作为标准教学系统，第二个是作为信息探索和检索系统，第三个是结合前两个而组合成一个学习系统。在下一部分里，选择了这一技术几项突出的应用，来诠释这三个功能。

2. 逐步演化的应用

交互式视盘技术的使用范围跨越了全球、内容领域、学习类型以及培训与教育市场。1990～1993年在ERIC中列出的几百个交互式视频应用的摘要回顾，描述了在英国、苏格兰、荷兰、芬兰、法国、南非、东欧、苏联（Reeves 1990）和美国的应用和研究。

从这份调查了解到，交互式视频在大多数内容领域中都有所应用，典型的例子有生理学、生物学、物理、语言、音乐、艺术、伦理、健康、历史、地理、社会研究、计算机辅助设计、职业教育、教师培训、医药教育、护理、铁路产业以及治安拥挤控制。

该系统的交互本质使人们能够教很多类型的技能。交互式视盘技术已被应用于高/低水平的认知任务、思维技巧和情感目标方面的教学。增加交互式视频效果对鉴别任务的教学很有效，不过作为教问题解决和决策的工具，该系统的功能尤其强大。可以让学习者置身于某一环境，要求他检查该环境所有的变量，并提供解决办法。视觉多样、数据丰富的环境给学习者提供了一种多角度的探究环境，学生在这种环境中可以在有或没有教师指导的情况下，验证他们的观点并观察结果。

能有效地进行思维技巧教学，不是因为学生能操作屏幕上的实际物体，而是因为学习者能在线观察任务，同时在离线时能继续执行任务。学习者能以任何速度察看任务（包括通过技能步步推进），从多个视觉角度审查任务，记录任务相关的动作，在观察中获得帮助，同时离线时执行任务以便与屏幕上的结果进行比较。

对情感目标来说，当学习者被要求在现实环境中做出价值决策时可以推导出其情绪反应，并观察其结果，这是这一技术在有关社会和健康的教学中尤其有用的用途。

多年以来，交互式视频主要是由商业、企业以及军队中的培训人员使用。既然交互式视频节目制作很昂贵，这种市场情况就不那么令人称奇了。这种趋势正在随着更多节目的大规模制作而改变。尽管许多学校仍然付不起制作自己的教学材料的钱，然而他们可能会为了适合他们的使用重新编辑视盘。重新编辑意味着采用已有的视频光盘，为了自己的内容和目标重新编排节目。这在水平1上很容易完成，在水平3上用一个良好的写作系统就能完成。视盘，作为科学、太空、音乐和艺术的数据库，非常适合于被重新利用。

2.1 直接教学系统

交互式视频技术以往的大多数应用都可以归为系统引导的教学这一类。索尔斯（Sales 1989）描述了好几个CPR、焊接、基础数学、科学语言、字处理和三角学领域里的例子。汉森（Hansen 1990）在这个清单里增加了一个教授专业人际关系技巧的例子，英格拉汉姆和埃梅里（Ingraham and Emery 1991）增加了一个语言学习的例子。

2.2 信息与检索

自从20世纪80年代中期以来，第二类视盘应用经历了很大发展。范霍恩（van Horn 1991）把这种信息与检索的用途界定为数据库图书馆、词汇表和资源盘。洛马克斯(Alan Lomax)的 Viedeo Jukebox 里包含有来自全世界各种文化成百上千的歌舞,廷克(1992)在对其回顾的过程中,将这种技术称作是一种"灵活的学习和研究工具"。同样,卡雷威勒-黑伯特(Caravello-Hibbert 1992)把这种交互式视频课程称为"搜索知识的探索工具",她在为非科学专业开设的科学课中用过这种课程(P. 101)。这一课程将丰富的数据库与随机呈现的挑战学生进行更科学地思考的思考题联系起来。

由达莱沃(Delaware)大学制作的《生物科学》和由光学数据公司制作的《空间》以及 40 卷的《20 世纪百科全书(光盘)》,都是这类资源的最好实例,学习者成了其中多媒体的净化剂。IBM 的两个产品可归为这一类,它们是《哥伦布》和《令人启迪的著作》,它们呈现了一种数据丰富的多文化的、跨学科的、具有视觉"震撼"的探究环境。

2.3 学习系统

利奇菲尔德(Litchfield 1990)提出一个新的观点,认为交互式视频技术不仅可以用于辅导、操练和练习,而且是一种"学生能与材料进行交互,参与决策策略,进行问答练习"以开发高级思维和推理能力的技术(P. 16)。这样,交互式视频作为学习系统脱离了教与学的旧观点,促进了个体的阐释和表达(Cannings and Finkel 1993)。这种学习系统通过指导而不是通过直接教学将信息与教学组合起来。它包括以学生为中心的学习,其中,给作为主动参与者的学习者提供了一种指导,通过现实生活和实时视觉片段的无限资源来帮助他们。

一个很好的例子是《交互式 NOVA 计算机:动物导航器》,它是最典型的能被归类为旨在提高科学问题解决、写作和编辑能力的混合学习系统。霍格(Hogue 1992)区分了生物学、动物学和生态学课程的五种不同应用。数据库、交互问题、概述和资源,可以被用作以教师为指导、以学生为主导的探究、学生研究、合作学习以及提供学期报告的工具。赖特和狄龙(Wright and Dillon 1990)也为最初教师培训中的交互式视频描述了五种不同的用途:演示系统、学生独立学习、实践资源、信息资源和代理辅导员。

3. 研究与理论

为了研究取得的成绩,对 10 年的交互式视频研究教学进行了分析(McNeil and Nelson 1991)。在 63 项取得元分析资格的研究中,他们得出了较高的总加权平均数效应值(0.502),这表明交互式视频是教学的有效形式。其中,大部分研究是把交互式视频教学与非交互视频的控制组进行对比,而不是调查各种教学设计策略。

M. W. 克罗宁和 K. A. 克罗宁(Cronin M W and Cronin K A 1992)提供了四个研究领域,这或许能解释交互式视频技术作为教学、学习和研究工具的成功:交互水平、动机、学习者控制和交互视频画面的使用。尽管他们呼吁在界定和研究方面需要进一步深入,但还是认为这些为界定交互式视频教学的成功因素提供了有用的框架。特别要指出交互的两个非常有效的特殊领域:教学的途径和精心设计的练习。具体的实现和通过程序控制的逻辑相结合,促进了理解,增加了注意和乐趣。学习者在视觉的技术世界里成长的事实也给这一理念以很大的支持(Bell and Elmquist 1992)。利奇菲尔德(1990)引用了库什厄尔(Cushall)、哈维(Harvey)和布罗乌伊(Brovey)的研究,他们在研究中发现学习者的态度有明显改善,参与性和学习效率也提高了。

4. 基于理论的设计策略

交互式视频技术能够实现思维与学习理论所支持的原则。从这份研究所衍生出来的、并且对交互式视频技术的教学设计尤其有用的原则包括:主动学习,从上下文和学习环境中学习,认知灵活性或多角度认知,将计算机作为智力工具。

维特罗克(Wittrock 1974)通过生成学习理论,论证了学习者积极参与学习过程的重要性。作为知识的被动接受者,学习者是观众的身份,他可能会也可能不会以可弥补的方式处理信息。交互式视盘技术能在很多方面使学习者参与进来,从抓住对信息物理形式的注意力,到各种注意—聚焦刺激,或者通过组织交互活动使学习者必须对所呈现刺激进行思考和响应。

通过提供行为导向的功能学习框架,从上下文中学习或在交互式学习环境中学习是具有可操作性的。在一个特定情景中,学习者有理由去浏览和搜索信息。当找到信息的时候,它能以有意义的方式进行组织和存储(Montague 1988)。在这种情况下,学习者不仅仅参与到任务本身,而且在其过程中还进行了思考。

斯皮罗和耶恩(Spiro and Jehng 1990)将认知灵活性理论定义为"在迅速变化的情景需求中自适应响应,在很多方面自发重构个人知识的能力"(P. 165)。他们认为,知识是沿着复杂维度表示的,它在问题解决过程中被重构。当处理界定不明确或劣构的问题时,认知灵活性理论非常重要。这些情况下,从几个角度来看同一情形是非常关键的。交互式视频,以其丰富的数据库及其交互式本质,为这类学习环境提供了强有力的组合。

智力工具就是指那些对技术的应用,这些技术通过提供超越于人脑的数据操作能力而扩展工作记忆力的存储容量。对交互式视频技术而言,方便地移动视频画面、文本和图片,为比较、对比和提供新的视角提供了一种机制。也能操作物体的物理透视,以从不同的方面来看待它。

5. 交互式视频技术的未来和出现的问题

很明显,交互式视频技术在教育与培训中有着令人兴奋的未来。这个未来是什么样子,将很大程度上取决于我们对个人如何学习日益深入的理解,以及关于更快更好更小的动态视频播放器层出不穷的科学发现。除了研究认知理论如何最好地应用于交互式视频学习系统的创建,还需要研究其他学习问题,如认知超载、信息超载和"超空间"迷航等信息大量呈现的负面影响。一旦理解了这些问题,就能开发出有创造性的设计,这些设计最终会对更高层次问题解决和决策的学习产生巨大的影响。

第二个问题主要是集中于在不久的将来,技术会是什么样子。数字技术的完备就在眼前。然而,这并不是说它将立即代替模拟交互式视盘,而是指现存多媒体系统的扩展。

B. L. 格拉博夫斯基(B. L. Grabowski) 著

李国玉 宋继华 译

附录

Bell T H, Elmquist D L 1992 Technical interaction in the classroom. *Vocational Educational Journal*. 67 (3):22—24

Cannings T R, Finkel L 1993 *The Technology Age Classroom*. Franklin, Beedle and Associates, Wilsonville, Oregon

Caravello-Hibbert S M 1992 Teaching non-science majors: Science through interactive multi-media. *Collegiate Microcomputer*. 10(2):97—102

Cronin M W, Cronin K A 1992 A critical analysis of the theoretical foundations of interactive video instruction. *Journal of Computer-Based Instruction*. 19 (2): 37—41

Flanders B 1992 Multimedia programs to reach an MTV generation. *American Libraries* 23(2):135—137

Grabowski B L 1989 Interactive videodisc: An emerging technology for educators. ERIC Clearinghouse on Information Resources, Syracuse, New York

Hansen E 1990 The role of interactive video technology in higher education: Case study and proposed framework. *Educ. Technol.* 30(9):13—21

Hogue L 1992 Software review: Interactive NOVA: Animal pathfinders. *Sch. Sci. Math.* 92(4):226—227

Ingraham B, Emery C 1991 "France interactive": A hypermedia approach to language teaching. *Educational and Training Technology International* 28 (4): 321—333

Iuppa N V, Anderson K 1988 *Advanced Interactive Video Design*. Knowledge Industry Publications, White Plains, New York

King J M, Murwin S W, Matt S R 1990 Optical disctechnology: Education trend of the future? *The Technology Teacher* 49(8):25—29

Koffman G 1990 Videodisc players: The laser's edge. *Presentation Products Magazine* 11

Litchfield B C 1990 Slipping a disk in the classroom: The latest in video technology. *Science and Children* 28 (1):16—20

McNeil B J, Nelson K R 1991 Meta-analysis of interactive video instruction: A 10 year review of achievement effects. *Journal of Computer-Based Instruction*. 18 (1):1—6

Montague W E 1988 Promoting cognitive processing and learning by designing the learning environment. In: Jonassen D 1988 *Instructional Designs for Microcomputer Software*. Erlbaum, Hillsdale, New Jersey

Reeves, T 1990 Interactive video interest grows in eastern Europe and the USSR. *Videodisc Monitor* 8 (11):22—23

Sales G 1989 Applications of videodiscs in education. *Computing Teacher* 16(8):27—29

Spiro R J, Jehng J 1990 Cognitive flexibility and hypertext: Theory and technology for the nonlinear and multidimensional traversal of complex subject matter. In: Nix D, Spiro R (eds.) 1990 *Cognition, Education, and Multimedia*. Erlbaum, Hillsdale, New Jersey

Tinker R 1992 Skip the glitz: Humble tools can promote meaningful learning. *Electronic Learning*:26

van Horn R 1991 *Advanced Technology in Education*. Brooks Cole, Pacific Grove, California

Wittrock M 1974 Learning as a generative process. *Educ. Psychol.* 11(2):87—95

Wright B, Dillon P 1990 Some applications of interactive video in initial teacher training. *Educ. Tech. Training Int.* 27(1):43—50

其他参考文献

Clark D R 1989 Separating out the design and development of IV from its delivery. *Educational Media International* 26(1):43—46

课件设计(Courseware Design)

课件,也可以从计算机辅助教学(CBI)或计算机辅助学习(CAL)中得以了解,由于它同时具有教师、电影或录像、书籍这三种传统媒体的潜在优势,因此它在教育中具有很强的吸引力。理论上,课件应该能够和学生进行交互,适应他们的个别需求,使学生很容易地获取到结构化的信息,呈现静态和动态的图片。本词条描述了设计和应用课件时采用的各种方法,其中一些方法将导致课件的成功,如果缺乏它们,将导致课件的失败。

有两种不同形式的课件设计方法,一种方法强调内容,而另外一种方法强调过程。前一种方法以赖格卢特(Reigeluth 1983)的观点为代表,他对设计、开发、实施和评价进行了区分。赖格卢特认为,设计阶段强调对内容进行适当的组织,促进学习的发生,这与开发阶段有很大的差别,开发阶段则接受设计阶段的内容,并将内容组织成一段一段的教学事件。另一方面,过程导向的模型涉及制作一个完整课件的所有方面,并要考虑媒体的属性。

1. 内容模型

内容方法的典型代表是加涅和布雷格斯(Gagne and Briggs 1979)模型、梅里尔(Merrill 1983)模型以及传统的教学系统设计模型。在这些模型中,课件设计中最常使用的是加涅和布雷格斯的著名的九大教学事件模型:引起注意;告诉学习者课程目标;刺激对先前学习的回忆;呈现具有显著特征的刺激;提供学习指导;诱发学习行为;提供反馈;评价行为;促进保持和学习迁移。每个事件都有不同的目的,在学习者的知识和背景允许的情况下,可以忽略其中的一些事件,但是,由于要根据学习者、内容和期望结果来设计课程,因此需要考虑所有的事件。加涅—布雷格斯的模型具有普遍的适应性,能够被应用于所有教学的设计。但是,尽管人们经常讨论它在课件设计中的应用,但是该模式却不具备能够应用于课件设计的具体特征。

梅里尔的成分显示理论(Merrill 1983)也存在着类似的情况,它也是一个教学设计的普适模型,主要涉及课程的内容和顺序,而不专门针对课件的设计。但是,梅里尔(1988)阐述了如何将模型应用到课件的制作中,并提供了许多模型应用的例子。

1.1 内容结构

除了上面提到的一般模型以外,还有几个其他领域的研究,目的是影响课件内容的结构,比如对个体差异的研究，包括学习偏好和学习风格（Carrier and Jonassen 1988）、适应性教学（Tennyson and Cocciarella 1986）和人工智能的应用（Alessi and Trollip 1991，Camstra 1986）。每个研究的主题都寻求途径使得课件能够更好地区分学生，并据此提供更个别化的教学，这个研究的结果目前也还不是很确定。

2. 过程模型

与内容导向的模型不同，过程导向的模型涉及课件制作的所有方面，而不仅仅是课件的内容结构，这些模型尤其要考虑传递教学的媒体的性质，这里将讨论三种这样的模型，即阿莱西（Alessi）和特罗利普（Trollip）模型、罗布伊尔（Roblyer）和霍尔（Hall）模型、斯腾伯格（Steinberg）模型。

阿莱西和特罗利普提出了一个10步骤的模型，包括如下步骤：确定需求和目的；收集资源；学习内容；观念生成；设计教学；形成课的流程图；故事板呈现；安排课的顺序；制作支持性材料；评价和修改。

在这个模型中，前5个步骤形成课件设计的主要的内容和内容结构阶段。传统模型的分析发生在设计阶段的初始，与其不同，在阿莱西和特罗利普的模型中，任务和概念分析就发生在创造性的头脑风暴阶段（“观念生成”）完成之后。“我们相信，低质量的计算机辅助教学CBI经常是食谱型教学设计的结果，开发者从来不参与导致创造性观念生成的活动。在这个领域中，创造是非常必要的，如果没有它，计算机的潜能就不能够被充分地挖掘出来。”（Alessi and Trollip 1991 P. 245）依据这个建议，在更传统的分析开始之前，就要深入地研究媒体的潜能。

至于内容和内容结构，阿莱西和特罗利普更关注确保在设计中能够充分发挥媒体的优势的过程，而不太关注内容分析和教学顺序的细节。对于内容和教学顺序的设计过程，他们建议使用传统的内容模型（Gagné and Briggs 1979，Merrill 1988）。在阿莱西和特罗利普模型中，影响内容和结构的另一个特征是模型的反复的特性，在模型中的每个主要阶段都进行形成性评价。在课程大纲的形式设计出来以后，内容专家和潜在的学习者就对其进行评价。在课程的原型（在纸上或在屏幕上）准备好之后、程序员开始工作之前，同样也要进行评价工作，在实施完之后，还要进行最后的评价。每一轮的评价都可能会影响课程的结构，至少会影响到内容。这种不断反复的方法减少了最终产品质量低的可能性。

罗布伊尔和她的同事们开发了一个三阶段的课件设计模型（见图1），主要包括：设计、预编程序开发、开发评价。

罗布伊尔模型的设计阶段与阿莱西和特罗利普模型的前五个步骤相同，但是它没有正式地把头脑风暴部分包括进去。第二和第三阶段也与阿莱西和特罗利普模型相似。这个模型整体上强调反复地设计、测评和修改的范式。罗布伊尔和霍尔（1985）并没有详细地描述一个正式的内容结构方法，但是他们建议使用加涅和布雷格斯的模型作为设计教学策略的基础。

斯腾伯格（1984）采用三阶段的计划来处理课件的内容和内容结构的开发（图2），在第一阶段，初始的计划以分析任务和特定的先决技能作为开始。在第二阶段，组织教学单元，让学生一起来评价、修改，必要的时候对现存的信息进行扩展。每一次反复都对教学有一种过滤的效果，使得仅仅开发那些必要的信息和交互。这个模型的一个潜在的不足是每一次反复都需要在评价之前在计算机上开发出单元来，如果需要大的变动，修改程序代码将花费很多的时间。和前面的两个模型一样，斯腾伯格使用传统教学设计方法来补充她的模型。

3. 注释

了解在课件设计中，内容导向的模型是否比过程模型更有效是非常有用的，但是，不幸的是，由于实质上不存在评价不同设计方法应用有效性的数据，因此不能够得出确切的结论。另一方面，关于开发有效课件的实际经验却很丰富，这些经验通常是以“不要做什么”的形式呈现，而不是“做什么”的形式。就像课堂教学一样，并不存在能够确保高质量教学的神奇公式，仅仅存在提高成功概率的指导原则，最好称它为成功的必要条件，但是，至今也

阶段 1:设计

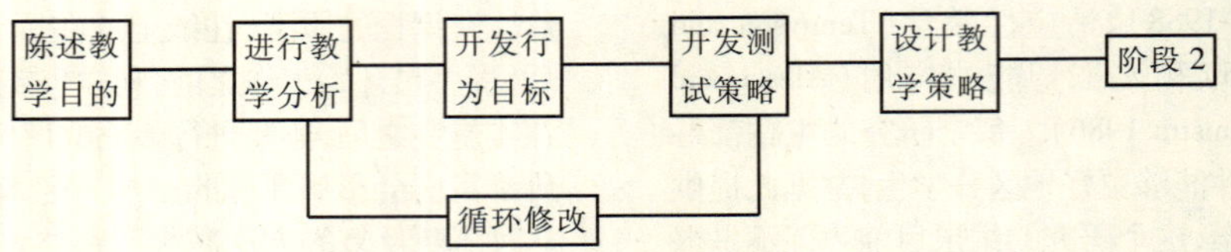

阶段 2:预编程序开发

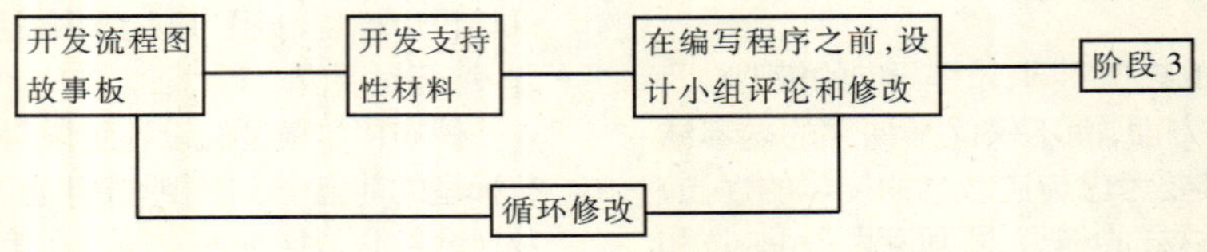

阶段 3:开发/评价

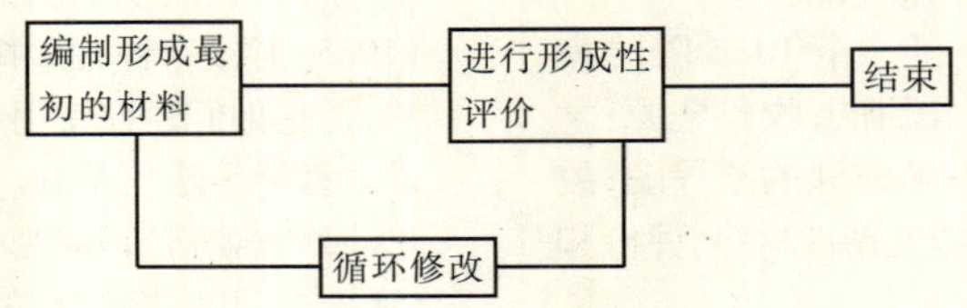

图 1　课件设计模型

资料来源:Roblyer and Hall 1985

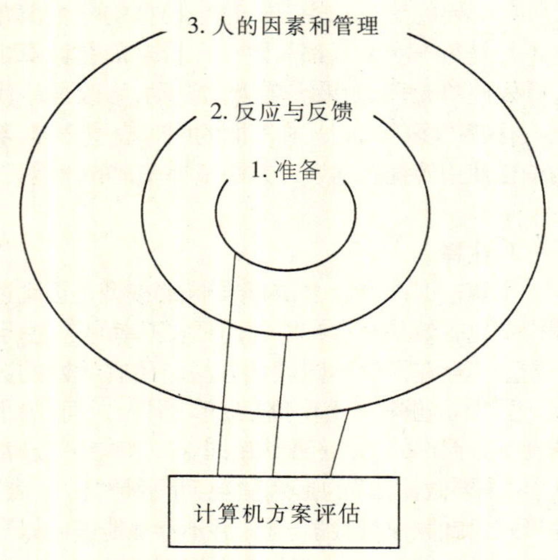

图 2　涟漪计划

没有充分条件。

3.1　必要条件

如果认为课件设计是一种多学科的活动,需要内容、内容结构、呈现、交互作用、实施和评价方面的专门知识,那么这些必要条件可以表述如下:

(a)内容必须正确。

(b)内容必须以促进学习的方式进行组织。

(c)以文本和图片的方式简洁地呈现信息,并考虑计算机屏幕的大小和分辨率的限制。

(d)学习者和课件的交互必须有意义。

(e)课件必须很耐用,实施起来有效率,不能够出现错误的功能。

(f)课件必须是经过严格的、反复的形成性评价过程的结果。

前面所讨论的内容导向的设计模型仅仅能够提供前两个必要条件。梅里尔(1988)指出,只要考虑媒体本身的特性,那么任何好的教学设计理论都可以被用于课件设计中。这种说法的缺陷是假想了设计者会考虑媒体本身的特性。实践经验和一些事例证据表明,由于这些模型并不是针对交互媒体而设计的,设计者经常忽略了媒体的限制,开发出的课件具有极少的交互性,不满足上面所提到的一个必要条件。换句话说,内容导向模型的本身特性就限制了设计者的创造性,尤其限制了交互性方面的创造性。

大部分过程导向的设计模型都为设计者满足所有的必要条件提供了充足的指导,因此,成功的机会更大。但是,即使满足所有的必要条件也不能够保证一定能够设计出有效的课件,只是提高了设计有效课件的可能性,认识到这一点是非常重要的。

实践表明,有三种条件非常难以得到满足。首先,屏幕设计经常很差。其次,大多数设计者发现很难构思和实施有意义的交互。最后,严格的、反复的形成性评价过程经常被忽略。

在整个课件设计过程中对课件的有效性有重要影响的一个方面是内容的视觉呈现方式,许多好的课程设计都因为缺少对屏幕设计原理的重视而被破坏。一些众所周知的屏幕设计的原理,如从左至右、从上至下呈现信息,不过多夸张任何最显著的地方(如颜色或下划线),提供足够的"空白"区域,保证图片和动画都清楚并与内容相关,清楚地指明学生该做什么等,在许多文章中都有详细的论述(Alessi and Trollip 1991, Sampath and Quaine 1990)。另一个要记住的方面是,一些人喜欢从文本中学习,而另一些人喜欢从图片中学习,在课件中将两者结合起来常常能够促进学习(Alesandrini 1987,Rieber and Kini 1991)。

如果设计者对课件设计没有经验,那么他们多年的班级教学或基于纸张的媒体教学经验经常使他们设计出的课件缺乏足够的交互,交互常常仅仅包括回答多项选择题或单击某个键之后前进。更多复杂的交互,例如发生在复杂的模拟中的、或当允许之后,就判断扩展性的答案时的交互就很难设计,更不用说实施了。这不仅要求对媒体熟悉,还要求在实施中具有很高的技术能力。

不充分的交互也意味着计算机的优势没有被有效地应用,一个很好的例子就是在训练领域中,大多数计算机化的训练是基于静态的信息和模仿闪现卡呈现形式而随机呈现信息。但是,更有效的方法应该是基于对学习的理解,设计包括反馈、辨别和巩固的训练。可变间距绩效(VIP)训练(Alessi and Trollip 1991)根据学习者做得如何确定呈现条目的顺序来设计课件,而且,对不正确回答的反馈将按照这个答案是否是训练中其他条目的答案而有所变化。

适应性教学领域的研究有一些进展,尽管其带来的利益仍受质疑。就像上面提到的VIP训练,适应性课件评定学习者做得如何,设想学习者存在的错误的概念,或优化教学的顺序(Jonassen 1988 Pt. Ⅱ)。从纯实践的角度来看,适应教学的基本规则经常需要经过大量的学习、实验和修改,才能被有效地应用到课件设计中。对于大多数设计者或实践者来说,所需要的努力太多了,因此,这个领域中的大部分工作都留给了研究者。

最后一个很难满足的条件是严格的、反复的形成性评价,事实上,这也可能是所有条件中最关键的一条。如前面所提到的,仅仅满足这六个必要的条件不能够保证有效的教学,但是却增加了设计有效教学的机会。在整个设计过程中严格的、反复的评价和修改对课件有效性有最大的影响,内容分析和设计、屏幕设计和编程都受一些著名的习惯或模型的限制,但是,有效课件的微妙性并不如此,结合它们的最好的方式就是观察学生的行为和他们对教学的反应,然后相应地对教学进行修改。这是一个很漫长的过程,但是这个不断地测试、修改、再测试的循环过程逐步地提高了课件的教学效果。

3.2 动机

另一个影响课件质量的问题是学生的动机。有两种基本类型的动机:(a)外部动机,学生受到要取得好成绩或害怕受到惩罚的心理影响而被激发的动机;(b)内部动机,不管外部条件如何,学生对学习本身有兴趣。如果学生没有学习的动机(这是设计者应该设想到的),即使设计得很好的课件也可能是无效的,除非它本身能够激发学生学习的动机。

马罗恩(Malone 1981)发现,能够激发学生学习动机的课件具备三个基本特征:挑战性、想像性、好奇性。很明显,视频游戏就拥有这些特征,这也解释了它们为什么如此地受欢迎。马罗恩只对这个领域做了一个基本的研究,但是凯勒(Keller)和他的同事(Keller and Kopp 1987)为设计激发动机的课件开发了一个模型(ARCS 模型)。ARCS 模型由四个要素组成,每个要素都有三个子类别:注意(唤起感知、引起探究、可变性);相关(熟悉、目标导向、动机匹配);信心(学习要求、成功的机会、个人控制);满意(自然的结果、积极的结果、公平)。

凯勒和苏祖基(Keller and Suzuki 1988)使用 ARCS 模型,并说明了如何在课件设计中应用它。对每一个类别,他们都提供了其实施的策略。例如,对于唤起感知,策略是:在教学中使用新奇的、惊奇的、不协调的或不确定的事件引起和维持学生的注意。

从课件设计者的角度出发,认识到学生没有得到学习所必需的动机激发是很重要的,也就是动机需要被设计到课件中。

3.3 设计小组

课件设计的另一个很重要的方面是由谁来设计的问题,对设计成功的课件的各种要求表明,课件设计需要团队的努力(Alessi and Trollip 1991, Roblyer 1988),很少有一个人制作成功课件的例外情况。设计小组应该具有多种能力:教学设计专业技能,并且有设计交互媒体的经验;内容方面的专业技能;简洁、概要的书写技能与经验;图表设计经验,有屏幕信息设计的专业技能;编程或实施的技能,有一定的人—机界面方面的背景知识;评价的技能,尤其是对学习迁移方面的技能。最后,应该对所有的小组成员进行管理。尽管在很多情况下,管理是由团队中的其他成员或专业管理者来承担的,但最好是由教学设计者来管理小组。

4. 结论

虽然存在着许多对单个课件有效性的研究报告以及对整个媒体的元分析报告(Kulik and Kulik 1986),但是,课件的效果常常令人非常失望。课件通常不具备教师的深刻的观察力、没有教师灵活,呈现的信息没有书本上的信息深刻,也没有影碟或电影上那么多的图片或动画。问题主要是,大量的课件在开发时根本没有考虑基本的教学设计概念,设计得很好的课件常常也没有成功,因为它没有满足前面所提到的一种或几种必要条件。通常,课件包括更多的浮华的内容而不是更好的教学内容,这可能是由于更多地考虑市场而不是教育。

对于使用哪种模型来设计有效的课件,目前还没有可供参考的数据,但是将内容导向的模型与过程导向的模型结合起来可能是最好的方法。可是,最好记住,目前还不存在一定能够保证高质量教学的最好的方法,能够保证制作有效课件的最好的机会就是保证每一个必要条件都实现,并且在整个设计过程中进行完整的和详尽的形成性评价。

在 20 世纪 90 年代早期,课件设计仍然处于襁褓时期,直到 90 年代晚期以后,其原理和程序才确立起来,使得课件设计成为一门科学,而不只是一门艺术。直到现在,依据前面所阐述的系统方法的理论,为制作有效的计算机辅助教学提供了更大的可能。

S. R. 特罗利普(S. R. Trollip) 著

李婧妍 译

附录

Alesandrini K 1987 Computer graphics in learning and instruction. In: Houghton H, Willows D (eds.) 1987 *The Psychology of Illustration. Vol 2: Instructional Issues.* Springer-Verlag, New York

Alessi S M, Trollip S R 1991 *Computer-based Instruction: Methods and Development*, 2nd edn. Prentice-Hall, Englewood Cliffs, News Jersey

Camstra B 1986 AI in computer-based training. *Interactive Learning International* 3(4):27—30

Carrier C, Jonassen D H 1988 Adaptive designs for courseware. In: Jonassen D H (ed.) 1988

Gagné R M, Briggs L J 1979 *Principles of Instructional Design.* Holt, Rinehart, and Winston, New York

Jonassen D H (ed.) 1988 *Instructional Designs for Microcomputer Courseware.* Erlbaum, Hillsdale, New Jersey

Keller J M, Kopp T 1987 Application of the ARCS

model of motivational design. In: Reigeluth C M (ed.) 1987 *Instructional Theories in Action: Lessons Illustrating Selected Theories and Model.* Erlbaum, Hillsdale, New Jersey

Keller J M, Suzuki K 1988 Use of the ARCS motivation model in courseware design. In: Jonassen D H (ed.) 1988

Kulik C-L C, Kulik J A 1986 Effectiveness of computerbased education in colleges. AEDS Journal 19:81—108

Malone T W 1989 Towards a theory of intrinsically motivating instruction. *Cognit. Sci.* 5:333—369

Merrill M D 1983 Component display theory. In: Reigeluth C M (ed.) 1983 *Instructional design Theories and Models: An Overview of Their Current Status.* Erlbaum, Hillsdale, New Jersey

Merrill M D 1988 Applying component display theory to the design of courseware. In: Jonassen D H (ed.) 1988

Reigeluth C M 1983 Instructional design: What is it and why is it? In: Reigeluth C M (ed.) 1983 *Instructionaldesign Theories and Models.* Erlbaum, Hillsdale, New Jersey

Rieber L P, Kini A S 1991 Theoretical foundations of instructional applications of computer-generated animated visuals. *Journal of Computer-based Instruction* 18(3):83—88

Roblyer M D 1988 Fundamental problems and principles of designing effective courseware. In: Jonassen D H (ed.) 1988

Roblyer M D, Hall K A 1985 *Systematic Instructional Design of Computer Courseware: A Workshop Handbook.* Florida A & M University, Tallahassee, Florida

Sampath S, Quaine A 1990 Effective interface tools for CAI authors. *Journal of Computer-based Instruction*, 17(1):31—34

Steinberg E R 1984 *Teaching Computers to Teach.* Erlbaum, Hillsdale, New Jersey

Tennyson R D, Cocciarella M 1986 An empirically based instructional design theory for teaching concepts. *Rev. Educ.* 56(1):40—71

Wager W, Gagné R M 1988 Designing computer-aided Instruction. In: Jonassen D H (ed.) 1988

其他参考文献

Clark R E, Voogel A 1985 Transfer of training principles for instructional design. *Educational Communication and Technology Journal* 33(2):113—125

Dudley-Marling C, Owston R D 1987 The state of educational software: A criterion-based evaluation. *Educ. Technol.* 27(3):25—29

Hannafin M J, Peck K L 1987 *The Design, Development, and Evaluation of Instructional Software.* Macmillan, Inc., New York

Merrill M D 1987 Prescriptions for an authoring system. *Journal of Computer-based Instruction* 14(1):1—9

O'Shea T, Self J 1983 *Learning and Teaching with Computers.* Prentice-Hall, Englewood Cliffs, New Jersey

Reigeluth C M (ed.) 1987 *Instructional Theories in Action: Lessons Illustrating Selected Theories and Models.* Erlbaum, Hillsdale, New Jersey

Shneiderman B 1986 *Designing the User Interface: Strategies for Effective Human-Computer Interaction.* Addison-Wesley, Reading, Massachusetts

Steinberg E R 1989 Cognition and learner control: A literature review, 1977—1988. *Journal of Computer-based Instruction* 16(4):117—121

Wager W, Wager S 1985 Presenting questions, processing responses, and providing feedback in CAI. *J. Instr. Dev.* 8(4):2—8

观念生成与决策的技术(Idea Generation and Decision-making Techniques)

大多数学习活动都包括问题解决的成分,问题解决过程中一个很重要的阶段就是形成解决问题的方案。研究表明,提出的解决方案越多,就越有可能最终形成一个高质量的解决方案。通过使用一些正式的“观念生成”(IG)技术,可以促进问题解决策略的产生。在本词条中讨论了使用“观念生成”技术解决问题的情境,以及在美国、德国、日本和英国形成的一些个人和小组的想法产生过程的例子。

1. 问题的性质和问题解决

问题可以被定义为事件的当前状况和期望状况之间的差距(MacCrimmon 1974),这个定义强调了事件的初始状况(现在是……)和事件的终点状况(应该是……),也强调了确定一个问题所涉及的主观性。人们对问题的初始状况和期望状况的感知是不同的。

1.1 问题的类型

可以对问题作大致连续的分类,即从结构化的问题到半结构化的问题,到不良结构的问题(MacCrimmon and Taylor 1990, VanGundy 1988)。对一个问题进行特定的分类取决于有关问题状况的信息多少以及将问题现状转换为一个或多个期望状况所需方法的信息多少。这个词条关注的不良结构的问题就包括相对比较少的关于问题状况和如何转换它们的信息。

1.2 问题解决策略

通常,结构化的问题可以通过遵循一定的处方(或规则)加以解决,这些处方事实上提供了一个解决问题的方案。不良结构和一些半结构化的问题要求经验性和启发式的规则,遵循这些指导原则可以解决问题,但是这些指导原则只是增加了问题解决的可能性,并不保证一定能够解决它。例如,教师经常根据自己的经验和自己对研究数据的解释来提供建议(尽管他们提供的可能是处方或规则性的建议,但是他们却经常提供经验性的意见)。大多数不良结构和半结构化的问题都要求制定或发明解决问题的方案。

1.3 问题解决

问题解决可以被定义为减少或消除认识到的问题差距的过程,当提出了一个解决方案以后,就可以评价它对于减少问题差距的效果如何,并据此对其进行相应的调整。这个特殊的过程被称为“手段—目的分析”(Newell and Simon 1972)。

大多数问题解决活动的目标都是将不良结构的问题转换为良好结构的问题,事实上,西蒙(Simon)指出,可以把不良结构的问题看成是一系列良好结构的问题,然后逐步逼近它来解决问题。因此,把一个初始的问题状态转换到预期的状态,就可能包括一系列为达到特定的子目标而设计的活动。一旦所有的子目标都完成了,那么问题也就解决了。西蒙甚至指出,“并不存在良好结构的问题,问题解决者面临的都是不良结构形式的问题”(1973 P. 186)。

2. 观念生成技术

同其他专业人员一样,教育者也需要一些“思想或观念”来解决不良结构的问题。“思想”是为消除问题状态的差距而提出的手段。不良结构问题的特征是有关如何解决它们的信息相对而言比较模棱两可,然而,这些思想可以用作尝试性的建议,用以组织问题解决的过程。提出的想法越多,完善结构并形成解决方案的可能性就越大。

对于某些问题,可以比其他问题更容易形成观念,但是,也有一些问题看起来很难解决。要克服这些障碍,至少有两种选择:(a)重新定义问题,这样就形成一些新的潜在的思想;(b)通过寻找新的刺激观念的来源,扩展现存的思想库。这里将集中讨论后一种选择。

大多数正式的IG技术都提供刺激观念的新来源,帮助组织观念产生的过程。首先,正式被公认的IG技术发源于20世纪30年代的美国(Crawford 1954),从那以后,形成了大约100种技术,并在文献中有所记载(VanGundy 1988)。尽管许多技术都产生于美国,也有相当一部分的技术产生于日本、英国,尤其是位于德国法兰克福的贝特勒(Battelle)学院。

2.1 观念生成技术的分类

曾使用过很多种分类学的方法为IG技术分类(Geschka et al. 1973, Sounder and O'Keefe 1979, VanGundy 1988),这里使用的万格迪(VanGundy)的分类,包括四组变量:

(a)个人与小组。小组方法利用小组成员所拥有的资源的优势解决问题。相反,个人方法可能会受个人思想的限制。一个一般的原则是所有的个人技术都可以被小组所使用，但是并不是所有的小组技术都能被个人所使用（个人技术可以通过汇集小组中个体所产生的观念而很容易地修改以适合小组使用）。

(b)头脑风暴与头脑书写。头脑风暴技术是在小组情境中依赖于口头上产生想法，并常常要遵循特定的原理（Osborn 1963）。头脑书写——一个在德国法兰克福贝特勒学院产生的术语——指在小组情境中安静地、通过书写生成的想法。头脑书写方法可以被进一步分类为交互作用的和正常的头脑书写技术两种变式（VanGundy 1984，1988）。交互作用的头脑书写技术包括分享个人写下的想法，而正常的头脑书写技术则把所有写下的想法都结合起来，但不和其他的小组成员分享这些想法。

(c)相关的与非相关的刺激。用来促进思想的刺激或者与问题相关（例如一些问题要素或部分），或者不相关，或者是既相关也不相关。一个相关刺激的例子就是，使用教师的特征作为促进观念生成的刺激来吸引更多的老师。在正式的技术中，使用非相关的刺激更反传统一些，它包括选择一些与问题根本不相关的词语、物体、图片或概念等，并使用这些固有的刺激来促进观念的生成。因此，一个普通的商品批发商可能会为招聘教师提供一些解决问题的建议。例如，商品在压力下折叠的方式可能会使他建议采用具有较大压力的招聘活动。

(d)自由联想与强迫关联。所有的 IG 技术要么使用自由联想、强迫关联，要么是两者的结合来产生观念。自由联想包括使用先前提出的每个观念作为新观念的刺激，强迫关联包括把相关的和非相关的刺激组合或与各种问题要素结合起来产生一些新的观念。

拥有许多可以从中进行挑选的技术有非常明显的优势，仅依赖于一两种方法可能会导致呆板的思想，使用众多可选择的方法有助于增加有关问题的潜在观点的数量。产生的观点越多，形成高质量解决方案的可能性就越大。为了说明结构化的 IG 技术的多样性，在下面将对一些代表性的技术作简要描述。

2.2 个人技术

许多作者都曾提到“类比”能够怎样地用于观念生成，最著名的是戈登（Gordon 1961）和普林斯（Prince 1970）的“共同研讨”过程以及迪·波恩奥（de Bono 1970）的“横向思维”概念。其基本过程包括产生一个与问题相似的事物的列表，选择最有趣的事物并对其进行详细的描述，使用这个描述作为形成新的观念的刺激。因此，人们可能在遇到教师招聘的问题时，通过联想到这个问题与光对飞蛾的吸引的相似性而产生想法。例如，飞蛾成群地围绕着光有着某种安全感。围绕这个概念可能会提出一些想法，如通过比平常更长时间的合同或缩短拿到终身聘用资格的时间来吸引潜在的教师。

集中的对象技术最早由怀廷（Whiting 1958）提出，后来版本的“刺激分析”在法兰克福的贝特勒学院进行了修改并发展成为小组方法（Geschka et al. 1973），它是基于非相关的、随机刺激的原理，通过选择主要的问题要素和与问题无关的随机要素来产生想法，然后把这两个要素结合起来，根据它们的结合使用自由联想来产生想法。前面所提到的关于聘请商品批发商为教师聘用提想法就是这个方面的一个例子。

产品改进检核表技术（PICL）使用非相关的刺激词语，而不是使用非相关的事物来产生观念，最早由万格迪（1985）提出，采用海报大小的工作表来刺激产生新的想法。从此，就把它用作解决任何需要新观念生成的问题时常用的观念生成工具。PICL 技术包括大约 600 个词和短语，可以分为“尝试……”、“使它……”、“想到……”和“删除或添加……”几类。例如，尝试：把它切成片、勾勒出草图、擦去它、拉紧它、折弯它；使它：变软、透明、可以动、可任意使用、可调节；想到：电动扶梯、麦片粥、定时炸弹、蛋壳；删除或增加：层数、摩擦力、沙子、能量、期望。使用者随意选择一个词并使用其所隐含的或包含的概念来提出想法。例如，“尝试把它切成片”这个短语就会建议把市场分割的方法应用到教师招聘中。

克罗维茨（Crovitz 1970）设计了相关运算作为 IG 系统的强迫关联的方法，基本程序包括选择两个问题要素,在二者中间插入一个“相关联”的词,使用这些词组合的结果来刺激想法的产生。克罗维茨建议使用如下类型的前置词作为关联词语:关于、在……的对面、之后、相反、在……之中、在……方面、因为、在……两者之间、对立的、通过、在……之下、当……时候、在……地方、同时、和……为了说明这个技术,同样是教师招聘的问题,考虑下面的想法和词的组合(在圆括号中的):会议中的善于交际者(教师在招聘中);当前的教师给应聘的教师写个人信件(教师和招聘之间);进行头脑风暴会议来确定为什么一个应聘教师会拒绝你的学校(教师反对招聘);邀请预期的教师在“专家”教师的带领下工作一小段时间(教师在招聘下)。

反向生成技术通过改变问题的定义而产生新的观点产生想法(de Bono 1970, Rickards 1974),然后使用新的观点促使想法的形成。要记住,在使用反向生成技术时,可能以任何可能的方式转换问题的陈述。因此,招聘教师的途径的问题就可以转换为如下的方式:招聘更少的教师、拒绝预期的教师、招聘学生、不招聘教师等。我们可以为“用作潜在的观念激励”来检验每一个陈述。例如,“招聘学生”这个反向的转换就会建议如下的想法,与预期教师的学生签约,并请他们鼓励他们的老师申请这个职位。

2.3 小组技术

作为头脑风暴的另一种方式,头脑书写游戏由英国的伍兹(Woods 1979)提出,游戏的目的是产生最不可能的想法。每个成员首先买一定数量的一分钱一张的空白卡片,购买者在一张包含与卡号对应的数字序号的纸上记下他们名字的首个字母,然后,在每张买来的卡片上写下一个不可能的想法,之后,把卡片收集起来并向整个小组进行展示。每个小组成员单独地研究每张卡片并试着把这些想法转换为更实际的想法(减少了卡片拥有者赢的机会)。大约 20 分钟以后,每个成员都有两次表决的机会,选出两个最不可能的想法。选票最多的人就会赢得大家在购买卡片时所收集的钱。然后把小组成员分为两个子小组,并尝试把这些想法扩展为 6 个可行的想法,20 分钟后,小组之间互相说服以说明自己的想法是最好的。

莲花盛开技术是由日本的八洲夫(Tatsuno 1990)提出的,但是许多西方人认为它与 Lotus 1—2—3 的电子表格软件非常相似,莲花盛开技术,也被称为 MY 方法(根据其开发者命名),起始于一个中心主题,然后使用逐步扩展的圆圈或“花瓣”向外逐步扩展想法,中心主题指导这些想法,而这些想法又成为中心主题,向外扩展,如此这样进行下去。在小组会议中,小组成员使用带有空白圆圈的图表,并像前面所讲的那样在其中写下想法。通常,对于一个原始的问题,参加者要想出 8 个新的想法。

日本广播公司(NHK)的高梨提出了 NHK 头脑风暴法,它是头脑风暴和头脑书写技术的组合(Tatsuno 1990)。每个成员在 5 个检索卡片上分别写下一个想法,将成员按照 5 人一组进行分组,每个人解释自己的想法,其他人记下由于别人的解释而刺激产生的新想法。然后收集这些卡片,并按共同的主题进行分类。最后,形成新的小组,进行头脑风暴,写下关于主题的新的想法(在卡片上)。一个小时以后,每个组根据主题组织他们的想法并向所有的小组成员呈现他们的想法。

针卡技术(Geschka 1979)是贝特勒学院所开发的众多头脑书写方法之一。给 5 人一组的小组一叠索引卡片,并请每个人在每张卡片上写下一个想法,把卡片传递给他们右手边的人,请其阅读想法,并使用它刺激生成一个或更多的想法,如果没有产生出新的想法,那么就把原来的想法写下来(卡片上的每个想法)并将卡片传递给他们右手边的人。这个过程持续大约 15 分钟,然后收集卡片,将其分类并评价。

发明经常是在被创造后才被命名,但是,在德国所提出的语义直觉技术(Schaude 1978)却把这个过程扭转了,即在提出命名之后才创造出一个“发明”(或想法)。这个步骤相对比较简单,首先,生成与问题相关的两列词。这样与教师招聘相关的问题列表会包括与招聘相关的事物(例如信件、钱、电话、旅馆、拜访)和与教师相关的事物(例如教室、学校、书、学生、学习、待遇等)。然后,从每个列表中随机地选取一个词,用他们的组合来形成想法。例如,小组可能考虑请学生写个人信件给预

表 1　　权衡决策矩阵的例子

标准	重要性	写信度量值		短期获得终身聘用资格结果度量值		高压力结果	
最少花费	7	7	49	1	7	5	35
最少时间	6	4	24	6	36	5	30
伦理的	5	7	35	6	30	1	5
对新教师的吸引性	7	6	42	7	49	3	21
当前教师的接受性	6	6	36	4	24	4	24
总结果			186		146		115

期的教师(从“信件—教室”中得到启示)。这个从每个列表选择一个词进行组合刺激形成想法的过程一直持续下去,直到所有可能的想法都被考虑到。

3. 决策

一旦产生了想法,就要作决策来选择最好的想法,这个过程可能或多或少依赖直觉,但是结果却不总是可以预计的。在作决策过程中最重要的是使用标准,也就是帮助区分两个或更多的选择的标准,但是要在作决策过程中发挥最大的作用,就要对标准加以衡量。换句话说,应该对标准进行评估来表明其在重要性方面的可变性。在购买汽车的时候就是一个衡量标准的很普通的例子,大多数购买者都以价格作为衡量的标准,而不是颜色或座位的材料。

在组织决策过程中经常使用的一种技术是权衡决策矩阵(Rickards 1974, VanGundy 1988),基本步骤如下:

(a)生成一系列标准。

(b)衡量每个标准的重要性,使用 7 点度量(1 = 不重要,7 = 非常重要)。

(c)根据每种标准衡量每一个选择,使用 7 点度量(1 = 不满足标准,7 = 完全满足标准)。

(d)把重要性的度量值与满足性的度量值相乘。

(e)把每种度量选择所得的值相加,并比较结果。

(f)选择度量值最高的那一项(或者重新考虑度量值并重新计算矩阵)。

为了说明权衡决策矩阵,考虑前面所提到的招聘教师的例子,假设生成的想法被缩减为三种:(a)减少获得终身聘用资格的时间;(b)当前教师给预期的聘用者写个人信件;(c)进行高压力的招聘活动,那么矩阵应该如表 1 一样建立。

对每种选项都进行度量(见表 1 中的度量值列),然后与重要性相乘得到该选项的结果,然后对这些结果进行相加得出总结果。使用这个过程选出了第一种选择,即写信,因为它得的分数最高(186)。然而,使用总的结果作为选择的指导也并不总是合适的,有时,分析中可能漏掉重要的标准或者做出了不正确的评估(这种评估当然是主观的)。因此,在实施任何解决方案之前都必须用直觉进行检查,也就是说,你的直觉是否告诉你这是一个好的选择?如果不是,就要对标准或度量进行重新的评估。

A. B. 万格迪(A. B. VanGundy)　著

李婧妍　译

附录

Crawford R P 1954 *The Techniques of Creative Thinking: How to Use Your Ideas to Achieve Success* Hawthorn Books, New YorkCrovitz H F 1970 *Galton's Walk: Methods for the Analysis of Thinking, Intelligence, and Creativity*. Harper & Row, New York

de Bono E 1970 *Lateral Thinking: A Textbook of Crea-*

tivity. Harper & Row, New York

Geschka H 1979 Methods and organization of idea generation. Paper presented at Creativity Development Week II, Center for Creative Leadership, Greensboro, North Carolina

Geschka H, Schaude G R, Schlicksupp H 1973 Modern techniques for solving problems. *Chemical Engineering*, August: 91—97

Gordon W J J 1961 *Synectics: The Development of Creative Capacity*. Harper & Row, New York

MacCrimmon K R 1974 Managerial decision making. In: McGuire J W (ed.) 1974 *Contemporary Management: Issues and Viewpoints*. Prentice-Hall, Englewood Cliffs, New Jersey

MacCrimmon K R, Taylor R N 1990 Decision making and problem solving. In: Dunnette M D, Hough L N (eds.) 1990 *Handbook of Industrial and Organizational Psychology*, 2nd edn. Rand McNally, Chicago, Illinois

Newell A, Simon H A 1972 *Human Problem Solving*. Prentice-Hall, Englewood Cliffs, New Jersey

Osborn A F 1963 *Applied Imagination: Principles and Procedures of Creative Problem-solving*, 3rd edn. Scribner, New York

Prince G M 1970 *The Practice of Creativity: A Manual for Dynamic Group Problem-solving*. Harper & Row, New York

Rickards T 1974 *Problem Solving Through Creative Analysis*. Gower Press, Epping

Schaude G R 1978 Methods of idea management. In: Gryskiewicz S S (ed.) 1978 *Proceedings of Creativity Week I, 1978*. Center for Creative Leadership, Greensboro, North Carolina

Simon H A 1973 The structure of ill-structured decisions. *Artificial Intelligence* 4: 181—201

Souder W E, O'Keefe W M 1979 Fourteen useful techniques for technical problem solving and creative thinking. Technical report, University of Pittsburgh, Pennsylvania

Tatsuno S M 1990 *Created in Japan: From Imitators to World-class Innovators*. Harper & Row, New York

VanGundy A B 1984 *Managing Group Creativity: A Modular Approach to Problem Solving*. AMACOM (Division of the American Management Association), New York

VanGundy A B 1985 *The Product Improvement Check-List* (PICL). VanGundy and Associates, Norman, Oklahoma

VanGundy A B 1988 *Techniques of Structured Problem Solving*, 2nd edn. Van Nostrand Reinhold, New York

Whiting C S 1958 *Creative Thinking*. Van Nostrand Reinhold, New York

Woods M 1979 The brainwriting game. *Creativity Network* 5: 7—12

其他参考文献

Olson R W C 1980 *The Art of Creative Thinking* Barnes and Noble, New York

Souder W E, Ziegler R W 1977 A review of creativity and problem-solving techniques. *Research Management* July: 34—42

Stein M I 1974 *Stimulating Creativity. Vol. 1: Individual Procedures*. Academic Press, New York

Stein M I 1975 *Stimulating Creativity. Vol. 2: Group Procedures*. Academic Press, New York

VanGundy A B 1987 *Creative Problem Solving: A Guide for Trainers and Management*. Quorum Books, Westport, Connecticut

VanGundy A B 1991 *Training Your Creative Mind*. Bearly, Buffalo, New York

VanGundy A B 1992 *Idea Power: Techniques and Resources for Unleashing the Creativity in Your Organization*. AMACOM (Division of the American Management Association), New York

教育信息系统(Information System for Education)

本词条主要介绍了参考书目数据库和相关的

信息系统，这些系统主要处理母语是英语的国家的与教育相关的文献（美国、英国、加拿大、澳大利亚），除此之外，关于拉丁美洲信息系统和欧洲信息系统的一些内容也被包含在其中（EUDISED），但不包括亚洲、第三世界和国际代理机构（例如英国工程师协会）。还有许多与教育相关的信息系统，但是不是参考书目的实体（例如，可以利用的奖学金和经济资助信息、试验仪器、非印刷媒体、教育机构的地址目录及其供给品、教育交流的可能性等）也不包括在这里。

1. 教育资源信息中心（ERIC）

ERIC是美国国家信息系统，目的是提供给学习者获取与教育相关的文献的途径。它建立于1966年，由美国教育部、教育研究和进步办公室（OERI）资助，并且由16个非营利承建者（具体主题的票据交换所）和4个营利承建者（数据库管理、复印和文件传输、扩展等支持部分）组成一个类似网络的结构进行操作。

ERIC是世界上最大的英语语言教育文献数据库，大约包括（自1992年起）79万条记录（34万种文献，45万篇期刊文章）。文献记录（大约每月1 000条）被公布在“教育资源”文摘杂志上（RIE），RIE可以从美国政府印刷办公室（GPO）订阅，目前在世界各地有大约1 800个客户。期刊文章记录（约每月1 500条）被公布在“教育期刊当前索引”（CIJE）上，CIJE可以从大羚羊（Oryx）出版社订阅，目前大约有1 800个客户，所有的条目都使用教育资源信息中心词典中的术语进行检索（可以从大羚羊出版社获得）。

占ERIC数据库一半的文献主要集中于易变的文献（技术/研究报告、政府文献、会议论文、课程材料、听取的意见、论文、统计汇编、项目/计划汇报等），通常不包括商业出版的书籍。由于ERIC主要是英语语言的材料，并且它的数据库记录以英文形式保存，因此它从世界各地收集文献。ERIC中大约有5%的文献是非英语的，大约有98%被处理过的文档都采用缩影胶片来存档，使用者可以通过ERIC的文档复印服务（EDRS）获得（80%的文献不仅有缩影胶片，也有缩影胶片放大的纸张复印形式，18%的文献只有缩影胶片的形式）。如果没有陈述其可利用性，数据库不能够接受任何文献。

占ERIC数据库一半的期刊文章由大约800种核心的和与教育相关的期刊中的文章组成．由于版权的原因，ERIC并没有把期刊文章制成缩影胶片，但是依赖于商业的再版组织（例如国际大学缩影胶片——UMI），他们与出版商之间有版权费用的协议。

1.1 计算机化的访问

在线的商家和光盘商可以获得ERIC的数据库，然后为大众提供计算机化的搜索获取方式。在1993年，可以通过DIALOG、BRS、OCLC、GTE和DataStar在线付费获取ERIC的数据，除此之外，世界上的很多大学和非营利性组织机构预定ERIC的磁带（ERIC的Facility可以提供），并将ERIC数据库安装在内部大型机中服务于员工、学生和其他人员。

另一个主要的获取途径是SilverPlatter提供的CD－ROM检索系统DIALOG和EBSCO，这些系统是独立的，每年固定的定价，并提供包括完整的数据库的每季升级光盘。使用者必须提供合适的微机和光驱。

所有主要的ERIC数据的销售组织和所有主要的能够提供获取ERIC途径的大学和非营利提供者都被列在每年两次的ERIC信息服务提供者列表中。

1.2 词典

ERIC词典是ERIC检索者使用的主题检索术语的主要列表，很受欢迎。每个术语都有一个前后对照结构（包括较窄的术语、宽泛一点的术语、相关术语）、指定的类别，必要的话还包括范围说明（定义）。词典有四种展示方式：字母顺序、旋转的、分等级的、描述符组。“工作副本”不断更新供内部使用，Oryx出版社每3～4年会出版商业版本。第12版（1990）共包括9 991个术语，其中5 575个主要术语，4 416个同义词（是主要术语的交叉引用）。

ERIC词典在结构和内容上是其他英语国家所开发的词典的典范，自1986年以来，在这些国家中按期地进行术语数据的交换。

1.3 文件传送

ERIC 文件复制服务(EDRS)是 ERIC 文件传输的臂膀,ERIC 每年将大约13 000份文件缩微成微型胶片,并为全世界大约 900 户订阅者提供微型胶片订阅服务(每年大约花费 2 200 美元)。这种服务每年分发大约 1 600 万张 ERIC 缩微胶片,EDRS 也提供缩微胶片或文件复印的订货服务,但不提供占数据库半数的期刊文件的传送服务。

1.4 ERIC 的信息文献

获取 ERIC 的基本的指导书是:《ERIC 袖珍指南》、《ERIC 概览》、《ERIC 信息服务提供者指南》。

2. 英国教育索引(BEI)

在英国,BEI 包含教育期刊文章,英国教育论文索引(BETI)包含论文文章,还有一部分与教育相关的文件并没有被系统地包含在其中,但是在未来会被加入到 BEI 中。与教育相关的书籍被包含在英国国家书目(BNB)中(和所有的其他国家的书籍在一起)。

BEI 由学院的图书管理员和教育学院(LISE)于 1954 年建立,1972 年,它搬到英国图书馆/英国国家参考书目里面,1985 年,它被移交给利兹大学。它涵盖大约 300 种英国和欧洲一些主要国家的英语语言杂志,目的就是全面地收集与教育相关的来自英国和关于英国的期刊文献。每年大约增加4 000 个关于英国教育的记录,这些记录包括作者、题目、引用的期刊、检索术语(来自英国教育词典),但是不包括注释/摘要。

BEI 每年印刷和出版 3 份,每份包括约 1 000 条参考条目,在最后一份中出版包含一年所有的累计的条目的记录,并形成一个永久的年索引卷。自 1976 年至 1992 年 3 月,可机器阅读的 BEI 版本包括 57 902 条记录(一些从来没有在印刷的 BEI 上出现过)。这个文件可以在全世界通过 DIALOG 信息服务文件 121 获取到,DIALOG 文件 121 也涵盖 BETI。

BEI 和 BETI 都不包括文件传递服务,这主要是由于可以从英国图书馆文件提供中心获得全面的国家服务,并且可以通过图书馆之间正常的互借程序获得已有的论文。

3. 加拿大教育索引(CEI)

CEI 涵盖教育的期刊文章、政府和研究报告、专论、课程文件和研究生论文,大约包含 200 种加拿大的法语或英语语言的杂志。1991 年,CEI 包括大约 24 000 条记录,现今每年大约增加 5 000 条记录。

CEI 每年出版 3 次,包括两本平装书以及一本增加了新内容的一年积累起来的精装书。CEI 为所有的报告和专论提供摘要,并为论文提供作者摘要,但不提供期刊文章的摘要或注释。所有条目的检索都使用加拿大教育辞典。CEI 可以通过 Info-Globe 在线获得,也可以在 Micromedia 公司的 CD – ROM 产品"CD – Education"中获得。"CD – Education"产品计划于 1993 年被 DIALOG"国际 ERIC"产品所取代,这个产品包括 AEI、BEI 和 CEI 数据库。

3.1 文件传送

CEI 中的大多数报告和专论都有缩微胶片的形式,可以通过 Micromedia 的"MICROLOG 教育征集"每月订阅,个别条目可以通过 Micromedia 的文件传送服务定购纸张版或缩微胶片版。

4. 澳大利亚教育索引(AEI)

在澳大利亚,教育文献被包含在澳大利亚教育索引和澳大利亚教育论文参考文献目录(BETA)中,并都由澳大利亚教育研究理事会(ACER)准备。

AEI 涵盖出版的和未出版的文献形式:期刊文章、书本、专论、研究和技术报告、会议论文和论文集、课程材料、测验、新闻文章、立法等等。其目标是全面地涵盖与教育相关的产生于澳大利亚以及海外的澳大利亚作者或发表在海外的关于澳大利亚教育的文献。各种水平的教育都被包含其中,所有的记录都使用《澳大利亚教育资源库》进行索引。从 1979 年到 1991 年,AEI 数据库总共包括大约 5 万条记录。

AEI 可以通过澳大利亚信息网络(AUSINET)在线获得,该网络由 ACI 计算机服务公司操作,使用 TYMNET 或 TELENET 通讯网络。AEI 也可以在

AUSTROM 上获得,这是一个 CD – ROM 检索系统,包括 13 个社会科学、法律和教育数据库。

AEI 数据库也包含澳大利亚教育论文书目,包括被澳大利亚大学和学院接收已获得高学位的每年出版的论文。

但是,目前还不存在文件传送中心,AEI 中的所有的文件条目都表明该文件可用,并且索引的学院都可以提供该文件版本。

5. 欧洲教育文件和信息系统(EUDISED)

欧洲教育文件和信息系统是一个由欧洲理事会赞助的书目数据库和网络,欧洲理事会包括如下成员:奥地利、比利时、塞浦路斯、丹麦、芬兰、法国、德国、希腊、冰岛、爱尔兰、意大利、列支敦士登、卢森堡、马耳他、荷兰、挪威、波兰、葡萄牙、西班牙、瑞典、瑞士、土耳其和英国。

EUDISED 的 R&D 公告每年出版 4 次,每一次公告包括大约 250 个关于现在或近期完成的关于教育研究和发展的项目的报告。项目报告使用英语、法语或德语。他们使用欧洲教育词典的描述符进行索引,并且根据词典的术语在公告板上分类。

可以通过欧洲空间代理(ESA/IRS)在线获得 EUDISED 的 R&D 公告板上发布的信息。

EUDISED 的 R&D 数据库的开发是文化合作(Cultural Cooperation)工作计划的一部分,EUDISED 数据网络组对其进行技术指导。

6. REDUC

REDUC——来自两个西班牙词"Red"(网络)和"Educacion"(教育)——是一个书目数据库和合作信息网络,由 17 个拉丁美洲和加勒比海国家的 23 个合作中心组成(阿根廷、玻利维亚、巴西、哥伦比亚、哥斯达黎加、智利、多米尼加、厄瓜多尔、危地马拉、洪都拉斯、墨西哥、尼加拉瓜、巴拿马、巴拉圭、秘鲁、乌拉圭、委内瑞拉)。REDUC 主要的协调中心位于智利的圣地亚哥的教育研究和发展中心(CIDE)。

REDUC 和加拿大国际发展代理(CIDA)有特殊的关系,后者给予资助,并与安大略学院在教育研究上有密切的关系,在网络的进一步发展上进行合作。

REDUC 根据拉丁美洲和加勒比海的教育实践和教育研究的结果收集文件,文件主要是西班牙语和葡萄牙语。1991 年,REDUC 数据库包括大约 15 000份文件的索引,并且每年增加大约1 000条新条目。新增的条目发表在名为《教育分析摘要》(RAE)的出版物上,RAE 每年出版两卷,可以通过作者和主题对 RAE 进行年检索。

REDUC 搜集的文件被协调中心拍成胶片以供存档,并以缩微胶片的形式分发给参与中心。文件的缩影胶片和纸张的影印可以通过协调中心预定。REDUC 的目标是最终将所有有联系的中心使用计算机联系起来,并且在公共网络上可以在线登录数据库。

除了在南美的 23 个常规 REDUC 中心,还有一个在多伦多的 REDUC 中心提供全面的服务以及在新墨西哥中部大城的新墨西哥(UNM)大学的一个专门的中心。UNM 中心收集关于拉丁美洲论题的北美英语语言的论文并且为 REDUC 数据库处理它们。

7. InterED

在 1986 年 12 月,ERIC、AEI、BEI 和 CEI 的代表聚集在华盛顿特区讨论协调、兼容、合作和避免重复。相互交换了很多信息,例如格式、处理规则、涵盖期刊和论文的列表、词典等,他们达成了一致,持续交换新的术语信息以便为未来的辞典提高兼容性。并采取了一定的措施把文件不断地放到 DIALOG 上(如 File 12)保持持续提供在线的 BEI 文件(1988)。为方便起见,这个小组将它自己非正式地称为 InterED。在 1987 ~ 1990 年期间交流很频繁,但是缺乏资源使得 InterED 主要停留在讨论阶段。

小组的第二次会议发生在 1991 年 11 月,主要目的是定义一个整合的国际在线教育数据库,包括一系列的并列数据库的全体或者整体的搜索,也可以个别地进行搜索。在后来与卖主的交流中,这个雄心勃勃的目标被降低到一个简单的 CD – ROM 产品,暂时被称作"国际 ERIC",能够提供 AEI、BEI 和 CEI(不包括 ERIC)。"国际 ERIC"计划在 1993

年10月成为DIALOG DC—ROM产品。

8. 联络点

信息系统变化得非常快，对于参考书目的描述很快就会变得过时，当一个信息系统被使用了，那么就没有替代物用来和系统操作员进行直接的同时代的接触。手头一个及时的电话、传真或信件使得一个系统可以展示其巨大的财富。下面的系统联络点试图提供对在这个词条中所提到的系统进行研究所需的信息，它们可能是本词条中对想要走得更远的读者最有用的信息。

Australian Council for Educational Research (ACER)
Library & Information Services Unit
9 Frederick Street
Hawthorn, Victoria 3122
Australia
Contact: Peter Mathews, Head
Telephone: 613 819 1400
Fax: 613 819 5502
E-Mail: Matthews@acer.edu.au.
Telex: AA10722065

British Education Index (BEI)
University of Leeds
Brotherton Library
Leeds LS2 9JT
Great Britain
Contact: Phillip Sheffield
Telephone: 44 53 2335524 (Sheffield)
Fax: 44 53 2336017/44532335291
E-Mail: libgam@uk.ac.leeds.ucs.cmsl (Janet/Bitnet)

Canadian Education Index (CEI)
Micromedia Limited
20 Victoria Street
Toronto, Ontario M5H 2N8
Canada
Contact: Robert Gibson, Chairman, Micromedia
Telephone: (416) 362—5211 (outside Canada)
1—800—376—2689 (within Canada)
Fax: (416) 362—6161
DialMail: 8998

ERIC Processing and Reference Facility
1301 Piccard Drive, Suite 300
Rockville, Maryland 20850—4305
United States
Contact: Ted Brandhorst, Director
Telephone: (301) 258—5500
Fax: (301) 948—3695
DialMail: 10148
Internet: ericfac@inet.ed.gov

EUDISED
Council of Europe
Directorate of Education, Culture, and Sport
BP 431 R6
F—67006 Strasbourg Cedex
France

REDUC
Centro de Investigacion y
Desarollo de la Educaciaon (CIDE)
Erasmo Escala 1825
Casilla 13608
Santiago 1
CHILE
Contact: REDUC Coordinator
Telephone: 56 26 987153
56 26 986495
Telex: 340485
Fax: 56 27 18051

T. 布兰德霍斯特(T. Brandhorst) 著
李婧妍 译

附录

Brandhorst T 1990 What are the possibilities for coordinating education information databases? *Knowledge in Society* 3(2):45—57

Brandhorst T (ed.) various dates *Bibliography of Publications About the Educational Resources Information Center* 1966—1978, 1979—1984, 1985—1988. ERIC Document Nos. ED 169—955/ED 262 784/ED 308

874 ERIC Processing and Reference Facility, Rockville, Maryland

British Education Index 1990 British Sources of Information on Education. British Education Index, University of Leeds, Leeds

Bruce E 1992 From Vancouver B. C. (1974) to Charlottetown P. E. I. (1992): Achievements, Challenges, and Opportunities of Canadian Bibliography in Education. Paper prepared for the National Conference on Canadian Bibliography, Charlottetown, P. E. I., May 31-June 1, 1992

Findlay M A 1981 Data base compilation—The Australian Education Index. In: *Automation and the Smaller Library*. Seminar Papers of the Library Association of Australia, Special Libraries Section, Victoria Group

Findlay M A 1982 Australian clearing houses and data bases—Developments in the field of education. In: *Australian Clearing Houses and Data Bases: Towards A National Policy*. Footscray Institute of Technology, Footscray

Findlay M A 1982 *Australian Education Index Data Base* (AUSINET): *Users Manual*. Australian Council for Educational Research (ACER), Hawthorn

Findlay M A 1983 Constructing national databases: A centralized operation. In: *Information Management*, Proceedings of the VALA National Conference on Library Automation Melbourne, Nov. 28-Dec. 1, 1983

Finley E G 1989 *Education in Canada: A Bibliography*. Dundurn Press, Toronto

Hoover C, Brandhorst T 1982 *Development and Current Status of the Educational Resources Information Center (ERIC). A Model Bibliographic Control System Covering the Literature of Education in the United States*. 1982 Paper presented at the International Meeting on Educational Documentation: Present and Future, Florence, May 31-June 4, 1982, ERIC Document No. ED 221 171

Johnston J R V, Marder J V, Sheffield P W 1990 Educational research and educational practice: bridging the gap. *Journal of Education for Teaching* 16(1): 83—90

Johnston J R V, McNab A S 1987 British Education Index reborn: The start of something big? *Education Libraries Bulletin* 30(3): 1—12

Marder J V 1989 The development of the British Education Thesaurus—A personal account. *Education Libraries Bulletin* 32(1): 2—8

Office of Educational Research and Improvement (OERI) various dates *ERIC Annual Report*. OERI, Washington, DC

Oley E 1988 Promoting online services: An Australian producer's perspective. In: *Information Online 88*. Proceedings of the Australian Online Information Conference, Sydney, Jan. 19—21, 1988

Sheffield P W 1989 Encouraging people to find out faster: The British Education Index and the British Education Thesaurus as resources. *Learning Resources Journal* 5(3): 58—61

Sheffield P W 1990 Access to information on education: A UK perspective. *High. Educ.* 19(1): 101—106

Stonehill R M 1990 The Educational Resources Information Center (ERIC): A system faces its future. *Knowledge in Society* 3(2): 67—80

Stonehill R M, Brandhorst T 1992 The three phases of ERIC. *Educ. Researcher* 21(3): 18—22

Summers E G 1974 *Canadian Education Information: Some Perspectives and Sources on Systems Design*. University of British Columbia, Vancouver

Summers E G 1974 Subject bibliography -education. In: *National Conference on the State of Canadian Bibliography. Proceedings*, Vancouver, BC

Trester D J 1979 *ERIC—The First 15 Years. A History of the Educational Resources Information Center*. Educational Resources Information Center, Washington, DC

教学设计理论(Instructional Design Theories)

教学设计(ID)是这样一门学科,它主要关注鉴别那些在不同情境下,最可能最好地达到教学效果的教学方法。在本词条中,首先对教学设计思想进行了探讨;对定义的详细表述将包括:对教学设计理论的条件——方法——结果的本质特征的描述,对教学设计与学习理论的对照,对规定性理论与描述性理论的对照,对教学的实用性(折中性)观点和思想性观点的对照,对判断教学设计理论的标准——正确性与优越性的对照,对概括性理论与具体理论的对照以及对教学设计理论与教学设计过程模式的对照。然后,对教学设计理论的历史进行了简要的描述,并勾勒出为满足后工业社会、信息社会的需要,教学设计未来的发展方向。最后,还将讨论为满足信息时代社会的需要,出现的新的与教学模式有关的趋势和问题,包括为使用适应性策略、先进技术、建构主义策略、最低限度的教学、情感学习和整体改革开发指导规则的需要。

教育是一个系统,该认识对任何尝试理解教育的行为都是一种启发。教育是一个系统,也就是说它包含许多相互作用的要素,每个要素的作用都在很大程度上依赖于系统中的其他要素。贝纳斯(Banathy 1991)定义了四个层次的教育系统:(a)学习经验层次;(b)实现他们的学习经验的教学系统;(c)支持教学系统的管理系统;(d)拥有、控制、资助整个教育或培训事业的行政管理系统。每个层次都涉及不同的学科,分别包括学习理论、教学与课程和咨询理论、管理学、政策研究。在大多数情况下,交叉学科之间的相互联系是非常不充分的。在本词条中,将主要关注教学层次的教育系统。

在教学层次中存在着许多子学科,每个子学科都围绕着一种不同的决策导向的活动。课程理论和前端分析理论告诉我们关于"教什么"的决策,教学设计理论说明"如何教"的决策,教学媒介作用理论(或教学开发理论)是关于如何采纳教学的设计(或蓝图)并使用最有效的媒体将设计转化为现实。还有很多教学评价、教学传播/实施/变革、教学管理的理论,这里主要讨论教学设计理论。

1. 教学设计理论的特征

教学设计理论是一系列的指导原则,这些指导原则指明哪种教学方法最可能在哪种情境下产生最好的效果。就像一个木匠在不同的情境下选择不同的工具一样,教学人员在不同的情境下也必须选择不同的工具来促进学习。教学设计理论就是关于何种方法最适合何种情境的知识的集合。

1.1 条件—方法—结果

需要考虑影响最好方法的两个方面的教学"情境",即预期的教学结果和教学条件,这将非常有帮助。预期的教学结果包括:教学的效果(是基于学习结果的)、教学的效率(通过学习时间或教学成本来表示)以及教学的吸引力(学习者对它的喜爱程度)。

教学条件包括:学习者的一些特征(例如相关的先决知识、能力、动机和学习风格)、将要学习的内容的一些特征(例如这些内容是否需要被运用、理解,还是简单记忆)、学习环境的一些特征(例如教学资源和时间限制)以及教学开发过程的一些特征(例如开发资源和时间限制)。

当然,教学情境的不同特征将会影响不同方法或"工具"的使用效果,因此,教学理论的基本形式就是"如果—那么"的陈述——经常被称为"规则(处方)"或"指导原则",在这种形式中,方法出现在"那么"部分,与情境相关的方面出现在"如果"部分。如果一个规则(处方)范围非常窄,仅仅规定了一个方法变量,那么通常将该规则称为"教学原理"。理论的范围必须很广:要规定一系列整合的方法变量而不仅仅是单个方法变量。

下面的一些区分有助于澄清教学设计理论包括什么和不包括什么。

1.2 教学与学习

教学设计理论与学习理论是不同的,但二者又很相关。教学设计理论关注教学的方法——教师或其他学习资源做什么,而学习理论关注学习过程——学习者内部发生了什么。

1.3 规定性与描述性

西蒙(Simon 1969)对自然科学和设计科学进行了区别,指出自然科学是描述性的,而设计科学(或人工科学)是规定性的。自然科学和设计科学通常是紧密相连的,例如在生物和医学、物理学和工程学、学习和教学等领域。贝纳斯(Banathy

1991)也在“结论导向”学科和“决策导向”学科这两个题目下进行了同样的区分。

作为一门设计科学,教学设计理论是规定性的,或者说是决策导向的,但它与学习理论密切相关。人们往往存在着一种误解,认为描述性理论一定要先于规定性理论——即学习理论一定要先于教学设计理论。实际上,在整个科学的发展史中,从蒸汽机到超导体,规定性经常超前于描述性。一些人发现某种技术(或者是工具或方法)很有用,就会有另一些人尝试去研究为什么。尽管在教学设计理论中也经常会出现这样的情况,但是,同样也会有这样的情况,即教学工具已经发明了,同时,基于一种新的学习理论形成一些规则。

1.4 实用性(折中性)与理想性

所有的描述性理论,无论它们在整体上是如何不完善,都能贡献出一些有用的东西,这样说似乎还算公平。正如斯内贝克尔(Snelbecker 1987)所指出的,描述性理论家努力寻求理论上的纯粹,采用一种观点或角度看待世界,建立他们的理论与其他的理论抗衡。他们主要关注他们的理论在思想上是理想的,同时在概念上是一致的。

但是实践者需要思考问题的所有方面和各种不同类型的问题,他们主要关注一个规定性理论能在多大程度上达到实践的目标。因此,他们需要多种不同的观点,并经常基于几种不同的描述性理论形成解决问题的方案或者对方案的解释。因此,规定性理论家通常是倾向于实用性的观点,即把不同理论观点对实践的贡献进行整合。

1.5 有效性与优越性

对于描述性理论,对其主要的科学的关注就是它的有效性——即它对现实的描述如何。但是对于规定性理论,由于它们是目标导向的,对其主要的科学的关注就是它的优越性(最适性)——即它们达到目标的程度如何。通常,要达到一个目标有很多种途径,但在这些方法之中,一些方法要优于其他的方法。规定性理论的目的不是去揭示一个给定的方法是否适用,也不只是找到一种令人“满意”的方法,而是要确定在一系列条件下,比其他可以替换的方法更好的方法。当然,效率(基于时间和金钱)和方法的吸引力,和效果一样,也是重要的标准。规定性理论的目标也包括不断改进最好的方法,这是很有意义的,因为与描述性理论相比,规定性理论需要完全不同的研究范式——一个被称为“形成性研究”的范式(Newman 1990, Reigeluth 1989)。

1.6 具体与概括的水平

与描述性理论一样,规定性理论可以非常具体,也可以非常概括,或者是介于两者之间。教学设计理论越概括,它的范围就越广(也即它适合的情境越多),但是它提供给教学设计人员的指导也就越少。例如,“让学习者积极地参与将提高学习者的学习和动机”这条原则几乎适用于所有的教学情境,但是对于教学设计者或教师,它几乎无法提供有关其特定情境中的教学到底应该是什么样的指导。更多的指导能够使得设计者的工作变得更容易、更快,但是设计者在最初学习这些指导时也要花费更多的时间,付出更多的努力。

如果一个设计者并没有接受过正规的教学理论的培训,那么他们将创造自己的理论,但是他们自己所形成的教学理论与研究者和实践者积累起来的研究经验有很大的不同,这些研究经验表现为现在的规定性理论的知识基础。

1.7 产品和过程

最后,考虑目的和手段或产品和过程的差别是非常有用的。教学设计理论是处理目的或产品(宽泛地使用这个词)的知识基础——即教学应该是什么样(在设计以后)。另一方面,教学开发模型涉及手段或过程——教学设计者要计划和制作产品应该做什么。开发模型通常为开发者详细说明了对教学系统或产品进行分析(需求、任务、内容、学习者等)、设计、制作、评价、实施和管理的具体活动。教学设计理论为教师(或其他学习资源)用于帮助学习者学习指明了教学方法,这是二者非常重要的区别,却常常被忽略。

要了解一些对现代教学设计理论的简要描述,请参阅赖格卢特(Reigeluth 1983)等理论家的研究,其中有八位理论家对他们的教学设计理论分别进行了描述。在另一卷中(Reigeluth 1987),这几位理论家通过样板课程说明了他们的理论。

2. 教学设计理论的历史

像大部分其他领域一样，教学设计理论开始于对一般教学变量的研究，例如解释和发现方法、讲座和讨论方法、使用媒体的方法和传统方法。人们很快发现，两种发现方法之间的差别可能比发现方法和解释方法之间的差别更大。于是，这一领域渐渐进入其发展的分析阶段。当时，研究的目标就是把教学方法分解成基本的组成要素并试图发现哪些因素重要，然后，教学研究者继续前进，建立了一个由正确的规则（或处方）组成的相当大的知识基础，这主要是针对那些比较简单类型的学习，对于这些学习，行为主义范式就已经足够了。

接着，研究人员发现，各个组成要素的作用经常受到偶然进入到教学中的其他因素的影响，而且，他们认识到实践者需要进行全面的思考。换句话说，他们需要确定在特定的情境下，各种方法组成要素的最佳组合。因此，该领域发展到了综合的阶段，这在赖格卢特（1983）出版的《教学设计理论与模式》一书中可见一斑，这本书主要关注根据不同的情境，将组成要素结合成最佳的教学模式，研究的目标是改进给定的模式或理论。

除了这个大部分领域和学科都要经历的发展过程以外，另一个历史趋势也极大地影响着教学设计理论的发展：正在进行着的从工业社会向全球化信息时代的转变。一些在工业社会所推崇的特征现在要让位给信息社会所需要的新的特征（Reigeluth 1992a），其中的一些变化对新的教育范式有重要的影响（见表 1）。

佩雷尔曼（Perelman 1987）指出了当前教育系统范式的一些特性，在美国和其他很多工业化国家中，统一管辖的地区是非常官僚和中央集权的，在这种情况下，学生几乎没有任何参与到民主社会的准备。不但在教师和管理者之间，而且在教师与学生之间、甚至在教师和学生家长之间都表现出一种对手关系。领导权力通常依据等级被授给某个人，并且所有等级比较低的人都要服从等级高的人。学习也被划分成不同的学科领域，学生通常被看作全部是一样的，并且都被期望在相同的时间做相同的事情，他们经常被迫成为被动的学习者和学校社区里的被动的一员。这些特征与信息时代社会的需要是不相容的，对这些范式的改变开始逐渐出现，这些改变对教学设计理论有非常重要的意义。

表 1　工业时代与信息时代对教育产生影响的主要不同

工业时代	信息时代
对手关系	合作关系
官僚组织	团队组织
专制的领导关系	分享式的领导关系
中央集权控制	有责任的自治
独裁	民主
有代表性的民主	参与民主
顺应	首创
单向交流	网络化
分离（劳动分工）	整体（任务的整合）

3. 出现的趋势和问题

当前的大部分教学设计理论都是为工业时代的教育和培训范式而发展起来的，正如在商业中，大规模生产正在让位于个性化生产（Reich 1991），大规模市场正在让位于面向特定人群的市场一样（Toffler 1991），集体的教学也正让位于个别化的教学。信息技术使这些（或其他）领域的变化成为可能。每年，教师都不断获得功能越来越强大的工具来促进学习，这些工具又要求使用新的教学方法以充分发挥其强大的作用。因此，教学设计理论必须为使用这些新的教学方法提供指导。这些信息时代的教学设计理论可能会包括为使用适应性策略、先进技术、建构主义策略、最低限度的教学、整体改变以及一些正在出现的想法提供指导规则。下面就对每种策略进行详细说明。

3.1　适应性策略

一致性是工业化社会的一个普遍特征，而多样化则是信息社会的标志。不同的学生具有不同的学习需求、兴趣、目标、能力、先决知识等等。因此，使教学——包括内容和方法适合每个学生的需求和兴趣变得越来越重要。先进的技术正逐步为这种适应性教学提供更强大、成本效益更高的手段。

3.2 先进的技术

先进的技术正在从两个方面影响着教学设计理论未来的发展:作为学生的辅导教师和工具的使用;作为教学设计者的工具的使用。

作为辅导教师,新技术提供了新的功能,这些新的功能需要新的教学策略以便更好地发挥它们的优势。动态的媒体需要关于在教学中何时以及如何应用运动等的指导原则;交互式媒体需要关于引发什么类型的学习者的活动以及何时引发这些活动,以及针对学习者的不同活动何时并如何进行反应等的指导原则;大量的记忆存储功能需要有关于在教学中何时以及如何最好地使用它们的指导原则;超文本和超媒体需要关于在何时以及如何把他们的功能最好地用于促进学习的指导原则。多媒体、专家系统、人工智能、基于计算机的模拟和虚拟现实等技术非常需要指导原则,这些先进的技术提供的越来越强大的功能和更好的费用效果比,都需要有关于何时以及如何最好地应用它们促进学习的指导原则。

3.3 建构主义策略

建构主义提出了一些实际的教学策略,这些策略对信息时代新的教育范式有很重要的作用。它的一些策略都能很好地适用于大多数学习类型,但是也有一些策略只适用于不良结构领域的更高水平的学习。

建构主义的核心观点是每一个学习者必须建构他们自己的知识,因此教学必须为每个学习者创建一个活跃的角色(Brown et al. 1989, Perkins 1992)。它还指出,学习必须是在真实的场景中发生的活动,应用稍微窄一点的规则是教学必须能够促进意义的建构或产生意义。这主要是通过一些这样的策略来实现,如在一定情境中学习、建模、训练等,但是它并不适合于所有的学习情境。

建构主义最有价值的贡献是对不良结构领域中的高级学习的促进,这些应用不是很广泛。一些有用的教学策略包括:任务生成、学习者探索、类比转换、培养多种观点等。

3.4 最低限度的教学

卡罗(Carroll 1990)提出了"最低限度的教学"的思想,用于教授人们"要做到他们想做到的事情,那么他们需要学习什么"(P.3)。在概念上它与即时培训以及在线帮助系统相似,它的核心观点是不要教给人们他们不需要知道的事情。这似乎特别适合于培训情境中,如培训人们使用桌面电脑系统,在这种情况下,很容易确定在一段给定的时间里人们需要学习什么。最低限度的教学的另一个重要方面是"设计教学以适应人们本能接受的学习策略以及他们已经获得的相关知识"(P.3)。这两方面都需要教学具有很高的适应性,并使用先进的技术和一些建构主义的教学策略。

具体的教学规则包括以下几点。首先,所有的教学都应该伴随着真实的任务发生,这些真实的任务对学习者来说是有意义的,因此可以激发学习者的动机。第二,应该采用"培训轮"的方法,每次挑有意义的任务,要足够简单,不要吓倒学习者。例如,我们可以选择一个只需要使用系统的一小部分功能就可以完成的真实的字处理任务,这与精细加工理论的"简化条件方法"排序相似(Reigeluth 1992b)。可以人为地对条件进行简化,例如取消系统的某些特定功能,这样可以避免学习者犯某一类型的错误。随着学习者不断进步,这项有意义的任务逐步变得复杂,直到学习者掌握了所有他们需要学习的全部知识。第三,应该帮助学习者理解他们现在正在做的事情。在这个过程中,推理是非常重要的,同时要对学习者已经具有的知识进行诊断并加以运用。第四,阅读材料和其他的被动活动应减到最少,并主要用发现式活动代替。阅读材料应被设计为可以随机进行,并允许以任何顺序进行,而且要与真实的、有意义的任务的各个方面有密切的联系。第五,应重点帮助学习者认识到错误并改正错误,使错误成为促进学习的正面学习经验。

3.5 情感学习

过去,教学理论者较少关注情感领域(Krathwohl et al. 1964),但是在信息社会,它正在成为人类发展的一个重要领域。马丁和布雷格斯(Martin and Briggs 1986)对教学设计理论在情感领域的发展进行了全面的回顾,并区分了三个主要的维度,每个维度都需要不同的教学模型:态度和价值维度、道德与伦理维度、自我发展维度。他们还区分了情感领域的其他的一些维度:情感发展和感受、兴趣和动机、社会发展和群体动力及归因。最先进的教学设计理论是态度和价值维度，包括耶鲁交流和态度改变计划、不协调理论、认知平衡理论、社会评价理论和社会学习理论(Martin and Briggs 1986)。

在情感领域中最具前途的新发展之一是由E. M. 卡姆拉特(Kamradt E M)和T. F. 卡姆拉特(Kamradt T F)所提出的用于态度的教学设计理论。基于态度是由情感、认知和行为三部分组成的这一观念，他们为系统地影响这三个方面提供了一系列的指导原则，通过系统化的过程让学生一次走出他们舒适区一步，这样不断朝着预期的态度方向迈进。首先，使用角色扮演使新的行为与目标态度更一致，这将产生不协调或不舒服，通过讨论和劝说，这将作为影响认知发展的引发事件。最后，使用强化技术来改变与新行为和新想法有关的情感。在这种小的态度转变被巩固以后，学生再接受新一轮三步策略。在情感领域中，伦理问题尤其重要，E. M. 卡姆拉特建议在不了解学习者和没有得到学习者的同意之前，不要试图改变学习者的态度。

3.6 整体改变

考虑到信息时代对教育的不同需求，教学设计理论要相应地改变，以适合新的教育和培训范式的需要，这些改变包括使用适应性策略、先进技术、建构主义策略和最低限度教学。但是，如果教学所在的大的系统仍然根植于工业时代，那么新的教学范式几乎没有一点价值。回顾贝纳斯(1991)的教育(培训)系统的四个层次(学习经验、教学、管理和行政)，本词条所主要描述的教学系统的理论，是指那些能够支持新的学习模式并满足信息时代完全不同的教育和培训需要、条件的教学系统。但是，除非在管理和行政层次的模式进行有效的转变，否则教学模式也是无效的，或者是很短命的。教学设计者和教学设计理论者都必须开始认识到，他们与教育系统设计相关，包括系统的四个层次，而不仅仅是教学系统设计这一个层次(Reigeluth and Garfinkle 1992)。

4. 结论

教学设计理论相对来说还是一个比较年轻的领域，还需要进一步研究如何促进学习，特别是那些结构不良领域的复杂类型的学习(包括思维技巧)，以及情感领域(包括态度和价值)。而且，巨大的社会转变促进着教学设计理论新模式的发展，即便是对非常简单的学习也是如此。对于适应性教学以及更强大的技术工具的需求为教学设计理论的发展开创了新的前景。

C. M. 赖格卢特(C. M. Reigeluth) 著

李婧妍 译

附录

Banathy B H 1991 *Systems Design of Education*. Educational Technology Publications, Englewood Cliffs, New Jersey

Brown J S, Collins A, Duguid P 1989 Situated cognition and the culture of learning. *Educ. Researcher* 18 (1):32—42

Carroll J M 1990 *The Nürnberg Funnel: Designing Minimalist Instruction for Practical Computer Skill*. MIT Press, Cambridge, Massachusetts

Kamradt E M, Kamradt T F in press A systematic approach for attitude development. *Educ. Technol*

Krathwohl D R, Bloom B S, Masia B B 1964 *Taxonomy of Educational Objectives: The Classification of Educational Goals. Handbook II: Affective Domain*. McKay, New York

Martin B L, Briggs L J 1986 *The Affective and Cognitive Domains: Integration for Instruction and Research*. Educational Technology Publications, Englewood Cliffs, New Jersey

Newman D 1990 Opportunities for research on the organizational impact of school computers. *Educ. Researcher* 19(3):8—13

Perelman L J 1987 *Technology and Transformation of Schools*. National School Boards Association, Alexandria, Virginia

Perkins D N 1992 Technology meets constructivism: Do they make a marriage? In: Duffy T M, Jonassen D H (eds.) 1992 *Constructivism and the Technology of Instruction*. Erlbaum, Hillsdale, New Jersey

Reich R B 1991 *The Work of Nations*. Knopf, New York

Reigeluth C M (ed.) 1983 *Instructional-Design Theories and Models: An Overview of their Current Status.* Erlbaum, Hillsdale, New Jersey

Reigeluth C M (ed.) 1987 *Instructional Strategies in Action: Lessons Illustrating Selected Theories and Models.* Erlbaum, Hillsdale, New Jersey

Reigeluth C M 1989 Educational technology at the crossroads: New mindsets and new directions. *Educ. Tech. Res. Dev.* 37(1):67—80

Reigeluth C M 1992a The imperative for systemic change. *Educ. Technol.* 32(11):9—13

Reigeluth C M 1992b Elaborating the elaboration theory. *Educ. Tech. Res. Dev.* 40(3):80—86

Reigeluth C M, Garfinkle R J (eds.) 1992 Systemic change in education (special issue). *Educ. Technol.* 32(11)

simon H A 1969 *The Sciences of the Artificial.* MIT Press, Cambridge, Massachusetts

Snelbecker G E 1987 Contrasting and complementary approaches to instructional design. In: Reigeluth C M (ed.) 1987

Toffler A 1991 *Power Shift.* Bantam Books, New York

其他参考文献

Bloom B S (ed.) 1956 *Taxonomy of Educational Objectives: The Classification of Educational goals. Handbook I: Cognitive Domain.* McKay, New York

Gagné R M, Briggs L J, Wager W W 1988 *Principles of Instructional Design*, 3rd edn. Holt, Rinehart, and Winston, New York

Skinner B F 1965 Reflections on a decade of teaching machines. In: Glaser R (ed.) 1965 *Teaching Machines and Programmed Learning, II.* National Education Association, Washington, DC

教学设计模型(Instructional Design Models)

研究者广泛采用教学设计模型来描述教育和培训开发的系统化的过程。目前已经有了一些不同形式的模型,它们分别适用于不同的情境与不同的目的。本词条讨论了这些模型的特点、应用情境和应用方式。

1. 教学设计的定义

在讨论教学设计模型之前,有必要对"教学设计"及其他相关术语加以界定。但不幸的是,长期以来,这一领域的研究者在术语使用上很不一致,包括教学设计、教学开发、系统方法以及教学技术等。尽管现在也有一些关于建立标准术语的尝试(美国教育传播与技术办会 1977),但这个工作在很大程度上被忽视了。在有些作者的文章中,这些术语是可以互换的,而在另一些作者的文章中这些术语不能互换,而且,有些作者在一篇文章中用的是某个术语,而在其他的不同文章中则又用了其他术语。因此,面对一篇文献,读者往往不得不质问:"这个作者用这个词指的是什么意思?"否则就很难理解该文献。弄明白了这个问题之后,读者就可以把这个术语与作者的所指匹配起来。

鉴于本词条的目的,这里将使用"教学设计"一词来描述这样一个完整的过程:(a)分析所要教/学的是什么;(b)确定如何进行这一内容的教/学;(c)进行试验和修改;(d)评价学习者是否学会了这些内容。有些研究者可能会在这里增加某些步骤,比如在目标情境中实施所设计的产品或系统,或者按发行计划对它进行商业营销。

2. 一个代表性的教学设计模型

美国国家特殊媒体研究所提出的"教学开发机构模型"(图1)是一个广泛使用的、包含了上述全部核心要素的设计模型。该模型包括3个阶段:设计、开发和评价,每个阶段包括3个步骤,每个步骤进而再细分,从而形成了27个要素。这些要素需要或多或少地以线性方式付诸执行,最终形成可以在指定环境中全面实施的教学系统。

从20世纪60年代以来,教学设计模型在教学设计人员中变得相当流行。在本领域的所有主要出版物中,几乎都曾以这样或那样的形式提出过教

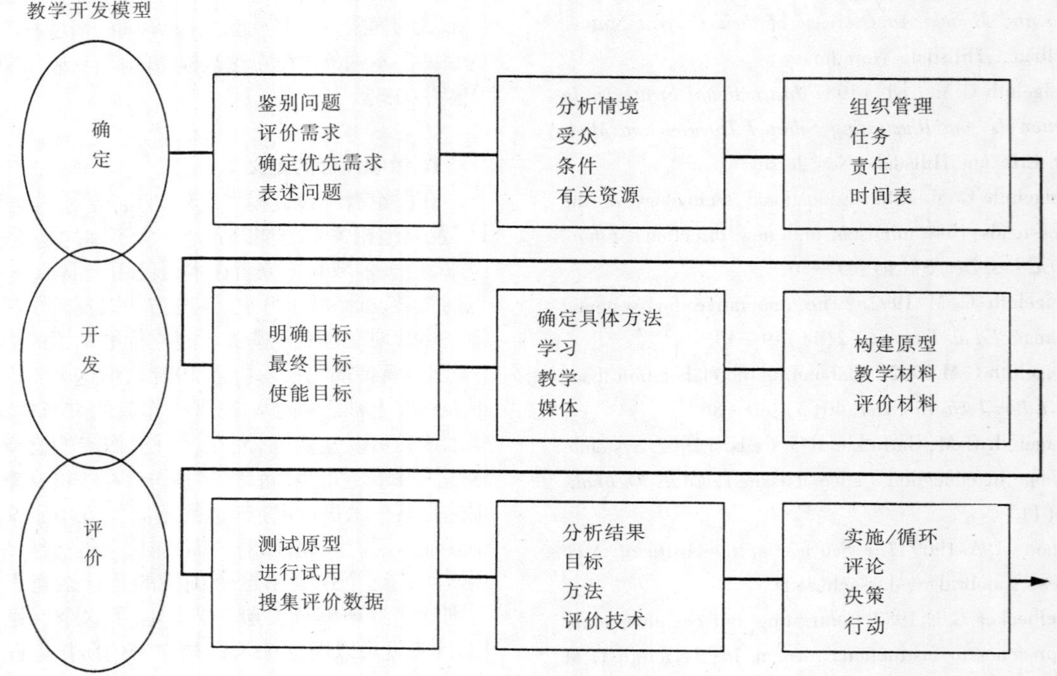

图 1　教学开发机构模型

资料来源:教学开发与技术大学联合体

学设计模型。这些模型的提出源自人们对于将一般系统论应用于教育和培训设计的兴趣(Barson 1967, Branson 1975, Branson et al. 1975, Silvern 1965),此外也有一些其他源泉,包括工作与任务分析(Bobbitt 1918),泰勒(Tyler 1969)和之后的梅格(Mager)对于用学习者行为来表述教学目标的倡导,程序教学(Lumsdaine and Glaser 1960)以及行为主义心理学和形成性评价与测验等。在 20 世纪 90 年代早期,认知理论得到了众多关注,但它对教学设计模型的影响却很微弱。有些晚期的文献(Seels and Glasgow 1990)依旧在继续介绍早期的模型。而晚期的模型(Gerlach and Cooper 1985)在结构和内容上往往与早期的模型相差无几。尽管这些教学设计模型大多是在美国提出的,但其他国家的学者也提出了一些在形式和内容上基本相似的模型(Plomp 1982, Romiszowski 1981)。

教学设计者对于模型的迷恋似乎根源于物理和自然科学中的模型建构。在那些科学中,模型服务于多种目的,包括理论建构与检验、解释或描述所观察到的现象以及预测未来事件等。然而,教学设计者在建构或呈现他们的模型时却似乎是出于更狭窄、有限的目标。除了一些例外,他们的模型基本都是针对实践者的程序指南。这些模型的基本的(如果不是唯一的)目的是描绘出一系列的事件或活动,模型的提出者相信这些事件或活动对于有效的、高效率的、有意义的教学设计而言是非常必要的。作为指南,这些模型可以用于:(a)项目规划与管理;(b)与客户、学科专家及其他相关人士的沟通;(c)帮助做出关于如何组织、规划学习内容和活动的决策。绝大多数模型并不能服务于所有这三个目的。模型最普遍的作用是规划项目,其次是与客户和其他人士的沟通。一个教学设计模型只服务于一两个目的并不足为奇。如果一个模型的目的是为了帮助与并不专业的用户进行沟通,那它就不能包含难以理解的行话或者太多让他们不知所措的细节。而如果一个模型的目的是提供关于教学设计的具体特性的指南,那它就必须包含大量的细节,来说明多种不同的内容、学习者和教学情境。

3. 教学设计模型简史

确定某个教育概念的起始时间是比较武断并充满争议的。多数人认为,西尔弗恩(Silvern 1965)最早把一般系统论的概念用在了美国军事和航空业的培训设计中。他认为,一般系统论的一些基本概念(如开放的/封闭的、独立要素、控制环等)可以成为培训设计的科学方法的基础。他的工作同时也基于行为主义学习理论,强调细节分析以及将复杂内容还原为它的基本组成部分。

密歇根州立大学的伯恩斯(Barson)以及在其他三个大学的研究小组也较早尝试把这类概念用在教育情境中。伯恩斯(1967)及其同事用"教学开发"来描述系统的设计过程以及他们所提出的模型。伯恩斯的模型在文献中已经不再引用了,但它仍然是值得一提的,因为它是在多种情境中经过严格检验的少数模型之一。他的课题组同时还提出了一系列的方法,来说明如何在高等教育中实施这种开发过程。这些方法已经成为许多关于教学设计的研究的基础。

有时,"教学开发"一词在研究文献和专业协会中占据了主导地位。比如,美国教育传播与技术协会(AECT)的《教学开发杂志》一直发行了10年,直到它与AECT的另一本杂志合并,成为现在的《教育技术研究与开发》。AECT还保留了一个比较大而且很活跃的教学开发分会,这显示了这个名词的影响力。

另一个由哈姆雷乌斯(Hamreus 1967)提出的较早的有影响的模型也使用了这个名词。哈姆雷乌斯的模型值得在此一提,是因为这个模型包含了不同的详细程度,从只包括一些步骤的"小型模型"到更为详细的"大型模型"。哈姆雷乌斯这样做的一个好处,是为与顾客的沟通提供了一个简单的结构,同时又为教学设计者提供了详细的指南。其他有影响的早期模型包括伯恩斯等(1975)为美国军队提出的模型、布雷格斯(Briggs 1977)为学校中的教师们提出的模型以及贝纳斯(Banathy 1968)同时为教育和培训提出的模型等。

教学设计的理论最早是建立在一般系统论和行为主义心理学的基础上的。但是,在1990年,索尔兹伯格(Salisbury)对这个领域中的一些主要教科书做了评析,发现其中很少对系统的概念作明确描述或整合应用。这一方面是因为这个术语的形态变化,另一方面也因为这个领域转向了对设计过程的高度分析的方法。后一种发展趋势值得在这里提上一笔,尽管早期的观点也把分析看作是一个基本的部分,但后来的研究者把分析提升到了至关重要的位置上。这种关注点的变化导致了人们对实际的教学设计的重视程度的减低。具有讽刺意味的是,尽管在专业领域中,"设计"一词正逐渐取代"开发"一词而成为更受偏爱的词汇,但研究者对于分析需要学习什么(如果有需要学习的东西的话)越来越感兴趣,却很少注意应该如何学习这些内容。

4. 模型的分类框架

教学设计的研究文献中充满着各种模型。然而,经过仔细检查会发现,晚期的模型和早期的模型相比往往相差无几,通常只是有些字眼的变化,或者对设计过程中的某些具体部分做了不同的强调。古斯塔夫森(Gustafson 1991)提出了一个包括三个部分的分类框架(图2),可以对不同的模型加以比较和对比。这个分类框架也可以帮我们明确教学设计模型的提出者所做的关于在何时、何地可以如何使用该模型的假定,这些假定往往并没有明确表达出来。确定模型提出者所没有表达出来的假定具有至关重要的意义。很多模型往往适用于某种具体情境,但在其他地方则可能是完全不适用的或无效的。然而,模型的提出者往往都没有说明其模型的假定和局限。甚至有些模型暗示自己适用于任何条件。这种观点与早期的外科医生的观点不无相似之处,那时的外科医生用同样的方法处理所有的病症,因为没有其他选择。在参照这个分

模型关注的焦点	典型结果	用于开发过程的资源	团队还是个人开发	强调开发还是强调选用资源	前端分析/需求评估的工作量	测试和修正工作量	发行/推广
课堂取向	几小时的教学	很低	个人	选用	低	低到中等	无
产品取向	自学包	高	个人到团队	开发	低到中等	很高	高
系统取向	学校或军队、学院的课程	高	团队	开发或选用	很高	中等到高	中等到高

图2 基于所选特征的教学开发模型分类

资料来源:ERIC Clearinghouse on Information Resources 1991 Survey of Instructional Design Models

类框架分析各种设计模型的特征时,应该切记这个分类框架与物理或生物科学家使用的分类系统具有不同的意义。这些分类中并没有层次,它们之间也不是彼此互斥的,后一点尤其值得注意。很多教学设计模型都可以而且已经被应用在不同的情境中。因此,对用户来说最有意义的分类是说明这些模型在某种场合下是为了何种目的和以何种方式应用的。这个分类框架的用途应该只是为了明确模型的假定及其典型应用方式。

这个分类框架主要是以教学设计工作的主要关注点为基础的。大致可以有三种关注点:(a)课堂取向的;(b)教学产品取向的;(c)教学系统取向的。针对这些类别,我们分别可以考虑一系列的变量,包括:设计的典型结果;设计过程中要所用到的资源的数量;是个人开发还是依靠团队;是强调选用既有的资源还是创建新资源;在实际设计开始之前所要进行的分析;预试和修正的工作量;是否要考虑针对特定目标群体的发行工作。通过问与上述每个变量相关的问题,一个教学设计模型的基本特征和假定就显而易见了(Gustafson 1991)。

5. 课堂模型

目前只有小部分模型关注课堂中教师的教学(Gerlach and Ely 1980, Heinich et al. 1988, Dich and Reiser 1989, Kemp 1985)。这种模型的缺乏或许可以解释为什么教学设计在公共教育中影响甚微,以及为什么大多数教师不乐于接受。问题的实际情况是,产品和系统取向的模型都没有与课堂中教师的实践世界很好地联系起来。典型的课堂教师每天会有几种不同的准备,在设计教学时手头只有很有限的资源,在计划教学活动时也没有什么外在帮助。另外,教师们通常是教授既定的课程;必须在现成的教学材料中进行选择;在之后的一年中不会再教同样的内容;很少与其他教师分享他们的经验。教师往往对来自外界的对其教学效果的评价抱有抵触情绪,因为他们比较警觉外界让他们承担起对学生的学习的责任,但却又不能提供足够的资源或设计教学的时间。正如一位目光敏锐的观察者所说的,如果教师必须遵循大多数教学设计模型所描述的设计过程来设计自己的教学,通常认为需要用 500 个小时来设计 1 小时的课,那就意味着,如果他们在夏天全日制工作,那到了秋季才准备出了 1 小时的课。即便他们效率很高,可以把这个比率降至100:1,那也只能准备出开学后 1 天的教学。显然,教师只能采用那些强调教学材料选择的教学设计模型,很少或无需分析、试行或修改,不需要通过"专家"组来实施。

6. 产品模型

产品设计模型的指向是为具体顾客或商业市场制作特定的教学产品。比如,为具体顾客制作的教学产品的一个例子是,为某家公司开发一套针对新聘员工的培训包,确保每个人都能接受同样的信息,并且不管什么时候聘了新人都可以提供现成的培训。这类产品往往是基于印刷资料的,但当前基于技术的教学包越来越受欢迎。为商业市场开发的产品的例子在教育和培训中都比比皆是。当然,这些产品在其效能和开发与测试的严格程度上有很大的差异(不管其开发者自己怎样声称)。教学产品通常都是自学性的,尽管这并不是必需的。典型的情况是,一个团队基于相当多的资源来设计教学产品。其中所进行的“前端分析”、测试和修改工作会有很大的差异。通常,开发者把注意力更多地放在了教学产品的发行和营销上。但是,很多大公司沮丧地发现,很多地区性单位不喜欢接受集中开发的培训产品,甚至会因为敌意或无知而以不当的方式使用这些产品。伯格曼和摩尔(Bergman and Moore 1990)以及帕藤(Patten 1989)的教学设计模型都属于产品取向的设计模型。

7. 教学系统模型

教学系统取向的模型和产品设计模型有很多共同的假定,它们之间的一个原则性差别在于设计活动的规模和范围。产品模型通常是一次只关注一个教学包,而系统模型关注的是更大规模的设计活动,其中会同时设计多个产品,以便形成一个整合的“系统”。

另外,由于设计的复杂性以及项目的规模,系统设计模型常常需要团队共同努力。教学系统的一个例子是在大学中为数以千计的学生开设完整的基础生物化学课程。再比如,在军队中开设的10周的装备修理课程、在产业界中提供的销售培训课程等等。显然,实施如此规模的项目需要大量的资源,大量的前端分析,并且都要进行测试和修改。在教学系统设计模型中,教学系统的发行推广常常也是其中的一个环节,但它并不是必需的,而是可有可无的。这种系统取向的教学设计模型的实例包括国家特殊媒体研究所(IDI)(1971)以及布雷格斯等人(Briggs et al. 1991)的模型等。

8. 趋势与问题

自从教学设计模型在20世纪60年代诞生以来,一些研究者一直试图探明教学设计模型在形式、风格和内容上的趋势(Stamas 1973, Andrews and Goodson 1980, Gustafson 1991)。但这些回顾分析都没有发现任何明显的趋势,能表明研究者对最初的模型所包含的基本概念进行了完善和精细化。目睹了教学传输技术的飞速发展,这样的发现难免令人惊诧。但是,当我们考虑到我们关于人的学习的实际知识发展如此之慢时,这样的结果就可以理解了。除了一些特例之外,推动教学设计领域的基础概念都可以追溯到前面提到的最初的模型。教学设计模型研究未能在专业实践中发生实质性的进步,这表明了这个领域的明显缺陷。明确地说,很少有专业研究者积极地完善和推进关于教学设计过程的知识。最值得注意的例外是梅里尔(Merrill)和赖格卢特(Reigeluth),他们协作或独立工作,试图促进实践,为实践提供指导。可以参阅赖格卢特(1983)的精华著作全面了解他们及其他人将心理学理论用于设计过程的尝试。

自从20世纪80年代后期以来,梅里尔集中注意力试图设计一种用于教学设计的自动化系统。这种被称为“教学设计专家”(Merrill et al. 1990)的系统的目的,是开发一种专家系统界面,它可以基于学科专家提供的信息做出教学设计的决策。尽管只取得了很有限的成功,梅里尔依然保持乐观,他认为自己的追求是可能的、可行的。如果他的愿望能成为现实,这种方法将会对教学设计实践和用于描述设计过程的模型产生深刻的影响。其他研究者也针对如何促进学习和绩效的问题展开了一定的尝试。

在军事和产业界,研究者对绩效支持系统(PSS)做了研究(Gery 1991)。此项工作的一个动力是由于人们认识到,在快速变化的工作环境中,用传统的方式来培训工作者已经不可能了。让工作者脱离其工作岗位接受目前可能还不大需要的培训,这是昂贵而又低效的方式。PSS的目标不是提供培训,而是提供直接的支持,帮助他们做出合格的工作表现。一个例子是,为库房经理开发一个PSS,把库存清单数据整合到PSS界面中,从而帮助该经理决定需要买入什么,流通什么,或者清空什么。盖瑞(Gery)讲述了一些实例,一些公司很快便回收了开发PSS的投入,他们还想寻找运用这种方法改进员工绩效的其他机会(Gery 1991)。古斯塔夫森和里夫斯(Gustafson and Reeves 1990)为教学设计者设计了一种 PSS 原型,梅里尔的方法是试图代替设计者,与此不同,古斯塔夫森和里夫斯一直在探讨如何帮助教学设计的新手、甚至是没有正规教学设计培训的学科专家来开发合理有效的教学方案。如果这些努力在不同情境中哪怕只是取得一定程度的成功,教学设计实践都可能会发生巨大的变革。

超媒体是另一个令人兴奋、诱人探索的领域,它可能会对教学设计方法产生明显的影响。超媒体是一种信息存储和提取形式,它非常类似于教学设计者所偏爱的高度结构化的、经常是层次性的形式。ABC Interactive 公司开发的 Election 88 以及 IBM 的 Illuminated Manuscripts 都是超媒体的例子。这些软件包包含多种丰富的、各种形式的信息,包括视频、音频、图像、图表、文本和数据库等。用户几乎可以按照他们喜欢的任何方式来探索这些丰富的资源。其隐含的"理念"是,人要建构自己的知识连接,因此,这种软件要允许他们建立任何对他们有意义的连接。这里的"理念"一词加注了引号,是因为大多数超媒体软件的设计者并没有从理论框架出发来开展自己的工作。相反,他们只是"跟着感觉走"的美工和程序员。在有了大量的此类软件之后,研究者开始考察人们对这些软件的实际应用方式及其效果。

建构主义是另一个有可能改变教学设计过程及其相关模型的领域。它备受那些不满于行为主义和认知心理学的教育者的关注。这里不可能对建构主义详加讨论,只说明一点,即它的基本信念是人在建构自己的现实。在这种意义上,它与逻辑实证主义表现出了尖锐的对立,而逻辑实证主义正是教学设计自其诞生以来的内核。正如专家系统、绩效支持系统和超媒体一样,建构主义对教和学的设计的影响现在还不甚清楚。但是,学习教学设计的学生应该密切关注这些领域的进展。

K. L. 古斯塔夫森(K. L. Gustafson) 著

张建伟 译

附录

Andrews D, Goodson L 1980 A comparative analysis of models of instructional design. *J. Instr. Dev.* 3(4):2—16

Association for Educational Communication and Technology (AECT) 1977 *The Definition of Educational Technology*. AECT, Washington, DC

Banathy B 1968 *Instructional Systems*. Fearon, Belmont, California

Barson J 1967 Instructional systems development. A demonstration and evaluation project: Final report. ERIC Document Reproduction Service No. ED 020 673, Washington, DC

Bergman R, Moore T 1990 *Managing Interactive Video/Multimedia Projects. Educational Technology Publications, Englewood Cliffs, New Jersey*

Bobbitt J F 1918 *The Curriculum*. Houghton Mifflin, Boston, Massachusetts

Branson R 1975 *Interservice Procedures for Instructional Systems Development*. Florida State University, Center for Educational Technology, Tallahassee, Florida (National Technical Information Service, 5285 Port Royal Rd, Springfield, Virginia 22161; Document Nos. AD-A019,486 to AD-A019 490)

Branson R et al. 1975 Interservice procedures for instructional systems development. ERIC Document Reproduction Service Nos. ED 122 018—122 022

Briggs L (ed.) 1977 *Instructional Design: Principles and Applications*. Educational Technology Publications, Englewood Cliffs, New Jersey

Briggs L, Gustafson K, Tillman M 1991 *Instructional Design*. Educational Technology Publications, Englewood Cliffs, New Jersey

Dick W, Carey L 1990 *The Systematic Design of Instruction*, 3rd edn. Scott, Foresman/Little, Brown Higher Education, Glenview, Illinois

Dick W, Reiser R 1989 *Planning Effective Instruction*. Prentice-Hall, Englewood Cliffs, New Jersey

Gerlach V, Cooper M 1985 A model for the development of computer instructional specifications. ERIC Document Reproduction Service No. ED 270 097, Washington, DC

Gerlach V, Ely D 1980 *Teaching and Media: A Systematic Approach*, 2nd edn. Prentice-Hall, Englewood Cliffs, New Jersey

Gery G 1991 *Electronic Performance Support Systems.* Weingarten, Boston, Massachusetts

Gustafson K 1991 Survey of instructional development models, 2nd edn. ERIC Clearinghouse on Information Resources. Syracuse University, Syracuse, New York

Gustafson K, Reeves T 1990 IDioM: A platform for a course development system. *Educ. Technol.* 30 (3): 19—25

Hamreus D 1967 The systems approach to instructional development. In: *The Contribution of Behavioral Science to Instructional Technology.* Teaching Research Division, Oregon State System of Higher Education, Monmouth, Oregon

Heinich R, Molenda M, Russell J 1988 *Instructional Media and the New Technologies of Instruction*, 3rd edn. Macmillan Inc., New York

Kemp J 1985 *The Instructional Design Process.* Harper and Row, New York

Lumsdaine A, Glaser R (eds.) 1960 *Teaching Machines and Programmed Learning: A Source Book.* Department of Audio-Visual Instruction, National Education Association, Washington, DC

Mager R 1984 *Preparing Instructional. Objectives*, 2nd edn. Pitman Management and Training, Belmont, California

Merrill M D, Li Z, Jones M 1990 The second generation instructional design research program. *Educ. Technol.* 30(3): 26—31

National Special Media Institute 1971 *What Is an IDI*? Michigan State University, East Lansing, Michigan

Plomp T 1982 *Onderwijskundige Technologie: Enige Verkenningen.* University of Twente, Enschede

Reigeluth C 1983 *Instructional-design Theories and Models: An Overview of their Current Status.* Erlbaum, Hillsdale, New Jersey

Romiszowski A 1981 *Designing Instructional Systems: Decision-making Course Planning and Instructional Design.* Kogan Page, London

Seels B, Glasgow Z 1990 *Exercises in Instructional Design.* Merrill, Columbus, Ohio

Silvern L C 1965 *Administrative Factors Guide to Basic Analysis.* Education and Training Consultants, Los Angeles, California

Stamas S 1973 A descriptive study of a synthesized operational instructional development model, reporting its effectiveness, efficiency, and cognitive and affective influence of the development process on a client. (Doctoral dissertation. Michigan State University) *Dissertation Abstracts International* 34 (University Microfilms No. 74—6139)

Tyler R W 1969 *Basic Principles of Curriculum and Instruction.* University of Chicago Press, Chicago, Illinois

van Patten J 1989 What is instructional design? In: Johnson K, Foa L (eds.) 1989 *Instructional Design: New Alternatives for Effective Education and Training.* Macmillan Inc., New York

其他参考文献

Diamond R 1989 *Designing and Improving Courses and Curricula in Higher Education: A Systematic Approach. Jossey-Bass, San Francisco, California*

Flechsig K 1989 A knowledge-based system for computeraided instructional design. Education and Informatics. Paris: Unesco: 400—403

Gagné R, Briggs L, Wager W 1988 *Principles of Instructional Design*, 3rd edn. Holt, Rinehart and Winston, New York

Hannifin M, Peck K 1987 *The Design, Development, and Evaluation of Instructional Software.* Macmillan Inc., New York

Leshin C, Pollack J, Reigeluth C 1992 *Instructional Design Strategies and Tactics.* Educational Technology Publications, Englewood Cliffs, New Jersey

Richey R 1986 *The Theoretical and Conceptual Bases of Instructional Design*, Nichols, New York

Rosendaal B, Schrijvers J 1990 De eerste stappen naar een geintegreerd ondersteuningssysteem voor cursusontwerp. *Opleiding en Ontwikkeling* 3(11):8—14

Salisbury D 1990 General systems theory and instructional systems design. *Performance and Instruction* 29(2):1—11

媒体的选择(Media Selection)

在老师、培训人员、教学设计者以及教育管理人员所进行的教学过程中,媒体的选择是一个关键阶段。教学过程有直觉的、逻辑的和整体的等不同的方法,但是,无论这种方法是常使用直觉方法的老师技艺取向的一部分,还是教学设计者所使用的逻辑方法,媒体的选择都是实践者总策略中一个很重要的阶段。本词条讨论了各种媒体选择的方法,以便选择最佳媒体,从而最优化所计划的教学任务,并促进学习目标的完成。

教学技术的早期历史是以某一功能强大的媒体或是视听觉媒体为标志的。媒体实践者曾经对任何特定的媒体都进行不加批判的鼓励,以维护他们所偏爱的媒体,以此发现更多的应用该媒体的机会。

教学技术正日趋成熟并朝着更具分析性的方向发展。尽管能够指导教学设计者和教师的研究和理论之间的一致性有限,但仍然有足够的证据支持批判地、系统地选择媒体的观点,并会辅助确定未来的教学媒体的研究议程。在当今时代,电子和其他媒体不断创新,展现给教学实践者的是一系列令人迷惑的选择矩阵。如果想做出合理的选择,则必须充分考虑媒体的选择及影响选择的因素。

1. 教学媒体

1.1 定义

通常,教学媒体被视为将教学信息传递给学习者的通道或是工具。最好的媒体是能以最高的保真度和最少量的可能干扰信息的“噪音”来传递信息的。尽管媒体的管道观点仍是占主导地位的观念,但这种单向传输管道的观点正逐渐被更为动态交互的教学媒体观点所替代(De Vaney 1991)。

赖泽和加涅(Raiser and Gagne 1983 P.5)的将“传播教学信息的物理手段”作为教学媒体的定义,正是教育家们把媒体当成教学信息传递的管道这一观点的典型表现。与之相对立的,罗林特尔(Rowntree 1982 P.157)将媒体看作是刺激模式的融合,并将其分为人类交互作用、教具、图像形式、书面符号和声音记录,这样就可能改进以普通媒体(比如电影)的特性为基础的分类。这种分类并没有包含大批的电影流派及其应用,譬如无声电影、有声电影以及带字幕的电影。在罗林特尔、赖泽与加涅的定义中都没有考虑到教学目的和传播情境。埃特(Heidt 1978 P.41)根据目的和情境将教学媒体定义为“特定的教育传播情境中的软件及必需的硬件”,这个定义的价值就在于它清楚区分了软件、硬件、教学目的和情境因素,并提醒教学设计者注意影响媒体选择的各个因素。

1.2 教学技术的趋势

教学技术正逐步发生着从行为主义模式到认知主义模式,以及到最近的建构主义观的教学设计的重大转变。这些范式对知识、学习者和媒体有着外在的和内在的观点。模式的定位将不可避免会导致关于媒体选择过程的不同理解,这一点在建构不同教学设计的模型和更具体的媒体选择中都可以得到很好的证明。

2. 选择媒体的模型和方法

媒体选择模型和方法与媒体选择一样,被认为是教学活动设计中一个非常重要的阶段。选择媒体的方法,从指导老师备课的简单规则(Gerlach and Ely 1980 P.250),到一系列灵活的指导原则(Rowntree 1983 P.154),到罗米斯佐斯基(Romiszowski 1998)、赖泽和加涅(1983)更全面更具指导性的模型,范围很广。这些方法的不同之处在于:在教学设计过程中对媒体选择定位以及对影响选择因素(选择标准)的聚焦点和优先权等的不同。

2.1 媒体选择的模型和方法

简单的考察媒体选择模型可以通过考虑一些主要模型的范例来完成(Clark and Salomon 1986, Heidt 1978, Levie 1977, Reiser and Gagne 1983, Romiszowski 1988)。在大多数教学设计过程中,媒体选择被认为是一个可视为独立活动的至关重要的阶段。图1(Romiszowski 1988 P.57)表明了一些可能影响媒体选择的因素。不同的模型以不同的排序呈现这些因素,表现各因素间的相互关系或是增删一些因素。

在以课堂为基础的格拉奇(Gerlach)和埃利(Ely)的方法里,选择的是最可能完成学习目标的媒体。在其他课堂方法里,检核表、工作表、指导原则问题都会询问媒体是否实用、是否适合学习者、是否适合教学任务。

罗林特尔(1982 P.99)的方法,对老师和教学设计者都有价值,他并不提倡线性的步骤或顺序。他认为在很多情况下媒体选择都不会是教学设计的最后一个阶段。在他的模型中,从学习目标里产生的五个因素,即内容、顺序、策略、方式、媒体,应当按照与教学任务和教学情境的特性的顺序来选择。如果要计划一个提供远程教育的国家级项目,教育策略应当领先于其他需要考虑的事项,且逐渐地限制其他每个领域的选择。在这个例子里,顺序是:策略、媒体、内容、顺序和刺激模式。

赖泽与加涅和罗米斯佐斯基采用全面的流程图,将使用者带到一系列针对辅助选择而设计的问题中去,不断排除一类和不同的媒体,直到最后留下一小部分合适的媒体作为最后的选择(Romiszowsk 1988 P.71)。

这里没有涉及的其他方法(Lieve 1977),包括媒体矩阵、算法式以及媒体描述方法。

2.2 选择标准

对于大多数模型而言,选择媒体的标准都是相同的,但是这些标准的相对重要性不同。贝茨(Bates)认为这些标准在数量上没有相互关联(1987 P.6),最后必须根据对情境的仔细分析做出一个直观的决定。他使用的方法被称为瀑布模型,与罗林特尔的相似,首先考虑"更强壮"的标准。下面将总结一下选择标准。

行为目标、业绩目标、学习成果、内容、顺序和策略是教育技术工作者最常用的指导媒体选择和制作的教学任务标准。

根据贝茨(1987 P.6)的观点,最重要的标准是获取。在他远程教育的工作中,最重要的问题就是何时何地在何种条件下远程受教育者能够获取教学媒体。尽管这并没有教室环境那么至关重要,获取问题仍然需要考虑,尤其是在资源有限的环境中。

评论家们很少提到的标准就是学习者通过媒体可以训练控制能力。一些媒体不允许不断地获得或使用,而录像带可以频繁播放,并且可以由学习者控制暂停以安排其他的学习活动。多媒体的发明和超媒体引入了最高级别的控制,我们在教学媒体中已经见过。这些媒体允许以各种不同媒体的形式被记录,选择各种媒体方式重放。这样的创新使选择媒体推迟,直到学习者在学习活动中做出决定才成为可能。

对于教育技术工作者和政策制定者来说,花费是一个基本要素。资金投资数目越大,进行有效的成本分析的需要就越重要。英国开放大学(Bates 1987P.10)已计算出强烈影响选择的分界点。比

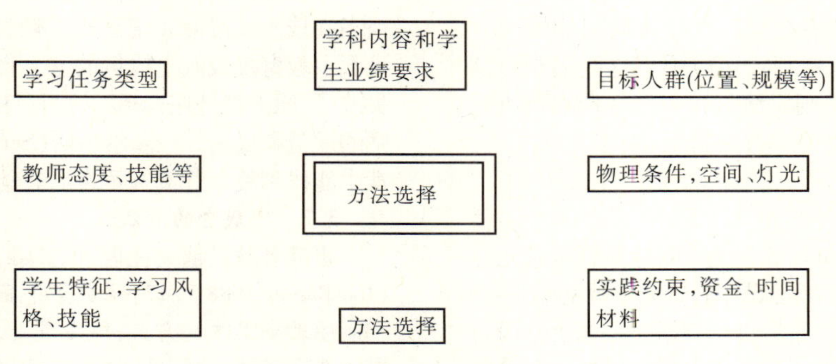

图1 影响媒体选择的因素

如,无线电广播的分界点是1 000个学生。如果注册人数少于这个数目,则给学生发放录音带会更便宜些。根据控制标准,这种考虑与录音带的价值无关。

组织标准包括可能影响选择的管理因素、实用因素和政策因素。这可能是开发教育软件公司人员培训资料的主要标准。在这种情况下,选择以计算机为基础的学习可能比选择其他教学上更适合的媒体更为优先。

最后要考虑的标准是媒体特性。一切媒体都可以提供和呈现(即代码)信息。信息呈现的方法为我们提供了一种最有用的对教学媒体进行描述和分类的方法,因为根据媒体本身的教学价值的分类可以指导选择。

2.3 干预策略

面对有限的研究支持和使用的模型的实际情况(Romiszowski 1988 P. 61),设计者应当做些什么呢?如果没有一个媒体能满足教学任务的要求,或是媒体歪曲了教学信息,设计者又能做些什么呢?下面是教学设计者解决这些难题的三个指导原则:

(a)没有单个的媒体可以理想地拥有教学任务中需要的所有特性,所以可以将媒体结合起来以使它们的总体能够拥有这些基本的特性。

(b)在资源不足的国家里,学校系统根本就没有选择媒体的机会,教师使用着任何可以利用的资源。在这些实验室设施有限的国家里,投影仪除了展示幻灯片之外还有其他的用途。比如,不仅在光学演示中提供光源,还用来投影微化学实验和静电实验。

(c)教学设计者在意识到媒体局限的情况下(比如劣质的彩色复制),可以根据这些限制对信息进行修正。给电视里演员和节目主持人化妆的化妆师们是很清楚这种方法的。

3. 研究趋势

康波(Campeau)、库利克(Kulik)和其他元分析学家通过对以往教学媒体的研究分析发现,将一种媒体与另外一种相对比时,在教学质量上并没有什么重大的区别(Romiszowsk 1988 P. 61)。对这些发现的一种反应是:这种不同类型媒体的对比,比如将电影课与现场课相比较,错误地假定两种教学具有同样的教学信息和学习者的交互作用。另外,这种类型的研究并没有意识到在任何一种媒体分类中都有着大量的变量存在。比如,不能认为所有的电影在教学上都是相同的。如果确实考虑到媒体的教学性能的话,一个胶片可能与一本有插图的书更接近,而不是与不同类型的另一个电影更接近。

这些观点将研究的焦点从不确定的媒体对比转移到更有用的媒体特性的检验,尤其是对影响学习的特性进行的检验。另外,越来越多的作者开始对在教学技术中占主导的逻辑性的观点和整体观点进行区别。整体性的观点使教育家们不仅仅集中于教学任务的一两个方面,而是更关注于过程,这个过程阐明了任务的所有方面,它们是任务和情景中动态相关的要素。

从20世纪80年代早期开始,教学技术的研究和理论探索就超出了手段—目的模型和实证主义者范围的界限(Hlynka and Belland 1991)。这种对传统教学技术领域的扩展以及教学技术的实践同样影响教学媒体选择的观点。下面探讨三个最重要的研究焦点。

3.1 背景问题

现在,背景和教学环境因素被认为是在媒体选择中至关重要的因素。举个例子,教育广播者从他们对媒体的高期望而逐渐变化并认识到——广播仅在建立了教育支持和基础设施的情景中才是有效的。在既没有老师也没有教学材料的偏僻的乡村教室里,就不太可能受益于广播。例如,在南非,很多高技术项目诸如交互式视频和为老师在职培训而由教育权威人士执行的基于计算机的学习都失败了,原因就是在选择和执行过程中没有考虑老师的期望和兴趣。在塞尔韦斯(Servaes 1989)的文章中能找到关于背景方面的一个全面的论述。

3.2 实践者的看法

研究者越来越关注老师的实践。伊贝-巴塞(Ibe-Bassey 1988 P. 17)研究了尼日利亚老师选择和运用教学媒体的方式,他发现,比起行为目标和媒体选择模型,他们受课程内容和专业实践的影响要多一些,他的发现证实了教学设计者与教师之间的差距正逐渐扩大。伊贝－巴塞认为，对老师实践的研究表明，越来越需要模型超出“当教师选择教学材料时，他们应该做什么而不是鉴别老师正在做什么”的规则（1988 P. 17）。

3.3 媒体文化

萨洛蒙（Salomon 1974）关注的是要根据与智力技能有关的媒体特性来选择媒体，他的这一关注被扩展为培养学习者对媒体编码理解的兴趣。他相信，在媒体文化方面的兴趣包括“详细阐明媒体使用的符号系统以便更好地利用媒体或是更正确地评价媒体”（1974 P. 401）。媒体文化剔除了教学媒体中神秘的代理的观念（Prinsloo and Criticos 1991），并且训练学习者发展对听众、呈现以及符号编码的意义的批判性理解。这种方法使得学习者在“使用”教学媒体时更主动，而且除了对信息的理解之外，还培养他们形成对信息的批判和分析的思考方式（Ellsworth and Whatley 1990）。

4. 结论

本词条对媒体选择做了一个简略的评述，媒体选择是教学设计的主要焦点之一，也是吸引很多研究者和理论学家尝试将复杂活动简单化的一个领域。没有一个宏大的理论或综合的模型能处理所有的媒体、所有的学习者、所有的教学任务和所有的背景。

尽管教学媒体的理论说明没有显著的进步，但是，我们更清楚地认识到，现存的模型只是提供了部分的解释和应用。在专业技术的初始水平上，进行媒体选择的教育实践者需要能选择模型或方法，这些模型或方法是以最适合当前学习任务的知识和学习的假设为基础的。当使用这种方法时，最后应该评估这个决定，如果可能的话，并且应该根据教学设计者的直觉进行调整。这个直觉包括传统的实践、怀疑性的以至整体性的兴趣，这些都支撑着教学设计。

C. 克赖茨（C. Criticos） 著

李婧妍 译

附录

Bates T W 1987 *Teaching, Media Choice and Cost-effectiveness of Alternative Delivery Systems*. Paper presented at the Conference on Audio-visual Technology and Vocational Training in Europe, European Centre for the Development of Vocational Education, Berlin, September 1987. ERIC Document Reproduction Service No. ED 292441

Clark R E, Salomon G 1986 Media in teaching. In: Wittrock M C (ed.) 1986 *Handbook of Research on Teaching*. Macmillan, London

DeVaney A (1991) A grammar of educational television. In: Hlynka D, Belland J C (eds.) 1991

Educational Technology 1991 Special issue 23:5

Ellsworth E, Whatley M H (eds.) 1990 *The Ideology of Images in Educational Media: Hidden Curriculums in the Classroom*. Teachers College Press, New York

Gerlach V S, Ely D P 1980 *Teaching and Media: A Systematic Approach*, 2nd edn. Prentice-Hall, Englewood Cliffs, New Jersey

Heidt E U 1978 *Instructional Media and the Individual Learner: A Classification and Systems Appraisal*. Nichols, New York

Hlynka D, Belland J C (eds.) 1991 *Paradigms Regained: The Use of Illustrative, Semiotic, and Postmodern Criticism as Modes of Inquiry in Educational Technology*. Educational Technology Publications, Englewood Cliffs, New Jersey

Ibe-Bassey G S 1988 How Nigerian teachers select instructional materials. *British Journal of Educational Technology* 19(1):17—27

Levie W H 1977 *Models for Media Selection*. *NSPI Journal* 16(7):4—7

Prinsloo J, Criticos C (eds.) 1991 *Media Matters in South Africa*. Media Resource Centre, University of Natal, Durban

Reiser R A, Gagné R M 1983 *Selecting Media for Instruction*. Educational Technology Publications, Englewood Cliffs, New Jersey

Romiszowski A J 1988 *The Selection and Use of Instructional Media*, 2nd edn. Kogan Page, London

Rowntree D 1982 *Educational Technology in Curricu-*

lum Development, 2nd edn. Harper and Row, London

Salomon G 1974 What is learned and how it is taught: The interaction between media, message, task and learners. In: National Society for the Study of Education 1974 *Media and Symbols; The Forms of Expression, Communication, and Education.* University of Chicago Press, Chicago, Illinois

Servaes J 1989 *One World, Multiple Cultures: A New Paradigm on Communication for Development.* Acco, Leuven

学习中的信息设计(Message Design in Learning)

信息的类型有很多种,在大众传播中,经常使用各种语言表达的组合。例如,在书本和报纸中,通常既使用印刷文字又使用图片,在电视节目或多媒体呈现中,多使用文字、图片和声音,如音乐。

弗莱明和莱韦(Fleming and Levie 1978)指出,"教学信息设计"这个术语是指处理或计划处理那些可能为学习提供条件的记号或符号的过程。通常认为,这个领域中的实践者如果能够利用恰当总结出来的行为科学的研究成果,可以做得更有效果。

1. 一般性原理

弗莱明和莱韦(1978)提出了200条教学信息设计的原理,这些原理与感知、记忆、概念学习和态度转变都很相关。

人际交流的一个基本原理是当呈现具体的参考物时,将增加成功交流的可能性。如果缺乏实际的事物,那么第二位的参照物就是该事物的图像表达形式,对意义来讲图像有时是比言语或文字更相关的参照物。图像的内容常以图标的形式呈现,他们通常与其所代表的事物很相像。"信息"也可以是声音的或视听的形式。

包含内容的媒体是现实的表现(甚至是重现),现实的表现可以显示变化的结构,可以由多种不同的成分组成,并且可以以不同的方式相互联系。文本和图像、声音和图像,或声音、文本和图像都是在信息中可以相互作用的成分的例子。

不能够将静态的图片、计算机图形、电影或电视节目和现实混淆,它们仅仅是对现实的表现,是对现实主观的、选择性的看法。彼得森(Pettersson 1989)总结了一些用于信息制作和教学的信息设计的基本原理:

(a)在教学初始介绍新的和意想不到的事件。

(b)告诉学习者预期的结果。

(c)回忆相关的先决信息。

(d)仅呈现相关的信息。

(e)组织内容并呈现"组织者"。

(f)从简单到复杂进行学习。

(g)提供提示和线索。

(h)变化信息的呈现。

(i)提供正例和反例。

(j)提供适当的练习。

(k)提供立即的反馈或通知结果。

(l)评价和重复。

2. 文字和图像的组合

在20世纪的后期,技术以飞快的速度发展,在未来,这种发展的脚步可能只会加快,而不会减慢。因此,不同形式的视觉信息将变得非常重要。但是,现有的关于视觉传播、作为语言交流手段的图像以及言语和视觉信息的相互影响等的知识非常有限。因此,应该更多地关注各种媒体形式的言语(书面的或口头的)和图像(言语—视觉呈现)以组合形式呈现的信息的制作、传输和感知。由于"视觉文化"是一个比较宽泛甚至令人困惑的概念,并且不包括言语信息,彼得森(1989)发明了 infology 这个术语,并把它定义为对言语视觉信息的呈现和感知。

彼得森指出,infology 包括研究言语视觉呈现设计的方式,以实现发送者和接受者之间的最佳交流。像视觉文化一样,infology 是一门交叉学科,包含很多来自"已经建立起来的领域"方面的内容,如美学、艺术、视听媒体、电影、计算机图形学、计算机科学、教育、电影、图形设计、信息生物工程学、信息科学、信息技术、信息理论、新闻业、语言学、大众传播、媒体、教育学、摄影、生理学、心理信息理论、语义信息理论、记号学、社会学、言语交流、电视、贸易语言、视觉艺术、视觉思维等等。信息设计的概念通常集中在对信息材料的排版和图形设计(Tufte 1990)。因此,信息设计和 infology 所涉及的领域并不相同。

可以从多种不同的研究角度看待 infology(Pettersson 1993),infology 包括对传播过程各个部分的研究(传播),也包括对各种呈现类型的研究(呈现),每个"部分"和"类型"还可以被划分为许多子部分。因此,对 infology 领域进行划分,可以得到表1所示的结构。

2.1 传播

从传播的角度看待 infology 时,它包括研究呈现设计的方式,以实现发送者和接受者之间最佳的交流。因此,一些研究重点集中在对这样的传播过程的研究,一些研究关注发送者,一些关注接受者,一些关注呈现。呈现是带有具体信息的媒体,信息带有内容,也带有一定的执行的意图。各种媒体都在经历着全面的变革,呈现要在背景中使用,并且它有特定的形式。

表1　　对 infology 的不同看法

传播	呈现
传播过程	词语视觉呈现
整体的观点	手册产品
社会方面	技术产品
噪声	视听呈现
发送者	口头呈现
设计言语视觉信息	记录呈现
形成一个原始的、主要的版本	多视觉呈现
"传递"言语视觉信息	交互系统
呈现	模拟系统
分析言语视觉信息	
研究信息之间的关系	
研究新媒体的发展	
接受者	
接收言语视觉信息	
理解言语视觉信息	
对言语视觉信息进行反应	

2.2 呈现

根据言语信息呈现给接受者的方式,可以分为三大类言语视觉信息。文本是通过词汇视觉呈现方式进行阅读的,例如书本上的印刷信息或者计算机屏幕上显示的信息。语音是通过视听呈现的方式进行接听的,例如在使用投影或幻灯时也进行口头陈述,还有电视节目。在多种视觉呈现中,例如交互多媒体系统,是词汇视觉和视听呈现的组合。

信息材料通常包括词语,将图片加到口头的或字面的言语呈现当中,能够产生持久的良好的效果,这是任何其他的教学装置也不能做到的。毫无疑问,图片和词语的组合能够对学习和保持产生更强的促进效果,这些效果对于很大范围的文字、图片、学习者特征和学习任务来说都被证明是正确的(Levie and Lentz 1982, Levin and Lesgold 1978, Pettersson 1989)。

视听呈现包括"口头呈现"和"记录呈现",在每个类别组中,都有很多种组合言语和视觉信息的途径。

在交互系统和模拟器中,在词语视觉和视听呈现之间建立积极的合作是可能的,在每种类别中,都有很多种组合言语和视觉信息的途径。创建具有完全崭新维度的"整体信息材料"和"整体教学辅助"是有可能的,其中,信息可能被数字化地存储在光盘中,例如 CD-I(交互性压缩视盘)。

2.3 口头语言的一些特征

参考相关的研究,可以将口头和书面口头语言的特征简短地概括如下:

(a)口头语言使用字母/数字的组合进行数字编码来呈现内容(Elkind 1975)。

(b)字母组、单词和事实之间没有直接的联系,每种意思都是被定义的,并且必须学习才能掌握(Elkind 1975)。

(c)字母的属性是有限的,一个字母在字母表中的位置是确定的,它有名字,并且有一种或多种读音,并在一定的背景中应用(Elkind 1975)。

(d)口头语言有不同层次的意义(Eco 1971):音素(没有意义);词素(带有意义);语段,子意义;完整意义。

(e)必须定义(精确地)语义编码、语法和句法

(Chomsky 1959)。

(f)为了理解内容,线性呈现的感知要求缓慢、顺序地处理(Perfetti 1977,Sinatra 1986)。

(g)记忆提取是一系列整合的过程,包括使用听觉感知系统的顺序处理。

(h)对信息处理的不满意可能会导致对信息内容的不满意(Pettersson 1989)。

2.4 视觉语言的一些特征

参考相关的研究,对视觉语言的特征做了简要的概括性陈述,并列在了下面。

(a)视觉语言采用模拟编码,使用基本图形要素(点、线、面、柱体)的组合来描绘现实(Pettersson 1989)。

(b)视觉语言试图等同现实,视觉是图标性的,视觉语言通常和视觉语言所代表的事物很相像。视觉语言表层的意义很明显,但是如果要了解其真正的意义,就必须进行学习。"看到"、"看"、"阅读"这三个概念之间有很大的不同(Pettersson 1989)。

(c)视觉语言的发展先于口头语言,并为口头语言的发展打下了基础(Reynolds-Myers 1985)。

(d)视觉语言能力的发展依赖于学习者和物体、图像、身体语言之间的交互作用(Reynolds-Myers 1985)。

(e)对二维和三维呈现的感知包括快速的、平行的、同时的和整体的处理(Gazzaniga 1967;Sperry 1973,1982)。

(f)辨认出一幅图像的内容可能花费 2 秒或 3 秒钟的时间(Paivio 1971,Postman 1979),但是阅读这幅图像的言语描述可能要花费 20~30 秒的时间(Lawson 1968,Ekwal 1983),而把它大声读出来要花费 60~90 秒的时间(Sinatra 1986)。在言语和视觉信息中,先决经验和背景对感知内容非常重要。

(g)对图片的记忆要优于对文字的记忆(Paivio 1983),这被称为"图像优先效果"。

(h)对于图片一文字组合的记忆要优于对单独的文字或图片的记忆。

3. 关系

在冗余关系中,相同的信息通过文字、声音和图像传输,因此是"过剩的"。例如,在电视节目中加入说明对白的字幕,这样,电视屏幕上呈现的活动就被文字所描述了,这极大地提高了节目的教育影响。在教学信息设计中要考虑使用冗余关系。

在相关关系中,以文本或声音呈现的信息对以图像呈现的信息做了补充。与口头或书面文本有相关关系的图像可以极大地提高文本的信息的效果,反之亦然。

在非相关的关系中,通过各种通道呈现的信息相互之间根本不相关。例如,在电视节目中,经常是图像与一个方面的内容有关,文本与一个方面的内容有关,而声音则与第三个方面的内容有关,这就使得观看者更难从节目中得到最多的信息。在具体视觉事件和抽象言语信息之间很容易引起冲突,当存在着这种冲突时,很容易理解的具体信息就比抽象的信息优先被感知。

当通过各种通道呈现的信息之间发生冲突时,存在着一种矛盾关系,这对于提供信息的节目是损失惨重的。

由于媒体的结构、呈现的形式、内容等的不同,不同的媒体呈现现实的能力有很多不同。

R. 彼得森(R. Pettersson) 著

李婧妍 译

附录

Chomsky N 1959 Review of verbal behaviour. *Language* 35:26—58

Eco U 1971 *Den fränvarande strukturen. Introduktion till den semiotiska forskningen.* Lund

Ekwall E 1983 *Diagnosis and Remediation of the Disabled Reader*, 2nd edn. Allyn and Bacon, Boston, Massachusetts

Elkind D 1975 We can teach reading better. *Today's Education* 64:34—38

Fleming M, Levie W H 1978 *Instructional Message Design: Principles for the Behavioral Sciences.* Educational Technology Publications, Englewood Cliffs, New Jersey

Gazzaniga M 1967 The split brain in man. *Sci. Am.* 217 (2):24—29

Haber R N, Myers B L 1982 Memory for pictograms,

pictures, and words separately and all mixed up. *Perception* 11(1):57—64

Lawson L 1968 Ophthalmological factors in learning disabilities. In: Myklebust H (ed.) 1968 *Progress in Learning Disabilities*, Vol. 1. Grune and Stratton, New York

Levie W H, Lentz R 1982 Effects of text illustrations: A review of research. *Educ. Comm. & Tech. J.* 30(4): 195—232

Levin J R, Lesgold A M 1978 On pictures in prose. *Educ. Comm. & Tech. J.* 26(3):233—243

Paivio A 1971 *Imagery and Verbal Processes*. Erlbaum, Hillsdale, New Jersey

Paivio A 1983 The empirical case for dual coding. In: Yuille J C (ed.) 1983 *Imagery, Memory and Cognition*. Erlbaum, Hillsdale, New Jersey

Perfetti C 1977 Language comprehension and fast decoding: Some psycholinguistic prerequisites for skilled reading comprehension. In: Guthrie J (ed.) 1977 *Cognition, Curriculum, and Comprehension*. International Reading Association, Newark, Delaware

Pettersson R 1989 *Visuals for Information, Research and Practice*. Educational Technology Publications, Englewood Cliffs, New Jersey

Postman N 1979 *Teaching as a Conserving Activity*. Delacorte Press, New York

Reynolds-Myers P 1985 Visual literacy, higher order reasoning, and high technology. In: Thayer N H, Clayton-Randolph S (eds.) 1985 *Visual Literacy, Cruising into the Future*. Readings from the 16th annual conference of the International Visual Literacy Association. Western Sun, Bloomington, Indiana

Sinatra R 1986 *Visual Literacy Connections to Thinking, Reading and Writing*. Charles C Thomas, Springfield, Illinois

Sperry R 1973 Lateral specialization of cerebral functions in the surgically separated hemispheres. In: McGuigan F J, Schoonever R A (eds.) 1973 *The Psychophysiology of Thinking: Studies of Covert Processes*. Academic Press, New York

Sperry R 1982 Some effects of disconnecting the cerebral hemispheres. *Science* 217:1223—1226

Tufte E 1990 *Envisioning Information*. Graphics Press, New Haven, Connecticut

教学设计中的动机(Motivation in Instructional Design)

动机一直是人们特别感兴趣的一个话题。在任何文化里,哲学家、教育家、作家以及其他试图影响人类行为的人,都以不同的方式一直关注着这样的一个问题,即人类为什么要做他们所做的事情,换句话说,这就是动机问题。

1. 研究动机的方法

在教育和心理学领域,有若干种研究学习者动机以及如何影响动机的方法。其中一种方法是直接针对自我动机的,关注如何为个人动机而发展培养内在的责任(Aschuler 1973, McCombs 1984)。最常见的方法包括受具体的心理结构影响的经验主义研究,如自我效能(Bandura 1977)、成就需要(McClelland 1967)或好奇心(Berlyn 1966)。另一种方法考虑群体或社会对动机和行为的影响(Schmuck and Schmuck 1988)。

还有一种方法是关于改进教学的,是指包括将会对学生的学习动机产生积极效应的教学动机策略在内的努力。在这种背景下,有两种重要方法,一种方法是将动机分解为在教学传播过程中特定时间所使用的教学策略(Wlodkowski 1985)。另一种方法,也是本词条的重点,即动机设计(Keller 1983, 1987a, 1987b)。它提供了不同类别的动机策略,这种分类是根据学习者的价值和期望以及教学情景的特征和系统设计过程,这个系统设计的过程将帮助教学设计者或教师决定在特定环境使用哪种策略。

2. 动机设计模式

开发基于理论的动机设计方法最主要的障碍就是对动机的研究产生了一连串的理论,而很多理论仅包含了人类动机的一个很小的领域。并且，动机不是一个高度静止的状态，学生的学习动机可以随着各种内因及外因迅速地改变。因此，形成学习动机设计理论所需要的是综合了各种微观层面理论的宏观理论，以及帮助教育者随着学习者动机改变而相应改变策略的问题解决方法。

2.1 期望—价值理论

将众多的动机理论综合为一个宏观层面的理论是可能的，这个宏观的理论就是期望—价值理论(Keller 1983)，这一理论观点有几种表述形式(Petri 1991)，但都有着共同的基本假设，即动机或潜在的行为是期望和价值的函数。简单说，如果对成功有积极的期望或目标对他们有积极的价值，人类就会很容易被激励去实现这一目标。对一个给定目标，当这两者兼备时，一个人将会竭尽全力去实现它。

然而，这种理论并不包括诸如奖励、惩罚、认知评价等行为结果对动机产生的影响的解释，也不能解释动机与学习如何联系，因而这种模式需要扩展。下面的模式给出了这种扩展并加以综合，作为以下介绍的动机设计模式的基础。

2.2 动机、学习及成绩的宏观模式

图1中的宏观模式说明可以用努力来测量影响动机的个体内部因素，用成绩来衡量影响学习的个体内部因素，用连续动机来测量对结果的反应的个体内部因素(Keller 1983,1987b)。类似的，也存在对动机、成绩和结果有影响的环境因素。

期望—价值理论为表现影响努力的内部及心理因素提供了基础。如果目标对他们很重要并且他们认为有绝对的可能性实现它，人们就会竭尽全力。然而，如模型中所示，环境因素同样影响努力。这些可能包括许多教学中的例子，如说明教学与学习者的相关程度及变化教学方法以防单调。至于学习和成绩，更多的努力通常会得到更好的成绩，但也不是必然的。这是因为，成绩也受学习者的内部特征影响，如能力、技能和知识水平。如果缺乏

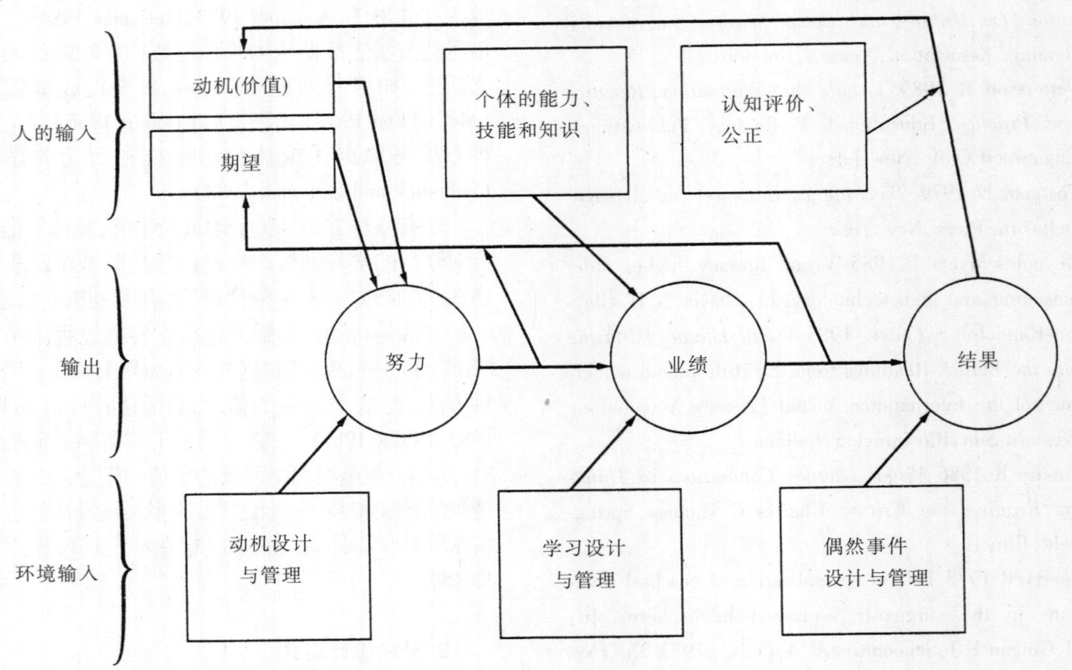

图1 动机、成绩和教学影响模型

关键的知识和技巧,努力学习也是不能达到目标的。

除了内部的影响,成绩还受环境影响。对于教学,环境影响包括教学是如何设计的,如知识目标、恰当的例子、练习的机会、反馈、步调以及各种教学活动。其他环境因素包括社会风气、教师行为、环境压力如噪声音量或时间限制。例如塞得(Sadd 1990)在一项文本设计特征调查中,将限定和非限定时间的学习对比,发现学生在学习阶段偏爱无时间压力的教学。

学生的成绩最终将导致令人满意或相反的结果。如果环境给出适当的奖励和反馈,它们将强化行为。如果惩罚或奖励用的不适当,结果将是反面的。学习者评价结果并据此调整他们的价值。例如,学生偶然成功地完成任务并得到积极的反馈,他就可能会发现学习这些内容的积极价值。相反,一个学生得到不公平的成绩,可能决定今后不再努力。

这一模式说明了动机如何影响成绩,为众所周知的动机设计模式,即 ARCS 模式(Keller 1987a)的形成提供了基础。在创造动机设计模式的过程中,结合以下几点知识是很重要的:关于目的、价值和期望;关于利用反馈、奖励、惩罚来对成果或结果进行管理;对结果的内在反应或对结果的认知评价。最后,这一模式必须以策略以及与这些因素相关的规则的形式结合环境的影响。

2.3 ARCS 模式

ARCS 模式的理论中包含所有的要素。它包括将动机因素分成四部分,也包括系统化动机设计的指导原则。前两个部分是"注意"和"相关性",代表期望—价值理论中的价值子部分。第三个组成部分是"信心",对应着期望下面所包含的变量。最后是"满意",结合了内在的和外在的动机因素。以支持性的动机理论和研究(Keller 1983)为基础,这四部分包含了动机的各个方面,解释了人类动机和成绩的关系。

上述四部分可以应用于不同的文化背景下,不仅适合于学校教育,也适合于成人教育环境。一些具体的例子可以说明这四个部分及其应用,要激励学生,首先就要吸引他们的注意,并且能够保持这种注意。这样做有许多策略(Keller 1987a,1987b;Keller and Suzuki 1988)。一种就是采用归纳的方式,而不是演绎的方式进行教学,以引发好奇和探究。例如,在科学教育中,艾肯奥瑞(AKahori 1991)使用探究的方法为日本中学生讲授月亮的各个阶段及日地月的位置关系。呈现给学生这些事件的模拟形式,并提出各种问题要求他们解决,他们可以对控制这些过程的规则形成自己的理解。这样的结果是积极的,还有一个优点就是研究人员可以研究学生的认知过程。

然而仅仅抓住注意力是不够的。学生可能会不可避免地想要知道他们为什么应该学习这些内容,及这些内容如何对他们有用处。换句话说,要充分激励他们,这些材料必须通过同他们的目标和价值相关联而具有个人的相关性。相关策略可以被应用于整合运动与节食的努力中,使那些经常节食失败的年轻女性早日受益。纳高卡(Nagaoka)等(1991)为日本护士学生开发了一种模拟。当学生学习营养学和卫生常识时,自主制定运动和节食计划。这种方法也提供了很多使教学与学习者的目标相匹配的途径,如鼓励女孩子想像实现和成功的过程,做鼓励形成成功需要的练习。

除注意与相关之外,建立对成功的正面期望是很重要的。第三部分,信心,既包含信心的消极方面,同时也包含信心的积极方面。缺乏信心会使学生有不充实的感觉,当尝试实现一个较难的目标时他会轻易地放弃。而当有对成功的积极期望时,学生可坚持更久。让学生相信成功是出自他们自己的努力和能力而不是运气、得宠或任务简单的结果是非常重要的。内部归因为能力和努力作为成功的原因,有助于建立信心,这种信心可以迁移到新的情境当中。在莫桑比克,维瑟和凯勒(Visser and Keller 1990)使用 ARCS 模式作为创新的基础,研究小组的参与者面临着成功的信心和期望的严重挑战,其中的学生来自政府机构的工人和经理,他们必须在完成正常工作的前提下完成非常有挑战性的六周课程的目标。维瑟和凯勒创造出一系列遵循 ARCS 模式的动机干预措施,这对帮助学生成功并在项目结束时有一种很强的成就感有积极的效应。

当前三个条件——注意、相关和信心兼备时，学生被激励去学习了。ARCS 模式的第四部分——满意——是指那些必须做以强化并维持学生动机的事情。内部激励结果的使用，诸如对于成就的自豪感和对成功的意识，以及使用诸如成绩和特殊的厚爱等外部激励结果，可确保学习者对他们的成就有积极的感受，并使他们继续重视他们的活动。然而，这些特殊的策略必须适用于其将被使用的那种文化。促进个体竞争的强化活动不适用于集体目标至高无上的文化氛围。这个过程的另一重要部分是反馈。正面的反馈总是受欢迎的，但要取得积极的动机效果并不要求反馈必须是正面的。当有人对成绩并不满意时，告诉学习者如何改进的正确的反馈（与惩罚不同）同样有助于获得积极的满意感。一个大学购买了 IBM 的网络系统，在这个大学实验室辅助人员的五天研讨会上，IBM 讲师举例说明了 ARCS 模式的许多策略。关于满意程度，他们综合使用了切实、外显的奖励（如带有 IBM 标志的咖啡杯和记事本）和内在的满意的经历，如成功地在计算机实验室进行问题解决的练习。

动机的这四部分综合了动机的各种概念和理论并将各种动机问题和策略分类。在 ARCS 模式中结合了系统化设计和开发过程（Keller 1987c），这个过程使人可以鉴别并解决动机问题或对特定学习者选择最适合的动机策略。这个过程是在动机背景下系统化的问题解决方法论的具体应用。这类似于在土木工程、建筑设计、医疗诊断、临床心理学、教育和其他许多环境中使用的一般的问题解决过程。系统化问题解决永远包括理解问题是什么、问题的原因是什么及什么样的解决方法能够成功。下一步就是实践解决方案并评估是否成功。

当人们遵循这个设计模式的时候，它看起来是成功的。例如，法默（Farmer 1989）让教学设计方面的研究生使用 ARCS 模式，并对他们的方法和结果做质的分析。他提供给他们使用 ARCS 模式的材料，并让他们尽力用好这种模式。他发现有些设计者经历了所有的分析步骤，而其他人则跳过了这些步骤，直接就进行到策略部分，不做任何分析或者做得不彻底就引入了改进措施。他们的方法更像是基于直觉的，他们更趋于将更多的动机策略引入到教学中，这将对学生的情感反应和成绩产生消极影响，因为这使教学时间太长，从而分散了对于教学目标的注意力。他的研究肯定了使用系统化分析和设计过程的价值。

高质量的教学通常包括动机的四个组成部分。然而，对于特定的学习者，某个动机成分可能存在着一些特殊的问题，这种情况下，教师必须采用关注具体问题的策略。当没有特别的问题时，那么任务就是平衡使用一整套动机策略。

ARCS 模式的目的就是提供一个综合的动机的概念，它基于理论并为应用提供指导原则。这种模式的四个范畴分别是基于动机的基础研究、动机的宏观模式、成绩和教学影响。这种模式适用于各种媒体（Keller and Suzuki 1988）及各种类型的学习。模式的基本概念是很稳定的，在各种组织和文化环境中仍能保持稳定。例如，部分内容被翻译成汉语、日语、德语和西班牙语；用于学校及成人教育环境；在至少 20 个不同的国家被使用、讲授、用作研究的基础。这四个主要分类和问题解决方法似乎在所有这些环境中都是有效的。在具体的子分类和动机策略层面上需要根据不同的环境做一些改编。

总之，对动机做一个综合的研究是可能的，它为改善教学动机质量的实用设计方法提供了基础。随着动机研究的继续，在设计阶段可能变得更详细并更具有说明性。随着这个变化的发生，可以判定在众多的动机策略中哪种策略对保证成功的动机是最关键的。这仍然是一个不断发展的模式，仍需要随着对其效果研究的进行而不断进行修订。同时，值得注意的是，在许多情境中都在进行着对这一模式的研究和开发，并且设计者和教师正在研究如何用更系统化的方式解决动机挑战，这是非常振奋人心的。

J. M. 凯勒（J. M. Keller） 著
李婧妍 译

附录

Akahori K 1991 Analysis of problem solving process using computer simulation software. *Proceedings of*

ICOMMET '91: International Conference on Multi-Media in Education and Training:75—79

Alschuler A S 1973. *Developing Achievement Motivation in Adolescents: Education for Human Growth*. Educational Technology Publications, Englewood Cliffs, New Jersey

Bandura A 1977 Self-efficacy: Toward a unifying theory of behavioral change. *Psychol. Rev.* 84:191—215

Berlyne D 1966 Curiosity and exploration. *Science* 153(3731):25—33

Farmer T M 1989 A refinement of the ARCS motivational design procedure using a formative evaluation methodology. Unpublished doctoral dissertation, Indiana University, Bloomington, Indiana

Keller J M 1983 Motivational design of instruction. In: Reigeluth C M (ed.) 1983 *Instructional-design Theories and Models: An Overview of Their Current Status*. Erlbaum, Hillsdale, New Jersey

Keller J M 1987a Development and use of the ARCS model of motivational design. *J. Instr. Dev.* 10(3):2—10

Keller J M 1987b Strategies for stimulating the motivation to learn. *Performance & Instruction* 26(8):1—7

Keller J M 1987c The systematic process of motivational design. *Performance & Instruction* 26(9):1—8

Keller J M, Suzuki K 1988 Use of the ARCS motivation model in courseware design. In: Jonassen D H (ed.) 1988 *Instructional Designs for Microcomputer Courseware*. Erlbaum, Hillsdale, New Jersey

McCombs B L 1984 Processes and skills underlying continuing intrinsic motivation to learn: Toward a definition of motivational skills training interventions. *Educ. Psychol.* 4:199—218

McClelland D C 1967 *The Achieving Society*. Irvington, New York

Nagaoka K, Shigematsu A, Takai T 1991 TESS (Total exercise and diet support system): Interactive video disc CBT system. *Proceedings of* ICOMMET'91: International Conference on Multi-Media in Education and Training:95—98

Petri H L 1991 *Motivation: Theory, Research, and Applications*, 3rd edn. Wadsworth, Belmont, California

Saad A M 1990 The effects of textual display and time on the learning of text materials containing adjunct questions. Unpublished doctoral dissertation, Florida State University, Tallahassee, Florida

Schmuck R A, Schmuck P A 1988 *Group Processes in the Classroom*, 5th edn. Brown, Dubuque, Iowa

Visser J, Keller J M 1990 The clinical use of motivational messages: An inquiry into the validity of the ARCS model of motivational design. *Instructional Science* 19(6):467—500

Wlodkowski R J 1985 *Enhancing Adult Motivation to Learn*. Jossey-Bass, San Francisco, California

其他参考文献

Beck R C 1990 *Motivation: Theories and Principles*. Prentice-Hall, Englewood Cliffs, New Jersey

Seligman M E 1975 *Helplessness: On Depression, Development and Death*. Freeman, San Francisco, California

Spaulding C L 1992 *Motivation in the Classroom*. McGraw-Hill, New York

Stipek D J 1992 *Motivation to Learn: From Theory to Practice*. Allyn and Bacon, Philadelphia, Pennsylvania

Weiner B 1991 *Human Motivation*, 2nd edn. Springer-Verlag, New York

White R W 1959 Motivation reconsidered: The concept of competence. *Psychol. Rev.* 66:297—323

Yamauchi Y 1991 Desk top pressentation in road safety education—Support on presentation by hypermedia. *Proceedings of ICOMMET'91: International Conference on Multi-Media in Education and Training*:71—74

Zuckerman M 1978 The search for high sensation. *Pyschol. Today* February:38—46, 96—97

作为设计活动的原型构建(Prototyping as a Design Activity)

设计和构建原型是开发电子学习材料的基本

方法中的一个方面。这一过程是指具体的电子学习材料的设计、开发或制作过程，如课件、教育软件、视听节目、多媒体教学包。本词条将介绍在设计这类材料、尤其是在设计与计算机有关的资源的过程中构建原型的作用。

本词条首先介绍一种普遍方法论，然后介绍评价，尤其是形成性评价的重要性。最后介绍作为设计活动的原型构建。

1. 实现电子学习材料的一般方法论

电子学习材料的开发过程通常按照一种系统的方法进行，主要包括如下步骤：(a)分析；(b)设计；(c)开发；(d)评价；(e)实施(见图1)。

分析阶段包含两个主要的方面：(a)可行性研究；(b)一个项目建议书。可行性研究要综合教育的、组织的、技术的和经济的指标。根据可行性研究，并以问题分析为基础，便可得出项目建议书。这样的建议书描述了通向问题解决的路线，并阐明了新产品对前述目标的潜在贡献。项目建议书指明执行它需要的组织和经济条件，并为项目提供一个整体的计划。关于开发过程，它还说明了如何实施质量保证和项目管理程序。

设计阶段有两个目的：从教育的和功能的两个方面详细地说明产品。教育的设计通常反映学习目标、内容分析、受众分析、任务分析、教学策略、交互水平和评价过程。从教育的观点来看，结果是对

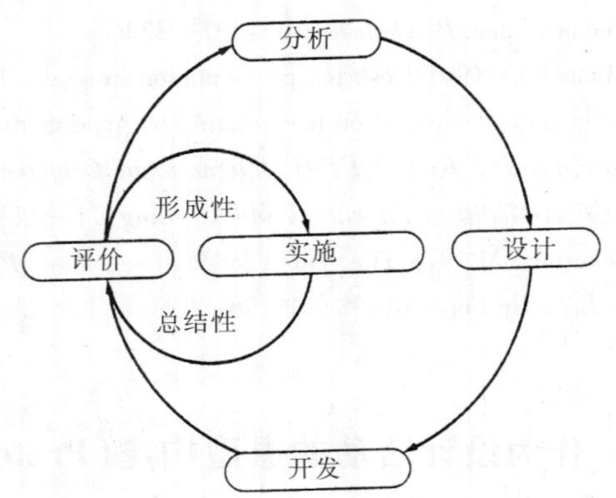

图1　作为设计活动的穆尼恩原型构建

产品的文本性的描述。

功能设计阶段的目的是引入与软件相关的方案和图表。在这一阶段，要从软件的观点，尤其是从用户接口界面和数据流方面，建造一个产品的大体结构模型。从软件观点来看，功能设计形成了对产品的一种合成性的描述。设计阶段的结果通常被称为"脚本"。

在开发阶段，技术方面主导着活动。使用功能设计作为起点，找到软件的全球化技术规范。利用编程语言，以软件的形式执行功能性的说明，结果就是软件产品。

在接受包括产品受众者的现场测试之前，软件产品必须通过一系列的技术认证测试。最后，再发放产品，并让预期的受众群体使用。产品的维护部分使产品的开发成为一个循环过程。

以上给出的方法论的概述是许多可以用来描述开发过程的方法之一。许多电子学习材料的作者和开发者也根据他们各自的见解和所处的环境形成了大体的框架(Moonen and Schoenmaker 1992, Roblyer 1988, Rushby 1987, Tinsley and Van Weert 1989, Weinstock and Bork 1986)。

由于制作者背景(教师、视听材料制作人员、软件开发人员)、具体材料(如基于计算机的学习材料，交互的录像带或多媒体教学包)、教学重点(练习、辅导、模拟、探索学习、嵌入式训练)等的不同，也常使用其他的具有不同术语的方法来描述这一阶段。

然而，从大体来讲，不论是何种观点，电子学习材料的开发过程从概念上来说是相同的。它是以教学系统开发策略和软件工程两者的结合为基础的方法论，以利用影片和开发视听的材料视频技术来开发教育软件和教育系统。

然而，这一方法论的使用揭示了许多问题(Schoenmaker et al. 1990)。首先，缺少规范指导和支持教学设计的方法，尤其是缺乏系统和使用者之间的交互的规范描述。流程图和故事版可有一定的帮助(Gayeski 1991)，"议事录"作为正规化教学过程描述的积木，代表了另一种方法(Merrill 1987, Merrill et al. 1992)。然而，心理的、教育的和教学理论上的分歧又导致在这方面没有什么实质性的

突破(McKeachie 1981)。

第二个主要问题是在项目的不同阶段工作人员的交流。在一个项目中,需要不同的技能,教师、教育心理学家、教育技术者、计算机科学家、程序员、图表设计者、项目管理者必须协同工作。由于各自不同的专业背景,交流是个难题,因为他们所说的"语言"是不同的。因此项目的决策过程非常困难。

第三,产品的质量取决于环境变量,如课堂组织或训练环境的组织、其他学习材料的作用、教师或培训者的经验和态度等(de Rosnay 1975)。

2. 评估过程

处理上述问题的方法之一是,形成定期的评估,并据此对产品(或部分产品)进行修改。

对电子学习材料的评价可以有不同的目的。依据所采用的观点不同,可以分为如下几类:(a)接受性测试;(b)总结性评价;(c)形成性评价(Cox 1989, Kurland 1989, Moonen 1989, Reeves 1992)。

接受性测试涉及产品的技术接受程度,包括书写的材料和文件。这一测试先于最终产品的形成及产品的分发和总结性评价。

当产品已是最终版本并在使用者中进行了全面应用时,才进行总结性评价。总结性评价的目的是测量产品的教育效果,评价的最终结果将被用于对产品的全面修改。最为可能的是,这些结果被用作新产品的背景材料。

形成性评价,在开发阶段的早期能够帮助产品的设计者提高所开发的最终产品达到目标的可能性(Flagg 1990)。它的主要目的是检查已开发的部分产品与先前制定的教育规范的吻合程度。

形成性评价可以通过不同方式在开发的几个阶段执行:通过专家评论、通过对个体用户的观察、通过小规模测试或通过现场测试。

针对形成性评价有两个更好的时期:(a)作为设计阶段的最后的活动;(b)在接受性测试之后。在接受性测试后,尤其是在现场测试时,就形成了一个可以工作的产品,可以对这个产品进行形成性评价。但是,在设计阶段的终了,并没有形成工作的产品,只有具体的说明,或者更概括的,是一个脚本。使用产品的文本版也并非不可以进行形成性评价,但是,评估一个书写的或图式的文件不能包含产品的关键的方面,如:(a)用户界面的功能;(b)用户与产品的交互作用;(c)产品在全球环境中的整合。因此,为引入这些关键的要素,建议在设计阶段的最后,使用预期产品的电子原型作为一个工作产品的实例进行形成性评价。

3. 构建原型

在传统的工程中,如果产品的设计者没有通过构建一个产品原型来探究设计的优势和不足,就不会生产这个产品。在软件开发中也有同样的观点。

3.1 构建原型和软件开发

软件的原型被定义为"全面投入开发前的系统的全部或部分的最初版本或模型"(Smith 1991 P. 42)。构建原型是开发最终产品的初始版本的过程。构建原型,是为早期评价,尤其是关于要求方面的评价,迅速建立一个想要的软件或其组成部分的工作版本(Ratcliff 1987 P. 11)。

原型的主要目标是为用户提供所建议的系统的工作样例,以便帮助他们更精确地鉴别并确定他们的要求。构建原型关注评价功能和用户接口界面的要求,而不重视诸如成绩等系统质量的其他方面。构建原型在软件开发领域越来越受欢迎(Miller-Jacobs 1991)。

构建原型策略有"摒弃的"和"渐进的"(Ratcliff 1987)两种。通常,在完成评价目的后,一个原型就被遗弃了。然而,也有一种策略,原型一直被保留,作为软件进一步开发的基础。图2说明了这种方法。

3.2 构建电子学习材料原型

从概念上讲,软件开发和电子学习材料的开发过程有许多相似之处(Black and Hinton 1989),因此,电子学习材料的原型构建有诱人的前景。为支持构建原型的活动,可以使用软件工具。许多工具或创作环境都可以利用,尤其是在开发与计算机相关的学习资源原型时。

同在软件开发中一样,电子学习材料中的原型也可能是摒弃的或渐进的类型,选择哪一种取决于环境,如:(a)用于构建原型的硬件和软件的种类;(b)成本考虑。当构建原型的硬件和用户使用的硬件不兼容时,就不可能以渐进的方式使用原型。但是,即使硬件结构兼容,通常在用户机器上使用时,用于原型的软件的性能也是令人难以接受的差。硬件的兼容性和软件的性能是决定原型能否以渐进的方式使用的关键问题,当没有这些问题时,就该从成本角度考虑是摒弃还是渐进地使用原型的问题了。

3.3 构建原型和认知理论

原型的使用可支持形成性评价的执行过程。然而,能够构建原型还产生了一个意义更深远的优势,构建原型不仅促进形成性评价详细说明的形成过程,而且还使发现这个详细说明是否充分的过程成为可能。

一般来说,关于设计有两种观点(Tripp 1991)。一方面,设计过程被认为是使用最优化程序进行问题解决的过程(Simon 1969)。传统的教学设计,应用手段—目的分析方法,就是这种观点的例子。然而,当要开发的学习材料变得很复杂时,传统教学设计范式的实际应用就值得怀疑了(Lange and Grovdahl 1989)。

另一方面,舍恩(Schön 1983)将设计过程看作一个不断重复的"在行动中反思"的过程。按他的观点,设计不是一个为完成项目的既定目标而进行系统化的分解的过程,而是一个智慧地、创造性地处理那些变化万千的世界中不确定的、独一无二的及相互冲突的事物的过程。

如前所述,原型应该以教育和功能设计中的详细说明为根据,这样,就应当符合教学设计范式中规定的过程。然而,在许多场合中,由于缺乏时间或规范化的模型方法,可使用的书写的或图式的说明也不够具体。在这样的环境下,构建原型不仅可用于将可利用的说明转化成临时的产品,还可用于增加或修改现有的规范。当然,如果必要的话,在会使用构建原型工具的人员支持下,在构建原型的过程中应当包括最初负责教育和功能设计的人。所以,构造原型的活动可引起设计活动的变化,不再那么关注书写的说明,转而关注预期产品在屏幕上直接的视觉效果,最终实现"视觉"的详细说明,并作为下一开发阶段的起点。

一种可与文字处理相比较的方法变得越来越普遍:通常不是先把一篇论文或一封信写在纸上,然后再输入计算机系统。相反,通常用文字处理系统直接生成。

在构建原型的过程中,很有可能发生同样的事

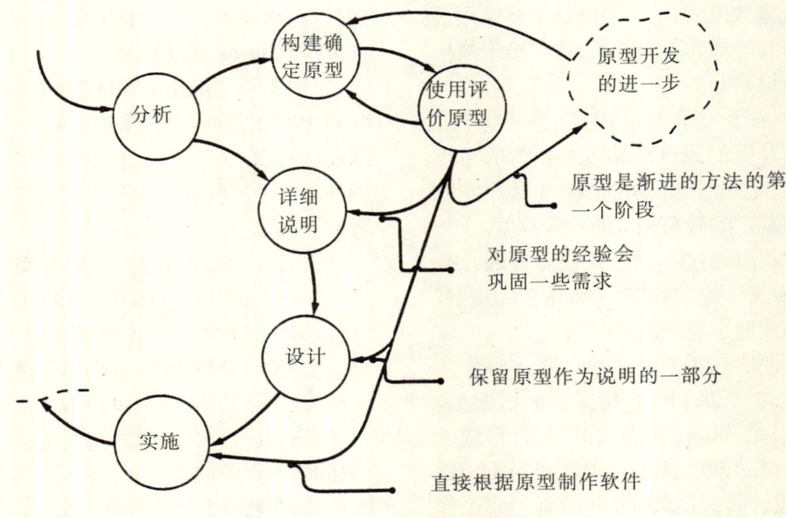

图2 作为一种设计活动的原型构建

情。分析阶段可以独立于任何计算机系统单独进行,未来,在初始分析阶段之后,将会使用软件工具强有力地支持教育和功能设计阶段,换句话讲,就是通过构建原型来支持教育和功能设计。

强大的软件工具和构建原型技术的使用将引发一场变革,植根于行为主义的传统教学设计方法,将被基于认知理论和与“在行动中反思”理念相关的方法所取代(Ross 1992)。根据这一观点(Jonassen 1991),一些人预见了范式的变化,教学目标、任务和内容分析、教学策略和学习评价等的规定性将减弱,而更趋于协商化。

很明显,使用原型可引起与教师更深入的讨论,这将改善最终产品的质量。另一方面,与使用者深入的讨论及对产品的修改,通常会增加开发时间和成本。总之,任何方法都是既有优点也有缺点(Tripp and Bichelmeyer 1990,Miller-Jacobs 1991)。

4. 结论

在软件开发方法论中,使用构建原型的主要原因是为了减少传统软件设计方法的影响。

在教育中,原型,大多是通过支持形成性评价的过程来提高最终产品的质量。

构造原型,作为电子学习材料开发过程的设计活动,一个关键的方面就是要平衡提高产品质量与由于评估和产品修改增加的时间所带来的额外成本之间的关系。

J. 穆尼恩(J. Moonen) 著

李婧妍 译

附录

Black T R, Hinton T 1989 Courseware design methodology: The message from software engineering. In: Bell G, Davies J, Winders R (eds.) 1989 *Aspects of Educational and Training Technology*, Vol. XXII. Kogan Page, London

Cox M L 1989 The impact of evaluation through classroom trials on the design and development of educational software. *Education and Computing* 5 (1/2): 35—41

Flagg B N 1990 *Formative evaluation for educational technologies*. Erlbaum, Hillsdale, New Jersey

Gayeski D M 1991 Rapid prototyping: A new model for developing multimedia. *Multimedia Review* 2(3): 18—23

Jonassen D H 1991 Objectivism versus constructivism: Do we need a new philosophical paradigm? *Educ. Tech. Res. Dev.* 39(3): 5—14

Kurland D M 1989 The role of formative research in software development: A developer's perspective. Paper presented at the Annual AERA Meeting, San Francisco, March 1989

Lange R R, Grovdahl E C 1989 Does anyone really use instructional systems design? *Educ. Technol.* 29(10): 34—37

McKeachie W J 1981 The decline and fall of the laws of learning. In: Clarizio H F, Craig R C, Mehrens W A (eds.) 1981 *Contemporary issues in Educational Psychology*. Allyn and Bacon, Boston, Massachusetts

Merrill M D (1987) The new component design theory: Instructional design for courseware authoring. *Instructional Science* 16: 19—34

Merrill M D, Jones M K, Li Z 1992 Instructional transaction theory: Classes of transactions. *Educ. Technol.* 32(6): 12—26

Miller-Jacobs H H 1991 Rapid prototyping: An effective technique for system development. In: Karat J (ed.) 1991 *Taking Software Design Seriously*. Academic Press, Boston, Massachusetts

Moonen J (1989) Courseware development at the crossroads? *Education and Computing* 5: 103—109

Moonen J, Schoenmaker J 1992 Evolution of courseware development methodology: Recent issues. *Int. J. Educ. Res.* 17(1): 109—121

Ratcliff B 1987 *Software Engineering: Principles and Methods*. Blackwell Scientific Publications, Oxford

Reeves T C 1992 Evaluating interactive multimedia. *Educ. Technol.* 32(5): 47—53

Roblyer M D 1988 Fundamental problems and principles of designing effective courseware. In: Jonassen D H (ed.) 1988 *Instructional Designs for Microcomputer*

Courseware. Erlbaum, Hillsdale, New Jersey

Rosnay J de 1975 *Le macroscope*. Editions du Seuil, Paris

Ross M S, Sullivan H, Tennyson R D 1992 Educational technology: Four decades of research and theory. *Educ. Tech. Res. Dev.* 40(2)

Rushby N 1987 Design methodologies for technology based training. *Interactive learning International* 4 (3/4): 17—27

Schoenmaker J, Nienhuis E, Scholten J, Titulaer J 1990 A methodology for educational software engineering. In: McDougall A, Dowling C (eds.) 1990 *Computers in Education: Proceedings of the IFIP TC3 Fifth World Conference, Sydney, Australia*. Elsevier, Amsterdam

Schön D A 1983 *The Reflective Practitioner: How Professionals Think in Action*. Basic Books, New York

Simon H A 1969 *The Sciences of the Artificial*. MIT Press Cambridge, Massachusetts

Smith M F 1991 *Software Prototyping: Adoption, Practice and Management*. McGraw-Hill, Maidenhead

Tinsley J D, Van Weert T J 1989 *Educational Software at Secondary Level*. Elsevier, Amsterdam

Tripp S D 1991 Two theories of design and instructional design. Paper presented at the Annual meeting of the AECT. Orlando, February, 1991

Tripp S D, Bichelmeyer B 1990 Rapid prototyping: An alternative instructional design strategy. *Educ. Tech. Res. Dev.* 38(1): 31—44

Weinstock H, Bork A (eds.) 1986 *Designing Computerbased Learning Material*. Springer-Verlag, Heidelberg

其他参考文献

Control Data 1980 *Courseware Development Process*. Control Data Corporation, Minneapolis, Minnesota

Jonassen D H 1988 *Instructional Designs for Microcomputer Courseware*. Erlbaum, Hillsdale, New Jersey

Moonen J, Plomp T 1987 *Developments in Educational Software and Courseware*. Pergamon Press, Oxford

课件设计中的软件工具(Software Tools in Courseware Design)

教学课件的开发是一个复杂的过程,需要多种技术和相当长的时间。软件工具是实施、促进和加速完成课件设计和制作过程中所涉及任务的计算机环境。

许多用于课件设计的软件工具是出于特定目的而在机构内部开发的。更多的是采纳或改造已有的商业软件,例如:字处理软件、绘图软件、字符定义软件、图形编辑器、概念处理及建模程序等。

一些课件的开发,尤其是在技能培训和职业教育领域中的课件开发,遵循已被认可的教学设计方法。还有一些课件开发活动——通常是开发用于学校教育的材料——其开发方法多种多样。在所有的情况下,这些课件的制作都受到可以辅助开发过程的可利用的软件工具的影响,这些工具能使制作过程效率高而且便宜。本词条调查了在课件设计中使用的软件的类别,包括在教学设计范式内使用的软件工具,以及针对结构化较弱的方法所使用的软件工具,简要论述了软件工具使用中的一些问题,并考虑了未来发展的趋势。

1. 课件设计中软件工具的使用

在课件开发中使用软件工具的程度和种类方面,不同国家之间有相当大的差别,而在同一国家内部差别较小。工具的使用取决于几个方面的因素,包括用于课件开发的资金类型以及与此有关的由谁来开发、课件的培训或职业目的与更广泛的教育目的之间的平衡、正在开发的个别软件包的种类等。

课件开发的资金来源很大程度上决定了新课件的目的、开发的环境和方法。在由政府资助或重要的私人部门赞助的情况(例如,在英国及其他一些欧洲大陆国家就有政府资金用于学校软件建设及各种产业培训环境中)下,就会成立一定规模的制作小组或形成一些项目,这时开发小组成员间生产力和兼容问题就显得特别重要。软件工具可以用来说明这些问题。这些工具可能是由商业上提供的软件包,如写作语言,或者各种命令解释程序,或者工具开发本身就是项目的一部分，如有用的子程序库或房屋设计中的一些命令屏幕显示程序等。

学校课件的开发，如果没有大量资金的话，开发规模就比较小。如个人或小组在学校或大学研究机构为特定的教育目的制作的特殊类型的软件包。在20世纪90年代前期，用的是文件管理包或像HyperCard一样的环境，但在这之前，开发者们用的基本上都是机器上已有的、他们工作用的程序设计语言，除此之外，很少使用其他工具。

用于技能培训的课件常常是用重复的类型和结构写的。这种情况下，当要创作的材料非常适合于目标的时候，像写作语言、各种类型的软件命令解释程序及其他一些工具就可以广泛地应用以提高创作生产力。其他一些课件可能不是以技巧培训为目标的，比如，它试图为学习者提供一个基于计算机的模拟世界，在这里学习者可以用一种相对开放的方式探讨一个想法或概念，也可以去创建和组织他们自己的学习活动。开发这样的软件，通常的课件制作工具恐怕无法提供支持。但是，使用专门为建模开发的程序命令已经编写出了这类建模的程序，而且一些新的程序设计语言和软件环境也可以很好地支持这种类型的课件制作(Squires and Milwood 1998)。

澳大利亚有一个项目(Wills 1991)，探索工业培训和普通学校教育中所采用的教育方法之间的相互作用。这个项目为教师和来自基于计算机的工业培训的实践者共同开设课件开发的课程，目的是让工业培训者们理解学校课件制作背后的哲学理念，同时了解有关利用新的制作工具和多媒体设施提高教师课件制作生产力方面的情况。

课件设计中使用软件工具的程度还取决于所制作课件的具体类型。指导型和训练型课件几乎适合于使用已有的各种软件工具。广泛使用图形的课件，如果有好的图形和动画工具软件存在的话，就可以得到很好的支持。还可以开发数据库、游戏、模拟和建模软件包等，利用工具可以促进这项工作。

2. 教学设计范式中的软件工具

课件开发中应用教学设计方法的第一个阶段是对各步骤的分析，如需求分析、确定问题、目标设定、学习者特征分析等。一个或多个工具可能会支持这些活动，这些工具往往是专门为一特定目标开发的，常常是为一个特定的项目而在内部开发。

设计阶段包括阐明目标并排序目标、确定教学及评价的策略。构建原型的工具可以形成最终屏幕显示的模型，这样，制作者和用户都可以很快地对其做出修改，而不用在纸上花费大量的时间进行修改。这种原型构建对于促进制作小组成员之间及制作小组与用户之间的沟通显得特别重要。这些工具可以内部制作，也可用已有的商业包，如钱德拉(Chandra)谈到的能使想法无需编程直接在计算机上公式化表达的图形编辑器和排序器。使用图形编辑器将期望的屏幕形象绘制出来，并将其存为独立的文件。排序器用于“运行”这些文件，为设计者提供运行、处理情况的反馈，并为程序的交互式设计提供环境。

开发阶段包括课件程序的实际准备工作。软件工具可为这个阶段的许多方面提供支持，包括页面说明工具、创建和编辑文本及图形的工具、帮助材料的详细说明的工具及促进和确定学习者输入的工具。带有数据库的第三代程序设计语言(Watson 1987)和第四代语言被广泛应用。开发了用户界面管理系统来独立管理各个用户进程，WIMP环境就是一个例子。威尔逊等(Wilson et al. 1988)曾对已有的对话设计工具做过评述，并谈到一个用于创建、修改、维护基于菜单的界面的工具包。数据库管理系统用于处理应用程序数据，而不依赖应用程序本身，这种数据库的多媒体版本已经有了。系统地检索代码错误的调试工具也被广泛地用于这个阶段。文件支持工具用于文件和印刷材料的准备和修改，这些文件和印刷材料可能作为课件程序的补充。

软件工具也可为评价提供支持。例如，“跟踪者”软件可以跟踪用户在一个程序中的路径，为制作者提供信息。钱德拉(1988)曾谈到，对通用的电子表格软件进行修改，在计算机上提供评价问卷，对其结果进行统计分析，然后根据需要用电子表格以图形的形式显示出来。

3. 写作语言、写作系统和超文本

很多这种类型的课件设计工作使用许多为特定目的而开发的写作语言或写作系统中的一种，在20世纪90年代前期超文本系统也在这种场合中使用。

写作语言被用来促进教学程序的创作，不过设计者确实需要一些编程知识。这些语言通常提供声音和图形的操作命令，包括显示信息、接收和处理用户输入、识别程序位置、控制进程、记录用户数据以用于后续的分析等。

写作系统通常是菜单—图标驱动的计算机环境，在整个开发过程中促进和指导用户，使没有编程知识的作者也能创作课件。写作系统可以综合图形、音乐、声音、动画以及来自外部信息源，如视盘和CD－ROM的输入。与写作语言相比，写作系统可以提供课程管理，包括特殊教学策略的界定和选择（如练习、辅导、测验等）、详细说明收集的反馈数据、对刚开发的课与文件的能力进行试验。用这些系统的最大优点就是高速度，然而以这种方式开发的课件风格上也有局限，它必须反映写作系统中包含的教学模式。

拉德夫（Radev 1988）和科尔帕可特（Colpaert 1988）提出运用数据库软件增强写作系统的功能。这能促进为特定的目标学习外语之类的课件的制作，可以选择适合个人需要的语言结构和词汇。为进一步增加效率，也可用写作语言编写软件工具和课件命令程序或模型。

超文本是信息的非线性组合，在文件之间或一个文件的不同部分之间建立链接。超媒体就是指能够将文本、图形、动画、声音、视频等以非线性、网络信息的方式链接起来的软件，这类工具中最著名的是HyperCard，还有它自带的用于Macintosh计算机的HyperTalk编程语言，不过这类产品也可用于其他计算机。超文本系统可以很方便地用来制作文本、创建或输入图像、控制其他硬件，将所有可利用的资源灵活地、非顺序地链接起来，所以，与大多数创作系统相比，它可提供更多的功能。有调查显示HyperCard可使基于计算机的培训画面的制作时间减少到通常的1/2～2/3（Lewis and Mace 1988），这个环境也正日益被用于原型构建当中。

4. 课件设计中软件工具的其他应用

斯夸尔斯和米尔伍德（Squires and Millwood 1988）介绍了一种观念，就是用教学编程语言，如LOGO、smalltalk、prolog，从教育意义上来构建计算机辅助学习软件的原型，主要是用LOGO来实现这个目的。编程语言作为设计者的环境，可使设计者试验自己的教学思想，语言内部的认知模式可影响要开发课件的风格和内容，研制不太受字符限制的程序。斯夸尔斯和米尔伍德（1988）描述了两个例子，一个是关于外语课件制作的，另一个是通用建模系统。他们认为，随着硬件的发展，这种软件环境的实用性可能会变得很普通，使课件制作者很容易通过编程制作教育原型。

用于国际上的课件的设计提出了修改程序以适用于某个国家使用的需求问题。基尔斯利（Kearsley 1990）建议提供一种内置的编辑工具，方便用户在本地进行修改。

课件开发者有时需要将程序代码从一个牌子的机器上移到另外一个牌子的机器上。一些项目已经开发出支持这种移植的内部软件工具，商业上也开发了满足大多数需求的这种转移工具。

他们还开发出了一些没有特定内容但具有特殊用途的软件工具，用来编写一些特定类型的课件包，包括探险游戏、模拟和建摸工具包、数据库。课件制作者只需简单地将有关特殊应用的数据输入到已有的结构或界面中去就可以了。

5. 课件设计中软件工具使用的一些问题

课件设计中软件工具的使用是一个很好的计算机科学的实践，在相当程度上提高了课件生产的效率。然而也有一些相关的问题存在，许多创作工具不是通用的，只适用于某一类型的教育软件，而且通常不支持可移植性。如果用市场上制作出来的系统的话，又存在版权和所有权的问题，这必须解决。设计内部的软件工具常常需要花费分配给课件开发项目总时间中的很大一部分时间，这只有在这些工具能够提供足够的生产效率的情况下才合理。通常这些工具需要多次重复利用，尽管随着

软硬件的发展可能存在这些工具会过时的问题。

6. 需要、趋势及未来发展

在1988年,一个由若干欧洲国家参加的关于课件制作者和研究者的研讨会上,提出为促进当前课件制作而产生的对新工具的需求问题(Lewis and Mace 1988)。其中包括支持过程设计阶段的新工具,尤其是初始知识的组织、任务分析和课程逻辑设计。此外需要的是分析培训需求的工具、支持对设计完善和修改的工具、快速构建原型的工具、供用户建模使用的便宜有效的工具。

刘易斯和梅斯(Lewis and Mace 1989)概括地描述了为基于计算机的培训方面开发模拟课件使用的写作工具的需求。他们描述了一个项目,目的是开发、评估、生产一系列高级软件工具,尤其是用于构建原型和建立模型的工具,以便更有效地提供包含很多模拟的课件。

斯坎伦和史密斯(Scanlon and Smith 1988)描述了使用 Alternate Reality Kit 的工作,这个工具是一个用 Smalltalk—80 语言运行的图形动画环境,用来创作交互性的模拟,Xerox Palo Alto 研究中心正在做这项工作。斯坎伦和史密斯用 Alternate Reality Kit 重新写了一个幻想的会议室模拟程序,所用时间远远少于起初用 UCSD Pascal 编写那个程序所用的时间。他们只用几分钟就能在程序里增加一些强大的特性。

课件设计者们寻求工具之间更好的整合,将各种用于具体目标的工具并在一个开发环境中一起工作。有一个正在开发的例子,它试图开发一个单纯的环境,为课件设计者提供开发过程所需要的所有工具和必要的信息,来完成与开发过程相关的所有工作(Gustafson and Reeves 1990)。通过网络,多个设计者可以共享信息、草图和成品,跟踪项目进程。长远的目标就是创建一个带有专家系统的全面的课件开发系统,包括培训开发者、引导、监督和帮助他们的功能。

A. 麦克杜格尔(A. McDougall) 著

李婧妍 译

附录

Chandra P 1988 Adaptable interactive CBL design tools for education. In:Lovis F,Tagg E D (eds.)1988 *Computers in Education*. Elsevier,Amsterdam

Colpaert J,Decoo W,Van Elsen E 1988 Courseware for LSP (Languages for Special Purposes): Creating units at will in a selection system. In:Lovis F,Tagg E D (eds.)1988 *Computers in Education*. Elsevier,Amsterdam

Gustafson K,Reeves T 1990 IDioM:A platform for a course development expert system. *Educ. Technol.* 30 (3):19—25

Kearsley G 1990 Designing educational software for international use. *Journal of Research on Computing in Education* 23(2):242—250

Lewis R,Mace T 1988 Support tools for authoring-A seminar report. Occasional Paper InTER/7/88, Department of Psychology,University of Lancaster

Lewis R,Mace T 1989 Authoring tools for simulation-based CBT: An interim report. Occasional Paper InTER/13/89,Department of Psychology,University of Lancaster

Radev R 1988 Using database systems for producing courseware. In:Lovis F,Tagg E D (eds.)1988 *Computers in Education*. Elsevier,Amsterdam

Scanlon E,Smith R 1988 A rational reconstruction of a bubble chamber simulation using the alternate reality kit. *Computer Education* 12:199—207

Squires D,Millwood R 1988 The influence of new software environments on CAL development. *Computer Education* 12:67—71

Watson D 1987 *Developing CAL:Computers in the Curriculum*. Harper and Row,London

Wills S 1991 Teachers as educational software designers: Industry/university cooperation. *Education and Computing* 7:267—272

Wilson N,McAlpin A,McChesney I 1988 A software toolkit for human-computer dialogue design and development. In:Lovis F,Tagg E D (eds.)1988 *Computers in Education*. Elsevier,Amsterdam

对教学设计卓有贡献的领域——人工智能(Artificial Intelligence as a Contributing Field to Instructional Design)

人工智能技术在教育中的大多数应用与构建为特定领域提供教学、基于计算机的工作系统有关(Carbonell 1970, Brown et al. 1982, Anderson and Reiser 1985)。在大多数情形下,构建的这些系统是作为一些研究理念的试验平台,并不是试图解决"现实世界"中的教育问题。在另外的情形中,人们将注意力集中在开发基于计算机的人工制品方面,以解决现实中的教育问题,并根据一些经验性的措施确定它们的有效性。

在本词条中,我们将讨论人工智能在教育中的另外一种应用,这就是利用人工智能技术辅助建构并验证教育理论,这里并没有暗含最终结果将涉及计算机在课堂中的使用的情况。

1. 什么是教学设计

为了说明本词条,我们这里采取一种特定的教学设计定义。我们认为教学设计是制作支持并促进在某一环境下学习的人工制品的方法论。这个定义已经提出了一些问题:第一,明确提出"某一环境",目的是暗示教育的人工制品不能独立于它们所实施的环境。无论是地方环境(某个孩子、教师、教室环境),还是全球环境(教育系统、实践者的团体等)对于一个人工制品的使用都是极其重要的。某一环境下在教育上行之有效的物体在另一种环境下可能是无效的,甚至是破坏性的。这就意味着要想找到一种普适的、与学科领域无关的教学设计理论是徒劳的。教学设计理论的某些方面可能与学科领域(和场合)无关,但是这样的理论是无力的。这与人工智能有关问题解决和机器学习领域内的发现相近,在这些领域内已经看到的有效进展就是需要知识丰富的解决问题的方法。关于使用场合对教育人工制品重要性的认识与教学论学者(Brousseau 1986)所持的立场是相同的。

此定义提出的第二个问题就是使用了"方法论"这个词。从认识论的观点来思考教学设计的定位还是比较模糊的。教学设计是试图为设计人工制品提供探索性的方法,还是正在寻求更深的理论地位——作为学习过程的描述性或者规定性的理论呢?这在一定程度上依赖于人工制品开发者的需要。探索性的方法可能适用于制作某一特定的人工制品,但是如果他们没有任何解释能力的话,那么就不能推广到其他系统中,而且也不能帮助解释在某些环境中失败的原因。

正是由于上述原因,人们认为教学设计最终需要一个更深的理论基础。这里我们将特别采用布鲁纳(Bruner)等人提出的教育理论的一个具体模型。一般认为教育理论应该有两个主要成分,第一个是特定的方法论所支持的一套目标和价值观念;第二个成分是用以实现那些价值的机制。第二个组成成分中可能包括探索性的方法,但如果这个机制包含这样一个模型:即关于这个机制为什么能实现那些价值的理论,那将是人们所希望的。根据布鲁纳的说法,他认为第一个成分是属于教育哲学领域。第二个成分属于教学设计的适用性领域或者属于教与学的认知理论领域。这就意味着教学设计的理论不一定负载思想,我们可以说它是特定教育思想与其实现方式的连接。教学设计理论能表示出某一特定的教育思想意识和获取这一思想意识的方法之间的联系。但是这两者必须通过这样一种方式被分开,即实现这个思想意识的机制可以独立于思想意识来进行评价。

2. 什么是作为理论科学的人工智能

人工智能与"智能"系统的本质有关。这包括对类人系统(例如,自然语言处理过程)和非人系统(例如,国际象棋对弈程序)的研究。它涉及制作可以显示"智能"行为的计算机,也涉及智能理论的本质。为了说明本词条,我们将强调指出一个方面:认知建模。认知建模即有效地应用技术来研究心理过程,比如教与学(由人类执行的)的心理过程。在可以利用人工智能之前,认知心理学在表述自己的理论方面存在着一定的问题。从本质上讲,唯一的一个表述理论的方式是使用自然语言。但是这种表述方式并不准确,并且使得对理论的预言做出准确的对照比较困难。有人曾经尝试使用数学来表述这些理论(例如,数学心理学杂志),但是形式主义的实质决定了数学确实不适合这样的工作。

人工智能可以提供一种表达心理学理论的新方式,具体做法是利用一套更适合描述心理过程的形式体系。此外,因为这些形式体系通常是通过计算机程序来具体体现的,所以它们提供了一种即时的方法来测试理论内部的一致性和完备性。如果一个理论是不完备的,那么在计算机上运行包含这一理论的程序时就会导致出现计算机不知道做什么的情形,因为程序没有告诉它做什么,这样就可以识别出理论的不完备性。同样,一个不一致的理论将导致计算机进入一个行为不协调的冲突境地。上述以可执行方式明确表达理论的方法是在预测和靠经验检验理论之前采用的一种非常有力的测试理论的手段。

既然可以认为教学设计(根据以上的定义)是用以创建教与学理论的手段,那么我们可以看到人工智能带给心理学的好处同样适用于教学设计。下面这个关于教学交互的简单例子可以说明这一点(ElsomCook 1990):

学生:np(X),专有名词[Proper-noun(X)]。这么说愚蠢吗?

教师:非常好,你们已经挑选出了一个很好的、简单的特例来开始并且选择了定义一个称为专有名词的辅助谓语。两个开场白都是明智的决定。我没有具体说明的一点是我期望论据是单词列表,所以上面例子中的 X 应该是一个列表[例如,np(kate)],这样列表当中就仅是你们想赋予专有名词的东西。

我们并不关心这个例子的学科内容,这里所关注的是对话的类型。这是一个在长时间教学交互过程中的一次个别的交流,在这样的交互过程中同样的对话基本结构经常出现。通过检查教师的回答,我们可以看到它包含了三部分:动机、制度化和问题精炼。实际上,这名教师在整个对话中专门使用了这些行为。用人工智能术语可以将此简单描述为:

反应
激发动机
制度化
精炼问题

这就又提出了许多问题。比如,这些行为总是以这样的顺序进行吗?如果是在最后激发动机会有什么不同吗?每个术语的含义是什么?因为在人工智能结构中每个术语只是一个符号,所以上述的一切仅仅是由相继发生的三件事情组成的反应。为了使理论更明确一定要把每一个术语展开至它的组成部分。例如,可以把"制度化"看作是使与实践者所做的相对应的学生的行为更明确,这样我们可以对此生成另一个层面的描述。同样的,我们可以想像可能存在不同种类的"制度化",并且我们还能在相同的结构内探索不同的定义。

这为产生对所发生事情的人工智能描述,以及使用这些描述产生基于某个用户其他行为的另外顺序提供了极大的可能性。无论怎样,这仍然仅是一个描述性模型,它不能解释教师做某些事情的原因,也不能解释如何预期这一模型取得教育目标。从本质上说,这仍然是在教学设计的探索性理论层次上,尽管它比通常的情形更准确和明晰一些。

模型的下一层次将是争取进一步的抽象化。在这种情况下我们将试着创建一个模型,这个模型在给定某些目标的情况下,能够从一个更深的关于如何达到这些目标的模型中推导出以上的"教的原则"。布兰福德(Blandford 1991)已经对此方法做了非常透彻的探究,但这仍然是一个有待于进一步调查的题目。

基本上,布兰福德创造了这样一个教学模式,即从非常基本的目标着手,生成能导致与用户对话的目标系列。此系统(WOMBAT)以生存目标为起始点,有两种可能幸存下来的方法:教或者什么也不做。到底选择哪一行动路线,取决于系统在特定环境下对二者的评价。这个评价不断进行,直到系统决定采取某一行动为止。导致采取这一行动的评价决定的历史经验就给出了为什么采取这一行动的理由。实际上,我们将期待这个系统能在同一行动内考虑多种目标。为了说明这一点,我们假设给某个学生出了 3X = 6 这样一道题,并且学生已经给出了答案 X = 3。在告诉学生错了的时候,教师可以有各种各样的反应,例如:

(a)"不对。"

(b)"错了,笨蛋。"

(c)"那是一个很好的尝试,但似乎并不正确,因为……"

(d)"你将 X 分离是正确的,但是在这道题中我认为你分离错了……"

诸如维持学生自信心,保持(或增强)动机,给予正确的反馈等等,此类的目标能影响教师选择使用哪种回答。回答(a)和(b)给出了最少的反馈信息并且很可能令人泄气。然而,在某些场合下这样回答可能是合适的方法,比如,如果某个学生过分自信或者需要接受挑战。说话方式的选择将取决于当前的目标和优先顺序,但是优先顺序本身将取决于学生和交互的状态。

表 1 对说话方式的特性做了编码,显然这过于简单化了,因为这些说话方式的特性可能不是固定不变的,而取决于不同的学生个体。可是,先暂且接受这些属性,我们就能根据选择的优先考虑规则和限制条件来描述模式的下一层次。优先考虑规则和限制条件的区别在于前者是人们想要的,而后者是必要且不可违背的。可能的例子是:

(a)(优先考虑)给最少的反馈。

(b)(优先考虑)给学生最大的反馈,使其成功地解决少数的问题。

(c)(限制条件)决不说任何让动机低的学生泄气的话。

这些规则可能互相冲突,这就需要一个类似于布兰福德(1991)那样的评价机制来在特定场合下对它们做出选择。值得注意的是这些规则通常依赖于环境的某一方面(例如学生的状态或者教学时间的长度)。还有,值得关注的是这个描述水平仍然不够详细,因为在上述这两个互相冲突的具有优先级的法则之间做出合理选择可能需要有关"为什么此法则有用"的知识。

表 1　　说话方式的特性

	说话方式			
属性	a	b	c	d
反馈	低	低	高	高
动机	维持	降低	维持	增加
挑战	高	高	低	低

这部分的目的就是对人工智能应用于教育理论的方式提供一种感性认识。很明显,它非常复杂,我们很难在这里对它进行充分描述。尤其是,没有任何建议说教师可以被塑造成为一套规则,也没有这样一种能自动提供任何理论见解的表述。这里的一个主要论断是人工智能系统真正的本质是允许准确地表达以前不能够利用的教育理论。

3. 在教学设计中使用人工智能

在这部分当中,通过观看人工智能作为教育人工制品的理论工具的两个具体应用,将会使前几部分的想法更加具体。

3.1　学科领域的预先分析

某一特定学科领域内教学交互的可能范围由这一学科领域的结构所限定。例如,除非学生已经知道了先决知识,而这一先决知识在介绍此题目之前是必须理解的,否则是不能将这个题目介绍给他们的。在某一领域各部分之间相似性的存在,可能允许在某些情况下通过类推来进行教学,也可能在另外一些情况下导致混淆。由于这些原因,在某种程度上,在某一特定领域内对于教的任何讨论都必须建立在对此学科内容的先前知识分析的基础上,这是很明显的。这在教学论中是一个重要概念,并且已经和计算机教学论领域内的人工智能建模联系起来了(Balacheff and Elsom-Cook)。上面所提的形式体系如何应用于这个问题,可以通过来自几何学的一个简单的例子说明,见图 1。

在本题中,呈现给学生一个轴 A,一条连接 P_1 点和 P_2 点的线段 S。题目要求学生在 P_1 和 P_2 之间连一条新线段 S′,使得 S′是 S 关于轴 A 的映射。允许学生使用一支圆规,一把直尺。对于此题目的严格数学分析表明只有两种可能获取答案的方法(没有多余的步骤)。在每一种方法中,都是找到两点的映射点,然后连接它们做出线段S′。两种

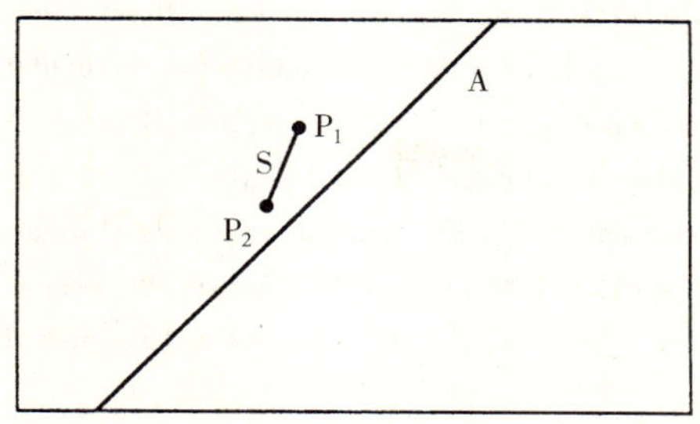

图1 线段映射问题

方法的不同在于:在做线段过程中第二点是独立于第一点做出来的还是利用第一点做出来的。利用人工智能技术可以将此问题形式化,并能编出可以解决此问题的程序。如果将人工智能程序扩展,允许更多的运算符,可能会有更多的方法解答此题。通过增加"垂直"、"水平"、"竖直"等等的运算符,就可能会出现很多情况,学生能够解答这些问题并得到正确的答案,但却使用了错误的方法。例如,如果轴线是竖直的,学生很可能使用"水平"而不是"垂直"来做出一条通过轴线的线段,并获得视觉上与正确答案一样的结果。用人工智能分析识别这些问题就能够预测学生在一定情况下可能犯的错误,而且我们可以看到这些预测与现有数据非常吻合(Keskassa 1990)。

3.2 教学材料分析

人工智能和教育中的大部分工作都集中在对学生认知状态模型的动态建构上。这样做的意图是使计算机可以教学生,并且在交互过程中,计算机可以试着建构一个学生从交互中学习到什么的模型。此模型不但包括"正确的"事情,而且还包括学生建立起来的充满错误(缺陷)的理解。自20世纪80年代中期以来,人们便试图将这样的技术应用到对教学材料分析的过程中,取得的成果是颇有希望的。

这种系统的一个最好的开发例子是谢拉(Sierra)(VanLehn 1990,1991)。此系统在算术算法领域内运行并且将标准的算术教科书作为它的输入。此思想的本质是通过将提供给知道如何学习的某一人工智能程序,人们能够使用人工智能模型识别导致错误学习的那部分教学材料,由此预测对学生来说教科书中的哪个部分将引起问题。谢拉是基于这样一个学习模型:这个模型用于人工智能领域,是现存机器学习技术(基于解释的学习和基于相似性的学习)的一个综合,这些技术试图提供一个心理上可行的模型。因为很多研究已经显示(VanLehn 1986)学生主要是通过例子和练习进行学习,而不是通过自然语言解释进行学习,所以仅使用教科书的例子和练习这一部分作为程序的输入。又因为研究的焦点在错误上,所以谢拉专注于错误学习的模型而不是正确学习的模型。最后,因为这里的兴趣在个体差异而不是完美的学生,所以谢拉是非确定的,就是说在某一给定的环境中它经常能找到学习的不同可能性,并将同时追求全部的可能性,而不是单单产生一个"正确的"模型。

如果谢拉能从教学材料中重建那些学生在同样的教学材料中所犯的错误,那么就可以用它作为形成性评价的材料。如果提供给谢拉一本教科书,那么它就不但能够辨认出可能的错误来源,还能根据自己的学习过程来解释产生那些错误的原因。

事实上,已经有人将这种类型的工作作为一个评价系统(VanLehn 1991)来实施。有人曾经对共1 147名的一组学生进行了一次诊断性测试,这些学生使用两本不同的数学教科书,调试工具(Burton 1982)自动分析测试结果并为每个学生产生一个"错误概述"。同时,谢拉也"读"这些书,从书中学习减法,并且参加相同的诊断性测试。调试工具也分析谢拉的答案,结果发现人工智能系统可以再现52% ~85%的学生错误。在给定系统工作的限制条件下,此结果是令人印象深刻的。这个数字为谢拉的准确性提供了一些概念,但是从教学设计的观点来看,我们更感兴趣的是谢拉对于为什么产生错误的解释,因为这些解释可以用来修改教学材料。

上述解释的一个特例是有关教借位这一知识的方式。两种课本都是通过简单的例子来引进借位的,然后以一种多课程的序列引进更复杂过程的例子。根据谢拉的观点,这种做法对学习过程中的大量错误是负有责任的。问题的根源与概括相关,因为系统从简单的例子中获得关于“借位”的具体含义,之后在概括时有困难。对于教学材料修改的预测应该是:在早期就应该既把简单的情况又把复杂的情况引进借位,这样就可以在过于简单的过程变得太稳定而难修改之前就进行概括。

我们应该记住上面的解释仅仅是基于谢拉的学习机制而得出的,也许不能对学生身上发生了什么进行解释。然而,这是一个令人感兴趣的结果,并且随着对学习心理学了解得更多,这对于教学材料开发的意义是令人鼓舞的。

4. 结论

本词条提出了这样一种观点:人工智能技术可以发挥其作为教学设计的理论框架的作用。我们已经通过许多实际应用方式的例子详细说明了这一点。虽然人工智能在教育中的这种应用还相当新,但它却是相当有前景的。

M. T. 埃尔索姆-库克(M. T. Elsom-Cook) 著

王雅杰 译

附录

Anderson J R, Reiser B 1985 A lisp tutor, Greaterp. *Byte April* 1985 159—175

Balacheff N, Elsom-Cook M T in press Didactic and intelligent tutoring Systems. *Journal of Artificial Intelligence and Education*

Blandford A 1991 Design, decisions and dialogue. Doctoral dissertation, Open University, Milton Keynes

Brousseau G 1986 Fondations et méthodes de la didactique des mathématiques. *Recherches en didactiques des mathématiques.* 7(2):33—115

Brown J S, Burton R R, de Kleer J 1982 Pedagogical, natural language and knowledge engineering techniques in SOPHIE I, II and III. In: Sleeman D, Brown J S (eds.) 1982*Intelligent Tutoring Systems.* Academic Press, London

Bruner J 1966 *Toward a Theory of Instruction.* Belknap Press, Cambridge, Massachusetts

Burton R R 1982 Diagnosing bugs in a simple procedural skill. In: Sleeman D H, Brown J S (eds.) 1982 *Intelligent Tutoring Systems.* Academic Press, London

Carbonell J R 1971 Mixed initiative man-computer instructional dialogues. Final report, Bolt, Beranek, Newman Inc., Cambridge, Massachusetts

Elsom-Cook M T 1990 Analysis of a tutorial dialogue. In: Elsom-Cook M (ed.) 1990 *Guided Discovery Tutoring: A Framework for* ICAI Research. Chapman, London

Keskassa B 1990 Une étude de résolution de problèmes de lieux géométriques par des élèves de seconde dans deux environnements, l'un "papier-crayon," l'autre informatique interactif. *Cahiers de séminaire de didactique des mathématique et de l'informatique.* IMAG, Grenoble

Vanlehn K 1986 Arithmetic procedures are induced from examples. In: Hiebert J (ed.) 1986 *Conceptual and Procedural Knowledge: The Case of Mathematics.* Erlbaum, Hillsdale, New Jersey

VanLehn K 1990 *Mind Bugs: The Origin of Procedural Misconceptions.* MIT Press, Cambridge, Massachusetts

VanLehn K 1991 Two pseudo-students: Applications of machine learning to formative evaluation. In: Lewis R, Otsuki S (eds.) 1991 *Advanced Research on Computers in Education.* Elsevier, Amsterdam

其他参考文献

Elsom-Cook M T (ed.) 1990 *Guided Discovery Tutoring: A Framework for* ICAI Research. Chapman, London

Goodyear P (ed.) 1991 *Teaching Knowledge and Intelligent Tutoring.* Ablex, Norwood, New Jersey

Self J (ed.) 1988 *Artificial Intelligence and Human Learning: Intelligent Computer-aided Instruction.* Chapman, London

Sleeman D H, Brown J S (eds.) 1982 *Intelligent Tutoring Systems.* Academic Press, London

Wenger E 1987 *Artificial Intelligence and Tutoring Systems: Computational and Cognitive Approaches to the Communication of Knowledge.* Morgan Kaufmann, Los Altos, California

传播、媒体和设备使用(Communication, Media, and Instrumentation)

媒体在教育中起着很多作用,这些作用与通讯和工具的使用有关系。媒体在教育中的这些作用可以归纳为以下三类:(a)传递教学,其中媒体主要用来传递特定的内容;(b)建构媒介环境,在这个环境中媒体帮助学生探究和形成对知识体系的理解;(c)发展认知技能,媒体用来模仿、产生和扩展智力技能。有三种理论支持媒体的这些作用:符号学理论,与媒体怎样表征他们所指的对象有关;认知理论,说明学生怎样从媒体传递的信息中解码并学习;而情境理论则和媒体创设的学习情境相关。

本词条描述了媒体在教育中所起的这三个作用,对三种相关理论做了评论,并讨论了由这些作用和理论引起的问题。最后总结了可能影响未来媒体在教育中的应用方式的目前趋势。

1. 媒体的教育作用

1.1 传递教学

历史上,人们对媒体在传递教学方面的作用给予了足够的关注。媒体的倡导者已经觉得不得不说明,第一,媒体至少在教授上和教师一样有效;第二,一定的媒体在传递一定类型的内容给特定的学生时尤其有效。然而人们已经从根本上对旨在论证这两种效果的媒体对比实验的价值和有效性产生了质疑,认为是教学方法而不是传递系统造成了学习的差异(Clark 1983)。这一主张坚持认为,媒体的确使学生以独特的方式进行学习。但是科兹马(Kozma 1991)的一个评论指出,媒体对学习的贡献可能不在于媒体传递教学的方式,而在于媒体对学习环境的建构和认知技能的开发。

基于媒体可以传递教学的前提,媒体的教学功能在大众教育和公司以及军事培训中已经得到了普遍的认可。在大众教育中,媒体往往扮演从属于教师的角色,就像幻灯片、录像带等仅仅作为视听辅助工具或者作为自学系统,向不需要教师连续关注的学生传递一部分课程。海涅克(Heinich 1970)提出了媒体在学校里的不同作用,即它们可以和教师分担教学责任,或者甚至取代教师。但是这在很大程度上并没有发生。原因是:一方面,教师抵制在他们教学职责上的这一根本改变;另一方面,基于媒体的教学系统也还不能完成教师的所有行为。

在公司和军事培训领域中,媒体常常承担着更主要的教学功能,这是因为在这些领域工作的专业教员很少。这样,教学就可能直接由综合的课程说明来引导。或者,在训练模拟器中包含一个丰富的多媒体环境,受训者可以在不受教师干预的情况下掌握他们需要的所有技能。

自从20世纪70年代中期开始,教育者越来越觉察到根据媒体的教学功能来选择媒体的需求(Heidt 1976)。结果,媒体在教育中的作用就取决于对希望学生掌握的目标和内容的详细分析以及对学生自身的分析。因此,教学中媒体的选择或设计就需要由这样的知识来指导,这些知识要指出哪种媒体传递哪些类型的内容给什么类型的学生最有效。

媒体在教学传递中越来越重要的作用还体现在远程教育中。远程通讯技术及其相关技术已经在许多国家的大中型项目中使用,用来传递教学。英国开放大学就是这种大规模项目的一个很好的例子,并且例证了基于媒体的远程教育的许多特征。大学的课程通过信件、广播和电视等传递到学生的家里。印度的卫星教育电视实验是典型的发展中国家基于媒体的远程教育。基础教育、农业和健康护理等节目以各种语言用广播播送到全国的很多社区。当地社区的成员参与项目的许多方面。

1.2 媒体教育环境

自20世纪80年代早期以来,媒体开始逐渐用来建构丰富的学习环境,其目的也不再是传授,而是鼓励学生探究环境包含的知识并从中建构他们自己的知识。媒体在这个方面的应用与前面提到的媒体传递教学的应用之间相区别的最主要特征是:媒体环境不受内容的约束。

最早的、也可能是最知名的提供学习环境的例子是LOGO微观世界(Papert 1980)。LOGO是一种计算机语言,它的图形命令简单到(至少)足以让年少的孩子们掌握并使用它绘制有趣的图像。小孩子用这个语言操作计算机比较容易，而且输出结果也很吸引人，这使LOGO成为一个能够激发动机的环境。然而，帕佩托（Papert）的目的不仅仅是开发一个允许学生画图的系统，而是要开发一个环境，在这个环境里学生可以形成有关怎样处理问题和解决问题的所谓的"有力的思想"。学生画的东西不是指定的，而是学生认真思考他们自己选择的问题，并在这个过程中发展他们的问题解决技能。

其他关于学生能够建构知识的媒体环境的例子还有"超媒体"计算机软件。在这一方面，第一个普遍使用的程序是苹果计算机的"超级卡片"（Hypercard），它以多种有趣的方式来模仿卡片文件。用户可将他们的任何信息都放在卡片上；他们还可以按任何顺序放置卡片，并且将卡片以他们希望的任何次序连接在一起。除了文本和图像，卡片还可以包含音响、语音、音乐、静态和动态图片。多媒体环境可以创建成卡片"栈"，包含以上任一种格式。

对于知识建构来说，超媒体环境有两个比较理想的特征。一是在用户访问信息的顺序方面具有潜在的、无限的灵活性；二是用户比较容易创建数据库。如果用户是学生，他们可以建构自己的教材和学习环境。尼克斯和斯皮罗（Nix and Spiro 1990）描述过这样的一些项目，这些项目包括斯皮罗和耶恩（Jehng）的工作，在超媒体程序的控制下，随机访问视盘可以允许学生去探究电影《公民凯恩》，并理解主题和性格这样的文学概念。范德比尔特大学的认知和技术组同样使用视盘来提高学生在数学、社会研究和自然科学方面的问题解决能力。麦克马洪和奥尼尔（McMahon and O'neil 1991）运用超级卡片允许学生创建各个角色间的"假想对话"，对话中角色的公开演讲和没有表达的想法都被记录下来。他们的"假想对话"程序被用于从写作到社会问题的一系列活动中。

1.3　认知技能的发展

媒体的第三个功能是培养学生的认知技能。随着研究者开始对媒体可以改善学习这一内在能力的质疑，以媒体的符号系统和认知过程交互作用的方式研究媒体的兴趣逐渐发展起来。媒体的这一功能是基于这样的前提：即思维会涉及符号的操作，这些符号是在演讲、电视、计算机程序等中使用的那些外部表征形式（媒体）被内化并直接可以认知时产生的。

认知要依靠类似媒体的内部符号这一思想的推论就是，如果引导学生去内化新的符号系统，内部表征和在内部表征之上运行的认知过程都可以被扩展。萨洛蒙（Salomon 1979）表示事实确实如此。让年幼的以色列的孩子们观看《芝麻街》，会发展他们观看节目所必需的智力技能。对于使用计算机的学科，与阅读相关的元认知的内化方面也有同样的证据已经被报道出来（Salomon et al. 1989）。

最后，大家普遍承认，认知技能可以通过使用不同媒体的符号系统来得到发展，学者们已经采纳了媒体可以用来"分配"认知的观点。媒体不仅是内部产生思想的工具，也可以成为存储和分享这些思想的工具。认为媒体是思想的仓库绝不是新的说法。然而，通过媒体的档案式和分布式功能来共享思想却引发了许多问题，媒体学者也只是现在刚刚开始回答这些问题。这些问题涉及媒体经验发生所处的教育和社会情境，以及对包括使用各种媒体技能的文化的重新定义。

2. 媒体理论

学生通过媒体学习，从媒介环境中建构知识，并且一定程度上会在和媒体的交互中发展他们的认知技能，理解媒体所传递的信息并做出回应。三个媒体理论的焦点都集中在交互上，但又各有侧重。符号理论注重交互的信息方面，考虑的是怎样用符号来表征对象和事件。认知理论强调交互的学生一方，注重信息的加工、解释和理解。情景理论注重交互发生的情景，重点放在学生对媒体的感知和媒体激发学生动机的能力上。尽管这些理论联系非常紧密，但是分别仔细地考查每一个理论还是有用的。

2.1　符号理论

最早试图建立教育媒体理论是基于这样的想法，即媒体的教学效果取决于对事物和事件的表征方式。模型和图片真实地捕捉了事物的许多特征，而文本和数学公式却不能。在某些情况下,媒体传递的信息和它所指的事物越是相似,它教学的有效性就越高。例如,真实的照片使我们辨别和记忆事物变得很容易,从而使"现实主义理论"在研究教育媒体和开发教学材料中突显出来。

早期对教育媒体中现实主义的倡导,随着"信息和它的指代物的相似性有时也会干扰传播和教学"这样的观点而削弱了。因为照片有如此具体的指代物,以至于在教授种类广泛的事物时效果不是很好。德怀尔(Dwyer 1978)的一系列研究显示,减少照片的真实性,创造更抽象的形式,例如素描,在教授关于事物的功能和结构而不是事物的外观时会更有效。在20世纪90年代早期,人们普遍认为媒体表征其指代物的方式,比如照片、文本、图形、图表等,应该由它要执行的功能来决定。

2.2 认知理论

媒体的认知理论关心的是媒体的符号要素和内部表征及加工之间的关系。萨洛蒙(1979)提出信息的意义更可能受到它与一个人的内部表征之间的联系程度的影响,而不是它与外部事物或者事件的相似性。这是因为解释和学习是已有知识和新信息之间交互作用产生的结果。20世纪90年代早期,媒体信息的形式在认知理论中仍然是很重要的。然而,媒体的影响力应归因于它们对认知过程的直接作用。

区分媒体认知理论的两个方面是有用的。第一方面是,不同形式的表征怎样影响信息编码、存储、获取的方式;第二个方面是,信息一旦已经编码,不同的表征形式怎样影响认知系统加工和转换知识的方式。

人类回忆视觉图像细节的能力是非常出色的,实验对象在看过成千幅的幻灯片之后,几天时间内还可以准确地认出80%以上的图片。如果图像信息与言语信息分别编码的话,这样的成绩和对言语信息比较差的记忆比起来,就是最好的解释了。佩伊维厄(Paivio)(Clark and Paivio 1991)正是根据这一前提提出了"双重编码理论"。语言的记忆将信息以随意的、类似于词语的符号进行编码,而图像记忆把信息编码成表象,这些表象与这些事物或事件被理解、体验时的感知对象相类似。换句话说,信息或者以语言符号的形式,或者以图像的形式被进行编码和存储。可以认出的事物的图片直接以图像的形式编码,也可以用言语标识它们。这正是图片为什么可以比词语更容易回忆的原因。

尽管对信息进行编码和获取信息是学习的必要条件,但它们不是充分条件。为了学习的发生,新的信息必须被同化到现有的知识当中,反过来,已有的知识必须进行调整来吸收新信息。这就意味着内部表征必须遵照认知过程进行并被认知过程改变。具有这些必需的动态特征的内部表征,人们称之为"心智模型"。

心智模型的动态本质来源于它们在记忆中运行的能力,这和程序在计算机中的运行方式是类似的。这样,当开关闭合时,电路中发生的事件可以在人们头脑中得到检验,而心智模型的线路将经历由线路中组成要素的操作引起的一系列转变。

心智模型的运行和检验都涉及"想像"。而对模型化现象的理解将随着想像的和观察到的事物之间的区别的减少而逐步发展。观察到的往往是事物通过媒体表现的而不是事物本身。因此,在媒体和心智模型的开发与运行之间存在一个重要的联结(Seel and Strittmatter 1989)。例如,画出静止或者动态的线和图表使学生更容易想像阀门打开或者闭合以及活塞的移动这样的事情,并且将使学生可以更快和更好地理解物理系统。

2.3 情景理论

许多书和文章中都描述和讨论过媒体的社会影响。为了将注意集中到教育媒体,我们的讨论将局限于检验两个密切相关的、影响学生通过媒体学习的情景的因素。第一个是动机,第二个是学生赋予媒体的特征属性。

通常讲,学生喜欢通过媒体进行的教学。许多媒体研究者已经形成了这样的习惯,在评价教学效果的同时评价学生通过媒体学习的动机。这些评价得到的积极效果可能要归因于通过媒体教学的新奇性和它对那些不擅长语言的学生的适合性。然而,媒体教学的新奇已经随着时间而逐渐减弱了,同时也失去了它的吸引力。

当媒体投合了学生具有技能的加工模式时,所产生的动机是短暂的。如果通过看照片或图表，学生可以理解他们以前不能理解的东西，这将会激发他们通过那种媒体学习更多知识的动机。这里产生的问题是媒体常常是使教学适应学生的思考方式而不是激发他们去发展新的认知技能。这样学生通过那些专门为适合他们的能力而设计的材料学习更加容易，但是这也使得他们在通过不是这样设计的材料学习时更加困难。

和动机相关的一个问题是学生对媒体教授他们的能力的信念。一个可能的影响是学生把自己学习成功或者失败归因于一种媒体，而不是媒体影响学习的固有特征。萨洛蒙（1984）发现，学生倾向于认为从电视上学习容易而通过课本学习困难。不仅他们成功或失败的归因会因信仰而不同，而且他们投入学习的努力程度也同样受到了影响。如果他们认为通过某种媒体学习很容易，他们将不再努力学习，因而就不会学到很多东西。

3. 问题和趋势

这一评论引发了很多问题。首先，媒体是否有影响学习的本质特征。研究者似乎一致认为它们没有。然而，媒体确实能够使很多教学活动成为可能，如果没有这些媒体，要实现这些活动是非常困难的。尤其是，这些活动包含了开发信息丰富的多媒体环境，使学生可以自己建构知识，而不是单纯地接受某人呈现给他们的信息。结果，就从单纯地使用媒体教授预先确定的内容转向了创造学习环境和微观世界。而关于媒体的这些应用的有效性研究正在进行，结果是令人充满希望的。

第二组问题涉及媒体对内部表征和认知加工的影响。许多现成的事实证明不同媒体使用的符号系统都可以被内化，并可以被用作思维的工具。然而，这一内化过程可以自然地发生的程度，或者可能被有意诱导发生的程度还不完全清楚。从以前的经验判断，重新检验“有文化”的含义在一定程度上是必要的。简单的观察表明，已经生活在高度媒介化环境中的年轻人，他们和信息交互的方式，甚至彼此交互的方式，都已经和他们的父辈很不相同了。

鼓励学生发展那些从媒体表征和处理信息的方式推出的思维方式引出了第三方面的问题。这些是与伦理有关的问题，它们值得给予比通常研究更多的注意。学生对媒体价值的信仰同他们对媒体教育能力上的信仰一样，需要深入研究。而且，技术不是中立的。归因于特定媒体的“优点”和“容易”直接与媒体传递的信息有关系。

最后，上面所描述的媒体应用和媒体理论对日常的学校教育管理很有意义。早期关于媒体将改变学校这种公认的预言仍然没有成为现实。部分的原因是，至今仍然认为媒体主要是教授的角色，直接和教师竞争。在20世纪90年代早期，媒体可以完成很多教师不能完成的事情，尤其是通过整合多种格式和来源的信息和创建学生可以直接控制的环境。容许这样应用媒体的各种新的教学方法不同于教师实践的传统，为教师提供了各种可能的选择而不是竞争。因此，媒体将有可能成为试图重建学校教育的催化剂。

W. D. 温（W. D. Winn） 著

王春蕾 译

附录

Clark J M, Paivio A 1991 Dual coding theory and education. *Educ. Psychol. Rev.* 3(3):149—210

Clark R E 1983 Reconsidering research on learning from media. *Rev. Edu. Res.* 53:445—459

Gognition and Technology Group at Vanderbilt University 1991 Technology and the design of constructivist learning environments. *Educ. Technol.* 31(5):34—40

Dwyer F M 1978 *Strategies for Improving Visual Learning: A Handbook for the Effective Selection, Design, and Use of Visualized Materils.* Learning Services, State College, Pennsylvania

Heidt E U 1976 *Medien und Lernprozesse.* Beltz Verlag, Weinheim [1978 *Instructional Media and the Individual Learner: A Classification and Systems Appraisal.* Kogan Page, London]

Heinich R 1970 *Technology and the Management of Instruction.* Association for Educational Communication and Technology, Washington, DC

Kozma R B 1991 Learning with media. *Rev. Educ. Res.* 61(2):179—211

McMahon H, O'Neill B 1991 Zones of engagement in learning. Paper presented at the NATO Advanced Research Workshop on The Design of Constructivist Learning Environments, Leuven, Belgium

Nix D, Spiro R J (eds.) 1990 *Cognition, Education and Multimedia: Exploring Ideas in High Technology.* Erlbaum, Hillsdale, New Jersey

Papert S 1980 *Mindstorms: Children, Computers and Powerful Ideas.* Basic Books, New York

Salomon G 1979 *Interaction of Media Cognition and Learning.* Jossey-Bass, San Francisco, California

Salomon G 1984 Television is "easy" and print is "tough": The differences in investment of mental effort in learning as a function of perceptions and attributions. *J. Educ. Psychol.* 76(4):647—658

Salomon G, Globerson T, Guterman E 1989 The computer as a zone of proximal development: Internalizing reading-related metacognitions from a Reading Parther. *J. Educ. Psychol.* 81(4):620—627

Seel N M, Strittmatter P 1989 Presentation of information by media and its effect on mental models. In: Mandl H, Levin J R (eds.) 1989 *Knowledge Acquisition from Text and Pictures.* Elsevier, Amsterdam

Spiro R J, Jehng J C 1990 Cognitive flexibility and hypertext: Theory and technology for the nonlinear and multidimensional traversal of complex subject matter. In: Nix D, Spiro R J (eds.) 1990

其他参考文献

Anglin G J 1991 *Instructional Technology Past, Present, and Future.* Libraries Unlimited, Englewood, Colorado

Clark R E, Salomon G 1986 Media in teaching. In: Wittrock M (ed.) 1986 *Handbook of Research on Teaching*, 3rd edn. Macmillan, New York

Fleming M L, Levie W H (eds.) 1993 *Instructional Message Design*, 2nd edn. Educational Technology Publications, Englewood Cliffs, New Jersey

Greenfield P M 1984 *Mind and Media: The Effects of Television, Video Games and Computers.* Fontana, London

Houghton H A, Willows D M 1987 *The Psychology of Illustration. Vol. 2: Instructional Issues.* Springer Verlag, New York

Jonassen D, Mandl H (eds.) 1990 *Designing Hypermedia for Learning.* Springer Verlag, Berlin

Seel N M 1991 *Weltwissen und mentale Modelle.* Hogrefe, Gøttingen

Spencer K 1991 *The Psychology of Educational Technology and Instructional Media*, 2nd edn. United writers Press, Liverpool

教育技术:概念框架和历史发展 (Educational Technology: Conceptual Frameworks and Historical Development)

教育技术作为一个研究领域和一个行业出现在20世纪60年代初期。视听教育,作为教育技术的一个分支,把教育之外的为娱乐、信息处理和传播而开发的技术运用于教育,并扩展形成了一种传统。教育技术另一个分支——程序教学,导致有关学习设计的行为科学概念的应用。围绕着学习资源、个别化学习和系统方法的概念建立起了共同的基础。尽管很多实践者被迫采纳零散的方法,但是这些方法常常结合进一个教学开发的过程当中。随着应用科学的观点可信度不断下降,教育技术的问题解决概念就愈加引人注目。远程教育、提供支持的自学以及为残疾人提供特殊通信界面等途径增加了学习机会。对大众传媒的力量的不断认可,导致对它们的控制的关心,而对大众媒体的研究唤醒了获得学习资源的更为关键的途径。回顾贯穿整个20世纪80年代的教育技术的"交互作用"(interactionist)概念的出现,区分嵌入学习资源中的"交互作用"(interaction)和使用这些资源的交互的环境。研究表明,教育技术需要像关注交互式资源一样关注交互式环境。最后,讨论了不断发展的信息社会对重新思考教育目的和教育技术在促进教育目的实现的作用方面的意义。

1. 介绍

教育技术作为一种行业的出现是在20世纪60年代。在此之前,人们所从事的工作和活动,今天看来是属于教育技术领域的,但当时他们并没有被称为教育技术专家,并且这种情形一直持续到90年代。即使是在英国和美国,也只有少部分从事这些工作的人们,被谨慎的分析家描述为工作在教育技术领域的教育技术专家(Saettler 1990)。教育技术领域很少在除英国之外的欧洲得到认可(Plomp and Pals 1989),甚至在日本(Sakamoto 1989)也是如此。一方面人们继续从事同样的活动,但是研究方面仍然主要与旧的学科相联系,实际的技能通过在职培训并不是高等教育的课程得到发展。尽管如此,在教育技术的国际会议上,仍有许多国家就教育技术问题发表陈述。这些国家共享着教育技术的概念框架,即使没有达成共识。派系、争论以及范式的冲突成为了任何超越国界的重大研究领域的共同特征。

本词条局限在称自己是教育技术专家的人们使用或倡导的概念框架上。大多数的框架常常被认为是具体指向这个职业的,尽管事实并不如此。许多框架被引进来并被采用,而少数框架仍然和其他职业领域共有。这里也有一条更具哲学性的思考路线,在一般的知识要求、社会科学和自然科学的影响以及技术的本质及其历史意义的情形下检查教育技术的思想。但这些仅仅能引起自称为教育技术专家的人们对职业位置的注意。然而,这个表面上对哲学观点冷漠的追求也许可能符合重要的政治目的。教育技术专家们可以被看作一个有共同兴趣的小组,他们提出概念框架目的不仅仅是为了指导和描述实践,而且也是为了获得政治上和学术上的认可或信任。因此,对教育技术的有效性和实用性的要求符合吸引资源和投资者的重要的政治目的。对教育技术理论基础的要求在证明其学科地位方面发挥着重大作用,因为与严格的并基于调查的研究相关的标准通常比那些与应用有关的标准更有价值。

2. 早期发展

教育技术的历史很短,这样,叙述一下如何把各种职业和思维形式结合到一起来创建教育技术的领域对理解20世纪90年代教育技术的情况是很必要的。的确,20世纪60年代期间形成的教育技术的概念框架仍能告诉我们90年代教育技术做的事情,尽管教育技术的概念框架已经经过了相当大的修改。

20世纪60年代进入教育技术的工作者通常来自两条线——视听教育或程序学习。每条线都和一些可能的概念框架相联系,实践者根据其工作性质、培训和个人喜好采纳这些概念框架。然而,程序学习在它的最初发展阶段被认为是理论驱动的,而视听教育却很难为其实践阐明任何理论基础。比较而言,视听教育工作者能够很容易把他们的专业知识与课堂教师所积累的职业经验联结起来,而程序学习专家则倾向于以局外人的身份批评课堂教师,这一点无助于促进双方的交流。

大多数视听教育专家只把他们自己看作是实践者:教师的建议者、教师的培训者以及教师使用的学习资源的提供者。他们有一个理论基础,由两个假设组成:(a)刺激物丰富且多种多样将会强化注意力和动机;(b)抽象的程度是学习的一个重要变量。戴尔(Dale)的"经验之塔",包括位于塔底的"直接有目的的经验"和位于塔顶的文字符号(Dale 1969),可能是最常被引用的概念模型。尽管对视听材料的适用性、质量和有效性总有一些附加条款,人们通常还是相信,使用视听材料越多就越好。学生需要花大量的时间和"真实的世界"或生动的媒体表现的世界(例如,运动图片等)接触。这些假设今天没有一个在理论上站得住脚的,但是,作为"手边可参考的规则",它们也并非一无是处。

传播理论表明,人们在同一时间可以接收和处理的信息量是有限的,多渠道传播可能并不利(Travers 1970),但是就教室的平均水平来看,离达到媒体的饱和还差很远。似乎可以得出这样的结论,在使用视听材料来增加信息的丰富性和多样性时，需要密切注意信息设计的基本原则，如简单、清晰、符合逻辑的组织结构等。

同样，戴尔经验之塔固有的“真正的现实”观念已经被感知觉理论的实证所破坏，感知觉理论指出，人们看见和听见的许多东西是受到他们先前存在的认知/感知觉图式制约的。重要的不仅仅是经验，而是对经验的解释。尽管如此，关于抽象的问题仍然为发展心理学家所认可，他们强调具体—可操作的经验对于儿童的认知起到重要作用，他们还对具体的、图像的和符号的呈现方式进行了区分（Bruner 1966）。视听专家对“真实经验”的关注可以重新从知识的社会学角度阐述，它关注由于学校知识和学生目前校外生活中接触到的知识之间的差距产生对学习的压力和障碍。

那么怎样开始朝着教育技术的方向行进呢？解决这一问题的关键人物之一是芬恩（James Finn）博士，他在1960年成为美国媒体专家专业协会视听教学部门（DAVI）的主席。他的一篇具有影响力的文章《技术和教学过程》（Finn 1960），探讨了技术和教育之间存在的可能关系，但是，他把技术和教育的关系放入了技术在社会中的作用这个一般讨论的场合之中。他的主要观点是，北美社会的许多领域都正在被技术变革着，因此，教育也不可避免地要经过一场同样的变革。更重要的是，尽管技术的变化可能通过使用设备的变化而导致，但技术变革决不仅限于此。这种变革将会涉及组织和文化的变革，其变革程度之激烈是人们无法预知的。在那个时候，有两种不同的变革趋势，但是它们引导了两个相反的发展方向：一个是以新出现的电视媒体为代表的大众化的教学技术发展趋势，另一个是以程序学习为代表的个别化教学技术发展趋势。而规划的概念是这两个发展趋势的核心。

芬恩的观点包括一些激烈的政治提议。最近在教学电视方面的一些高度公开的试验忽视了视听专家的存在，这同样也会发生在教学机器方面。他问“我们中有多少人会被淘汰出局，并随着旧概念被新技术的吸收或淘汰而沉沦并被抛给鲨鱼？”视听教育的概念能否“随着潮流发展下去，取决于它是否能以可接受的方式被重新定义”。关于教学机器，他补充道：

我的立场是，视听领域是最容易将这些教学机器适当地整合在教学过程中的地方。它们主要不是视听觉，它们主要是技术的。我认为视听领域现在必须迅速发展。视听专家是当前所有教育工作者中离技术最近的；我认为，我们必须成为学习技术的专家——这就是我要重新定义视听教育的方式。（Finn 1960 P. 393 ~ 394）

值得注意的是，同年，DAVI出版了由拉姆斯登（Lumsdaine）和格拉泽（Glaser）编辑的一部重要的资料读物，名为《教学机器和程序化学习》。除了芬恩的缩写版的文章之外，它是完全由心理学家们完成的一部著作。芬恩，作为DAVI赞助者的任务，在前言中解释了其中的原因，他说：“视听领域的专业人员，作为教育职业的技术家，必须与像心理学这样的领域发生联系，就像内科医生和他的基础科学相联系一样。”编者在结尾的评论中指出，心理学专家现在正准备好发挥他们的作用：

对于我们来说，似乎许多为我们的资料读物撰写文章的作者们共同表达了一个主导性的思想，也就是这样一个概念：教和学的过程可以作为科学研究的一个明确的学科，教学技术可以以此为基础得到发展（P. 563）……正如我们已经对“学”做过许多研究，“教”最终能不断成为可确切地被教的技术。（Lumsdain and Glaser P. 564）

教育方法得以持续进步的基础就是把关于人类学习的试验科学的技术和发现系统地转化为教学技术的实际的开发。为了充分实现这一概念内在的利益，必须仔细关注有关明确陈述的、定义行为的教育目标的成果来设计教学材料和实践。程序化学习的程序必须以学生行为的分析为基础，通过系统化试验、不断修改来开发。（Lumsdaine and Glaser P. 572）

这里引入了两个概念，它们都具有根本性的意义。第一是把教学技术看作是应用学习理论的概念，第二个就是通过对学习材料的系统化的测试和修改进行产品开发的概念。尽管产品开发的概念在工业领域是人们熟知的，但是，它在教育领域几乎是偶然被重新发现的，"机器教学的一个意外的优点已经证明是对程序的反馈"(Skinner 1968 P. 49)。把这两个概念联系起来就可以得出"科学研究导致技术发展"这样的思想，这个思想于1954~1964年在心理学家们中间发展起来。事实上，科学和技术的联合、研究和发展的联合、心理学和教育学的联合，为20世纪60年代心理学研究的扩展提供了一个诱人的平台，尽管当时并不清楚它们之间联系和依赖的准确实质。

从当时的心理学著作中至少可以看出对于这一问题有三种不同观点：

(a)技术被看作是教学科学研究成果的直接应用。实验室推导出的程序仅需要作很小的修改就可以在教育中普遍使用。心理学家的专业知识是至高无上的(Skinner 1958)。

(b)需要将学习研究的成果与其他知识形态结合起来研究和开发技术。研究和发展中心需要作经常性的、大量的修改，以便把理论应用于实践。这些需要由心理学家和教育学家的合作伙伴来完成(Hilgard 1964, Glaser 1965)。

(c)科学和技术是并行发展的。它们能够彼此相互支撑，尤其是当它们彼此的交流得到改善时。教育不仅仅是学习理论的直接应用，心理学的研究也只不过产生了"在学习科学的范围内知识和理解的岛屿"而已(Melton 1959)。

第三个观点描述性地使用了"技术"这个术语，就像社会人类学家使用这个词的方式一样。但前两个观点则规定性地使用了"技术"这个术语，带有一种渴望的、未来主义者的语气。于是，梅尔顿(Melton)把当前的教育实践描述为在技术上是原始的，而斯金纳(Skinner)和希尔加德(Hilgard)则认为当前的教育实践是非技术的。

总之，这些心理学家认为教育技术在教育部门中正在得到发展，尽管它与工业和军事部门的培训技术很接近。但是芬恩等(1962)认为教育技术主要来自外部：

> 教育，作为国民生活的一个组成部分，其大部分已经和技术的发展断绝关系，而工业、商业、军队的设施等却得益于技术的进步。美国教育事业的存在在技术方面与大多数社会其他部门不平衡。因此，我们可以把教育看作是存在于高度复杂化技术文化中的相对原始的或不发达的文化。

芬恩公开对一些心理学家的声明表示怀疑，那些心理学家认为"一门关于学习的科学已经形成了"(Finn 1968)。

许多作者对"教育技术"一词的不同含义感到迷惑，或者干脆选择最适合他自己的意思。为便于参考，用图1来描述。扩展了描述的种类(a和b)，包括了教育工作者们通常所关心的内容，即推广在一个地方形成的实践和改进传统的思想。图框d包括了上文提到的两种心理学观点：斯金纳和拉姆斯登的"强"应用性科学和希尔加德的比较弱的"技术研究和开发"的观点。图框c也还能够被再分为从现存的趋势进行推断的人(预言者)和根据一系列新的"第一原理"来提倡重新设计教育系统的人(理想主义者)，但是这种区分或许太琐碎了。

拉姆斯登(1964)区分了"教育技术1"和"教育技术2"，人们广为引用了这种区分："教育技术1"是物理学和工程技术的应用，以设计教学设备(与图1中的图框a对应)；"教育技术2"是行为主义科学的应用，以创建学习技术(对应图1中的图框d)。但是某些观点破坏了这个讨论，这些观点指出，技术取决于它的基础科学，而不是与它的基础科学的相互依赖——当讨论诸如纸张、墨水、活字印刷等比对这些现象的科学理解早几个世纪技术发展时，这是一个不幸的误会。对于将来更重要的或许是拉姆斯登对计划做出的一般定义：

> 教学计划是一个工具，它产生一个实质上可复制的教学事件的序列，并承担了对有效率地实现特定的变化的责任，这个变化是从一个给定的初始能力范围或行为倾向到一个指定的终结能力范围或行为倾向。(Lumsdaine 1964 P. 385)

这个定义超出了把计划看作是一个可复制的

	引入教育并采纳	在教育部门内部发展起来
描述和推广 当前好的实践	(a)使用现存的设施,主要从教育外部发展起来(视听教育)	(b)当前使用的教的技巧和教育实践(教师作为教育技术专家)
对未来实践 的处方和预测	(c)大规模使用后工业设备、技术和组织形式(教育的未来)	(d)在研究和开发领域大量投资的结果(技术性的研究、应用科学)

图1　教育技术的一些概念

呈现形式的想法,而是把计划看作是得到保证的学习,因为计划制作人员对学生学习负责,只要这个条件能够满足原先的说明。这个有效学习包的概念巧妙地将科学工作者对可复制能力的需要和技术工作者的经验主义的开发实践结合在一起来满足特定的标准,并为今后几个方面的重要发展提供了基础。

芬恩也把规划看作是一个核心概念,但是出于不同的原因。在指出规划对几个新技术的发展一致的时候——对大众传播和个别化学习方面——他补充说:"核心方面就是规划。谁控制了规划这一核心,谁就控制了教育系统。"(Finn 1969 P. 393)而且,计划开发的经济方面要求考虑大规模的学习资源。因为只有那样,电视的高制作费用和程序学习的高昂开发费用才能证明是合理的。

3. 系统方法

"系统"一词很频繁地出现在上文提到的关于教育技术的早期论著中,但它并没有立即成为人们的核心概念框架的一部分。《牛津英语词典》提供了它主要的两层意思:

(a)有组织的或有联系的一组对象;相互联系、相互作用或相互依赖的一系列事物或事物的集合,以形成一个复杂的整体;按照某一方案或计划由有序排列的部分组成的整体。

(b)一系列原则等;方案,方法。

物理、生物和社会科学仅仅使用"系统"的第一层意思,但有影响力的新领域系统工程学也开始使用它的第二层意思。对思考教育技术产生最迅速影响的领域是人—机系统、管理以及系统工程这些领域。思考人—机系统的核心概念是:如果不同时考虑操作机器的人,对设计机器是没有意义的,或者,如果不考虑是否有些任务更适合让机器来做就设计人的工作,同样也是没有意义的。作为整体的系统需要得到最优化。这些想法在军队和工业的背景中得到了发展,在那里使用机器是非常自然的事情,并且导致了人力选拔、培训和设备设计等先前分离的领域之间的调和。这对于教育技术的吸引力在于,它提出了教育技术工作者面临的最紧迫问题之一——课堂教师和媒体教学各自的作用问题。不断发生的这个问题在早期闭路电视和程序教学试验中受到了高度重视。结果,正如海尼切(Heinich 1968)具有说服力的观点所指出的,需要媒体专家重新确定他们的作用。关于使用机器和材料的决策需要在课程计划阶段做出而不是在课堂教学阶段做出,正如图2中的范式2而不是范式1。

当霍本(Hoban)强调需要学习管理的观点时,他在重新概念化的过程中加上一个新的线索。

> 当我们考虑机器在教育中所发挥的作用时,我们不得不思考人—机系统。当我们考虑人—机系统时,我们又被迫思考技术……技术不仅仅是机器和人,它是人和机器、思想、程序和管理组成的复杂的整合的组织。(Hoban 1965 P. 242)
>
> 教育的主要问题不是学习而是对学习的管理……无论引入何种新的教育媒体,引入新媒体的情境都会被这种引入而改变。接受学习管理作为有组织的、正规教育的核心问题,至少可以允许承认大范围可供选择的程序、技术以及教学方法——毫无威胁,或者说可以充分改变教育、教或学的重要功能。(Hoban 1965 P. 244)

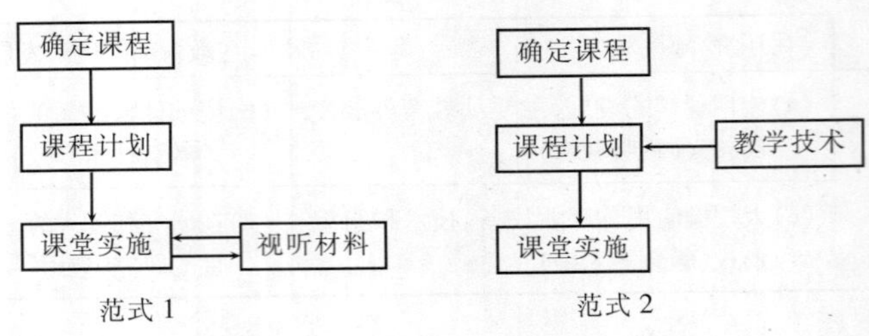

图 2　教育技术的两个范式

资料来源:Heinich 1968

这一时期,系统思想已经成为管理领域的一个重要方面。最初的影响不是来自工程学而是来自生物学,在那个领域,贝尔特兰菲(Bertalanffy 1950)第一次阐述了他的开放系统理论。在 20 世纪 50 年代和 60 年代早期,他的理论被组织理论者接受并进一步发展,尽管它的初衷并不是设计新系统而是分析和提高现存系统,也不是研究人一机系统而是研究社会系统。特别是,系统概念引起了对组织和它所处环境的交互作用的注意,以及对组织的各个子系统之间的相互影响和相互调和的注意。对于密切关注变化问题的教育技术专家,这种理解非常关键,紧随其后的对革新的研究的不断增长同样也很重要,但系统思想这个特别的方面在相当长的一段时间内相对来讲没有什么影响,因为它被系统工程专家们的影响掩盖了。

系统工程(有时被描述为操作研究)在第二次世界大战期间作为一个有关设计大规模技术系统的领域发展起来了。系统工程为世人瞩目是由于它在军事和航空部门的成功,但人们发现它在工业部门的应用也呈增长趋势。拉莫(Ramo)做出了如下定义:

> 系统方法是如何应用科学来解决复杂问题的技术。它关注对整体的分析和设计,区别于从组件或部分的角度来分析和设计。它坚持从整体上看待问题,考虑所有的方面和所有的变量,并且将技术的方方面面与社会联系起来。(Ramo 1973 P. 15)

拉莫通过对比电话和汽车来说明他的观点。电话系统从一开始就被设计为一个系统,提供一个由人和设备组成的联系紧密的完整的网络,这个网络相当有效率地处理大范围的要求。汽车系统却从来没有被设计为一个完整的系统,它的子系统(如公路、修理、制造、保险、停放汽车等)互不协调,效率极低。媒体专家不难把"视听系统"与"汽车系统"等同起来,因为"视听系统"也遇到了同样的困难,缺乏诸如硬件制造、建筑设计、教师培训、软件制作和销售之间的协调性。教训是要"从大处考虑",在整个 20 世纪 60 年代,系统工程师似乎都正在等待机会从头重新设计美国的教育系统。

"从大处考虑"对于在 20 世纪 60 年代晚期和 70 年代早期的教育工作者来说也是一种流行的消遣方式,当时有许多大规模应用教育技术的例子——奥克兰社区学院、俄克拉荷马州教会学院、PLAN 项目、Oakleaf 学校、开放大学、Côte d'Ivoire 电视小学、瑞典的国际数学联合会(IMU)以及许多其他的方面——捕获教育技术专家的想像,培育他们的雄心。然而,即使在当时,还是很少有教育技术专家有机会从事大规模的工作。他们可以应用系统思想来分析他们的工作背景,以便优化他们的项目选择,并选出合适的革新策略(Diamond 1989),但他们不能考虑那些改变重大组织形式的解决方案(除了在文章中之外)——如把学校组织成标准大小的课堂,或者因作研究而不是教学给高校教职工晋级。也可能在这个世界的某个地方存在一种"有希望的"改革,在那里,人们如果不在自己的制度场合的限制下做出些什么,就不太可能找到工作。

当时人们所知的"系统方法"应用的主要领域

是高等教育。在高等教育领域,除了媒体制作和服务部门得到快速发展之外,也开始出现一些团体,他们寻求应用拉姆斯登确定的规划方法来开发课程和模块。他们所认为的课程是一种高度自动化的实体,是一种独特的教学系统;课程开发的系统方法既应考虑视听媒体的潜力,又应考虑规划过程的力量,这个过程涉及分析学习目标,准备有效的评价工具,并通过系统的试用和修改来改进它的原型设计。1965~1975 年间的文献中满是各种各样教学系统的开发模型,大部分都具备图 3(Diamond 1989)中一般模型的特征。

从概念上来说,许多模型巧妙地把“系统”一词在字典中定义的第一条意思,即关于整体地看待复杂的情境,改变为第二条意思,即一系列设计原则。对于某些情况,“系统方法”逐渐意味着“系统化的方法”,而对于其他情况来说,对更大的机构或社会环境里,与目的的适合性问题一直为人们高度关注。从政治来看,更多以任务为中心的模型(Andrews and Goodson 1980)有以下四个方面的原因保持短期的优势:

(a)它们几乎不可能挑战某些流行的制度准则,尽管它们确实挑战了个别教授和演讲者的作用和自主权。

(b)尽管坚持详细描述目标和预先评价,但这些模型仍然允许相当程度的灵活阐释。

(c)“目标—评价”紧密结合的框架充分显示出科学方法的意义,这对于关注责任的心理学家和政治家具有吸引力。

(d)产品定位和常常暗含的多媒体方法赢得

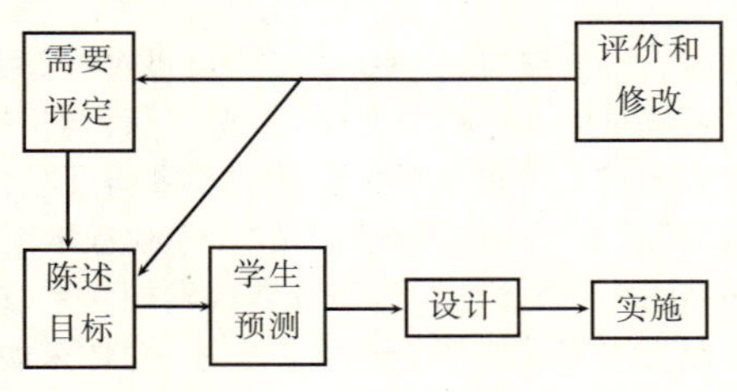

图 3　教学开发的一般模型

资料来源:Diamond 1989 P. 330

了媒体专家们的联合。

4. 综合

1967~1972 年这一期间,可以看作是综合的时期。“教育技术”成为一个公认的术语,人们开始把它作为一个职业定义接受,这个职业定义覆盖教育所有部门的一定范围的工作。早期的概念框架依据三个主要标准实验、发展并修改。这三个标准是:(a)它们为一个新兴领域的出现提供了令人信服的基本原理吗?(b)它们确定了作为教育技术专家首要关注的一系列可区别的活动了吗?(c)它们为这个职业创建了在政治上可防御的边界了吗?

教育技术作为一个领域的名称得到的第一个官方认可应该是 1967 年英国教育技术全国理事会的建立。接下来是一篇关于高等科学教育中的视听工具的委员会报告,仅在它的结论部分使用了教育技术这一术语。英国程序学习协会在 1968 年迅速把“教育技术”一词加入到它的名称中,同时,美国全国教育协会的视听教学部也在 1970 年改名为教育传播和技术协会。这与国会指派的教学技术委员会发布的主要报告巧合,预期在华盛顿的全国教育学会建立全国教育技术中心。1970 年 6 月,联合国教科文组织(UNESCO)召开了一个关于“教育技术专家培训规划”的大会,该年末,国际教育办公署出版了关于教育技术的重要参考书目(Huberman 1970)。尽管第一本杂志《教育技术》于 1960 年在美国创办,但很快就有了第二个期刊《程序学习和教育技术》,“教育技术”这一术语是在 1967 年增加的。

随着教育技术逐渐得到官方的认可,定义教育技术的问题变得日益尖锐。当它首次在 1967 年出现时,英国全国教育技术委员会阐明“教育技术是对系统、技术和辅助工具的开发、应用和评价,以改进人类学习的过程”(NCET 1969)。这个折中性的陈述经受住了时间的检验,因为它允许所有合适的利益团体来参与,而不会对别人构成威胁。

美国教学技术委员会也同样显示出对协调教育技术专家的热情与教育者和政治家的信仰与期待的关注。

教学技术可以用两种方式来定义。从较熟悉的意义上来说,教学技术是指产生于传播革命中的媒体,这些媒体可以同教师、教科书和黑板一起用于教学目的。一般来讲,委员会的报告使用的是这种用法。为了反映当前的现实,委员会已经检查了组成教学技术的部分:电视、电影、投影仪、计算机以及其他"硬件"或"软件"(使用区分机器和程序的方面的行话)。几乎在所有的情况下,这些媒体都是独立进入教育领域,并且仍然独立操作而不是结合起来。

教学技术的第二个定义也是人们不够熟悉的定义,其含义大大超过了它的组成部分之和。教学技术是根据以人类对学习和传播的研究为基础制定的特定目标,对整个学与教的过程进行设计、实施和评价,并且综合利用所有人力和非人力资源的系统方法,以获得更有效的学习。广泛接受和应用这一宽泛的定义是未来的事。尽管只有有限的机构试图使用这种系统的、综合的方法设计教学,但我们仍然有理由相信这种方法是使技术对教育的进步做出贡献的关键。事实上,随着研究的不断进行,我们越来越清楚地知道,教学技术实施的一个主要障碍在于人们零碎地应用它(Tickon 1970 P. 21 ~22)。

或许,更有用的定义是 AECT 在 1972 年宣布的一个长定义,这个定义中涉及教育技术领域的基本原理,描述了该领域中的人们做什么,并且讨论了教育技术的社会和专业背景(Ely 1973)。定义的基本原理部分认为,该领域的独特性就体现在三个主要的概念及其综合形成的整体方法。这三个概念就是"广泛应用学习资源、强调个别化和个体化的学习以及系统方法的使用"。下面就讨论综合时期各个概念的发展情况。

"学习资源"的概念是对早期"视听材料"术语的有意义的扩展,因为这个术语既把印刷材料包含在内,也可以涵盖环境资源(学校旅行和参观)和资源人(参观者)。尽管某些资源的开发是以海尼切范式 2(见图 2)所预想的方式与课程开发整合在一起,但是大多数资源与课程的联系仍仅仅是松散的。因此在选择学习资源方面,教师仍起着主要的作用,并把相当多的注意力放在资源管理、资源分配和资源利用上。确实,教师经常被看作是学习资源的管理者(Taylor 1970),有一种观点认为每个教师都是一个教育技术专家(见图 1b),这样教师教育是最有优先权的(Witt 1968)。资源开发应当由多人负责。一些资源将由一些商业公司开发,一些可以由当地教育技术专家开发,另一些则可以由教师自己开发,教师可以向教育技术专家寻求技术支持和专业咨询。

与之相联系的术语"资源中心"也流行起来,综合了教师作为资源管理者几方面基本的功能。

这样教师资源中心就是教师能够从收藏的现存资源中选择资源、复制资源、制作自己的资源或甚至委托他人为他们制作资源的地方。也能够设想同样的设施给学生,对学生来讲,有时用"学习中心"或"学生资源中心"这样的表述方式。

资源的概念指出了教育技术专家和图书馆馆员相应的角色问题,并且在大多数国家对有关职业之间的关系的讨论和相互融合已经有很长时间了。把简单的视听材料储存在图书馆并在那里供学生使用越来越普遍,然而制作的设施通常放在教育技术部门。储存复杂的软件,比如电影或录像带以及用于课堂的视听设备等方面的安排越来越不同,复印设备经常放在行政部门。

对个别化学习的关注已经不是一个新概念,但是这个概念随着程序化学习的出现得到很大程度的推进。早期的倡导者,例如达尔顿(Dalton)和温奈特卡(Winnetka)计划在行为主义心理学家的影响下得以复兴和重新发展,并紧密结合到具体的学生作业、程序化的学习序列以及标准参照测试当中(Weisgerber 1971)。这些系统中的大多数只是对学生学习的步调进行了个别化,不过也有一些不同的系统,例如,瑞典的 IMU 或美国的 PLAN 项目,引入了不同难度水平的作业,后者是基于计算机保存记录和咨询系统进行的。后来,"掌握学习"、"模块教学"、"听觉导师系统"以及"个性化教学系统"(PSI)这类术语开始和这条发展线索相联系,这些内容已在本书其他词条进行了讨论。总体来说,掌握学习和 PSI 开始与具体的目标相联系,为那些不能在标准参照测试中得到高分的学生重复提供学习单元,同时,模块教学和听觉导师系统允许对系统方法进行宽松的解释，并把重点放在对非印刷媒体的使用上。有些系统把一些简短的指导，甚至是某种小组教学也并入了个别化系统。

AECT 第一个定义的第三个重要概念是系统方法，关于系统方法的来源上文已经进行了阐述。它的主要应用领域是高等教育的课程开发和工业培训的开发。在北美，这两个领域都包含在“教学开发”这一类的题目下。但在欧洲的高等教育领域，“教育开发”这一术语却更为流行，因为“教学”含有学习者被动学习的反面的涵义。

在学校层次，产生了不同的问题。用于教学开发的系统方法和泰勒/布卢姆的课程开发模型非常相似。当布卢姆开始提倡掌握学习时，甚至个别化学习的元素对于那些称为教育技术专家的人们来说也不再具有独特性。认识到缺乏产品的区别，罗林特尔（Rowntree 1974）采用“课程开发中的教育技术”作为他关于这个主题的一本流行书籍的题目。因此，除了一些少数的冠以教育或教学技术标题的国家基金项目之外，“教育技术”这一术语通常指对包括视听或电子媒体的学习资源的设计、开发和利用。

值得注意的是，AECT 定义中的术语“资源”（见图 4）是从宽泛的意义上应用的，既包括人（人力资源），也包括环境（资源的组织及其环境）。这种应用与经济学家和计划者的应用相似，但比教育者的通常仅仅指材料和设备意义要宽。因此教育技术专家能够根据他们感觉合理的和合适的东西来形成在他们自己工作环境中的具体意义。

5. 早期框架的发展和评价

社会历史学家可以把早期教育技术的发展作为 20 世纪 60 年代到 70 年代初期一直持续进行的用中央集权的方法改革社会的一个最好例证。在美国，苏联发射人造地球卫星之后的时期的特点不仅仅表现在空间竞赛，而且也表现为联邦政府对教育的大量投资。1958 年美国国防教育法（NDEA）负责启动对教育技术应用于学校的经费投入，并且在整个 60 年代，基础研究也得到联邦政府很多的经费支持。而其他国家投入的比较少，他们的态度并没有实质上的不同。而且，联合国教科文组织为欠发达国家教育电视方面资助了不少项目，这些国家缺乏受过良好培训的教师，因此在使用技术提高教育方面有很大的潜力。在英国，基于技术的开放大学的想法在 1964 年哈罗德·威尔逊的成功竞选中具有显著特征。

然而，20 世纪 60 年代的倡导者并不是仅仅以扩大技术的使用为基础，而是以社会工程学的方法为特征，社会工程学方法要求以新出现的社会科学为基础。那个时期，社会科学受到了高度重视。他们认为自己是把物理科学扩展到人类行为领域，强

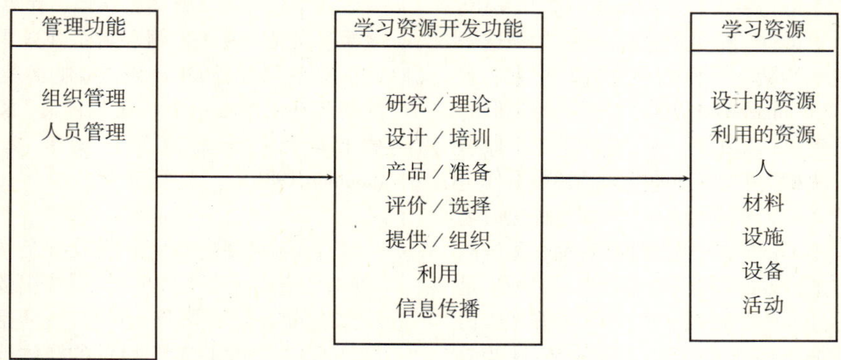

图 4 教育技术的范围

资料来源：Ely 1973

有力地以正面形象出现，并声称自己是文化中立，和价值无涉。这显然不是巧合，拉姆斯登（1964）对于基于技术的教育技术1和基于行为主义科学的教育技术2的区分，准确反映了当时西方社会流行的技术未来派和社会工程派的意识形态。

"工程学"一词本身包含许多相近的意思。首先，工程学的分支是因它的产品的本质而与众不同——航空学的、民政的、电子的、机械的、制作、系统、传输等等——并且关于这些分支有多少共同点还存在争论。在教育技术领域内部，广播方面的人员和活动图像制作者是分离的，但是，对把他们结合在一起的渴望有时会妨碍充分地表述不同类型产品的影响，一方面是对设计过程本身的影响，另一方面是对制作人员知识要求的影响（Fraut 1988）。其次，一方面，工程师有时强调他们的知识基础，并指明他们自己是应用科学家；另一方面，他们也强调他们的经验和实用主义，并把他们自己看作是一个问题解决者。这个平衡点可能会有很大的不同，取决于他们到底是主要应用现有的知识去完成与他们以前遇到的区别很小的任务，还是需要产生一个具有很多创新特征的新的解决问题的设计。

特别是最后一种区分被两种广为引用的教育技术的分类法所承认。戴维斯（Davies 1981）提到三种原型——视听的、工程学的以及问题解决的。他指出视听教育包括学习资源的使用和大众传播；工程学包括应用行为主义科学和系统教学开发；问题解决是一个更具有创造性的设计方法，他把这一方法与作为艺术的教学开发的观念等同起来。罗米斯茨韦斯基（Romiszowski 1981）提出了相类似的三个方面的分类。和戴维斯一样，他的第三个原型也是与问题解决相关的，尽管他把问题解决看作是更加整体化的系统方法。但他把前两个概念命名为产品和过程是不恰当的，虽然他的解释和戴维斯几乎一样。一个普遍的错误是，暗指学习资源不是通过一个过程开发的，特别是当它和教学开发人员所倡导的东西很不相同时；同样错误的是：认为教学开发并不产生产品，尽管它可能不是一个学习资源。甚至有一些作者指出遵循他们的教学开发蓝图将必定带来成功。然而，没有一个路径可以确保是好的设计，这恰恰是因为它不能降低成为一个应用科学。

教育技术的问题解决概念的表述可以看作是将更多的灵活性和创作性引入许多教育技术专家所从事的设计过程的尝试。然而，在20世纪60年代中期，人们认为学习资源制作和课程开发可以通过更加系统化的方式并引入形成性评价来获益。到1980年，情况发生了变化，某些人认为所有相关的专业知识都应该包括在简明的教学开发手册中，这导致了危险的降临。问题解决概念也帮助了来自行为科学传统的远程教育技术专家，当时行为主义科学正不断受到质疑。

直到20世纪70年代中期，对媒体在教学中使用的研究一直由媒体比较研究所主宰，但这项研究对实践和理论方面贡献甚微（Clark 1983）。因此，需要从更加微观的角度审视媒体和学习之间的联系，并把更多的注意力放在关注媒体的特性和媒体影响学生认知的途径方面（Salomon 1979）。克拉克（Clark）和萨洛蒙（Salomon）重新评价了更多认知取向的媒体研究的第二个阶段，他们得出了如下的结论：

> 一般来说，研究显示，媒体并不会影响他们的学习。然而，媒体的一些特殊性质可能会影响某种认知，这种认知是与具有特定能倾水平的学生在学习某些任务时所需要的知识或技能的学习相关的。对于一个或另一个媒体或媒体属性而言，这些认知效果不必是独特的。同样的认知效果可能经常通过其他手段获得，这涉及"功能上等价"的测量。这表明可能存在一个功能等价的"家族"，但在名称上却是不同的教学呈现形式。（Clark and Salomon 1986）

这个中肯的分析可能在社会科学中还不是典型的，但它是一个优秀例子，反映出他们对其前辈所热衷的"由有限推及无限"广泛概括的重新思考和处理。它也表明教学设计的媒体选择方面的知识基础既是复杂的又是有局限的。对视听媒体或技术驱动的原型的其他批评可参见下面的6、7部分。

工程学原型一直被大张旗鼓地批评,是因为它公开的实证主义者立场(以前仅仅是视听原型的研究方面以这样的实证主义的方式开始)。争论的主要焦点就是行为目标的使用。他们被批评之处在于:(a)他们对学习过程强加了一种原子论的解释;(b)他们创建了对相关知识领域无力的表征方式。这两种批评在欧洲比在北美得到了更加强烈的支持:还原主义通过广泛采用多项选择和简短回答问题测验已经渗透到北美的实践,因此,行为目标的使用并不能对现有的学习目标产生什么影响。到20世纪70年代中期,许多教学开发者不再把目标定义在行为水平,在某种程度上被那些不能区分一般目标和具体目标的批评者激怒(Eraut 1989b)。一些人除了使用更一般的目的表述之外,甚至开始使用其他可选择的知识呈现形式(Rowntree 1981)。然而,在这样做的时候,他们有效地丢弃了那些像盖因和布雷基斯(Gagné and Briggs 1974)的应用科学的途径,盖因和布雷基斯一直提倡从行为目标推断出学习类别,之后形成满足这些学习类别的教学计划的设计原则。在他们自己的受权调查范围内,理论上似乎这个方法渐渐失去了可信性,因为缺少证据证明其产品有任何可以显示的优点。

教育技术的问题解决概念没有受到太多批评,但是它也没有被彻底阐明过。例如,什么是一个教育技术专家在问题解决方面应该担任的角色?或许有两个答案:一个是过程顾问的角色(Hewton 1989),另一个是作为问题解决团队的专家,这个团队还包含其他的专家。从实际情况来看,许多人都试图把二者结合起来,尽管在这个双重角色中存在固有的危险。教育技术经常被合理地指责为是问题的解决方案。那么教育技术专业知识的本质是什么?顾问工作需要许多人际关系技巧、对问题和情境的分析能力以及寻找可能的相关知识的能力,从而形成一个恰当的反应。教育技术实践和方法的知识与其他人共享,共享的方式是不危害他们对问题的所有权。然而,在这个能力水平之外,许多专业知识是沉默性的。问题解决传统中的老练的教育技术专家是实用主义的、知识渊博的人,他们了解他们的理论,但更依赖他们积累的专业经验。舍恩(Schön 1983)称他们为“反思的实践者”,并把他们与“技术理性”传统中的专业人员相对照,这些专家声称自己的专业技术是建立在应用科学基础上的。

对教育技术概念框架的批评已经发展到比较深的水平,这也反映了社会科学领域的实证主义和解释主义范式之间日益激烈的论战。埃拉特(Eraut)对这场论战进行了如下总结:

> 实证主义范式在教育技术领域发挥了重大作用,它以研究为坚固的基础,并且结合了两种重要的研究传统。实验传统根植于行为主义心理学,与在一定控制条件下的小规模实验紧密相关。交互作用传统成为很多教育研究的基础,并与大范围的现场抽样和使用统计技术来确定各种人与情境因素的相对重要性紧密相关。在两种传统中,理论的目的是解释、概括和预言。因此,实证主义范例与很强的知识要求相关。
>
> 解释主义范式始于对理论的不同看法。理论不是等待我们去发现自然真理的一部分,它们是被人们发明的,目的是为了解释和使世界有意义。经验主义的论据影响了人们是否为这个目的寻找一个适当的理论,而且对其他考虑也是一样。理论的目的不是对一个情境或事件的序列提供一个偶然的解释,而是增加人们对它的理解。而且,解释主义认为,对于任何给定的社会情况,会由于人们的角色、兴趣、知识的不同,各自的理解也不同。因此,了解别人对情境是如何感知的,对于自己对这个情况的理解是很重要的。所以人们非常重视质的研究方法和案例研究,尽管并不排除量的数据。对知识的要求在这种范例中比在实证主义范例中要弱,因为人们相信知识在情境和文化方面是具体的。
>
> 在教育技术领域,这两个范式都可以找到很多。然而,他们的分布却一点也不平衡。实证主义方法在教学设计方面很强,解释主义方法则在应用方面很有优势。实证主义方法很容易在有政治力量和大规模开发的地方发现,解释主义方法则在政治力量小的以及比较小型的、当地的企业中比较容易发现。实证主义方法在北美更强,解释主义方法

则在欧洲更加被关注。实证主义方法相信专业知识,解释主义方法则相信智慧。(Eraut 1989a P. 4)

霍克雷基(Hawkridge 1993)也相当重视来源于第三个社会科学范式、基于批判理论的批判主义。它在教育哲学家和教育社会学家中非常突出,并且在大众传播研究方面不断得到应用。迄今为止,它在教育技术领域受到的关注有限,但20世纪90年代可能会发生一些变化。

海尼切(1984)提供了一个相对照的观点。他认为教育技术专家太实用主义,解决的是错误的问题,并且思维狭窄。他们过多地融入了学校和高等教育主流文化的标准中,因此看不到技术可以改革那些机构的潜在能力。这种批评中也有一些正确的地方:如果要取得进步,很多方面都需要接受挑战。然而,要从外部引起变化,或者需要权利,或者需要与那些同样有变革计划的有权利的人联合;要从内部引起变化,需要通过职员发展这样一个正规的再教育途径,海尼切把这看作是一种转换。他认为,主要的努力应该放在"更有力的教学技术的开发,以及促使其应用的组织结构的开发"方面,因为"教学技术的基本前提是教学的所有可能性都可以通过时间和空间加以控制(即,可以将它们整合在学生与媒体或设备之间的界面)。在任何给定的情况下我们没有能力这样做,是因为我们暂时缺乏一定的知识基础"。恰好是这一前提,遭到大多数教育技术专家长时间的摒弃,并试图在信息技术的标签下让它再生效,这种努力被认为是某种程度上的怀疑论。

6. 大众传播、访问和控制

自20世纪50年代起,教育技术的主要特征就是技术革新的定期刺激。每个新媒体的到来都会让人们希望它能带来对教育的影响,就像在社会中的娱乐、通信、信息处理方面获得的影响一样;工业界期望把新媒体卖给学校,所以一直鼓励这种希望。然而,软件开发和培训方面的投资还远远不足以实现新媒体的潜力,而且要在本来就紧张的教育财政预算中增加新的负担的证据也不能令人信服。一些富有的国家或地区逐渐积累了很多资源,可以幸运地接受一些试验项目,但是却缺少连贯的、长期性的方针政策。

较为成功的媒体已经形成了它们自己的由制作者、出版商、设计者等组成的专家团体,它们成功的标准与教育几乎没有什么关系。例如,广播公司,它们的标准来源于:(a)同行和批评家美学方面的批评;(b)吸引和留住听众的能力(而不是去教一个被迷住的观众)。计算机软件的设计者也是从他们的同行中获得他们成功的标准,但是主要还是根据他们的软件在市场上的销售情况来判断。在广播和计算机行业中都有一些专业的教育开发者,但是他们是一个很小的团体,而且夹在规范一决策的商业的或公众的服务社团与保守吝啬的教育系统中间。有些是有资格的教师,尊重其他教师的观点,同时也急切关注他们的销售情况和声望。因此,教育的需要对软件发展的影响很小,并且本质上对于硬件开发更没有任何作用。

具有同等重要性的是正处于萌芽阶段的传播与媒体研究的领域,它把评论家的艺术方法(像文学和绘画)和研究大众传播在现代社会的影响和作用的社会科学的研究结合了起来。尽管在教育技术的形式化阶段,媒体专家常常引用各种传播模型,但他们只是在最通常的意义上进行讨论。然而,相关领域研究的发展表明传播理论的概念应该在20世纪90年代得到更加直接的应用。由于传播理论模型和系统模型一样有许多变量,因此使用图5的一个复合模型来说明这种方法的主要特点。

传统的教育技术研究主要关注信息特征和随后的信宿行为之间的交互作用,这样就依赖于这种建构来描述它们。无论是简单的媒体分类,还是行为心理学简单的"学习类型"分类都没有提供对信息的充分的描述,这被看作是当前一个极其复杂的问题,语言学、视觉传播、符号学、认知心理学以及相关内容专家等也应当对此进行研究。当某些成绩测验不能识别学科信息中的情绪、动机,或到以后的"真实"行为的迁移时,通过这种成绩测验得出的对信宿的行为描述也会造成问题。信宿行为应当被理解为与他们环境中正在进行的交互的一部分,在这个环境中,某些信息和行为比其他的有优先权,因此,信宿行为不能只根据传播系统去解释。

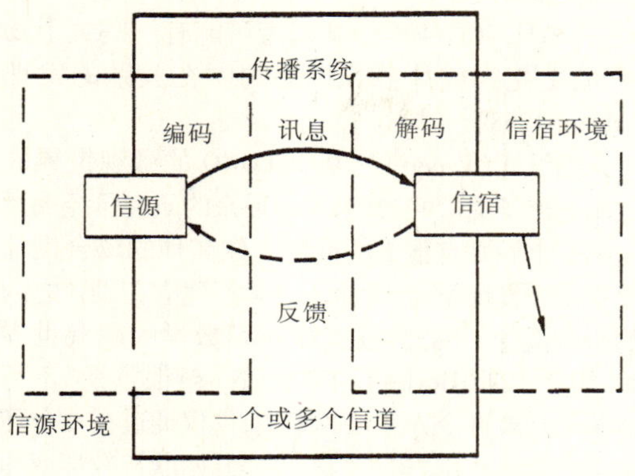

图5　复合传播模型

甚至在熟悉的文化环境中，信源也常常缺乏对信宿所处环境的正确理解，从而导致信息编码的不适当或对接受的反馈信息的错误理解，这个问题被夸大为信源环境和信宿环境之间的文化隔阂。信源的态度和信念的潜在影响正不断得到更多的研究，就像信源环境中的政治因素对信息选择的影响一样。这也引发了关于谁控制传播系统、传播系统服务于谁的利益等问题的探讨，当传播系统有一个垄断者，或者大部分受控于一个利益团体时，这是一个主要受到关注的问题。

大众传播技术的一个积极方面是对获得途径问题的贡献。有时获得途径问题仅仅是被解释为对产品的获得方面，因此争论的焦点集中在可以通过扩大传播和分布网络或降低成本等使人们更加广泛地获得产品（诸如广播节目和学习资源）的程度方面。这两种办法都会引起像公共广播、成人教育以及图书馆服务等相类似的财政问题。然而，能够获得产品并不能保证就能够得到学习。例如《芝麻街》系列剧，帮助至关重要的学前教育人群获得学习的机会，但是，甚至这些也没有独自承担让这一群学习者达到特定学习目标的责任。学习者在大多数情况下需要学习包和人力支持系统，而不是单个的资源。那么教育技术怎样帮助提高学习呢？

教育技术对获得途径的贡献众所周知的是远程教育系统的开发。英国开放大学通过它的宏伟计划、高质量产品、政治支撑以及与像 BBC 这样的高地位机构的联合，对这个领域产生了很大的影响。它也采用了来自教育技术的产品开发方法和多媒体教学手段，为学生提供了人力资源支持系统。后来，它为成年人提供了很多教育机会，这是有据可查的。

相对不够注目但也并非无关紧要的是教育机构中支持性自主学习在不断增长。尽管在上文提到的有时习惯用个别化学习系统的方式传递正规课程，但支持性自主学习对学习的获得的贡献一直是使小班教学的运行成为可能而不只是被认为可行；通过使专业教师成为客座顾问而不是课堂教师来克服专业教师的稀缺问题；并且提高学习系统随时加入的可能性，使学生可以在自己方便的时候灵活参与。将现有的传统类型的资源组建成学习包也是可能的，这样就不用彻底设计新系统，以免造成时间和金钱上的浪费。

第三个主要贡献是对残疾人技术支持方面的发展。这个群体中的一些成员已经通过新技术达到了很大程度上的解放，尽管还有许多残疾人由于费用问题没有受益。个人电脑的出现以及为特定目的设计的界面的开发提供了与社会的高质量的交流，这在以前被认为是不可能的（Hawkridge and Vincent 1992）。

据报告，学习资源可获得途径继续发展的限制主要在于财政问题，但是财政不是唯一的控制形式。人们只是问我们能够得到什么产品和信息，应当承认控制还有其他的维度。不仅要控制制作和传播节目的选择，而且应当控制节目是如何构思和设计的。偏见并不总是存心的，而一定程度上的文化和意识形态的不同总是不可避免的。大众传播系统和学校系统都有相同的问题，人们知道它们的信息反映出它们的控制者在诸如性别、阶级、种族问题等方面的观点，甚至当公开的政治议程一直在小心地平衡这些观念的时候。

一个减少对这些系统影响的部分补救方法是获取多种可选择的传播渠道。比起 20 世纪 80 年代，桌面出版、低廉的录像设备以及有线网络使这种办法更加可行。因此教育技术专家的一个重要角色应该是提供充足的教育、培训和设施，使得当地和少数民族团体能够生产和发布他们自己的学习资源。人们不仅要考虑获得节目和学习，而且还要考虑获得制作的手段和传播的渠道。

7. 教育技术的交互作用的概念

20 世纪 80 年代和 90 年代初期，技术和理论的发展使教育技术的互动概念更加引人注目，尽管交互性得到了人们的一致肯定，但对于交互性含义的理解还存在分歧，因此做出一定的区分是有用的。第一，交互性既可以在学习资源中存在，也可以看作资源应用环境的特点。第二，尽管交互性通常针对学习过程而言，但有时也会扩展到包括学习目标。可是，即使人们都使用同一种定义，但在现实发生的交互的层次方面（毫无疑问是根据他们个人的标准和期望），以及特定资源或环境中内在交互性的潜力方面，还是会存在不同观点。所以，还需要仔细地检查对交互性的要求。

可以在资源中建立两种交互性——促进资源作为工具被使用和试图在资源中建立指导功能。这样，计算机就可以看作是非常优秀的交互工具，因为它允许人们通过试误的交互过程和不断地接近要求来准备文本、设计或程序。计算机能够让人们看到做了什么并修改它，这方面的能力使计算机成为一个有价值的工具。然而，需要着重区分“成功地使用计算机来完成一个任务”和“在任务中学习一些概念”。后者的目标或者已经通过指导，或通过学习环境设计达到了。

由计算机控制的学习环境的概念，随着摩尔（Moore）设计的由计算机控制教学生阅读的“会话打字机”的诞生而产生。摩尔把它描述为一个“本身具有目的的反应性的环境”的实例。“本身具有目的”是指为了自身的缘故从事活动而不是为了获得外部奖励，“反应性的环境”是指满足以下条件的环境：

（a）允许学习者自由探索。

（b）立即通知学习者行为的结果。

（c）自定步调，即学习环境中事件的发生是按照学习者自己决定的速度进行的。

（d）允许学习者发挥自己最大的能力来发现各种类型的关系。

（e）环境的结构使学习者可能有一些关于物理的、文化的或社会的世界的内在关系的发现（Moore 1968）。

帕佩托（Papert）的基于 LOGO 的微观世界的工作包含了类似的道理，尽管后来的研究已经揭示出第五个原则有很大的问题。像其他的场合设计用来促进发现学习，学生不必学习建立在设计之内的所有概念。因此，在回顾学习数学的微观世界时，霍伊尔斯（Hoyles）和诺斯（Noss）很重视“不可避免的且或许令人不快的事实，仅仅通过在一个环境中的交互作用，孩子们不可能开始欣赏教学意图之外的数学”。他们的观察指出：

> 知识合适与否取决于学生自己的议程，他们如何感觉他们的参与、教师的干预以及最重要的活动发生的环境。因此，仅仅通过与计算机的交互，孩子们一般都可能“获得特定的数学思想”的讨论是误导。（Hoyles and Noss 1992 P. 31）

他们仍然认为交互性软件是有价值的学习资源，但他们也指出，要达到学习目标需要教师并从与同伴们的交互中获益，同时也需要一个交互的环境。

试图在学习资源中建立导师功能的探索也有很长的历史。在 20 世纪 60 年代，流行的术语是“适应性设计”，它的目的是使交互性资源呈现的信息适合那个特定时代的学习者的需要。在 90 年代，被称为“智能导师”，目的是围绕着学科知识、系统的知识以及如何帮助学生学习的知识（Sleeman and Brown 1982）建立一个导师系统。这三个子目标都分别提出了一个主要问题，这些问题与其说来源于技术，不如说来自智能导师系统的操作性版本最终必须依赖的实证主义者和还原论者的知识观。第一，关于知识呈现问题是否已经解决还存在很大争议（Dreyfus H L and Dreyfus S E 1986，Self 1987）。第二，几十年的心理学研究清楚地表明，根据某些可控变量来描述学生特征是很困难的，一些细微区别的智力、认知风格及其他性格变量都很难处理。第三，当研究深入到性向施教交互作用方面很难发现在小组水平上的重大相关性时，在个体水平上有效的学生特征和机器决策之间的联系建立的可能性迅速下降。除了分析学生对少量的测验或任务的反应，以及相应地安排后面的演讲之外，没有什么其他的进展。甚至在当时，决策的原则都是比较初始的，没有证据证明学习得到了提高。

上文的讨论表明，一直有这样的一种趋势，对交互式学习资源的引进有着过高的要求。一些暗喻的使用，诸如“环境”、“智力”、“导师”，并没有带来什么帮助。这个和教育技术专家在设计用来提高学习的环境中相对忽视同伴和教师的交互作用形成对照。这或许是他们早期热衷于行为主义心理学而忽视认知主义心理学和社会心理学的代价。

学习目标和成果被学习者确定、接受或讨论的过程对学习有着深远的影响。这使得弗莱克西希(Flechsig 1975)指出，教育技术的交互作用概念是以这个原则为特征，即“学习者接管对他们学习过程的控制，反之，其他三个概念明确地或含蓄地都把控制功能定位在教师或教学系统内部”(P. 8)。紧跟摩尔的自身具有目的的原则之后，阿祖马(Azuma)提出了类似的观点：

> 在未来10年内我们必须重新反复考虑的重要问题是对过去20年教育技术发展中的两条途径的适当平衡。一个是掌握外部确定的学习任务的效果；另一个是提供一个学习环境，学习是内部激发动机和自我指导性的。(Azuma 1977 P. 3)

这种颇具吸引力的观点在整个20世纪80年代比较流行，尤其是帕佩托的追随者们积极倡导。但这种观点忽视了人类基本的社会属性。不考虑正规阐述的教学目的，与教师、同伴、家庭和其他重要人物的社会交往深深地影响了他们对于何种知识是正确的、有意义的或有用的，以及在学习方面什么是好的或可接受的进步的判断。不过，在这样的场合下，为了满足未来的需要，社会越来越期望它的教育系统能朝着独立而合作的方向发展，学习资源的适当使用能为追求这个目的发挥重要的作用。

关于这个问题的一个重要观点是有关学习目标的所有权。这种观点指出，学习者在制定学习目标时参与的程度越高，他们对实现这个目标的责任感就越强。由于教学目标需要得到社会对其意义的认可，这就意味着需要经历一个协商的过程，在这个过程中将学习者的自我指导和社会认可的功效结合起来。在某些情境下，比如有项目背景或合作学习，学习者在学习目标的制定上具有很大的主动权。而在其他情境下，学习者只能够对很具体的正式计划中学习目标的细节或是顺序进行协商。然而，即使是在这个水平上的协商，也会对学生接受目标并培养主人翁意识有非常大的影响，当然，前提条件是目的和外部确定学习目标的重要性得到了很好的交流。

20世纪80年代后期，由英国雇佣部门的技术和职业教育行动(TVEI)在“弹性学习”的标题下介绍了引导这种协商并付诸实施的框架。它试图将基于资源的学习的优势与来自管理理论的行动计划的概念联系起来(Eraut et al. 1990)。

这个框架包括学习者或学习者小组与老师商量学习目标，然后计划他们自己的学习路径，包括对学习资源和经验的恰当结合。通过在他们的提交成果中包含小组工作和经验学习的内容，可以避免基于资源的学习的局限——孤独感，这样更适合包含实践和人际技能的学习目标。实际上，在操作时存在三个主要的局限：非常具体的课程计划减少了对学习目标协商的机会，从而不能培养学生的主人翁感；缺乏足够的资源限制了学习路径；较难的辅导角色对教师在学科和教学专业知识方面要求过高，对教师的教导时间也要求过多。

概念限制的产生，是由于学习不单单是一个同化新信息的过程，而且也包括对建构和组织信息的概念框架的发展和修正。认知发展理论表明，学习是学生不断努力建构他们自己的知识基础，以便理解通过与其所处的社会环境与自然环境的交互作用而不断展现给他们的世界。作为不断的社会交往的结果，加上大多数情况下使用共同的语言，致使一个人的知识基础与其他人有着很多类似的特征，但是个人的知识基础仍然保持了个体特征，这对于个体的学习以及分辨个体知识差异是很重要的。

相比较而言，近来的想法已经将以前分离的认知心理学和社会心理学结合了起来，比如杜瓦斯·穆尼(Doise Mugny)和佩雷特-克莱莫托(Perret-Clermond)在日内瓦的研究，表明以皮亚杰为特征的认知发展通过同伴的交互作用得到了推动(Light and Blaye 1990)。这些成果已经用社会认知冲突的术语进行了解释：不同的人持有不同的观点，而不是单纯地通过内部讨论得出一个解决方案作为认知冲突的结果，这样对促进发展非常有效。不过，逐渐为人们所重视的苏联心理学家维果茨基(Vygotsky)，很重视"指导性干预"。特别是他发展了"最近发展区"的概念，用它来描述"个人解决问题的实际发展水平跟在成人指导下或与更有能力的同伴合作解决问题的潜在发展水平之间的距离"(Vygotsky 1978 P. 86)。

这样，教学的特征就是：帮助学习者形成他们个人的能力，这种能力在以前是需要辅助的情况下才能达到的，并且无论是教师还是更有能力的同伴的作用就是提供认知"脚手架"来帮助学生完成这种转变。这样的脚手架来自对所遇到问题的深入理解和对学习者自己没有清楚意识到的概念框架的拥有。目前所有的证据都指出，通过最近发展区域辅助学习者的过程，需要与教师和有能力的同伴进行交互，甚至在使用了交互学习资源时也一样(Hoyles and Noss 1992，Eraut and Petch 1994)。

一些教育技术专家们开始重视认知心理学，但是大多数人似乎仍不情愿同意其含义，或许是因为他们发现支撑建构主义认识论的基础不牢固，而且人工智能领域太过分的声明也有点值得怀疑。然而，他们不能在现存的认知框架中保持把学习看作是同化新信息的观点的内容。他们也不能继续认为学习者与教师、同伴和其他重要人物的相互作用与设计和使用交互式学习资源无关。

8. 信息技术和信息社会

经常提到的新信息和传播技术(NICT)主导着整个20世纪80年代和90年代的教育技术领域。回顾60年代的学术气氛，当时，对外行，如果不是所有教育者的话，占主导地位的问题是怎样运用新信息和传播技术来改进教育。人们已经沉醉于不切实际的主张，把用于创新的资金看作是正常的实践，而忽视了这几十年来对有计划的变革过程的研究。然而，这里有一点很重要的不同之处。芬恩(1960)预言，新技术将带来组织和文化的变革并进而导致社会转型，他的预言已经不再被看作仅仅是未来主义了，而是已经成为关于信息技术的传统智慧的一部分。因此，除了关注使用NICT促进学习之外，一个新的关注点是让学习者对新技术将占主导地位的未来社会做准备。

1989年召开的半年一次的欧洲教育部长常设理事会会议，以"教育和信息社会"为主题，其贡献是指出了这方面的发展给教育带来的挑战的重要意义。会议指出：

信息社会的逐步发展在政策和实践方面引起了一系列需要解决的紧张冲突，具体包括：

(a)过去和未来之间的冲突，比如传统文化与新习惯和态度的冲突。

(b)把学生培养成为为创造未来做出贡献的公民，与根据外部确定的预期需要，使学生具备未来就业资格之间的冲突。

(c)学校正规课程和学校外部的"非正规课程"之间的冲突。

(d)教学生NICT和使NICT成为学校生活的一部分之间的冲突。

(e)满足有强烈要求的学生和家长需要与确保所有学生受教育的平等性之间的冲突(Eraut 1991 P. 13)。

这些是很深刻的问题，问题的复杂性表明使用NICT远不是找到资金和培训教师这么简单。

埃拉特在为会议准备的一篇专家论文中让大家注意七种得到提倡的与在教育和更广泛的社会中应用新信息和传播技术相联系的教育目的，它们是：

(a)通过使用新的方法，例如视频呈现或计算机辅助学习，更能有效地实现现存的目的。

(b)使新的教学目的能够在现有学科的课程框架中被教。例如，通过电视、计算机数据库的信息处理潜力和新的交互式软件的建模能力等把各种经验带入课堂，在很大程度上改变了像科学、地理等科目能够教给学生们的内容。

(c)学习社会以及技术。信息社会一开始必定会对社会科学和科学/技术领域的课程应该教授什么内容产生主要影响。一个主要的问题是这对未来定位的程度。

(d)学习使用新的信息与传播技术作为发展信息处理和传播技能的一般程序的一部分。这可以作为一个单独的科目来教,也可以作为交叉课程方法的一部分,就像学习技能一样。这个领域最富有挑战性的观点是使用计算机来发展人的元认知策略或思维技能。

(e)学习适合于一些专业领域的知识和技能。这将是职业前或职业教育的形式,计算机科学、技术图表和办公技能是普通的例子。

(f)学会批评 NICT 的程序或产品。目的是从各种观点中开发更重要的手段。媒体研究倾向于追随艺术或文学批评的传统,而教育消费者则把更多的精力放在技术或经济方面。对计算机软件的估价应该适当吸收这两方面的传统。

(g)为了实现学生自己制定的目标而创造性地使用 NICT。这个假设是学生不应该仅仅作为别人传播的知识的接收端。他们应该学习制作他们自己的交流形式,例如班级报纸、录像、计算机程序,在一定程度上提高了他们对各种媒体和流派的理解,也培养了他们的事业心和独创性;阻止任何公共传播设施中的垄断趋势(Eraut 1991 P. 165 ~ 166)。

这些目标几乎贯穿到了学校课程的所有方面,因此最终需要的是对整体课程的模式、范围以及课程各部分的平衡和重点进行重新评价。与此同时,还需要对优先权和实施的实际情况再三斟酌。

变革是一个渐进的过程。霍克雷基(1993)在他对教育技术面临来源于认知科学、信息技术和批判理论的挑战的分析中指出,教育技术领域本身需要现代化,但现代化的过程中不应该有任何不切实际的想法。教育技术的历史中不乏这样一些例子:局限性很大的理论、质量差的产品以及天真的实施途径。新一代政策制定者和教育技术工作者们忽视对这些教训的学习就会处于危险之中。

M. 埃拉特(M. Eraut) 著

杨琰华 译

附录

Andrews D H, Goodson L A 1980 A comparative analysis of models of instructional design *J. Instr. Dev.* 3 (4):2—16

Azuma H 1977 The third decade of educational technology. *Educ. Tech. Res.* 1:1—4

Bruner J R 1966 *Towards a Theory of Instruction.* Belknap Press, Cambridge, Massachusetts

Clarke R E 1983 Reconsidering research on learning from media. *Rev. Educ. Res.* 53(4):445—460

Clark R E, Salomon G 1986 Media in teaching. In: Wittrock M C (ed.) 1986 *Handbook of Research on Teaching*, 3rd edn. Macmillan, New York

Dale E 1969 *Audio Visual Methods in Teaching.* Holt, Rinehart, and Winston, New York

Davies I K 1981 Instructional development: Thematic, archetypes, paradigms and models. In: Dill C E (ed.) 1981 *Instructional Development: The State of the Art*, Vol 2. Association for Educational Communications and Technology, Washington, DC

Diamond R M 1989 Systems approaches to instructional development. In: Eraut M (ed.) 1989a

Dreyfus H L, Dreyfus S E 1986 *Mind over Machine.* Blackwell, Oxford

Ely D P 1973 The field of educational technology: A statement of definition. *Audio Visual Instruction* 18 (3):52—53

Eraut M 1988 What has happened to learning design? In: Mathias H, Rushby N, Budgett R (eds.) 1988 *Designing New Systems and Technologies for Learning.* Aspects of Educational Technology 21. Kogan page, London

Eraut M (ed.) 1989a *The International Encyclopedia of Educational Technology.* Pergamon Press, Oxford

Eraut M 1989b Specifying and using objectives. In: Eraut M (ed.) 1989a

Eraut M (ed.) 1991 *Education and the Information Society.* Cassells, London

Eraut M, Nash C, Fielding M, Attard P 1990 *Flexible Learning in Schools.* Employment Department, London

Eraut M, Petch R 1994 *Groupwork with Computers.*

Finn J D 1960 Technology and the instructional process. In: Lumsdaine A A, Glaser R (eds.) 1960

Finn J D, Perrin D G, Campion L E 1962 *Studies in the Growth of Instructional Technology I: Audiovisual Instrumentation for Instruction in the Public Schools, 1930—1960—A Basis for Take-Off.* Department of Audiovisual Instruction, National Education Association, Washington, DC

Finn J D 1968 The emerging technology of education. In: Weisgerber R A (ed.) 1968 *Instructional Process and Media Innovation.* Rand McNally, Chicago, Illinois

Flechsig K H 1975 *Towards a Critical Appraisal of Educational Technology Theory and Practice.* Steering Group on Educational Technology, Council for Cultural Cooperation, Council of Europe, Strsbourg

Gagné R, Briggs L J 1974 *Principles of Instructional Design.* Holt, Rinehart, and Winston, New York

Glaser R 1965 Toward a behavioral science base for instructional design. In: Glaser R 1965 *Teaching Machines and Programmed Learning, II.* Department of Audiovisual Instruction, National Education Association, Washington, DC

Griffiths D E 1964 Administrative theory and change in organizations. In: Miles M B (ed.) 1964 *Innovation in Education.* Teachers College Press, New York

Hawkridge D 1993 *Challenging Educational Technology.* Athlone Press, London

Hawkridge D, Vincent T 1992 *Learning Difficulties and Computers: Access to the Curriculum.* Jessica Kingsley, London

Heinich R 1968 The teacher in an instructional system. In: Knirk F G, Childs J W (eds.) 1968 *Instructional Technology.* Holt, Rinehart, and Winston, New York

Heinich R 1984 The proper study of instructional technology. *Educational Communications Training Journal* 32(2): 67—87

Hewton E 1989 Higher education consultancy. In: Eraut M (ed.) 1989a

Hilgard E R 1964 A perspective on the relationship between learning theory and educational practices. In: Hilgard E R (ed.) 1964 *Theories of Learning and Instruction*, 63rd NSSE Yearbook Part I. University of Chcago Press, Chicago, Illinois

Hoban C F 1965 From theory to policy decisions. *Aud. Vis. Commun. Rev.* 13(2): 121—139

Hoyles C, Noss R 1992 A pedagogy for mathematical microworlds. *Educ. Stud. Math.* 23(1): 31—57

Huberman M 1970 Educational technology, a bibliography. *Bull. Int. Bur. Educ.* 177: 263—309

Light P, Blaye A 1990 Computer-based learning: The social dimensions. In: Foot H C, Morgan M J, Shute R H (eds.) 1990 *Children Helping Children.* Wiley, Chichester

Lumsdaine A A 1964 Educational technology, programmed learning and instructional science. In: Hilgard E R (ed.) 1964 *Theories of Learning and Instruction*, 63rd NSSE Yearbook Part I. University of Chicago Press, Chicago, Illinois

Lumsdaine A A, Glaser R (eds.) 1960 *Teaching Machines and Programmed Learning.* Department of Audiovisual Instruction, National Education Association, Washington, DC

Melton A W 1959 The science of learning and the technology of educational methods. *Harv. Educ. Rev.* 29: 96—106

Moore O K 1968 Autotelic responsive environments and exceptional children. In: Weisgerber R A (ed.) 1968 *Instructional Process and Media Innovation.* Rand McNally, Chicago, Illinois

National Council for Educational Technology 1969 *Towards More Effective Learning.* The Report of the National Council for Educational Technology 1967—1968. NCET, London

Papert S 1980 *Mindstorms: Children, Computers and Powerful Ideas.* Basic Books, New York

Plomp T, Pals N 1989 Continental European perspectives. In: Eraut M (ed.) 1989a

Ramo S 1973 The systems approach. In: Miles R F (ed.) 1973 *Systems Concepts.* Wiley Interscience, New

York

Romiszowski A J 1981 *Designing Instructional Systems*. Kogan Page, London

Rowntree D 1974 *Educational Technology in Curriculum Development*. Harper and Row, London

Rowntree D 1981 *Developing Courses for Students*. McGraw-Hill, Maidenhead

Saettler P 1990 *The Evolution of American Educational Technology*. Libraries Unlimited, Englewood, Colorado

Sakamoto T 1989 Asian perspectives. In: Eraut M (ed.) 1989a

Salomon G 1979 *Interaction of Media, Cognition and Learning*. Jossey Bass, San Francisco, California

Schön D 1983 *The Reflective Practitioner: How Professionals Think in Action*. Temple Smith, London

Self J 1987 IKBS in education. *Educational Review* 39 (2): 147—154

Skinner B F 1958 Teaching machines. *Science* 128: 969—977

Skinner B F 1968 *The Technology of Teaching*. Prentice-Hall, Englewood Cliffs, New Jersey

Sleeman D, Brown J S (eds.) 1982 *Intelligent Tutoring Systems*. Academic Press, London

Taylor G (ed.) 1970 *The Teacher as Manager*. NCET, London

Tickton S G (ed.) 1970 *To Improve Learning, An Evaluation of Instructional Technology*. Bowker, New York

Travers R M W 1970 *Man's Information System: A Primer for Media Specialists and Educational Technologists*. Chandler, Scranton, Pennsylvania

von Bertalanffy L 1950 The theory of open systems in Physics and Biology. *Science* 111: 23—29

Vygotsky L S 1978 *Mind in Society: The Development of Higher Psychological Processes*. Harvard University Press, Cambridge, Massachusetts

Weisgerber R A (ed.) 1971 *Developmental Efforts in Individualized Learning*. Peacock, Itasca, Illinois

Witt P W F (1968) Educational technology: The education of teachers and the development of instructional materials specialists. In: Witt P W F (ed.) 1968 *Technology and the Curriculum*. Teachers College Press, New York

教育技术的领域（Educational Technology: Scope of the Field）

自从芬恩（Finn）阐明了成为一个专业的标准（1953）以后，就有了各种正式的和非正式的尝试，试图根据这些标准来描述和测量教育技术领域的发展。1977 年，美国最主要的专业组织教育传播与技术协会（AECT）出版了《教育技术的定义》，其中利用芬恩的标准作为这一定义的组织概念和基本原理。许多专业计划的准备也都遵循了这一标准。在本词条中，首先简短讨论了关于教育技术领域的定义与本质，之后阐述与此领域的范畴相关的、芬恩标准中的四项：（a）培训和认证；（b）绩效标准；（c）道德规范的准则；（d）专业人员的协会。其他的标准，像有关通过研究和明确的传播渠道建立一个知识体系，将在后面的相关词条中讨论。

1. 定义

在 20 世纪 90 年代早期使用过多种教育技术领域的定义，而且人们还在试图改进这些定义来满足那些没有在任何现有定义中找到自己的人。伊利（Ely 1983）讨论了自 1937 年以来这一领域中定义的发展，也讨论了围绕定义这一领域而进行的五个方面努力的一些问题。在对 1977 年 AECT 定义的修改版中，协会的定义和术语委员会提出："教学技术是致力于为了学习而对相关的过程和资源进行设计、开发、利用、管理和评价的理论与实践的领域。"（定义和术语委员会 1992）昂温和麦卡利斯（Unwin and McAleese 1988）使用了倾向于英联邦关于这一领域的定义："对系统、技巧和辅助工具的开发、应用和评价，从而改善人类学习的过程。"（P. 277）AECT 委员会所指的"教学"技术——它强调教育技术这一更宽泛术语的一个方面，是经过深思熟虑的名称。如果不必细分它们之间的差异，这两个词常常可以交替使用。然而,纯化论者认为,教学技术直接地、单纯地涉及教育技术中与教和学的过程有关的那些方面;而教育技术则是一个更宽泛的术语,关注这一领域的系统化解决问题的方面。鉴于本词条的目的,教育技术被定义为:"根据基于对人类学习和传播的研究的特定目标,系统化地设计、实施和评价整个学与教的过程,并且利用人力和非人力资源,来实现最有效的教学。"(教学技术委员会 1970)

随着信息技术或者说新的信息技术(NIT)的迅速增长,出现了由那些负责将计算机和远程通信应用于各种教育和培训环境中的人员扩展教育技术领域的挑战。一些传统的教学技术专家开始接纳新的信息技术并试图将他们整合到教育技术的主流思维当中。也有另外一些人,他们对教育技术的兴趣开始于信息技术的使用,并且将教育技术视为崭新的、和过去没有任何联系的、截然不同的领域。霍克雷基(Hawkridge 1991)在 20 世纪 90 年代清楚地描述了信息技术对教育技术领域专业人员的挑战。在每一个阵营中都普遍存在的要素是:(a)传递系统的使用,即常常使用同样的媒体和技术过程;(b)对个别化学习者的关注;(c)教学从一个环境到另一个环境的高度复制性。教育技术和信息技术这两组人都追求媒体和技术的课程整合,但是毫无例外,理想的状态在操作水平上很难达到,因为,在课堂上,教师或者讲师是这些技术应用的最终实施者,他们常常没有准备好作重大的改变。

2. 研究领域

研究领域没有学科那么严格。一个学科常常被定义为一个有组织的知识体系,这个知识体系随着研究的进行而不断被检验和改变。尽管学科一词也包括社会科学和人文学科,但是它常常出现在自然科学当中。领域通常出现在应用研究的范围——职业当中。领域常常吸收学科的知识作为它的基础,例如,工程学吸收物理学和数学的知识,而医药学吸收生物学和化学的知识。而像教育技术这样的领域则是许多领域和学科的混合物,它利用借来的概念、理论、程序和工具来帮助它自己完成最基本的目的:即设计、开发和评价学习系统。历史上,教育技术综合了来自其他领域和学科的理论、概念和实践。几乎没有什么内容是它独有的。教育技术采纳了行为心理学、认知心理学、测量学、评价学、传播学、管理学、媒体学和系统工程的要素,并且将这些要素综合起来从而产生了一个比所有这些部分的总和更大的整体。随着这一领域原有实践不断吸取新的要素,信息技术在教育技术这一更大范围内找到它的位置是可能的。信息技术整合到教育技术或成为主导的程度仍然没有确定。

2.1　环境与功能

在世界范围的教育和培训场合中,教育技术概念的使用频率不断增加,从而导致了一个新的专业人员流派的产生:这些专家不是教师、主管人或者行政人员,但是他们却从技术的角度从事教学以及教学管理工作。这些教育技术专业人员在教室里、大学校园里或者企业以及政府组织的培训部门中工作。他们可能参与课程和课程计划的设计、开发、传递和评价、教学或信息媒体的制作、学习资源的推广和分配等。为了理解教育技术领域工作人员的范围,我们有必要知道他们执行的职能、他们服务的层次、他们工作的场所以及他们工作岗位的本质。

教育技术工作者的工作职责广泛而且名目多样,就和用来标识服务于这一领域人员的头衔的数目一样多:软件开发人员、电视制作人员、计算机专家、教学开发人员、学习资源中心主任和评价者——在这里我们仅仅列出一些。职能的概念对于整理这些杂乱的教育技术中的职责和头衔很有用处。职能用于指教育技术专家为取得特定的结果或者目的而从事的一组相互联系的活动。这些特定的结果或目的可能涉及数据、人、事物或者它们的全体。几乎没有一个工作是完全由一个职能组成的。在 1977 年的定义中(AECT 1977)提到的职能还继续在工作描述、课程计划和资格检测中使用。

(a)组织管理——为了运行与教育技术相关的项目或机构,计划、建立和维持相应政策和程序。

(b)人事管理——雇佣、与人员交流、监督和终止雇用人员等。

(c)研究——产生和检验与教育技术相关的理论。

(d)设计——将理论知识转化为对教学的具体要求。

(e)制造——根据规范书制作教学产品。

(f)评价/选择——检验和判断教学产品及程序的价值、质量和意义。

(g)后勤——获得、存储、提取、分配和维护各种格式的信息。

(h)利用——把学习者和教学产品以及教学计划联系起来。

(i)利用/推广——使学习者及其他人与教育技术相关的信息联系起来。

2.2 工作场所

教育技术领域的从业者有一系列非常广泛的工作头衔,并服务于许多组织、机构和学术环境。学校和大学是他们工作的最普遍的场所,但是目前的趋势则倾向于商业和企业培训部门、政府机构、健康和医疗教育以及其他类型的成人教育计划。这些机构需要教育技术人员从事设计、开发、传递和评价培训计划方面的服务。工作在这一领域的大部分专家,无论在什么情境下,都可以分到以下三类职位当中:(a)教学计划开发;(b)媒体产品开发;(c)管理。一些教育技术人员则在学术专业中任教,为这一领域培养工作人员。

教学计划开发这类职位主要把重点放在设计、研究、评价/选择以及利用的职能方面。一般包括这样的职位:教学开发者、课程计划者和媒体顾问。

制作职能(比如,媒体产品开发)是这一领域工作人员的主要焦点。他们有这样的工作头衔:计算机程序员、语言实验室协调员、图形艺术家等。从事开发的人常常和从事教学计划开发与管理职能的人在同样的机构工作。在这样的情况下,他们通常作为教学开发团队中的成员或者媒体辅助人员。

管理职位基本上属于组织和人事管理、后勤以及利用/推广的职能。从事这类工作的人员的典型头衔有:学习资源中心主任、计算机实验室协调员以及教学电视负责人等。

每一类别的主要职能都不是"纯粹"的,了解这一点很重要。有几个职能的一些方面在每个职能当中都有,例如,在教学计划开发中,可能有必要用到管理原则和实践,并且有产品选择的知识以帮助做出关于传递系统的决策。

2.3 专业人员培训

在各级各类教育和培训中,随着教育技术逐渐成为教与学过程更完整的一部分,对教育技术专门化人员的需求也就加强了。学校、大学、商业培训项目、远程教育、医学教育、国际教育规划以及教育广播都是寻求教育技术人员的典型机构代表。

一些机构需要通才,即能胜任许多领域的工作,并且可以自由地从一种岗位职责转向另一种岗位职责。许多教育技术管理人员就是通才。但在一些情况下,也需要一些专门人才来执行具体的职能,比如,教学设计、产品开发或者评价。实际的操作通常是由技术人员来完成的,他们制作教学系统中使用的材料,例如,计算机软件设计人员、电视导演和脚本编写人员。大部分教育技术人员被培养来承担与系统化教学开发有关的非常广泛的职责。世界上大多数发达国家,还有许多发展中国家已经建立了培养通才、专才和技术人员的学术专业。

实质上,所有专门的教育专业都放在高等教育机构中。一些部门在教育系中,而另一些则在传播学系或者图书馆和信息科学系中(Johnson 1992)。一些专门研究教育计算机的专业作为独立的部门也已经出现。在《1992 年教育媒介与技术年鉴》(Ely and Minor 1992)中列出了 78 种这样的专业。

美国拥有教育技术专业最多,它们往往是硕士水平。对于硕士学位专业的一个调查列出了美国的 168 个专业点和其他国家及地区的 24 个专业点(Johnson 1991)。很可能其他国家存在更多的专业点。英国教育技术国家委员会列出了 15 个大学颁发教育技术的毕业证书以及学士、硕士、博士学位(教育技术国家委员会 1992)。在澳大利亚和加拿大的大学里也至少有 6 个专业点,而且在其他国家及地区,这个数值似乎还在逐渐增加。荷兰屯特大学的应用教育科学中的专业是欧洲最综合的学术专业之一。约翰逊(Johnson 1992)报道,在香港中文大学、华东师范大学、台湾淡江大学和挪威技术学院也新出现了这个专业。美国和英国之外的博士点也开始增加，同时在澳大利亚、比利时、匈牙利、印度尼西亚和新西兰都被报道，有新的教育技术专业出现（Johnson 1992）。

对 AECT 调查有回应的所有机构列出了3 841门课程，根据关键字内容分析，揭示出有 5 个在课程名称上使用频率最多的词语，它们是（以年代顺序）：计算机、图书馆、设计、开发和系统。

人们试图提出培养个体从事这个领域工作的内容和能力，这个努力体现在由美国的 AECT 和 NSPI（国家绩效和教学学会）组成的联合委员会开发和发行的出版物里。“专业人员任职资格的参考指南：教学人员、教学设计人员和培训管理人员的标准”是由一个被称为培训、绩效和教学的国际标准委员会小组开发的。在这里面列出了关于教学人员的 14 条资格标准，16 条有关教学设计人员的标准以及 18 条培训管理人员的标准。

关于内容的推论可能是通过课程中经常使用的教科书得出的。由 AECT 的教学开发部所做的一项调查发现，在教学设计和开发课程的教学人员中有 3 本教科书最受欢迎。根据使用频率的降序排列，他们分别是：迪克和凯里（Dick and Carey 1990）、海尼切等（Heinich et al. 1989）和加涅等（Gagne et al. 1988）。还有 23 种其他书目也被提到。

3. 道德规范的准则

美国 AECT 已经采用了一个教育技术专业人员道德规范的准则（AECT 1991）。这一准则是一页关于专业人员行为标准的声明。它强调对个人、社会和专业的承诺。例如，对个人的说明指的是保护获得具有多种观点的资料的权利以及保护个人隐私；对于社会，指出有关限制个人所得和公平实践的问题；而对于专业，则说明了关于当事人的权利和责任以及要遵守的法律（像版权）。总之，准则中有 22 条声明。职业道德规范委员会回顾了在这之前出现的所有案例并坚持这个准则。

4. 专业组织

专业协会在澳大利亚（澳大利亚教育技术学会）、美国（AECT）、加拿大（加拿大教育媒体和教育技术协会）和英国（教育和培训技术协会）已经建立很多年了。其他国家和地区的一些新的协会也已经建立，例如智利、印度尼西亚、印度、日本和中国台湾。

这些专业组织通常至少每年举办一次会议，基本上都是针对国内人士的，但是每一次全国会议对国际客人也都是开放的。英国的教育和培训技术协会每年都召开一次国际会议（教育技术国际会议）。每一个协会都为它的成员和国内其他专业人员出版一本专业杂志。这些手段允许成员间的交流并促进形成了有相同思想人们的网络。

5. 出现的问题和趋势

ERIC 信息资源交换所每隔一年都会回顾教育技术的文献，从而决定这一领域的发展趋势。以下概述就是基于 1991 年的分析（Ely 1992）和 1991 年对这一领域未来的研究（Igoe 1992）。

第一，随着培训领域对教育技术人员的新的需求越来越显著，教育技术专业将会继续发展。第二，通过像计算机辅助学习、交互视频和远程教育这样的传递系统，教育技术将在为个体学习者制作学习材料和程序方面发挥越来越大的作用。而这些传递系统可能作为多媒体环境出现，在其中媒体将失去它自身的特征而成为传递系统的一个新的组成部分。第三，这一领域的理论和经验基础将会从行为主义转向认知科学。第四，随着学校的改革和重建，教师角色（在各个水平上）的改变将使教育技术越来越集中在教师教育方面。第五，因为计算机和通信技术综合应用的出现，信息技术也将成为教育技术中占支配地位的一个方面。这一领域必将继续存在这样的误解，即这一领域是倾向于硬件还是倾向于教学设计和开发的过程。

霍克雷基看到对这一领域的四个挑战：（a）更新和重新思考这一领域的基础，他把这些看作是“破碎的和过时的”；（b）整合信息技术，它与教育技术使用相同的媒体并研究相同的对象；（c）来自左派的政治挑战，从意识形态上看这一领域，并对技术乐观主义提出质疑；（d）来自批判理论学者的道德挑战，他们认为教育技术促进了“虚假和消极的价值观的发展”。

在教育技术自身的根本前提受到质疑时，它就不能停留在自身的一些成就和传统上了。这一领域的未来似乎取决于该领域基础的重新概念化以及新的技术发展的创造性整合，从而满足随社会和教育的发展而出现的新需求。这些改变好像来自外部的压力（比如，基于媒体的远程教育的发展或者社会压力导致计算机教育进入学校），而不是来自这一领域专业人员的内部的紧急需要。在机构重组和社会变革的环境中，教育技术像其他领域一样，也会试图保护它自身的传统和价值观。如果这一领域没有引导这个变化，那么对它未来的检验似乎就是它处理和适应新的要求的能力。

D. P. 埃利（D. P. Ely） 著

王春蕾 译

附录

Association for Educational Communications and Technology (AECT) 1977 *The Definition of Educational Technology*. AECT, Washington, DC

AECT 1991 *Membership Directory 1991*. AECT, Washington, DC

Commission on Instructional Technology 1970 *To Improve Learning: A Report to the President and Congress of the United States*. United States Government Printing Office, Washington, DC

Definition and Terminology Committee, AECT 1992 Draft revision of the Definition of Educational Technology

Dick W, Carey L M 1985 *The Systematic Design of Instruction*, 2nd edn. Scott Foresman, Glenville, Illinois

Ely D P 1983 The definition of educational technology: An emerging stability. *Educational Considerations* 10(2):2—4

Ely D P, Minor B B 1992 *Trends in Educational Technology 1991*. ERIC Clearinghouse on Information Resources, Syracuse, New York

Finn J D 1953 Professionalizing the audio-visual field. *Aud. Vis. Commun. Rev.* 3(4):6—17

Gagné R M, Briggs L J, Wager W 1988 *Principles of Instructional Design*, 3rd edn. Holt, Rinehart, and Winston, New York

Hawkridge D 1991 Challenging educational technology. *Educational and Training Technology International* 28(2):102—110

Hawkridge D 1992 Feel the width: Quality in modernising educational technology. Paper delivered at the Association for Educational and Training Technology annual conference, New York

Heinich R, Molenda M, Russell J 1989 *Instructional Media and the New Technologies of Instruction*, 3rd edn. Macmillan, New York

Igoe A, Sullivan H, Klein J, Jones E, Savenye W 1992 The future of educational technology. Paper delivered at the AECT annual conference, Washington, DC

International Board of Standards for Training, Performance and Instruction 1989 *The Professional Reference Guide to the Competencies: The Standards for Instructors, Instructional Designers and Training Managers*. AM&G Consulting Services, Chicago, Illinois

Johnson J K 1991 *Graduate Curricula in Educational Communications and Technology: A Descriptive Directory*, 4th edn. AECT, Washington, DC

Johnson J K 1992 Advancing by degrees. *Tech Trends* 37(2):13—16

National Council for Educational Technology *Educational Counselling and Credit Transfer Information Service (ECCTIS) 2000*. ECCTIS 2000, Cheltenham

Sachs S 1992 DID Fall 1991 textbook survey. *DID Dialogue* Unwin D, McAleese R 1988 *Encyclopedia of Educational Media, Communications and Technology*, 2nd edn. Greenwood Westport, Connecticut

其他参考文献

Collis B 1991 Anticipating the impact of multimedia in education: Lessons from the literature. *Computers in Adult Education and Training* 2(2):136—149

Hawkridge D 1989 Living dangerously: Educational technology in the Eighties. In: Bell C et al. (eds.) 1989 *Aspects of Educational and Training Technology*

XXII. Kogan Page, London

Saettler P 1990 *The Evolution of American Educational Technology*. Libraries Unlimited, Englewood, Colorado

人类工程学(Ergonomics)

作为以用户为导向的技术，人类工程学影响着人们工作和娱乐生活的很多方面。它对"个体如何与他们的自然环境相互作用并进而如何改变这个环境以改善这种相互作用"提出了一种理解。我们应该考虑环境的所有方面，从微观特征，像对小控制器的设计，到工作系统和自然环境本身的宏观方面都应当包含在内。应当通过了解并理解个体的态度、愿望和动机来加强这些考虑。本词条将在微观和宏观水平上考虑一些这样的因素。

1. 人类工程学的本质

人类工程学运用科学原理设计物理环境以适应系统内操作人员的能力和愿望。在这个层次上，罗杰和凯文那夫(Rodger and Cavanaugh 1962)把人类工程学描述为"使工作适应人类"的科学，而不是人员选拔者和训练者所采取的"使人类适应工作"的方法。因此，有一种观点认为，为确保人们和他们所在的环境之间有适当的交互作用，应该尝试着改变环境而不是让人去适应环境。

这种方法有很多的优点，而且，多年来一直表现为制造更舒适、更有效率和多产的工作环境，伴随而来的是安全性和满意度也得到提高。然而，这个简单的定义却掩盖着一个艰巨的任务，工作如何能适合于个人？当要进行这样的调整时需要考虑人的哪些方面？而且如何恰当地设计环境？

为解决这个本质问题，在第二次世界大战以后，人类工程学作为三门主要学科的融合体而得到发展。心理学提供有关个体在工作中的行为，他们如何与周围的环境相互作用、如何学会使用设备、如何感知刺激等等方面的知识。生物学提供了关于个体身体以及他们行为表现的类似信息，比如：身体的结构和运动、感觉生理学、极端的环境条件对身体的影响。最后，工程科学提供了关于工作系统行为方面的信息，并确定理想的设计变化是切实可行的。

2. 人类工程学思想的基础

人类工程学的起源可以追溯到1949年7月12日在伦敦海军部举办的一个会议，在那次会上，科学家们提出创建一个新的领域，这一领域有利于解决第二次世界大战中军队以及支持人员经历的很多问题。直到那时，科学技术的解决方案一直集中在构建功能更强大的机器，相应的控制也越来越复杂，以至超出了机器操作人员的体力和智力。比如，雷达应该能使受训人员在敌机到达自己的国家之前就能识别出来。但是，呈现的信息通常对个体机器操作人员的感觉和认知能力提出过分的要求。

为避免这种问题，人类工程学把机器的操作人员和机器看作是一个闭合回路系统的一部分，在这个系统中，信息从机器操作人员传到机器，之后再返回来。目的就是改进信息传递的途径，排除阻碍有效传递信息的因素，因此，环路中可能促进或阻碍有效操作的所有方面都应该研究。

2.1 操作人员—机器系统

把这个过程概念化，就是指一个操作人员通过其四肢和开关、按钮等等来控制机器。反过来，机器通过它的显示器(屏幕、刻度盘)显示出它的状态信息(经常变化)，这些信息由操作人员的感知系统接受，并通过大脑中枢的感知和决策过程进行解释。因此，这种闭合回路系统的功效就依赖于主要信息环路(操作人员—机器、机器—操作人员、操作人员—操作人员)仔细、有计划地运转，通过影响信息流的环境(物理环境和社会环境)的作用而得到改进。

在大多数人与其环境发生相互作用的情境下，这种单一的闭合回路的概念过于简单化。不管在什么水平上，任何相互作用都包含着相当数量的不同闭合回路系统的运转，在环境内运用不同的机器，操作人员行为的不同方面，甚至于发生在不同的环境中。人类工程学的任务就是同时考虑这些个别的和共同发挥作用的系统。

2.2 备用智能

除了操作人员—机器系统的概念之外，也经常引用另外一种途径来理解人们与其环境相互作用的各种方式，更重要的是理解如何能够中断相互作用。这就是所说的“备用智能”假设。

这一假设认为,每个个体执行行动的能力都是有限的。每次要求个体执行一项任务时,他的一部分能力被消耗殆尽,消耗的能量与任务的“难度”有关。因此,会剩余一定的能量。然而,随着任务的增加和任务所包含的成分增多,可利用的备用智能就会减少。最后,到达某一点,增加的任务所需要的能量超过了可以利用的备用智能,就会导致错误、不舒适和工作成绩差的结果。因此,这一假设就解释了如何通过即便是对操作人员—机器系统的运行最小的改进可以引起功效的极大提高的问题。

2.3 激励—工作成绩的连续统一体

经常让个体工作更加努力的有害影响也可以通过人类工程学家们使用的另外一个概念来理解:激励—工作成绩假设。这一假设认为,随着个体激励水平和大脑的活动相类似地提高,他的工作成绩也将会提高,一直上升到最佳点。但是,如果再进一步提高激励水平,工作成绩就开始降低。

系统可用性的很小变化可能对个人的生产效率产生很大的影响。激励—工作成绩假设的重要性就在于工作量和个体现有的激励水平之间的关系。在某些情况下,更多的工作会带来更好的工作成绩。

3. 以人为中心

无论考虑的主题是人和过程控制设备(如在核工业中)之间,还是和学校的计算机技术的相互作用,很显然,人类工程学考虑的是人和机器之间的互补性的本质。但是,自20世纪80年代中期以来,人类工程学的思想对两个组成要素的重要性重新做了微调,认为人应该在整个过程中发挥更加重要的作用。这个以人为中心的方法成为人类工程学的主要原则,它认为是人操作系统,人有能力提高或降低他们的工作效率。因此,人类工程学提出,个体的需求和愿望应该是最重要的。比如,人类需要自治权、控制权和预测事件的能力等等。在很多方面,这些特点反映出需要理解系统的用户模型:它如何工作,如何进行调整。

从这种方法产生出一些新的想法,这些想法是关于人类工程学应当进行的调查研究方式。应当更加重视人在实际环境而不是在实验室环境中的需求。个体为完成所分配的任务而需要的信息和系统的种类成为注意的焦点。

在讨论人—计算机相互作用的过程时,艾森(Eason 1991 P. 721)认为相互作用是“不同的参与者之间的对话形式”的观点忽略了相互作用的复杂性。他指出和机器发生相互作用,不只是为了交换信息而是为了在真实的世界中从事复杂的任务。因而,相互作用的含义超出了对其组成要素各部分的简单分析而进行的表述。

这种观点开始对很多方面的应用产生影响,比如:人—计算机系统的设计(Eason 1991)、技术熟练人员的工作场所(Branton 1987)和工作的设计(Wisner 1989)。

4. 从按钮和刻度盘再到用户环境

前面的讨论清楚地说明人类工程学可以在很广阔的活动领域内发挥重要作用。个体环境当中与通讯、控制、显示、工作站等等有关的所有特征在人类工程学中都很重要。

4.1 身体尺寸和身体运动

人体测量学(身体尺寸)和生物力学(身体运动)对理解用户如何与环境相互作用都非常重要。在非常基本的水平上,比如,不能适应椅子的人也将不能有效地利用椅子,要求用户采用不适当的姿势和身体运动的计算机工作台也将有可能导致肌肉疲劳和其他有害症状。

在教育领域,人体测量学和生物力学明显地影响到在教育工作站中所用的家具种类。在这一方面,关于学龄儿童身体尺寸的数据非常重要(Pheasant 1984, Branton 1967)。比如,臀的宽度影响椅子的宽度,小腿的长度影响椅子(进而影响到桌子)的高度等等,但是,当考虑使用这些人体测量的数据时,要考虑作为整体的人群身体的任何特定部位的尺寸范围也是很重要的。

然而,也有很多作者认为,个体的行为在人体测量学和生物力学的变量与适宜的工作区尺寸大小的关系之间起着同样重要的作用。曼德尔(Mandal 1981)曾经指出一个事实,即很多孩子通常坐在座位上的前面部分(这一点通过衣服的磨损就可以证明)而不是利用靠背的支撑坐到座位里面。根据这一事实,他提出向前倾斜的座位比向后倾斜的座位工作效率高。

布兰东(Branton 1969)在研究坐立不安的重要性时也考虑了座位和行为之间的关系。他指出身体对座位有两个方面的要求,对身体稳定性的要求和减轻身体姿势压力的要求,坐立不安就是身体对这两个相冲突的要求的自然反应。他指出,一个好的座位要满足这两个方面的要求。

4.2 感知与教学材料的设计

在操作人员—机器系统的环境里,信息流在操作人员和机器之间流动,人的感知系统显然是很关键的组成部分。感知与基于生理学的接受不同,它发生在大脑中枢,取决于观察者的许多其他特征,而不只是对刺激的接受。感知包括许多方面,如学习材料的认知组织,浏览和寻找学习材料的特征,还有过去经验的影响、动机、期望等等。

在文献中有相当数量的信息帮助设计文字的和图像的教学材料(Fleming and Levie 1993)以提高这种感知特征。很多文献信息集中在感知组织的格式塔学派。

格式塔心理学家认为,感知系统根据"完形"来组织材料。比如,这本百科全书就被看作一个像一本书一样的完整的结构,而不只是独立页面的集合。用这种方式观察世界,认知系统就能更好地利用感知的材料:一本书的含义远远超出页面的集合。

因此,我们可以利用格式塔学派的原则来增强教学材料的信息内容。这些原则包括:封闭原则(用边界线围绕起来的物体更有可能被看作一个整体)、邻近原则(两个或多个物体的距离越近越有可能被感知成一个整体结构)、相似原则(用与邻近原则相似的观点说明,这个接近是概念上的接近,而不是物理空间上的接近)、共同命运原则(同样,当两个或多个物体给出同样的提示时,它们看起来以同样的方式运转,就被感知为一个整体)、对称原则(具有稳定形式的对称物体被看作是同一组中的一部分)。

例如,1970 年伊斯特尔巴(Easterby)提出把格式塔原则用于图标的设计。德雅尔丹(Desjardins)1990 年提出格式塔心理学和其他相关理论能够为呈现视觉教学材料提供有价值的启示。康纳(Conner)和额(Ng)在 1989 年利用这些原则开发出了一个人类先觉能力的定量模型。

4.3 通信和理解

有关将提高操作人员—机器这个系统的通信连接的教学材料的呈现方式问题超出了图画,而扩展到其他呈现方法,如表格、图表、形状和散文本身(Wright 1977)。

"通信或交流"这个词源于拉丁文"communis",意思是"共同的"。因此,人类交流的一个明显特征就是它的"共同性",这是交流过程中涉及的所有人对信息达到共同理解必需的先决条件。但是,共同性的性质并不是一定表示交流过程中的所有参与者对所传递的符号和思想必须有完全相同的理解,只要有一些理解对他们而言是共同的就可以了。因此,即使信息传递者和接受者用不同的语言,只要被传递的信息中的基本思想能被准确地"阅读",交流便可以发生。

因此,有一种观点认为:有效的交流和理解依赖于信息传递者和接受者对传送的材料有相同的思维模型。所以,材料必须以信息接受者期望接受并使用它的方式安排。比如,赖特(Wright 1977)指出,保存信息并在必要的时候查阅信息(如利用参考手册)的人,与研究过信息并在需要时从记忆中提取信息的人可能会有不同的需要。赖特(1986)还引用了机场起飞牌上材料的显示作为这一现象的例子。一些乘客可能根据他们的起飞时间、航班号、目的地或者搬运器对他们的班机进行分类。只有当显示牌上信息的安排符合用户的期望和模式时,信息才能被有效地阅读和理解。

根据以上这些和其他的一些原则,已经开发出了很多指导原则,用于最有效地设计散文形式的教学材料(Oborne 1987, Chapanis 1965)。

4.4 控制和疲劳

迄今为止所讨论的人体测量学、感知和认知的很多方面,也出现在人类工程学比较传统的领域里,这些领域涉及操作人员—机器系统的具体组成部分的设计。尽管这与机器本身相关,但是设计的考虑是以用户身体的和行为的能力为基础。

有很多系统可用来控制等式一侧的机器，通常包括按钮、开关、控制杆和踏板，虽然最近以计算机为基础的技术发展还包括键盘（只不过是一些开关键的集合）、光笔、计算机鼠标、操纵杆和语音输入设备。除最后一种，所有这些控制器的操作都依赖于两个因素：（a）用户的身体确实适应控制器的能力；（b）通过骨骼系统，用户四肢的有效控制。因此，需要关于控制肢体的人体测量学和生物力学的特性信息以及当做出好的控制动作时，身体的肌肉和骨骼系统是如何活动的信息。对于后者，肌肉疲劳的概念和了解导致疲劳的因素很重要。

尽管这一过程源于肌肉中复杂的生物化学反应，但是肌肉疲劳本质上是由于肌肉纤维间乳酸的逐渐增加引起的。正常情况下是通过血液移走这些乳酸，血液还传送氧气以帮助维持肌肉的收缩。因此，足够的血液循环是必不可少的。在这方面，肌肉需要从事的工作种类很重要。

在动态的工作中，肌肉和四肢保持着持续的活动状态。比如，挥手示意的动作使上臂和肩部肌肉处于活动状态。但是在静态工作中没有运动，比如一位举重者在头上举着一个重物就是这种情况。由于动态工作的本质有助于促进肌肉中的血液循环，由此得出结论，在这种动态的工作中有助于减轻肌肉疲劳。

这个分析对控制器的设计和操作的隐含意义是很明显的：包含运动的肌肉劳动有可能减少疲劳，几乎没有活动空间的控制器和工作台设计，使人被迫采用不舒服的工作姿势，将促使疲劳产生。

关于机器向用户显示信息方面，在传统的人类工程学界的兴趣主要围绕通过刻度盘和利用其他各种模拟和数字显示技术显示内容。但是，自20世纪70年代后期以来，开始关注视频显示设备（VDU）和对屏幕上显示内容的安排进行设计。前面讨论的感知和组织因素就与这种显示有关。

4.5 视频显示设备，显示和健康问题

就视频显示设备的人类工程学方面而言，奥波恩（Oborn 1987）和卡基尔等人（Cakir et al. 1980）描述了关于显示器亮度、清晰度、对比度、色调等具体的信息。但是，人们已逐渐开始关心有关显示器的健康和安全方面，因为显示器具有负面的特性，比如：担心不能生育、视觉疲劳问题、反复的疲劳损伤。因此，简单地论述一下视频显示设备和视频显示终端设备（VDTS）对身体健康可能会带来的影响是合适的。在这种情况下，机器的概念从终端设备本身的简单论述扩展到对整个的工作区（VDT）的考虑，包括显示器、键盘、桌子、椅子和其他要素。

就视频显示设备而言，主要关心的是来自阳极射线管的辐射和对用户可能带来的影响。但是，得到的所有证据表明设法避免的显示器的辐射水平并不比自然情况下受到的背景辐射水平高（Terrana et al. 1980）。那么，从这个资料上，没有明显的依据担心健康危险。

尽管如此，由于视觉和肌肉疲劳可能会产生问题，这种情况主要在使用设计不合理的工作台时发生。所以，当视觉肌肉处于长期的静态的工作状态时，视觉疲劳可能就是由于长时间在终端设备操作引起的。通常，以终端设备为基础的任务要求用户长时间地盯着屏幕，很少有机会放松，也很少有机会能与动态的视觉工作交替进行。使用距离屏幕比较近的原稿架（放置稿件的装置）可能会强化这个问题。有人提出同样的观点说明在视频显示终端设备工作时会增加肌肉疲劳。而且，在设计不合理的工作区经常需要采取不舒服的工作姿势，这将会加大静态工作与动态工作的比例。

正如术语中所暗示的，如果过长时间地反复使用特定的肌肉组织，就会出现反复的疲劳损伤，这种损伤在打字员和其他长时间地保持不舒服工作姿势的工作人员的手和前臂的结合处特别普遍。这些不适的发作和病因超出了这个条目的范围（应当注意，它们不只限于视频显示终端设备的使用）。华莱士和巴克尔（Wallace and Buckle 1987）以及阿龙布和威特尔（Ayoub and Wittels 1989）的评论是关于这个题目特别有价值的信息来源。

4.6 环境

前面的部分已经论述了操作人员—机器系统的一些重要的具体特征。但是，当考虑到人类工程学在这种系统设计中的作用时，不应该忘记相互作用发生的环境也可能增强或阻碍建立起来通信连接。举一个极端的例子来说，处于黑暗中的工作场

地，就不太可能允许机器显示和观察者的视觉设备之间的有效的视觉交流。

在这一方面，物理环境和社会环境都很重要。物理环境方面应当考虑的因素包括噪声（有噪音的环境已经显示出会产生分裂性的行为或其他紧张的行为，而且会干扰感知听觉信号的能力）、照明（就光的亮度、对比度、眩光和效果而言）、空间的使用、温度和通风。奥波恩和格兰贝热（Oborne and Gruneberg 1983）对这个问题提出了更详细的论述。

5. 结论

人类工程学强调要理解人和他们所处的环境之间的关系，它对在教学过程使用的软件和硬件的设计都起重要作用。

至于物理环境和基于机器的环境，通过了解人如何利用这些系统，他们对系统有什么需求，就可能设计出系统和工作场所以适应这种应用。这种概念化在用户的身体结构和认知与思维模型水平上进行操作。恰当的设计可以导致对系统更有效的使用、不断增加的舒适感、更大的安全性以及减少意外事件的危险。

人类工程学不只是设计系统的物理环境方面，通过了解用户正在进行的任务的思维模型，考虑用户的自治、自尊、预测行为过程的能力等事项的重要性，人类工程学家还可以设计出更好地适应用户的系统。这种系统符合用户对世界的感知，他或她在这个世界中活动并与之交流。在这方面，人类工程学在所有基于工作的操作中都发挥重要作用，也包括学习过程。

D. J. 奥波恩（D. J. Oborne） 著

徐恩芹 译

附录

Ayoub M A, Wittels N E 1989 Cumulative trauma disorders. *International Reviews of Ergonomics* 3:217—272

Branton P 1967 *School Furniture Dimensions: Standing and Reaching*. Department of Education and Science, HMSO, London

Branton P 1969 Behaviour, body mechanics and discomfort. *Ergonomics* 12:316—327

Branton P 1987 In praise of ergonomics. *International Reviews of Ergonomics* 1:1—20

Cakir A, Hart D J, Stewart T F M 1980 *Visual Display Terminals: A Manual Covering Ergonomics, Workplace Design, Health and Safety, Task Organisation*. Wiley, Chichester

Chapanis A 1965 Words, words, words. *Human Factors* 7:1—17

Conners R W, Ng C T 1989 Developing a quantitative model of human preattentive vision. *IEEE Transactions on Systems, Man and Cybernetics* 19:1384—1407

Desjardins F J 1990 Computer-assisted design for overhead transparencies. In: Estes M, Heene J, Leclercq D (eds.) 1990 *The Seventh International Conference on Technology and Education: New Pathways to Learning Through Educational Technology*, Vol. 1. Brussels

Eason K D 1991 Advances in HCI. *Ergonomics* 34:721—742

Easterby R S 1970 The perception of symbols for machine displays. *Ergonomics* 13:149—158

Fleming M L, Levie W H (eds.) 1993 *Instructional Message Design: Principles from the Behavioral and Cognitive Sciences*, 2nd edn. Educational Technology Publications, Englewood Cliffs, New Jersey

Mandal A C 1981 The seated man (homo sedens). *Appl. Ergonomics* 12:19—26

Oborne D J 1987 *Ergonomics at Work*, 2nd edn. John Wiley and Sons, Chichester

Oborne D J, Gruneberg M M (eds.) 1983 *The Physical Environment at Work*. John Wiley and Sons, Chichester

Pheasant S T 1984 *Anthropometrics: An Introduction for Schools and Colleges*. The British Standards Institute, London

Rodger A, Cavanaugh P 1962 Training occupational psychologists. *Occupational Psychology* 36:82—88

Terrana T, Merluzzi F, Guidici E 1980 Electromagnetic radiation emitted by visual display units. In: Grandjean

E, Vigliani E (eds.) 1980 *Ergonomic Aspects of Visual Display Terminals: Proceedings of the International Workshop*. Taylor and Francis, London

Wallace M, Buckle P 1987 Ergonomic aspects of neck and upper limb disorders. *International Reviews of Ergonomics* 1:173—200

Wisner A 1989 Fatigue and human reliability revisited in the light of ergonomics and work psychopathology. *Ergonomics* 32:891—898

Wright P 1977 Presenting technical information: A survey of research findings. *Instr. Sci.* 6:93—134

Wright P 1986 Phenomena, function and design: Does information make a difference? In: Oborne D J (ed.) 1986 *Contemporary Ergonomics, 1986*. Taylor and Francis, London

其他参考文献

Damon A, Stoudt W H, McFarland R A 1971 *The Human Body in Equipment Design*. Harvard University Press, Cambridge, Massachusetts

Grandjean E, Hunting W, Piedermann M 1983 VDT workstations design: Preferred settings and their effects. *Hum. Factors* 25:161—175

Oborne D J 1985 *Computers at Work: A Behavioural Approach*. John Wiley and Sons, Chichester

教学心理学:对教学设计卓有贡献的领域(Instructional Psychology: as a Contributing Field to Instructional Design)

本词条对教学心理学与教学设计的关系做了讨论。教学设计可以理解为一个研究领域,也可以理解为一种活动。那些将教学设计看作是一个研究领域的学者努力为教学设计决策寻找科学基础,并表现出了与教学心理学之间特别的联系。那些把教学设计看作是一种活动的倡导者系统地描述教学设计者所进行的活动过程。他们受到了系统论的强烈影响(Reigeluth 1983),尽管从经验的研究来看,其关注点是“心理问题”,而非“逻辑的”设计过程。

当把教学设计看作是一个研究领域时,教学心理学对教学设计的贡献就更为明显了,作为一个研究领域,教学设计旨在将描述性研究的成果转化成针对日常教学情境的正确的处方(Lowyck and Elen 1993)。

本词条的第一部分探讨了教学心理学和教学设计的复杂关系。由于关于学习和教学的认知观点的出现,以及从描述性研究到处方性研究的转化这个老问题,教学心理学和教学设计之间的关系是有疑问的。第二部分综述了教学心理学对教学设计的各种贡献,并对设计中的相关因素、程序以及关于设计过程的认识的变化做了简要回顾。

1. 教学心理学和教学设计的关系

上文把教学设计界定为一个关注教学设计决策的研究领域。教学设计可以看作是一个应用研究领域,旨在把描述性研究的结果应用在日常教学情境中。按照这种观点,教学设计与描述性研究学科具有密切的联系。教学心理学当然具有首当其冲的影响,它揭示了影响学习的变量,说明了各种教学干预措施的有效性。它们之间的这种关系得到了人们的普遍认同,但这并不意味着它们之间的关系是简单明了、毫无疑问的(Bonner 1988)。的确,教学心理学中的学习观的演化以及由描述性研究向处方性研究的转化不断带来新的问题。

1.1 从行为主义到建构主义

教学心理学中从行为主义学习观到认知学习观的转变强烈地影响到了教学心理学和教学设计的关系。

教学设计作为一个研究领域产生于行为主义心理学的全盛时期。那时,关于学习的研究就等同于关于教学的研究,因为行为主义者关注的问题就是外部干预对学习的影响,而基本忽略了学习者自身所进行的心理活动。行为主义者试图寻找确保有效学习的明确的方法,在这方面,他们描绘了一个系统的、便于应用的框架(Skinner 1968)。按照这个在很大程度上减少了学习和教学复杂性的框架,教学设计者可以方便地推导出各种处方,这些处方强调教者所实施的信息传递和控制活动的重要性。教学被看作是为确保学习发生而进行的一套向学习者发出的传播过程。与这种观点相一致，行为主义者规定，必须用可观察的活动（反应）来表述教学目标，必须把信息分解成小的单元，必须诱发学习者的反应，并提供直接的反馈。

这种表面上合理的学习和教学方法受到了认知倾向的研究者的强烈批评。教学心理学中向认知的转变似乎打破了这个学科与教学设计的密切联系，其原因可能是多方面的。

首先，如格拉泽（Glaser 1991）所强调的，这种向认知的转变引起了人们对专家行为的过程的深入分析，但却很少注意从一种专业知识到另一种专业知识的转化过程。这就是说，尽管我们对于专家在众多任务中所进行的复杂活动过程和心理活动有了很多认识，但我们关于学习过程以及促进学习的条件的知识却几乎没有在此过程中得到增长，而这些知识对于教学设计来说而非常有价值的。

第二，教学心理学中的认知革命导致了人们对于教学干预的关注的降低。研究者强调的是学习者的活动和所参与的过程，而非如何促进或优化这些过程。而且，关于教学干预的认知研究表明，教学干预有赖于学习者对它的解释，因而教学干预本身具有不确定性。这种认知中介范式（Shulman 1986）意味着教学干预的效果在很大程度上取决于学习者对其功能的归因。

第三，认知倾向的教学心理学家和教学设计者关心的是不同的问题。根据邦内（Bonner 1998）的研究，前者主要试图探索和解释现象，而后者则试图寻找干预和控制的可能性。

在此后，教学心理学和教学设计之间的关系朝着两个方向发展。一方面，一些研究者努力建立和描绘所谓的“有力的学习环境”。这种建构主义的方法把学习看作是一种任务或成就，旨在建立基于媒介的/计算机化的学习环境。可以预见，这种源自“温和”建构主义的研究将产生详尽的有关教学情境中学习的理论，并同时指出促进学习的条件，由此带来教学心理学和教学设计的新型联系。另一方面，激进建构主义者强调学习结果的不可预测性，强调预设的教学干预的负面效应，断言我们所需要的工具只是那些能帮助学习者决定何时学习、学习什么和如何学习的工具（Bednar et al. 1991）。这种观点扩大了教学心理学和教学设计之间的鸿沟，因为它怀疑任何决定教学干预的系统规则的价值和有效性，进而最终否定了教学对学习的任何贡献（Streibel 1991）。

1.2　从描述性研究到处方性研究

关于教学心理学和教学设计的关系，另一个更为基本的问题在于定位的不同，更准确地说，在于描述性研究与处方性研究之间的距离。教学心理学旨在揭示和解释教学情境中的学习以及促进学习的条件，而教学设计的关注点是明确用以达到所确定的学习目标的教学干预措施的充分性。这样看来，教学心理学可以说是解释取向的、描述性的，而教学设计是干预取向的、处方性的。尽管教学心理学对于教学设计来说是很重要的，但是教学心理学不等于教学设计。教学设计作为一个“技术性”领域，恰恰希望在描述和处方之间架起一座桥梁。

在其更一般的形式上，人们对这个问题的讨论往往被称之为理论与实践之间的张力，由此联想到人们呼吁建立“连接性的科学”。研究者提出了各种设想，试图拉近理论与实践或者教学心理学与教学设计之间的距离。其中一类建议是通过让实践者参与研究项目的选题和实施来提高研究问题的相关性（Huberman 1990）。与此相类似，一些研究者呼吁加强研究成果的交流和推广。但所有这些努力并没能在理论和实践之间的鸿沟上架起一座桥梁，而只是把它们的距离拉近了些（De Corte 1991）。

作为对这种批评的回应，研究者强调应该开展更多的处方性研究（Clark 1989）。这类研究建立在描述性研究结果的基础上，对与实践高度相关的问题进行探索，以便能得出强调教学设计决策的规则。

2. 教学心理学对教学设计的贡献

如上文所述，两个重要问题对教学心理学和教学设计的关系构成了挑战：其一，认知观点至今尚未建立关于学习和教学的成熟完善的理论；其二是描述性研究和处方性研究之间的鸿沟问题还没有解决。尽管存在这些问题，我们必须承认：（a）关于学习和教学的认知观点所带来的启示引起了教学设计研究者们相当多的关注;(b)关于教学设计的众多发表物均(自称)采取了认知的观点(Gagne et al. 1988,Tennyson and Rasch 1988)。

一个完善的教学设计模型包含两类成分(图1)。前两个成分是描述性知识库和参照系,它们决定了教学设计模型的内容。后三种成分——设计的参数、设计的程序和设计过程——具体说明了模型的内容。下文就当前教学心理学对教学设计的贡献做了综述。教学心理学作为一门学科,是教学设计模型所依据的描述性知识基础的一个组成部分。它必须强调的是,尽管描述性知识库中的学科总体上是很折中的,但它基本持的是认知倾向。至于参照系,由于两个原因本词条没有对它作具体解释:(a)因为本词条的目的是进行总体回顾,而非模型的细节内容;(b)一般说来,教学设计模型几乎都没有明确其参照系,而往往声称自己具有广泛的适用性。

2.1　设计的参数

设计的参数具体指明了在深入分析教学设计决策的规则时需要考虑的两类变量。与学习者相关的参数是指对学习有重要意义的学习者特征,与教学相关的参数是指教学环境中可以改变的与学习有关的要素。

如前文所述,随着教学心理学中的认知革命,人们越来越关注学习者在完成特定任务时所参与的过程和所进行的活动。在这方面,教学设计的有关文献明确了许多影响任务完成情况的学习者相关因素,包括动机(流体动机/晶体动机、内部动机/外部动机)、先前知识(质量和数量、陈述性知识/条件性知识和程序性知识、错误概念、事实信息、概念性的知识)、元认知(元认知知识、元认知技能、自我调节、自我监控)、认知与学习技能以及学习观等,这些是考虑到的一些变量。因此,教学心理学使教学设计研究者更加意识到了学习者特征的重要性(Winn 1990)。

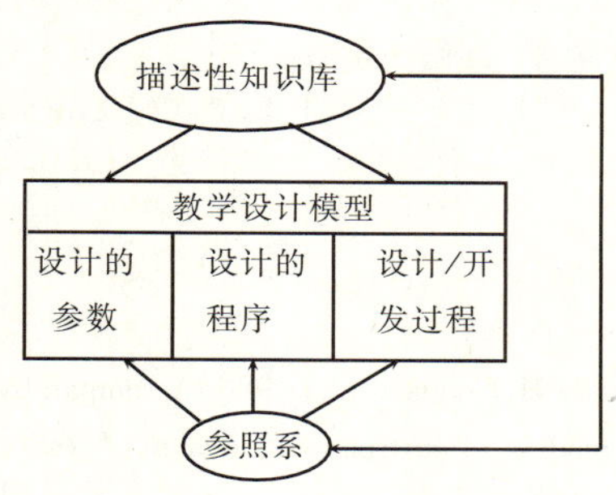

图1　教学设计模型的构成

至于与教学相关的参数,教学心理学推动了教学功能的巨大转变。人们不再把教学看作是为保证学习而进行的一套向学习者进行的传播,而是尽力促使和支持学习者自己努力学习。随着这种革命性的转变,人们认识到可以区分不同类别的学习目标,它们需要学习者投入于不同的活动,而且也需要增强不同类型的教学干预。研究者关注的焦点是有意义学习,而非机械学习,同时关注问题解决和学会学习。在讨论认知革命对教学设计的启示时,卡斯和贝赖特(Case and Bereiter 1984)指出,认知革命的主要贡献[尤其是加涅(Gagne)]在于重新界定了"什么"是学习和教学,而非"如何"进行学习和教学。因为没有一个能清楚地辨别可以促成、支持和鼓励学习的重要的教学变量及其关系的框架,所以,他们在对教学相关变量的探讨上的贡献非常小。现有文献只是从有限的角度列出了一些可能重要的侧面。因此,很难对具体的教学干预措施进行分类,并综合相关文献说明这些干预措施的有效性。在这方面应该提到一个例外,科林斯等人(Collins et al. 1989)在他们非常有影响的关于认知师徒制的文章中,对学习者相关变量和教学相关变量均做了深入讨论。

我们可以借"认知中介范式"(Shulman 1986)来总结教学心理学对教学设计的贡献。在20世纪90年代早期,研究者,甚至教学设计的文献,都基本接受了这样的观点,即学习者应该对自己的学习负首要的责任,教学干预措施只有被学习者充分理解才可能是有效的。

2.2　设计的程序

设计的程序包括两类。其一,要对教学情境的要素(学习者和教学相关参数)作全面诊断,以便为教学设计决策作准备。这类程序的结果是资料信息,这些资料可以使教学设计决策建立在可靠的基础上。其二,有一系列针对教学干预的规则,这些规则具体说明了学习者相关参数和教学相关参数之间的关系,因而能够表明具体的教学干预或方法在何种情境(一定的学习者特征和教学情境特征的特定组合)下可能是有效的。

教学心理学对诊断和干预规则均有影响。对于第一方面而言,教学心理学有助于形成对教学和学习相关变量进行分析的方法。比如,就任务分析而言,研究者强调,除了对任务内容的分析之外,还必须确定学习者为完成任务和进行学习所需要进行的认知过程和活动(Gagne et al. 1988, Gardner 1985, Resnick 1983)。教学心理学对学习者特征的日益关注导致了许多测评工具的发展。其中一些工具在教学设计中的作用引起了研究者的注意。比如,学习风格问卷(Vermunt 1992)使对认知、元认知技能以及学习动机和学习观的诊断成为了可能。

有关干预规则的研究进展甚微。但教学心理学在这方面的一个贡献是明确了所要达到的学习目标的多元性。而且,在认知中介范式之下进行的关于教学干预效果的研究让我们更加意识到,为了充分地支持学习者,教学干预措施的数量和质量均有赖于具有不同特征和不同学习目标的学习者对它所进行的精细加工(Bovy 1981)。

除了上述贡献之外,教学心理学——尤其是其中关于"有力学习环境"的探讨——还提出了新的"设计原则"。尽管这些原则主要是一些对研究者们所建立的学习环境的特征描述,但长远来看,它们会得到更正式的承认,从而具有干预规则的形式。比如,范德比尔特(Vanderbilt)大学认知与技术课题组(1990)在其"锚式情境教学"中就提出了一些这样的原则,对学习的特征和学习者变量做了很深入的分析。

2.3 设计过程

安德鲁斯和古德森(Andrews and Goodson 1980)明确提出,从设计过程中所包含的步骤或活动来看,绝大多数教学设计模型其实是非常相似的。这些步骤或活动都是研究者基于对教学设计作为一种活动所包含的内容的理性分析而提出的。然而,认知教学心理学的研究者怀疑纯粹理性的设计过程的有效性。如果把教学设计看作是一种问题解决活动的话,那它应该是一种结构不良的问题,而不是结构良好的问题(Rowland 1990)。结构不良问题的解决需要经历一个循环往复的过程,需要通过考虑不同的侧面而对问题不断进行重新理解。

尽管我们对于如何进行实际的教学设计已经有了更多的知识,但这种知识的增长仍未导致教学设计模型中对设计过程的重新定义。换言之,即便是把教学设计看作是一种活动,也存在描述与处方之间的鸿沟。

3. 结论

以上分析表明,教学心理学对教学设计的主要贡献是让我们对于进行教学设计时需要考虑的有关参数有了更深入的认识,并对教学的功能有了重新的理解。但是,教学心理学和教学设计之间的联系是相当松散的,这一方面是由于具体的学习观和教学心理学的当前研究焦点问题,另一方面也因为从描述性研究到处方性研究的转化的困难。研究者提出了一些教学设计的原则,创建了一些学习环境,并明确了教学设计者的活动。但是,至今还没有明确的规则能准确地说明在某种条件下应选择何种特定的教学干预措施,教学心理学研究在此方面的启示还不甚明朗。教学心理学应该更多地关注学习和教学理论的建构,并加强处方性研究,这将有助于重建教学心理学与教学设计之间的关系。果真如此的话,教学设计将成为一门连接科学,它尊重教学心理学研究形成的描述性成果,并将通过在日常的环境中应用和验证这些成果而对教学心理学研究的发展做出贡献。

J. 勒伊克(J. Lowyck)
J. 艾伦(J. Elen) 著
张建伟 译

附录

Andrews D H, Goodson L A 1980. A comparative analysis of models of instructional design. *J. Instr. Dev.* 3(4):2—16

Bednar A K, Cunningham D, Duffy T M, Perry J D.

Theory into practice. How do we link? In: Anglin G J (ed.) 1991 *Instructional Technology: Past, Present, and Future.* Libraries Unlimited, Englewood, Colorado

Bonner J 1988 Implications of cognitive theory for instructional design: Revisited. *Educ. Comm. & Tech. J.* 36(1): 3—14

Bovy R C 1981 Successful instructional methods: A cognitive information processing approach. *Educ. Comm. & Tech. J.* 29(4): 203—217

Case R, Bereiter C 1984 From behaviorism to cognitive behaviorism to cognitive development: Steps in the evolution of instructional design. *Instructional Science* 13(2): 141—158

Clark R E 1989 Current progress and future directions for research in instructional technology. *Educ. Tech. Res. Dev.* 37(1): 57—66

Cognition and Technology Group at Vanderbilt 1990 Anchored instruction and its relationship to situated cognition. *Educ. Researcher* 19(6): 2—10

Collins A, Brown S J, Newman S E 1989 Cognitive apprenticeship: Teaching the craft of reading, writing, and mathematics. In: Resnick L B (ed.) 1989 *Knowing, Learning, and Instruction. Essays in Honor of Robert Glaser.* Erlbaum, Hillsdale, New Jersey

De Corte E 1991 Bridging the gap between research and educational practice: The case of mathematics. Paper presented at the Fourth European Conference for Research on Learning and Instruction, Turku, Finland. KU Leuven, Leuven

Gagné R M, Briggs L J, Wager W W 1988. *Principles of Instructional Design*, 3rd edn. Holt, Rinehart and Winston, New York

Gardner M K 1985 Cognitive psychological approaches to instructional task analysis. *Rev. Res. Educ.* 12: 157—195

Glaser R 1991 The maturing of the relationship between the science of learning and cognition and educational practice. *Learning and Instruction* 1 (2): 129—144

Huberman M 1990 Linkage between researchers and practitioners: A qualitative study. *Am. Educ. Res. J.* 27 (2): 363—391

Lowyck J, Elen J 1993 Transitions in the theoretical foundations of constructional design. In: Duffy T M, Lowyck J, Jonassen D H (eds.) 1993 *Designing Environments for Constructive Learning.* Springer-Verlag, Berlin

Reigeluth C M 1983 Instructional design. What is it and why is it? In: Reigeluth C M (ed.) 1983 *Instructionaldesign Theories and Models: An Overview of their Current Status.* Erlbaum, Hillsdale, New Jersey

Resnick L B 1983 Toward a cognitive theory of instruction. In: Paris S G, Olson G M, Stevenson H W (eds.) 1983 *Learning and Motivation in the Classroom.* Erlbaum, Hillsdale, New Jersey

Rowland G 1990 *Problem-solving in Instructional Design.* Indiana University, Bloomington, Indiana

Shulman L 1986 Paradigms and research programs in the study of teaching: A contemporary perspective. In: Wittrock M C (ed.) 1986 *Handbook of Research on Teaching*, 3rd edn. Macmillan, New York

Skinner B F 1968 *The Technology of Teaching.* Appleton-Century-Crofts, New York

Streibel M J 1991 Instructional plans and situated learning. The challenge of Suchman's theory of situated action for instructional designers and instructional systems. In: Anglin G J (ed.) 1991 *Instructional Technology: Past, Present, and Future.* Libraries Unlimited, Englewood, Colorado

Tennyson R D, Rasch M 1988 Linking cognitive learning theory to instructional prescriptions. *Instructional Science* 17(4): 369—385

Vermunt J D H M 1992 *Leerstijlen en sturen van leerprocessen in het hoger onderwijs. Naar procesgerichte instructie in zelfstandig denken.* Swets and Zeitlinger, Lisse

Winn W D 1990 Some implications of cognitive theory for instructional design. *Instructional Science* 19 (1): 53—69

设计与开发的系统方法(Systems Approach to Design and Development)

本书第一版中对教育的系统方法定义如下:

> 自觉运用系统分析和系统设计的技巧,努力识别和解决学习或教学系统中的复杂问题。这种方法的组成要素包括:确定系统的边界,识别系统所有实际的和可能的输入与输出,并分析它们之间的相互作用。

但是,这个定义可能引起的问题要多于它所能回答的问题。什么是系统分析和系统设计的技巧,它们是如何与解决教育中复杂问题有关的?像输入、输出和边界这些术语,它们在教育计划中的含义是什么?这种方法,似乎是从工程学借用到教育计划的社会性场合,其实用性如何?除了直接从系统方法这个正式定义产生的问题之外,还有一些问题或误解所产生的原因,是由于这一术语几十年的实际应用是用来描述教育计划和教学设计与开发程序的。对于很多教育技术或教学设计与开发过程之外的观察者而言,系统方法似乎是项目需要按顺序进行的各个阶段的一个系统化的程序,从而便于管理。

但是,"系统方法"这个术语,作为理解和改进复杂的、概率性系统的创造性和探索性途径,源自于一般的系统论和控制论(Romiszowski 1981)。控制论已经逐渐发展成为一门跨学科的科学,它寻找不同领域之间的共性,这些领域复杂的和概率性的系统必须通过某种方式进行控制或设计,或使之有效运行(Ackoff 1960,Pask 1961)。系统方法最初是一种看待复杂现实的方式,认识到复杂的现实不像许多比较简单的机械系统一样以一种确定的方式就可以完全控制。从这种认识中可以得出系统方法的基本原则,包括仔细分析相互作用的子系统之间的相互关系,并根据"如果一个特定的部分发生变化,系统的其他部分可能出现什么情况"的预测来理解这些相互作用。另一个重要的原则是根据反馈进行控制的控制论原则,这一原则是由于认识到复杂事物不能一次成功地计划和实施,而只有通过一个反复过程,对第一次尝试的解决方案进行评价,看哪些部分起作用了,哪些部分没有起作用,然后进行修改和再评价(Neil 1970)。整个过程实际上是探索性的而不是算法式的,是创造性的而不是机械性的,是整体的而不只是逻辑的。

把这一过程描述成一系列的阶段或步骤很方便,但令人遗憾的是,这种描述通常以某种流程图的形式表示出来,后来的人们就把它解释成指导性的规则系统而盲目地遵循,而不是根据实际情况进行修改。系统方法主要是一种思维方法(Emery 1969),使人具备有效的需求分析、创新设计和批判性评价所必需的洞察力。

但是,除了系统思维的内涵之外,系统方法确实还包含一个系统化的程序,通过这个程序可以分析复杂的问题,设计和实施适当的解决方案(Singleton 1974)。下面的部分将分析系统思维的内涵,然后分析系统方法的系统程序的含义。

1. 系统思维

"系统"这个术语描述的是一个相当抽象的概念,像"为了共同的目标相互作用的各组成部分或各要素的集合"这样传统的定义对理解这个概念并没有多少帮助。人们可能会说因为有人下了这样的定义,所以系统存在。

一辆自行车可以看作是一个有明确组成部分的系统——车轮、踏板、链条、车把等等。关于自行车的目的或用途(提供一种行进的交通工具)和自行车基本的组成部分,大多数人的意见是一致的。但是,自行车又可以被认为仅仅是一个更大的系统的一个组成部分(如骑车人—机器系统,它的目的就是最大限度地把骑车者的能量转化为自行车运动的效率)或者是甚至更大的系统的一个组成部分(如自行车作为城市交通系统的一个组成部分,城市交通系统包括汽车、卡车、火车、公共汽车、公路等等)。还有,后车轮轴心的三速链轮本身就可以看作是一个相当复杂的系统。

因此,一个系统存在是因为人们为了实际目的决定把它作为系统。划定边界就限制了系统的范围,从而确定了组成部分或子系统,它们组成该系统(见图1)。

系统一旦通过这种方式被确定,就可以鉴别系统和环境之间的主要关系,也就可以鉴别出环境对系统的输入和系统对环境的输出(见图2)。

系统分析的第一步是确定该系统、它的边界和穿越这些边界的主要输入和输出。确定输入和输出的数量以详细说明系统的目的,并在某种程度上说明系统的效率。暂时可以忽略系统边界内部的复杂性,把系统看作一个"黑箱"。

通常有一些方法可以控制黑箱外部的输出。教育部门可以(在每一点上)通过指定输出标准、输入的资源和容量来控制学校系统的输出,而不需要知道学校里正在进行的教学过程的详细信息。教师可以(也在每一点上)通过观察学生的输出(新的能力和行为)和巧妙地处理输入(信息的种类,任务的种类、频率和重复、练习持续的时间等等)来控制学生的学习,而不必知道任何关于学生内部学习过程的详细信息。

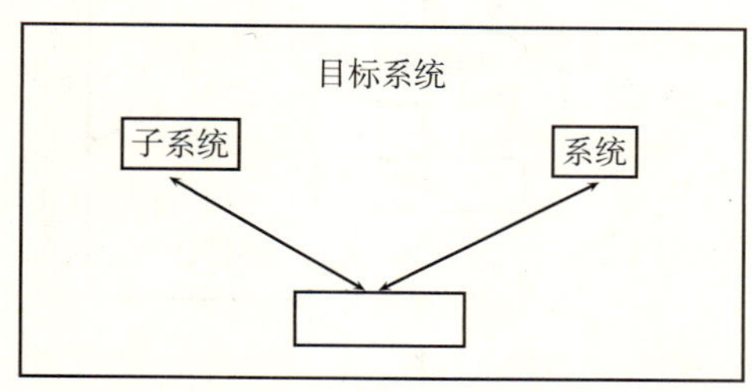

图1　一些基本系统术语

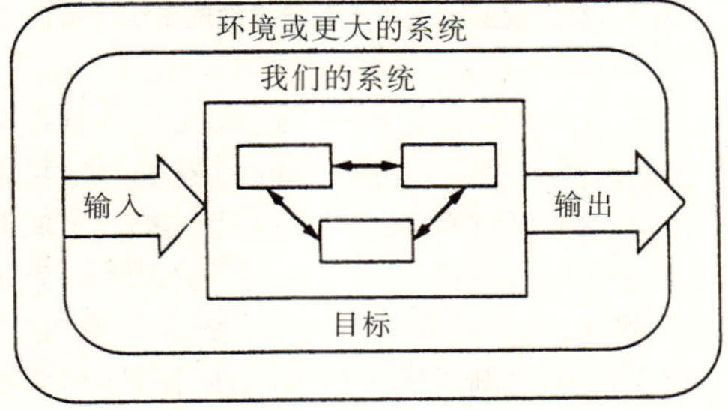

图2　更大的系统

如果这种形式的控制失败了,或许就可以证明进行更详细的系统分析的时间和努力是必要的。如果外部控制失败,教育部门就开始关心课程设计、教师培训、教学方法以及教学过程其他方面的内部工作方式了。当教师们通过行为主义提倡的"输入—输出—反馈"原则无法使教学适应个体需求时,他们就开始研究发生在学生头脑内部的认知过程。

在这时候,就不得不面对系统内部结构的真正的复杂性和正在进行的过程的不确定性。就在这个时候,整体性思维对系统分析者和设计者来说尤其重要。一般系统论中的基本概念和原则,比如控制系统熵的原则,或者需求多样性的原则等,就有助于解释和预测系统的行为了。在开始详细地分析和设计系统的一个要素时,使系统的结构和组成要素及子系统之间的内部关系可视化的能力,就可能维持一个"系统观"或"大视野"。系统工程学家广泛使用的方框图就是促进和证明这种系统观的一个努力。

2. 逻辑性的问题解决

系统方法的程序性和逻辑性方面与它重视分析和解决复杂的、概率性的系统中的问题有关。为解释清楚需要说明两点,第一,突出复杂性和非决定论,强调问题解决的方法在本质上应当是可以反复的,开发试验性的解决方案,并进行测试以便根据要求进行改进。第二,应当进一步确定问题所表示的真正本质。最概括地讲,一个问题就是当前状态或情形与理想状态或情形之间的差距,这可能是由于对现状的不满引起的,同样也可能是由于感觉到"去一个我们以前从来没有去过的地方"的机会所引起的。这个"问题"的定义相当于明确了一个给定系统的分析和设计方案的目标。

为了"确定问题",我们可以采用下面的步骤。第一,有必要识别出最宜用输入—输出术语确定问题的系统。第二,应当把问题定义为系统当前状况与理想状况之间的差异(用输入—输出术语)。第三,应当努力确定变化的数量,这种变化将可以作为一个成功的解决方案的度量标准。

到现在为止一直没有提到任何一个具体的解决方案或者暂时还不到这个阶段。实际上,应当避免这样，以防混淆问题和问题的解决方案或混淆目标和手段。在人们形成解决问题方案之前就常常对方案的形式做出不成熟的决定，确实会使人们对问题采取将就态度。但是，有效的问题解决与从所有可供选择的方案中选出的最好方案有关。这种选择的标准必须依据具体的问题，因此就强调首先要确定问题。系统思维有助于尽可能清楚而完整地确定问题，也有助于对问题进行分析，以便鉴别可能的选择方案。它有助于从可供选择的方案中做出选择，并帮助开发最可行的方法。最后，它有助于方案的实施，有助于评价它的有效性和真正的价值，如果需要还可以帮助改进这种方案。

因此，尽管系统方法是把问题当作系统来看待的一种思维方式，但是系统方法也是一种方法论——用于设计和开发复杂系统的科学方法。系统方法通常遵循的一般过程是：(a)根据系统的观点确定问题；(b)分析问题，形成可供选择的方案；(c)选择并综合出一种最好的方案；(d)有控制地实施方案；(e)评价并进行适当的修改。

3. 系统方法：整体的还是逻辑的

前面描述的问题解决过程中的五个基本步骤或阶段，已经作为开发其他教学设计和开发模式的基础被采纳，在文献资料中常以或多或少地有些复杂的流程图表示出来。随着时间的推移，这导致了对于系统方法的系统化程序方面的过于强调。或许由于这个原因，对于很多人来说，系统方法已经变得类似于缺少创造性的、机械论的教学设计和开发的方法。

为了稍微纠正一下这种观点，图3以流程图的形式加以表示，但是应用了一种独特的长方形图解惯例表示关键的产品，用圆或椭圆表示为了产生产品而必须进行的探索性决策和创造性思维的各个阶段。图3说明了设计教学的过程。阐明问题的结果，或者“是什么”和“什么”之间的差距，导致形成有详细说明的教学目标。但是，选择和确定这些目标的过程决不是算法式的、一步一步的和机械的。

接下来，就利用教学目标产生许多可供选择的教学方法和媒体的列表，这些方法和媒体带有有关

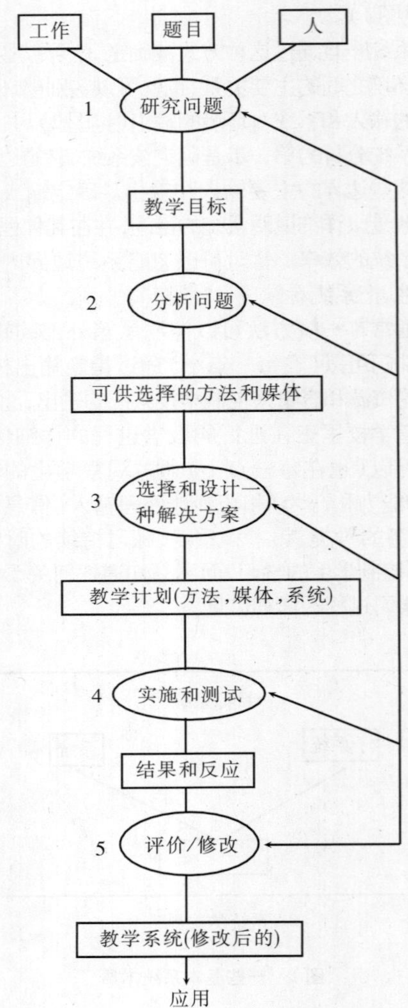

图3　在微观层次上用于教学设计的系统方法

的成本和优先级别，可以用来做出最后的选择。同样，鉴别这些可供选择的办法的过程是一个复杂的、启发式的、经常有创造性的决策过程。下面的过程就是选择和设计一种方案，实施和测试，然后评价和修改，这一过程同样被认为是启发式的决策过程而不是循序渐进的机械的程序，因此，尽管图3是一种流程图的形式，但它绝不是一个规则系统。

系统方法作为一种问题解决的过程，其广泛的适应性和多样性可以进一步通过图4来阐明，图4详细阐明了应用于更一般、更宏观的组织分析背景中问题解决的五个步骤，这和可以作为一个组织开发项目的一部分贯彻执行的五个步骤相同。

第一步：现在包括确定清楚的且可以测量的组织目标或工作绩效目标，并鉴别使目标合适并切实可行所需的环境条件。

第二步：分析实际绩效问题或差距的原因，确定所有可能的解决方案和方案的组成要素，评价可供选择的方案，选出各种干预（教学中其他各型的培训/开发活动，加上其他活动如组织的变化、工作的设计、修改的选择程序等等）的最佳组合。

第三步：现在必须协调地开发这个最优组合的所有组成部分（通常很难，因为它们可能是组织中不同部门的职责）。但是，集中在教学部分是值得的。如果要开发教学部分，到现在为止，它对整个方案的贡献是确定的。一般将采用下面的顺序：(a)开发教学目标；(b)产生可供选择的教学方法和媒体；(c)开发所选择的解决方案；(d)试验性地实施；(e)评价。系统方法在整个微观层次的应用（图3所示），都被合并到图4所示的宏观层次应用中的第三步。

第四步：和这个活动同步进行，其他的组成部分也要进行相同的系统开发过程。大规模的实施能使方案的各种不同组成部分（已经分别单独进行了评价）协调起来，共同在真正的组织环境中实施。

第五步：现在要在组织的高度和长期效果的层次上进行评价，以检查最初的诊断和开发方案的各个方面是否正确。

图4详细说明了系统方法潜在的多学科性。尽管图中只是详细说明了解决方案中的教学部分，但是，组织中可能存在多样性的问题和具有多种原因的问题，在解决这些问题的总体方案中，该图意味着还可能存在一些其他组成部分。因此，尽管所遵循的问题解决程序在某些方面是逻辑化的，但是问题解决者对问题和问题发生的场合必须坚持整体性的观点，对此图4进行了详细说明。

4. 系统方法在教育中的应用

在最后这一部分，将给出系统方法在教育环境中应用的几个例子。选出这些例子是为了说明系统方法的重要应用，也是为了说明系统方法为教育系统中不同应用层次所带来的价值。以下的说明将从较低的或微观的层次逐渐上升到较高的或宏观的层次。

在教学材料设计和开发的层次上，在教科书、视听材料和基于计算机的教学材料的设计和开发的许多实际方法论中，都体现出系统方法逻辑性和程序性的方面。其中一个广泛应用的模式是由迪克（Dick）和凯里（Carey）在1985年提出的。系统方法的整体性方面在过去教学材料的设计和开发场合中一直被忽略。但是，教学产品的开发者现在开始从教学材料的设计和开发转向确定的目标人群，试图达到准确、事先同意的绩效目标，并试图建立一个知识库，这样可以在学习者的控制下，用来满足有多种初始技能的学习者的多种目的。研究的重心也开始转向知识结构的整体性分析。比如，超文本知识库的建立，是一个依赖高层次的整体性思维的项目，它应用在特定知识领域的结构分析，设计数据库中表征整个结构的适当方式，并评价各种各样潜在用户能最大限度地从综合的教学材料中受益的方式。

由罗伯特·合恩（Robert Horn）和他的助手提出了信息映射法（Horn 1976，1989），信息映射是信息映射公司的一个商标，沃尔瑟姆福雷斯特（Waltham，Massachusetts，United States）是教学材料开发方法的一个很好的例子，它非常清晰地体现出系统方法的逻辑性和整体性的方面。这种方法，最初形成于20世纪六七十年代，用于制作印刷的学习材料和参考资料，现在，它作为一种设计方法，越来越多地应用在超文本和超媒体系统中。

在系统决议较高的层次上，也可以按照系统方法进行设计，从而把教学材料和其他活动整合到课或课程模块当中。程序化的模式可以服务于系统的组织过程，如前面提到的迪克和凯里模式。但是，对于参与者和他们之间如何相互作用以及他们与环境之间如何相互作用等采取整体性的观点，将

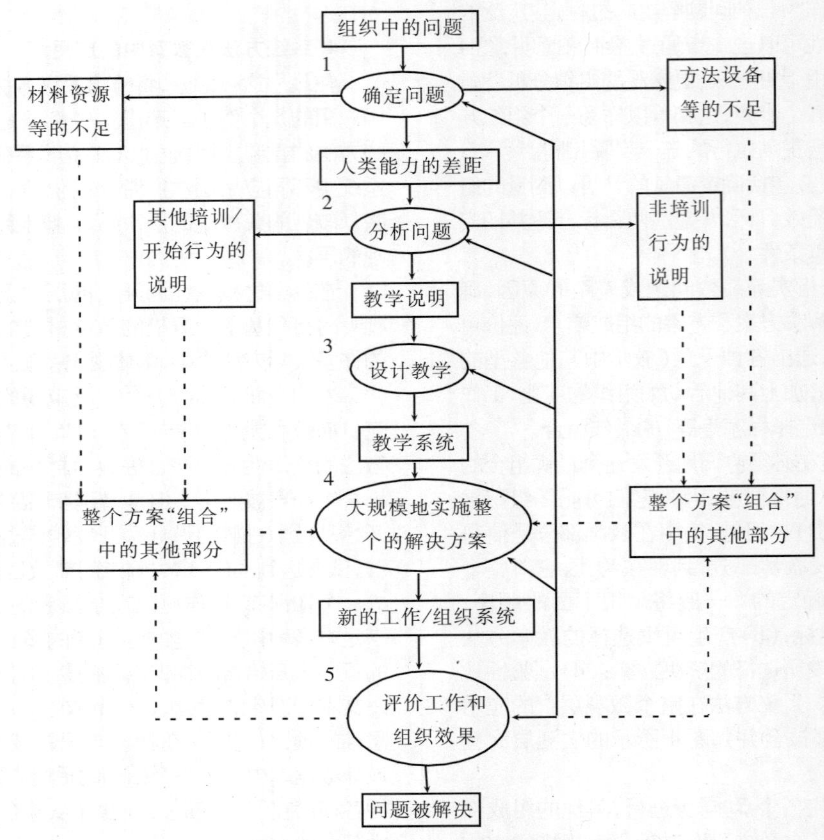

图 4　在宏观层次上用于解决组织中的任一问题的系统方法

有助于提高人们对教或学情境中复杂影响力的理解。就后面的部分，塔布斯(Tubbs 1978)在他的《小组相互作用的系统方法》一书中给出了一个很好的例子。这本书研究了这些小组的工作，研究了促进者或教师与这样的小组在一起的工作，把小组看作是同时具有相互作用力的开放系统的实例。这些作用力包括小组成员相关的背景因素、内部影响或小组自加工以及这些因素相互作用的结果。全书应用的系统概念和术语是为了下面的目的：(a)描述小组自加工的现象，并用一般的模型解释小组的工作；(b)分析小组中与小组成员的行为有关的背景或环境因素；(c)描述并分析环境的影响和小组自身的内部结构；(d)当身份、权利、领导能力和社会影响的过程影响小组自加工时，对这些方面也进行分析；(e)分析并评价小组成员之间的交流以及它对整个小组行为的影响；(f)分析小组内决策和解决冲突的方法。

在更宏观的层次上，可以考虑利用系统的观点全面设计教育课程计划和课程。这里系统化的程序方面还是通过确定问题开始，接下来通过问题解决的5个阶段展示它们的效果。在一个顾问团里，作者和大约40名欧洲专家一起参与一次课程设计训练，其目的就是开发新的关于欧洲研究的大学课程，这些课程可能会有助于培养具有适当技能的专业人员，以促进东欧和西欧的融合。在训练一开始，40位专家中大多数人相当确信所有的人都清楚而准确地理解了他们来到一起的目的。在经过两小时"确定问题"阶段的训练之后,专家们发现对于需要解决的问题的实质方面,他们在认识上存在很大分歧。第一步就要解决这些分歧。由于最初花很多时间澄清了小组正在努力解决的问题,课程计划的后续工作就大大加速,决策质量也大大提高。

系统方法的整体性方面也可以通过采用类似DACUM过程(Adams 1975)中的结构视觉技术用于课程设计。这种设计课程的过程的特征是:通过在不同的卡片上记下所有小组成员的所有决定和贡献,然后用不同的方式把它们组织起来,以便生动形象地给出可以选择的新的课程结构。

最后,让我们走到组织层次。它作为一个整体显示出它是系统方法最活跃、最有前途的应用领域。系统分析和设计的概念在教育和培训系统设计的环境中早已建立起来了(Romiszowski 1970,Banathy 1973)。或许英国开放大学是第一次有意识地尝试着根据系统方法设计整个教育机构的实例之一(Neil 1970)。在企业场合中,20世纪整个70年代和80年代,在很多公司生根的组织开发的方法完全是以系统概念和系统方法的应用为基础(French and Bell 1973)。联想到美国的教育缺少效率和效果,许多作者都对整体性思维在分析复杂的、现实的教育系统时的作用进行了详细说明,他们利用这些概念搞清了美国教育中看来很难解决的效果和效率缺乏的问题(Green 1980,Sarason 1990)。

尽管在20世纪80年代,系统方法似乎不是非常受欢迎,并且人们对它还有很多误解。但是,在90年代,这种趋势看起来正在改变,教育改革中正在证实人们对系统思维和系统方法的强烈回归。教育改革家和大学学者们试图更多地用系统概念和系统方法来表明他们的观点(Banathy 1991;Reigeluth 1988,1992)。到90年代早期,实践中的改革家、决策者,甚至政治家都开始使用系统方法的术语,有时还用到系统方法的方法论。《教育周刊》大字标题写道:"厌倦了做修补工,现在教育改革家把系统方法推荐到学校教育的重新设计。"文章的后面部分,整体改革的"现代化的"概念被定义为:"你真正要尝试着去做的是开发系统,这样它才能支持在日常情境中真正重要的局部创造力。"

总之,在20世纪90年代完成了由50年代控制论专家提出的理论原则的循环和回归。他们强调,系统论对实践中问题解决的重要贡献是整体性的观点,它使人们对在任何改革和创新中所涉及的真实问题的复杂性都有一个清楚的认识。系统方法绝不是一套陈旧多余的概念和方法,人们现在才开始认识到系统方法的真正含义:它是什么以及它对教育革新和改进过程的贡献是什么。

A. J. 罗米斯茨韦斯基(A. J. Romiszowski) 著

徐恩芹 译

附录

Ackoff R L 1960 Systems, organizations and interdisciplinary research. *General Systems Yearbook*, Vol. 5. Society for General Systems Research

Adams R E 1975 *DACUM Approach to Curriculum Learning and Education in Occupational Training.* Department of Regional Economic Expansion, Yarmouth

Banathy B H 1980 *Developing a Systems View of Education.* Intersystems Publications, Salinas, California

Banathy B H 1991 *Systems Design of Education: A Journey to Create the Future.* Educational Technology Publications, Englewood Cliffs, New Jersey

Beer S 1959 *Cybernetics and Management.* English Universities Press, London

Dick W, Carey L 1985 *The Systematic Design of Instruction*, 2nd edn. Scott, Foresman, Glenview, Illinois

Emery F E (ed.) 1969 *Systems Thinking.* Penguin, Harmondsworth

French W L, Bell C H Jr 1973 *Organization Development: Behavioral Science Interventions for Organization Improvement.* Prentice-Hall, Englewood Cliffs, New Jersey

Green T F 1980 *Predicting the Behavior of the Educational System.* Syracuse University Press, Syracuse, New York

Horn R E 1976 *How to Write Information Mapping.* Information Mapping, Waltham, Massachusetts

Horn R E 1989 *Mapping Hypertext*. Lexington Institute, Lexington, Massachusetts

Neil M W 1969 An operational and systems approach to research strategy in educational technology. In: Mann A P, Brunstrom C K (eds.) 1969 *Aspects of Educational Technology*, Vol. 3. Pitman, London

Neil M W 1970 A systems approach to course planning at the Open University. In: Romiszowski A J (ed.) 1970 *A Systems Approach to Education and Training*. Kogan Page, London

Page G T, Thomas J B 1977 *International Dictionary of Education*. Kogan Page, London

Pask G 1961 *An Approach to Cybernetics*. Hutchinson, London

Reigeluth C M 1988 The search for meaningful reform: A third-wave educational system. *J. Instr. Dev.* 10 (4): 3—14

Reigeluth C M 1992 The imperative for systemic change. *Educ. Technol.* 32(11): 9—13

Romiszowski A J 1970 Systems approaches to education and training: An introduction. In: Romiszowski A J (ed.) 1970 *A Systems Approach to Education and Training*. Kogan Page, London

Romiszowski A J 1981 *Designing Instructional Systems*. Kogan Page, London

Sarason S B 1990 *The Predictable Failure of Educational Reform: Can We Change Course Before it's too Late?* Jossey-Bass, San Francisco, California

Singleton W T 1974 *Man-Machine Systems*. Penguin, Harmondsworth

Tubbs S L 1978 *A Systems Approach to Small Group Interaction*. Addison-Wesley, Reading, Massachusetts

从实施的观点看设计革新(Designing Innovation from an Implementation Perspective)

教育中的许多革新不是全部失败就是部分失败。当具有大量听众的一般性的课程革新有危机时，许多变量都可能影响改革努力的过程和结果，而且通常来说原来的设计者对那些变量影响很小。本词条描述了教育开发者怎么在他们的设计中以及怎样在针对他们的主要听众——即教师实施问题的评估活动中通过精心预测来增加他们产品的影响。

1. 影响实施的因素

富兰(Fullan 1991)提出了有关影响教育革新实施过程和结果的因素的最具权威性的观点，他将影响变量分成四类：(a)革新本身的特征；(b)学校变量(例如校长的作用)；(c)推进实施的策略(例如在职教育)；(d)其他的外部因素(特别是与国家或级别稍低的行政部门所给予的相应政策和支持有关的方面)。所有这些因素都将影响教师使用新课程或教学方法的方式。其中一些变量比其他变量产生的影响更深远，而影响程度取决于它们在具体实施策略中的实际作用。(b)、(c)和(d)是指“有条件的”因素，它们对课堂实践有间接的影响，而关于产品特征(a)通常对于课堂教学影响更直接。因此，尽管产品特征不是影响教育革新的唯一因素，但是当现实的革新有危机时，它的重要性是无可争辩的。正如许多研究(Crandall and Associates 1982, Emrick and Peterson 1978)所强调的那样，仔细地设计并验证材料对革新能做出很大贡献。

革新自身的潜在影响特征是什么？富兰(1991)详细研究了罗杰和休梅克(Roger and Shoemaker 1971)、杜瓦勒和庞德(Doyle and Ponder 1977～1978)早期的著作，列举出了下列因素：需求和相关性、清晰性、复杂性、材料的质量和实用性。值得注意的是，上述每一个特征并非都是客观的特征，而是被主观化了的特征，它们可能会随着特定的环境以及用户的个人判断而发生变化。此外，我们必须意识到，在具体体验新方法以前，用户起初的意见通常是相当肤浅的。在用户的使用环境中，新产品和教师之间恰当的交互作用可以导致对革新提议有其他方面的理解。在开发过程中对用户的观点做出仔细的预测有助于更有效地实施革新。

2. 材料重要吗?

对实施问题的兴趣源于对各种课程改革的命运所做的许多不抱幻想的评估研究结果。许多产品似乎得不到广泛使用,使用的产品也经常与开发者最初的意愿不一致,并且很难观察到具体的学习结果。

更准确地分析问题的一个有用的框架是古德拉德等人(Goodlad et al. 1979)对各种各样课程的表述做出的区分。它们的区别在于:

(a)理想的课程:设计者原来的想法和意愿。

(b)正式的课程:书面课程(文件、材料)。

(c)理解的课程:用户(特别教师)对课程的解释。

(d)操作的课程:课堂中的实际教学过程。

(e)经验的课程:学生的反应和结果。

在许多评估研究中,重点都放在对理想的课程(有时是正式的课程)与经验的课程所进行的比较上,比较的结果经常揭示出二者之间存在着巨大的差距。尽管这样的结果是一个重要的信号,但是因为没有有关实施过程各中间阶段的准确信息,所以很难得出有关差距产生原因的性质的结论,更不用说提出可能的解决方案的建议了。如果没有这样的信息,就由于这些令人失望的结果而责备特定的群体(例如,“天真的”设计者或者“不情愿的”教师),这也未免过于简单化了。萨巴尔(Sabar 1986)提供了有关这些问题的一个具有深刻见解的例证,他对以色列的科学课程革新路线做了仔细分析,揭示了对革新的几个层次上的削弱和曲解。当开发者构建课程材料的时候,他们似乎就已经面临着能否达到清晰一致地实现他们理想的严重问题。而且,他们还假定,潜在的用户在教学实践中认识革新的提议可能会遇到困难。由于这些原因,开发者自己预先减少了对创新的渴望。结果,书面的课程可能仅仅微弱地反映了最初声明的理想。材料到达了学校之后,那里的各种顽固的问题妨碍了教学过程如愿地实现。

这种情况下,在课堂上测量学生的成绩是有风险的,因为在课堂上很难按照事先设想的那样去实施尚在讨论的课程。此外,在评价实践中也经常出现这种情况,用标准测试的工具来测量学生的学习结果,而这些工具却很少与具体的革新目标相一致。

鉴于上述情况,很容易理解为什么在革新方案的评价过程中很少发现革新对学生的学习产生明显的效果。然而,由此得出结论说课程和教学材料不重要也是错误的。就像教学过程中课本所显示出的突出作用那样(Westbury 1990),这样的产品在实际的教学实践中能产生重大影响。教育开发者主要关心的是要探索对这样的产品的有效设计。教学材料的指导方针是越具有说明性、越具体就越有帮助吗?如果是的话,那么达到什么程度才合适?将以什么样的方式进行?设计者如何才能应付所谓“有关明确性的进退两难的局面”(Fullan and Pomfret 1977)?也就是指这样的风险,即材料中的指导越详细,就有越多的教师改编它们。特别是对于一般的课程开发而言,怎样才能使材料达到足够清晰和具体以便于让教师们确切地知道他们应该做什么,与此同时,又如何维持这个提议对各式各样的背景、人物个性和环境都具魅力和可接受性呢(Walker 1980)?要想充分回答这些问题,我们必须更深入地分析教师的观点和他们所遇到的问题,因为教师是革新实施中最核心的人物。此外还应该特别关注两种主要指向教师/使用者的课程形式,即理解的课程和操作的课程。

3. 作为学习者的教师

革新的实施对教师而言意味着一个学习新角色(并且经常忘却旧角色)的过程。这就要求教师不仅要改变教学行为,而且还要改变信仰、态度和理解。实施的初始阶段,由于既不熟悉,也不能期待事先的承诺,所以这个阶段主要就是需要澄清和探索。根据古德位德等(1979)所做的区分,我们可以认为,作为正式课程的例子,(教学或课程)材料应该帮助教师考虑如下问题:(理想的)课程的目的是什么?它是怎样与当前的思想和实践(理解的课程)相联系的?它在课堂上怎样使用(操作的课程)?它将怎样影响学生(经验的课程)?当然,并非所有问题都需要同时回答,我们需要对其中的一些问题更多、更早地关注。“开发主义”

(Loucks and Lieberman 1983)的概念指出:教师对新课程的关注将从早期更关注"自我导向"之后,随着他们开始使用新课程而转变为更关注"任务导向"。稍后,当他们在新过程中获得了一些信心时,就能更多地将注意力集中在课程对学生的"影响"上。要尽可能地预测潜在用户可能遇到的问题并提供可行的建议来避免或解决这些问题,这样材料就能支持教师们最初对"幸存"的关注。

对教师计划的研究(Clark and Peterson 1986)揭示了教师在教学前、教学中、教学后思维方式之间的相互联系。要想改变教师的教学实践就要求更加关注预先起作用的计划阶段,这一点变得越来越明显了。材料可以通过指出课程的关键特征并提供怎样处理突发问题的建议来刺激并支持这样的计划,而且还能为教学任务提供一个明确的定位。当这样的定位导致一个更准确、更合理的行动计划时,就会在执行教学任务期间增加机会以平衡人类自己的意图与环境影响之间的关系。接下来,教师应该有一个更加明确的基础来反思过程以及自己在其中的角色。这样的元认知活动增加了人类把握自己学习过程方向的潜能。

因此,为了教师的最初使用,材料应当包含大量的"程序性说明":即关于怎样进行工作的非常准确的建议,它集中于革新中基本的但又明显是弱点的要素上。有了这样的帮助,应该激励教师去参与任务并承担具体的角色。

4. 一项例证性的研究

这种方法可以通过小学科学教育领域内的一项研究(van den Akker 1985)得到说明,这项研究里出现的几个有关实施的问题似乎很普遍(Harlen 1985):

(a)备课,一项复杂和费时的例行工作。

(b)教师缺乏背景知识,对学科缺乏信心,缺乏技能。

(c)在改变教师角色方面,特别是有关探究性学习的形式方面,存在很大的困难。

(d)不清楚并且几乎意识不到学生的学习效果。

针对上面所提到的每一个问题,提出了一系列潜在的富有成效的程序性说明,具体如下:

(a)备课:对时间的估计;资源和供应;对任务定位的建议(比如,自己试验不熟悉的任务要素);鼓励自己去积极研究课程描述(例如,通过问某人自己情形的问题或者通过构建对结果的期望)。

(b)学科内容:有关核心要素简明和清楚的信息;概念和活动的概要;可能提出的问题与回答;如何处理知识(重点在操作性的问题)和对象的建议。

(c)教学模式:有关分组与分配任务、角色和材料的建议;活动顺序,包括对开始、题目选择、讨论以及避免或者解决学习问题的建议;教学过程中可能发生的变化和反应。

(d)学习效果:举例说明学生潜在的学习效果;关于怎样测量和评价这些效果的建议。

在现场试验中(广泛地观察并对课堂教学过程进行录像)可以证明,从设计者和用户两方面的观点来看,结合了上述这些特性的材料能非常有效地减少教师在实施中遇到的问题,并最终还能导致教学的成功。

5. 开发策略的含义

"程序性说明"也同样被应用于课件设计领域(van den Akker et al. 1992, Voogt 1993),它的中心思想对于启动与课程改革相关的学习过程似乎也很重要。如果材料能激励教师进行更精心的、更准确的"内部对话",探讨有关他们自己的角色是什么、什么时候发挥、怎样发挥、为什么发挥,并还能为教师们的课堂实践提供关于上述内容含义的明确建议的话,那么这样的材料是最有效的。但是,我们应该避免用一系列过于详尽的处方来淹没教师的风险。因此,程序性说明应该将重点放在那些在实施期间被证明了是弱点的基本要素上。这就要求设计和构建活动中应该穿插评价和修正活动。这些交织在一起的活动暗示着一种阶段性的、周期性的和适应性的方法,这种方法的特征是产生思想、开发出材料、根据经验试验等连续交替地进行。创造性——很多设计者以思想为导向的方法中强烈强调的一个因素——应该在更结构化的、以实施为导向的方法内使用,这种方法将开发和研究要素以一种"形成性探究"(Walker 1992)或者"工程"的形式结合起来。在早期,反复的和集中的形成性评价是这种方法的要旨。为了使修改的决策获得坚实和确切的基础,经常使用诸如直接的和结构化的课堂教学观察、教师访谈、学生测试这样的数据采集方法。与使用问卷调查相比,这种方法能得到更丰富的信息,而问卷调查虽然看上去似乎划算但经常由于缺乏准确性而产生反面的结果。对草案材料的系统化的、深刻的评价不仅能使设计者测试并改进他们产品的实用性和有效性,还能使设计者反思他们的理想,如有必要的话还可以使他们重新调整他们的理想。

还需要解决一个问题,那就是应该在多长时间内以及多大程度上提供给教师非常具体的材料,以使最初的使用与设计者的原始意图高度一致。此问题的答案可能随着每一次革新、用户环境和其他设施条件的不同而不同。一些作者(Ben-Peretz 1990)认为,只有教师为了探索和最优使用材料的潜在价值而积极地进行改编,才能最终有助于学生的有效学习和教师的专业成长。这种观点可以结合到一种阶梯式的策略中,这一策略激励教师在具体的"实践材料"的帮助下投入到一个新的情形当中。这样的实践材料能降低人们的不确定性,而这种不确定性在真实的革新实施中几乎是不可避免的。另外,这些材料可以降低不成熟的改编发生的机会,尤其是不能在获得对革新本质的具体体验以及对学生的影响之前就进行改编。这种方法可以通过反思、交流经验、讨论,从同伴和其他人那里得到反馈而使学习效果得到加强。此外,附加材料的开发(或者重新设计)可能有助于教师的专业成长和他们主人翁意识的加强。

当然,其他人和机构的外部支持也能提高革新实施和制度化的有效性(Fullan 1991)。然而,如果提供给中间目标群体(校长、教师教育工作者和顾问、管理者、教科书出版商以及测试开发者)一些具体例子——这些例子是有关怎样以实用和有效的材料的形式来详细说明更一般的(课程)革新结构的——那么这些中间目标群体似乎也能受益很多。

然而,只有设计者不再认为教师是被控制的或者被阻碍的"看门人",而是将他们视为交互的、有目的学习过程中的合伙人时,所有这些努力才能获得成功。

J. 范登阿卡克(J. van den Akker) 著

王雅杰 译

附录

Ben-Peretz M 1990 *The Teacher-Curriculum Encounter: Freeing Teachers from the Tyranny of Texts.* State University of New York Press, Albany, New York

Clark C, Peterson P 1986 Teachers' thought processes. In: Wittrock M (ed.) 1986 *Handbook of Research on Teaching*, 3rd edn. Macmillan Inc., New York

Crandall D and Associates 1982 *People, Policies and Practices: Examining the Chain of School Improvement.* Vols. I-X. The Network, Andover, Massachusetts

Doyle W, Ponder G A 1977—1978. The practicality ethic in teacher decision making. *Interchange* 8(3): 1—12

Emrick J, Peterson S 1978 *A Synthesis of Findings across Five Recent Studies in Educational Dissemination and Change.* Far West Laboratory, San Francisco, California

Fullan M 1991 *The New Meaning of Educational Change.* Teachers College Press, New York

Fullan M, Pomfret A 1977 Research on curriculum and instruction implementation. *Rev. Educ. Res.* 47(2): 335—397

Goodlad J, Klein M, Tye K 1979 The domains of curriculum and their study. In: Goodlad J et al. (eds.) 1979 *Curriculum Inquiry: The Study of Curriculum Practice.* McGraw-Hill, New York

Harlen W 1985 Science education: Primary school programmes. In: Husén T, Postlethwaite T N (eds.) 1985 *The International Encyclopedia of Education*, 1st edn. Pergamon Press, Oxford

Loucks S, Lieberman A 1983 Curriculum implementation. In: English F (ed.) 1983 *Fundamental Curriculum Decisions.* Association for Supervision and Curriculum Development, Alexandria, Virginia

Rogers E M, Shoemaker F F 1971 *Communication of Innovations: A Crosscultural Approach.* Free Press, New York

Sabar N 1986 Is the disappointment in the implementation of new science curricula justified? A study quantifying descriptive data. *J. Res. Sci. Teach.* 23 (6):475—491

van den Akker J 1988 The teacher as learner in curriculum implementation. *J. Curric. St.* 20(1):47—55

van den Akker J, Keursten P, Plomp T 1992 The integration of computer use in education. *Int. J. Educ. Res.* 17(1):65—75

Voogt J 1993 *Courseware for an Inquiry-based Science Curriculum. An Implementation Perspective.* University of Twente, Enschede

Walker D 1980 A barnstorming tour of writing on curriculum. In: Foshay A W(ed.) 1980 *Considered Action for Curriculum Improvement.* Association for Supervision and Curriculum Development, Alexandria, Virginia

Walker D 1992 Methodological issues in curriculum research. In: Jackson P W (ed.) 1992 *Handbook of Research on Curriculum: A Project of the American Educational Research Association.* Macmillan Inc., New York

Westbury I 1990 Textbooks, textbook publishers and the quality of schooling. In: Elliot D, Woodward A (eds.) 1990 *Textbooks and Schooling in the United States.* University of Chicago Press, Chicago, Illinois

知识和革新的传播与推广(Dissemination and Diffusion of Knowledge and Innovation)

教育是一个知识密集型的社会部门。连续不断的研究成果、新的学习材料、政策决议和其他形式的信息都需要找到它到达预定目标群体和潜在用户的途径。本词条描述了在这个传播过程中最重要的因素。

1. 教育中信息的发布

大约从1970年开始,教育中观念和产品的发布就被认为是一个很重要的问题了(Rudduk and Kelly 1976)。从那时以来,关于这个问题已经收集了很多的知识,但是这些知识包含很多不同的方面,应当详细地对它们加以区分。

首先,要对发布作为一种活动、一个过程还是一种结果做出区分。在活动这个意义上,它指的是一系列有意识的行为,由人和组织进行计划,并打算把某件事情公布出去或传递给其他的人或组织。在这一点上,一个相关的例子就是"邮递"行为。

发布作为一个过程指的是这样一个事实,无论是有意识地计划好的活动,还是没有计划的活动,其结果是思想和学习材料在人们之间传递开来。这种传递可能是在不经意中进行的,这个过程的效果就是越来越多的人对这个思想和学习材料不断熟悉。

在"结果"这个意义上,发布指的是"快照",就是在给定时刻个体对思想和材料了解和掌握的及时程度,或者说是个体的数量与位置。

尽管信息的实质和采用的发布形式可能会大不相同,但是以上这些发布形式的共同之处就是他们都包括信息的传播。比如,必须进行的一个重要的区分就是要区分"口头"信息和"具体"信息(关于研究结果、政策措施、经验、提供的在职培训课程和新产品以及这些新材料本身方面的书面信息)。发布过程经常涉及革新:关于教学方法(过程创新)/课程内容(产品革新)的新观念和新产品。这种革新的发展通常需要大量的知识。

在很多国家,教育中信息的传播,差不多都要留很长一段时间用于信息的自由发布过程,统称为"推广"。但是,随着研究和开发工作中的投入逐渐增加以及对教育改革重要性的认识逐渐加强,以致在20世纪70年代初期,这一发布过程开始得到"指导",因此被人称为"传播"过程。

对传播和推广过程的系统化的关注在教育领域相对比较慢,不像在其他领域,比如农业、工业、公共医疗卫生服务业等,在这些领域,收集和使用这个过程的数据早就成为既成事实。这些数据以及从其他领域——比如信息科学和市场学——收集的数据,都与教育有关。

2. 成功的标准和尺度问题

发布活动和过程的结果可以根据不同的标准进行判断。严格地讲,传播和推广都与运动和发布有关。这些活动的目标相对适度:比如,提高教师对政策计划的熟悉程度或教师的信息和兴趣水平,或者促进革新的采纳或教学材料的销售。这些是公共关系局的官员和出版商通常给他们自己限定的目标。但是,政策决策者通常特别需要更多的变化和革新。而且,这些变革最好应当通过实施和整合更好地发挥作用,并得到改进。但是,自 1970 年以来的很多研究表明,根据这个目标评价教育中传播活动的效果,通常很令人失望(van den Berg et al. 1988)。

发布和变革的目标和效果可能会用不同的方式进行选择和评价。在一种文化性的方法中,核心要素是知识的传递和个体依据自己的情形对知识的理解和吸收。在这样一种方法中,教育中的思维价值和思维方式非常重要。在一种比较技术化的方法中,主要关心的是产品的使用和教师的实际行为。这样的一种方法通常对变革的可能性充满信心,而在文化性的方法中,经常更多地强调现有观念的潜在的抑制效应。

阿塞(Arai 1988)描述了在日本如何利用公共关系方法的系统化的组合来引进新的规则。研究数据的传播导致了实验学校的实施实验。教师顾问(来自本地的教育委员会)向其他学校传递示范的实践。这两种信息都不会带来大规模的革新过程:认为研究结果太笼统,而示范又太具体。

在社会组织的不同层次上都存在发布过程:在国家和国际层次上、在组织和团体层次上以及在个体之间。在每个层次上都有不同的机制。在国家和国际层次上,通常把传播和推广作为活动和过程,而在学校和教师层次上,把贯彻实施当作任务。术语"实施"有时候也用在国家决策的层次上。但是,政策决议的执行通常涉及程序和条件,而不是在学校和教室当中的革新的实施。在机构内部也可以发现传播活动和推广过程,全国性传播活动的成功或失败,通常取决于公共机构在他们的组织内部发布信息的方式,以及这些信息在这些组织中普及的程度。结果通常是令人失望的(Rowley and Turner 1978)。

确定和传播效果的测量越来越需要详细研究所涉及的时间和成本(效率和成本效益)。

3. 模型和理论

罗杰(Roger 1982)总结了推广过程领域中很多有用的信息。这些信息主要是关于革新的一些特征,这些特征可以增加革新被接纳的机会(如相对优势、兼容性、复杂性、可测试性、可观察性),把采纳革新的个体分成不同的类别(革新者、早期的采纳者、早期大多数、后期大多数、落后者),并把革新一决策过程分成不同的阶段或不同方面(了解、说服、决定、实施、确定)。这些信息非常概括,因此,在实践中不容易执行。

罗杰所描述的推广可以看作是一个社会相互影响的过程,是哈夫洛克(Havelok 1971,1973)四个模型中的第三个。第一个模型是研究、开发和推广模型(RDD 模型),这个模型是基于基础研究的系统化顺序,由应用性研究和开发原型到大规模的制作和传播。目标用户被认为是被动而有理性的。相比之下,哈夫洛克的第二个模型——问题解决的模型,是由用户积极主动地寻找问题的解决方案,来解决他们所遇到的问题,必要的时候由使用者寻找外部建议。但是,这样做很少能导致可以普遍使用的革新和有效的传播(Genberg 1988)。哈夫洛克的第四个模型——连接模型,是其他三种模型的综合,在这个综合的模型当中,资源系统(不只是一种资源)和用户系统(不只是一个用户)的重要性大致相同,连接代理和机构有很重要的中介作用。

哈夫洛克的模型在本质上比较笼统和理论化,但是,它们对国际上关于教育革新的讨论产生了很明显的影响。从 20 世纪 60 年代一直到 80 年代,特别是 RDD 模型和问题解决模型分别用于自上而下的研究和自下而上的研究。在那个时期,意识形态的差别经常混淆实际的过程和结果(March and Huberman 1984)。由于连接模型存在于很多国家,它可能是最准确代表实际情况的模型。许多专业人员作为经营知识、观念和产品的商人，奔走于科研人员和教师之间：他们是师资培训学院、在职培训中心和课程开发机构的工作人员、顾问、专业记者和管理人员。没有他们对社会的贡献，现代生活就难以想像。

兰斯莱（Ransley 1988）描述了澳大利亚的一个用作示范的数学课库的功能，这些课是由有经验的课堂专家开发的，并包括了适于教室管理和学生学习活动的一些说明。顾问们通过与当地的协商寻求教师的参与。为了消除疑虑并使建立模型成为可能，他们在教室里演示这些课。这些课既详细又安全。教师们感兴趣并自愿参与，之后紧接着就是反馈会议，会议期间他们互相讨论经验和学生的学习效果。要求教师们写下他们的经验，并把这些经验传到课库中，这种合作是允许选择更多课的条件。因此，课库的使用是受限制的。课库的目的并不是实施，而是给教师们一种用新的、更好的方式教数学的体验。

外面的拥护者使用了很多文献中的模型来描述和设计他们自己的活动。通过这种方式，代表革新过程不同阶段（例如开发、采纳、决策、实施）的模型成为了现实的指导原则。只要支持者和教师都能从这种秩序井然、循序渐进的思维方式中受益，这就是有用的。但是，它可能容易在革新之后掩盖实际的现实（比如，它可能只是在一次试行或者是在针对特定情境进行专门的调整之后，就明确地采用或否决）。

4. 用户的基础设施和观点

因为本质上很笼统，参与者用于指导或解释整个过程的革新过程的模型，有时候对于研究和评价的目的来讲是没有用的。在这种情况下，可能转向一个更加中性的理论框架会有所帮助，如在通信中，通过利用信源、信息、通道、传输、目标群、效果等一些概念。这样的一个框架结构与现代社会各种精深的通信形式也相一致。这些通信的形式越来越多地涉及电子媒介，但是，文字通信的趋势也并没有明显减少。结果，机构之间劳动分工的方式有条理了，“谁能了解信息的发展趋势”这个问题对决定外部的支持者和支持机构是否可能向学校和教师传递信息就变得更加重要。换句话说，在现代社会，教育中信息和革新的传播与推广，进而教育不断改进的可能性，在现代社会中部分地由发展完善的基础设施所决定。

除此之外，个体可以充当“看门人”，这有两层含义：作为一个组织与外界联系的“耳目”，也作为内部发布的障碍物。

斯托金和利恩德斯（Stokking and Leenders 1990）对荷兰教育系统中信息的发布做了一个调查，荷兰教育系统结构广而且相当复杂。由于信息源潜在的相关特性（如身份和合理性）难以测量，为了传播这些特性，研究中包括很多不同的信息来源。这些信息源分别是国家、地区和本地层次。由于本地层次的信息源经常作为国家信息源的纽带，因而在传播渠道上也有一些差别。至于播送，研究只是局限在由信息源开始的播送。这就意味着所有的信息都是免费的。但是，播送的时间（1988 年的任何一个月份）不同，播送方式也不同（无论是否有个人的名字和职责）。根据主题（从关于国家政策的信息到实际的教学材料）、大小、特性（从客观的评价到明确地赞赏性评价以及关于产品和实际产品或材料自身的信息）和播送者的目的（比如通知、激发动机、开始试验），传送的信息内容也不同。最后，目标群体分布在不同的地区、不同类型的教育领域、大小不同的组织和不同的教派当中。

调查表明，研究的目标群体中大约只有一半的人熟悉发送给他们的信息，熟悉信息的人当中有一半阅读信息，阅读信息的人中有一半人根据接收到的信息采取行动，这些结果决不能说与信息源的特性、信息本身或信息的传送有关，而应当说是与接受者和接受组织的特性有关。经常发生的问题主要是有关通过组织的信息流，了解信息的供给，知道在哪儿可以得到什么样的信息，找时间对信息进行处理、简化、选择、存贮和检索信息以及评价信息对个体用途的重要性。

教育中信息和产品的专业发布者研究接受者起作用的情况。教师们获得需要的信息并处理它们，常常给教师们带来相当多的问题。他们每天的日常事务占用了他们所有的时间，而且同时，这些日常事务又是评价新思想和新建议的标准(Huberman 1983)。

关于组织和个人处理教育中的新信息的方式,不幸的是,很少能够得到可靠的、可以推广的和可以使用的资料。利用这样的资料,并作进一步的研究,需要准确地区分整个过程所包括的相关阶段和相关的方面。特别是要更加关注使用者应该做什么,他们能做什么,或者是他们在"使用"信息之前如何处理信息。关于这一点,或许会提到下面的阶段:注意信息、阅读信息、寻找并得到额外的信息;与同事和领导讨论信息,由于信息而改变观点,做出相应决策;开始行动或测量,决定继续或停止某个过程;处理、调整与合并信息以得到新的信息产品;传递新得到的信息,使自己受到新信息的激发,直接在自己的工作中应用信息(尤其是课程产品);应用信息,评价信息的使用和效果,包括它对学习结果的影响。

全面地阅读新的信息或积极地寻找信息,这样的活动在教育领域相对稀少。由于人类吸收新信息的能力是有限的,很多人往往满足于有限的,或者他们认为数量足够的信息(一种称之为"满足"的现象)。

应当指出的是,一个好的产品有时候可以进行自我推销,尤其是当革新很容易实现,实施不需要批准,而且它不是加于已有的课程之上,而是可以和其他的部分相互交换的时候。

在20世纪80年代,廷贝格(Genberg 1988)曾经描述了瑞士一个州的高中学校如何寻找新的英语教学方法来教作为外语的英语。在各种方法"大战"中,一种方法看起来得到了胜利。由一个在专业领域中处于专家地位的教师和她的几个同事做领导。他们的积极反应,说服了10或15个教师在第二年试验这种方法。对一种已经使用了超过20年的教学方法的普遍不满,激发了他们的热情,在这种方法引进后的第二年,该州至少有一半学校的一些教师开始使用,这使他们的热情得到鼓舞。在接下来的几年里,大多数学校采用了这种方法,而丢弃了其他的教科书。通过私人联系和材料进行推广,但是,这样有选择的自由相对而言缺少支持。由于不需要任何组织机构的变化,这种新方法被认为是明确的、切题的、有效的(它是由有经验的专业人员开发的),并且要求也不特别高。

5. 结论和议事日程

传播关于信息传播的信息有点冒险,过程和效果可能会随国家/当地的环境而变化。研究结果的可普及性通常很难明确地表达,其中,要依赖于连接服务设施的大小和复杂性以及学校和教师的自治程度(Rudduck and Kelly 1976)。刚才介绍的例子给人的印象是在方法和经验上有相当多的变化。

但是,所有这些并不意味着这个领域的知识没有增加。例如,在20世纪70年代和80年代我们感到很严重的各种各样的问题,比如,需要在两个相互对立的策略,即在研究和开发或问题解决模型中做出选择,以及在实施和可以仅仅被视为采纳之间的困惑等问题,在90年代差不多都不见了。

其他的重要问题依然存在,但对这些问题的认识也越来越清晰,这种问题的典型就会是对革新质量的评价;教育组织对外部影响的开放性和在这些组织内的信息流;教育决策的条件和支持性的结构。所有这些都促进了革新的成功传播,这是根据革新在实践中的成功实施来测量的。

这些条件包括明确地说明具体的目标和清晰的优先级别,保持目标和优先级一致并避免冲突;保持压力和支持力的平衡,允许局部的参与和改编,要求有高度的责任感;做出实施计划,现实地面对最后期限;组织交流并提供材料、背景信息和"如何做"的知识和培训的可能性;显示并要求真正的承诺,并组织反馈、强化和激励;了解课程和使用者,有人与人之间的接触,并帮助解决实施的问题。实际上,在一个常常是由不同的而又相互竞争的力量所占据的复杂领域,所有这些条件都是好的管理的主要特征。

正在暴露出来的问题可能还相对是比较陌生的,比如知识的丢失和应用不足,以及信息传播对于社会成员可以得到好的教育的机会方面所带来的负面作用和最终的影响。

除了这些发展之外,随着购买者和用户相应地变得更加复杂,对教育产品和信息的发布者来说不断增加供给是很重要的。在信息和革新的市场上,供需双方也更加公开和自由地相互接触。对供应者而言,用户不同的愿望和需求导致或大或小的专门市场的分割,结果使成本增加。对用户而言,这种发展意味着供应方的知识变得比以前更加重要,应该专门组织收集这种知识。至于教育管理人员,对他们在这个方面将会有更多的要求,他们要处理大量的外部信息,以及激励全体工作人员为他们自己的利益而利用新信息。

K. M. 斯托金(K. M. Stokking) 著

徐恩芹 译

附录

Arai I 1988 Strategies for the implementation of schemes:A case study from Japan. In:van den Berg R,Hameyer U,Stokking K (eds.)1988

Genberg V 1988 A new method for teaching English as a foreign language:A case study from Switzerland. In:van den Berg R,Hameyer U,Stokking K (eds.)1988

Havelock R G 1971 The utilization of educational research and development. *Br. J. Educ. Technol.* 2(2):84—98

Havelock R G 1973 *Planning for Innovation through Dissemination and Utilization of Knowledge.* Center for Research and Utilization of Scientific Knowledge,Ann Arbor,Michigan

Huberman A M 1983 Répertoires,recettes et vie de classe:Comment les enseignants utilisent l'information. *Education et Recherche* 5(2):157—177

March C,Huberman M 1984 Disseminating curricula:A look from the top down. *J. Curric. St.* 16(1):53—66

Ransley W 1988 The transfer of knowledge about mathematics teaching:Attempted school improvement in Australia. In:van den Berg R,Hameyer U,Stokking K (eds.)1988

Rogers E M 1982 *Diffusion of Innovations*,3rd edn. Free Press,New York

Rowley J E,Turner C M D 1978 *The Dissemination of Information.* Deutsch,London

Rudduck J,Kelly P 1976 *The Dissemination of Curriculum Development:Current Trends.* NFER,Windsor

Stokking K M,Leenders F J 1990 *Informatieverspreiding in het onderwijs:Kanalen,knelpunten en rendement.* University of Utrecht,ISOR,Utrecht

van den Berg R,Hameyer U,Stokking K (eds.)1988 *Dissemination Reconsidered:The Demands of Implementation.* ACCO,Leuven

其他参考文献

Breuer T 1985 *Die Steuerung der Diffusion von Innovationen in der Landwirtschaft.* Geographisches Institut der Universit!?t Düsseldorf,Düsseldorf

Clark G 1984 *Innovation Diffusion:Contemporary Geographical Approaches.* Geo Books,Norwich

Doyle L B 1975 *Information Retrieval and Processing.* Melville Publishing,Los Angeles

Enos J L,Park W H 1988 *The Adoption and Diffusion of Imported Technology:The Case of Korea.* Croom Helm,London

Glauser M J 1984 Upward information flow in organizations:Review and conceptual analysis. *Hum. Relat.* 37(8):613—643

Griffith B C (ed.)1980 *Key Papers in Information Science.* Greenwood,New York

House E R 1974 *The Politics of Educational Innovation.* McCutchan,Berkeley,California

Lepetit B,Hoock J (eds.)1987 *La Ville et l'innovation. Relais et reseaux de diffusion en Europe 14e—19e siècles.* Editions de l'Ecole des Hautes Etudes en Sciences Sociales,Paris

Mahanjan V,Peterson R A 1985 *Models for Innovation Diffusion.* Sage,Beverly Hills,California

Morrill R,Gaile G L,Thrall G I 1988 *Spatial Diffusion.* Sage,Beverly Hills,California

Schmidt P (ed.)1976 *Innovation:Diffusion von Neuerungen im sozialen Bereich.* Hoffmann und Campe,Hamburg

Stokking K M 1988 National educational policy and external support systems as conditions for curriculum implementation. Paper presented at an AERA Conference, New Orleans

对教育计划和改革实施的评价 (Evaluating Implementation of Educational Programs and Innovations)

在教育领域,可以说对实施进行评价的兴趣正式开始于查特斯(Charters)和琼斯(Jones)的文章《项目评价中评价无效事件的风险》。在20世纪70年代早期以前,教育评价者主要把精力放在评价项目的结果上。后来,他们的观点扩大了,包括了对这些结果负有责任的教育过程的描述。斯克里文(Scriven)对形成性评价和总结性评价的区分就用实例说明了这一扩大的观点,评价模式的发展包含了描述教育过程的步骤也说明了这一点。本词条描述了执行评价的主要目的(这一扩大观点的一个方面),并澄清了对这个过程非常重要的几个概念。本词条还明确了与实施评价有关的一般性任务。如何执行这些一般性任务取决于实施过程的定位。同时描述了实施过程的三种定位以及每一个定位对于实施评价的含义,同时还提到了基于每一个定位的评价的例子。

1. 执行评价的目的

执行评价有助于做出责任和管理上的决策,也可以服务于研究和发展职能。当提供以下有关信息时,执行评价才会有助于做出责任方面的决策,这些信息是:改革是否已经按照设计付诸实践,或按设计实施的程度如何;是否正在按计划传递或付出相应的东西(Leithwood and Montgomery 1980)。

也可以对评价的实施进行设计,用来帮助:详细说明蕴涵着改革的实践;鉴别实施可能成功的那些条件,包括在这些条件下可能遇到的问题以及这些问题的解决方案中可用的策略;确定改革实施的可行性,包括实施者需要的能力以及是否可以保证根据没有预期到的效果而改变政策;决定改革在何时已经充分地执行以批准评定学生的学习效果。评价执行后可提供关于这些问题的信息从而有助于做出管理的决策。

当评价试图解释改革的成功或失败时,评价就主要是在执行它的研究和发展的职能。比如,假设结果令人失望,这样的信息就有助于确定是否是进行了充分的改革而没有奏效,还是可能有效果但是改革没有充分地被执行。评价也可以试图解释改革的要素及其对学生成就的影响之间的因果关系,并且试图理解环境变量与改革的关系。

责任、管理和研究不是评价的独立职能。在给定的时间里,决策者可以从与几个或者全部目的相关的信息中获益。

2. 对执行评价的过程很重要的概念

本词条集中在三个重要概念上,即:(a)正在实施的改革;(b)实施过程;(c)评价一词的含义。

2.1 改革

至少有两个不同的意思与“改革”一词相关。改革可以被定义为新的思想、方法或者设备;“新”这一词或者是指已经制成的但是时间很短(最近的),或者是指新奇的(不熟悉的、奇怪的、没有先例的)。如果“最近的”或“已经制成但时间很短”这个意思和这个词连在一起,那么与教师当前的实践完全一致的一本最近出版的教科书就是一种革新。从另一方面说,如果这一词的意思是“新奇的”,那么恰当标志这个意思的例子就很少了。也就是说,只有当一个教育思想或者课程产品所提出的行为在现实的实践中没有先例,或在实施者当前的行为中没有发现时,这一教育思想或课程产品才能称为改革(Leithwood 1982)。

作为新奇的事物,“改革”一词有主观指代意义。例如,任何一组教师,他们当前正在教室内做的事可能是非常不同的。因此,一个改革是否是新奇的取决于它的实施者。对于实施者,他的实践已经和改革所蕴涵的思想相一致,改革就没有使实施者再改变的理由。然而,相同的改革对于其他的实施者在实践中可能意味着许多的变化,这些实施者的实践在有些方面和改革的建议并不一致。在本词条中,只有那些对于选择使用它们的个人来说具有新奇特征的事物才被认为是改革。而且,很少有改革对将要实施它的人们的实践而言意味着全方位的变化。这样的实践是多维度的,而且比改革的开发者曾经描述的要复杂得多。

2.2 实施

改革被定义为在现存实践中一个或多个维度上建议性的变化(Fullan 1982)。实施就是减少在已经存在的实践和改革所建议的实践之间的差异的过程。无论是在现有的一系列实践中进行更改,还是实施一系列完全崭新的实践,实施过程也就同时发生了。已有的实践和革新的实践之间的差异就逐渐减少。如果大多数的改革要付诸实施,人们的行为也必定要改变,并且人们行为的变化要依靠新知识、技能、态度和价值的获得(习得)。重新组织一个人的思想、一个人能够做的事情和他的感觉并不断增加内容的过程是一个缓慢而且渐变的过程。有时将这一缓慢的、渐变的行为变化过程视为阶段性事件是很有用的。以此看来,可以把实施改革看作是那些希望应用改革的人的成长,即从他们现有的实践,经过相对而言对改革建议的实践不成熟的接近,到(最后)对革新相对老练的应用。

当实施被视为阶段性发生的事件时,就会产生这样的问题:即到底是什么促使或抑制了从一个阶段到下一个阶段的变化。确实,成功的实施很大程度上取决于一个人如何很好地回答那些问题。从关于行为变化的已有论点来看,很显然,成长的障碍或妨害包括缺乏实施活动要达到更成熟水平所需要的知识和技能,以及对于实施活动的消极感觉。在许多改革的实施过程中,无法得到特定资源和当前组织的本质对变化敏感也将是严重的障碍。

总之,改革的实施是行为变化的过程,这个变化是向改革所建议的方向发展,是随时间的推移而进行的阶段性事件,同时这些变化的障碍也会随时间而不断克服。

3. 评价

这一概念指的是对现象的价值进行描述和做出判断的过程:这种情况下,也就是指实施过程的本质和改革被执行的程度。基于改革和实施这两个概念是怎样定义的,可能有四个任务会被认为是实施评价的共同部分。这些任务包括:

(a)确定为了实施改革,实施者的实践中需要改变的那些维度。

(b)描述当改革彻底实施时,那些被认为是值得保留的维度中的实践的本质。

(c)在确定的维度中,详细说明实践中变化的所有阶段,包括与改革的目的最不一致的那些实践到与全面实施改革的意义相一致的那些实践。

(d)描述与各个阶段相关的实施者的当前实践。

出于管理的目的,我们认为还有一个额外的任务可能也是根本的,即辨别实施者在从一个阶段到下一个阶段的实施过程中遇到的障碍。这些数据对于系统化地选择有用的改革实施的策略来说是一个先决条件。

4. 实施过程中的几种定位

当前实践和改革建议的实践之间的差距逐渐减少,是教育中被大家广泛接受的关于实施过程的观念。然而更有争议的是关于这一过程怎样发生的信念。总结了三种在文献中得到了普遍反映的有关实施定位背后的假设。每一种定位对于最好地执行一般的实施评价任务都具有自己的含义。

“最终应付过去”对实施来说是最保守的方法。它的基本假设就是悲观地估计计划的价值以及人们为实现一套预定结果系统而理性行动的可能性。这一倾向将实施评价视为一个政治过程,强调在那些不同的、有既定利益的人中对变化进行协商。这种实施的定位更准确地说明一个人正在远离问题而不是正在走向目标。在任何给定的时间内,发生特别小的变化,之后评价其结果,然后再采取其他小的步骤。人们相信努力得不到保证,所以几乎没有人尝试事先预言结果或者策划长期的目标。在这一过程的任何点上,变化都可能会被已有的实践捆住手脚或者被全部抛弃,以有利于与问题的当地定义相一致的行动。

如果实施的定位是“应付过去”,那么评价很可能是回顾性的。评价可以通过追踪实施者经历的变化的各个阶段来恢复所发生过的事情。变化的维度和全面的实施可能通过在执行评价时发现有效的(或者至少是试过的)那些实践来确定。很可能有许多从实施者那里得来的意见资料,说明他们在实施过程中经历的有关障碍。这样的评价可

表 1　　在实施过程方面的几种观点背后的假设

关于实施过程的可选观点			
假设	应付过去	适应	保真度
改革的作用	促使变化	提供部分的解决方案	就是解决方案
实施者	主动的	响应的	被动的
内容	在决策中不能表示出来	关于变化的决策中一个很重要的考虑	支配关于变化的决策
结果	不能预见的	部分可预见的：在改革指定的范围内	可预见的：正如改革详细说明的那样
变化过程的本质	渐进的、方向不明确的	渐进的；在有价值方向上发展	非渐进的；一个“事件”
关键的变化策略	在所有受益者中商谈	在计划的范围内员工参与，中间范围的计划	来自高层的战略计划
全面实施要求的行动	在过程中由实施者决定	在开始有松散的规定，过程中可以修改	可以在开始就完全规定好

能以适度的方式服务于责任目的。然而，正如实践那样，评价的力量就是常常在很少使用关于变化的管理方面现存知识的条件下丰富地描述实际的过程，从而更好地理解这些过程。谢勒和雷兹莫维克(Scheirer and Rezmovic 1982)发现，当对实施过程的评价用对变化采取应付过去的定位时，人种学观察常常是数据收集的模式。这样的数据收集方法不依赖预先对变化维度的说明或者全面实施的意图。反映这种实施方法及其评价的例子也服务于研究目的，例如，格罗斯等人(Cross et al. 1971)和汉密尔顿(Hamilton 1975)的研究就是如此。

“保真度”观点和“应付过去”的观点完全不同。这一观点对通过应用系统化的、理性的过程来获得预期的目标非常乐观。一个值得实施的改革被认为是对学校或学校系统清晰确定的问题的一个相对完整的解决方案。鼓励实施者将他们的注意力集中在改革和改革的应用上，并且相信全面的实施将会解决问题。线性的、机械的是常常用于描述这一定位的描述符。

从保真度的观点来看，实施常常被假定为无疑问的，并且实施的发生是由于理智的人们很快抓住了改革的价值并欣然履行改革规定的实践。因为这一原因，根据这种观点执行评价过程的例子很少见。如果它们被执行，改革的开发者将最有可能确定改革的实践维度，并详细说明全面实施的意义。然后评价者将收集关于改革是否正被实施的数据：当改革的实施被认为是没有问题的，就几乎不需要考虑实施的阶段或者实施的障碍。

表面上，“适应”好像是两个极端之间最好的中间地带。它并不是建立在可能事物之上的妥协，许多人也认为它在伦理和道德上是合理的，因为它让实施者认识到决策者在设定教育目标上的合法作用时还要允许实施者自我指导。“适应”要求改革在一开始就被很好地开发(而不能应付过去)，但是假定必须对实施进行修改以有效地适应当地的情景(不像保真度这个定位)。

从“适应”的观点看，执行评价包括改革的倡导者和实施者间的协作，合作涉及实践变化的维度，全面实施的意义，并且有时还包括实施的阶段。按照“适应”的观点，有两套开发很好的执行评价的程序。一套程序是由霍尔(Hall)开发的，并且和“基于关系的适应模式”(CBAM)的背景有关(Hord 1987)。这一程序要求评价者去发现关于改革的应用的不同结构，并应用预先说明的应用水平的描述来评价每一种结构的实施达到的程度。而且用访谈来收集这些数据。第二套程序是由莱特伍德(Leithwood)及其助手开发的,专门帮助实施课程改革(Leithwood and Montgomery 1987)。这一程序要求参与者小组开发关于每一个课程改革实施的发展阶段的描述(称为改革全貌)。然后,应用访谈或者观察的数据,实施者的实践和全貌中的各阶段相匹配,来作为描述实施程度的手段。

5. 结论

为了对改革实施的本质和程度做出判断,不管是什么实施定位,必须描述现有的实践。而访谈、问卷和直接观察等是最常用的收集这一描述所需的数据的工具类型。已经检验过执行评价所需要的工具类型的优势和弱势(Leinhardt 1980)。而这样的检验最值得注意的结果就是人们认识到选择一种最好类型的方法是困难的。哪一种类型的方法是最好的取决于评价的目的以及被评定的实践中变化的维度。例如,教师的教学策略的变化是明显的证据,这样他们就能够自己去直接观察。然而,教师的目标不是可见的,因此我们还需要一些自我报告,例如访谈或者问卷。

K. A. 莱特伍德(K. A. Leithwood) 著

王春蕾 译

附录

Charters W W Jr, Jones J E 1973 On the risk of appraising non-events in program evaluation. *Educ. Res.* 2 (11):5—7

Fullan M 1982 *The Meaning of Educational Change.* OISE Press, Toronto, Ontario

Gross N, Giacquinta J B, Bernstein M 1971 *Implementing Organizational Innovations.* Harper and Row, New York

Hamilton D 1975 Handling innovation in the classroom: Two Scottish examples. In: Reid W A, Walker D F (eds.) 1975 *Case Studies in Curriculum Change.* Routledge and Kegan Paul, London

Hord S 1987 *Evaluating Educational Innovation.* Croom Helm, London

Leinhardt G 1980 Modeling and measuring educational treatment in evaluation. *Rev. Educ. Res.* 50(3):393—420

Leithwood K A 1982 Implementing curriculum innovations. In: Leithwood K A (ed.) 1982 *Studies in Curriculum Decision Making.* OISE Press, Toronto, Ontario

Leithwood K A, Montgomery D J 1980 Evaluating program implementation. *Eval. Rev.* 4(2):193—214

Leithwood K A, Montgomery D J (eds.) 1987 *Improving Classroom Practice Using Innovation Profiles.* OISE Press, Toronto, Ontario

Scheirer M A, Rezmovic E L 1982 *Measuring the Implementation of Innovations.* American Research Institute, Annadale, Virginia

Scriven M 1976 The methodology of evaluation. In: Tyler R W (ed.) 1976 *Perspectives of Curriculum Evaluation.* R and McNally, Skokie, Illinois

革新的实施(Innovations, Implementation of)

关于教育变化过程的详尽而透彻的研究并没有一个很长的历史,这是值得关注的。只是从 20 世纪 60 年代起,才出现了某些关于教育变化是如何在实践中起作用的解释。这 10 年被称为"接纳时代",因为当时的教育工作者正全神贯注于研究究竟有多少当代的革新正被采用。20 世纪 60 年代是新数学、新化学和物理学开放教育和个别化教学、小组教学等的时代。总之,革新越多越好,这已成为进步的标志。

然而,在 1970 年左右,革新的名声突然变坏了,被"实施"这个术语所取代,它描述实践中将发生(或未发生)的事情。在 1970 ~ 1971 年出版的古德拉德(Goodlad) 和克莱因(Klein)的《在教室门背后》、萨拉松(Saroson)的《校园文化和变革问题》、格罗斯(Gross)等的《实施组织革新》、史密斯(Smith)和基斯(Keith)的《革新剖析》等说明了这一问题。革新被采纳,没有任何人提出有关"变化是否仅仅因为要变化而开始进行变化"的质疑,而且没有给出从头到尾进行改革的预先计划。

"实施"关注实践中发生了什么。它关心实

际变化的本质和程度，也注重影响"取得什么变化和变化是如何发生"的因素和过程。更宽泛地讲，实施的观点抓住了处理思想、计划、活动、结构以及政策方面的内容和过程，这些对于涉及的人来说是新的。实施的观点尤其关心某些变化是否真正地在实践中发生了。它证明了，在实践的层面上试图理解和影响改进的行动方面确实存在偏差。

有两个原因可以解释为什么把重点放在实施上是非常重要的。第一个原因是，如果不去尝试将"改变"概念化并直接测量其效果，就不可能知道发生了什么样的变化（如果有的话）。不能将政策或革新视为简单地进入系统或是由系统生成的并且莫名其妙地产生出结果。不了解实施的"黑匣子"里究竟有什么，就不可能知道怎样解释结果（或者干脆没有结果）。失败是由于拙劣的想法的实施，还是因为好的想法没有能力实施呢？成功是由于革新实施得好，还是由于受一些外来的因素的影响？简而言之，没有实施的资料，特定的变化不能与学习成果发生联系。

检测实施为什么非常重要的第二个原因是要理解为什么那么多教育革新和改革都失败了。通过直接对实施进行调查，能够开始确定革新失败或者成功的原因（Fullan and Stiegelbauer 1991）。

1. 影响实施的因素和主题

如果要完全实施一项革新或改革的话，将会改变哪些因素呢？从课堂开始，变化可能出现在：（a）课程材料；（b）教学实践；（c）对课程和学习实践的信仰或者理解。回想查特和琼斯（Charter and Jones 1973）所关心的评价"无效事件"的风险，也许会证明实施根本就是不存在的（也就是说，在希望发生变革的方向并没有发生任何变化）、肤浅的、局部的、彻底的等等。实施是一个变量，如果这个变革在本质上是好的，那么成功（比如改进学生的学习或提高教师的教学技巧）将取决于在实践中变化的程度和质量。

实施和影响实际应用因素的思想看上去似乎相当简单，但是事实证明这个概念是特别不易捉摸的。自从20世纪70年代早期以来研究中所描述的成功改进的例子似乎已达成共识。证据逐渐指向少量的关键变量。显然这些变量在起作用，尽管人们尚不清楚它们是如何起作用的。变革过程中所固有的"两难境地"外加一些难以驾驭的因素以及个别设置的独特性，使得成功的变革成为了一个非常复杂和微妙的社会过程。

尽管大多数发现有交叉的地方，但是变革过程明显的复杂性使研究人员不得不去寻找不同的方法，以便可以更好地概括"实施"的特性（Berman 1981，Clark et al. 1984，Crandall et al. 1986，Firestone and Corbett 1987，Huberman and Miles 1984，Louis and Miles 1990）。有一种方法能够确定一组与成功实施相联系的关键因素，例如革新的本质、校长的作用、地区的作用等等。另一种方式是试图描绘出主题，例如预见、授权以及其他类似的方面。这两种方法都做出了重要的贡献：前者有分离和解释特定因素方面的优势；后者更可能捕获变化过程中的动态特征。

本词条会同时描述这两种观点，分别称作"关键因素"和"关键主题"。因素或主题是相关的，它们在某种程度上沿着某些希望的变化方向理性地影响实施（或者更具体些，某种程度上影响着教师和学生改变他们的实践、信仰及新材料的应用等等）。如果某一个或一些因素或主题在实施的过程中起了反作用，变革过程将会变得很低效。乐观一点讲，支持实施的因素越多，实践中取得的变化也就越多。最后，不应该彼此孤立地考虑这些因素或者主题。它们形成了一个相互作用的变量系统，系统中的这些因素或主题的相互作用决定系统的成功与失败。总之，不管分析的方式是因素还是主题，教育变革是一个包含着随时间而不断相互作用的变量的动态过程。

2. 实施过程中的关键因素

图1包含了九个关键因素，已经发现这九个因素与实施的成功有关。它们被分成三类：变革本身的特征、地方的特征及外部因素。

2.1 变革本身的特征

早期对于"采纳和实施"过程的研究强调的是变革本身的本质特征对潜在用户的影响，比如教室

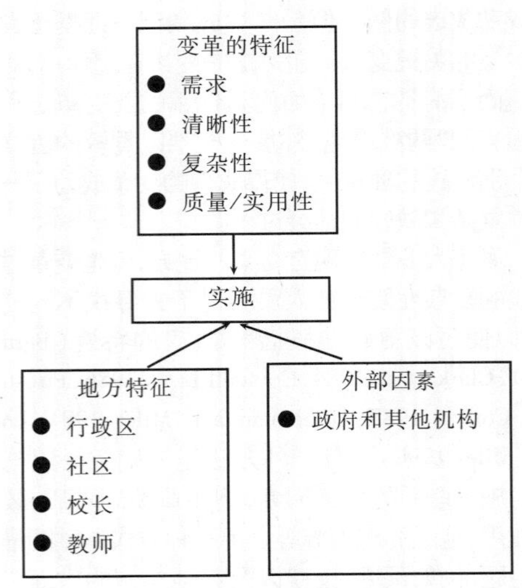

图1　变革的特征

里的教师。变化的诸多特征,像大小、复杂性、说明、对教师而言的可行性等,是按照教师的反应来考虑的,当然这常常是在事后进行的。

2.1.1　需求

很多革新都是在没有仔细研究“它们是否代表了最急切的需要”的情况下进行的。例如,教师就常常看不到对所提倡的变革的需要。在美国进行的几个大规模的研究证实,将需求与有关革新或者变革方向的决策结合起来是非常重要的。在实验学校(ES)计划中,罗森布拉姆和罗伊斯(Rosenblum and Louis 1979 P. 12)发现,“在未满足需求的学校系统内部,对变革正式的认同程度”是与以后的实施有关的四个“准备状态因素”之一。兰德(Rand)革新代理人的研究确认“问题的解决/定向”(即确认需求并将其与选择计划相联系)与成功的“实施”有很大关系(Berman and McLaughlin 1977)。

尽管感知或感觉到需要的重要性是很明显的,但是它的作用却不是完全直接的。至少有三种错综复杂的问题。首先,学校面临着超负荷的改进议程。因此,这不仅是一个特定的需求是否重要的问题,而且还是这个需要相对于其他需要而言是如何重要的问题。毋庸置疑,将一系列的需要排出优先次序是不容易的,因为人们不愿意放弃任何目标,即使全部实现它们可能是不现实的。这就是为什么本词条后面所讨论的主题方法是有价值的原因。例如,“预见”这一主题,提供了一个筛选机制,用来帮助小组对相互竞争的需求优先权进行分类和整合。其次,“预设的需求”开始时常常并不清楚,尤其对于复杂的变化而言。只有当人们开始了实施的过程时,他们才变得更加清楚自己的需求。第三,需求与其他八个因素相互作用会产生不同模式。需求在实施过程期间既可能变得更清晰也可能变得更模糊,这将取决于究竟是使用哪一种模式。

2.1.2　清晰性

(有关目的与手段的)清晰性在变革过程中是一个永恒的问题。甚至当人们一致认为需要发生某些变化,比如,当教师想要改进课程的某些领域或改进整个学校时,这个被采纳的变革也根本不清楚教师们各自应该做些什么。格罗斯等(1971)发现大多数教师不能确定他们正在应用的革新的本质特征。实际上,在每一个重要变革的研究中都可以发现与清晰性相关的问题。简而言之,缺乏清晰性——实施的目标不集中、手段不具体是实施阶段的一个主要问题,教师和其他人发现,“变革”到底对实践意味着什么不是非常清楚的。

当然,就其自身而言,更大的清晰性并非是其终极目标。很简单而并不太重要的变革可以是清晰的,但是确认比较难并值得做的变革的清晰性却不是很容易的事。这就导致了第三个相关因素:复杂性。

2.1.3　复杂性

复杂性指的是要求负责实施的个体进行变革的难度和程度。实际的工作量取决于不同个体或小组的起点,但是,主要的思想是,任何变革都可以根据难度、所需要的技巧、信念改变的程度、教学策略及材料的运用来进行检查。许多变革,诸如开放教育、系统化指导教学、探究性的社会学习、课程与技术的整合、效果学校和家长的参与等,如果想取得有效的实施的话,都需要对一系列复杂活动、结构、诊断、教学策略和哲学的理解。

尽管复杂性为实施的顺利进行设置了障碍,但由于有更多的“尝试”机会，所以它可能导致发生更显著的变革。伯曼和麦克劳克林（Berman and McLaughlin 1977 P. 88）发现，尽管从项目实现目标的绝对百分比而言，有“远大抱负”的项目不是很成功，但它们却能比平庸无奇的项目更能促使教师转变。由于这样的项目需要或者激发特别的努力，所以其所发生的转变会更加彻底。

这却导致了另外一个窘境。一方面，“变革的规模越大，人们对变革的要求越‘过分’，成功的机会就越大”（Crandall et al. 1986 P. 25）。另一方面，如果尝试过多也可能导致大量失败产生。休伯曼和米莱什（Huberman and Miles 1984）发现许多学校经常尝试着去进行超过其能力的革新，他们称这种现象为“过犹不及”，这种现象从20世纪60年代以来已经很明显。

总之，简单的变革比较容易实现，但这种变革不会有很大的作用。复杂的变革保证可以得到很多，但是它们也需要更多的努力，失败的代价也更大。问题的解决方法也许是要把复杂的“变革”分成若干部分，然后再以一种可分和不断增长的方式实现它们。

2.1.4 质量和实用性

无论变化的内容是新的课程、新的政策还是改组学校或是其他的东西，最后一个直接与变革本质相关的因素是变革的“质量”和“实用性”。相对于其他三个变量（需求、清晰性、复杂性），已试验过的变革“质量”的历史是有启迪作用的。那种认为质量的重要性是不言而喻的想法，实质上是低估了制定采纳变革决策的过程。当根据政治上的需要，或者甚至是因没时间研究而仅仅根据感觉上的需要来决定采纳革新时，往往导致材料和其他资源质量不高甚至不能被直接利用的结果。换句话说，当采纳变革比实施更重要时，这种决策往往是对制作充足的材料来说在没有必需的后续活动或准备时间的情况下做出的。几乎所有远大抱负的项目都是受政治因素驱使的。因此，在开始决定和真正启动之间的时间间隔一般太短以至于注意不到质量问题。一项研究表明，从“意识”到“采纳”的时间间隔是九个半月，从采纳到开始实施只有三个半月。后面时间间隔越短，出现的问题就越多（Huberman and Miles 1984）。变革越复杂，有关质量所做的工作就越多。

发生在学校里的变革必须通过教师“实用性伦理”的检测。实用的变革是指能满足明显的需要，能很好地适应教师的处境，能被大家所关注，并能包含具体实施方法的可能性。“实用”并不一定意味着简单，而是意味着确实知道下一步该如何去做。同样，在变革过程中又有一个两难境地。实用的变革，尽管拥有良好的品质，但却是繁琐的；而复杂的变革却也许根本不具备实用性。

把“远大抱负”和高“质量”结合起来，这不但是可能的，而且也是很有必要的。富兰和施蒂格鲍尔（Fullan and Stiegelbauer 1991）认为“人们在其头脑和行为中形成的东西”才有价值。人们并非是通过被告知或被演示“怎样去做”来学习或完成复杂的变革。更深层次的含义及更稳固的变革必须经过长时间的孕育才能发生。对于特殊的变革而言，尤其是复杂的变革，人们在确信新变化的发生是可行的且正确的（或不可行的、错误的）之前，一定是经历着正反两种矛盾心情的煎熬。

2.2 地方特征

这个部分将分析变革发生的社会条件、分析人们工作的组织和环境、分析影响特定的变革能否发生的有计划和无计划的事件和活动。地方的学校系统对有效变革而言代表了一种主要的情境约束条件或机会。同一个项目在一所学校系统是成功的，但在另一所学校系统可能遭到惨败。一些地区有关于革新成就的连续记录，而其他地区却无论尝试何种革新都统统失败。与“相互作用和相互关联的一系列因素”主题一样，发生在组织结构层面的相互作用为变革提供了基线，尤其是当它与管理和支持有关的时候。

2.2.1 学区/地区

接受变革的决策常常是在没有充分地搞清楚如何贯彻实施的情况下做出的，而且人们常常不能充分意识到变革过程中所固有的（主观现实）诸多困难。教育中大多数的集体变革的努力都失败了，而失败则意味着受到挫折、浪费时间、感觉无能为力和缺乏支持、理想幻灭。由于引进革新是大多数学校的一种生存方式，地方政府就建立了跟踪档案，以便管理“变革”。无论在某一既定时间里历史记录的内容是什么，对于下一个新变革来说它都是一个重要的前提条件。地方“尝试革新”的历史记录的重要性可以通过这样一种命题的形式进行陈述：教师们或其他的人在地区或其他地方对以前的实施尝试负面经验越多，他们对新变革就越缺乏热情，越持讥讽态度，而不管新的思想或项目有什么优点。地方政府、州和国家可以为变革提供有利条件，同时也可以提供对其不利的条件。

即使没有中央管理者的支持，作为个体的教师和学校也能引起“变革”。但是整个地区的变革若无中央的支持则是无法进行的。尽管人们经常说管理者和校长对教育变革的实施极端重要，直到最近，这句话在实践中的含义才变得清晰起来。地方的管理者对整个地区的变革实践是非常关键的。这也表明对一个新项目的一般性的支持和认可在实践中对变革几乎没有什么影响（比如，只是口头上的支持而没有坚持到底）。教师以及其他人非常清楚，如果地方的管理者没有通过行动显示出应有的支持，他们就没有把变革当作一回事。

因此，如果变革的目标是为了取得实质性的改进，那么地方的实施过程就显得很重要了。地方的管理者为变革的实施创造条件，他们应当说明具体的支持形式，主动地认识和理解关于把变革付诸实践尝试的实际情况。管理者要理解和帮助管理本条目中所描述的一系列因素和过程，以此来影响实施的质量。

2.2.2　委员会和社区特征

由于国内及国际间的差异很大，很难概括出社会和学校委员会在实施中的作用。罗森布拉姆和罗伊斯（1979 P. 111）发现，“学校外部环境的变化对学校变化的冲击程度”是与后续实施有关的四个“准备状态”因素之一。有时候，主要矛盾是很多地区不再能引起实际的改变；在某种意义上讲，某些采纳变革的决策要在精力投入实施之前就得完成。关注与社区相关的政治上的稳定是计划和实施新项目的首要任务之一。在预期或引入革新时，很多地区常常忽略了社区/学校委员会。有证据显示，乡村地区接近革新的机会较少，而且地理上与实施过程中所需的资源支持也太过遥远。可以暂时得出以下几个结论：

（a）大多数学校的社区通常不直接参与实施。

（b）他们可能变得反对某些革新。

（c）无论是极端稳定，还是极端动荡的社区都不是实施变革的有效环境。

个体的家长们，而不是社区团体，可能为更好地贯彻实施而提供最强有力的杠杆作用（Fullan and Stiegelbauer 1991 Chap. 12）。

2.2.3　校长

从地方转到学校层次，“学校是变革的单位或中心”这一说法的含义将变得明显起来。我们可以找到大量证据来描述校长对有效实施是如何必要和为什么必要的问题。校长是最有可能在其职位上为了成功的变革而优化组织条件的人，比如开发出大家共同的目标、合作性的工作结构与气氛以及监控变革结果的程序等。

尽管校长对实施的进行有很大的影响作用，一些研究结果指出，在实践中他们常常不能发挥其主动的作用，教师们都意识到了这一点。许多校长都受到同一个难题的煎熬：即“承担起变革的促进者这个新角色”，就像教师们要担当起新的教学角色一样。在学校层面上，校长们到底应该具体做些什么事来管理变革是一件非常复杂的事情，大多数校长对这个都没有准备。校长们要面对变革所带来的心理问题、社会问题至少和教师们所面对的一样多（Fullan and Hargreaves 1991）。

2.2.4　教师

无论是个体教师特征还是集体的或大学的特征，都对决定实施起作用。任何一个教师的心理状态都会或多或少地倾向于为改进而思索和行动。由于他们的个性以及他们处于开创事业的阶段，一些老师更偏向于自我实现型的，有更强的功效感，这些促使他们做出努力并坚持下来以获得实施的成功。研究人员发现，与其他学校相比，在一些学校中，倾向于变革的教师占有更大的比例（Rosenholtz 1989）。毫无疑问，其中的一些学校是精选的，但学校的文化和氛围似乎对教师的心理状态也有很大影响，它既能够使教师的心理状态变得更好，也能使之变得更糟。

既然与其他人的相互作用可以影响一个人的

行为,那么某位教师与其他教师的关系就是一个很重要的变量了。变革包含着要去学习做一些新的东西。与其他人打交道是社会学习的首要基础。新的方法、行为、技巧和信念在很大程度上依赖于教师是作为独立的个体工作还是作为团队交换着意见、相互支持并共享有关工作的积极情感。教师间工作关系的质量与实施密切相关。共同掌权、公开交流、信任、支持、帮助、工作中的学习、得到结果、对工作的满意程度和教师们的士气都是紧密相连的。据罗森霍尔茨(Rosenholtz 1989)的描述,"缺乏学习"的学校和"经常学习"的学校之间有很大的不同。在罗森霍尔茨所列举的78所学校中只有13所是"经常学习"的学校,尽管数量不多,但它们却提供了一个能促使不断改进的工作环境的有力模型。在学校层面上的合作文化对于成功的"实施"尤为重要(Fullan and Hargreaves 1991)。

2.3 *政府及其他机构*

教育的省级、州级或国家级的优先权是根据政治的力量、对利益团体的游说、政府官僚机构和当选代表的意见而制定的。立法、新政策及新项目的创意产生于公众对以下问题的关注:教育系统在教授基本知识、为经济体系而发展与职业有关的技能、产生高素质的公民、满足新近移民或残疾儿童或少数民族文化的需要等方面做得很不够。这些改革的"来源"给本地区带来了压力(有时甚至达到了命令的程度)的同时,也为新的变革在所希望的方向发生提供了各种各样的刺激因素:省级新的指导方针以政策的形式得以确立、州级的新法规得以通过、发展起新的国家级的资助项目。实施发生与否是另外一个问题,这取决于改革是否适应地方的需要,以及变革是如何被引入、如何被贯彻实施的。

长期以来,政府机构全神贯注于政策和项目的采纳,而大大低估了问题和实施过程。政策制定者和地方的实践者生活在不同的世界里,每一边都不知道另一边的主观世界。两边关系的好坏,对于当两者意见一致时支持变革的努力是极端重要的;对于当教师和当局、州部门和地方行政区、地方当局和国家机构间产生矛盾时协调诸多问题也是很重要的。

州和地方层次之间的关系经常更多的是偶发事件的形式而不是过程的形式,例如,为了钱而提交的请求、关于将要做些什么工作的时有时无的进展报告、外部评审,所有这些都化为文书工作而不是人的工作。然而,通过资源支持、标准的制定及进一步的监控,州级的教育部门有时可以直接影响实施的一些具体目标,尤其是在地方条件比较好的地区。但是,在大多数情况下,由于不清楚各自的角色,对期望的模糊、不能定期进行人与人之间的交流、当局和外部机构的支持作用存在正反两种感情、解决方案没有效果等等,这些问题共同阻碍实施的顺利进行。

3. 实施中的关键主题

改革家们意识到引入单一课程的变革实质上相当于对原有体系进行拙劣的修补,这样,革新在范围上正日益变得更加全面。由于这些变化已经变得更加有组织,层次更多,这就很有必要重新考虑一下变革的过程。单纯讨论个体的作用和相关的因素看来再也不够了。研究人员和变革的发起人已经通过确认成功改进努力中的关键主题来重新定义和研究"变革项目"。这导致产生了一个更加动态和鲜活的变化过程的图画。最近的研究结果对学校层面上成功变革所涉及的主要主题提供了清晰的描述,其中的信息是一致的:少量有力的主题结合起来就变得非常重要。

罗伊斯和米莱什(1990)在"城镇高中是如何得到提高的"研究中包含了对这一新方法开发的最全面的概念。他们确定了五个主题:构建预见、渐进的规划和发展、创新和授权、资源和协助动员、问题的解决。罗伊斯和米莱什的方案是图2得以形成的基础,但是还要加上第六个主题,即改组,因为更改学校内部组织的安排和作用对改革来讲是必要的,这非常明显。

3.1 *构建预见*

"构建预见"支持本部分的其他所有主题,并被其他主题所支持。预见的构建通过价值、目的和完整性渗透整个组织机构,以解决"如何"改进及改进"什么"的问题。在具体的组织结构中,它的形成、实施、成形和再成形是一个连续的过程。

罗伊斯和米莱什(1990)强调,预见包含两个

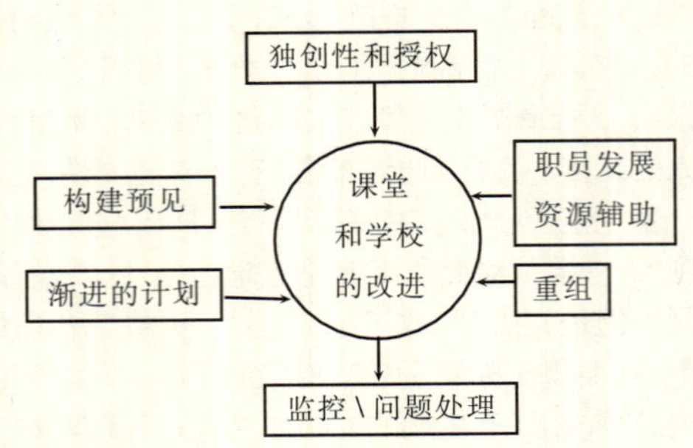

图2　城镇高中是如何得到提高的

维度:“第一个是可以共享的,关于学校可能像什么的共同认识。它为变革的发展提供了方向和驱动力,为掌管变革的方向和选择提供了标准……第二个是关于变革过程的共同观点……为了到达那里,要采取的一般的竞赛计划或策略是什么?”

尽管实际上每个人都认同预见的重要性,但构建预见的实践却并没得到很好的理解。这是一个高度复杂的动态的过程,几乎没有哪个组织能够承受。大多数有关预见的文献谈论的是什么是应该的或可能的,而这部分研究的报告是基于各个学校内实际形成预见的实例。

3.2　*渐进的发展*

一旦实施沿着既定方向开始进行,随着变革和学校条件之间的“适应性”不断改进,那些在罗伊斯和米莱什的研究中最成功的学校会适当改变其计划,从而能够利用那些意料之外的发展和机会。将由上而下的创新和由下至上的参与结合起来常常是成功的多层次改革的特征,这种改革应用相当于“渐进计划”的方法。

对于大型的变革,制定高度详细的计划是不明智之举。罗伊斯和米莱什及其他研究成果显示:“虽然要有个计划,但要从做中学”,培养一个有计划地承担风险的氛围,进行多方面的渐进的发展。

3.3　*创新和授权*

让人们沿着既定方向行动并相互作用(以及当他们这样做时给予支持)是产生变革的一个主要途径。罗伊斯和米莱什发现创新有不同的来源,但是到了“实施”的时候,“权利的共享”就变得很重要了。根据他们的研究,成功学校的领导人支持和促进其他人创新;建立起由教师、管理层、有时还包括家长和学生等跨阶层的人组成的指导小组;并在保持主动参与该团队活动的同时,授予其权力和资源。

形成协同工作的文化对该主题而言也是很重要的。它可以减少教师间专业上的隔离,允许编辑和共享成功的实践和提供的支持。一起工作有潜力让士气和工作热情得到提高,也为实验和提高功效感打开了大门。持续不断的交流和协作为事情的完成提供了连续的压力和必要的支持。

3.4　*职员发展和资源协助*

教育变革的本质是由学习新的思考和行为方式、学习新技能、知识、态度等几个方面组成的。这就使职员发展成为实践中与变革相关的一个关键主题。但是教育变革中遇到的另一个关键性问题是有太多的尤其是一次性的创新。只有把实施前的培训和实施过程中的培训和支持结合起来,才能使职员发展有助于实施质量的提高。在实施前的培训阶段中,甚至会利用深入的研讨会议来使人们统一思想走入到新的计划中来,即使这样也不会奏效。教师们声称他们从其他教师那里学到的东西最多,但研究显示他们其实很少与别人交流(Lortie 1975)。教师们还说他们需要直接的外部帮助,如果这些帮助是实际且具体的话,然而这些性质只是异议而绝非规则。

为什么培训阶段中此类的尝试无效?简单地讲,大多数在职培训并不是为正在进行的、交互的以及不断积累的以形成新概念、新技术和新行为的学习而设计的。几乎没有多少人能意识到在实施的过程中对在职培训的需要。无论以往出现的职员发展多么先进,只有当人们确实试图实施一种新的方法和改革时,他们才会有最具体的关注和疑问。因此,在尝试实施的初级阶段,给予人们必要的帮助是极其重要的。突破初期的这一困难阶段就代表着向更深入的变化迈进了一大步。针对具体技术的培训本身而言其效果只是短期的,因为新材料、新手段的运用常常是机械的,而其隐含的思想仍没被人们理解吸收(Joyce and Showers 1988)。

因此,“明显的”职员发展策略失败的次数常常多于成功的次数。实施,无论是自发的还是被迫的,都是一个再学习的过程。再学习的基础是人与人的相互作用。做中学,具体的行为榜样,会见资源顾问和其他的实施者,行为的实践,不断积累的、矛盾的、逐渐发展的自信心等,这些都是至关重要的。为"实施"而进行的培训方法只有结合以下几个方面才是成功的:面向教师的培训活动、实施过程中正在进行的连续不断的辅助和支持、与同伴或其他人的经常性的会见。持续的交互作用和职员发展过程是很重要的。变革越复杂,实施过程中所需的交互就越多。人们绝对能够改变,但改变这个过程需要社会的力量。地方机构和学校可以通过为教师、管理者及其他人提供持续的职员发展机会来帮助产生额外的社会力量。

3.5 监控和评价

监测主题包含信息系统、资源以及根据对问题处理和解决的结果采取的行动。对变革过程的监控与测量变革结果一样重要。成功的组织"是通过以下六点来测量什么是重要的:(a) 表达的简洁性;(b)测量的可视性;(c)每个人都参与;(d)基本信息不失真的收集;(e)对重要事物的直接测量;(f)对紧急事故和永久改良结果总体感觉的成绩"(Peters 1989 P. 484)。

监控有两个功能。第一,通过收集革新实践中可利用的信息,可以产生好的主意。许多好的实践经验由于教师、学校和地区彼此无联系而没有相互报道。第二,它可以使新的思想不断得到详细审查,这有助于根除错误,有利于发展有前途的实践。根据彼得斯(Peters 1989)的观点,"能确保做出正确选择的最好的'系统'是:(a)清晰的预见;(b)分享那些能够阐明各个层面的其他人是如何对与预见一致的新的情境做出反应的事情;(c)赏识做得好的工作"(P. 486)。

在学校层面上对变革结果和过程的监控尤为重要,所有对有效实现变革的学校做出的研究都显示,持久地关注学生的学术、个性以及社会发展方面对成功而言是很有必要的。当然,关注实施问题也很重要。成功的实施高度依赖于建立起一种有效的方法,用来收集有关教室及学校里的变革是如何成功或不成功进行的信息。

罗伊斯和米莱什指出,"所有重大的改进计划都存在问题"。他们发现,不成功的地方采用的是肤浅的应付策略,比如逃避、否认、拖延、人员之间的推诿。而成功的地方运用了深入的解决问题的方法,比如重新设计、创造新角色、提供附加的协助和时间等等诸如此类的方法。

评价和监控进展情况恐怕是为变革正确进行所用到的最困难和最复杂的策略之一了。它常常被误用或根本不被采用,而且常常是人们最不愿考虑的那部分。在尝试变革的早期阶段,人们常常留心于信息的收集。而另一方面,一旦某个改良项目开始进行,教师们及其他与实施有密切关系的人往往是那些坚持收集和检验其劳动成果的人(Fullan 1992)。好的变革过程产生信任、相关性和对取得更好结果的渴望。责任与改进可以有效地交织在一起,但这需要大量的磨合。

3.6 重组

在思考作为工作场所的学校是如何组织的时候,这里所用的"结构"一词是从社会学的意义上讲的,包括组织安排、角色、财政和管理方法以及正规的政策,这些政策明确建立在支持改革的工作条件之上。在学校层次有益于改进的结构变革的例子包括:个人和团队计划用的时间、公共的教学安排、职员发展政策、诸如导师/教练这样的新角色、学校改进的程序等。重组学校的重要性只是概念上的基本原理,它几乎没有关于其积极效果的经验性证据存在。

总之,这六个主题——构建预见、渐进的发展、创新和授权、职工发展和支持、监控和评价、重组——为实施过程的复杂性和刺激性提供了一个更加动态的、更强有力的形象。这六个因素协调一致,对于重大变革的发生而言都是重要的。

4. 变革过程的观点

变革的过程是复杂的也是受窘境所困的。但是从20世纪70年代早期以来,人们还是积累了有关变革过程的大量的知识和见解。其中的一些教训在开始时也不是不言而喻的,尽管它们一经发现都能成为常识。以下有四个没有被预测出来,但被证明是重要的观点:

(a)主动创新参与。

(b)压力和支持。

(c)行为和信念上的变化。

(d)至高无上的所有权问题。

首要的问题是当涉及许多人时如何发起改革。答案不是唯一的,但日益明确的是变革需要一些推动力才能启动。有证据显示,在变革的发起阶段就涉及很多人员既不可行也不能有效。很可能是这样的情况,开始时只涉及一小部分人,如果他们成功了,就形成了动力。积极的开端,从少数人开始并全面思考,偏爱行动,从做中学,这些方面使得变革更加易于管理,这样就使变化过程沿着希望的方向去发展。参与、创新和授权从一开始就是关键因素,但有时要等到变化过程开始后才会形成活力。

其次,人们日益清楚地意识到,压力和支持对于成功而言都是必需的。人们常常认为压力是不好的事情,而支持是好的。但在变革中压力也会有积极的作用。现实中存在着许多维持现状的力量。正是由于形成了导致行动的压力,才使得变革能够发生。在变革过程中,实施者之间的交互作用把压力和支持整合起来。同伴间的互相训练之所以如此有效,其中的一个原因就是它把压力和支持天衣无缝地结合起来了。成功变革的项目总是同时含有压力和支持这两大要素。没有支持的压力将导致抵抗和疏远;而脱离压力的支持将导致资源的浪费或转移。

第三,行为的变化是一个方面,而信仰和理解的变化是另一个方面,这两个方面的关系应当仔细考虑。回到有关主题的含义,大多数人几乎总是等到他们已经钻研到某一深度,才能对这一事物有新的理解。在很多情况下,行为上的变化总是先于信仰上的变化。此外,当人们尝试某些新事物时,他们常受"实施一下"之苦(Fullan and Stiegelbauer 1991)。由于人们总是努力设法搞懂变化的意义和技能,事情往往在变好之前就恶化了。行为和信念间的关系是相互的、持久的,行为中的变化为实现信念和理解上的突破提供了必要的经验。

所有权的作用是变化过程中的第四个微妙因素。很显然,让大部分人都拥有对新事物的所有权等同于真正的变革,但事实是,所有权并非很容易地就能得到。而且,当人们表面上赞成某一变革时,他们在理解和熟练掌握变革的意义上没有"拥有它",换言之,他们也许并不知道自己在做些什么。所有权,从清晰性、技能、承诺的意义上而言,是一个渐进的过程。真正的所有权并非是在一开始就神奇般发生的东西,而是在成功的变化过程中最后出现的东西。

总而言之,实施过程的广阔的含义有几个相互关联的部分。第一个,变革的要点包括要形成与新思想、计划、改革及一系列活动有关的意义。然而,是个体自己要形成新的意义,而这些个体又是巨大的、组织松散的、复杂并令人迷惑的社会系统中不重要的组成部分,他们拥有无限的主观世界。

当一个人有了关于"什么构成了作为随时间进行的过程的变革"的基本概念时,鉴别和理解变革的原因就变得很容易了。实施和延长变革的因素作为一个相互关联的系统而相互加强或减弱。"变革是由单一因素促成"这一理论注定要失败。那些诸如变化的质量比教师的态度更重要、外部因素比内部因素更重要或是教师比管理层的人们更重要的言论是没有意义的。有效的实施取决于本词条所描述到的所有因素和主题共同的作用。变革的本质特征、当局政府的结构、各个学校和教师的特征以及外界关系的存在和形式都相互作用从而为发生变革或不发生变革创造了条件。同样,这六个关键主题可以同时存在或者为相反的目的服务。人们幸运地把合适的因素综合到一起——至关重要的汇合——以支持并引导再学习的过程,这样做考虑到了维持个人或集体的需要,同时有利于促进并迫使人们进行变革,通过一种迂回的过程不断走入目前正在讨论的变革的制度化(或者是适当的驳回)的道路上来。

必须懂得,并非所有的变革都是前进的,尽管它们应该是这样。个人无法对压力产生正确的反应,当局和社会也是如此。对于教育变革而言,有许多动机和起因促使发生这些变革,但回顾起来,只有其中的一部分是出于满足明确而重要的教育需要、好的思想和计划而进行的。即使这种需要或思想是正确的,实施过程中的复杂性就有其自身的社会学含义,正如它以前那样,这一点常常与管理相对抗,即使所有的方面都有很好的意图。经验已经教会了那些关注实施毛病的人,完全忠实于原计划的实施有时是不必要的(因为主意本身就不高明),有时是不可能的(因为权力不允许),而且常常是不可预见的(因为这有赖于人们带来了什么以及原来有什么)(Majone and Wildavsky 1978 P. 25)。

那些抵制成功进行学校改良的可能的因素也需要考虑。对实施日益深化的理解可能改变它们。"变革的含义以及变革的过程"理论为"应该做些什么"提供了一个基本的概念,实施的观点使人们可以确定具体的因素;可以观察在具体的环境中这些因素是如何发挥作用的;可以解释为什么它们能够像它们所做的那样起作用,可以看到学校改良后的结果是什么。

M. G. 富兰(M. G. Fullan) 著

王雅杰 译

附录

Berman P 1981 Toward an implementation paradigm. In: Lehming R, Kane M (eds.) 1981 *Improving Schools: Using What We Know.* Sage, Beverly Hills, California

Berman P, McLaughlin M 1977 *Federal Programs Supporting Educational Change. Vol VII: Factors Affecting Implementation and Continuation.* Rand Corporation, Santa Monica, California

Charter W, Jones J 1973 On the neglect of the independent variable in program evaluation. Occasional paper. University of Oregon, Eugene, Oregon

Clark D, Lotto S, Astuto T 1984 Effective schools and school improvement: A comparative analysis of two lines of inquiry. *Educational Administration Quarterly* 20(3):41—68

Crandall D, Eiseman J, Louis K 1986 Strategic planning issues that bear on the success of school improvement efforts. *Educational Administration Quarterly* 22(3): 21—53

Firestone W, Corbett H D 1987 Planned organizational change. In: Boyand N (ed.) 1987 *Handbook of Research on Educational Administration.* Longman, New York

Fullan M 1992 *Successful School Improvement: The Implementation Perspective and Beyond.* Open University Press, London

Fullan M 1993 *Change Forces: Probing the Depths of Educational Reform.* Falmer Press, London

Fullan M, Hargreaves A 1991 *What's Worth Fighting for in your School? Working Together for Improvement.* Ontario Public School Teachers' Federation, Toronto

Fullan M, Stiegelbauer S 1991 *The New Meaning of Educational Change.* Cassell, London

Goodlad J, Klein M 1970 *Behind the Classroom Door.* Charles A Jones, Worthington, Ohio

Gross N, Giacquinta J, Bernstein M 1971 *Implementing Organizational Innovations: A Sociological Analysis of Planned Educational Change.* Basic Books, New York

Huberman M, Miles M 1984 *Innovation up Close: How School Improvement Works.* Plenum Press, New York

Joyce B, Showers B 1988 *Student Achievement through Staff Development.* Longman, New York

Lortie J 1975 *School Teacher: A Sociological Study.* University of Chicago Press, Chicago, Illinois

Louis K, Miles M B 1990 *Improving the Urban High School: What Works and Why.* Teachers College Press, New York

Majone G, Wildavsky A 1978 Implementation as evolution. In: Freeman H (ed.) 1978 *Policy Studies Annual Review*, Vol. 2. Sage, Beverly Hills, California

Peters T 1989 *Thriving on Chaos: Handbook for a Management Revolution.* Pan Books, London

Rosenblum S, Louis K 1979 *Stability and Change: Innovation in an Educational Context.* ABT Associates, Cambridge, Massachusetts

Rosenholtz S 1989 *Teachers' Workplace: The Social Organization of Schools.* Longman, New York

Sarason S 1971 *The Culture of the School and the Problem of Change.* Allyn and Bacon, Boston, Massachusetts

Smith L, Keith P 1971 *Anatomy of Educational Innovation: An Organizational Analysis of an Elementary*

School. Wiley, New York

规划和项目管理(Program and Project Management)

本词条描述了用于管理教育中的规划和项目的概念和程序。教育规划是任务驱动的,持续的时间会更长一些,而且它通常会包括很多项目。而教育项目则是由规范驱动的,有一定的时间限制,并且可以形成产品、软件包或者服务。关于教育项目输出的例子,包括基于计算机的教育系统、教科书和评价报告等。所有项目都具有这样的一般特征,例如明确的开始点和结束点、预期结果的描述以及可交付使用的产品的详细说明。

规划管理是为完成一个任务对相关的持续努力系统化的监督。这样的努力几乎既没有清楚的开始或者结束,也没有可交付产品的详细说明。来自教育领域的例子有:韩国的教育开发学院(Morgan 1979)以及印度尼西亚的高等教育开发支持计划项目。为了启动一个教育计划或者一个教育项目,必须分配给个人或者机构一定的管理权限。这是近来对把教育规划和项目与社会运动区分开来的要求。

在项目管理的名义下,有些作者为了达到目的,将一些技术上不相关的,但在整体上却必需的子项目容纳进来。纳米比亚基础和初级教育改革中有许多子项目,所有子项目都是完成任务所需要的。事实上,课程材料项目、学校培训和支持项目、国家教育开发研究院项目及其他项目都是极其独立的;而且这些独立项目的集合也可以被称为“规划”。通常,我们很难精确地确定出项目方面和规划的操作方面之间的分界线(Banathy 1992)。

项目有以下五个阶段:分析、设计、开发、实施和控制。这五个阶段的执行顺序是批判性的和线性的,且每一个阶段必须遵循指定的顺序。每一阶段内的时序安排常常会有很大的弹性。

规划也包括以下五个功能:分析、计划、供给人员、指挥和控制。这些阶段只是在第一次重复时是有顺序的,而接下来,它们就可以是同时发生的了。

1. 规划的功能

这一部分简单讨论了关于执行主要的规划功能所必需的要素。在下一部分中将讨论项目的各个阶段。

1.1 分析

规划中的分析产生于感知到的社会需要、外部威胁、新的发现、自然灾难以及其他刺激。在1961年,美国总统约翰·肯迪尼曾说,“在这个十年之内,我相信我国应当致力于将一个人送上月球并且让他安全地返回地面”。这就产生了开发一个项目来实现这一目标的紧急命令。这就是阿波罗计划。接下来规划管理的责任就非常清楚了。

威胁驱动的分析可以在研究或者经济数据中找到。韩国政府在20世纪70年代早期发现八年级毕业生的数量与为快速增长的经济服务所要求的数量相距很远,即使大学毕业生还有剩余。在太空计划中以及在韩国,负责的政府官员确定在现状和理想状况之间有明显的差距。二者都发起了一个工作计划来消除这个差距(Kaufman 1991, Zemke and Schaff 1989)。

人们应该认真进行问题分析,并且还应该明确问题的原因。正是在这一点上,政治家、专业人员和研究人员之间可能产生冲突。当完成了问题分析,选择了解决问题的方案策略后,下一步就是准备制定工作计划了。

1.2 计划

规划中的计划首先需要有一个任务,而任务的目的和目标都是来自这个任务,并且也会因此明确规定子规划的目标。在整个组织中,任务目的和目标是分层级的,因而,资源的任何支出都会增加结果的价值(Branson 1991)。

组织结构的实体必须设计来完成任务,而不是相反。大量的书籍和文章已经有了相关的记载,即是组织决定任务而不是任务决定组织(Peters 1989)。教育管理一直是新的组织机构设计事项必不可少的,这从20世纪40年代就开始了。

1.3 供给人员

必须为组织机构有效地供给人员。工业心理学家的研究表明,管理者所能采取的最有效的唯一改善工作绩效的措施就是开发一个良好的选拔系统。大约50%的归因于选拔的差异可以用一般智力来解释。有效地供给人员对规划成功是关键(Ree and Earles 1992)。

为规划或项目供给人员的一个困难是预算周期。预算通常是和在财政年度基础上的日程表联系在一起的。当资金到位时,组织机构就应该全力以赴,而一般只有当有了资金时,才开始安置人员。作为时间驱动预算的结果,常常加速人员安置,这样人们被安排的工作常常不是他们能做好的(Branson 1989)。但是一旦开始供给人员,也就开始有工作绩效了。

1.4 指挥

管理的指挥作用可以用各种非常不同的方式来解释,从军事命令结构——其中每一件事都严格按照标准的操作程序去做——到依靠自我管理和团队协作的非常松散的监督机构。工作安排的质量和有效反馈的可利用性常常决定组织结构的本质。如果没有有效的反馈,就不能提高组织的绩效(Banathy 1992)。

20世纪70年代早期以来,人们投入到迪明(Deeming)和其他一些质量运动支持者的质量系统管理概念的努力逐渐加大。当雇员有了知识和技能,可以根据有效的标准来监控和测量他们自己的成果时,就没有必要再提供多层次的管理来了解工作的进展了。质量控制系统的实施提供了那些测量能力(Caplan 1990)。

1.5 控制

规划和项目管理中的控制是指通过异议、确定结果和目标之间的差别、之后采取正确的行动来消除差距的实践来管理。"控制"一词在教育中有消极的内涵,因为它常常被视为和审查机构及微观管理相同。在规划管理的系统方法中,"控制"指的是确定可以提供的反馈范围并系统地说明可供选择的矫正手段(Branson 1991)。

为了获得规划或者项目的控制,就需要仔细地选择有关的变量——即必须呈现的关键的成功要素。通常,时间是一个必须控制的关键变量。接着,资金也不得不为了适应时间的要求而有所不同。而在其他规划中,资金是必须控制的,在这样的情况下时间就必须随资金的变化而变化。如果资金和时间都是关键的,那么规划的卓越程度、服务的水平或数量就必须变化。这后一种情况常常发生在公立教育中。用最少的时间和资金而同时最优化地实现规划,这在逻辑上是不可能的,尽管这些变量可以存在某种平衡直到达到一定程度的最佳状态。在这些变量中建立最佳的平衡是管理的关键功能。

1.6 规划的范围

一些规划在长度上是有限的,而另一些则是持久的,就像研究和开发活动。规划通常包括许多独立的、常常是不相关的项目。规划的管理常常是持续的,所有五个功能会同时发生。

规划最好通过采用能说明所有重要问题的一致的模式来进行评价。许多评价概念,包括成本效果分析、成本利益分析以及投资回报分析都用来判断规划的价值。其他作者强调将社会影响的使用作为规划评价的重要因素,这里,社会影响指的是,与其他可能的投资相比,投资这个规划的结果使得作为整体的社会状况变好的程度(Kaufman 1991)。随着对更多进行评价研究的要求逐渐增加,贯穿规划的整个生命周期的相关成本也会增加。无论使用什么样的评价概念,精明的管理者都会保证从评价中获得超过累积成本的利润。

2. 项目管理

项目源于具体的要求,这常常以项目建议申请书或者任务命令的形式表达。项目通常是一个更大的规划的一部分,尽管并不总是这样。一个系统可能选择去建立一个学校,而一旦完成了,这就只代表承担了项目。

在教育中,研究项目常常由政府或者基金会发起,来作为扩展知识的手段。课程开发活动和新的评价方法也将以项目形式出现,项目的授予是建立在竞争的基础上,其中费用常常是评价的重要因素。

2.1 分析

不管资金的来源或项目发起的方法怎样,我们都应该进行详细的问题分析。当公布项目时,在项目建议申请书及其他竞争项目中,详细的分析将会揭示出我们需要什么,并且帮助我们从任意的因素中挑选出关键因素(Branson 1991)。分析的主要目的是检验在一定的环境背景下项目概念的可行性。这一步的完成将确保提出的解决方案对问题会有预期的影响。在项目中,通常分析只在开始的时候作一次。分析阶段的结果为设计阶段建立了参数并且确定了建立原型的要素。进行操作检验和组织测量的条件则来自对 RFP 的确认或者改编。分析的主要输出是一个这样的方案,即抓住了所有必要的公认的要求以及可交付使用的产品的特征。有效的方案会预见到潜在的问题,并且可以估计到威胁的可能性和大小。更进一步,它还有助于把真实的问题与想像中的问题区分开来(Branson 1991, Greer 1992)。

通常,确定出建议的干预是否可能提供预期的利益,这并不是项目管理者的责任,而是由规划管理者来制定这些决策。

2.2 设计

系统设计者使用分析阶段得出的方案,并继续将专家知识和计划结合起来,从而获得最佳的解决方案。系统中的所有特征都应该为最终的输出增加价值。尽管成本效益应当成为可接受性的标准,我们也必须说明重要的社会问题(Kaufman 1991)。

有一种常常被称为"镀金"的实践,具有不能增加价值的特征,但是对于某些发起者代表而言,却被认为是很重要的。例如,在远程教育规划中,技术人员常常要求用最新的播送质量很高的电视设备,尽管没有证据表明有意地使用这种设备就会带来可以测量到的优越性。

现在常常有这样一个趋势,即仓促进入设计阶段,以使一个产品尽快地进入生产阶段。许多项目还受到拖延资金到位的预算周期的控制。但是,有经验的管理者知道,在设计阶段纠正错误要比在接下来的任何阶段付出的代价都要少。

设计阶段的输出是指将会在开发中使用的设计说明书以及后面的开发过程的顺序。这两个输出对项目的成功都是关键的。下面首先考虑时间和顺序问题。

时间的物理学要求它的测量必须是线性的。事件的发生要么是同时的,要么是一件事情接着另一件事情。这样,在任何工作环境中,一些工作总是会在其他工作之前做。我们必须作认真的分析来揭示所要求的工作进度表的真正本质。现在我们已经分析了有关顺序的四个独立条件。在图1中显示了工作分类结构(WBS)中四种可能的顺序。

设计要求应该仅仅反映真实的时间顺序的限制。如果顺序不是关键因素的话,就不应该详细说明操作顺序。任务或者事件总是以给定的顺序执行,这不是控制。培训规划先于工作绩效以批量处理的模式提供是正确的;而用这一模式作为证据来断言绩效必须用哪种方式来形成则是错误的(Gery 1991)。

把任务确定为培训或者教学设计将会导致传统的顺序;而把它确定为改善工作绩效就将导致一系列不同的顺序(Branson 1991)。正确的顺序为项目管理者高效率地使用松散的时间提供了更大的灵活性。这就是说,当先做 A 或者先做 B 都可接受的时候,选择先做 A 再做 B 的顺序在很大程度上就增加了不必要的拖延的机会(Branson 1989)。

设计阶段也涉及规划评价和评论技巧(PERT)的使用。PERT 以工作分类结构开始,详细列出项目中的所有任务。一开始,人们要确定项目中最后的事件,然后从后向前,一直追溯到第一项工作。这一程序确定要执行的任务以及执行任务的顺序(Cook 1966,美国管理协会 1988)。然后我们用一个任务细化程序来分析每一个任务的要素或者主要组成部分。对主要任务的识别及分析产生了工作分类结构。有时,在人们将它们置入正确的顺序之前,更容易确定工作分类结构中的主要要素。

工作分类结构中使用的数据必须来自专家工作中的问题。我们首先要考虑的是要做的工作的正确性。人们一定会对设计的结果与设计的详细说明一致而感到满意。

一旦一个人拥有了确定工作分类结构所需的任务和子任务的全面列表,那么他就获得了对所需时间和材料的评价。项目管理者已经设计了各种评价公式,以按期并按预期的费用完成任务。为了获得可靠的评价,我们必须依靠熟悉这项工作的专家。

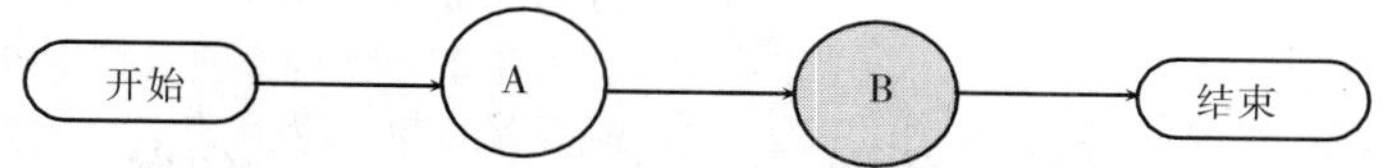

A 然后 B

A 然后 B 这一条件仅仅指当 A 必须在 B 之前进行时适用。例如，必须先打开计算机(A)，之后导入磁盘(B)。其他任何顺序的操作都是失败的。

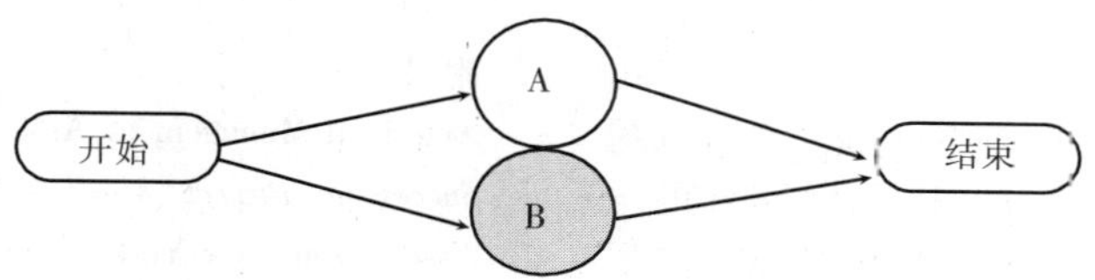

A 或者 B

A 或者 B 这一条件指当 A 或者 B 可通过任何次序进行时适用。这就是说，A 可以在 B 之前，B 也可以在 A 之前，或者它们也可以同时发生。一个人可以先学习化学再学习物理，也可以先学习物理再学习化学，或考也可以是两个人同时学习物理和化学。

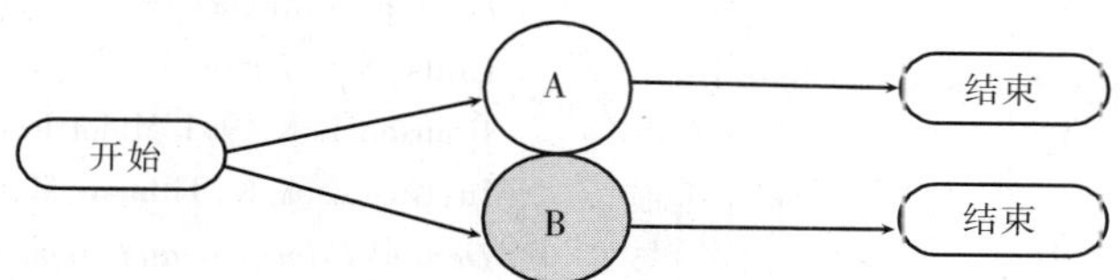

非 A 即 B

非 A 即 B 这一条件在这样的情形中适用，当 A 发生时，B 就不能发生。如果一个人不得不在一个流程图上作一个二元的决定，他就必须在每一个决策点上回答是或者非。

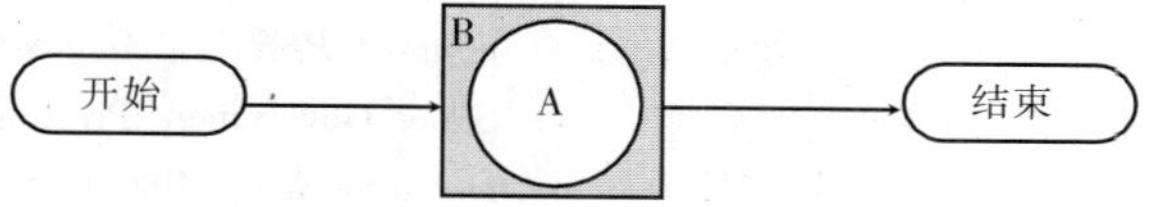

A 与 B

A 与 B 指的是 A 和 B 必须同时发生。计算机上的某个键盘命令必须在同时按下两个键时才会执行。

图 1　布兰松(Branson)——规划和项目管理

之后，专家估算项目的最佳完成时间、最有可能的完成时间以及最糟糕的完成时间。这些估算都必须独立地进行，即使并不是所有专家都能说明所有的任务。一个人不太可能是整个项目所有方面的专家。

2.3 开发

利用设计阶段产生的说明书，我们就可以开始最初的原型的开发了。在此主要的想法就是尽可能早地用最终产品的近似品来进行操作性测试。拥有一套好的操作性测试数据，人们就不用费力推测设计方案的有效性了。从项目计划来看开发的顺序应该是非常清楚的。

2.4 实施

实施的目的是执行操作性测试来为设计者和开发者产生一组数据。这一阶段将提供对有意图的应用是否合适的第一次评价，这是质量系统的一个主要要求。最初的操作性测试应该在友好的环境中进行，在这样的环境里可以有理由期望检测会获得成功。随着更多的设计问题得到解决以及系统的操作更加有效，就可以在比较苛刻的环境中开始操作性测试并持续进行，直到全面说明这一有意图应用的全部范围为止(Greer 1992)。

2.5 控制

控制指的是将结果和计划进行比较，然后采取纠正措施来处理差距的过程。项目周期中的每一个阶段都包含输入、加工、输出部分，并且每一个部分都作为项目进度表中的一项。这样，进展是控制的一个必须说明的关键领域。项目评价与评论技巧的一个重要的优势就是它定期地指出进度表的问题，并且重视需要采取行动的领域(Cook 1966，美国管理协会 1988)。

现在，管理大的项目和规划所需要的计算机软件和硬件以及为完成特定工作的概念化管理两个方面都已经有了很大的改善。作为质量系统的结果，管理场合中一个微妙的变化已经变得更加普及。随着有效控制管理过程和程序的出现，在几乎没有直接管理的情况下，大多数人都有能力监督和控制他们自己的绩效了。

当工作过程已经被记录并被完全理解，完成这一工作的人就可以测量和监控这些过程的输出了。角色定义中的这一变化也改变了对第一线管理人员的角色要求，即从了解那些工作是否完成转变到支持这些工作开展。当工作的测量系统和提供的反馈准确、及时的时候，工作概念的这种变化是可能的(Caplan 1990)。

在20世纪末，项目和规划管理领域中技术上最显著的变化，发生在基于计算机的绩效支持工具的可利用性方面。随着质量达标方面新的统计方法与项目管理进度统计的结合，目前正在开发能够适应质量系统和项目进度的软件。

R. K. 布兰松(R. K. Branson) 著

王春蕾 译

附录

American Management Association 1988 *How to Be a Successful Project Manager*. American Management Association, New York

Banathy B H 1992 *A Systems View of Education: Concepts and Principles for Effective Practice*. Educational Technology Publications, Englewood Cliffs, New Jersey

Branson R K 1989 Large scale ISD projects: Two case studies. In: Hannum W, Hansen C (eds.) 1989 *Instructional Systems Development in Large Organizations*. Educational Technology Publications, Englewood Cliffs, New Jersey

Branson R K 1991 Major issues in large ISD projects. In: Gustafson K, Tillman M (eds.) 1991 *Instructional Design: Principles and Applications*. Educational Technology Publications, Englewood Cliffs, New Jersey

Caplan F 1990 *The Quality System: A Sourcebook for Managers and Engineers*, 2nd edn. Chilton, Radnor, Pennsylvania

Cook D L 1966 *Program Evaluation and Review Technique (PERT): Applications in Education*. United States Government Printing Office, Washington, DC

Deeming W E 1986 *Out of the Crisis*. Center for Advanced Technology, Massachusetts Institute of Technology, Cambridge, Massachusetts

Gery G J 1991 *Electronic Performance Support Systems: How and Why to Remake the Workplace through the Strategic Application of Technology*. Weingarten, Boston, Massachusetts

Greer M 1992 *ID Project Management: Tools and Techniques for Instructional Designers and Developers*.

Educational Technology Publications, Englewood Cliffs, New Jersey

Kaufman R A 1991 *Strategic Planning Plus: An Organizational Guide*. Scott Foresman, Glenview, Illinois

Morgan R M 1979 *The Korean Educational Development Institute: Its Organization and Function*. UNESCO Paris

Peters T J 1989 *Thriving on Chaos: Handbook for a Management Revolution*. Pan, London

Ree M J, Earles J A 1992 Intelligence is the best predictor of job performance. *Current Directions in Psychological Science*. 1(3):86—89

Zemke R, Schaaf D 1989 *The Service Edge: 101 Companies that Profit from Customer Care*. Penguin, New York

其他参考文献

Glasser W 1990 *The Quality School: Managing Students without Coercion*. Harper and Row, New York

Haynes M E 1989 *Project Management*. (Crisp M G ed.) Crisp, Los Altos, California

Marquardt D 1991 Vision 2000: The strategy for the ISO 9000 series standards in the 90s. *Quality Progress* 24(5):25—31

项目评价和监控(Project Evaluation and Monitoring)

教育技术活动一般是在项目的基础上组织起来的,其中评价和监控被用来保证成功地实现项目的目标。尽管教育技术有许多方面,但本词条主要集中在设计、开发、实施以及推广新的教育产品、教育过程、教育干预或者教育系统的项目上,这些新的教育产品、过程、干预或者系统等广泛应用于学校、工业、社会服务部门或者军事机构中(承认这些机构之间的情景差异是很重要的)。本词条讨论一般意义上教育技术中的评价,而没有论述更专门的题目,例如关于媒体的选择和影响的研究(Reiser and Gagne 1983)。

这里用教育产品做例子,是因为它们在教育开发中非常流行。但是,接下来的评论在应用到其他的开发努力中时只需要很微小的更改。尽管教育规划和教育项目有共同的要素,但教育规划范围更广,也更复杂,并且一个教育规划中可能包括多个教育项目。要想知道关于教育规划评价的更多信息,请参阅沙迪什等人(Shadish et al. 1990)的论述(Tennyson and Anderson 1990)。

1. 评价功能

这里,评价被定义为根据优点或价值对价值的评定。在教育技术的开发过程中,可以识别出评价的几个目的或者功能。评价的三个功能——监控、形成性评价和总结性评价——都集中在改善开发的过程以及最终的产品。而评价的另外两个功能——评价审核与元评价(即对评价本身的评价)——则聚焦在改善前面的三个评价功能,已经超出了本词条的范围。

1.1 监控

项目的监控是一个与项目工作的日常监督和管理最紧密的评价功能。一般而言,监控是由项目管理者、发起者或者资金资助者出于职责而执行的,确定工作是否在按计划进行并找出怎样管理会更好。通常这种评价是基于计划的回顾、进度报告、预算报告以及可提交的需求合同。监控首先考虑的不是工作的质量或者影响,而是合理的进展以及可接受的实践。从而,过程回顾的方式类似于账目的审核过程(例如,不管公司是否营利,先看一下这些账簿是否合理)。法定权利、账目登记以及合同职责是监控评价中最重要的,监控评价考虑更多的是改善项目的管理而不是改善项目的产品。

1.2 形成性评价

形成性评价的目的是通过找出什么有作用而什么却不起作用来改进项目。尽管一些评价理论专家(Scriven 1991, Stake 1991)认为,确定如何解决问题不是形成性评价者的责任(那是开发者的责任),但是在实践中开发者和形成性评价者往往会在补救工作中进行合作(为了讨论清楚,这里我们把开发者和评价者看作是不同的人群,然而,在一些情况下,开发者可能也承担评价职责)。

形成性评价的主要委托人是项目本身的开发者、全体工作人员和管理者。形成性评价者自己可能是项目工作人员的一部分，并且和任何人一样，对项目的成功完成负有责任。这一关系最大化了评价者关于项目和项目操作的知识，却将他们的客观性和独立性降到最低，这样就使评价转化为内部项目辩护的形式。由于形成性评价的主要目的是帮助项目达到完全成熟，并为项目提供最有可能成功的机会，这种内部辩护的类型，尽管还有局限性，但是仍可视为恰当的评价形式。非项目人员执行形成性评价活动时，可以有更大的独立性，但是他们有关项目的知识却相对较少。然而，因为形成性评价固有的支持性的本质，甚至可以认为这些人也会偏颇地赞同这一项目。

典型的形成性评价活动包括内部评论、开发尝试、不断反馈和连续的项目修改。形成性评价可能和总结性评价研究相同的变量，使用相同的工具，并且收集相同类型的数据，但是却为了不同的目的，即形成性评价是为了有助于项目的修改，从而达到项目的成熟、高质量和效果。

1.3 总结性评价

如果形成性评价是为产品开发者的利益服务，那么总结性评价则是为产品消费者的利益服务的。总结性评价独立考察项目，并且根据以下标准来评价项目的价值：产品的质量、产品使用的效果、产生的短期结果和长期影响、积极和消极方面的影响、在其他环境下的效用以及关键的竞争产品（例如，也就是要达到相同结果的、更好、更廉价或者更少的消极方面的影响等的其他可选产品）。好的形成性评价可能也说明这些相同的问题，在某种情况下，最好的形成性评价就是预先完成的总结性评价。在总结性评价中，这些问题的说明不是用来改善产品的，而是为了做出关于是继续执行、或是结束生产、还是推广的决定。总结性评价的委托人包括项目发动者、产品消费者和其他继续使用或者支持项目成就的人。

因为在总结性评价中说明的这些问题的本质以及各种外部人员要求的确定的水平，常常需要提倡使用严格的评价策略（例如，比较领域研究、纵向影响研究、大范围样本调查和深入的案例研究等）。

因为显而易见的政治上和方法上的可信度原因，总结性评价常常由外部的、竞争入选的承包人来执行，这些人在项目成功中没有既得利益。总结性评价也可能由项目工作人员、管理者或者发起者执行，尤其当遇到要尽快终止有害的、浪费的或者无效的产品开发的重要情况时。因此总结性评价并不总是在形成性评价之后进行，也不要求最终产品的完成。终止项目还是扩展项目的总结性判断在开发周期中的很多地方都是合适的，并且这个总结性判断需要总结性研究，因为，监控评价一般不能为这样的决策充分地提供信息，而形成性评价是要保证项目存活或者成功。

监控评价对于负责任的管理和项目完成是必不可少的。形成性评价是为了保证产品开发的成功和产品质量；而总结性评价对于决定最终产品的质量和效用以及保护委托人、消费者和大众的利益都是必需的（Scriven 1981，1990，1991；Eraut 1989）。

2. 开发阶段中的评价焦点

尽管已经提出了许多教学开发的组织化、结构化和程序化的模型（Dick and Carey 1985，Cagne et al. 1988，Romiszowski 1981），但是在这里，我们就用设计、开发、实施和推广这个简单的先后顺序来说明一系列的评价活动是怎样完成监控、形成性评价和总结性评价的功能的。在每一个阶段，我们都强调并且简要讨论评价的重点或者那些需要首先注意的方面。

2.1 设计

假定前端分析已经表明，开发一个产品确实是为了迎合消费者或者用户的需求，那么在设计阶段评价的首要焦点就是用户的需求。评价活动说明了下面这样的一些问题：什么事实表明这样的需求是存在的？那些需求的本质是什么？为什么满足这些需求是很重要的？项目的目标要这样检验：例如，项目的目标是否可能致使项目满足前面确定出的那些需求？项目的目标是否值得追求，尤其是当这些可用的资源还有其他可能的应用时？产品说明书也要这样分析：设计的产品是否将和项目的目标一致并且满足了前面提出的用户需求？说明书是否反映了最新的内容以及教学设计的策略？我们通过评论开发过程的设计来保证它能反映开发和管理程序的艺术或技术发展水平。潜在的重要竞争产品则可以这样识别：是否新产品可能会比已存在的产品更好（更便宜、更快、更有效等）？完成的产品以及开发过程本身的成本也应该被这样评价：和类似的产品相比，最终产品的成本怎样？项目的成本是否有可行性以及最佳的费用效果比？

这些评价方面的问题可以用已有的信息、调查、专家评论以及比较分析等说明，而且这些问题也是在准备、评论以及批准项目提议报告期间要考虑的问题，因此可能在产品设计阶段的开始，这些问题就已经在某种程度上被回答了。他们对所有后续的项目监控建立了初始框架，以确保执行最初提出的项目计划中的合理进度。在设计阶段，形成性评价需要考虑建构可行的、高质量的设计，以及创建有助于良好开发的项目环境。总结性评价考虑的重点则在于决定不投资，或者中止那些认为不可行的、太昂贵的，或者是需求、质量或影响都不确定的项目。

2.2　开发

在开发阶段，产品可能要经过几个阶段，包括产品协议的说明、原型的制作、现场版本的建构以及全面运作模式的完成。经过每一阶段都会进行以下的评价判断：(a)教育内容——内容是否是最新的，从教育上讲是否是合适的，对用户来说是否是恰当的；(b)教育过程——教育程序和策略对于用户和内容来说是否是恰当的，是否反映了有效教育设计的原则；(c)教育材料——使用材料的适宜性和制作质量怎样。与评价产品内容、过程和材料的质量一样，评价活动也根据用户态度的转变、知识的获得、技能的掌握以及行为的表现等来测量由产品使用引起的用户变化的程度。在开发阶段，也会对短期效果，即由产品引起的用户变化的直接效果进行评价。

随着教育产品的继续发展，开发过程也就需要进一步地监控和修改，也要继续监控预期的最终产品和开发过程的成本。在开发阶段，内部的形成性评价是最频繁的，这主要表现在对产品版本的反复测试和修改上。建构操作环境用来确保产品的有效性——如果产品在这里没有效果，那么它可能在任何地方都没有效果。为了最大限度地获得产品开发和修改所需要的信息，开发人员进行着高度控制下的测试。评价报告常常是直接的和文字上的，开发人员常常既是评价者的委托人又是他们的协作者。而总结性评价考虑的是这一时期的相对不普遍的问题，并且考虑局限在因为可行性或者过量的花费问题而可能结束项目的决定（在这一阶段，预期到的质量或者效用问题还是可以挽回的）。

2.3　实施

就像上面讨论的一样，实施阶段的评价也将继续集中在对项目的内容、过程、材料、用户的转变以及短期效应的关注上，但这里是从不同的角度来看的。这个阶段评价的关注点已经转到对真实使用的场合的评价：产品在这一领域像最初预想的一样有效吗？为各种用户、应用软件以及机构而设计的这些产品对于他们有效吗？在不是由开发人员控制的应用中，产品的实施会发生什么问题？当用户试图在工作现场使用这一产品时，用户是否会有一些特殊的问题？值得注意的是，为了形成性或者总结性的目的，产品实施的评价有时就是"项目的监控"，这和我们这里的用法不太一样（Rossi and Freeman 1989）。在这一阶段，我们要寻求这样的评价证据，即关于由稳定的或累积的用户变化或者短期效果引起的产品的长期效应。对非预期的积极和消极方面的影响的证据的关注也不断增加，包括潜在的用户实施的费用。

开发阶段的特征是在开发者控制减少的情况下进行主动的形成性评价。产品的使用从理想的条件转变到典型的工作现场条件，用这样的程序作为产品的 Beta 测试，对产品的修改是基于工作现场中的使用以及用户的反应，而不是基于开发测试和最初的设计说明。在这一阶段，也会不断增加总结性评价来为项目决策提供信息，并且预见到一些可能由预期的用户提出的总结性问题。

2.4　推广

随着产品开发接近结束，涉及产品推广的评价问题也就越来越相关了。在这一领域的用户将会对产品采用什么样的改变来适应他们自己的情况？产品能否经得住这样的改变？这一产品是否在任何地方都有效？为了对产品做出必要的修改从而有助于产品的发行，就要对产品的推广计划进行评价。用户需求、主要的竞争产品以及生产成本，还有费用效果比，都会在这一时期被重新评价。

在这一阶段几乎不再进行项目的监控，并且形成性评价也被局限在最终产品的修改，以提高或者支持当地的应用、增加推广产品的吸引力、最大化产品相对于同类竞争产品的优势。基本上，在这一阶段总结性评价是对外部观众做出的，例如潜在的用户和那些对产品生产、出版、发行感兴趣的人们。有些情况下，这种类型的总结性评价提供了与市场分析研究相类似的信息。

3. 结论

以上的描述是一个非常单纯化的东西：许多产品的开发过程并不是依据这里描述的线性的路径；而且开发的阶段和相关的评价活动相互交叠；另外，还有很多技巧上的细节与前面提到的评价活动有关。尽管限于篇幅，妨碍了我们进行更详细的讨论，但是本词条还是描述了在教育开发的管理中的监控、形成性评价、总结性评价的主要方面。

N. L. 史密斯（N. L. Smith） 著

王春蕾 译

附录

Dick W, Carey L 1985 *The Systematic Design for Instruction*, 2nd edn. Scott, Foresman, Glenview, Illinois

Eraut M R 1989 Evaluation of learning resources. In: Eraut M R (ed.) 1989 *The International Encyclopedia of Educational Technology*. Pergamon Press, Oxford

Gagné R M, Briggs L J, Wagner W W 1988 *Principles of Instructional Design*, 3rd edn. HBJ, New York

Reiser R A, Gagné R M 1983 *Selecting Media for Instruction*. Educational Technology Publications, Englewood Cliffs, New Jersey

Romiszowski A J 1981 *Designing Instructional Systems*. Kogan Page, London

Rossi P H, Freeman H E 1989 *Evaluation: A Systematic Approach*. Sage, Newbury Park, California

Scriven M S 1981 Product evaluation. In: Smith N L (ed.) 1981 *New Techniques for Evaluation*. Sage, London

Scriven M S 1990 The evaluation of hardware and software. *Studies in Educational Evaluation* 16(1): 3—40

Scriven M S 1991 Beyond formative and summative evaluation. In: McLaughlin M W, Phillips D C (eds.) 1991 *Evaluation and Education: At Quarter Century*. University of Chicago Press, Chicago, Illinois (90th Yearbook of the NSSE)

Shadish W R Jr, Cook T D, Leviton L C 1990 *Foundations of Program Evaluation*. Sage, Newbury Park, California

Stake R E 1991 Retrospective on "The countenance of educational evaluation." In: McLaughlin M W, Phillips D C (eds.) 1991 *Evaluation and Education: At Quarter Century*. University of Chicago Press, Chicago, Illinois

Tennyson R D, Anderson R O 1990 *Evaluation and Educational Technology: A Selected Bibliography*. Educational Technology Seleted Bibliography Series, Vol. 3. Educational Technology Publications, Englewood Cliffs, New Jersey

广播和技术：对儿童与青少年的影响（Broadcasting and Technology: Effects on Children and Youth）

电视在对儿童与青少年产生影响的广播与技术中处于中心地位，将其置于其他媒体和技术创新的情境中来考虑也是很重要的。在较发达的国家，年轻人在电视上花费的时间与在学校或睡觉中花费的时间几乎一样，比其他任何一种休闲活动花费的时间都多。这种与电视或其他电子媒体有关的现象将随着它们的被广泛应用也会在其他地方出现。本词条讨论了五个主题：观众反映、个体经验、认知结果、学术成就和行为影响。

1. 观众反映

电视或其他大众媒体的年轻观众数量是巨大

的。在四个国家——美国(Schramm et al. 1961)、英国(Himmelweit et al. 1958)、加拿大(Williams 1985)和瑞典(Rosengren and Windahl 1989)——的大规模研究提供了必需的确凿信息。到目前为止,尽管在青少年和成人中,流行音乐成了电视的强大竞争对手,但他们在电视上花的时间还是最多。有关问题包括:观众数量、在其他活动中的调查排行、收看电视的日周期和生命周期、在其他活动中的优先级和时间安排以及这种媒体在家庭生活中的地位。

1.1 观众数量

对看电视人数的估计差异很大。观众测算公司估计美国 2~11 岁的人平均每周大约看 30 个小时的电视,同样这一数据,12~17 岁的人大约要低 20%。美国(Kubey and Csikszentmihalyi 1990,Robinson 1990)和西欧(Rosengren and Windahl 1989)的学术分析家认为,孩子们每天看 2~2.5 小时或每周 14~17.5 小时的电视这样的数据比较准确,而且所有的调查数据同时也表明青少年比更小的孩子看电视时间要少一些。估计值的不同主要在于测算程序的不同:程序越重视细节,通常估计值也越低。商业公司的估计值或许会有所膨胀,那是因为:(a)同意提供数据的家庭很可能有爱看电视或过分热衷于调查的家庭成员;(b)公司比学术研究人员更能忍耐注意力不集中、从事其他活动和离开房间等情况。

在美国,一半以上 2~11 岁的人和大约 40% 12~17 岁的人在晚上 8~9 点的黄金时间里会一直守在电视机旁,尽管个别人偶尔会进进出出。即使最保守的估计也认为,年轻人在电视机前花费了大量的时间。

1.2 调查排行

较发达国家的儿童与青少年把休闲时间的一半或更多花在看电视上。到 9 岁为止,他们花在看电视上的时间是花在玩耍上的时间的两倍。在年龄很小的时候,玩耍稍占优势。如果没有电视,这些年轻人当然会在其他媒体上花更多的时间;当然,也同样会在其他活动上分配一部分时间。

然而,总的数据表明,电视收视率并没有因参加其他活动而受到严重影响(Comstock 1991)。这是因为所有年龄段的人在没有他们愿意参加或者有义务参与的其他活动时,都看电视。调查并没有像反映了其他机会与需求的缺失那样贬损电视。

最大的例外是与读书和学习相关的活动,像看电视一样,它们都是不需要移动的。这三种活动在日常生活的生态学中处于同等地位,而看电视或许会是大多数人更愿意做的,因为它更简单。当电视与读书或学习一起进行的时候,在材料的选择或注意力集中的程度上,后两者的质量就会受到损害。

1.3 日周期和生命周期

儿童与青少年在一天中的看电视时间曲线是相似的。曲线在下午 3 点左右开始上升,在大约 5 点到达第一个峰值,晚上 8~9 点钟的时候会有一个迟一些同时也更高一些的峰值,然后开始下降。主要的不同是儿童比青少年看得更多,因此他们的曲线稍微高一些。青少年比儿童睡觉晚,因此他们的曲线中开始下降的部分有些推后。相对于 5% 的青少年比例而言,大约 1/5 由于年龄小而不能上学的儿童会在凌晨看电视。

儿童在 2~3 岁的时候开始经常看电视。小学年龄水平以上的看电视人数明显增加,青春期开始下降,在成人阶段经历一个增长过程,在五六十岁的时候又开始增加。孔德雷(Condry 1989)画出了生命周期中看电视人数的变化曲线(图 1),表明了在现代社会中这是利用时间的重要模式之一。

这些周期反映了电视利用是所有年龄段的主要消遣——只要有时间或机会(Comstock 1991)。一天和一生之中看电视多少的变换,是由于有其他义务或更喜欢的活动。

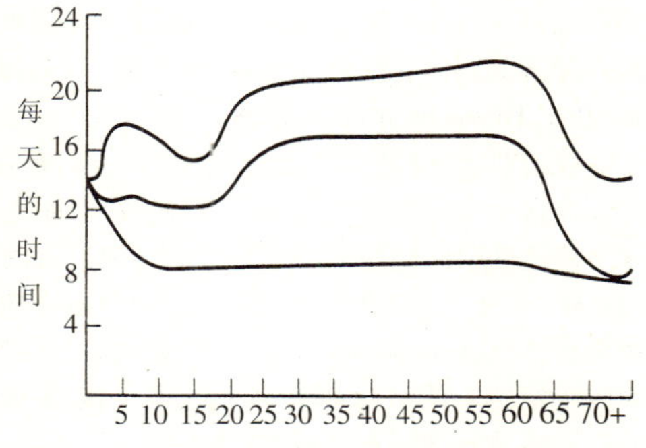

图 1　生命周期中的看电视人数

1.4 优先级

各种节目的喜好很早就有了，到5岁的时候，几乎所有的孩子都能指出一种或多种最喜欢的活动。决定喜好的两个主要因素是年龄和性别。年龄很小的男孩女孩都喜欢看动画片。后来，男性转向喜欢动作—冒险类的片子，而女性转向情景喜剧和家庭剧。到十几岁的时候，看电视基本上就与成人的口味相似了。儿童喜欢看像他们自己的角色，但是这常常可以由那些同等状态或较高状态的人的优先级来调节。这样，类似的角色将会特别受喜爱，而那些不同但是地位被提升了的角色——典型的是男性，那些年长的和某个外族的男性——也是很受欢迎的。

电视是儿童和青少年利用最广泛的大众媒体之一。到目前为止，最常用的资源是广播频道，尽管它们可能是经过电缆接收的。这些频道经过了很远的距离，通过仅限于电缆和使用盒式磁带录像机（VCR）这样的途径获得的。儿童或者稍大一点的孩子，音乐听得越来越多，其中一部分时间，还可能与看电视的时间产生冲突。音乐视频节目构成音乐欣赏的一小部分。

看电影很好地说明了媒体应用从属于社会需求的一般原则。VCR极大地激发了年轻人尤其是青少年看电影的欲望，包括正式或非正式地规定的不适合他们看的级别的影片。VCR的欣赏大多数是独自进行的。即使这样，VCR不太可能会极大地影响青少年去电影院看电影，因为这种活动有一些重要的作用——能够在不受家庭限制的情形下和同龄人进行约会并进行交流。这与电视当初的出现相似，一般来说，VCR极大地压制了人们看电影的兴趣，但是至少在年轻人中并非如此（Comstock 1991，Himmelweit et al. 1958）。

电视游戏，即使是在其盛行的地方，也只是占花在大众媒体上的总时间的一小部分。尽管如此，电视游戏还是很典型地表明了它是越来越富有的年轻人中“电子文化”的组成部分，同时美国的格尔贝格和林（Greenberg and Lin 1989）发现，四百多名青少年案例中的多数都拥有七大电子设备（如个人计算机、摄像机、光盘播放机）中的一件。

媒体应用随着年龄的增加而改变。当他们十几岁时，年轻人主要转向印刷媒体。对那些知识能力较高和那些来自社会经济地位较高的家庭中的人而言，这种转变尤其明显。在这一方面层次相对较低的人中间，也发生了同样的转变，但是，在量上要小一些，而且他们还很有可能是电视迷。看似矛盾却正确的是，在青少年阶段读书开始减少。正如看电视也开始减少，部分原因是有很多其他活动或义务优先，还有部分基于这个年龄可以读的书与较早儿童时期读的书相比重要得多的事实。持久的媒体习惯在儿童时期和成人时期之间开始形成。从这一阶段往后，某些人开始喜欢关注反映生活的资料，而另一些人则喜欢关注那些逃避现实的资料。施拉姆等人（Schramm et al. 1961）对比了“现实”和“幻想”内容的两种选择。

1.5 家庭生活

对大多数年轻人看电视来说，家庭是一个重要的裁决者，也是一种社会环境。这一媒体在家庭的中心地位是一个重要因素（Comstock 1991）：在家庭中，如果电视机很多时间都开着，如果家长是电视迷，如果家规管理很少，那么一般来说，儿童和青少年看电视也比较多。多电视家庭的增加（美国2/3以上的家庭）意味着青少年和成人能更经常地单独看电视。这使父母不能正确地判断真实情况、价值或所描绘事物的艺术性，这样，也很容易影响到年轻观众对这些的判断。同时，在看电视的家庭中，看电视的时间占青少年与父母所共度时光的很大一部分。库贝和奇克森特米哈伊（Kubey and Csikszentmihalyi 1990）发现家庭成员对自己的评价为缺乏活力、不机敏并且缺乏挑战性；当成员相互之间展开活动时，情况则相反，而且，电视迷认为自己在参与其他活动方面的反应很差，这二者给那些人指出，“即使在不看电视的时候，这一媒体也有可能会使家庭成员间的交流的总体质量走向更加被动”（P. 172）。比较起来，科姆斯托克（Comstock 1991）总结说，“没有道理认为电视已经损害了家庭生活”（P. 46）。尽管要求不高，一起看电视还是很令人愉快的，不然，人们就不会看了，而且看电视时是不可能没有相互交流的。

父母一般不会对看电视强加严格的要求。在美国，大约只有一半父母说他们经常这么做，对看电视的时间加以规定，但更多时候是禁看某些节目。这种影响可归因于时间分配而不是内容，因此影响并未减轻，这也因为家规的制定多是和社会经济地位相关的，尤其是在教育和收入水平较低的家庭中更是如此。

2. 个体经验

有三个概念恰当地表述了典型的电视经验。尽管人们偶尔会仔细观看专门找到的特别节目，但是典型的电视经验可罗列为：内容无关性、低参与性和监视性。

2.1 内容无关性

聚集所有电视观众的主要因素，是看电视的时间而不是节目内容。这至少跟适用于成人一样，适用于儿童和青少年（Comstock 1991）。一般，主要的决定在于是否去看，其次才是选择哪个节目。正是在这第二个阶段观众才仔细区分节目。这导致了一些异常（Comstock 1991）：不论节目之间的区别有多大，世界各地的电视机平均每天都会开同样的小时数；即使是有好看的节目，被认为是经常看的，也很少有人具体地看；而且，从公开喜好的角度难以判断什么节目会被优先选择，不能很好预测什么节目是那些各种年龄段的观众都会收看的，因为观众也许不能安排什么时候会有时间。

2.2 低参与性

看电视的行为被定义为，“非持续性的，常被打断的，而且通常是非专一的活动，以小时和分钟来度量这种活动只是对其可能注意力的大致界定”（Comstock et al. 1978 P. 146 ~ 147）。一般，观众并没有深深地陷入他们所看的节目中，而只是集中了一部分注意力。小孩子们看动画片时所集中的注意力是年轻观众中的注意力集中情况的一个例外。

2.3 监视

从外延和内涵上，“监视”这个字眼比“观看”这个字眼更形象地描述了看电视的行为。年轻的观众利用像背景音乐、说话人性别、声音水平的起伏、摄像角度的变化、场景的转移、所刻画的行为和房间中其他人的行为等暗示来引导对屏幕的注意，从而对下面所展开的情节集中了足够的注意力。注意力的总量一部分是基于理解，还有一部分是基于为了理解而需要集中注意力。这样，对屏幕的注意和年轻观众的年龄之间的关系是曲线的，随着所描写事物越来越可理解而逐渐上升，然后随着跟踪下面情节所需的注意力越来越少而下降（Comstock 1991）。对于插曲和冗长的部分，比如新闻、体育和商品广告，注意力最少，对于不熟悉的情节描述，比如电影，注意力最多。

3. 认知结果

电视对青年人的思考所产生的影响已成为广泛探索的焦点。所关注的三个突出领域是：一般知识、广告和社会关系。

3.1 一般知识

为教学而设计的节目可以非常有效。年轻观众能通过准备充分的教学节目获得知识，改变观念。然而，在教育中利用电视也有很多局限。

电视主要是一种娱乐工具，年轻观众主要是从这个角度来接近它的。萨洛蒙（Salomon 1983）介绍了与这一现象相关的“所投入的脑力劳动量”（AIME）的概念。他发现一般来说，通过电视学习基本上需要很少的精力；一般认为它很简单，不需要太多努力。其结果是，即使是聪明的孩子也可能从电视上学不到东西。

光看电视也许还不够。在对名为《自由风格》的电视系列公开教程的评价中，约翰斯顿和埃塔玛（Johnston and Ettema 1982）发现，在看的同时，伴有强有力的课堂讨论时，世界观才会改变。这一教程面向美国的几千名年轻人，是用来改变 13 岁以下儿童的职业观点的。

效果或许比想像的更有限。约翰斯顿和埃塔玛发现，《自由风格》改变了年轻人对他人应该做什么的想法，而没有改变他们自己认为该怎么做的想法。

自从 20 世纪 40 年代末电视开始在一个广泛的基础上被引入以来，在正式的教育中做了许多努力来应用它。没有地方将校内电视用作中心部分，甚至是重要的教学组成部分，它被广泛应用在零散的基础上，作为教学的一种补充。现场教学和电视教学的对比研究，没有发现那种模式有非常明显的有效性。这样,校内电视的失败是文化和规范的结果,而不是教学效果不好的结果。

说到公共事务,电视已经使新闻成为成长的一部分。例如,在美国,大约一半的儿童和青少年经常看电视新闻(Comstock 1991)。这些年轻观众未必是新闻的真实观众。相反,他们只有在十多岁以后,一部分人才开始真正喜欢看新闻,这些年轻人—— 一般来说,他们的智力水平较高并且来自社会经济地位较高的家庭——将会更多地转向印刷媒体。尽管如此,由于电视这种媒体的存在,父母要想保护青年人免受新闻中的暴力和矛盾影响几乎是不可能的。

西尼奥列尼和摩根(Signorielli and Morgan 1990)用典型例子说明的"培养分析",起初保证了电视呈现整体一致的世界画面,以至于可能会引起影响的主要因素是看电视的多少。这份研究里最经常讨论的主题是,人们通过娱乐和新闻节目中的暴力内容所培养的信念——世界是一个充满了敌意和危险的地方——达到的程度。这方面的争议已有很多,但是在20世纪90年代早期也有很多阐述(Comstock 1991)认为:(a)绝大多数人收看的节目的类型导致主要的差异;(b)尽管可能会培育对整个世界是敌对的观念,但却不会导致个人的脆弱性。

3.2 广告

很多世界媒体系统通过把时间卖给广告人,来资助电视节目和传播。两个主要的问题是把广告对准儿童的伦理道德问题,和这种广告所宣扬的营养选择的价值问题。

很多研究致力于研究儿童的商业理解力(Comstock 1991)。很明显,在8岁以前,大多数孩子并不理解广告的说服意图,而且孩子越小,不理解的比重越大。这并不奇怪,因为这个年龄形成了皮亚杰(Piaget)所说的"具体操作运算阶段"门槛(1969),这时候,孩子们更能应用广泛的原理,更好地接受另一个人的观点,比如说销售商。对广告片和其他节目进行区别,对于那些描述以及能购买商品之间的关联,以及产品与商业片中的价格数据的联系都发生得比较早。尽管如此,8岁以下的孩子还是不能像大人那样判断商业,所以如果基于这样的判断水准,当他们面对商家的广告时,他们就会受到盘剥。

商业在塑造孩子对食品的选择方面是很有效的(Comstock 1991)。然而,与基本饮食相比,更明显的是,他们从不同种类的品牌中选择,或在营养类似的品种中选择。在较发达的国家中,商业的影响不能孤立于那种为了向年轻人推广食品饮料新品种而到处充斥的市场影响。快餐、预先烹调的、打包的、软的、含糖的食品——这只是食品饮料新品种中的一部分。正如大多数与电视相关的现象,这种环境将会日益成为一种标准。然而,文化、经济、家庭、传统以及父母的倾向,将到处在有意义的选择中严重地束缚商业的直接影响。

3.3 社会关系

大众媒体中广泛应用的一个原则是,当直接经验或其他可靠资源无法利用时,它们是有影响的(Comstock 1991)。两个具体的例子是有关种族和性别的。

媒体影响了年轻人关于那些种族差别的看法(Comstock 1991)。20世纪30年代美国的佩恩(Payne)研究发现,仔细刻画的异域情形的电影,可能会持续影响年轻观众对异域人的看法。不过,由于电视的重点是轻快的娱乐和零碎呈现的关于看法的描写,所以它的效果就不那么强烈。一般说来,早期的电视和随后的作为整体的大众媒体被儿童和青少年认为是获取这类信息的主要渠道。

当然,两性之间的关系是青少年或许会缺乏直接经验和更可靠资源的一个领域。唐纳斯坦等人(Donnerstein et al. 1987)开展的大量关于色情影片影响的研究认为,如果过多地接触描写暴力侵犯尤其是性侵犯的节目,男性青年或许会对女性更加冷酷无情,更容易接受暴力侵犯女性的行为。这样的描述或许构成了女性所受非人待遇或其他牺牲的全部理由。这是英国议会得出的关于"恐怖电视片"或者电影是描写野兽般残害妇女的主要的结论(Barlow and Hill 1986)。

4. 学术成就

毫无疑问在较发达的国家,看电视的多少与学术成就成反比。看电视是起因还是症状远未明确。需要注意以下四个主题:这种关联的本质和状况、电视对品质和能力的影响、起因的直接证据以及最可能解释所观察到的相关性的过程。

4.1 相互关联

尽管瑞典的数据也很确凿(Rosengren and Windahl 1989),但是,最有说服力的证据还是来自美国。美国的数据包括对8个州几百万儿童与青少年的评定(Neuman 1991)和各种独立调查(Comstock 1991)。这些数据给大家展示了一幅高度一致的情形。

首先,看电视的多少与读、写、算三种基本技能的标准测验成绩成反比。第二,这种关系适用于所有年龄、所有社会阶层和除基本技能以外的其他方面。第三,这一关系在较高的层次和社会经济地位较高的家庭表现得最显著。

有一些证据表明,这种关系起初是曲线性的,在开始下滑之前随着看电视频率的增大急剧上升,成绩比较低的学生在这一点上表现更突出。在加利福尼亚的全州范围内的评定中,对那些英语不太流利的人来说,这肯定是正确的,看电视的多少可以说是与成绩的关系是曲线性的,但不可以说是成反比的(Comstock 1991)。

4.2 品质与能力

人们假设电视以各种方式影响品质和学术成绩相关的能力。科姆斯托克(Comstock 1991)的回顾总结中指出,证据并未能表明任何显著影响。如果说电视对学生的自控能力或者遵循教学要求的能力造成不良影响的话,那这也只是在很小的孩子中间。如果感知和空间技能得以提高,这也只是在电视对孩子来说还很新鲜的时候才有的情况,因为延长的教学序列在教学上与娱乐电视并不匹配,其中,延长教学序列的影响已经得以展示。其他媒体,像印刷或广播,或许能唤起人们更大的想像活动,但是电视不可能对想像能力有影响。一个野外的重要试验(Williams 1985)记录了由于媒体引入而导致的某个创造性维度的减少,但是其他方面并没有记录说有这样的影响,也没有明确的案例说明在当代看电视多少与创造性之间成反比例关系(Comstock 1991)。概言之,对品质与能力的影响并不能解释看电视和成绩之间的反比例关系。

4.3 直接证据

关于电视是否会随时产生影响这个问题,只有少量的直接证据。野外重要试验的策划人员(Williams 1985)得出结论说,他们的数据支持这个观点,但是另一个分析者(Comstock 1991)认为,他们的很多数据与解释是矛盾的。在很大的数据集里,反比例关系在主题、年级水平、社会经济地位和种族划分等方面是适用的,在其他几个较小数据集里,反比例关系在大多数方面是适用的,在这些数据集里对额外的一些变量进行了控制,没有一种变量明确地显现它是另外一个变量的作用结果。这样,直接证据并没有推翻电视是起作用的事实,而且由于不能提供可替代的解释,反而起了一些支持作用。

4.4 过程

许多有关的研究分析(Comstock 1991)表明,这种关联很大一部分可归功于那些能力不高的或能够观看更多电视的人——也就是说,那些思维能力较低,家中缺乏教育资源,或者是与父母、同伴、老师之间有矛盾的人。从这一方面说,看电视的多少是一种现象。尽管如此,同样的分析还可以归结出,电视可以暗含在三方面:(a)打发早年为基本技能打基础的时间;(b)占用保持这些技能的时间;(c)看电视的同时,再进行阅读、作业和其他学校活动会降低这些活动的质量。这一分析与比恩提杰斯和范德伍特(Beentjes and van der Voort 1988)国际调查一致,他们得出结论说,多数处在危险之中的人都是电视迷,主要是智力水平高、社会经济条件好的娱乐电视迷。

概言之,数据支持了纽曼(Neuman 1991)的主张,她认为,电视整体影响的概念仍是一个"谜"。这些数据把在技能获得关键时期所发生的事与从那以后花在看电视上的时间看作是两个重要的因素。另外一个决定性因素是,与它所代替的材料相比,通过媒体向年轻电视观众传递的材料,其教育作用是多是少,达到的程度如何。这样,这些关系不仅仅与看电视多少有关,而且跟娱乐的消耗而不是信息的消耗有关,还与促进他们更加建设性地利用时间的属性有关,这是由思维能力和社会经济地位表现出来的。

5. 行为影响

青少年观众对电视电影表演的模仿一直是广泛研究的主题。这里需要讨论两个问题:经验证据及其推论。

5.1 经验证据

已经进行了大量实验室类型的实验,都是以美国心理学家阿尔伯特·班杜拉(Albert Bandura)和列昂纳多·贝尔克威茨(Leonard Berkowitz)的工作为先驱的,他们的工作表明处于一种描绘暴力的环境中,年轻观众的攻击性很快就会大大增加(Comstock 1991)。班杜拉关注的是幼儿园学龄儿童对所描绘行为的获得和事后对它的模仿。贝尔克威茨则关注大学年龄的人攻击性的增加,这种攻击性不同于电视里所描述的。对澳大利亚、芬兰、英国、以色列、波兰和美国(Comstock 1991, Huesmann and Eron 1986)的儿童与青少年的调查进一步证实,看暴力影片比较多的人一般来说也更具有攻击性。有证据说明那些更具有攻击性的人反过来又努力搜猎这样的电视片,无论是这种证据或其他任何经过检验过的证据都不能全面地解释看电视与行为之间的联系。这样,调查提供的证据表明,一般来说看暴力电视会增加攻击性。

5.2 推论

实验中日常行为的可信度,代表了有限时间框架和一般人工环境内的操纵结果,它通过反映日常行为的调查而获得大幅度的提升。前者用文档证明了设计范围内的因果关系,提高了在这范围之外发生的可能性;后者记录了如果电视有这种日常的成因角色将会形成的关系,因此它增强了实验结果的正确性。

额外的数据进一步扩展了这些推论。海罗尔德(Hearold 1986)所做的1 043份研究结果的元分析或定量聚合分析表明,对建设性或“亲社会”行为的描述和对那些反社会行为的描述很相似。一般,收视率与相似行为成正比,与对比行为成反比。其含义是,暴力娱乐节目付出的代价是不仅仅增加了反社会行为,而且减少了亲社会行为。其他数据表明,尽管反社会证据强有力地证明了人际侵犯,但是因为它是大多数研究结果从属的那种行为类型,因此,即使涉及很多严重的问题,比如犯罪和违法,观看暴力娱乐片和反社会行为之间正比关系的模式仍然保持不变(Comstock 1991)。例如,1991年派克(Paik)开发的元分析包括这样的一批研究和结果,尽管数量要小得多,同那些有关侵犯温和形式的大量研究一样,它仍然表明了正比关系且统计上显著的结果。

与反社会效果相关的因素也被推广和应用到其他类型的行为中去。它们可以分成四大类(Comstock 1991):效力、标准化、归属于行为的相关性和观众的敏感性。对报答、自我提高或成功,社会认可,尤其是赞成,人际关系,如与观众在性格或环境上的关系很有可能被用作对行为的指导。在反社会的案例中,挫败或愤怒是敏感性的好例子;避免伤害、掌握技巧或对小组成就有所贡献同样被应用到亲社会的例子中。

6. 结论

当电视深入到千家万户的时候,它成了青年人选择的第一种大众媒体。通常在2~3岁开始看电视的人成年以后也会继续定时看电视。在对年轻人来说很重要的众多电子媒体中,电视是先驱。当孩子十几岁的时候,印刷材料将会更重要,尤其是对那些知识层次比较高的和来自社会经济地位比较高的家庭的人来说更是如此。看电视多少是一种特别的活动,其乐趣常常来自观看这一行为而不是来自所看到的东西,它的参与性非常低,注意力常常只局限于理解所必需的东西。尽管如此,看电视在成长的过程中,在利用时间、学术成就、信仰和行为等方面还是有意义的。

G. 科姆斯托克(G. Comstock) 著

李国玉 宋继华 译

附录

Barlow G, Hill A (eds.) 1986 *Video Violence and Children.* St Martin's Press, New York

Beentjes J W J, van der Voort T H A 1988 Television's impact on children's reading skills: A review of research. *Read. Res. Q. 23(4)*:389—413

Comstock G 1991 *Television and the American Child.*

Academic Press, San Diego, California

Comstock G, Chaffee S, Katzman N, McCombs M, Roberts D 1978 *Television and Human Behavior*. Columbia University Press, New York

Condry J 1989 *The Psychology of Television*. Erlbaum, Hillsdale, New Jersey

Donnerstein E, Linz D, Penrod S 1987 *The Question of Pornography: Research Findings and Policy Implications*. Free Press, New York

Greenberg B S, Lin C 1989 Adolescents and the VCR boom: Old, new, and nonusers. In: Levy M R (ed.) 1989 *The VCR Age*. Sage, Newbury Park, California

Hearold S 1986 A synthesis of 1,043 effects of television on social behavior. In: Comstock G (ed.) 1986 *Public Communication and Behavior*, Vol. 1. Academic Press, New York

Himmelweit H T, Oppenheim A N, Vince P 1958 *Television and the Child: An Empirical Study of the Effect of Television on the Young*. Oxford University Press, London

Huesmann L R, Eron L D (eds.) 1986 *Television and the Aggressive Child: A Cross-national Comparison*. Erlbaum, Hillsdale, New Jersey

Johnston J, Ettema J S 1982 *Positive Images: Breaking Stereotypes with Children's Television*. Sage, Beverly Hills, California

Kubey R W, Csikszentmihalyi M (eds.) 1990 *Television and the Quality of Life: How Viewing Shapes Everyday Experience*. Erlbaum, Hillsdale, New Jersey

Neuman S B 1991 *Literacy in the Television Age: The Myth of the TV Effect*. Ablex, Norwood, New Jersey

Piaget J 1969 *The Mechanism of Perception*. Routledge and Kegan Paul, London

Robinson J P 1990 Television's effects on families' use of time. In: Bryant J (ed.) 1990 *Television and the American Family*. Erlbaum, Hillsdale, New Jersey

Rosengren K E, Windahl S 1989 *Media Matter: TV Use in Childhood and Adolescence*. Ablex, Norwood, New Jersey

Salomon G 1983 Television watching and mental effort: A social psychological view. In: Bryant J, Anderson, D R (eds.) 1983 *Children's Understanding of Television: Research on Attention and Comprehension*. Academic Press, New York

Schramm W, Lyle J, Parker E B 1961 *Television in the Lives of Our Children*. Stanford University Press. Stanford, California

Signorielli N, Morgan M (eds.) 1990 *Cultivation Analysis: New Directions in Media Effects Research*. Sage, New-bury Park, California

Williams T M (ed.) 1985 *The Impact of Television: A Natural Experiment in Three Communities*. Academic Press, San Diego, California

其他参考文献

Bandura A 1986 *The Social Foundations of Thought and Action: A Social Cognitive Theory*. Prentice-Hall, Englewood Cliffs, New Jersey

Belson W A 1978 *Television Violence and the Adolescent Boy*. Saxon House, Farnborough

Berkowitz L 1984 Some effects of thoughts on anti-and prosocial influences of media events: A cognitive—neoassociation analysis. *Psych. Bull.* 95(3): 410—427

Greenfield P 1984 *Mind and Media: The Effects of Television, Video Games and Computers*. Harvard University Press, Cambridge, Massachusetts

Signorielli N 1991 *A Sourcebook on Children and Television*. Greenwood Press, New York

Van Evra J 1990 *Television and Child Development*. Erlbaum, Hillsdale, New Jersey

计算机素养(Computer Literacy)

计算机素养不是一个一成不变的概念,它是随着全球社会新信息技术的角色转变和技术发展而发展的。一般情况下,这个术语指的是计算机普及教育,它不同于具体的、高等的或职业的课程(Eraut 1991)。许多出版物都激烈地讨论,并做出了许多——常常是创造性的——努力,讨论在中学教育甚至小学教育的计算机素养教育(常被称为计算机教育导论)中,应该包含什么概念。本词条回顾了计算机素养作为一个概念自20世纪70年代末以来的发展情况,以及90年代初以来,计算机素养教育的发展趋势。

1. 计算机素养:不是一个一成不变的定义

在文献中可以找到很多涉及计算机素养或计算机教育导论的词条,如计算机意识、计算机理解、计算机启蒙和计算机熟悉。尽管这些名词常常用来表明精通计算机的不同水平,但是它们在意义上并未达到一致(Plomp and van de World 1985)。卡伯特森(Culbertson 1986)通过把计算机素养区分为以下四层意义,对这个概念做了说明:

(a)操作素养:了解硬件和软件的基本组成,能够掌握运行计算机的基本技能。

(b)工具扫盲:把计算机作为工具,用它来完成一些任务(如,学生用计算机来完成学习任务)。

(c)算法推理:通过计算机编程获得计算机素养。

(d)不同角色的教育:最常见的有消费者素养、工人素养、市民素养等。

计算机素养的代表性和说明性的定义来源于明尼苏达州教育计算机协会,"计算机素养是一个人在与计算机直接相关或间接相关的角色里发挥有效作用所需要的任何理解力、技能和态度"(Anderson and Klassen 1981)。然而,洛克希德(Lockheed)等人在一个学校计算机素养评估的调查项目中给出了另外一个相似但却更精确的定义:

> 计算机素养可定义为一个人为了在信息社会更具竞争力,需要知道的关于计算机的任何东西,需要用计算机做的任何事情。计算机素养包括三种能力:技能、知识和理解。它包括:(a)将计算机用于帮助学习、解决问题和处理信息的能力;(b)对计算机及其相关技术的功能、应用、性能、局限性以及社会含义的知识的掌握;(c)出现新的应用和社会问题,对它们进行学习和评价时所需要的理解力。(Lockheed et al. 1983 P. 8 ~9)

两个定义都表明计算机素养不是一个一成不变的概念。计算机课程根据学习者的社会角色(例如,成人或高中生)、技术状况和特定时刻对这一概念的思维方式的不同,会产生很大的差异。在本词条中,计算机素养这个名词指的是各种各样的计算机教育导论。

2. 发展历程

随着时间的推移,人们对计算机素养的思维方式已经改变了。普洛波和范德沃尔德(Plomp and van de Wolde 1985)总结了早期计算机课程的目标(20世纪80年代初):

(a)熟练地开发计算机(程序)和计算机应用软件。

(b)对当前和将来的计算机应用,以及它们对社会和个人生活水平的含义的诸多理解的发展。

(c)消除对计算机的恐惧和焦虑——这一目标在20世纪80年代早期非常重要,当时微型计算机开始占领工作空间,许多成年人对计算机技术表现出关心,甚至是抵制态度(Jay 1981)。

(d)对计算机性能和局限性更深层次的理解的提升。

除了这些与计算机相关的目标,计算机素养还与两个一般教育目标相联系,这早在新的信息技术出现之前就在教育中有所强调:

(e)对问题解决的技能和程序细化技能的发展:为了成为一个多产的信息技术用户,人们必须获得分析、综合、评价模型和算法的技能。

(f)信息处理技能的发展:为了与信息社会保持同步,人们必须能在正式和非正式的信息处理中保持竞争力。

后一个一般目标使计算机素养成为内涵更宽泛的"信息素养"的一部分,"信息素养"是指除计算机本身之外,还要熟练掌握其他的硬件(Hade 1982)。

计算机课程及其以后的努力之间的差异,并没有像反映其重要性那样反映出上述目标的本质。尽管目标(c)和(d)对早期的计算机教育而言非常普通,技术发展对这一过程仍有重要的影响。可以把计算机课程按照其目录结构分成几类,通过这样一种方式来阐明这个概念的发展(Plomp and van de World 1985)。

计算机课程的早期类型——强调第一个目标即计算机技能，十分关注计算比特和字节，正如编程（20世纪70年代末期的主要框架常给其支持）——是以“计算机（硬件）导向”为主要特征的。从20世纪70年代末以来，硬件的发展速度非常快，相关的知识很快变得陈旧，最终的结果是，只有几门课程把硬件和编程放在中心地位了。人们经常争论的是，计算机教育应当只强调信息技术的不变部分，它应当建立在技术的发展不一定会影响其内容的方法上。这种方法最具影响力的支持者之一就是卢伊尔曼（Luehrmann 1981），他声称，为了成为一个具有计算机素养的人，只学习与计算机相关的东西是不够的，还必须编程序。直到20世纪80年代中期，许多教师仍然非常注意“取数和存数”，在计算机素养教育中采用BASIC编程的基础课程。这可能可以部分地归因于当时计算机教师的数学或自然科学背景，使得他们不习惯教“软”课程，比如说新技术对社会的影响。

20世纪80年代早期，随着微机的出现，硬件不仅越来越便宜，而且功能也越来越强大，计算机也被作为重要的工具引入到很多工作和工作岗位中去。这使得很多国家配备计算机的学校数目增加，许多教师开始利用做好了的应用程序和工具软件，其质量要比他们自己制作的软件好。这些发展导致了“应用取向”的计算机课程的出现，强调应用环境（目标b），而不是编程环境；大多数时候目标c和d（以提供计算机正确的心理映像为目标）也包括在内。

计算机能在实现一般教育目标——如发展问题解决技能（目标e）和信息处理技能（目标f）——的过程中扮演一定的角色，这样的信念导致了同一时期的两种其他类型的计算机教育课程的出现。第一种类型是“算法导向”的课程，其结构主要是围绕问题解决策略和算法建构原则组织的。另一种类型（一般较少）是“信息导向”的课程，马兰（Marland 1981）指出，这种课程倾向于处理信息或信息需求而不是使用计算机。基于微电子技术的信息技术与信息技术的以往形式通过这种方法相互整合，计算机只被看作是生产、存储、提取、利用或交流信息的一种方法（虽然是功能非常强大的一种）。

在计算机教育中，课件开发存在一个很严重的问题，尤其是在盎格鲁—撒克逊和许多西欧国家更是如此，但是，在“传统”课程领域中，还是开发了越来越多的教育软件包。另外，更为开放、内容无关的软件（字处理软件、数据库等的教育应用）已成为教育软件包的一种趋势。这种软件可以使几乎所有科目的任课教师按他们自己的风格和教学内容来调整计算机应用软件的使用。在很多国家，与国家、地区，与当地教育当局的刺激政策相联系的所有这些开发，导致20世纪80年代中期很多学校都装配了计算机。在现有课程领域中，使用计算机成为一种可行的选择。霍克雷基（Hawkridge 1990）讨论了使用计算机的社会理论基础（通过计算机素养为学生在将来社会中赢得一席之地做好准备）和学校开发的教学理论基础（使用计算机来提高现有课程领域的教与学）。

这些情况的并行发展引发了是需要开设单独的计算机课，还是用其他方式来更好地达到计算机目标的问题。人们批评说，开设单独的计算机课，给学生增加了要学习的内容，而这些内容与其他课程无关，很可能会使老师认为计算机是“另一个人的问题”。到20世纪80年代末为止，单独的计算机课程或计算机教育导论课程仍然存在（Pelgrum and Plomp 1991）。许多国家还制定了法律，规定应当教授单独的计算机课程或计算机教育导论课程。除此以外，还有其他两种方法。

亨特（Hunter 1983）和科利斯（Collis 1988）指出，第一种方法（以盎格鲁—撒克逊的国家为代表）是通过激发计算机在已有课程中的工具作用来整合计算机素养目标和“传统”教育目标。一个假设是，学校除了适应信息时代别无选择，而学习计算机只是适应的一部分。然而，亨特和科利斯坚持这样一种观点，没有必要单独开设计算机素养课和单元，而与计算机相关的目标和活动必须整合到数学、社会科学、自然科学和语言艺术等课程中去。单独开设计算机课程有以下几个方面的负面影响：

（a）考虑到技术的快速发展，这样一种课程很快就会过时。

(b)其他科目的老师可能会认为他们自己没有必要改变他们的教学实践。

(c)计算机资源不能被充分利用,即使它们原则上在已有科目中是教授问题解决和信息处理这种基础目标的强大工具。

20 世纪 80 年代后半期的趋势是应用成为计算机素养实践的焦点。有人建议,计算机素养的目的和活动应当整合进现在的学校课程中去。这一方法在美国、英格兰和威尔士、德国被广泛应用。

第二种方法是有关下面这个问题的,即这种新信息技术的特征是否并不适合于只开设独立课程,而应结合计算机在其他课程领域作为工具使用。这种方法就是所谓的“混合”方法,其中部分计算机素养目标通过“传统”课程而实现,而更具体的信息处理目标在单独的课程中实现。这种方法在荷兰被采用。

3. 教计算机素养的不同方法举例

3.1 计算机课程

很多国家(如奥地利、比利时、保加利亚、希腊、日本、卢森堡、罗马尼亚和瑞典)将计算机素养或计算机教育入门课程作为一门新的必修课程引入到一般的中学中去。课程在大小上是不同的,通常将重点放在编程上,同时也注意一般的应用(数据库、电子表格等)。关于这种早期课程的目标的典型例子来自保加利亚(Nikolov et al. 1988):

(a)获得应用计算机或新技术的其他产品所要求的基础技能和习惯。

(b)获得计算机基本应用的一些观点。

(c)获得在不同领域应用软件工具的技能和习惯。

(d)能用计算机解决问题。

(e)获得和使用信息学的一些基本理念。

(f)当在不同的领域(数学、语言和物理等)解决问题时,以一种良好的编程风格来应用 LOGO。

(g)为了在解决问题时有效地应用信息结构,熟悉一些基本的信息结构。

对计算机在教育中应用的国际调查数据(Pelgrum and Plomp 1991)表明,1989 年,在许多国家中,学生还是以单独课程的形式学习计算机。换句话说,计算机的应用在那时并没有整合进当时的课程中去。下面是一些初中教育的数据:比利时 89%,德国 81%,荷兰 91%,瑞士 90%,而美国是属于将计算机课程整合进其他课程方面采取了有力措施的国家,它的数据是 51%。

3.2 计算机素养作为课程——计算机整合

下面以德国(Eraut 1991)、英格兰和威尔士为例,论述了如何通过在现有学科中应用计算机达到计算机素养的目标。1988 年由教育改革议案(ERA)引入的英格兰和威尔士国家课程,提出了对信息技术(IT)的最低要求,使之成为师生必修的学科(在这种情境下,信息技术与信息的存储、提取、处理和传输有关,这使得这一领域的目标与计算机素养这一词条的整个“含义”相类似)。在教育中运用 IT 的目标是,课程应当确保学生:(a)都有机会应用 IT,且无论何时应用 IT 都有助于他们的工作;(b)在课程的每一领域都能应用 IT 来提高和丰富他们的学习;(c)通过合理运用 IT 来扩展他们的学习潜能;(d)获取 IT 能力;(e)具有相互协调且一致的有关 IT 经验的课程(Griffin and Davies 1990)。

目标 a、b 和 c 指的是计算机和其他信息技术在所有学科课程中的工具性应用。目标 d 承认有一套与 IT 相关的技能、知识和理解,并且对所有学生而言,掌握这一整套体系是非常重要的。格里芬和戴维斯(Griffin and Davis 1990)定义了下列目标作为学生利用 IT 的能力:(a)交流和处理信息;(b)设计、开发、探究和评价真实或虚拟世界的模式;(c)测量、控制物理变量和传送。

原则上,ERA 没有阻止学校将 IT 能力单独作为一门课程来教,但是确实存在大量不利因素阻碍这一做法,部分原因在于 IT 能力的本质,还有一部分原因在于 IT 作为内容和作为方法之间的重叠(Brinbaum 1990)。所有为定义国家课程领域而设立的科目小组都被要求考虑 IT 的相关方面;在对技术学科的要求中,对每项 IT 要达到的目标都做了具体说明。

3.3 “混合”方法

荷兰提供了一种混合方法的例子。在改革初中教育(7~9 年级)中,政府决定通过单独的课程和通过计算机在其他学科(比如语言艺术、数学和技术)中的整合应用,来实现计算机素养(在荷兰称之为信息和计算机素养)方面的目标。通过这样做,明确区分了两种课程,一种是信息与计算机素养(ICL)的课程,另一种是有关 ICL 的小课程,这只是该领域的一小部分。

ICL 主题领域的操作目标反映了信息处理和计算机应用的导向。它们可以分成四类(Plomp and van Weering 1990):

(a)数据、数据处理、信息:学生们理解有目的的数据收集、处理、提取过程,并能全面地处理数据和信息。

(b)数据处理系统:学生们收到一个数据处理系统的恰当功能描述(比如计算机),并在此基础上能利用这些系统。

(c)信息技术的应用程序:学生们学习信息技术应用的可能性,并能使用这些应用程序。

(d)信息技术的社会影响:学生们能够洞察信息技术对社会的影响。

这种方法在一开始先教一门新技术的简单入门课程,这门新技术包括三个部分:信息科学单元、计算机科学单元和计算机应用单元(Plomp and van Weering 1990)。

在计算机科学方面,主要关注硬件、软件及其操作,但是只是从操作角度(即学生必须能像操作机器那样操作计算机)和工具角度(即要求学生头脑中必须有对计算机正确的理解,能有目的地应用计算机)。

ICL 还有信息科学方面的内容,因为它要求数据收集、组织和处理方面所需的知识和技能,这些通常是从已有课程的应用中含蓄地表现出来的。这里我们必须涉及一些技能,对于这些技能的培养,计算机是一种重要的万能工具。强调信息处理技能背后所隐藏的基本想法是数据与信息是不同的概念,而后者将在一门单独的小型课程中专门介绍。

因为数据收集和处理(利用或不利用计算机)都不得不与"内容"有关,ICL 也将会在其他学科领域应用。无论何时,在 ICL 和 IT 应用于其他学科领域的荷兰政策规划里所列出的参考书目中,内容都是针对计算机应用的。在这里,我们必须指出两个明显不同的方面。首先,信息和计算机素养的某些目标可以在其他学科领域中很好地实现。但是同样也要说明,其他学科领域的某些目标通过计算机工具的使用也能较好地实现。

T. 普洛波(T. Plomp)
I. 詹森·雷纳(I. Janssen Reinen) 著
李国玉　宋继华　译

附录

Anderson R E, Klassen D L 1981 A conceptual framework for developing computer literacy instruction. *AEDS Journal* 14(3):128—141

Birnbaum I 1990 The assessment of IT capability. *Journal of Computer Assisted Learning* 6(2):88—97

Collis B 1988 *Computers, Curriculum, and Whole-class Instruction: Issues and Ideas*. Wadsworth, Belmont, California

Culbertson J 1986 Whither computer literacy? In: Culbertson J A, Cunningham L L (eds.) 1986 *Microcomputers in Education*. National Society for the Study of Education, University of Chicago Press, Chicago, Illinois

Eraut M (ed.) 1991 *Education and the Information Society: A Challenge for European Policy*. Cassell, London

Griffin J A, Davies S 1990 Information technology in the national curriculum. *Journal of Computer Assisted Learning* 6(4):255—264

Hade D D 1982 Literacy in an information society. *Educ. Technol.* 22(8):7—12

Hawkridge D 1990 Machine-mediated learning in Third-World schools. *Machine-mediated Learning* 3: 319—328

Hunter B 1983 *My Students use Computers: A Guide for Literacy in the K－8 Curriculum*. Reston Publishing, Reston, Virginia

Jay T B 1981 Computerphobia: What to do about it. *Educ. Technol.* 21(1):47—48

Lockheed M E, Hunter B, Anderson R E, Beazly R M,

Esty E T 1983 *Computer Literacy: Definition and Survey Items for Assessment in Schools.* National Center for Educational Statistics, Washington, DC

Luehrmann A 1981 Computer literacy-What should it be? *Math. Teach.* 74(9):682—686

Marland M (ed.) 1981 *Information Skills in the Secondary Curriculum: The Recommendations of a Working Group Sponsored by the British Library and the Schools Council.* Methuen Educational, London

Nikolov R, Sendova E, Dicheva D 1988 What to teach in informatics and how: A Bulgarian experiment. In: Lovis F, Tagg E D (eds.) 1988 *Computers in Education.* Elsevier, Amsterdam

Pelgrum W J, Plomp T 1991 *The Use of Computers Worldwide.* Pergamon Press, Oxford

Plomp T, van de Wolde J 1985 New information technologies in education: Lessons learned and trends observed. *Eur. J. Educ.* 20(2—3):243—256

Plomp T, van Weering B 1990 Information literacy and computer literacy: The "mixed" approach in The Netherlands. In: McDougall A, Dowling C (eds.) 1990 *Computers in Education.* Elsevier, Amsterdam

版权(Copyright)

规范社会的法律条款似乎每天都在成倍增加,而教育机构则需要应付大量规则。由于法律本身通常不能详细阐述教育的具体情况,在这一点上,形成的难题之一就是版权问题。本词条强调了版权的发展、版权法案的组成、主要的国际版权协议以及当今教育工作者面临的版权问题。

1. 历史概述

尽管第一部版权方面的法律是文艺复兴时期的意大利制定的,但是,作为工作中维护精神权益(moral interest)的版权至少能追溯到古希腊和古罗马时代。当时的文化谴责剽窃,认为剽窃是不光彩的,圣哥伦巴(St Columba)偷偷摸摸模仿艾勃特的诗篇(大约在公元567年)成为中世纪轰动的案件,并导致了罢黜国王戴米德(Diarmid)的内战。这样,出现了手写体的名字 Cathac("战士")(UNESCO 1981, Sinofsky 1984)。

中世纪的意大利城邦开始将专有权利以专利的形式赋予作者和发明家。其中一个例子是,1421年由于设计了浅牵引船,佛罗伦萨大教堂的建筑师菲力波·布鲁勒萨奇(Filippo Brunelleschi)被授予专利权(不幸的是,设计好的船后来沉没了)。这些早期的专利权后来发展成了鼓励印刷新技术在印刷上的垄断。此时著作权还只是次要考虑的问题。

在16~17世纪,英格兰的这种授权成为用来压制宗教和政治异端的审查工具。例如,1557年5月4日由玛莉·都铎(Mary Tudor)女王特许的出版公司,只要它保证印刷中对王权没有什么攻击性言论,就允许它垄断印刷。1569年,公司的特许令被取消,商业剽窃盛行起来,这种情况一直持续到1710年议会通过了第一部现代成文版权法——《安妮法令》。在这部法案之下,版权被授予作者,而不是出版商,这才打破了印刷商的垄断。1735年,通过了《雕刻师法案》或《霍格思(Hogarth)法案》——第一部真实的版权法。

1790年5月31日,美国通过了第一部联邦版权法,这是有此类立法的第二个国家。1777年,法国国王路易十六签署了六条法令,承认了作者有出版权和销售作品的权利。1793年,法国成为采取了国家版权立法的第三个国家。在德国,第一个联邦法律是在1837年签署的,尽管早在1686年就能找到对作者权利的承认。俄国的第一部有关文学作品的版权法案是在1830年出现的。

2. 版权法的一般条款

针对一个国家的版权法及其所有分支的充分讨论就已经远远超过了这一简要词条所包含的范围(更不用说针对三个或更多的国家了)。但是这一部分还是探究了版权法案中的基本观点和一般条款。

版权的基本原则,是知识产权的创造者对他们自己的知识产权拥有权利,保证其未经授权不可使用,并能从使用其作品的公众那里获取酬金。通过这些酬金版权激发了创造活动,保护作者对观点的表达而不是观点本身。这就允许其他人使用该观点。但是,观点与表达之间的界限很模糊,尤其是涉及视觉媒体时,常常会有版权纠纷。

版权法规定了,作者是谁,谁拥有版权,谁拥有或谁被委任拥有可以租用的作品,合著作者是谁。版权法还概述了如何转移版权,可达多长时间,哪些权利可以转移,哪些权利可以死后转移。这些法案规定,版权受保护时限和实施版权保护的其他手续,比如注册、押金和版权公告。版权法还包括对侵犯版权的赔偿,比如法定损失和处罚条款。

作者的精神权(moral rights)不同于版权,因为精神权关注"保护作品完整和来源的权利"(Patterson and Lindberg 1991 P. 165)。精神权区分了著作和版权的所有者身份。也就是说,作者的精神权不同于书商的经济权利。"精神权在本质上说是个人的,而经济权利从本质上说是属于财产权范畴的。"(Patterson and Lindberg 1991 P. 166)因此版权法案里经常提及精神权。

版权法定义了保护的相应主题(如文学作品),但不是司法决定。文学作品包括这一范围内的派生作品(即从原有作品中产生的作品)。这样,翻译、改编、整理、收集、选集和其他变换形式以及汇编都受版权保护。

版权为作品提供了有限的保护。一旦版权到期,著作就进入公共领域。任何人可以使用公共领域的著作,而不用寻找授权。官方法案、政府文件、事实和每日新闻通常都没有受到版权保护。但是,由于具有思想,这些新闻或事实的具体表达可以受到版权保护。

"公平使用"或"公平交易"允许其他人不经版权所有人同意而使用著作,这也限制了版权保护,使故意复制而侵犯版权所有人的权利具有了一定的合法性。起初,公平使用允许作者在创作他们自己的作品时,使用另一作者的作品,但是它再也不局限于这样一个狭隘的定义。在决定某项使用是否公平的时候,法庭通常要考虑四条标准:(a)使用的目的和特点;(b)受版权保护的作品类型(如信息类和娱乐类);(c)受版权保护的作品总量(即包括数量也包括质量);(d)按照受版权保护作品的市场价值使用的经济后果。

其他限制或许可以包括特殊的豁免,如档案馆或图书馆为了保存、研究或馆际借贷而可以复制。强制性许可(如版权所有人有法定义务授予第三方通过付一定费用而使用作品的权利)也限制了版权所有人的权利。

3. 国际版权协议

在19世纪以前,知识产权保护一直是个别国家关注的问题。随着国际贸易和联系的增加,对国际版权条款的需求也增加了。许多国家意识到:

> 知识产权不仅仅是商品和服务的交换,而且在国家间的对话中也起着重要作用,而国家间的对话是通过那些创造性的人物为全人类的进步而做出的贡献得以实现的。(世界知识产权组织 1978 P. 3)

双边协议一开始满足了这种需要,但是缺乏国际协议的方便性。这导致了1886年《保护文学和艺术作品的伯尔尼公约》的诞生。然而,美国等一些国家,没能在《伯尔尼公约》上签字,因为它们的国家版权法令包括很多手续(如布告、注册和押金以及保护主义印刷法令)以及与《伯尔尼公约》协议不相容的其他一些条文。这反过来导致了1952年《世界版权公约(UCC)》的创立。世界知识产权组织(WIPO)监管《伯尔尼公约》,而联合国教科文组织(UNESCO)监管《世界版权公约》。美国最后于1989年加入《伯尔尼公约》。中华人民共和国于1992年加入《伯尔尼公约》。

3.1 《世界版权公约》

正如上面所提到的,《世界版权公约》是作为《伯尔尼公约》的国际形式而创建的。与《伯尔尼公约》的要求相比,它的要求不那么严格。为了确立版权,《世界版权公约》要求在所有出版著作的复制品中附加版权声明,包括版权符号(c)、出版日期和版权所有人姓名。这份声明,以美国的版权声明为模型,"实际上,允许美国继续要求那些手续,而为了转移这些手续设计了多边版权条约"(Nimmer M B and Nimmer D 1992)。

《世界版权公约》不是“与伯尔尼相竞争的条约”,伯尔尼联盟的建立有助于确保美国加入世界版权联盟。而且,在伯尔尼联盟的两个成员国(它们也都是《世界版权公约》成员国)之间关系的范围内,《世界版权公约》本身明确地把优先权授予伯尔尼联盟。因而,《伯尔尼公约》当之无愧是最早的多边版权协议,是保护的最高标准。从这一点上说,《世界版权公约》排在第二位。(Nimmer M B and Nimmer D 1992)

3.2 《伯尔尼公约》

《伯尔尼公约》是历史最悠久的国际版权协议,由于它对版权保护有比较高的标准,也是最早的国际版权协议。它自动确保了在签署了该协议的国家,外国著作享有与本国著作一致的权利。更重要的一点是,作者不需要担心繁文缛节。

多年以来《伯尔尼公约》有很多修订版,历史上加入《伯尔尼公约》的国家也分别遵守不同的版本或不同的版权法。例如,1950 年加入的国家遵守《伯尔尼公约之布鲁塞尔法》,而没有必要遵守 1971 年《巴黎法》所做的修订。现在,《巴黎法》是唯一的开放式版本。(Motyka 1992 P. 111)

《伯尔尼公约》条款分成两大类:(a)管理实质的规定;(b)处理管理和结构问题的规定。《伯尔尼公约》WIPO 指导委员会(1978)解释了每一项公约条款。下面是一份总结。

《公约》的开头提出了三个关键问题。第一个问题,《伯尔尼公约》成员希望为文学艺术作品提供高水平的保护。第二,他们希望统一这样做。第三,他们认为版权是提供这种一致保护的最好方法。条款 1 针对的是由那些签署了该条约的国家的组成形式。

条款 2 界定了“文学艺术作品”,指明版权应扩展到观点的表述,而不是观点本身。而且,独创性而非新颖性,是版权保护的基础。因而,不止一个作者可以写科技教科书。每一个作者对基础科学原理的表述都将是独创的,尽管所表述的科学原理并不新颖。这一条款也适用于派生著作、官方文本、新闻和事实以及演讲。

条款 3 和条款 4 说的是保护条件,而条款 5 清楚地表述了《公约》的基本原理,也就是说,对待外国人像对待本国人一样,不存在什么其他手续。条款 6 允许对不能提供充分保护的非《伯尔尼公约》国家进行赔偿。条款 6 两次明确强调了作者的精神权。条款 7 表明了版权的有效期为作者的终生再加上 50 年。

条款 8 和条款 9 给作者翻译及复制的专有权利,而条款 10 概述了在教学、广播和类似情况中引用及使用作品的规则。条款 11 ~ 14 又回到了专有权利的主题,这次是为公众行为、广播、公众详述、改编、记录音乐作品和电影摄影的权利。

条款 15 就谁有权对版权侵犯采取措施这一方面而言,考虑了作者身份。条款 16 谈到了没收盗版作品。条款 17 ~ 21 指明了像《伯尔尼公约》这样的条款,并不是取代国家法令,还论述了《伯尔尼公约》的反面效果、双边条约以及适用于发展中国家的条款。条款 22 ~ 38 是关于管理的条款。

4. 教育所面临的问题

新的技术和版权法案本身成为应用法律时所产生的教育持续问题的基础。这些问题反映了三个相互关联的问题:“教育中由新技术带来的变化、版权法案中的鸿沟和新技术对版权法案施加的压力。”(Sinofsky 1984 P. 7)新技术使复制越来越简单。教育工作者为补充教科书的不足,可以使用影印机、视频录像机和计算机来提供大量材料,从而提高教学效果。然而,这必然意味着学生的需要会与版权所有人的利益产生冲突。

在教育应用的问题上,国家版权法案经常保持沉默。在很多情况下,用公平使用的司法原则来协调教育需要和版权所有人的利益。但是,协调经常是在多年的谈判或诉讼争论以后,在这期间,教育工作者和版权所有人发现他们是对手而不是合作者。

技术的快速发展远远超过了版权法案由之而带来的处理新问题的能力。例如,如果两个计算机空白表格程序表看起来很类似,这是否构成了侵权呢?这样的问题对书籍永远不会产生,但是计算机

程序提出了不同的问题。温克(Wincor)提出了一个可怕的设想,该设想强调了版权法案的困境:

当一个在木星上着陆的设备,传送自己制作的带文本的图片,谁拥有日语权利?这份工作是为了租用吗?受哪国的法律制约?权利的拥有人是否能适当地让出部分权利?这份合约是否与某些条约相抵触?(Wincor 1990 P. xii-xiii)

现在让我们再回到地球上。新技术引起了一系列广泛的问题。例如,购买卫星接收天线允许教育机构播放或录制这种未经许可而接收到的电视节目吗?下面引用一个例子:在电子公告牌上张贴一个问题。有人通过在受版权保护的著作里扫描而回答问题。这是一种公平使用吗?进一步说:如果有人下载了这本受版权保护的著作并转发给别人,谁在法律上为此而负责?电子公告牌?扫描这本受版权保护的著作的第一个人?下载它的第一个人?如果电子公告牌、版权所有人、扫描著作的人和转发人互相都不在一个国家里,版权所有人控告所谓的侵权应该依照哪个国家的法律呢?计算机化数据库提出了类似的问题。

最后用两个假设的例子来解释由新技术引起的法律复杂性。教师为了在课堂上播放节目,在外国买了一盘盒式录像带。然而,外国盒式录像带的格式与老师的本国设备不兼容。老师可以把节目从原有格式转换到与设备相兼容的格式吗?在学术领域,教育工作者开发了可出售的软件程序。谁拥有版权?教育工作者还是教育机构?

这只是版权教育工作者所面临的问题中的几个。由于版权法案修正版本、法庭决议和谈判在不断继续,每个国家的回答也就不同。由于这个原因,当处理知识产权问题时,教育工作者总是被告知要仔细审查当前的版权法案。

E. R. 西诺弗斯基(E. R. Sinofsky) 著

李国玉 宋继华 译

附录

Motyka C 1992 US participation in the Berne Convention and high technology. In: ASCAP *Copyright Law Symposium* (39). Columbia University Press, New York

Nimmer M B, Nimmer D 1992 *Nimmer on Copyright: A Treatise on the Law of Literary, Musical and Artistic Property, and the Protection of Ideas.* Matthew Bender, New York

Patterson L R, Lindberg W 1991 *The Nature of Copyright: A Law of Users' Rights.* University of Georgia Press, Athens, Georgia

Sinofsky E R 1984 *Off-air Videotaping in Education: Copyright Issues, Decisions, Implications.* Bowker, New York

UNESCO 1981 *The ABC of Copyright.* UNESCO, Paris

Wincor R 1990 *Copyrights in the World Marketplace: Successful Approaches to International Media Rights.* Prentice-Hall Law and Business, Englewood Cliffs, New Jersey

World Intellectual Property Organization (WIPO) 1978 *Guide to the Berne Convention for the Protection of Literary and Artistic Works (Paris Act. 1971).* WIPO, Geneva

其他参考文献

UNESCO 1956 *Copyright Laws and Treaties of the World.* UNESCO, Paris

Nimmer M B, Geller P E 1992 *International Copyright Law and Practice.* Matthew Bender, New York

1992 North American free trade agreement has provisions on intellectual property. *BNA's Patent. Trademark & Copyright Journal.* 44:398—399

Sinofsky E R in press *A Copyright Primer for Educational and Industrial Media Producers*, 2nd edn. Copyright Information Services, Washington DC

国际组织的教育技术活动(Educational Technology Activities of International Organizations)

很多国际组织参与了教育和培训,因此用到了教育技术,既有“硬件”(视音频/电子媒体或设备)也有“软件”(系统化课程开发的程序和技术),或者二者兼有。反映各个组织不同兴趣点和教育技术在它们各自工作中的不同本质的分类,不是绝对的。多个兴趣点和功能可以共存于任何一个组织和环境,同样,一个组织可以分属于多个类别中。然而,这些类别在突出教育技术的应用和方式的范围时是有用的(除非特别指出,这里的“教育技术”包含“教学技术”和“培训技术”两层含义)。

本词条中很明显省略了对那些由教育技术专业人员自己所建立的组织的分析,比如说基础广泛的美国教育传播与技术协会(AECT)、英国教育与培训技术协会(AETT)和高等教育研究社团(SRHE);教育媒体国际联合会(ICEM)和很有影响的澳大利亚高等教育研究与开发社团(HERDSA)。类似的,还有很多反映了具体兴趣和教育技术应用的协会,比如:国际远程通讯协会(ITCA);比赛与模拟小组;对远程学习有兴趣的协会。然而,这些团体不在本词条的研究范围之内,本词条主要关注重要的国际组织及其在追求它们首要目标的过程中对教育技术的使用。

1. 主要的国际基金组织

联合国(UN)的一些相关组织对教育技术很感兴趣,但是与这一领域第一线的活动相比,他们更关注组织化活动(会议、事件和专题讨论会)或资金输送。

联合国教科文组织(UNESCO)已经在欠发达国家(LDCs)组织了很多主题广泛的远程学习活动,资助其他机构开展项目,并对全世界的地区中心给予支持。它是通过设在巴黎的创新、技术及研究部门(ITR)直接干涉教育技术的,ITR的任务是促进、发展和更新教育技术的应用以提高校内外的教育系统。ITR从事的主要活动包括:信息在教育技术和适当的培训中的传递;促进当地教学材料的制作(在发展中国家主要是指低成本以及合适的技术);在教育中应用大众媒体(主要是远程教育);促进区域性的网络与合作。

在财政方面,世界银行意识到了教育的发展对经济的进一步发展的促进作用,但是它也集中力量资助其他机构开展项目。它已经生产了一些基于计算机的财务模拟模型和少量音视频材料(为中学开发的关于发展主题的录像带和一些多媒体套件)。同样的,美国国际发展机构(USAID)开始关注现有通讯技术和媒体在发展问题中的应用、微机在教育中的应用以及卫星在边远地区教育中的应用。它资助(马萨诸塞州)教育发展中心,通过合理应用技术满足教育的迫切需求来帮助发展中国家。然而,除了一些投资相对较小的交互式广播项目外,USAID对教育技术的涉及程度相比之下就不是那么直接了。

2. 区域性组织或关系密切的组织

下面是几个实体的例子,虽然不是全球性的,但是由于地理相连形成了一种有共同利益的团体,共享一种共同的文化因素,或者是(尽管地理位置上很分散)具有历史或语言的联系。

2.1　区域性组织

最明显的区域性组织在大洋洲。东南亚教育组织(SEAMEO),代表了8个国家(文莱、印度尼西亚、柬埔寨、老挝、马来西亚、菲律宾、新加坡和泰国)和5个伙伴国家(澳大利亚、加拿大、法国、德国和新西兰),齐心协力促进政府间的合作与发展,把重点放在通过教育和职业培训开发人力资源的问题上。它的8个主要计划,包括设在奎松城(菲律宾)的区域性教育创新与技术中心(INNOTECH)和设在槟榔屿的区域性科学与数学教育中心(RECSAM)。

INNOTECH将自己描述成为“促进该地区教育变化的催化剂”。它感兴趣的问题包括:“为正式或非正式(教育)系统中的教育传递系统开发新的模型”(如,为自主学习和边远地区的非正式教育而制作材料)、产品、视音频材料的现场实验以及教学材料的“传播套件”,这些通常与其他关于公共健康、医疗意识、农业和语言等的SEAMEO计划有关系。过去的课程包括“开发与应用新型教学技术”、“非正式教育”以及“教师计算机培训”。

SEAMEO强调科学与技术在教育中的重要性,这可由RECSAM反映出来。像INNOTECH,它在培训、课程和教学开发以及教学辅助产品等方面很有兴趣,包括应用教育电视和计算机。1986~1988年这段时间,它在5个SEAMEO国家实施"计算机教育应用"项目,用多媒体开发了一个与课程相关的教学策略一览表。

INNOTECH、RECSAM都与UNESCO的开发教育革新亚洲中心(ACEID)关系密切,其总部设在曼谷,他们在教育技术和远程教育方面有相同的兴趣(使用大众媒体和适合于当地的低成本的教学材料)。

在其他地方,如拉沙里美洲大学(ULSA),其总部设在阿根廷,为全拉美地区提供远程学习和函授课程,而由国际劳工组织在乌拉圭设立的国际职业促进中心(CINTERFOR)促进了地区性的职业培训。欧洲也在努力促进地区间的合作,这可由DELTA项目看出来。

2.2 关系密切的组织

并不是所有的国际关系都是基于地理位置的:有一些反映了"帝国遗产"。例如,英联邦是好几个国家的伞状组织,英语是其共同的语言,还有相同的社会结构;还有其他历史上的很多对等的组织。

在讲英语的世界里,负责为海外提供有关英国和英语知识的英国议会,以及英联邦秘书处都有在工作中利用通讯和其他技术的部门。英国议会教育部的媒体部门负责"鼓励对广播、电视、印刷和音视频媒体的有效利用,以进行信息、开发和教育"(英国教育与培训技术协会1991)。它提供了能在媒体和材料制作以及培训等所有方面给出建议的专家。它出版了"英国媒体课程"的年鉴,并制作了各种报告和信息包,包括交互视频、教育卫星、社区广播和开放学习等各种主题。它还参与了几个在很多海外机构与国家建立和开发教育技术的具体项目,包括浦那大学(印度)的教育媒体资源中心和由世界银行资助的中国广播电视大学(CRTVU)。

英联邦秘书处教育计划把精力都集中在提高基础教育的质量和高等教育领域的合作上。从20世纪70年代早期开始,它就一直对远程教育很有兴趣,并出版了英联邦远程教育机构的实用手册和指导书。另外,它还在微机的教育应用、为教师培训和非正式教育而开展的远程教育方面做了很多工作。教育计划在创建学习型英联邦(COL)方面起了重要的作用,COL是1989年在温哥华建立的重要的国际代理机构,它旨在促进讲英语的国家在远程教育方面的合作以及通讯技术在教育中的应用。COL包括以下几方面的兴趣:帮助成员国开发远程学习能力和设备;资助和提议项目;帮助开发和评价远程学习材料;促进国际交流与协作。

在讲法语的世界里,相应的功能是由设在巴黎的文化与技术合作署(ACCT)来完成的,其中包括38个讲法语的国家。它的兴趣点包括教育技术在最广泛意义上的应用。它运作一个视听资源中心,并出版与使用这些材料相关的出版物。

3. 国际发展组织

在工作中对教育技术应用最合理的国际组织是那些与人力资源开发有关的机构,并且主要分布在欠发达国家(LDC)。

3.1 国际发展组织(ILO)

ILO是由UNESCO支持的,它的主要目的是为了提升所有发展中国家(不仅仅是LDC)的地区自我适应能力和技术合作。ILO的国际高级职业技术培训中心(都灵)制作从概念到实施再到评估的培训计划与课程,这包括好几种语言的印刷品和多媒体培训材料。在20世纪90年代早期,它把注意力指向远程与开放学习材料的设计,使之满足广大听众的需要,包括媒体、课程与材料开发等广泛问题,还包括新学习技术(卫星和计算机辅助学习软件的应用)的应用计划。它的各项计划以多种学习方法和学习材料(基于能力的培训、交互式计算机辅助培训和远程学习)为特征,但它总能满足于各个国家和环境下的特殊需要。例如,在LDC的为了农村发展或城市贫民的教育中,优先权主要放在充分利用当地传送系统和采用低成本的灵活材料上,以便实现对当地影响最大化。

3.2 食品与农业组织(FAO)

FAO是设在罗马的联合国机构。它通过信息部门来促进"发展支持通讯"(DSC),这被FAO定义为:"系统化地利用适当的通讯方式和技术,以提高人们对发展的参与性,并告知、激发和培训农村人口，主要是针对基础水平。”（Coldevin 1987）DSC 的关键特征是，聚焦的、接收者导向的通讯策略能通过提高影响和扩展范围，极大地促进技术转让。

经证实，FAO 工作的一个有效发现，是区分技术在不同区域的适用性。例如，广播在非洲地区非常成功（像几内亚、乍得、布基纳法索、利比里亚和尼日利亚这样的国家）；在另外一些地方，尽管广播仍然在用，但是录像的出现使之大为逊色，比如墨西哥的乡村发展计划。在亚洲，卫星则有巨大的发展。因此，为每一种具体的环境仔细地匹配（和混合）教育媒体与材料，是很重要的。

FAO 所进行的教育开发工作使用了大量的材料和媒体，但是它也使用了当地的传统媒体，这一点表现更突出。对所有的教学援助而言，FAO 强调低成本和当地资源高利用率的重要性，也就是观众研究的价值。头脑中装着这种概念，FAO 组织并运行了课程与专题讨论会，以建议和准备有潜力的教育材料制作人。它还一直在帮助一些国家建立自己的视频制作中心。

3.3 联合国发展计划署（UNDP）

像 FAO 那样，UNDP 把农村的发展和非正式教育看作是所面临的相同问题：都需要确定有多种需求的（小）组、没有“空余”时间的（小）组、当地资源有限的（小）组（包括请到合格教师），而且都覆盖很大的地区。UNDP 认为教育技术能做出巨大贡献：教学技术通过所用材料的准备及标准化，有潜力给不同地区提供个体小组的培训。很多简单的硬件设施可以与现有的农村设备一起使用。这应该成为发展的优先权（UNDP 1989 P. 64）。

低成本很重要，因此 UNDP 更倾向于一种双向的方法。教育技术原型模式与材料（通过信息交换所改进）的开发给 LDC 提供了 UNDP 的帮助，其广泛应用能节省很多当地的开发工作和成本，创造针对当地的策略，便于在他们自己的环境和已有的培训计划内介绍和使用教育技术。最终目标是利用当地可用媒体，在当地制作适合该地区使用的课件，即为了满足当地需求而在当地观众的接受水平上制作。在任何时候，材料必须适合于策略，策略必须适合于当地情况。

3.4 联合国的其他相关组织

还有两个组织也值得注意。联合国儿童基金会（UNICEF）旨在促进孩子健康和预防疾病的运动，通过印刷媒体和其他材料加强了广播的实际应用。同样，世界卫生组织（WHO）通过其国际健康学习材料（HLM）计划，帮助发展中国家解决健康问题，并有效地应用学习材料和方法以及当地和其他地区的资源。HLM 计划有以下几个要素：利用多种媒体来发展非洲或其他地方国家健康教育计划的远程教育；在制作和分发学习材料的过程中微机的应用；创新的通讯技术（国家之间信息和材料的电子传输）；在关键的几个中心应用 CD - ROM 存储和获得信息。资金短缺意味着，大多数这样的开发主要依赖于其他机构（包括 UNDP）特殊项目的资助。但是为了最广泛的应用，WHO 继续为当地健康组织工作人员开发创新性培训课程，制作教育视频和广播节目（超过 200 家电台利用）、组织远程会议以及探究多种媒体信息材料的分类和传播方法。UNICEF、WHO 和 UNESCO 都有教育材料图书馆，著名的电影和录像都能在 LDC 应用。

4. 有特别关注的组织

一些国际组织对教育技术的某一应用或某一方面有着特别的兴趣。

4.1 教育组织

英国开放大学与德国弗恩大学有一些国际联系，英国国际扩展大学（IEC）则专注于职业发展远程教育的国际化应用。它与伦敦大学一起提供远程教学硕士文凭的远程教育，还提供对远程学习的顾问工作和顾问服务（在难民教育方面有专门的兴趣）。

4.2 职业培训组织

现在，许多国际组织为了（成年人）职业技术培训而利用教育技术。欧洲职业教育研究所探索了如何最好地利用教学手段与材料来满足欧洲未来培训的需要。培训技术的演变与评价是其主要关注点之一：它维持着一个欧洲教育技术与培训特别工作组，并且组织了自 1980 年以来关于“基于技术的培训和教育”的年会。

国际银行与财政计算机辅助教育基金会（IF-

CEB)，或许是一个已经指向未来的组织，它正在用微机作为传送工具，开发银行业的国际职业培训。它所关注的问题包括：微机的可用性(工作日中多种情况下所有的其他应用)、用户初始的低技术“文化”基础以及某些学生指出的“人的要素”的缺乏。人们期望较好的软件能减轻后一个问题，总的来说，利用线性编辑器(便宜、普遍存在并且时间独立，但是作为教学的单一媒体还不够)的计算机辅助培训(CBT)受到大多数学习者的欢迎。人们发现交互视频虽然很有效，但比较昂贵。

另一个配备了最新设备和技术的专家培训组织是总部设在日内瓦的国际通讯联合会的远程通讯开发署(ITU)。1991 年，它为设计和应用 CBT 创建了一个地区远程项目，链接到国际数据传输网络，对拉美地区的远程通讯人力资源进行培训。这个项目由于强调对培训材料的传递方面而引起我们的注意。

5. 教育技术开发组织

当 IFCEB 和 ITU 正在探索应用最新的教育技术和传递系统的时候，其他的组织向前看得更远，试图发现技术提供的新能力并为之作计划。下面陈述的是来自欧洲的两个例子。

5.1　卫星的教育应用

卫星已经在一些国家发挥作用(如美国、印度)，还将会在国际范围内对大范围的分散人口产生巨大影响，如在亚洲。欧洲空间机构(ESA)致力于开发卫星应用(它的“奥林匹克”卫星“足迹”几乎覆盖整个欧洲)，并积极促进欧洲卫星教育和培训计划用户联合会(EUROSTEP)的形成。设在荷兰莱顿的 EUROSTEP，在 20 世纪 90 年代早期，就有 20 多个国家的大约 100 个组织，目的是加强卫星的应用，既是为了传递可下载的教育材料，也是为了开发实时的和交互的潜能。尽管仍然是实验性的，EUROSTEP 已经开始了视频材料的传递；国家电视节目的国际转播；现场专家直播(伦敦大学的“直播网”从一个医疗操作的阶梯教室播放)；教育视频会议(如，学校之间)；有关节目尤其是文本课件(牛津大学语言学习系列节目)的数据播放。

类似的创举包括“e 频道”——一项由 DELTA 项目资助的备受广泛关注的实验服务，“欧洲步伐”——一个面向选修学科领域的工业培训频道(如高级技术)，和给一小部分高素质人员提供的高级专业培训。还需要指出的是，卫星可以很快地使国内广播机构国际化。英国广播公司(BBC)宣称，BBC 精选是“第一个利用陆地传播手段真正推进到壁龛广播的进步”。它与执行商务俱乐部联合的初步计划要使律师、经理和其他职业专业人员的专家计划进入到英国 99% 的家庭(70% 的家庭拥有录像机)。扩展到国际领域的服务计划也已经存在了。

5.2　高级学习技术：DELTA

欧洲联盟的 DELTA(通过技术进步来发展欧洲的学习)计划，是在 20 世纪 90 年代及在这之前为欧洲提供高级学习系统的一项研究与发展的创举。在 1989 年 3 月到 1991 年 2 月(探索阶段 I)之间，DELTA 在为教育和培训需要而应用高级信息、通讯和广播技术的项目中，给欧洲教育和工业机构的社团提供了大约 2000 万欧洲货币单位(ECU)。早期工作调查了技术方面的研究(远程通讯、人工智能、交互和多媒体开发、高级技术远程学习)。接下来的阶段 II(“能适应新环境的和远程学习的远程通信及信息处理技术”)对新技术应用的教学和文化观点提出了更多的关注，集中表现在以下三个方面：

(a)开发实现策略：确认信息技术(IT)与远程通讯的共同要求和适当应用。

(b)开发可互用的、有效的、模块化的技术与系统；通过利用、协调已存在的和即将出现的技术与远程通信及信息处理技术服务，达到降低成本、提高学习的技术行为和提供足够学习机制的目标。

(c)服务的确认与整合：评价灵活的远程学习中远程通信及信息处理技术系统的成本效益和教学效率。

DELTA 计划在高级学习技术(ALT)中的应用是一个“显示信念的行动”，通过利用信息技术、远程通讯新系统和广播，来提高整个欧洲联盟的优质教育和培训的学习机会。但是这一计划也意识到，与更传统的方法相比，更需要密切关注这些技术的成本收益(高技术图像和成本)。

6. 小结

教育技术在很多国际性组织里发挥作用,从西方世界非常具体的培训到 LDC 为边远地区人们提供的基础教育,有各种形式,还有多种目标。可以证明,在 20 世纪 90 年代,它最重要的作用发挥在后一种情况中。但要指出的是,UNDP 是在这一方面最活跃的组织之一,1977 ~ 1986 年这段时间在教育技术项目上的花费只占教育与培训项目费用的 0.8%(480 万美元)(UNDP 1989 P.153)。这就强调了在所有的应用中提高教育技术性价比的必要性以及成为满足需求的最合适回报的必要性。下面是引用卡斯特罗(Castro)的话:

所提出的技术复杂性必须与真实的可能性一致。用酒精油印复制的解释说明在特定环境下或许是最高级的技术……最后,我们必须问一个问题,我们是否能克服外部的限制。如果电流不稳定,计算机就不实用,除非它是用电池来供电的……我们能有这种设备的备用零件吗? 谁来维修? ……最后,从经济学的角度讲,这种新技术有意义吗? 在其应用规模的基础上它的成本效益怎么样? 用各种新技术进行大量的实验很有意义。但是除非所做的经济努力或其他努力与所得的结果之间有比较好的关系,不然增加实验可行性的论证将会困难得多(1989 P.2 ~ 3)这是很多国际化组织将要关注的问题。

C. 奥斯本(C. Osborne) 著
李国玉 宋继华 译

附录

Castro C de Moura 1989 *Dealing With New Instructional Technologies*. ILO Vocational Training News No. 1, ILO, Geneva

Coldevin G 1987 *Perspectives on Communications for Rural Development*. FAO, Rome

Institut Européen pour la Formation Professionelle (IEFP) 1991 *Report 1990—1991*. IEFP, Paris

Association of Education and Technology Training/Osborne C W (ed.) 1991 *The International Yearbook of Educational and Training Technology 1991*. Kogan Page, London

United Nations Development Program (UNDP) Education Development Center 1989 *Education and Training in the 1990s: Developing Countries' Needs and Strategies*. UNDP, New York

教育技术:发展中国家(Educational Technology: Developing Nations)

"发展中国家"这个用语常被用来指那些非工业化的国家。这些国家主要集中在亚、非、拉地区,但是这个用语也包括一些东欧国家和太平洋、印度洋中的一些岛国。两个被广泛认可的教育技术定义是:(a)是一种问题解决的系统方法;(b)教育环境中所用的机器或设备。尽管会遇到一些文化因素的干扰,这些国家还是比较认可教育技术的第一种含义。远程教育是技术应用的一个重要例子(Perraton 1982, Hawkridge 1988)。发展中国家也会认可教育技术的第二种含义,它包括计算机应用(Hawkridge et al. 1990)。贝特斯(Bates 1984)、霍克雷基和罗宾逊(Hawkridge and Robinson 1982)分别分析了广播作为教育技术在这些国家中被应用的特殊方面,但是本词条中没有予以论述。

1. 教育技术的基本原理

在研究发展中国家的教育技术应用时,经常问的问题是:发展中国家为什么应用教育技术? 需求是什么? 技术与什么相关? 发展中国家应采取什么政策?

1.1 远程教育的基本原理

远程教育中师生在物理上是分离的,老师准备多媒体材料,将其发送给个体学习者。学习者可能会也可能不会接受辅导支持,可能会也可能不会与其他学习者见面。典型的远程教育系统能覆盖大量的学习者,并从规模经济中受益。有时远程教育系统以教学的工业化形式为特点,这是由于其集中化的生产和劳动的分配(Keegan 1990)。

远程教育在发展中国家得以发展,是因为广播和邮政服务常常能覆盖分散在很多地区的学习者。远程教育也能帮助因为工作不能接受传统教育的学习者。那些没有工作、没有财力接受面对面教学的人或许能负担得起远程教育。这就是"可获得性原理":学生可以通过远程的方法接受教育。

因为远程教育在很多国家被证实比传统教育的人均费用要低,至少对成年人是如此,所以很多政府已经决定采用它。这就是"低成本原理":同样多的钱,更多的学生可以接受教育,或者是同样多的学生接受教育,花钱更少(Either et al. 1982)。发展中国家在经济压力之下采用远程教育,以获得更好的性价比,来提高其教育系统的生产率。

远程教育在提高大范围工作者的知识技能水平方面,被证明是卓有成效的。对于这么多的人,它起作用相对来说就非常快了。这就是"人力资源原理":发展中国家,常常缺乏高素质人力,却发现远程教育对这一方面非常宝贵。

因为它不需要永久的校园,远程教育能够抑制反政府激进情绪的滋长,在许多国家,那都是大学的一种常见特征。这就是很少明确阐述的"政治原理":如果学生分散的范围比较广泛,则比较容易控制其政治活动。

1.2 学校中计算机应用的基本原理

一种普遍的观点认为,孩子应该了解计算机是如何工作的,而且不能认为计算机技术是令人恐惧的,由于意识到这一点,一些发展中国家的学校引进了计算机。计算机进入到工业社会,对发展中国家也变得日渐重要。让所有的孩子参加课上或课后计算机俱乐部的"计算机启蒙"课是值得的:这就是"社会原理"。

另一个原理则围绕着参加学校的"计算机文化"课程甚至是"计算机科学"课程的几组被选学生。教孩子们编程使他们在控制计算机的能力方面增强了信心,或许成为在计算机科学领域工作的基础。教孩子们使用应用程序,使他们面对就业市场准备了有用的技能。具体的职业培训将在以后由雇主或高级机构来实施:这就是在很多发展中国家常见的"就业原理"。

孩子们应当能利用计算机来学习物理、艺术或其他任何课程,在这些课程中计算机辅助学习(CAL)与其他方法相比更具优越性。考虑到资金问题,工业化国家的学校现在能够获得相当多的CAL软件。没有内在的理由说发展中国家不应利用CAL。这就是"教学原理",基于一种强烈的信念:计算机能够教学。

计算机的引入能使学校变得更好。教学、管理和控制效率会大大改善。计算机有助于学生对作为专家的老师的依赖,它们要求孩子们不必记忆那么多的事实,较多地鼓励孩子们的信息处理和问题求解能力,它们鼓励孩子们通过协作而不是与其他人的竞争来学习。计算机是催化剂,能促进教育中所期望的变化发生:这就是"催化剂原理"。想促进教育现代化的发展中国家应该抓住这个机会。

一些发展中国家渴望建立一个强大的信息技术产业。他们的目标是制造,至少是组装计算机及其零部件,并且培养一批高度熟练的编程技术人员力量,能为国内外客户按照合同约定进行程序设计:这就是"信息技术产业原理"。其支持者通常都来自这一行业内部,赞同由政府出资,帮助学校购进大量计算机,以降低硬件的平均价格,使国家的产业能发展起来。这一原理是受市场驱动的。

对于低成本原理——计算机硬件和软件能在很大程度上代替老师,从而有更高的性价比,认可的人比较少。这是因为计算机和软件对发展中国家而言费用相对较高,这种状况也将会持续一些时间。

2. 发展中国家教育技术的例子

我们不缺少对发展中国家教育技术的描述性研究。然而,基于大量可靠数据,包括费用和学生成绩的详细评价却很少。判断是否成功常常要看机构或项目是否能够持续到外国资金援助到期的时候。在这种情况下,不管是否取得了成功,对于教育技术具体的贡献很少被单独地发现。

2.1 远程教育的例子

库尔和詹金斯(Koul and Jenkins 1990)提供了喀麦隆、哥伦比亚、圭亚那、印度、肯尼亚、马来西亚、巴基斯坦、泰国、赞比亚和津巴布韦等国家远程教育的案例研究。这些案例的水平从小学到大学都有,还包括非正规教育。

在肯尼亚,20 世纪 80 年代早期开展的广播语言艺术项目旨在提高小学前 3 个年级学生的英语水平。孩子们在课堂上由收音机直接教,广播老师经常要求孩子们做出反应。课堂老师有印刷的学习指导和作业单,帮助孩子们预习每一课。3 年以后,他们的成绩明显好于其他学校的孩子。尽管有这样的结果,这个项目却没有进行下去,因为政府不希望每天给这门课分配 90 分钟的空中广播时间。

在马来西亚,政府想减少在职成人和全日制在校大学生高等教育机会的不平等。这两类学生,圣玛丽亚大学都教。成人远程学习 5 年,然后在大学校园里学习 1 年。他们所修的课程远远超过 100 门,与全日制学生所修的课程一样。印刷和音频媒体是主要的媒体,还有一些广播和视频。除了为大多数课程配备了当地的辅导员,还为实验和会议设立了 13 个学习中心。在这个远程教育计划中,教育技术中心和大学的其他部门一起配合。

泰国的一所开放大学利用印刷、广播和当地辅导中心等多媒体的整合途径,对全国的学生施教。政府认为这是增加高等教育入学机会的经济有效的方法。大学虽然把费用减少到了低收入人群可以负担的水平,但是却获得了规模效益。它的课程材料适合于独立学习,并可以选择参加周末辅导。大学还设有教育技术办公室。

巴基斯坦的阿马·依克巴尔(Allma Iqbal)开放大学旨在给不能离开家庭和工作的人们提供教育的机会。它也设有一个教育技术研究所。该大学提供从研究生水平到适合农村地区的人们的非学术性短期培训等多种类型的课程。在认真研究了经济有效地教大量农村学生的最好方法以后,才开设了后一种课程。这一课程是基于小组学习的。每次会议的材料都包括录音磁带、活动挂图、分发的图片和为会议主持准备的印刷的指导。磁带提供短剧、访谈和描述,并由活动挂图补充解释。小组讨论是该课程的至关重要的因素。

在津巴布韦,远程教育是津巴布韦国家教师教育综合课程的一部分,那是一个有助于迅速减少 1981 年独立以后学校的不合格教师数量的 4 年培训计划。远程教育部分是基于函授课本和无线电广播的。学校的被培训老师接受远程教育,完成 40 个月的教学实践,并在两个学期之间在学院里交错进行。大约有 1 万名老师完成了这一课程。

霍克雷基和麦克密克(Hawkridge and McCormick 1983)、霍克雷基和陈(Hawkridge and Chen 1991)分别分析了中国电视大学的远程教育。文化大革命以后,相继建立了 29 个电视大学,以满足中国对高素质人才的迫切需要。他们从世界银行获得了大约6 500万美元的贷款,大多用来购买设备,进行培训。他们每年教的学生远远超过 100 万,而且大多数学生分布在 3 万个有监督的学习中心学习。媒体整合很松散——电视、录像、广播、录音和印刷——并由有限的面对面辅导来补充。尽管在设计录像、在录音棚编制录像、安装和操作计算机管理软件及其他设备、在培训教育技术(问题求解的系统方法)的相关人员等方面存在很多严重的问题,但是这些方法总体来说还是成功的。评价电视大学成功的一个量度是,从 1983 年到 1989 年这期间,系统培养了 100 多万名毕业生,和 300 多万名证书持有者。

2.2 学校应用计算机的例子

尽管计算机应用领域中有相当国际化的研究热点,正如 1989 年以“教育与信息化”为主题的联合国教科文组织(UNESCO)大会所证明的(UNESCO 1989),这一领域的变化日新月异,很难取得最新的信息。霍克雷基等人(1990)支持催化剂原理,分析了从 1987 ~ 1989 年 23 个发展中国家的实践。这些国家主要分布在计算机已被引入到学校的非洲、亚洲和讲阿拉伯语的地方。他们认为,如果政府想要避免在一些国家中已经存在的有关硬件和软件带来混乱,应当尽快制定相应的政策。

例如,1989 年在博茨瓦纳,少数国立学校和私立高中为教计算机启蒙课程安装了计算机,但没有任何明确的课程目标为指导。在文莱,一些国立高中配备了计算机,但是只是为了计算机俱乐部偶尔用于教一些计算机启蒙和计算机文化课程。肯尼亚的少数私立和国立高中也有计算机,他们那里有很多计算机俱乐部,一些老师利用机器来支持教学。印度尼西亚的一些私立和国立高中也有计算机,主要是用来教计算机文化和非考试性科目的计算机科学。巴基斯坦和菲律宾的少数私立和国立高中的计算机主要是用来教计算机启蒙和计算机文化课程。泰国的一些国立高中也只是利用计算机来教计算机启蒙和计算机文化,有时还是通过计算机俱乐部来教。津巴布韦的大多数小学和部分高中也引入了计算机来教计算机意识和计算机文化,通常都是通过计算机俱乐部来教的。然而这些国家中没有一个出台计算机在学校中应用的相关政策。

与上述情况相对照,到 1989 年为止,中国已经颁布了许多国家和地方政策,并在很多国立重点中学安装了很多计算机,希望学生们能在第一年就能培养计算机意识。被选出来的学生继续学习计算机科学,有时是作为一种公共考试科目(相当于美国的 12 级水平)。同样,埃及官方也有关于 100 所国立高中计算机应用的国家指导项目,第一年计算机教育是一门 40 学时的选修课,是非考试课程。印度,经过试点之后,大约 1 000 所国立高中安装了计算机,用于教计算机文化,偶尔还用于支持其他科目的教学。海湾战争前,约旦在 200 所国立高中安装了计算机,要求所有的一年级学生都要学习计算机文化课程并参加考试。

在马来西亚,紧跟 20 个学校的官方指导项目之后,许多国立中学购买了计算机用于教计算机启蒙和计算机文化,通常是通过非常活跃的计算机俱乐部来教。在毛里求斯,在国家政策的指导下,很多国立和部分私立中学配备了计算机,特别用于开设选修但却是公开考试的两年计算机学习课程(相当于美国的 10 级和 11 级),但也是通过俱乐部教计算机启蒙和计算机文化。在斯里兰卡,很多国立中学也都有计算机,主要用于教计算机启蒙。

在突尼斯,100 个被选中的城市中学安装了计算机,用来教全体学生学习计算机文化课,并使部分被选学生学习国际学士学位水平的公共考试计算机科学课(美国 12 ~ 13 级)。最好的例子大概要属新加坡政府的例子。明确公布的政策促进了所有的国立初中引进计算机,以至于可以运营相当受欢迎的计算机俱乐部,同时促进了在所有的高中开设选修但却是公开考试的 2 年计算机学习课程(美国 12 ~ 13 级)。

3. 趋势和问题

虽然世界银行的工作日程上并没有给教育技术最高的优先权,但是不可否认,教育投资不足。在发展中国家教育预算大多用来支付教师的工资,很少将其用于技术。奥利韦拉(Oliveira 1990)总结了所有的证据指出,在特定的情境中,教育技术作为一种解决问题的系统方法和作为机器和设备,能够提高教学质量,增加学习机会,提高效率。他认为,以科特迪瓦为例,教育电视的失败不应该阻止临时政府用新眼光来重新审视应用教育技术来解决地方问题,比如说有限的资源和紧缺的人才。他指出,趋势正朝着硬件价格降低、更好的学习材料设计和加强管理方向前进。

有迹象表明,随着价格的降低,发展中国家将引入更多的硬件。克莱(Klee 1991)声明录像在非洲正在飞快地发展。道奇森(Dodgson)从津巴布韦和肯尼亚(1991a,1991b)、恩加塔拉(Ngatara 1991)从坦桑尼亚取得的数据支持了他的这一观点。然而,对非洲国家的这些研究中没有一项报告表明教育录像的紧急应用:录像在这些地区仅仅被用作娱乐工具。对比之下,录像面向亚洲很多发展中国家的新观众,使正规的和非正规的远程教育成为可能。在除了中国和突尼斯以外的其他国家,比较便宜的微机对于开展计算机教学的国家计划是很重要的。

在发展中国家或为适应发展中国家的情况,教学材料的设计被看作是远程教育和教科书项目方面比较好的。印度的英 · 甘地国家开放大学在发展中国家是制作设计课程材料比较好的几个远程教育机构之一。对基于计算机的学习而言,只能见到有关针对特定国家软件设计的孤立的实验。例如,拉里登(Laridon 1990)评价了南非用于向黑人中学教师教授数学的基于计算机的交互激光视盘技术,尽管建立了 3 个实验基地,但是对于硬件和软件而言,要获得更大的认可,花费太高而学习收获太小。

教育技术管理的加强很难用成型的文件证明。中国电视大学在困难条件下输送了大量毕业生的成功,或许可以看作是管理加强的一个重要指示器,但这不包括对所涉及的文化因素的正确理解。发展中国家对学校中计算机应用的管理现在正处于起步阶段,还没有很好的指示器。

4. 所需的进一步研究

教育技术作为解决问题的一种系统方法,主要来源于美国的行为主义心理学和系统思考。教育技术作为在教育环境中应用的技术或设备,虽不完全却也是主要依赖于工业化经济的产品。人们对教育技术从工业化国家到发展中国家的转移过程了解不是很多。例如,在远程教育中,英国开放大学开发的系统和技术,在已建立起自己的远程教育机构的发展中国家,已经被修改了。一些文化,例如中国文化,强烈地抵制将教育技术移植到他们自己的实践领域中去,但是其中的原因还不是很清楚。另外一些文化,例如印度的文化,对获取这种技术非常感兴趣,同样也没有研究过其中的原因。

埃利(Ely 1989)报告指出,自20世纪70年代中期以来,印度尼西亚正在按部就班地合理运用教育技术来解决教育系统中的问题。这个国家的远程教育使小学老师素质得以提高,通过特布卡(Terbuka)大学(开放大学)提供学位课程,在学院通过卫星提供高级课程。教育技术人员在印度尼西亚就业之前要先进行培训。埃利在经验的基础上列举了一些可行的指导性建议。

托马斯和科巴耶希(Thomas and Kobayashi 1987)编辑的会议论文考虑了计算机、广播媒体、印刷媒体以及操作系统针对教育目的而进行的跨文化交流。对一个大得多的重要的国际化研究而言,是提高对问题和解决方法理解的时候了。教育技术不是免费的。教育者不能假定在自己国家开发的教育技术不加修改就适合另一个国家。对每个国家而言需要做什么样的修改,对这一方面的研究是非常必要的。

D. G. 霍克雷基(D. G. Hawkridge) 著

李国玉 宋继华 译

附录

Bates A W 1984 *Broadcasting in Education: An Evaluation.* Constable, London

Dodgson P 1991a Kenya. *Intermedia* 19:32

Dodgson P 1991b Zimbabwe. *Intermedia* 19:29—31

Eicher J C, Hawkridge D, McAnany E, Mariet F, Orivel F 1982 *The Economics of New Educational Media*, Vol. 3, UNESCO, Paris

Ely D P 1989 The diffusion of educational technology in Indonesia: A multi-faceted approach. *Br. J. Educ. Technol.* 20:183—190

Hawkridge D 1988 Distance education and the World Bank. *Br. J. Educ. Technol.* 19:84—95

Hawkridge D, Robinson J 1982 *Organizing Educational Broadcasting.* Croom Helm, London

Hawkridge D, McCormick R 1983 China's television universities. *Br. J. Educ. Technol.* 14:160—173

Hawkridge D, Jaworski J, McMahon H 1990 *Computers in Third-World Schools: Examples, Experiences, and Issues.* Macmillan, London

Hawkridge D, Chen C 1991 Evaluating a World Bank project: China's Television Universities. *Int. J. Educ. Dev.* 11:135—148

Keegan D 1990 *Foundations of Distance Education*, 2nd edn. Routledge, London

Klee H D 1991 The video invasion of Africa. *Intermedia* 19:27—29

Koul B N, Jenkins J 1990 *Distance Education: A Spectrum of Case Studies.* Kogan Page, London

Laridon P E 1990 The role of the instructor in a computerbased interactive videodisc education environment. *Educ. Train. Technol. Int.* 27:365—374

Ngatara L A 1991 Tanzania. *Intermedia* 19:32—33

Oliveira J B A 1990 Can technology advance education? *Int. J. Educ. Dev.* 10:231—244

Perraton H (ed.) 1982 *Alternative Routes to Formal Education.* Johns Hopkins University Press, Baltimore, Maryland

Thomas R M, Kobayashi V (eds.) 1987 *Educational Technology—Its Creation, Development and Cross-Cultural Transfer.* Pergamon Press, Oxford

UNESCO 1989 *Education and Informatics: Strengthening International Cooperation.* Proc. Int. Congress,

Paris, 12—21 April 1989, UNESCO, Paris

出版：跨越国界的影响（Publishing: Transnational Influences）

本词条解释的是跨国出版以及它对第三世界教育发展的影响。人们一般认为，对教育移植过程与效果的研究和理解，尤其是对课程模式与教材的移植的研究和理解还很不够。在官方和双边的基础上建立联系纽带以帮助教育移植，目的是保持第三世界的依赖性。跨国出版商与本国的课程开发机构以及外援专家进行联系，并从中获得利益。尽管跨国出版商获得了可观的商业利益，并且有助于教育经验和策略的国际化，但是他们的活动常常对当地出版业和知识产业的发展不利。现在已经采取了一些相关措施来减小这种依赖性。

教材的制作和跨国移植中固有的过程和问题，是教育相关知识的国际化与传播中研究最少的方面之一。有关国际出版的一些研究，以及有关第三世界教育发展与改革的全集里，都忽略了这一问题。鉴于这样一种“来往”至少跟殖民主义一样古老，这种认识的缺乏实际上是非常令人吃惊的——美国 18 世纪 70 年代的最畅销算术课本是托马斯·迪尔沃思（Thomas Dilworth）的《教师助手》，这是一本再版的英语课本。如果一方面西方教育模式与范例的移植之间和另一方面西方课程体系与教材之间的这种关系得到理解，那么这个领域的研究就非常重要。对多家代理机构的研究，像英国考试委员会、美国波士顿教育发展中心、国家和国际援助机构及跨国出版公司等，可以启发我们对意识形态和商业影响模式的理解。

缺乏学者关注的部分原因可能是，人们假设教育学是中性的，因而是没有问题的，因为人们的注意力主要集中在学校和社会的关系上：值得关注的典型问题是如何对私人办学、教学设备的扩充以及弱势群体教育机会的掌控。有人已经注意到教学媒介的问题，但是，即便是在这种问题上的讨论，更多的是涉及一些学校内部问题，比如教学成果不好、政策的相关性、课程设置和方法论以及教材的可用性，而很少有关于民族的整体性和个体性的问题的讨论。

为什么现在对教育移植的研究和对国际教育出版业的研究会被认为有重要联系？人们对此提出了几种原因。一个原因是，印刷教材一直在第三世界国家的教室里占有主导地位。实际上，面对为持续扩张的系统培养教师这个巨大的问题，一些计划人员希望能有一本“无需教师的课本”来解决其中的部分问题。更为乐观的是，对第三世界认知成就的研究表明，有无课本是一个重要因素（Heyeman et al. 1981）。世界银行在刺激和促进教育战略国际化中有着主要的影响，目前已经在 10 个国家开展了价值 3 800 万美元的购买或开发课本的项目；在印度尼西亚，世界银行已经开始着手开展一个 8 年的 3 900 万美元的项目，开发课程、培训教师和制作 1.38 亿册小学 1～6 年级的核心课程课本。同样的项目也在菲律宾开始开展（Heyeman et al. 1984）。最后，随着这一课程改革显而易见的失败，像为了提高技巧和增加教育机会而进行的课程的职业化和农村化改革的失败，注意力再一次集中到了提高认知发展的方法上来。

研究人员最近的工作提出了新的观点，用以研究第三世界国家的教育移植问题。例如，阿佩尔（Apple 1979）探究了选择课程知识和课程移植模式所依据的假设；阿尔特贝起（Altbach 1983, 1987, 1992）讨论了出版在不对等的知识关系系统中的作用。这一切都促使我们将教学与课程的材料问题看得重要而紧迫，并坚定地用一种全球性眼光来看待它们。如果有一股强大的力量促进国际化，那么事实上，还有一股强大的反向力量正在促进更加自觉的本地化，尤其是在社会科学领域，这被作为第三世界所特有的一种抵制知识依赖的方法。这种努力一定会影响到 20 世纪 90 年代如何对待课程与教学问题。

跨国出版社对第三世界教育的持续影响是两套相互影响的结构的累积结果。更为重要的是在官方水平上建立起的双边联系，这些联系提供了基础。双方在联系中提出了一些方案，要通过培训提高当地课程与评价改革的专业水平，并向第三世界国家的教育部输出一些课程专家；在另一种层次上，它允许像英国议会这样的机构，通过奖学金、图书馆和信息服务，以及通过提供专家和材料，来联系并影响到教育部，尤其是在英语教学的领域。这些联系通常在第三世界国家政府的倡导下在很多方面得以扩展和加强。这些联系本身是殖民地经验的结果——这就解释了为什么美国的出版商及其课程革新对前英联邦国家的影响比较小。然而，就是这种对专家知识的真正需求，经常导致了不加批判地依赖外国专家，而这些专家对问题的理解必然是很有限的。

确实，很难解释为什么外国专家的客观性常常被认为是理所当然的。专家之中已经成为作者的或者继续编写教科书的也有很多，用同样的方式使国内专家参与海外复杂的课程项目，随后也经常得到采纳。

“发送”实际课堂材料的机构是跨国出版社。在英联邦国家这些都是下列出版商的国外分支机构，如牛津大学出版社、朗文出版社等。他们是否与当地人合作并无大碍，重要的是他们以当地公民为主要顾客，或者他们的转机来自面向当地的出版物。这种特点使得政府与他们打交道很容易。尽管这些出版社不断有书籍目录、财政资源和专家产品来支持它们，但是专家和学术机构也可以进行选择，当地教育部门的官员作为中立和非商业的力量来介入，是最有用的。尽管本地出版商掌握了出版技能，上面提到的智能性输入还是远远超出了他们的能力。如果国内学术专家可以来做事的话，他们更容易被吸引去做跨国公司所提供的更好的职业，以及到有更多销售额和更好威望的地方去。从长远考虑，本地出版商在资本扩张的企业中，在一段时间内不能为某个年级的读者提供一系列教材以及像练习册和读本那样的补充读物，这就意味着更加本土化的教育体系中，跨国出版商在初等教育和基础教育中继续占据主导地位（Gopinathan 1979）。如果国家的重要考试与海外的考试辛迪加相互联合、英语仍然是主要的教学语言（Lockhead et al. 1986），那么这种统治地位将进一步被加强。

维持这种统治的原因很简单，从一方面说这叫作知识交换，从另一方面说，这是一种重要的商业交换。37%的英国图书销往海外，英国出口图书中20%是教育图书。毫不夸张地说，英国教育出版物不能没有海外市场。据估计，1976～1977 年早期列出来的英国 6 大出版商合并周转的总额高达 9 220万英镑，其中，5 000 万英镑来自非洲，3 000万英镑来自远东，仅尼日利亚的销售额就高达3 500万英镑。

盈利可以与教育系统的丰富、当地容量和专家经验的提高共存。在很多情况下，跨国出版商是书籍的唯一来源，他们为第三世界国家的出版业培训了整整一代人。当地管理人员常常想要模仿垄断第三世界教育系统的外国模式，这也是事实。尽管如此，第三世界国家接受的许多课程项目，对提高学校成绩几乎没有什么长期影响，这种评论好像确实很公正。自从 20 世纪 70 年代早期以来的某个时间，已经为第三世界国家提供了很多革新计划、科学材料（BSCS）、数学材料（学校数学项目）、作为第二语言的英语材料（语音室和相应的软件）以及促进对教育技术的投资（教育广播和电视）。第三世界国家常常接受这些，因为它们好像代表了发展与进步。今天，许多项目由于不合适而被取消或者被大规模地缩减，这些项目既是对教学方式的干扰，又与第三世界最关心的教育无关。

课程材料的传递造成了许多实际的教学问题，到目前为止，这些问题还没有得到充分的认识，也没有进行适当的处理。材料改编常常被看成是对有关需求的一种回应，尽管有一些改编充分的例子，但是多数改编仍然是“剪切和粘贴”，并且为了加强权威性花钱带上国内专家的名字。20 世纪 70 年代在远东，一位英国出版商能用一种英语教科书系列为不同学校系统的学生制作 5 个版本之多的教科书，就像印度和中国香港等地方的学校里那样。数学、科学、历史和地理在较小的规模里也有这种情况。在正经历着社会与教育巨大变革的国家和地区里，这是完全有可能的，就像 20 世纪 70 年代的中国香港、新加坡和马来西亚一样，这些充分说明了在课程国际化中取得的巨大进步。尽管如此，它也只是表明，跨国出版商能够、也确实在教育实践国际化方面做出了贡献，并且取代了有效的本地化运动。人们还不能回答这种移植在教学上是否成功，只有当了解了儿童在不同文化中发展的更多标准、将外语作为教学媒介的影响、程序教学和开放教室的可转移性以及在高收入、印刷导向的文化中开发的其他策略的可转移性时，才可能回答这个问题。

20 世纪 90 年代将会引起注意的一个趋势是，随着印刷技术和非印刷技术的优势联合，对“学习包”日益增长的关注。在提高认知发展效率的基础上，在教育中应用越来越多的技术，可以通过更便宜的成本获得更多的学校和老师，这也是日益增长的压力的部分反映。一些西方政府支持图书津贴计划，像由英国政府资助的英语图书计划（ELBS）和美国国家印美语教科书计划（PL480），第三世界国家很可能会因为同样的原因、并以同样的方式而被说服实行技术经济。虽然，人们期望这种革新可能会产生像解决方法那么多的问题，但是，技术解决方法并不像它们看上去的那么中性，不可能解决实施教学的文化和社会情境中固有的问题。对低收入国家而言，有关技术手段优点的系统化研究很少。实际上，通过把第三世界教育系统依附于发达国家的教育系统，投资开发这些技术或许可以减少选择余地、搜索更可行的选择，但也许这样的代价最终会更大。更清醒地认识教育革新的思想基础和商业基础是非常必要的。

解决对跨国出版商的依附性的一个方法是，可以鼓励国家对教育出版进行干预。但是，正如一些非洲国家的经验所表明的，跨国出版商能利用这样的开发，成为这种干涉的最大受益者。但是，也有更积极的干预。第三世界的很多国家成立了图书开发委员会，制定和整理图书政策，这有助于当地出版材料的开发和利用。教学媒体改变之后，像马来西亚和印度的各种国家教科书机构等这样的机构，在用母语制作课程材料的过程中扮演着非常重要的角色。现在，第三世界国家鼓励发展大学出版业，这使学者可以受到尊重。也有一些令人鼓舞的迹象，如学者们正越来越认识到有必要编写课本、在本国出版研究结果。这些措施，如果受到鼓励和发展，将会大大地有利于第三世界国家独立知识社区的建设。

跨国教育出版商拥有有利于大量第三世界发展教育的丰富材料和专家。而且，由于与跨国出版相关的研究和财政资源，这将是一个不断发展壮大的资源。因此，上面概述的对这一问题的解决办法不在于拒绝，而在于理解这类应用的思想成本和商业成本以及能够控制过程，在这些过程里，明确了第三世界的教育问题，并尝试了解决方法。特别是课程改革者需要学着走绷紧的钢丝，不仅从别人的教育经验中学习，有时也要不加批判地采用这些经验。利用外国专家并避免被外国专家利用。只有真正理解到这一点，并采取了可行的相关的教育改革，当地出版业才会发现自己在国家教育发展中的重要作用。

S. 古平纳萨（S. Gopinathan） 著

李国玉　宋继华　译

附录

Altbach P 1983 Key issues of textbook provision in the Third World. *Prospects: Quarterly Review of Education* 13(3):315—325

Altbach P 1987 *The Knowledge Content: Comparative Perspectives on the Distribution of Knowledge.* State University of New York Press, Albany, New York

Altbach P (ed.) 1992 *Publishing and Development in the Third World.* Hans Zell, London

Apple M W 1979 *Ideology and Curriculum.* Routledge and Kegan Paul, London

Gopinathan S 1979 Publishing in a plural society: The case of Singapore. In: Altbach P G, McVey S (eds.) 1976 *Perspectives on Publishing.* Heath, Lexington, Massachusetts

Heyneman S P, Farrell J P, Sepulveda-Stuardo M A 1981 Textbooks and achievement in developing countries: What we know. *J. Curric. St.* 13(3):227—246

Heyneman S, Jamison D T, Montenegro X 1984 Textbooks in the Philippines—Evaluation of the Development Impact of Nationwide Investment. *Educ. Eval. Policy Anal.* 6(2):139—150

Lockheed M, Vail S, Fuller B 1986. How textbooks affect achievement in developing countries: Evidence from Thailand. *Educ. Eval. Policy Anal.* 8(6):379—392

其他参考文献

Altbach P 1991 *Textbooks in American Society: Politics, Policy and Pedagogy*. University of New York Press, Albany, New York

教育技术的社会影响(Social Implications of Educational Technology)

教育技术通常是以信息技术和通讯技术为基础,这些技术主要解决信息的存储、传送、处理、查找问题。当这些技术与先进的教学设计方法、教学评价方法以及教学管理方法相结合时,这些技术就能提供强大的教育工具。但是,教育技术不仅仅是"重新包装"旧课程或教育实践的中性储藏器。这种采用基于教育技术的计划的过程对那些能够使用、控制及参与到教育过程中的人有非常深远的影响。

因而,教育技术对社会的影响就主要围绕着能够使用、控制和参与教育过程的一些问题。这些在本质上是社会公平的问题,也常常是发起基于教育技术的教育计划的动机。但是一个最基本的问题是控制的问题(Beniger 1986)。比如,基于教育技术的计划是如何通过教育计划的观念、管理和执行来改变控制点的?这一系列的问题涉及诸如理论知识、适当的教学观念以及最终的社会权力和权威等很多问题(Tehranian 1990)。

关于新通讯技术对社会和教育影响的争论早在古时候就有了,因为新的通讯技术在任何社会中都对权力和权威的分配有影响。在柏拉图的《斐多》中可以看到,最早的通讯技术之一的字母书写对社会和教育的影响。细读这篇原文,可以展示出它对于通讯技术对社会和教育影响的深切关注,通讯技术能够允许人们迅速接近一个迄今为止有限的知识范围。字母书写的出现意味着传统教育的看门人、讲故事的人或是老师,不再对孩子们的学习经验起决定性的控制作用。不管是谁,只要会阅读,就能获取到信息。社会控制的问题是有关教育技术对于社会影响的各种争论中持久稳固的主题,也是有关信息和通讯技术对社会影响的各种争论中持久稳固的主题。

1. 最近的知识

德德(Dede 1981)曾讨论过教育技术的短期和长期的影响。短期的影响包括更多的教育机会、初期较高的资金投入、资源制作逐渐集中、对职前和在职教师的培训的改变、对某些使用者的偏见以及对人们在教育情境中交互过程的潜在影响。按照德德的说法,长期的影响包括对培训与教育的区分、对智能的新定义的建立、社会变化整体速率更高以及不同的教与学模式的出现。

德德提倡对采纳教育技术的结果进行彻底的研究,还强调在财政目标和保证所有人都能公平获得教育机会之间要平衡。他建议教育技术和课程的设计必须能满足多样的需求和不同背景的学生;学校和老师应该参与到重要的教育决策中;还应该意识到教育技术引起的潜在的社会变化和文化同一化趋势。

自从德德写了这篇文章之后的一段时间内,出现了对教育技术具有挑战性的三个方面的问题。首先,也是最重要的一个问题是教育技术在控制教育和训练中的作用。其次是教育技术在创造更多的教育和训练的机会中的作用。第三也是最后一个问题是有关教育技术在提高教育入学人数上的作用,尤其是在提高发展中国家入学率方面的作用。

1.1　谁控制着教育和培训

对于教育技术者来说,一个潜在的但是很可能有争议的问题是寻找契机。为了使经济具有更强的国际竞争力,许多国家政府通过促进各种形式的教育技术而不断增加干预措施。在回应这些新压力的时候,一些教育技术者们在教育技术及其对经验分析理论而不是标准化理论的依赖方面表现得有所保留。克廷和雅努谢维基(Koetting and Januszewski 1991)指出,如果教育技术者们继续坚持他们有限的教育理论和理论构建的观点,他们将使自己与文化科学以及解释世界的各种方法隔绝。

泰勒和斯沃茨(Taylor and Swartz 1988)指出,教育技术将会是一场战争的场所,战争的一方认为教学技术的基本假设是:所有的教学偶然事件在各种环境、在任何时候都可以进行处理;战争的另一方是希望他们的年轻人应该全部投入到知识的创造方面的妇女和少数民族小组,还有那些认为"知识,就像面包一样,最好在当地的层次上形成"的人(Taylor and Swartz 1988 P. 29)。

政府对于教育的关注和干预在不断增加。政府提出"教育生产力"将是一个关键的问题,并且对学校的关注点由教育过程转变到教育结果和学生的成绩(Dunham 1992)。随着政府对使用教育技术增大压力,以使教育技术服务于被沃特金斯(Watkins)称为"新型职业教育论和人类资本理论的苏醒",教育技术工作者将愈加受到多方的责难。政府与个人和教育者对学习过程和结果的控制问题之间的对立可能越来越明显。教育者对这些压力的反应是关注预测性的学习理论,他们视之为对未来行动的控制,控制成为知识语义内容的一部分(Striebel 1991)。

另一方面,政府正寻找正当的和可量化的结果,尤其是有关培训的。他们为教育和培训设立了总目标,对特殊人群进行特殊考虑。问题由此产生:教育技术应该服务于谁的利益?

为了鼓励最有效地利用资源,有一种趋势,即通过在教育和培训中运用技术而不断增加政府协同性(Rsmsey 1991)。但是阿佩尔(Apple 1987)提醒说,在某些文化中,这种方法可能导致完全事先指定教学过程和学校课程。这就会发生更依赖事先安排的材料包和软件的转变。这与旧的方式——教师有时间和技能去作自己的课程计划和考虑——有着重大的差异。现在他们成为了其他人的计划、程序和评估机制的孤立的执行者(Apple 1987)。

需要担心的不仅仅是政府和集中控制的程度,还有教育技术设施的高造价,比如卫星、定向微波和多媒体系统,经常都需要教育和私人企业之间的合作,通常是电话、电脑公司和出版部门。已经有很多对电脑公司影响学校计算机使用的忧虑(Yeomans 1991)。

在一些教育文化里,比如美国,越来越接受主讲教师的概念,广播电视节目比如 TI—IN 就公开地提出可以利用有技能的大学教师的优势。而在其他的文化里,这种方法是不可能像那样被接受的。具有传送能力的拥有者的介入可能导致课程内容与教师职业培训的阶级和管理方面的问题。常常会通过教育帝国主义的形式,加剧州际、部门间、机构间的政治形态的恶化(Foks 1990)。另一方面,教育技术也为协作和共享提供了相当可观的空间。

当教育技术和现代传播技术用来向偏远的或是文化截然不同的地区传输教育节目时,它将不可避免地会改变当地的文化。美国印第安人和澳大利亚土著人就是这个方面的典型的例子。任何对乡村文化的集中干涉都冒有侵蚀乡村生活具体特征的风险(D'Cruz 1990)。

1.2 开放学习的挑战

教育技术的更为广泛的应用已经开始使技术在教育中应用的焦点由远程教育向相对较新的开放学习的观念转变。多媒体系统使用交互光盘,增加了学习者更多地自主控制怎样学、学什么、什么时候学、以什么速度学以及采取何种评价形式的可能性。现在种种迹象表明,更多的培训是发生在工作场所而不是孤立的教育机构里。

根据学生或教师对内容、时间、环境、学习步调、初始水平和目标水平、资格、录取标准、个人与老师及同伴的交互水平、对预习的重视等控制程度的不同,教育和培训的形式也是多种多样的。一般而言,教育者正寻求给学习者们提供尽可能多的控制学习过程的机会。他们相信,如果学习者自己决定去获取那些他们认为对个人有益的知识的话,就会获得更多的学习机会。使用这种方法,作为成功判断依据的能力将更为全面,而评价更开放、更少结构化。

在不是很结构化的或是开放的学习模式里,将非常依赖先决的知识和经验,而不断增加使用技能模块来提高学生初始水平和目标水平的趋势也会持续增长。虽然这种方法为学习者提供了一些对学习环境和内容选择的机会,但是个人模块的形式和内容往往是预定的,而且个人与老师或助教面对面继续交流的程度是有一定限制的。关于人际间的交互问题是有争议的,一些教育技术(比如以计算机为中介的学习)的支持者就怀疑,学习者在标准课堂里能多大程度地真正追问到他们个人所关心的东西(Bork 1990)。取而代之,他们寻找途径为学生提供与各种类型的学习程序交互的机会,以弥补个人面对面交互的缺乏。

伴随着这种趋势，是更加强调以能力为基础的培训，而关注焦点也几乎完全转移到学生的学习结果而不是学习过程，分段培训也向模块化的培训转移。随着经济对使用开放学习技术的推动，聚集了动力，一项重大的转变将会发生，即从传送为特定目的设计的培训情境的实时教学，到设计和传送可以在众多情境中非实时使用的多媒体培训节目。结果，教育技术的大规模应用将在传统教育环境之外得到发展（Mecklenburger 1990），学习和学习地点更加灵活是教育技术发展的直接结果。

在加拿大和美国一些远程教育项目里运用了技术的综合方法，包括使用通讯技术获取信息、参加电子指导以及传送教学，首先使用了虚拟团体的概念（Romiszowski 1992）。根据这种方法，除了基础教育，主要的学习都是发生在教室以外，使用计算机间电子数据的传送来完成。大部分与面授有普遍联系的活动都可以在发达的“电子团体”里进行。然而，新的传播手段的发展对于基础教育没有重大的影响，因为为了使学生社会化和使家长能够去工作，仍然需要要求孩子们以团体的形式相互交流（Romiszowski 1992）。尽管如此，计算机网络提出了一种策略，将老师和学生连接入一个“学习圈”中，在那里每个人都能够同时充当着老师和学生的角色（Riel 1990）。它为全世界的老师和学生进行电子联络创造了可能，这种发展最终重新定义了教室的概念。

1.3 增加教育和培训的机会

政府和教育机构日益认识到，教育技术是提供更广泛的教育和培训机会的主要贡献者，尤其是针对劣势群体，改进社会对他们的公正性。“技术可以用来扩展教育机会，首先意味着教与学可以超出现存学校和学院的限制，尤其是在发展中国家，现有的机构不可能应付日益增长的需求。”（Reddi 1987 P. 128）

在很多发达的西方国家里，使政府、教育管理者和公众对教育技术的价值信服并不是一件容易的事情。虽然如此，一些所谓第三世界国家已经把教育技术作为促进其教育系统现代化的一种手段。印度尼西亚的教育和文化部门（MOEC）、国家电视网络（TVRI），和私人公司合作，于1991年正式启动，为中学学生制作教育电视节目（Sadiman 1992）。节目每天播放2小时，而其目的就是提高教学过程的质量。在尼泊尔，广播教育教师培训项目（RETT I）在其实施的10年间，一直使用无线电广播向大约6 000名小学教师提供10个月的培训课程（Upadhayay 1992）。无线电广播和印刷材料作为补充，最早就把重点集中在教学方法论上。但是，教师缺乏小学课程的专业技能，因而这个项目的第二个阶段就包含对小学学科教师的教育。

在西方发达国家里，政府介入教育技术往往是片面的和不协调的。然而，一些可以看到的迹象表明，目前政府可能更容易接纳使用教育技术来改善教育和培训结果。在澳大利亚，有相当数目的政府报告在关注，至少是部分关注教育技术在获得教育成果中的作用。这其中就包括《教师的苹果》（澳大利亚参议院 1989）、《开放学习：政策与实践》（Johnson 1990）以及为农村的澳大利亚人建立的国家教育和培训策略。美国技术办公室发布了两个有影响的报告——《加油！教和学的新工具》（美国国会 1989）、《为学习而联合：教育的新课程》（美国国会 1989）。这些报告形成了政策上的创新，并为教育改革确立了议程。

虽然政府相当希望通过重组城市教育来节省教育预算，但是分散在大区域里学生数目的减少就意味着每个乡下地区学生费用的升高。紧迫的经济原因使得政府要寻找另外的传送方式以抑制花费，计算机和无线电通讯被视为使政府较容易满足其社会职责的工具。

获得额外的教育、资源和专业技能是教育技术的重要社会影响之一。不方便到学校或是培训中心学习的学生可以接受远程教育。一些项目比如西部澳大利亚艺术获得计划（Moorhouse and Ellicott 1990）和农村扩展教育（Norris and Pyke 1990）就是强调远程传送技术的先例。

不仅教育可以通过实时或延时的远距离传送，学生们也可以获得储存在数据库和电子信息系统中的信息。这就存在对使用教育数据库的一些担心。它可能使数据从人文的背景当中分离出来，并且以牺牲更多有趣的现实经验为代价，过于夸大非个人数据的重要性(Chandler 1990)。计算机传输数据的便捷性可能隐藏了使用它们的情境的重要性。危机在于:计划者可能觉得只要能以计算机数据的形式为使用者提供更多的信息就可以解决教育和培训问题。建立信息交易站已经成为一个成功项目的不可缺少的先驱性工作,很少有人关注信息是如何被使用、谁能从对这些信息的访问中受益、谁会受信息的负面影响。

使用技术的一个重要收益,即增加了残疾人接受教育的机会。技术给不利人群——伤残人员、身体虚弱的人、老年人——带来了不可想像的收益。

1.4 增加学生参与

在主要的教育成果,比如,在中小学教育的入学率及学术成就方面,澳大利亚和世界其他地区的农村比起城市地区要落后。更进一步,农村人口很少有机会上大学学习(Country Education Project 1988)。

在澳大利亚,联邦政府为农村教育及培训制定了具体目标,包括使非主要城市中学校每年的学生保持率从12%增长到65%;提高学生从学校教育到继续教育到能和城市地区的这类教育相比的水平的转移率;提高教育和培训的全面参与,使高中毕业后具有资格证书的非城市人口劳动力达到全国平均水平(澳大利亚 就业与学习和培训部门、主要工业和能源部门 1989)。而且,当感觉到农村衰落时,要求乡村的很多权威人士和机构都开始密切关注乡村的教育和其他的社会需求。

远程教育者通过给学生个人邮寄书面材料和个人间的书信交流来创造学校面授式的对话模式,尽管如此,函授教育有时过于抽象、没人情味和单调的特征仍然受到批评,于是试图通过使用大众传播媒体和电话来进行补救(Lefranc 1983)。所谓的传输"对话模式"回到了有远程音频会议的远程教育,并从包括使用音频图像和可视会议的交互方法中获得了更进一步的动力。

2. 进一步研究中出现的趋势与问题

早期在古希腊,通讯技术带来了社会与教育界的不安,而这也成为未来随着教育工作者采纳通讯与教育技术的争论而引起的关注和预兆。例如,将在一种文化基础上建立起来的教学计划应用到另一种文化背景中时,其中文化的内在含义是什么?支持小规模技术的个体控制会阻碍大规模课程和材料开发内部固有的中央控制,这种妨碍达到了何种程度呢?教育技术对于复杂信息和存取技术的依赖性日益增长,使得不发达国家甚至是发达国家里条件比较差的学校运用那些物资比较困难,这种影响到底达到了什么程度?出版与技术生产者之间联系到什么程度才意味着教育材料的生产可以直接被整合?个体使用媒体资源到达什么程度会威胁到教室活动的减少并减弱对人类社会交互作用的强调?

现代教育技术已经分成两个略有不同的方向。一方面,教育政策的制定者和教育者已经开始更多地关注现存的传统教育体系所存在的缺点。另一方面,媒体和传播技术的开发者和经销商已经把教育当作他们的商品及服务的市场,教育需要与商业目标之间的紧张关系渗透到很多教育技术实践当中。应用更新更复杂的媒体及传播系统的诱惑,有时会遮盖了实现教学目标的需要。

有些时候,以教育技术为基础的项目中隐含的目标和假设还会被改变。当对教育过程的控制从教师和出版者转移到一个新专业人员或机构利益团体手中时,常常会发生这种变化。而且许多教育技术项目所需要的投资比例,把跨内容及过程的决策从地区间转移到国家及国际的财团方面。在光谱的另一端,课程设计、小规模发行及材料的发展,可以成为学校教师的工作范围。

教育者必须面对的另一个主要问题,就是日益增长的信息商品化(Mosco 1989),曾经免费获得的信息现在只能通过付费才能获得。这种信息私人占有、日益增长的提供信息能力及根据需要进行信息收费,将使教育活动被公立及私立教育提供者视为另一种以获利为目的的行业。政府对教育活动干预的减少,以及教育和培训的私有化将会得到教育技术及信息传播体系的帮助,它们可以在地区或国家范围内传播教育节目。当与新的鉴定模式相结合时,教育技术将成为教育改革的重要动力。

教育的个别化或依赖使用者付费的原则,引起了许多有关社会平等性的问题。政府对那些没有支付能力的人能提供什么呢？对那些不能参加到教育服务市场的人有没有最少教育标准保障？在一定范围内，教育技术引起的问题仅仅是一些问题的子问题，这些问题是由于政府支持的广播和信息活动的减少以及社会范围的对商业信息及传播技术不断增长的依赖所引起的。

I. 孔伯伊(I. Conboy)
P. B. 怀特(P. B. White) 著
李婧妍 译

附录

Apple M 1987 *Is the New Technology Part Of the Solution or Part Of the Problem?* Curriculum Development Centre, Canberra

Australia, House of Representatives 1989 *An Apple for the Teacher? Choice and Technology in Learning: Report of the House of Representatives Standing Committee on Employment, Education and Training.* AGPS, Canberra

Australia, Minister for Employment, Education and Training and Minister for Primary Industry and Energy 1989 *A Fair Go: The Federal Government's Strategy for Rural Education and Training.* AGPS, Canberra

Beniger J R 1986 *The Control Revolution: Technological and Economic Origins of the Information Society.* Harvard University Press, Cambridge

Bork A 1990 Schools for tomorrow. (mimeo)

Chandler D 1990 The educational ideology of the computer. *Br. J. Educ. Technol.* 21(3):165—174

Commonwealth Schools Commission 1988 *Computers and the Realm of Ideas: An Interim Report on the Involvement of Disadvantaged Children with Computers.* Commonwealth Schools Commission, Canberra

Country Education Project 1988 *Three Times Less Likely: A Report on the Access of Country Students to Tertiary Institutions.* Country Education Project and Participation and Equity program, Melbourne

D'Cruz J V 1990 *Technology in Education: A Study of Policy and Practice in Rural Schools*, 2nd edn. Ministry of Education, Victoria

Dede C 1981 Educational, social and ethical implications of technological innovation. *Program. Learn. and Educ. T.* 18(4):204—213

Dunham E A 1992 *Educational Reform: The Critical Role of Information Technology.* Institute for Educational Leadership, Washington, DC

Foks J 1990 The politics of open learning. In: Atkinson R, McBeath C (eds.) 1990 *Open Learning and New Technology: Conference Proceedings.* Curtin University of Technology, Perth

Johnson R 1990 *Open Learning: Policy and Practice—A Discussion Paper Commissioned by the Department of Employment, Education and Training, Canberra.* AGPS, Canberra

Koetting J R, Januszewski A 1991 Theory building and educational technology: Foundations for reconceptualization. Paper presented to ACET Convention, Orlando, Florida

Lefranc R 1983 The evolution of distance teaching in higher education: From correspondence to the new technologies, *Educational Media International* 20(1): 8—16

McGregor A L, Latchem C R 1991 *Networks for Learning: A Review of Access and Equity in Post-compulsory Education in Rural and Remote Areas of the State of Western Australia.* Western Australian Office of Higher Education, Perth

Mecklenburger J A 1990 Educational technology is not enough. *Phi Del. Kap.* 72(2): 105—108

Moorhouse J, Ellicott R 1990 Arts access: A history of open learning for country Western Australia. In: Atkinson R, McBeath C (eds.) 1990 *Open Learning and New Technology: Conference Proceedings.* Curtin University of Technology, Perth

Mosco V 1989 *The Pay-Per Society: Computers and Communication in the Information Age.* Ablex, Norwood, New Jersey

Norris D, Pyke L 1990 Open learning in entrepreneurship. In: Atkinson R, McBeath C (eds.) 1990 *Open Learning and New Technology: Conference Proceedings.* Curtin University of Technology, Perth

Ramsey G 1991 The need for national policies in education. *Unicorn* 17(1): 34—41

Reddi U V 1987 Television in higher education: The Indian experience. *Media in Education and Development.* 20(4): 128—133

Riel M 1990 A model for integrating computer networking with classroom learning. In: McDougall A, Dowling C (eds.) 1990 *Computers in Education.* North-Holland, Amsterdam

Romiszowski A J 1992 Developing interactive multimedia courseware and networks. *Proceedings of the International Interactive Multimedia Symposium*, Perth

Sadiman A S 1992 *Inservice Training for Teachers and Personnel in New Information Technologies in Indonesia: Country Report Prescnted to the Asia and the Pacific Seminar on Educational Technology, 1992.* Centre for Information Technology for Education and Culture, Ministry of Education and Culture, Djakarta

Striebel M 1991 Instructional design and human practice: What can we learn from Habermas' theory of technical and practical human interests? Paper presented at the ACET Convention, Orlando, Florida

Taylor W D, Swartz J B 1988 Instructional technology and proliferating world views. *Proceedings of Selected Research Papers Presented at the Annual Meeting of the Association for Educational Communications and Technology.* New Orleans, Louisiana

Tehranian M 1990 *Technologies of Power: Information, Machines and Democratic Prospects.* Ablex, Norwood, New Jersey

United States Congress 1988 *Power On! New Tools for Teaching and Learning.* Office of Technology Assessment, Congress of the United States, Washington, DC

United States Congress 1989 *Linking for Learning: A New Course for Education.* Office of Technology Assessment, Congress of the United States, Washington, DC

Upadhayay M P 1992 New information technologies in Nepal in formal and non-formal education: Current trends and future prospects. Paper presented to the Asia and Pacific Seminar on Educational Technology "New Information Technologies in Formal and Nonformal Education—Current Trends and Future Prospects," Tokyo

Walker D W 1987 Concerned technology. *Educational Media International* 24(2): 87—95

Watkins P 1990 Flexible manufacturing, flexible technology and flexible education: Visions of the post-Fordist economic situation. In: Dupe M (ed.) 1990 *Making the Links: Technology and Science, Industry and Education.* Ministry of Health, Education and the Arts, Canberra

Yeomans A R J 1991 Sociological aspects of computers in education. Paper presented to the ACET Convention, Orlando, Florida

其他参考文献

Australia, Department of Employment 1991 *Open Access for Teachers Professional Development: Towards a Cooperative National Framework for the Application of Distance Learning to the Professional Development of Teachers.* Department of Employment, Education, and Training, Canberra

Kirk J 1990 *Rural and Remote Learning Centres: The Point of Convergence for the Provision of Further Education by Alternative Delivery Systems.* Converging Technologies, Selected papers from EdTech90 (Conference of the Australian Society for Educational Technology). University of Sydney

Lundin R 1987 Some North American developments in communication technology and distance education. Paper delivered to the Australian and South Pacific External Studies Association (ASPESA) Forum, University of New England, Armidale

Romiszowski A 1990 Shifting paradigms in education and training. *Educ. Tech. Training Int.* 27(3):233—237

视觉素养(Visual Literacy)

尽管“视觉素养”这个词可能比较摩登，不过它并不是一个很新的概念。对图像使用的讨论已有很长的历史,古代哲学家用图像进行视觉交流;在解剖学和医学中,亚里士多德使用解剖图解;在数学中,毕达哥拉斯、苏格拉底和柏拉图用图像进行几何教学;耶稣及其他一些宗教传道者和宣传者用比喻使他们的听众在头脑中形成图像。

到了夸美纽斯时代,文艺复兴时期的哲学思想就很重视在知识和学习的理论中的视觉图像。他的一部有关视觉语言的教科书中的图解被很多人在不同地方以不同的语言引用。夸美纽斯的结论是,父母和孩子之间的非言语交流先于言语交流,并形成了孩子后来的语言习得和发展的基础,这仍然是视觉语言理论的一个合理的原则。

1. 定义

关于视觉素养的第一次会议在美国的曼彻斯特举行,会后,德比斯(Debes 1969)极不情愿地写了视觉素养的第一个定义:

> 视觉素养指个体通过观察并同时拥有和整合其他感官经验而形成的一系列视觉的能力。这些能力的发展对正常的人类学习是很基本的,一个人具备了这些能力后,就能够区别和理解在周围环境中所看到的行为、物体和自然的或人工的符号。通过对这些能力的创造性运用,能够与其他人进行交流;通过对这些能力的有鉴赏力的运用,就能够理解和享受视觉表述的名著的美妙。(Debes 1969 P. 26)

从 1969 年开始,一些对这个概念比较感兴趣的研究者们都形成了自己的观点、意见和定义。许多对视觉素养的讨论都参照研究者个人的背景,这样不同的研究者就强调视觉素养的不同方面。理论者和实践者在视觉素养的精确定义上有很大的分歧。很明显,用语言去描述一个主要是非语言的概念是很困难的。随着时间的推移,定义的解释范围由窄到宽,复杂性也大小不同,一些定义是由理论家提出的,另一些是由实践者尤其是从事教学的人提出的。另外,还有很多的研究者在实践上完全不接受视觉素养这个概念。

1.1 定义的理论框架

不同的研究者从不同的理论立场对视觉素养做了定义。在唐迪斯(Dondis 1973)看来,视觉素养意指对观察和共享具有一定层次的可预测的多样性的意义的手段的理解。要达到这个程度,就要求超越人类器官固有的视觉能力和靠常识作视觉决策的直觉能力,超越个人喜好和品味。唐迪斯所说的"多样性"指的就是见识,它是教育的最高目标之一。与通常的错误观念不同的是,具备视觉素养并不要求精通艺术领域的任何方面。

显然,视觉素养要求人有使用包括体态语言在内的视觉语言进行交流的兴趣。布拉登和霍廷(Braden and Hortin 1982)提出了一个将可以避免使用有争议术语的视觉素养定义。他们在定义中引入了用图像进行思考的概念,认为视觉素养指的是理解图像和使用图像的能力,包括用图像的形式去思考、学习和表达的能力。

布拉登和霍廷的定义方法与麦金(McKim 1981)的很类似。麦金认为视觉思维要使用到三种类型的视觉图像:我们看到的、我们想像的和我们画出的。"麦金图"(如图 1)包含三个两两相交的圆,描绘了一个无意识和思考情况下的流动的动态过程。这个圆圈说明了一种思想,即当看、想、绘图积极地相互影响与融合时,视觉思考是最完全、最充分的。视觉思考者以动态的方式运用看、想、绘这三种方式,不断从一种图像到另一种图像。

海尼切等人(Heinich et al. 1982)认为视觉素

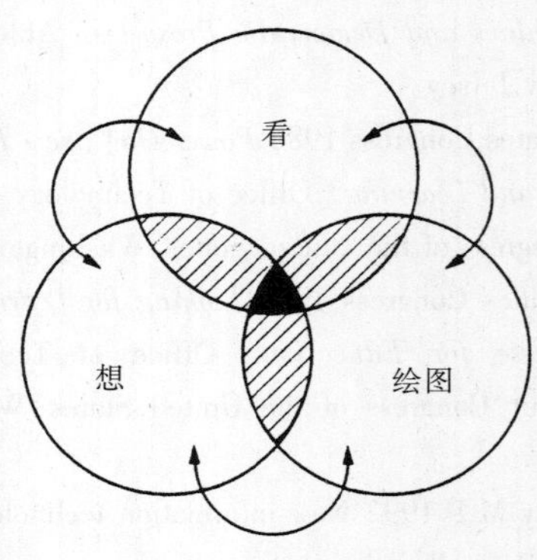

图 1 麦金图

养有各种不同的方面。他们将视觉素养与印刷文字作对比给出如下定义(P. 62):

视觉素养是指通过学习获得的、能够准确理解并创造视觉信息的能力。视觉素养中的理解与创造就等价于印刷素养中的读和写。

以这种理论作为基础，西纳特拉(Sinatra 1986)将视觉素养与思考、读和写联系起来。他指出，作为读和写基础的理解与创造的思维过程中，视觉素养是最基本的能力。根据西纳特拉的观点，视觉素养中的非语言成分是素养学习中真正的“基础”，视觉素养就是主动将过去的视觉经验与即将到来的视觉信息进行重组，以获取意义。

康西丁(Considine 1986)认为视觉素养试图说明过程的输入与输出两部分，因此，视觉素养是指:“为了更有效地交流，以各种媒体形式理解和创造图像的能力。”(P. 86)具备视觉素养的学生应该能够创造并理解视觉信息。康西丁指出，既然视觉素养要求具备为了进行双向沟通而对视觉信息进行有效的发送、接收及加工处理的一系列能力，因此具备视觉素养的个人需要熟悉很多方面的东西。

克拉克－巴克(Clark-Baca 1990)、克拉克－巴克和布拉登(1990)、布拉登和克拉克－巴克(1991)都探讨过各种视觉素养定义的复杂性。克拉克－巴克的特尔斐预测研究(1990)涉及这个领域内52位专家的观点，最后一轮产生了167种陈述被认为是对视觉素养的定义、阐述或精细描述，它们被认为是这个领域研究的一个索引。布拉登和克拉克－巴克(1991)提出了“作为视觉素养构成的图形化的组织者——概念图”(P. 156)。

1.2 官方定义

国际视觉素养协会对视觉素养有四个“官方定义”(在一个宣传传单上):

(a)个体通过观察并同时拥有和综合其他感官经验而获得的一系列视觉的能力。

(b)通过学习获得理解交流中的视觉符号(或图像)并能用视觉符号创造信息的能力。

(c)视觉图像与言语语言相互转换的能力。

(d)在视觉媒体中寻找和评价视觉信息的能力。

2. 课程和教学问题

一些研究者和实践者提供了一些视觉素养的定义，强调在制作艺术、日常生活、教学中的视觉信息时视觉素养全面成功运用的技术。埃斯达尔和罗宾逊(Esdale and Robinson 1982)主张将视觉素养整合到所有课程领域中去，努力去扩展能力，防止限制视觉素养学习和运用技能的分类。

根据拉西(Lacy)的观点，视觉素养和语言文化一样，是一种交流技巧，是识别、分析、理解、评价和创造视觉信息的能力。具备视觉素养的人具备这样的能力，他既能从直接的视觉信息如他人的体态语言中收集信息，也可以从复杂的视觉图像如电视、计算机或改进的摄影术的技术组合中收集信息，他要能够形成心理的图像，并且他自己能够制作视觉信息与他人交流。

席勒尔(Schiller 1987)称，在所有想像的视觉艺术中，写作是最基本的单位，创造是最基本的过程。他说:“视觉素养在提供对过程的深层次理解中为教育铺就了一条通向未来的道路，使其开始关注最值得知道的知识。”(P. 282)他注意到，视觉素养的不同观点表明，每一种视觉媒体都有自己特征的形式。这样，就存在明显不同的视觉素养，并且，根据它们特有的技巧和表达方式就有不同的技术要学，就有各种不同的视觉素养。因此，我们应该集中于某一具体概念上，如计算机文化、电影文化、视频文化及电视文化。事实上，不可能对广义的视觉素养作一个单一的定义。

汉松等人(Hanson et al. 1988)认为，学校并没有以任何有组织的方式来教视觉素养的技术和理解，但这些能力直接与学业的成功有关，尤其是阅读能力。成功的学生能够:(a)在不同情景下识别出不同背景中的含同种要素的例子;(b)创造与图形相似的物体;(c)从不同的角度观察也能识别出一个物体;(d)通过想像移动、旋转、倒置或零件的重组，将一元件从一种形式转换到另一种形式;(e)在一定的空间结构中识别或者正确组合一些元素，由于观察者的定位，他看到的这个结构也可能是扭曲或变形的图形;(f)识别出力量、张力、平衡及写作的线路，这样就能够鉴别美学上比较令人满意的视觉艺术的原则；(g)从看似与现存知识和个人经历无关领域中识别出相似之处、符号或标记。

一些国家的大学和学院正在课程计划中增加视觉素养方面的课程，尤其是艺术、传播、教育方面的专业。怀特赛德(Whiteside 1985)讨论了学院教学媒体课程对视觉素养的关注，他用"七步法"去设计和实施视觉素养模块，总结如下：(a)定义视觉素养；(b)识别视觉素养需要；(c)将需要、目的和目标进行选择和排序；(d)选择合适的媒体；(e)设计教学活动；(f)实施视觉素养模块；(g)计划将来的活动。怀特赛德以下面的话作为对自己论文的总结："我们应该提供一种视觉上增强的学习，使我们的学生更好地适应明天的世界。"(Whiteside 1985 P. 100)

3. 视觉素养的总结性观点

布拉登(1987)指出视觉素养的三个领域：

(a)直观呈现——人类思维和交流过程的视觉方面(P. 7)。这个领域包括视觉的结构、视觉的设计、视觉表达和视觉思维。

(b)视觉素养的"理论—研究—实践三步曲"(P. 6)。包括指导、设计、交流、说服。

(c)技术，包括技术发展对视觉素养的其他两个方面的影响。布拉登所指的技术包括电子技术、电视、计算机及复印术。

格里芬(Griffin)和怀特赛德(1984)认为理论应该促进实践应用，他们提出从以下三个不同的视角来看视觉素养：

(a)理论的视角，它综合吸收了关于学习的哲学的、心理的、生理方面的理论。

(b)视觉语言的视角，它结合了接受者取向的方法，致力于通过有效地与视觉刺激发生关系来帮助人们形成视觉素养。

(c)表征的观点，它结合了呈现者取向的方法，通过对视觉刺激的设计以提高传播过程的效果。

此领域的一项文献调查表明，视觉素养是一个广泛的、跨学科的概念，包含几个确定领域的成分，它与很多领域有关，如广告、美学、艺术、艺术教育、艺术历史、视听媒体、大脑研究、商业展示、儿童发展、传播学、计算机科学、课程论、教育、伦理学、电影、图形设计、图解、信息技术、教学、新闻业、学习、图书馆学、媒体、感知、哲学、摄影、光线疗法、心理、阅读、教学、电视、思维、视频、视觉传播及视觉学习等。

4. 国际视觉素养协会

国际视觉素养协会(IVLA)1968 年成立于纽约，是一个非营利性组织，它为探索、呈现、讨论视觉通讯及其在视觉图像、视觉素养和一般素养的应用等各个方面提供了一个多学科的论坛，对视觉素养感兴趣的不同领域的学科专家们把它作为一个组织基地和通讯连接点。IVLA 的其他事务还包括鼓励投资，以开展创造性的视觉素养项目、计划和研究，促进和评价目的是促进视觉在教育和传播中的广泛应用的项目。

会员服务包括《视觉素养评论》——一个视觉素养的时事通讯、《视觉素养杂志》、年度会议、会议论文集，并可以得到关于视觉素养方面的收藏品，这些都在亚利桑那州立大学。

R. 彼得森(R. Pettersson) 著

李婧妍 译

附录

Braden R A 1987 High impact technology and visual literacy: Reaching to change. Paper presented at the Symposium on Verbo-Visual Literacy: Research and Theory, Stockholm, June 10—13, 1987

Braden R A, Clark-Baca J 1991 Toward a conceptual map for visual literacy constructs. In: Beauchamp D G, Clark-Baca J, Braden R A (eds.) 1991 *Investigating Visual Literacy: Selected Readings from the 22nd Annual Conference of the International Visual Literacy Association.* Virginia Technical University, Blacksburg, Virginia

Braden R A, Hortin J A 1982 Identifying the theoretical foundations of visual literacy. *Journal of Visual Verbal Languaging* 2(2): 37—51

Clark-Baca J 1990 Identification by consensus of the critical constructs of visual literacy: A delphi study. (Unpublished doctoral dissertation, East Texas State

University, Commerce, Texas)

Clark-Baca J, Braden R A 1990 The delphi study: A proposed method for resolving visual literacy uncertainties. In: Braden R A, Beauchamp D G, Clark-Baca J (eds.) 1990 *Perceptions of Visual Literacy: Selected Readings from the 21st Annual Conference of the International Visual Literacy Association.* University of Central Arkansas, Conway, Arkansas

Considine D M 1986 Visual literacy and children's books: An integrated approach. *School Library Journal* 33: 38—42

Debes J L 1969 The loom of visual literacy. *Audiovisual Instruction* 14:25—27

Dondis D A 1973 *A Primer of Visual Literacy.* Massachusetts Institute of Technology, Cambridge, Massachusetts

Esdale B, Robinson R 1982 *Viewing in Secondary Language Arts.* Alberta Education, Edmonton, Alberta

Griffin R E, Whiteside J A 1984 Visual literacy: A model for understanding the discipline. In: Walker A D, Braden R A, Dunker L H (eds.) 1984 *Visual Literacy: Enhancing Human Potential.* Virginia Technical University, Blacksburg, Virginia

Hanson J R, Silver H F, Strong R W 1988 Learning styles and visual literacy: Connections and actions. In: Braden R A, Braden B, Beauchamp D G, Miller L(eds.) 1988 *Visual Literacy in Life and Learning.* International Visual Literacy Association, Blacksburg, Virginia

Heinich R, Molenda M, Rusell J D 1982 *Instructional Media and the New Technologies of Instruction.* Wiley, New York

Lacy L 1987 An interdisciplinary approach for students K12 using visuals of all kinds. In: Braden R A, Beauchamp D G, Miller L W (eds.) 1987 *Visible and Viable. The Role of Images in Instruction and Communication.* East Texas State University, Commerce, Texas

McKim R H 1980 *Thinking Visually. A Strategy Manual for Problem Solving.* Van Nostrand Reinhold, New York

Schiller H A 1987 Visual literacy in ancient and modern man (Pt. 1) In: Braden R A, Beauchamp D G, Miller L W (eds.) 1987 *Visible and Viable. The Role of Images in Instruction and Communication.* East Texas State University, Commerce, Texas

Sinatra R 1986 *Visual Literacy Connections to Thinking, Reading and Writing.* Charles C Thomas, Springfield, Illinois

Whiteside C 1985 Visual literacy awareness in college-level educational media courses. In: Miller L W (ed.) 1985 *Creating Meaning. Readings from the Visual Literacy Conference at California State Polytechnic University at Pomona.* International Visual Literacy Association, Inc., Silver Springs, New York

听觉媒体的制作(Audio Media, Production of)

有史以来,虽然声音的物理性质从开始就没有发生什么变化,但是产生与重现声音的技术却发生了显著的变化。这在很大程度上归因于数字与电脑技术在听觉媒体中应用的进步。无论是专业还是非专业人员,也无论在任何地方(包括教室),都有可能具备使用高质量声音的便利条件。虽然听觉媒体的生产和再生产过程可能比较复杂,但由于设备不断向用户友好和简便方向发展,这个过程也可以变得很简单。本词条主要介绍用于教学的听觉媒体制作。开始,先对教室中使用的听觉媒体的声音质量作简短的描述;接着讨论已经或不久将会对教学产生影响的相关技术的发展;接下来是对用于听觉媒体的生产和再生产的设备和技术的一般介绍;在结尾部分总结了教室作为一个听觉环境需要具备的条件。

1. 技术

1.1 听觉媒体的音质

教室用的听觉媒体的声音保真度曾经非常依赖于设备的价格:设备越贵,音质越好。主要有两个原因:(a)录制与再现声音使用的模拟方法和它平均的信噪比;(b)听觉媒体制作宽的动态音域的局限性。

模拟录音过程产生与原始声音波形相似的音频信号。不管使用的设备质量如何,模拟方法将一定的噪声转化为信号(如图1)。不仅模拟声音的音质在原始声音上有所退化,而且当声音从一个磁带模拟录制到另一个磁带时,音频质量的动态范围随着录制次数增加而减小。乙烯基唱片效果随着被录制的次数的增加而成倍地变差。

可以产生现场的声音,人们能够听到一定动态范围内的声音——最低到最高声的变化——120分贝(声音强度)甚至更大。最好的模拟录制和重现系统在声音失真之前能都达到80~85分贝的动态范围。最常用于教室里的低成本的声音模拟系统——盒式录音带、录音机、16毫米的电影放映机和磁带录像机——动态范围很少超过65~70分贝。

随着动态范围的扩大,频率响应得到改进。早在20世纪90年代初,比较容易获得的便宜的听觉媒体的频率响应范围已达到40~15 000赫兹。一般来说,人们可以听到频率从最低的20赫兹到最高的16 000赫兹范围内的声音。图2说明了在教室里使用的各种听觉媒体的频率响应特性。

在录制过程中,数字处理对模拟信号进行典型的数字化取样,而在重现时又将取样重新转化为原始的模拟信号(如图3)。这个过程几乎完全消除噪声和由于听觉媒体所引起的信号衰退,从而有可能在很大程度上扩大失真前的动态范围。数字到数字的磁带录音以及激光唱片,都能做到在保真度上不受损失。最好的数字系统能够获得高达110分贝的动态范围。即使不算昂贵的数字系统也能重现动态范围为90分贝的声音。

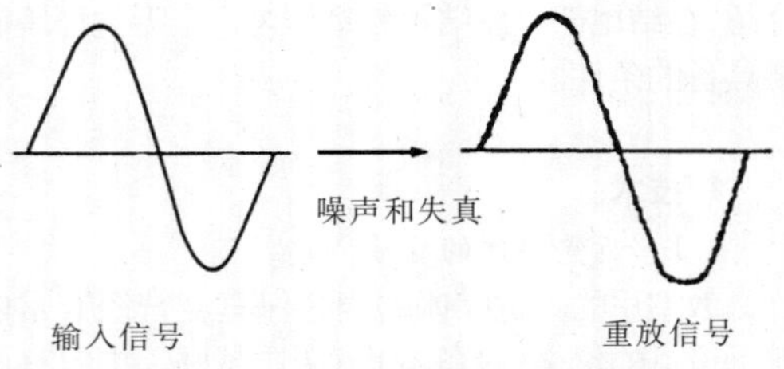

图1　模拟录音过程的表现

1.2　激光唱片

市场上最早被普遍应用的数字技术成果是在20世纪80年代初期出现的CD(激光唱片)。它彻底改进了音乐的录制质量,淘汰了传统的电唱机。由于CD系统成本的降低,教育工作者已能将声音质量提高很大的CD引进教室,在质量上比较稳定。CD系统促进了录音材料的计划,使得检索更

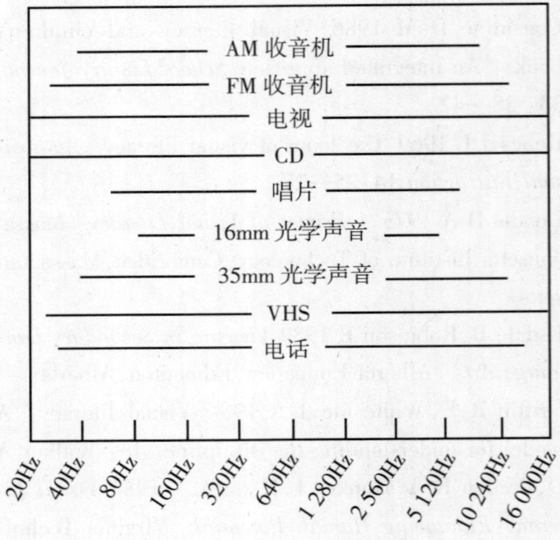

图2a　不同复制系统的频率响应

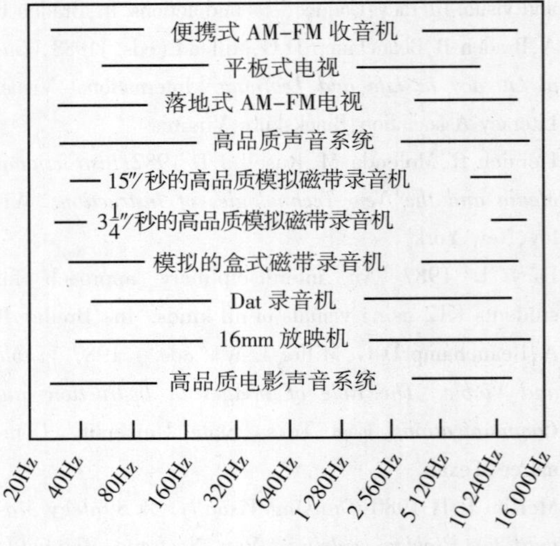

图2b　不同接收机/扬声器系统的频率响应

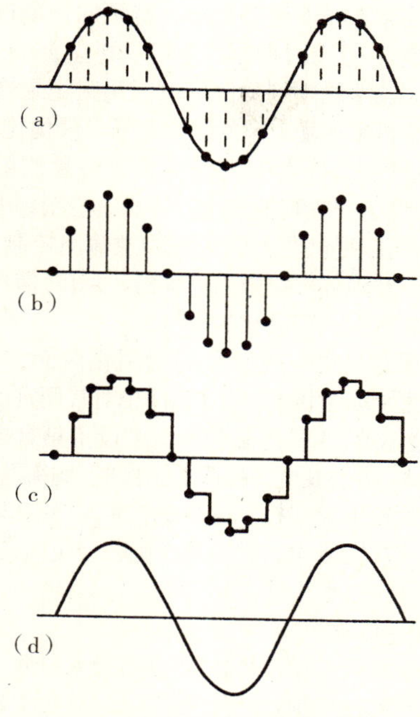

图3　数字录音过程的表现

(a)在输入的时候,对模拟信号进行取样
(b)以数字值对这些样本进行存储
(c)原始的模拟信号就被这些样本所表现
(d)在输出端对这些"表现"进行平滑处理,恢复原始的波形

加容易(一两分钟之内),并且经过选择可以即时重复适当的段落以巩固学习。尽管在CD录制时有很多原因会导致声音的遗漏或衰退,但是CD本身能存储一个多小时的声音;它能对程序材料进行索引;它的大小——标准CD为12厘米,微型CD为6厘米——使它易于保存;持续的重复播放不会衰减它的音质;而且它的抗磨损能力很强。像唱片一样,CD最初也只是用于播放。如今新的CD格式不仅能存储声音,也能在上面记录声音,在教室里有着重要的应用。

不久以前,唯一一种可记录的CD系统是叫作CD－WO或CD－R的只能写一次的光学系统。这种系统中,数据只能写一次而且不能删除。CD－E系统打破了这种局限,因为它既提供写功能,又提供删除功能。磁带虽也允许录制和删除,但与磁带不同,CD－E允许对编码材料进行随意访问。

1.3　数字的盒式磁带录音机

从20世纪60年代初它在市场上出现到现在,盒式录音带发生了重大变革,且在听觉媒体制作的各个方面已普遍使用。但是,由于带子转动速度慢且带子比较窄,所以它的音速存在局限性,这种局限性抑制了它在高质量声音的录制和再生产中的使用。杜比降噪声系统和高级磁性化合物在磁带生产中的运用提高了它的保真度。然而,只有质量相当好的盒式磁带,其音质才开始接近较好的开盘式模拟磁带录音机。尽管有这些因素,在教室里使用盒式录音带还是比较实惠的,它使教育工作者在一个独立的、易携带的、便宜的、易保存的设备里获得任何可被记录的东西。

随着数字盒式录音带的出现(R—DAT,R是rotary-head的缩写,指的是数字盒式磁带录音机中使用的离心头机制),教育工作者可以撇开模拟盒式录音带的缺点而任意利用它的优点,再加上一个突出的优点:数字声音的音质。

在20世纪90年代,最便宜的R—DAT成本也比大多数传统的盒式录音带高。不过价格正在下跌,如果你有能力支付的话,R—DAT的音质是值得花费的。R—DAT其他的突出特点还有:带子的播放时间变长了;某些型号中,还能通过按钮选择磁带中想要播放的部分;而且相对传统的盒式录音带,它的带子体积更小。

尽管盒式录音机在不断发展,但无论是模拟的还是数字的,都存在一个重要的缺陷:剪辑工作难以进行。进行任何一种规格的剪辑,都另外需要一个盒式录音带。

2. 产品

2.1　麦克风

大多数录制的声音都以麦克风开始。如果音源输入的音质一般,最后录音的效果当然也一般。以前,专用与非专用麦克风的音质差别相当大。而且因为质量好的麦克风比较贵,又往往在学校的预算之外,所以教学录音材料的音质通常比较差。到了20世纪90年代,由于具有专业质量的麦克风变得比较便宜,所以没有必要再用劣质的麦克风了。

质量专业的麦克风有三种类型:移动线圈型、带状型、电容型。这些名字都来自麦克风里将声能转化为电能的元件。移动线圈和带状麦克风通过电磁过程转化能量,这种麦克风通常被称为动力麦克风。电容麦克风从电源(如电池)中获得电压,以便将声能转化为电能。

一般来讲,这些麦克风有如下特征,但有时也会有例外情况。移动线圈麦克风的音质很清晰,大多数不改变声音。带状麦克风的音质圆润而温和。电容麦克风的声音则更加丰富,更加响亮。

三种麦克风中最便宜也最粗糙的是移动线圈麦克风,正品的移动线圈模型价格比较合理。旧版的带状麦克风,即使买得到,也往往易坏而且比较贵。尽管获得音速令人满意的模型相对比较便宜,但是,新版的带状麦克风采用了小的纵向带子和印刷好的带子设计——带子与移动线圈麦克风的结合,虽然比较粗糙,但一般比移动线圈麦克风要贵。电容麦克风通常被认为能提供最好的音质,因此也最贵。

录音机里配备的或摄像机上附带的麦克风音质通常很一般,除非需要考虑方便性或成本,或者两者都要考虑,否则应该避免使用这种麦克风。

2.2 录音

通过混频器或控制台可以将信号从麦克风录制到磁带上,或者也可以将信号直接发送到磁带录音机上。无论是简朴的还是精细的混频器或控制台,迄今为止,这都是比较好的两种录音方法。在直接将信号录制到磁带之前,需要对音源到麦克风的距离进行调整,以使到达录音机的音量达到平衡。不仅如此,直接录音时音源的数目常常受到麦克风数量的限制,因为磁带录音机上的麦克风输入的数量往往是有限的。大多数学校所使用的磁带录音机都是单声道或双声道的,这些录音机最多只能同时用 1 ~2 个独立的麦克风。

混频器或控制台可以同时对多个麦克风输入进行控制。一个混频器通常比一个控制台便宜。一个带有 4 个麦克风输入的混频器可以对每个麦克风进行单独并且同步的控制,同时还可以对所有的 4 个麦克风进行总控制。对每个麦克风信号进行单独控制意味着可以对每个音源的音量进行单独的调整,并且可以根据其他音源的音量进行相对的平衡。调整总控制确保了对于用来记录音频的磁带录音机来说麦克风的组合音量是最优化的。

至于控制台,则不止提供了对音量的单独控制,还提供了一些其他的功能特点。控制台因其复杂程度,可以提供两个或更多的主输出控制、用于调整各个音源频率响应的均衡器,还有对信号添加混响的装置以及自动化的操作。

使用专业声音控制台的费用相对而言较高。如果仅用于教学目的,可以选择相对较便宜而且小巧的"迷你录音室"控制台。这种设备具有多个麦克风输入、两个或更多的总输出控制、均衡器、内置多道音频磁带录音机。这样的控制台可以与开盘式四轨或八轨多声道磁带录音机联合使用,这种组合用法会带来很少的额外开支。

2.3 混录

多轨道录音时,习惯把不同音源录制到不同的轨道以便单独控制。一旦录音完成,将所有轨道结合起来或混合到一个双声道(立体)或单声道(非立体)磁带录音机中,或者一个唱盘中。

录音过程中,最好是将一个音源调到一种理想的响度,而不进行诸如平均化与回声之类的信号处理。一旦信号处理加入到录制过程,就再也消除不了了。即使可以尽量压制信号处理的作用,它带来的噪声还是不可避免的。混录过程中才会用到信号处理。那时,处理带来的任何改变都不会对原始的声音产生影响,它们只会影响最终的立体或单声道的主效果。

在录音和混音过程中对使用的设备和环境做一下记录是很重要的,以免需要重录和重新混录。如果控制台是自动运行的,可将这些信息存入计算机磁盘里。

3. 听觉媒体在教室的使用

3.1 室内声学

不考虑任何听觉媒体自身的音质,至少有三个因素会从根本上影响人们在教室里接收声音:教室的音响效果、重现系统以及它在教室里的布置。这些因素会严重影响人们对讲话和音乐的感觉,其中音乐受的影响更大。

教室在减少噪声和回声方面应该达到一定的水平。噪声使声音变得模糊,而回声会阻碍声音的呈现并降低它的清晰度。如果它们之中有一者或两者都太大的话,设备的功率就不足以克服它们。即使功率足够,为了克服噪声和回声而将录音播放得很大,也会给人耳带来刺激和损害,而且声音也会失真。如果噪音和回声是一个难题的话,柔软、渗透性好的材料,像门帘、窗帘、地毯和衣服之类的,都可以用来吸收不想要的声音。而且,教室里的人越多,声音被吸收得越多。

3.2 重现系统

当用扩音器作为听觉媒体的重现媒体时,它在水平和垂直范围都应该能充分且均匀地覆盖整个教室。功率不足的扩音器会使学生听起来很吃力,响度的增加又可能造成声音的失真。而教室里使用体积和功率都很大的扩音器也会让学生十分不满,因为低音频率与更高的频率相比很可能会过大。

播放立体声音时,扩音器之间大概应该相隔6英尺,以便提供精确的立体效果。学生们应该集中在扩音器之间,以免产生左声道或右声道偏重的感觉。

现在,音质合意的小型便宜扩音器很容易购买,而音质极好、经济、功率很强的大些的扩音器也很容易买到。

便宜的收音机和电视接收端通常配有一两个小扬声器,这种扬声器保真度一般,除非是在很小的教室里使用,否则功率是不够的。在这种情况下,可以将音频输出端与扩音器系统相连。

3.3 扩音器和接收机的布置

扩音器的布置会影响听觉效果。放在角落里,会增加回声和低音响应,并且降低清晰度,尤其是扩音器在地上的时候。放高一点,可以让低音到高音更平衡。然而,只要扩音器靠墙或离墙太近,声音尤其是低音部分的响度会增加。扩音器离墙远一点,发出的声音中杂音比较少。

3.4 语言和音乐

当再现声音时,中频对于理解来说是最重要的(表1)。许多扩音器和接收机,即使是很便宜的,都能重现这些音频。而播放音乐时就不同了,它要求扩音器和接收机能够产生音频频谱中的大部分频率:低频、中频、高频。因此,对于音乐,重现系统至少需要一个专门负责产生低频的扩音器(通常称低音用扩音器)和一个专门负责产生高频的扩音器(通常称高音用扩音器)。

表1 不同频率范围对理解说话所起作用的百分比

波段中心频率(Hz)	贡献(contribution)的百分比 1/3 的 8 度音阶	全音阶
200 及其下	1.2	
250	3.0	7.2
315	3.0	
400	4.2	
500	4.2	14.4
680	6.0	
800	6.0	
1 000	7.2	22.2
1 250	9.0	
1 600	11.2	
2 000	11.4	32.8
2 500	10.2	
3 150	10.2	
4 000	7.2	23.4
5 000 及其上	6.0	

4. 结束语

由于数字与电脑技术的发展,曾经只有专业广播和录音时才能够达到的高质量、高标准,教育工作者也可以达到了。交互式媒体的进一步发展——拥有环绕声、效率更高、更小、更便宜的音频硬件,更大的光盘容量,可记录光盘,数字设备自动功能扩大与简化的进步——所有这些都正好预示着教学制作听觉媒体的未来。

S. R. 阿腾(S. R. Alten) 著

李婧妍 译

附录

Alten S R 1994 *Audio in Media*, 4th edn. Wadsworth, Belmont, California

Ballou G M (ed.) 1991 *Handbook for Sound Engineers: The New Audio Cyclopedia*, 2nd edn. Howard W Sams, Carmel, Indiana

Bartlett B, Bartlett J 1992 *Practical Recording/Techniques*. Howard W Sams, Carmel, Indiana 1995 *The Focal Encyclopedia of Electronic Media: Techniques and Technologies*. Focal Press, Boston, Massachusetts

Huber D M 1992 *Random Access Audio*. Sams Publishing, Carmel, Indiana

视听节目的制作(Audiovisual Programs, Production of)

许多教师都承认视听材料可促进教和学。这种观念如此广泛流行,以致很多实践者不再加以质疑,并直接认为任何视听材料都有益,然而,在实践中,很多昂贵的技术正在被不恰当地设计和使用。

像许多创造性活动一样,视听产品并没有学术研究支持的任何实质性的理论体系,所含的"智慧"大都是包含于内部文件和培训文本中(Koumi 1991, Bates 1988)。但是,大多数实践工作者认为,教学中对视听技术的建设性应用源于对其内容和学习者特征的慎重考虑。

1. 学习者特征

有一种诱惑,就是把视听材料当作为教师解决问题的手段,但是,实际上,只有当学习者感觉新技术的引用解决了学习问题时,这种材料的最有效的应用才会发生。

例如,用摄像机把教师用黑板粉笔讲课的实况录下来——一种为学生提供"好座位"的方法——可能解决一些后勤上的和组织上的问题(听众数超过演讲厅容量的时候,或者远程教育机构为了使教学能够到达地理上比较分散的学生那里的时候),但学生可能会认为这是一种很坏的选择,他们宁愿现场听课,以便随时向教师提问。

通常,在下列情况下,视听材料才算被很好地利用:

(a)学生体会到应用材料所带来的价值。

(b)材料与教学很好地整合。

(c)精心地制作材料,要考虑学习者的学习节奏。

最后一点是最重要的。受欢迎的视听材料应为学生提供好的导航:不断指明要学的部分的作用、它与前一部分的关系、为割离的一段段教学内容提供一个纲要。学生不可能在那么长的陈述时间中长时间保持高度集中,可以有理由假定,当需要密切注意时,应当给出合适的信号。

2. 内容特性

在已有的视听媒体中选择适合内容的媒体是很重要的。后面我们将对各种媒体的特性进行广泛分析,我们先来阐述一下电视和视频在教育中的潜在应用。

(a)向学生展示一些发生在办公室、工厂、实验室等地方的活动,这些可能无法组织每个学生亲自去参观。

(b)提供一些因为太危险或花费太高等原因学生不能亲自操作的实验或过程的特写镜头。

(c)用图像或模型(特别是动画)来加强文本课本或讲座教学信息的展示效果。

(d)为几组学生重复一个动态的节目,如一场比赛或音乐会,假如用其他方式提供这个经验是不实际的话。

(e)为通常不能一起发生的事件或条件提供集中的对比效果,如为学习地理或社会科学的学生提供多种不同的环境来对比其条件、为生物学家提供不能同时发生的植物生长情况的对比。

(f)使学生能够了解一些禁止他们进入的地方,如自然保护区、政治敏感区。

(g)通过控制学生按顺序集中观察细节来把学生培养成为对绘画的批判性观众。

(h)保存那些将面临灭绝的文化,如民间舞蹈、礼仪等;让学生了解那些由于宗教、性别等原因而不能临近的地方。

(i)让学生能够坐在教室里进行活动,与其他学生一起分享经验,以便于交流讨论。

(j)使那些由于残疾或只能呆在家里的学生也能像能够走动的同伴一样探索他们的环境。

对于听觉材料来说,上面这些特性绝大部分都具有,而且收音机和磁带还具有下面一些特性:

(k)为学生的活动提供语言解说。例如,对实验过程的描述可让学生的眼睛和双手解放出来进行实验操作。

(l)让学生进行计算或符号化的操作,一步步地,并给学生留出停顿的时间,让学生有时间执行这些计算的步骤。

3. 媒体的技术特性

就像通过深入了解书本制作的特性来促进文字材料的准备、通过了解大众讲演技巧来促进声音材料的准备一样,我们通过了解各种视听媒体的特性也能促进视听产品的制作。

3.1 听觉媒体

广播节目可以是实况转播或录在录音带上以供日后转录或作为录音带直接分发。在后一种方式下,可以对其进行编辑,以删除不满意的部分或者调整播放长度以适应时间限制。录制、转录和接收设备全世界都是统一标准,不存在不同格式间的匹配问题。听觉设备通常很轻、方便携带,在任何地方都能方便录制,但是高质量的录音通常需要专门的演播室。听觉设备的运营成本是较低的。

尽管通常情况下听觉材料的制作需要一个负责听和指导那些文字的制作者,一个负责监管、控制技术质量的工程师,但是除了播音员,节目的录制和编辑只需一个人就能完成,不再需要助手。除去花在教育设计上的时间,听觉节目的录制花费的时间几乎不比播放的时间长,编辑时间通常也很短,一个原因就是播音者可以脱离笔记和手稿进行朗诵。

从教育的意义上来看,广播仅有的经济和管理的好处就是低成本和免去磁带的发送,然而,学生只能在一个预定的时间内收听,并很容易受不好的接收条件的影响,不能随时停顿或回放材料的某一部分。在一些国家,学生通过录制广播并根据需要循环播放来克服这个缺陷。

所谓的"小范围播放"指的是向学生发送听觉材料磁带,使他们更充分地利用听觉器材。设计听觉材料时应考虑到学生可能有的活动,给出一些信号来预设一些停顿,这样学生可以停下来解决一个数学方程或读课文等等,完成之后接着听。这样的应用学生很欢迎,他们感觉在控制自己的学习。难的段落或者走神不再是一个问题,因为学生可以根据需要自由地重放任一部分。

经验表明,听觉材料也存在一些问题,由于学生只用耳朵去感觉,就会受一些视觉的东西打扰。要解决这个问题,教师通常应在学生听的时候提供一些印刷材料,如图片或文字。但这时应注意听觉材料与视觉材料应同步运用。还应给学生提供一些指导,告诉学习者一个部分需要多长时间,在磁带上要走多久,因为停顿时间可能是直接重放的2~3倍。

如果节目是以磁盘的形式分发下来,空白盘的花费和复制的时间必须予以考虑。空白盘比较便宜,教学磁盘用最便宜的就可以了,因为大部分材料都是语音而且使用次数并不多。磁盘可以通过较高的速度复制,可以批量,通常是5个或10个一起。

3.2 视觉媒体

相比较而言,电视则比较贵,尽管它具有巨大的教育潜能。实况转播通常不用于教学,因此这里不再讨论。

电视与听觉媒体的显著不同就是它的图像与节目的内容相同(或不只是相同),因此,电视节目不能简单地由内容的技术准确性来评价,必须始终考虑图像与文字的相互关系,这也是电视媒体很难用好的原因。

有两种不同类型的电视——多镜头和单镜头电视作品,但是在一个节目中可能会混合使用这两种类型。多镜头电视指在演播室里将节目的准备和排练用多个摄像机(通常2个或3个)拍摄(可能分段)下来,不合格的部分可能要重新录制,最后将成功的片段编辑成一个整体。

多镜头类型的特征就是节目需要进行全面的准备、写剧本和演练,而录制品本身不需再进行技术外的考虑。花在这类产品上的时间和精力很容易被低估。通常，半小时的节目需要3个月的准备，而且需要一些图形设计专家、场景设置专家、模型制作专家和负责节目内容的学术人员的专门技能，录制的当天，还需要其他一些专家，如摄像师、视频混合师、背景管理、灯光师等等。通常，只有一个人能看到从开始设想到实现的所有过程，那就是负责管理制作的所有方面的制片人。

在处理音频的工作中，可能会碰到一些未知的问题。播音者在录音时不能按照讲稿来，或必须学习一些语言方面的东西，或者需要辅助装置。例如在短剧中，扩音器不能让观众看到，应该隐藏起来或不能摄到，这将引起音响人员操作上的困难。灯光安排必须合理，使得所有的摄像机都能保持平衡，获得最佳效果的光源。必须让观众知道演播室的“地形”，这样不会对画面的衔接感到迷惑。由于这常是个人风格的问题，而对于所有艺术作品，风格的原则常常被打破。通常认为当学生理解一个观点很困难的时候，如果再配上一个让人迷惑不解的图片，就更加困难了。

另外一种类型的录像产品，跟电影的使用差不多，并且也常用于纪录片的工作。这时只需一个摄像机就可以了，节目在随后的编辑中完成，由一个图片编辑技术人员在制片人的指导下持续工作，大概需要2~3周的时间完成。这需要一个小组来汇集这些图像：导演（可能与制片人是同一个人）、摄像师、录音师及助手。但是，录制之后的编辑阶段需要的人员会很多，并且要工作很长一段时间，这个阶段编辑设备为他们专用。需要导演的很多技能来组合那些镜头，以保证编辑工作顺利进行，同时还要考虑到学生对内容的理解，这是同样重要的。在单摄像机工作的情况下，图像编辑完成后通常还需要增加一些音乐和解说。

和听觉媒体不同，视频的技术参数没有国际标准。目前在国际上主要有三个标准，相互之间可以交换材料。美国及其从属国加拿大、日本用NTSC 525线电视标准，多数欧洲国家、亚洲及非洲用PAL 625线电视标准，法国和苏联地区用SECAM标准。这样，即使发达国家间的材料交换也很麻烦。

除了制作外，在使用上，教育电视的问题也比听觉材料要严重得多。电视的优点是只需一台电视机就可接收了，但它有和广播一样的缺陷，就是学生只能在一个预定的时间内学习，不能停顿或者重放，接收效果可能也会很糟。小范围播送的电视克服了不少这样的缺点，但需要一个录像设备。最后一个缺点，录像带拷贝要比音频磁盘贵得多，而且只能实时复制。

3.3 其他视听媒体

有一种倾向就是，把所有教育中的所有技术进步都和视听媒体部门联系起来，因此，教学中使用日益广泛的超媒体和多媒体也都被归在视听产品的名目下，这些系统大都是基于计算机的，如视盘或CD-ROM技术，这样，就使学生能够选择分支路径来学习通过以视觉或听觉的方式传送的讲解内容（见多媒体产品）。对于学习者而言，他们在众多媒体中可以追求自己的个性化的路径，例如，先听贝多芬的演奏，然后看贝多芬工作环境的图片，再配上对他作品的文字分析，这样学习者可一边聆听贝多芬的第五交响曲，一边观看屏幕上呈现的乐谱。

4. 视听产品的完成机制

前面的讨论忽略了一个重要的问题，就是获取（教师）用于准备和分发视听材料的组织和技术设施，这需要解决两个方面的问题：(a)制作合适材料的设施；(b)分发或播出的设施。

像大学、合作性学校之类的大型组织，通常很容易获得各种合适的制作设施（尤其是发达的工业国家），录制、编辑、复制视听材料的电子设备都很容易获得，而且生产有艺术性的计算机图像和动画通常有很高的学术兴趣，至少也可以进行小规模项目测试为教学节目提供支持。从经验来看，很难确认生产一个高质量的材料所需要的时间。尤其前面所提到的，用至少3个月时间去做一个高质量、教学效果好的半小时节目是不受机构欢迎的，他们要求一个远高于这个水平的生产效率。向生产商预定20个左右的产品是常见的，尤其是在发展中国家，在那里，昂贵的技术设备通常是由国际援助提供的，他们希望工作量能无限制地扩展。在这类敏感地区，证据——而不是轶事一样的说明——显然很难确定。然而有经验的听众表示,当生产商在一年内生产多于 8.5 个小时的电视节目时,其教学效果明显下降。实践表明,生产一个视频产品的工作量差不多等于生产相同时间长度的三四个音频产品。

发送对于教育产品供应商来说是一个重要的部分。在发达国家,广播权的获得要比发展中国家难,为了弥补这一点,发达国家的主要广播机构都提供他们自己的教育节目,作为他们公共服务广播义务的一部分。在英国有一个独一无二的合作平台,就是提供大学教育的开放大学与第一大广播公司 BBC 的合作,这样,开放大学为注册学生制作和播送教育节目,并能用最先进的广播技术制作出高质量有艺术性的产品,在全国范围内发送相应的材料。

J. 亚沃尔斯基(J. Jaworski) 著
李婧妍 译

附录

Bates A W 1988 Television, learning and distance education. *Journal of Educational Television* 14(3): 213—255

Koumi J 1991 Narrative screenwriting for educational television: A framework *Journal of Educational Television* 17(3):131—148

其他参考文献

Bates A W 1984 *Broadcasting in Education: An Evaluation.* Constable, London

Clark D R 1981 *Computers for Imagemaking, Vol. 2: Audio-visual Media for Education and Research.* Pergamon Press, Oxford

Hawkridge D, Robinson J 1982 *Organizing Educational Broadcasting.* Croom Helm, London

Jaworski B 1990 Video as a tool for teachers' professional development *British Journal of Inservice Education* 16(1):60—65

Millerson G 1983 *Effective TV Production*, 2nd edn. Focal Press, London

Romiszowski A J 1988 *The Selection and Use of Instructional Media: For Improved Classroom Teaching and for Interactive Individualized Instruction*, 2nd edn. Kogan Page, London

Watson R 1990 *Film and Television in Education: An Aesthetic Approach to the Moving Image.* Falmer Press, Brighton

Watts H 1984 *On Camera: How to Produce Film and Video.* British Broadcasting Corporation, London

计算机教育软件的制作(Educational Computer Software, Production of)

教育软件的制作受到教育因素和技术因素的双重影响。已经形成的教育软件制作的模型考虑了这些因素。本词条中就讨论这样的制作模型。

1. 教育软件的特性

高质量的教育软件都包括什么?仅仅依赖出于工商业目的而设计的软件就足够了吗?有必要开发教育软件吗?任何软件都可以被勉强地应用到教育中来,但这些商业软件在设计时考虑的是专业使用者而不是学生,这样,在软件制作中,认知和教育方面是不可能得到重视的。例如,使用信息处理包来帮助学生通过形成和检测假设的方式进行学习的观点已经得到很好的实践检验。一些学派的思想认为学生应该利用商业程序包来分析数据,但是,这种程序包的设计一般并不支持可以帮助学生形成和检验假设的提问的风格。这种程序包中很多都强调精心制作的报告形式,而这种报告形式必然是以非常耗时的复杂的研究说明为基础,而学生却需要快速地指明相关易懂的研究条件和报告形式。这样专门的教育需求便为教育信息处理软件的发展提供了基本原理。正如例子中所阐明的,当不可避免地必须在学校中为教学目的而应用商业软件时,特别是当强调职业方面时,就需要开发专门为教育而设计的软件了。

商业软件的制作通常遵循着帕特里奇和威尔克斯(Partridge and Wilks 1987)的具有"详细说明、

证明、实施、校订”特征的模式(SPIV)。这种开发模式强调了一种自上而下的方法,并且程序员能根据清晰陈述的说明进行译码。在SPIV模式中,把详细说明与实施分开有一个隐含的观念,即,一旦详细说明确定之后,它就会被看作是固定的,它的执行过程仅仅是一个完成最有效译码的技术问题。教育软件没有这样确定好的详细说明。成功的教育软件制作趋向于一种更开放的模式,在这种模式的发展过程中始终包括设计者和预期使用者(老师和学生)。与SPIV模式相比,教育软件的发展没有把实施与详细说明分开。详细说明往往通过开发程序的方案来形成,并且这个草案将有可能需要相当大程度的变更甚至被完全推翻,这种模式与由帕特里奇和威尔克斯确定的被人工智能方面的研究员广泛遵循的“运行、理解、调试、校订”(RUDE)模式有很多相似之处。这种模式的费用效果并不总是令人满意的,但它确实解决了一些具体的教育问题,我们将在下一节中回顾这些观点。

2. 教育软件制作中的问题

为任何用户开发软件都存在着两组主要的问题:(a)满足普通用户需求所涉及的问题;(b)与实施软件有关的技术问题,这些技术关系到软件能否在普通的硬件环境中使用。在教育软件中,用户通常是老师和学生。考虑到学生的需要提出了认知相关性的观点,而考虑到老师的需要则提出了课程相关性和教学风格的观点。第一组问题非常重要。学校中普遍使用的硬件所带来的局限性、课程相关性、教学风格和认知相关性所涉及的教育问题是好的教育软件设计的前提。

认知相关性主要关注如何使教育软件的设计与学生学习的方式产生联系。关于教育软件如何支持学习有各种不同的观点,从教育软件作为复杂的程序学习的观念一直到提供学生在其中可表达自己观点的开放的探究式学习环境的观念,其中关键问题是学生对他们自己学习的控制应达到什么程度。在以前谈及到的状况中,有许多学生不同程度控制学习软件应用的例子,比如模拟和游戏练习、建模系统,像文字处理软件这样的通用软件工具和交互式的辅导系统。设计者对软件将要支持的学习的认识,将关键性地影响设计过程。通常情况下,学习模式被设计得越开放,开发过程就更需要灵活。

课程相关性的狭义解释就是把教育软件看作是一种能够被用来支持现有课程的媒体,现有课程计划的形成没有直接考虑潜在的教育软件。广义的解释把教育软件看作是课程变化的代理,这种教育软件为新形式的课程开发提供了可能性。选择狭义或广义的解释都将关键性地影响创新的范围。

不同的软件形式支持不同的教学风格,并且建立开发过程与预期的教学目的之间的联系是很重要的。一些软件是高度规定性的并且与严格的教学观念相对应;其他软件是开放性的并且支持探索和表达。在软件的开发过程中,弄清软件是为支持哪种教学形式而设计是非常重要的。

在学校里应用的计算机有很多种,所以,与软件的可移植性与兼容性有关的技术问题也是相当重要的。例如,软件可移植性的标准、使用有效编码使效率最优化及存储器的使用都需要想到。应用在教育中的计算机系统的技术复杂性正在不断地增长,因此要不断地回顾以往的工作,伴随着局域网出现的兼容性和多用户存取的文件处理问题便可以说明这一点。

3. 课程项目中计算机应用的个案研究

这部分,将使用来自英国国家教育软件开发项目——课程项目中的计算机(CIC)的制作模型,利用这种模式来:(a)阐明在前一节中描述的问题的重要性;(b)强调一些在教育软件制作中的更重要的发展。一些已经发表的教育软件制作模式将作为此讨论的基础,其中包括一些已经被许多院校和机构采纳的模型,比如对使用计算机辅助教学的调查项目(ITMA)(Burkhardt et al. 1982)、加利福尼亚大学教育技术中心(Bork 1980)、英国微电子教育工程(Alexander and Blanchard 1985)、荷兰(Schoenmaker et al. 1987)把计算机引入挪威学校的部级任务书(Ramberg 1987)、丹麦的ORFEUS(Hojsholt-poulsen 1990)和德国基尔大学科学教育研究所(IPN)(Bosler and Squires 1989)。所有这些模式都试图强调软件制作的特殊方面。例如,ITMA模式强调集中开发的软件在教室中应用的详细调查，IPN 模式强调对教育软件主要制作者的培训。正因如此，对于教育软件开发的讨论，每种模式都有特别的贡献。在本词条中全面地考虑各种不同的模式是不可能的，所以我们有必要选择一种模式作为说明的例子。

这里选择了 CIC 模式，原因有以下几条：

首先，已经利用这种模式开发了相当多的软件，涉及众多的课程领域（物理、化学、生物、历史、地理、经济学、外语、英语、工艺设计技术和数学）。从这个项目中，已经出版了一百五十多种教育软件。这种大量的软件制作意味着这种模式在不同课程中进行了大量的试验。

其次，项目研究持续了相当长的一段时间（1973～1990）。在如此长的时间里，有机会反思由于教育实践和计算机技术的变革而带来的软件模式的变革。

第三，这个项目是一个大的项目，涉及大量的研究人员。例如，1982 年这个研究项目就拥有了一支由 15 人组成的核心队伍，这支核心队伍支持着 26 个写作团体，基本上每个团体都由 10 人组成。这样一个由这么多人进行的项目提出了很重要的管理和行政问题。

第四，作为一个国家项目，国家提供一定数量的计算机支持，它的开发模式包含为解决技术实施问题而进行的连贯的并且具有很好的证明文件的努力，尤其是与可移植性相关的问题的努力。

3.1 CIC 项目描述

沃森（Watson）详细地描述了 CIC 项目开发的模式（1983，1987a，1987b）。这种模式具有结构上的和程序上的两个维度，结构上的维度以某种原理为准则，依据这种原理可以创造一个支持的和创新的环境，软件制作中的不同参与者可以在这个环境中互相交流；程序上的维度也以某种原理为准则，即教育软件的开发过程要不断根据需要进行调整，同时还要考虑对制作环境的变化做出相应的反应，教育软件开发过程这些方面总是存在一些问题。

有两个主要的关注对 CIC 模式结构有影响。第一，在形成模式结构时，有必要识别和调节主要的参与者——沃森（1987a）把这些参与者分成教师、课程开发者、程序员、系统分析员和计算机辅助学习的开发者几类——并且确保为他们提供一个支持协作的框架。第二，作为一个国家的研究项目，应确保在全国各地的研究工作始终受到鼓励和支持，并且如果可能的话，利用全国范围内的专家的知识与技能。

这些关注导致形成一种包括核心队伍的结构，核心队伍有责任鼓励和支持当地的发展机构去关注具体的课程领域。这支核心队伍由计算机辅助学习开发者、系统分析员和程序员组成。一些核心队伍的成员也会承担这个项目的指导和管理的责任。一个开发小组通常由少数在职教师、一个计算机辅助学习开发者和一个程序员组成。在一些情况中主要依赖计算机辅助学习开发者和程序员。课程开发者在这个项目中担任核心队伍和地方小组的顾问。

这种模式在程序维度上本质是连续的。首先依据初始的大纲建立一个开发小组来确定可能的开发观念。在进行广泛的讨论之后少数观念被采纳。在计算机辅助学习开发者的协助下，教师为程序员提供简要的说明。在这个阶段不产生详细的说明，因为研究者认为软件开发过程自身在新的设计观念的产生过程中扮演着催化剂的角色。在与计算机辅助学习开发者的协作中，程序员为程序起草方案以便开发小组评审。这些小组的评审意见将被用来修改程序。这个过程将不断地重复直到形成适于在学校中进行试验的程序版本。在这个阶段，常常对程序作较大的修改，一般是因为教师作者观念发生了改变，这样形成的试验版的程序常常只有很少的部分与原来起草的说明相类似。这是制作的关键阶段，这时，老师们最具创造性，可以在灵活的和支持性的环境中表达自己的思想。所以，这个阶段没有遵循一个固定的模式，因为过程主要是设计用来采纳所参与的教师的具体需求。在软件开发的同时，教师将与计算机辅助学习开发者一起为师生编写试验注释，然后由那些预先没有参与软件开发的教师对这些软件和注释进行试验。教师作者有时会“在感情上”接受那些他们正在开发的软件，那么就会对他们的工作失去批判性的立场。之所以利用那些没有参与过软件开发的教师就是为了均衡这方面的因素。在试验以后，分析试验教师的反馈，然后对软件进行相应的修改，根据最后的修订出版软件。对试验材料不断重复开发的特征和在学校中大量的试验必然意味着软件制作需要花费很长的时间，通常需要两年。

3.2 CIC模式和软件开发问题

CIC模式的结构从两个方面解决了课程相关性问题：积极负责的教师作为以科目为基础的工作小组的成员，他们拥有课程实施的第一手资料，参与提出想法，并参与材料的不断开发直到出版的整个过程，以及公认的课程开发者正式与核心队伍和个别工作小组的研究工作建立联系。通过建立CIC模式与其他课程发展小组（例如中学自然科学课程复习和学校理事会16～19个地理项目）的正式联系，可以促进课程开发者参与到这项活动中来。

通过模式的结构和程序两个方面解决了教学相关性。开发小组中的教师将以个人的教学经验为背景形成和阐明观点。材料的试验为评定关于教学相关性的假想的正确性提供了机制，也为确定新的教学方式提供了一种方法。

CIC模式对于教育软件认知相关性具有明确的观点，认为教育软件应该提供探索环境并支持解决问题的探究。计算机辅助学习开发者的一个主要职责就是向参与的教师传达这一哲学思想，并使他们确信这是一种合适的教学方法。在项目的早期，这常常是一项很困难的工作，因为许多教师宁愿接受以行为主义者的学习观念为基础的教育软件的观点。

在确立技术方针和为程序员开发软件工具的过程中，系统分析员的作用是非常关键的。可移植性是一个受人瞩目的问题，通过开发被定义为虚拟机的软件库可以解决这个问题（Millwood 1983，Millwood 1988）。为辅助屏幕设计（Alderson and De-Wolf 1984，Millwood and Riley 1988）图像转换和文件管理开发了其他的工具和方针，这些工具开发的目的是提高编码性能和使学校中常用的计算机性能最优化。

3.3 CIC模式和教育软件制作的发展

教育软件的制作需要对教育和技术领域的变革敏感。在考虑教育软件发展的本质和范围的时候，制作模式必须支持基于这种思想的创新软件的发展。另外，随着软件开发技术变得更加复杂和多样，在制作过程中，模式必须充分灵活地包括这些新技术。

一些在CIC项目后期完成的工作阐明了对新思想的反应的几次尝试。随着使用开放的软件环境支持学习观念的建立，使用LOGO语言建立开放环境的工作也开始实施，这种软件与该项目主要制作的模拟软件在风格上有很大不同。为适应利于协作学习的要求，还制作了以网络为基础的多用户软件（Squires 1991）。

在项目的后期，在开发过程中使用软件工具形成软件原型的观念变得非常普遍（Squires and Millwood 1988）。威尔逊和罗森贝格（Wilson and Rosenburg 1988）确定了三种原型：（a）检测计算机内存和速度的性能原型；（b）检测算法和数据结构的功能原型；（c）检测人机交互的用户界面原型。一些功能原型由CIC开发者管理，例如，为开发模拟模式而利用的建模系统（Watson 1990）。然而，用户界面模型的应用范围更为广泛。特别像MacPaint和MacDraw这样的软件被用于创建屏幕设计原型，Hypercard被用于构建程序链接原型（Watson 1990）。构建原型的基本原理是为了提高效率，因为展示作者工作的“实体模型”的机会将提高教师小组会议的讨论质量，这会使得软件试验版本开发得更快。但是，实践表明，这只是一个天真的期望，这种原型环境能够比目标环境提供更多的设备，这通常会引起更激烈更广泛的设计讨论。虽然最终产品的质量提高了，但是生产时间却没有缩短。

随着可移植的WIMP（Windows，Icon，Mouse，Pointer）环境的出现，像微软公司生产的视窗操作系统，项目系统分析工作的许多方面变得很复杂。特别是，为促进可移植性和用户界面设计，指导方针的设计与执行变得互不相关。通过在诸如视窗操作系统这样的环境中应用软件，软件在多种机器上的可移植性被确立，并且许多用户界面可作为WIMP界面的代表（McCormick and Squires 1988）。

4. 前景

在 CIC 模式的后期经验表明,教育软件制作的方式在技术上变得更加复杂。一些技术的发展是显而易见的:将出现更复杂的软件工具,网络和通信的传输系统变得更普遍,多媒体系统趋于完善并且更加普遍,人工智能系统也变得更加普遍。这些发展具有很大的潜力,但重要的是纯技术的考虑并不决定教育软件的制作。无论技术的能力发展到哪种程度,课程相关性、认知相关性和教学风格仍然是最重要的。

D. 斯夸尔斯(D. Squires) 著

李婧妍 译

附录

Alderson G, DeWolf M 1984 *Guide to Effective Screen Design.* Computers in the Curriculum, London

Alexander K, Blanchard D 1985 *Educational Software: A Creator's Handbook.* Techmedia, Loughborough

Bork A 1980 Education technology centre at the University of California. In: Lewis R, Tagg E D (eds.) 1981 *Computer Assisted Learning: Scope, Progress and Limits.* Heinemann, London

Bosler U, Squires D 1989 Training teachers to design educational software. *Education and Computing* 5(1, 2):49—53

Burkhardt H, Fraser R, Clowes M, Eggleston J, Wells C 1982 *Design and Development of Programs as Teaching Material: Investigations on Teaching with Microcomputers as an Aid.* Council for Educational Technology, London

Hojsholt-Poulsen L 1989 Production of educational software: The situation in Denmark. *Education and Computing* 5(1,2):11—15

McCormick S, Squires D 1988 Three dimensional analysis of biological data: Issues relating to educational software design in WINDOWS. In: Lovis F, Tagg E D (eds.) 1988 *Computers in Education.* Elsevier, Amsterdam

Millwood R 1983 *Subroutine Library Manual.* Computers in the Curriculum, London

Millwood R 1988 *Technical Guide for the Procedure Library.* Computers in the Curriculum, London

Millwood R, Riley D 1988 *Design Guide for the Procedure Library.* Computers in the Curriculum, London

Partridge D, Wilks Y 1987 Does AI have a methodology which is different from software engineering? *AI Review* 1:111—120

Ramberg M 1987 A model for designing, developing and testing educational software. In: Moonen J, Plomp T (eds.) 1987 *Development in Educational Software and Courseware.* Pergamon Press, Oxford

Schoenmaker J, van der Mast C, Moonen J 1987 A methodology for developing educational software. In: Moonen J, Plomp T (eds.) 1987 *Developments in Educational Software and Courseware.* Pergamon Press, Oxford

Squires D 1987 Logo as a software development language. In: Moonen J, Plomp T (eds.) 1987 *Developments in Educational Software and Courseware.* Pergamon Press, Oxford

Squires D 1991 Learning though multi-user network CAL. *Comput. Educ.* 16(1): 87—91

Squires D, Millwood R 1988 The influence of new software developments on CAL development. *Computers in Education* 12(1): 67—71

Watson D M 1983 A model for the production of CAL material. *Comput. Educ.* 7(3): 167—176

Watson D M 1987a *Developing CAL: Computers in the Curriculum.* Harper and Row, London

Watson D M 1987b Developing CAL: The computers in the curriculum (CIC) model. In: Moonen J, Plomp T (eds.) 1987 *Developments in Educational Software and Courseware.* Pergamon Press, Oxford

Watson D M 1990 Innovation in software development. In: McDougall A, Dowling C (eds.) 1990 *Computers in Education.* Elsevier, Amsterdam

Wilson J, Rosenberg D 1988 Rapid prototyping for user interface design. In: Helander M (ed.) 1988 *Handbook of Human-Computer Interaction.* Elsevier,

Amsterdam

其他参考文献

A Guide to Usability. Open University and Department of Trade and Industry, Milton Keynes

Helander M 1988 (ed.) *Handbook of Human-Computer Interaction*. Elsevier, Amsterdam

Norman D A, Draper S W (eds.) 1986 *User Centred System Design*. Erlbaum, Hillsdale, New Jersey

Self J 1985 *Microcomputers in Education: A Critical Evaluation of Educational Software*. Harvester Press, Brighton

Taylor R P (ed.) 1980 *The Computer in the School: Tutor, Tool, Tutee*. Teachers College Press, New York

Watson D M 1988 A CAL development team in the process of change. *Computers in Education* 12(1): 73—78

Watson D M 1989 Software development: The challenge of change. *Education and Computing* 5(1—2): 21—27

Wellington J J 1985 *Children, Computers and the Curriculum*. Harper and Row, London

电子出版(Electronic Publishing)

20 世纪 60 年代,通过发布书目信息服务电子版的出版物目录开始了电子出版的第一次实践,10 年后,书商们开始在这些目录后配上摘要(Peek and Burstyn 1991)。然而,由于电子出版依赖于通过大型主机访问的数据库,导致电子出版只拥有小范围的读者群。在进行电子出版的同时,资料仍然通过印刷出版,王(Wang 1986)用"平行出版"作为它的实践术语,以区别于"电子出版",后者被他定义为仅通过电子形式出版的活动。根据同样的标准,皮特里克(Piternick 1989)区分了"在线杂志"和"电子杂志"。

随着个人电脑(出现于 1975 年)、高分辨率的个人打印机(1984)、调制解调器(1969 年之后)、电子网络(1969 年,在 20 世纪 70 年代中期因为非军事化目的而得到发展)以及 CD - ROM(压缩盘—只读存储器)(1985)的逐渐普及,电子化发送的资料的使用急剧扩大。信息能够从个人桌面创造、发送、接收、下载、复制和加载。

1. 术语的起源

1.1 电子出版

"电子出版"这个术语的参数通常比"桌面出版"这个术语的参数更不固定,通常认为使用那些用于各种形式电子邮件的软件不是电子出版。不过,使用为 LISTSSRV 和 USENET——它们提供了对电子公告版和讨论组的访问——设计的文件服务软件在某些情况下可能被认为是电子出版,即便产品在形式上和印刷的不一致。尽管每种文件服务器软件都有各自的协议并且每组软件都基于这些协议运行,但是用户不需要阅读或遵守这些协议,例如,要使用 USENET,用户无需阅读它的协议(Baczewski 1991)。网络上的主要活动包括电子讨论组和数量渐增的具有另外协议的电子杂志,这些电子杂志的协议与印刷杂志的协议十分类似。

电子交流的扩展有其社会意义上和政治意义上的优缺点。用户通常是那些拥有足够的资金能够购买他们自己设备的人,以及那些受过较高的教育能够被与远程传播网络相关的企业雇用的人。因而,在各个群体,根据接触信息技术的机会不同,就产生了新的不平等,如果不采取积极的措施制止这种状况的发展,这种新的不平等将加剧现存的种族、等级和性别的不平等(Burstyn 1993)。新的年龄上的不平等也会在生意场上出现,在那里,由于年轻人对新技术很擅长,因此他们占有优势,而那些技术过时的年长人的经验却不再占有优势(Zuboff 1988)。

1.2 桌面出版

最早在 1985 年,第一本使用术语"桌面出版"的书描述了桌面和电子出版的全貌,包括存档、在电脑终端之间传播的非打印产品。当时,大多数人都没意识到在计算机、影印机和通讯网络之间的联系所具有的革命性变革的潜能,而是认为这些新技术仅仅是用来提高他们工作效率的手段。

然而,事情很快有了变化。在 1985 年,几大厂商达成了专利交换使用协议,苹果电脑、Allid Linotype、Adobe 系统以及 International Typeface Corporation 开始意识到桌面系统用于普通打印和商务广告的市场潜力。有了大量页面设计、图形、文字软件包和高速高质的打印机，商人能够节省经费增加销量，因为他们能够在家里准备他们的广告、宣传册、讲稿及年度报告等等（Seybold and Dressler 1987）。

尽管，桌面出版的这些应用变革了印刷材料的生产，但是，产品自身只是通过改进质量和制作的方法而发生了变化，不是通过改变其本质而发生的改变，而后者要等待 CD－ROM 技术和远程传播网络技术的发展和市场化才能够完成。到那时，制造商使用“桌面出版”和“电子出版”两个术语把市场进行了分割，“桌面出版”指印刷材料的生产，“电子出版”指非印刷材料的生产（Burstyn 1991）。

2. 术语的含义

在美国和大多数国家，法律规定，桌面或电子出版的著作自作者创作产生之日起，版权就归作者所有。但是，版权持有者的法律地位却取决于著作是否已经出版，未出版的著作可能比已出版的著作受到更多的保护。在美国，版权法将出版定义为“通过卖或其他的使用权限转让方式，或通过租赁、租借、租用等方式向公众发行副本”，并提议这样做。这条法律自从 1976 年颁布之后，它仍然把副本看成一个物理实体，但是，对于仅仅通过电子手段发行的副本，它的身份——出版了还是未出版——仍不是很清晰。

传统上来说，“出版”这个术语不仅仅指印刷文字的生产过程，也指产品的市场化和发行。但是，在桌面出版（这个短语是 Aldus 公司的 Paul Brainerd 在 1985 年描述他们公司的最新页面排版软件时所使用的）中就不同了，桌面出版并不包含对产品的市场化和发行的任何考虑，因此，一些人认为“桌面印刷”这个短语可能更适合于描述这一过程。电子出版与桌面出版有显著的不同，因为电子出版不仅关注材料电子形式的生产，也关注材料的市场化和发行。而且，以多媒体的格式组合各种不同形式的知识并将它们进行数字化存储，为形成新的产品（不知道能不能将其称为出版）和新的获取和使用手段提供了机会。因此，电子出版可能比桌面出版在对知识的创新和发行方面更具有革命性（Mirabito and Morgenstern 1989）。

3. 桌面出版的教育影响

然而，桌面出版已经为图形设计人员和广告人员的培训带来了巨大的变革，在这些行业中，必须具有桌面出版软件的使用技能。尽管大多数人都无需亲自进行计算机编程，但是图形设计人员仍然需要一些编程技能，以使现有的程序能够改编成适合他们需求的形式。同时，排版和插入这些任务，在以往只能通过手工的形式完成，并且只能在实践中获得经验，但是使用计算机几秒钟就能够完成。由于计算机可以设计新的印刷字体，并且可以改编传统的字体，因此，极大地提高了桌面出版产品的复杂性（Sosinsky 1992）。目前，有如此多的字体可供选择，因此应对教育程序的印刷美学给予更多的关注，而这在以前，主要是技术熟练的印刷人员的事情。

尽管最初计算机和软件制作商仅将商业和工业作为他们桌面出版的主要市场，但是他们很快发现，学校、学院、大学也是他们很大的市场。个体制造商鼓励各种水平的教师使用个人计算机和激光打印机去试验桌面出版的性能，教师和学生对试验的结果都非常满意。

以往，教师自己制作材料，并向全班分发，一些材料使用油印机或复印机制作，但是，现在教师可以使用计算机和激光打印机不费力气地制作高质量的材料。他们以前把好的学生作品打字并复印出来作为班级杂志供全班阅读，但是现在，使用桌面出版程序可以很容易创建一个框架，学生可以自己设计他们的文件，自己书写、绘制、扫描材料，并将他们完成的文件导入框架中。教师和学生可以在任何时间编辑框架里的个别文件和收集到的材料，并且最终的产品可以通过激光打印机打印出来，然后用影印机成批地影印。不管文章内容质量如何，高质量的最终产品能够使学生对他们的写作能力产生额外的信心。除此之外，学生也可以通过编辑和设计这种新的途径学习写作技巧。事实上，正是对于写作的教学，计算机尤其是桌面出版使教育产生了巨大的变革(Boone 1989,Bruce 1990),跟上了时代的发展。

利用计算机桌面和电子出版促进协作学习的潜力主要有以下几种途径:一个班级的小学生共同合作写故事;大学本科生利用局域网相互之间修改对方的说明文;美国学校的学生与德国和澳大利亚的学生利用国际互联网相连,评价并下载合作项目中对方对社会文化的研究结果。

在过去,学生经常不愿意去修改他们已经写下的作品,这对于他们写作能力的发展是不利的,现在,他们的这种不情愿可能会被克服,因为使用计算机可以很容易地修改词语,使用高分辨率的打印机打印编辑过的页面。写作和编辑技能一起被学习了。

4. 电子出版的教育影响

电子出版不仅能提供一种提高人们写作和编辑技能的途径,它也极大地改变了写作体裁上的习俗。电子讨论组已经发展成为一种新的写作习俗,使用标点符号及用其表达作者心情的方式成为其主要特征。那种由印刷文字所塑造的环境正发生着变化:传统的图书馆、书籍和杂志的概念现在都需要重新评估。

过去,案卷保管人员和图书管理员的主要任务就是对材料进行存档、编写摘要和提供重新检索知识的途径。通过一些明确的步骤,给印刷材料编写摘要,并记录到学术档案中(Smith 1990),其中的许多步骤不能够被电子出版所复制。在电子出版环境中,文章可以永久地保持开放状态,任何读者都可以修改或增加它,因此,对"出版物"或"原文"进行具体化区分的需要看起来是多余的。在这种环境下,还需要有人对每个文章版本进行存档、编写摘要,以便在日后按顺序参考这些文本,了解每个人对其进行的修改吗?这样的任务需要新的解决方案,而不是对传统方法的改编。19 世纪和 20 世纪的供学者做研究使用的图书馆所使用的获取、检索、储存的方法已经过时了。

为电子传输的大量材料进行存档和编写摘要是非常艰苦的任务,仅考虑它们与一个电子杂志的联系就非常困难。然而,电子杂志已经开始形成一些习俗,以便在编辑时更好地控制签名、内容、评论以及在分页不再适用的情况下在卷内和卷间检索文章的方法。对用户的收费以及对提供全文检索的杂志所有者花费的费用的偿还问题仍有待进一步的确定。在美国,像 Dialog、BRS 和 Wilson Publishing 这样的书商对在线书目信息的提供收费很高,而大多数印刷形式的学术杂志的出版都掌握在一些商业出版者的手中,他们对这些杂志的出版要价也很高。但是,许多学者都在互联网上建立自己的国际社论版,他们在网上建立和发布大量的免费电子杂志给用户。在法国,政府支持制作和发布电子信息,促进了公众对书目服务和其他信息的免费获得。

随着越来越多的工作通过电子杂志发布,评论正在逐渐改变其特性(Silverman 1991)。在一些情况下,作者的初稿会被发布在网上一段时间接受评论,在此期间,用户的评论将会传递给作者。这段时间结束后,作者可以选择取消发布该文章或选择修改并重新提交它,以备永久存档。在其他的情况下,在文章被正式接受以前,编辑会将评论或建议通过 E-mail 发给作者。不管哪种情况,在形成一个作品时,学者之间的合作都比以往更加集中了。另一种变化就是促进了不同地域的作者进行合作写作,他们可以相互交换电子草稿,尽管写作曾经是一种可能会孤立作者和其同事的活动,但是现在,它却把作者们联系在一起了。

CD-ROM 的发展促进了对电子制作和传输材料的存储,尽管目前这种技术的使用受到缺少产业标准的制约,但是目前,CD-ROM 已被用于存储大的数据库,包括大量的杂志和一些全文书籍。

但是,电子出版对图书贸易和个人书籍使用的全面应用还没有被认识到,大多数出版社,尤其是大学出版社都很保守:他们谨慎地控制电子工具的使用。他们同意使用计算机进行大规模的编辑项目,同意作者使用计算机准备文本材料(Oakman 1991)。在一些情况下,他们采用桌面出版来制作印刷书籍。电子化的书籍可以被个人在屏幕上直接阅读或下载到本机中,其发展的一个障碍就是缺少对下载材料的装订。一些出版社现在已经开始生产 CD-ROM 版本的书籍,这种发展能够带来巨大的社会结果。一些人早已每天花几小时时间在显示器前面写作和阅读,既然有电子的书籍,他们可能会在屏幕前面花更多的时间。

上面的讨论主要集中于电子出版对大学和学院的学习者和工作人员的影响,但是,一些网络,如 KIDSNET 已经把孩子们通过电子方式联系在一起了,电子出版将在各个年龄阶段的计算机使用者中盛行是毫无疑问的。

5. 结论

电子出版和桌面出版是 15 世纪起始于欧洲的印刷革命的延续,20 世纪 90 年代早期,信息技术促进了学习和教育产品的变革,曾经的图片、声音、图像的组合,或对印刷文字的替代都可以一瞥而过。技术目前被用于提高现有的机制和过程:例如,教师现在可以使用分辨率很高的激光复印机制作材料,而在过去只能使用打字机。在一些领域,质量可能不能够被保证:正如第一本印刷的书或古版本的书与画有精美插图的手写的书相比,看起来会很幼稚一样,使用最早的数字计算机字体和排版软件所形成的产品与 20 世纪复杂的印刷书籍相比,看起来也很幼稚。但是,发展正在快步进行着,如过去一样,人们现在正在探索新的机制和过程,并探求在已有的基础上进一步提高。

J. N. 伯斯泰恩(J. N. Burstyn) 著
李婧妍 译

附录

Baczewski P 1991 BITNET, your gateway to the world. *Benchmarks: Newsletter of the University of North Texas Computing Center*. University of North Texas, Denton. Texas

Boone R (ed.) 1989 Teaching process writing with computers. ERIC Document Reproduction Service No. ED 325 110, Washington, DC

Bruce B C 1990 *Roles for Computers in Teaching the English Language Arts*. Bolt, Beranek and Newman. Cambridge, Massachusetts

Burstyn J N 1991 Introduction: The promise of desktop publishing. In: Burstyn J N (ed.) 1991 *Desktop Publishing in the University*. School of Education, Syracuse University, Syracuse, New York

Burstyn J N 1993 Who benefits and who suffers? Gender and education at the dawn of the age of information technology. In: Biklen S K, Pollard D (eds.) 1993 *Gender and Education*. National Society for the Study of Education, Chicago, Illinois

Mirabito M M, Morgenstern B L 1989 *The New Communications Technologies*. Focal, Boston, Massachusetts

Oakman R L 1991 Who is in control? In: Burstyn J N (ed.) 1991 *Desktop Publishing in the University*. School of Education, Syracuse University, Syracuse, New York

Peek R P, Burstyn J N 1991 In pursuit of improved scholarly communications. In: Burstyn J N (ed.) 1991 *Desktop Publishing in the University*. School of Education, Syracuse University, Syracuse, New York

Piternick A B 1989 Attempts to find alternatives to the scientific journal: A brief review. *Journal of Academic Librarianship* 15(5): 252—265

Seybold J, Dressler F 1987 *Publishing from the Desktop*. Bantam, New York

Silverman R J 1991 Desktop publishing: Its impact on the academic community. In: Burstyn J N (ed.) 1991 *Desktop Publishing in the University*. School of Education, Syracuse University, Syracuse, New York

Smith E 1990 *The Librarian, the Scholar, and the Future of the Research Library*. Greenwood, New York

Sosinsky B 1992 The print shop: How times have changed. *BCS Update* 15(8): 7—15

Wang C 1986 Electronic publishing and its impact on books and libraries. *Electronic Publishing Review* 6 (1): 43—55

Zuboff S 1988 *In the Age of the Smart Machine: The Future of Work and Power*. Heinemann, Oxford

其他参考文献

Bowers K et al. 1990 *FYI On Where To Start: A Bibliography of INTERNET Working Information*. User

Documents Working Group, INTERNET Engineering Task Force (INTERNET address: us-wg@ nnsc. nsf. net)

Dorner J 1991 *Authors and Information Technology: New Challenges in Publishing*. British Library, London

Rapaport M 1991 *Computer Mediated Communications*. Wiley, New York

多媒体程序包的制作(Multimedia Packages, Production of)

多媒体是一个不断变化的术语,对它的理解,常常由于技术的演变和进步,而被动态地重新定义。它的名字本身也在不停地改变。在数年前,它曾被认为是"交互视频"、"交互媒体"、"媒体整合"、"超媒体"以及"多媒体"。因此,很有必要对本词条的目标以及限制范围进行定义。

"多媒体程序包"是为了交流的目的而把多种媒体结合在一起的产物,例如,文本、静止图像、动态图片序列、音频、图片以及动画的各种结合。它们通过计算机的透明操作,整合在一起供用户使用。通过便于交互的图形用户界面(GUI)实现用户和计算机之间的交流。

用于教育和培训的程序包有时候还包括伴随的纸质材料,如操作手册、指南或学生作业记录本。把程序包中各种各样的成分整合在一起以便完成教育目标。用这种方式酝酿的多媒体专辑是系统方法的一部分,它包括可以循环式重复的阶段:培训需求分析、学科分析、目的和目标、设计、实施、媒体选择以及长期评价和发行,直到生产出预期的产品为止(Rushby 1987)。有很多出版物和书中(Romiszowski 1986)详细描述了其中的个别阶段,有一些被传统地呈现在各种教学系统的产物中。

本词条致力于与设计和实施阶段有关的问题,在多媒体创建过程中涉及的程序、技术、技能方面,这些阶段经历了相当大的演变。任何与伴随的纸质材料的准备有关的问题,这里将不作讨论。特别是基于文本的数据库的产品创造方法论,一般来说,也能包含在多媒体类型内,但由于多媒体的制作过程包括一系列类似于文档检索等问题,超出了本词条的讨论范围,所以在本词条里不做考虑。

1. 多媒体技术

多媒体领域中持续的技术演变,意味着其中缺少一个标准。各种技术轮流坐庄,使得市场来不及对它们进行发布。现在,多媒体系统可分为用于专业市场的和用于消费者市场的。在前一类中,必须考虑以下问题:

(a) 把系统整合到一个平台上,例如激光视盘、CD-ROM(光盘—只读存储)、CD-ROM XA(光盘—只读存储扩展结构)以及DVI(交互式数字电视)。

(b) 准备使用的整合系统,例如IBM的Ultimedia、带有Quick Time的苹果平台以及基于MPC(多媒体个人电脑)规格的平台。

面向消费者的系统包括硬件和软件,例如CD-I(交互式光盘)(在个人平台上有其进一步的描述)。所列的所有系统几乎都是基于CD的——一个直径为12厘米的光盘,只包含数字数据,用激光光束读取。MPC、Ultimedia和Quick Time还能包含激光视盘——一个直径为30厘米、包含模拟数据的光盘——的使用。所有多媒体产品的共同元素都在下面做了说明。

2. 多媒体程序包的生产阶段

多媒体程序包的生产,要求对各个阶段进行周密的计划,它是一个复杂的过程,包括不同类型的设备以及专门的知识。有一个特定的方法至关重要,这是由于生产过程的费用是昂贵的,而且必须形成允许内容、结构、屏幕布局、接口、整体设计、图片和运动序列的风格以及交流的特征逐步一致的文档,以便给资助人一个各个步骤的进程分析。一个已经确定了的方法还可以使制作队伍能够界定他们各自的职责、来自各个领域专家所需要的技能以及如何使程序中的各个部分并行地执行。

生产过程可以分为以下阶段:用户需求定义、设计、数据准备、创作、系统整合和评价、原版盘预制作、原版盘制作(见图1)。

在用户需求定义阶段,资助人可以是也可不是

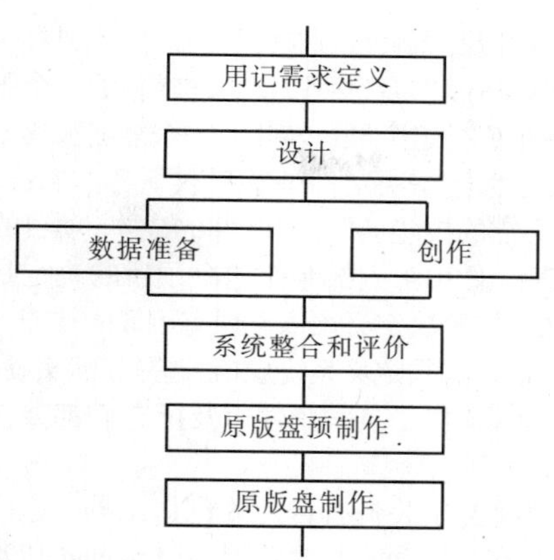

图 1　多媒体程序包的生产阶段

产品创造小组的一员，他给项目经理提供内容定义所必需的所有预先存在的教学材料和参考书。但是要有一个确定的学科问题专家，同时要产生定义用户特征、一般目的、结果、内容结构、交互类型以及进度初步指示的文档。无论选择怎样的平台，关键都在于设计。怎样才能使设计变得更好？一部分依靠创造适应光学媒体已有局限性的应用程序的能力，但是开发这种程序是为了完成潜在的提供被定义为“从现实到将来可能性的想像”（Page 1966）的最优秀的设计。一个好的设计所需的其他因素包括优先权的精确确定、大量适当内容的选择以及内容呈现的最佳结构、用户需求的准确理解、为了交流的有效传输而进行的媒体的正确选择以及有效界面的创建等。它与图像是模拟的还是数字的，或支持大的还是小的磁盘无关。好的设计要求技能、创造性、常识和运气之间达到微妙的平衡。

在这个阶段，设计师是主角。他们和学科专家一起，通过采访、研究和修改的交互过程来设计项目。在这个阶段内还需要视频导演、艺术导演以及软件开发者。

这些专家的工作将产生大量的文档：描述单个屏幕的故事板、运动图片序列、动画、音频、界面的活动按钮以及多媒体应用程序不同部分的可能联结的文档；描述内容中用图片呈现的可能路径，可以是流程图的形式，或者在超媒体的情况下，也可以是显示节点之间链接的地图。这些文档的主要目的是使生产过程简单化。形式必须灵活，要根据必须在不同小组成员之间交换的信息和细节决定。

所有必需的修改和变动都必须在故事板阶段进行。在这个阶段以后进行的修改都需要很高的费用，这是由于设计之后就开始了生产，实际的产品已经根据最初的设计生产出来了。

在数据准备阶段，根据设计阶段的构思创造视频（图片、动画、静止图像和运动图片序列）、音频和文本。在整个过程中，这是一个非常昂贵和复杂的阶段，包括把数据从原始的形式转化为机器能识别的形式的所有操作。各种操作包括，例如，多媒体文档的创建、输入、扫描、形式转换、文档改进、数据压缩和校验。根据事先准备好的数据光盘类型，这些工作可能包含不同的技术和程序。由于这个阶段的每个个案都有很多变量，因此不可能在本词条中做很详尽的叙述。这里所必需的是要有那些设计师的技能，他们检查目标和内容，需要的时候做些修改；图片专家；统领拍摄和编辑小组的视频导演以及软件专家，进行数据转化和压缩。

在创作、系统整合和评价阶段，所有的数据都按照所需要的形式准备好，插入一个软件结构中，使用户通过 GUI 和信息之间进行交互，模拟最终的产品并进行最初的评价。在这些阶段中，软件专家是最主要、最活跃的人物，图形专家和设计师辅助他的工作。

该到原版盘预制作阶段了。这个过程给出数据在 CD 中要求的最终结构。标题区、模式和同步字节、增加在每个扇区中的错误检测和错误校正字节以及数据模块的最终编码，都根据所选格式的规格执行。原版盘预制作阶段是通过公司的原版盘预制作/编码计算机系统执行的。随着一次写入 CD 的扩展——这是一种能和最终结果有同样特征的 CD、能进行内部刻录并立即播放的系统——这在准备数据的同一公司进行原版盘预制作中，将变得更平常。

最后一个阶段是原版盘制作，这个过程就是玻璃 CD 原版盘的制作。先制作出一个金属压模，这样就可以在它的基础上复制 CD 盘。这个阶段通常由专业原版盘制作公司完成。

3. 生产小组

多媒体专辑的生产小组由项目经理、设计师、视频导演、艺术导演、程序员以及学科专家组成，常常还包括作家、图像专家以及音视频制作人员。为了有效地认识到多媒体的潜能，生产过程由项目经理来领导，项目经理要跟随并协调开发小组的工作，分析用户需求，定位资源以达到既尊重资助人的意见，又牢记用户的需要的目的。管理所有的小组成员如同指挥一个管弦乐队，在那里每个音乐家不但演奏不同的乐器，还说不同的语言（Bergman and Moore 1990）。设计师负责有效的交流，图像专家负责视频交流的风格，视频导演负责视频场景和效果，软件开发者负责比特和数据、CD－ROM、DVI和视频压缩。学科专家通常很少了解这些技术方面的问题，但是学科方面的所有问题都由他处理。小组中还必须有个会计，他的工作是使所有开销都控制在预算之内。

在小组工作中很少考虑最终用户，然而许多产品的成功，都源于这些人在设计和结果评价中的积极参与。可能由于行政机构、市场部、培训部等等造成的障碍，导致了最终用户同生产小组的分离。这样，现实世界就被由那些认为他们精确地了解最终用户的需求的中介的一系列筛选给扭曲了，即使是在非自愿的情况下。假设开发小组接受来自这些信息资源的产品特征的定义，但是没有进行用户真实需要的直接调查，那么可以确定该产品几乎是无效的，尽管他们有最好的意图。所有这些都强调了作为多媒体开发中的重要角色——最终用户的重要性。了解内容处理上是否存在问题的唯一办法是，在各个阶段都让那些可能和最终用户相似的用户来对产品进行测试。在最初的设计阶段就应该和最终用户进行交互，否则就会太晚了，以至于不能进行任何根本的变动。

4. 多媒体生产的技术和创作工具

为了生产多媒体程序包，有可能要在自己制作或协议购买方面做出选择。由多媒体制作者决定购买和整合各种各样的硬件和软件，这是一个很昂贵的操作，需要很高级的专业知识，特别是在数据准备、创作以及原版盘预制作阶段。作为另外一种选择，多媒体制作者也可以把工作转包给一个服务部门，由他们把这个项目转化为一个能够被模拟的产品。显然，这些决定都是基于以下考虑的：开始操作所必需的技能、硬件和软件的成本、项目的大小和工期。做出由内部制作这个项目的决定是相当困难的，这个决定必须依据现有可靠的技能。在这种情况下，必须定义系统规格、选择和购买硬件、开发或购买创作工具和软件以及把它们都整合起来。

硬件上必须装备有合适的创作工具。这些工具是一些有下列功能的软件程序（Brannon 1990）：（a）增加多媒体专辑开发中的生产性；（b）减少必要的开发时间；（c）提供用户友好的开发环境；（d）与用C语言编程相比，在使用上能更简单；（e）支持调试和测试；（f）更易修改和维护。工具能在以下领域中支持多媒体开发：

（a）项目管理，正如所看到的，就多媒体产品生产的管理包括的人、预算以及时间安排而言，意味着要管理一个复杂的系统。

（b）设计，把工具用于故事板和流程图的生产。

（c）采集和归类，准备和编辑数据——在一个多媒体的环境中，必须有处理文本、图片、动画、声音、运动序列以及文件传输的工具。

（d）软件开发，把工具用于超媒体、课件生产和演示——最高级的工具就存在于整合数据准备的软件开发领域。

（e）磁盘的布局和模拟，用于逻辑格式化、插帧以及CD－ROM模拟的工具。

（f）磁盘的原版盘预制作，通过磁带或一次写入系统进行原版盘预制作的工具。

5. 激光视盘的生产

这里所说的所有东西，都和数字CD上的多媒体生产有关。模拟的激光视盘的生产，有一些阶段和CD的生产一样，但是也有一些特殊的阶段，在这里要适当地做个简要的回忆。这里还要提到不同于那些步骤的数据准备，因为这里的数据准备不存在数据格式的转换或数据压缩。实际上也从未在激光视盘上存储大量的文本，因为这种媒体在模拟环境下，很难进行处理。原版盘预制作阶段，要比数字环境下更复杂，由录像带的生产组成，为了符合广播电视标准，在它上面的所有图像，静止的或运动的，都要以相同的顺序放置，要与它们将要出现在激光视盘中的顺序一样。这些操作都是在电视演播室中进行的。后期制作的验证通常要被延迟，直到激光视盘的最终原版盘制作完成。

6. 成本和版权

毋庸置疑，所有的多媒体生产都是昂贵的。在文献中，不同阶段的成本百分数通常划分如下：设计占总成本的 8%，获取和准备数据阶段占 45%，创作阶段占 12%，组装和测试阶段占 19%，项目管理占 16%（Bruno 1990）。到目前为止，最大的成本是内容的创造。不论是从一无所有中制作出产品，还是从先前就已存在的媒体，例如文本、静止媒体、视频、音频或声音中进行重新创造，都是花费很大的。上述的每一项都有其支付版权的特定方法。通常，在版权的获得上，不存在标准的程序，都是和版权所有者协商的结果。有些时候最终成本是非常高的。

采用什么策略能降低生产成本呢？使用合适的工具，它既能相当大幅度地减少成本，还能创造可重复使用的模块和界面。一些后期生产中的严密的小组编制，也能削减成本。额外的费用支出常常是由于部分工作要修改或重做，这些错误常常是由于对问题没有充分的理解，以及各种专家之间无法进行有效的沟通导致的。

7. 发行

这里所描述的方法最终导出的是多媒体程序包。它的使用根据最终产品的不同需要不同的硬件设备。如果它是 CD－I，就不需要用计算机，因为已经开发出了一种播放器，它可以作为家庭影院系统的整合部分。如果系统包括一个交互的激光视盘、一个 CD－ROM 或 CD－ROM XA，可能需要很好地装备了各种卡的计算机，才能管理 CD 或激光视盘播放器。

8. 结论

由于生产高质量的课程所需的成本很大，因此在学校中多媒体的使用大受限制。由于这个原因，把需要使用多媒体的那些领域定义在教育大纲内很有用，在那些领域里，多媒体是必需的，或许是因为如果使用了多媒体，能大大减少每小时的教学成本。首先，多媒体对呈现例外的或不能重复的事件，或观察非常危险的事件特别有用。有了多媒体，学生不仅可以看，而且能进行那些在真实世界中绝不可能的试验和模拟。在那些内容固定的、要在很大范围内传播的、主题需要定期重复的或学生数量很少分布却很广泛的地区，使用多媒体还能带来经济利益。

虽然在多媒体的有效性上，没有较多的统计，这是因为目前对这种技术的使用仍处于试验阶段，但使用多媒体对教学的好处还是很明显的。首先，经常能及时地提供精确的内容。另外，多媒体系统使更大程度的灵活性成为可能，允许自定步调的个别化学习，同时减少了教师的时间安排和常规活动上存在的问题。多媒体能通过提供灵活的和交互性的资源来帮助教师，使他们能全神贯注于那些具有挑战性和洞察力的活动上，提出可选择的学习路径和解释，倾听学生的思想等。所有这些都需要在课程大纲的组织上做重大的改变，在教育程序中整合了多媒体，能仔细考虑远程学习、灵活学习以及终身学习等问题。实施交叉学科的研究，以发展关于如何让学生通过使用各种类型的教学媒体和方法进行学习，并且如何使用这些手段来达到使学习有效和令人愉悦的目的的知识，这一点相当重要。随着基础知识的发展，将有可能定义一种方法，用于考虑各种形式的学习、学生模型和媒体类型的应用程序的创造。

P. P. 伽什兰蒂（P. P. Ghislandi） 著

王周秀　武法提　译

附录

Bergman R, Moore T 1990 *Managing Interactive Video/Multimedia Projects*. Educational Technology Publications, Englewood Cliffs, New Jersey

Brannon B 1990 Contribution to the session "Authoring for Multimedia". Fifth International CD-ROM Conference, San Francisco, California

Bruno R 1990 Contribution to the session "Authoring for Multimedia". Fifth International CD-ROM Conference, San Francisco, California

Page J K 1966 In: *Building for People*. Ministry of Public Building and Works, London

Romiszowski A J 1986 *Developing Auto-instructional Material: From Programmed Texts to CAL and Interactive Video*. Kogan Page, London

Rushby N 1987 Design methodologies for technologies-based training. *Interactive Learning International* 4(3/4)

其他参考文献

Berk E, Devlin J (eds.) 1991 *Hypertext/Hypermedia Handbook*. McGraw-Hill, New York

Gary G 1987 *Making CBT Happen*. Weingarten, Boston, Massachusetts

Iuppa N V, Anderson K 1988 *Advanced Interactive Video Design: New Techniques and Applications*. Knowledge Industries Publications, New York

Laurillard D 1987 *Interactive Media: Working Methods and Practical Applications*. Ellis Horwood, New York

Philips International 1988 *Compact Disc-Interactive: A Designer's Overview*. McGraw-Hill, New York

Sherman C 1988 *The CD-ROM Handbook*. McGraw-Hill, New York

印刷媒体的制作（Print Media, Production of）

20 世纪后期，正在进行着一场印刷技术革命。印刷和出版工业正在被现代技术革新改变，有时候这种改变是十分彻底的。被改变的主体主要包括报纸、杂志、课本以及小型出版社和机构内部的印刷品。后者中有许多都是非正式的出版物。在组织印刷中，从最初的文本生产（包括说明）到通过计算机输出（例如，激光印刷），技术无处不在。这些改变的结果，使传统印刷技术在职业培训中的使用，变成可选的了。而且，印刷技术革命迫使人们对职员工作中的合作方式进行重新深入的思考。

新技术出现造成的一个明显的结果是，杂志、报纸和课本都开始青睐彩色印刷。读者常常以彩色作为高质量的标准。这个趋势还在上扬。尽管文本在教育中还是保持关键媒体的地位，但是印刷技术革命已经开始影响媒体之间的关系，人们不断地创造新的媒体以及进行媒体间的重新组合。印刷媒体仍处于中心地位，究其原因，既在于其知识再现和交流的方式，也在于与其他媒体相比印刷媒体更具经济性，还在于从印刷媒体中学到的心理学和工效学，比从其他媒体中学到的更好。

1. 从中世纪的行会到现代化的工作场所

印刷界，能在金属类型技术上，在有其自己的传统、分工、学徒体制以及对工作范围的强烈保护的中世纪行会中，找到自己的根。印刷工会就是中世纪行会的后代。

1980 年以来，形势发生了迅速变化。现在，许多印刷都在非印刷公司机构内部进行。在美国和英国这样的国家，内部出版对传统印刷方法提出了挑战，或许还超过了它。然而，现在还认识到，这些工作中有许多都是可以用打字机打印或再生产的，而不要印刷方式。因此，印刷革命的一个新的效果是，印刷质量获得了巨大的进步，印刷扩展到了由打字或手写支配的领域，以及新的出版类型获得了真正的增加。

现代印刷工业，在实际工作中，已经大大地摆脱了协会的沉闷控制。这在带来了利益的同时也带来了问题。培训在数量上和质量上都有所减少——部分是由于工会影响的减少，同时培训也变得更加专业。同样，一些操作变得不太需要技术了。为了生存，印刷工业不得不革命。不过，印刷还是广泛应用于大规模的出版。

在印刷工业上的一个巨大的改变，就是不用排字了（用键盘录入文本）。这是由新技术直接导致的。大多数文本录入工作以及其他工作包括标记页数（页的组成）等，现在都已经由报纸和杂志的出版者、一些期刊和课本的出版者以及一些作者或非印刷工作者自己完成了。只把制作过程(把数字的文本转变成印刷产品)留给了印刷工作者。

类似的事情也发生在教育材料的生产和出版中。我们能看到它有三种主要的模式。第一种,继续由传统的出版者出版,使用职业的印刷场所,但是结合了新的技术。第二,由教育机构自己进行内部的创作、转换、打印和出版。这是比较现代的思想,新技术的出现使它成为可能。第三,内部开发(包括写作、文本输入、编辑、设计、插图和排版),然后利用外面的印刷场所进行制作,再由商业出版者来安排如何把产品投入市场。许多教育材料都是按这种工序出版的,它是第一种模式和第二种模式的明智结合。

2. 计算机革命

现代计算机的整合效果,极大地影响了印刷行业及其人际关系。下面是影响文本创造和生产的计算机革命的五个方面。

2.1 个人终端

个人终端的出现("桌上型电脑"革命)给了非专家的工作者使用电脑的权力。它也解除了自20世纪50年代开始的中心计算机部门的束缚。

2.2 界面概念

作为同一主题的继续,人们在设计屏幕呈现上做了巨大的努力,设计了"用户友好"的界面,允许非计算机职员也能熟练地使用软件。首字母缩写词WYSIWYG(What You See Is What You Get 所见即所得)和WIMP(Windows, Icons, Mouse, Pull-down)都提到有巨大意义的界面概念。

WYSIWYG意味着屏幕上的文字能模仿它在打印的时候的方式出现,现在,这已经部分实现了——还有待继续完善。WIMP是静电复印研究公司最初的开发思想的首字母缩写,它能使熟练的软件更容易被使用。这样做的目的都是为了减少机械记忆的负担,使非计算机专家的用户也能使用高级的软件。这个概念最先被苹果公司成功地在商业实践中应用,后来又被微软公司进一步扩展。

2.3 软件革命

软件革新的特殊意义是:

(a) 在排字(排版),而不是打字的影响下,开发了字处理软件。

(b) 能用于专业的和非专业的排字设计和标记页数的软件开发。

(c) 各种各样的编辑支持软件——继续需要人类编辑技能,还要继续开发在线编辑帮助的范围。

(d) 图形软件的开发,允许文本制作者捕捉和操作图片,在整体页面设计中,把那些图像和文字结合起来。这方面的开发得到了例如包含图像库的CD-ROMs、资料阅读机以及作图软件等工具的支持。

(e) Adobe PostScript,已经成为驱动激光印刷的事实上的工业标准,这对整个工业都有催化效果。

(f) 印刷工业的大规模的机器革新。这个发展导致了一场"软印刷"革命。

2.4 通信软件

能很容易地把整个小组的个人终端连在一起、互相交换数据、使小组更有效地工作的软件的开发也很重要。除此之外,电信技术使在全世界范围内,以数字形式传递信息成为可能。

2.5 激光打印和文件生产

激光打印机也是计算机的设备,能进行高质量的彩色输出:这能使生产小组获得已经完成的产品校样。给予创作小组这个反馈,对排字设计和标记页数过程很有帮助。激光打印机也广泛地用于内部出版的文字输出。

高级文件复制机也能接纳数字信息,还有彩印能力,还能进行简单形式的装订:这是"按要求打印"的基础,是装订和打包阶段的一个新选项。现在,机器已经有完全的电子生产能力:通过远距离链接或文件扫描捕捉电子文本,然后进行编辑和图片处理工作,再进行文件生产,最终装订成册。

3. 印刷生产阶段

印刷革命席卷了旧的技术,从原创到制作,都用电子生产能力来代替这种旧的技术。下面三个主要阶段最好地考虑了这个过程。

3.1 原创

由于现在如此多的教育文本都是小组生产的,还有一些是课程小组生产的(英国开放大学的一项关键的革新),因此这个阶段包括参与计划、编写、评论及最初的修改的所有人。跟它的呈现形式相对比,它还可以包括其他机构的学者、教育技术工作者、编辑、电视节目制作者、教师、顾问以及其他所有影响作品内容的人。

一种做法是利用计算机把所有作者都结合到一个小组里,进行远程合作。合作或联合创作意味着来自不同机构的职员(或许是来自不同的国家)将形成一个小组,为了所有参与机构的共同利益,一起创作学习材料。只有有组织的集体惰性才会阻碍这种思想非常广泛的应用。

另一种革新方法是非线性写作系统的出现,全体人员都能掌握,如"超文本"。这个软件的价值是有争议的。有些人认为它在探求问题上,有技术解决方案的味道。

在原创阶段的后期,文本都是数字形式的。

3.2 转换

这个术语包括帮助把一个草稿变成适合读者的形式之类的创造性的活动。转换包括与布局计划、文本编辑、排版设计、插图、摄影、图片调查以及标记页数相关的所有工作。

转换工作常常围绕一个权威的领导者进行创造性的决策和资源配置,也就是说,要明确谁是主要的转换者。这个主要的转换者,在报纸中是主要的订户,在课本出版和杂志作品中是编辑,在电视中是制片人,在电影中是导演。所有这些环境中都包括有各种专业技能的职员间的很高程度的团体工作和合作。而由那些出版者进行的分册出版的丛书和有插图的参考作品的生产,如所知的"课本包装者",是另一个印刷转换例子。

转化的最后生产过程是以数字的形式对文本进行修饰,还包括插图和图片,通常在标记页数软件上进行。

3.3 实现

这个术语用在这里,包括制作过程,把有数字形式的页面和生产在纸上的图像,一起送入装订和完成阶段,生产出最终产品。简单地说,一个可替换的术语是"制作"。传统的术语例如复印、整版、印刷作业、装订,当然还有印刷,都仍然被广泛使用。它们包括部分制作过程。

有很多把电子图像印在纸上的可能方法,但是,对教育资料来说,只需要考虑两种可能。第一种是采用激光打印机或带有文件复制的激光打印机的直接输出。两种机器都能产生彩色图像。激光打印常常用于内部,为了能在整个过程中看见产品,如果打印操作时间相对短的话,也能用于最终的生产。这如所知的"按要求打印",副本是按顺序生产的,而不是成批生产的。第二种选择是通过一个在补充的平版印刷过程中使用的图像装置,在影片或溴化银相纸上输出。

第一种输出在内部也很容易做,特别是在高级文件复制机自身就能提供装订的时候。第二种方式能在专业的印刷店(外部的公司或内部的部门)负责下,生产出高质量的产品。第二种方式有一些优势。一个专业的店铺能提供更多的字样,保证机器的质量,生产出有高分辨率的、文字适当的文本。而且,如果需要彩印,商业店铺会更有经验。最后,如果需要传统的缝制装订,将不得不找一个专业的装订师。通常的选择是,在把印刷质量作为一个很重要的考虑因素的时候,就要选择一个专业的印刷公司,这在印刷时间足够长的时候,会更经济。

实现的最终产品是一本课本或其他的包,作为给读者的印刷品。这还可以后接其他的工业程序,例如入库、包装和发行等。

4. 印刷样式设计

印刷样式和印刷样式设计,与印刷工业其他的所有方面一起受到了技术变革的重大影响。

4.1 字样

实际上,现在已经有采用电脑技术在屏幕上设计的所有典型字样和新字样的数字版本。参考作品上显示的字样有上千种之多,在这么大的数量中,只有一小部分字样能在典型的字处理软件或标记页数软件中找到,这对进行高质量的内部出版来说是远远不够的。因此,打算进行内部出版的机构,都需要在它们的软件上安装合适的字体,或利用商业印刷公司为它们进行输出。

注意:在市场上可以找到许多在质量上低于最初设计的字样版本。这种现象的存在,一定程度上与逃避专利和版权问题有关,但是也与商业类型的公司和电脑软件公司太急于把产品投向市场有关。内部生产系统的字样选择由专业的排版工人决定。

4.2　印刷样式的研究

大批量的印刷样式的研究对实际的排版者来说是没有价值的。首先,这个工作常常是为活版印刷设计字体,而最近的字体实际上都是没有经过研究的。更重要的是,实际上真正的排版设计包括许多因素之间的平衡,才能产生一个可执行的、实际的、令人愉悦的结果。这样的设计是一个交互部分的镶嵌。没有元素是自我独立的,大多数元素都在设计过程中影响着其他元素。几乎没有关于整体设计的经验性研究。这样的研究要求研究者具备排版设计和制作过程的根本思想。

4.3　软件

20世纪90年代,工作在电脑屏幕前的排版设计者,常常用到标记页数软件。每个程序都有自己的优势和劣势。因此,不论是实际的排版印刷,还是经验性的研究,都应该把软件当成一个新的起点。在软件使用中,研究是不可缺少的。

4.4　论述和排版

教育课本的排版与它们的论述有关。这个论述属于一种实验模型。首先是关于主题的论述。这存在于语言、数学或其他特殊的概念以及例如表格、图像和图表等图形形式中。接着是关于学习过程的论述。这将包括所有的学习指导设备、目标、问题、反馈、练习实例等等。这个领域的许多出版物都来自程序化学习的作品;也有许多是来自有经验的教师、课本作者以及编辑的共识。最后,帮助学习者发现他们自己对课本的学习方式,给予信号告诉读者现在所处位置以及所阅读的材料的情况如何。这些装置包括段落、标题页、页头书名、索引、页码、章节等等。也有描绘声音或论述类型的,还有给出对话或评论或课文内的问题或给读者作答的地方的信号的。有些作者使用术语"排版信号"(或"线索")来命名这类论述,后来考虑到这些术语太狭隘了,又创造出了术语"存取结构"来描绘这类论述。创造者还保留"排版信号"作为辅助的术语。

4.5　阅读策略和排版

阅读是有选择性的:许多文本不需要按顺序从头到尾地阅读,也不需要全部都读。这一点在报纸或杂志阅读上就表现得很明显,但是它也真的会发生在教育材料上。阅读可以因为不同的目的而发生,同一个读者可以在不同的时间以不同的方式阅读一篇文章。在教育中,对学习者所要求的阅读,在后来的做法上有相当大的变化。旧时课堂中的死记硬背也是一种做法,现在已经过时了,这种方法甚至在心理学实验中也过时了。因为排版设计不得不处理这一类的复杂论述以及在阅读战略和策略上的变化,所以设计本身就趋向于复杂,虽然这种复杂性并不为读者所知。实际上,与小说等散文作品相比,教育课文在结构上是很复杂的,但是它们不像大众流通杂志那样,采用大量的图形工具。

5. 版式

能区别传统的出版和内部出版的一样东西就是版式。无可抗拒地,内部出版业只能使用国际尺寸的纸,特别是A4纸。从读者的观点来看,这种选择是笨拙的。如果是用于一个单栏布局,就良好的易读性而言,A4纸的尺寸过于长了。而且,这个规格在手头处理起来也不方便(这是很重要的一点,它会影响使用频率)。在书店中,A4的书也常常需要和一般的书分开摆放。把它放在标准尺寸的书架上会很不合适——事实上,A4的书常常不能单独地放在书架上。对一个书店来说,这些事情都是很重要的。商业出版者一般都选择一个更小的版式,当然很多插图的作品除外。

然而,对于一个两栏或三栏的布局,A4格式就很适合——它把大小缩减到一个可接受的尺度。A4也是有一些优点的。例如,它很利于多插图的作品。在生产中,大多数机器都有A4的设置。然而,对生产者来说,通常认为功效要比便利更重要,从这个观点来看,A4不应该是首选。

尺寸大小的国际标准提供了更多的可接受的选择。A5、A4的一半大小,是非常有用的,它与8开大小的纸很像。而且,还有一个国际B系列,常常提供 B5 尺寸的纸,比 A5 要大。在商业书本出版中,用得最多的还是传统的纸张尺寸。

6. 装订和包装

能用于装订和包装的选择不断增多。许多教育材料都以包的形式投放市场,有效的方式是箱子、纸条盒、文件夹、活页夹以及其他的包装类型。在包里面,可以是分散的纸张、书本、录像带和录音磁带,甚至是电脑磁盘。或许,英国开放大学的1/3的课程都采用这种类型的包装,而在成人研讨会和创作室中,几乎所有的材料都是用这种形式包装的。

然而,传统的课本仍然是一个非常灵活的教学工具,对出版者来说,它仍然是投放市场的最便利的工具。软封面和硬封面的竞争不是绝对的,除了软封面书在教育使用中需要包装得更为牢固之外。在装订的核心部分中,真正要选择的是——每一页是如何结合在一起的。后面第 7 部分要讨论缝制部分是使课本经久耐用的装订的关键要素——一个被普遍认可的真理。然而,为了特殊的目的,更宁愿选择其他类型的装订方式:在电脑手册中普遍使用的有螺旋装订和活页夹形式(尽管采用软封面缝制的书能更平整和经久耐用)。

在这里需要注意按要求打印选项。按要求打印利用了一种装订形式,通过文件复印机进行,它的经验是有限的(参看下面的 8.2 部分)。然而,对某些目的来说,它是理想的。

7. 出版

现在,书籍出版商与大型教育机构之间的合作不断地增加。教育材料的出版商们在内容生产方面也扮演积极的角色,而且进行市场革新。美国最大的教科书出版商充分利用了市场调研。他们广泛地调查大学课程的教学大纲,有经验、有影响的教师的领域试验和评论文章,使他们在设计课本时能预先保证满足领导机构的教科书的要求。在这类课本中,许多书写和转换工作都是由出版者自己内部完成的,因此,他们能很好地对细节进行控制。与这个有关的是"混合搭配"的思想,一些章节存放在计算机上,对每一个选择这种著作作为教科书的研究机构来说,结合一些教师自己的笔记,就可以做出选择。教科书也能携带附属品,例如教师手册。

世界一流的远程学习机构,英国开放大学(OU),在出版自己的材料超过 20 年之后,引进了一个合作出版系统。在这个新的模式中,OU 和以前一样编写和转换它自己的教学材料,然后给商业出版者机会,把这些材料增加到他们所列的书目中,作为书店公开出售的书籍。一旦一笔交易做成,OU 就得到一些共享成本、节约开销以及一些增强的质量(例如,使用二色或四色进行印刷)。作为一个版权所有者,大学挣了版税,用它给自己的学生购买印刷副本。这个观念对双方都有很大的好处,在某些情况下,学术材料的出版物会卖得格外好。

有许多出版物的主题真的是关于教育的,但不是由正式的教育机构提供的。在这个领域中,分册出版者和书籍装订者非常活跃。他们把资金投入创作和转换阶段,很灵活地编制材料使其适应市场。课本包装者开发了多语言版本,把它们卖给其他国家的发行人。

8. 工效学

或许所有印刷主题中,最低估的是读者携带及使用书本的方式。这个主题的某些方面还是需要考虑的。

8.1 携带自如

在这里,重量、尺寸和打开时的平整度是很重要的。太沉的书籍影响轻便性和携带质量,就学习可发生的场所而言,这会减少学生的选择。现在开发的一本大学课本重 2.5 千克,却有上千页!然而,要对这方面进行严格的限制是很困难的,装订成一册的教育材料通常应低于 500 克,750 克是建议的一个上限。把这个方针应用于实践,纸张的选择就很关键:在需要更轻的纸与需要高的不透明度以减少透视性之间常常存在矛盾。

当面临又大又重的课本时,学生们不妨考虑一下查尔斯·达尔文(Charles Darwin)的做法。他过去常常用装订刀割开大的书本的书脊,把它分成 3 或 4 个大小合适的部分。然后在它们上面做好顺序标号。

当书桌的空间需要用来摆放其他的资料和笔记本的时候,大的尺寸会给它带来问题。尤其是风景画册,常常会给一张拥挤的书桌带来困难。大的尺寸也会影响其可携带性,也不容易把它从书桌上自如地搬开。20 世纪 90 年代初期,页面尺寸呈现出变大的趋势,或许是为了容纳不断增加的插图,但这样做通常没有很好的理由。

装订影响打开的自在性:在书本不能平坦地打开的时候,必须用两只手去帮忙打开。另一方面,割开书脊一定是强迫书本打开的野蛮操作。通常,不好好地决定重量、大小和装订,常常成为给读者造成困难的源泉。

8.2 耐用性

教育材料很耐用,是不争的事实。然而,为了达到节约教育成本的目的,常常给予教育材料最不耐用的装订。这种“无缝装订”是应该避免的,它会导致课本在困难地使用很短一段时间过后,大量的书页都会掉到地面上。这类装订,常用比 PVA(聚乙烯基黏合剂)还不如的黏合剂把分离的纸粘在一起,非常不适合于教育材料。许多比较高级的做法是采用传统的方法缝制,不但很容易打开,而且很耐用。高档文件复印机现在能提供带状热融化装订作为选择。早期的经验表明,这是对旧的无缝装订的一个改善,虽然它不如缝制的那么耐用。

耐用性中的另一个因素是封面——软封面能经得住磨损和拉扯——以及纸张。流行的平装本出版趋向于使用小型的纸张,有点带棕色而且易碎,用的是无缝装订。很明显,这样的书比我们希望的更不易读、更不耐用。另一方面,昂贵的参考文献,现在可以采用无酸性的纸印刷,安全地缝制和装订,这样能延长它们潜在的寿命。一些参考文献存在压缩磁盘中,这在所需要的阅读量最小的时候是令人满意的。

8.3 易读性

在 20 世纪 70 年代和 80 年代存在一种趋势,一些教育材料在出版的时候采用很差的排版,导致了易读性的降低。这样做的原因纯粹是无知,或者它是技术变革的一个副产品。它多半还由于出版者的不恰当的节约,他们中的很多人都不雇佣专业的排版工人,正如他们以前的做法一样。

书本产品的一个最重要的独立的必要条件是好的易读性,这并不是唠叨。

9. 员工培养

员工培养是这个时刻的紧迫任务。学习如何从软件中获得更多的东西是相当花时间的。虽然这些人常常要用到这些工具,但他们在编辑、图形艺术和排版方面却没有得到充分的培训。人们需要这个领域的更多的经验。但是这个想法是不受欢迎的,至今,很少机构会在内部聘请这类专家,那些专家只有在顶尖的出版公司或杂志社中才能找到。

所有这些导致了一些基本问题的出现。怎样才能教给员工一些曾经是要花半辈子去学的编辑、设计和排版的技能?现在,进行计算机软件的培训和升级也成问题了。在这些领域,短期课程仅仅是解决办法的一部分:知识获取和掌握在这里是有很大的差别的。

接下来的问题是如何把这些新生的传播者结合到一个工作组去,有计划地生产出高质量的产品?一个关键的思想是,进行转换工作的工作组(参见上面)应该在一个地方一起工作,或在一个各个终端都能链接到整个组的大房间工作,能鼓励同事间的协作和小组共同工作。这是获得了高度成功的生产小组遵循的经验。

另一个问题是如何在二会支配的环境下协商实际工作的变动?实际上,采取内部出版,能更容易避免存在已久的工艺和行会不同的问题。管理面临的另一个问题是如何在排版、设计和计算机软件中最好地利用专家顾问。

对于这些问题,现在还无法提供很好的解决办法,但是知道问题所在也是它自身的一个进步。

10. 内部出版的好处

现代技术和内部出版带来了什么好处?关于这个问题,看法是多样的,所列的好处包括:(a)一旦掌握了方法,就能提高生产速度;(b)减少成本;(c)改进了对细节的控制;(d)很容易升级和按要求打印,通常很灵活;(e)通过有创造性的员工之间更好的交互,提高了质量;(f)平等的雇佣机会;(g)能把书与特定的读者或客户匹配;(h)在经济比率考虑之上,增加颜色和图片的使用。

11. 新的媒体

和以前相比,现在更多文本都采用屏幕呈现,而不是用印刷方式呈现。这是个优点,使文本可以与其他形式相结合。一个人不用离开个人工作室就可以把文本和影片或卡通、或文本和计算机模拟结合起来。然而,在没有找到下面的至少两个关键问题的解决方法之前,多媒体呈现将不能在教育中有规律地使用。首先,在功效学的术语中,屏幕上的文本,对印刷文本而言,是次好的。屏幕上的文本缺乏易读性,要快速地访问很困难。而且,很明显,屏幕和书本相比,不好携带。其次,基于屏幕的多媒体系统对于生产以及被学习者运用来说,都是很昂贵的。

总而言之,我们可以信心十足地期待,印刷文本在教育中会有一个长远的、健康的前景。

M. 麦克唐纳德-罗斯(M. Macdonald-Ross) 著
王周秀 武法提 译

附录

[Anon] 1991 The London Evening Standard: Complete PostScript newspaper. *Seybold Report on Publishing Systems* 21:2,3—17

Amato J 1992 Science-literature inquiry as pedagogical practice: Technical writing, hypertext, and a few theories; Parts 1 and 2. *Computers and Composition* 9(2): 41—54,55—69

Carlson P A 1991 Virtual text and new habits of mind. In: Maurer H (ed.) *New Results and New Trends in Computer Science*. Springer, Berlin

Duffy T M, Waller R (eds.) 1985 *Designing Usable Texts*. Academic Press, Orlando, Florida

Febvre L, Martin H J 1976 *The Coming of the Book: The Impact of Printing 1450—1800*. NLB, London

Gottschall E M 1989 *Typographic Communications Today*. MIT Press, Cambridge, Massachusetts

Hartley J (ed.) 1992 *Technology and Writing: Readings in the Psychology of Written Communication*. Kingsley, London

Jeavons T, Beaumont M 1990 *An Introduction to Typography*. Apple, London

Macdonald-Ross M, Waller R 1975 Criticisms, alternatives and tests: A conceptual framework for improving typography. *Program. Learn. and Educ. T.* 12:75—83

Macdonald-Ross M, Waller R 1976 The transformer. In: Greenwood S, Goodacre C (eds.) 1976 *The Penrose Annual* 69:141—152

Rawlins G J E 1991 *The New Publishing: Technology's Impact on the Publishing Industry over the Next Decade*. Department of Computer Science, Indiana University, Bloomington, Indiana

Sharpies M (ed.) 1993 *Computer-supported Collaborative Writing*. Springer, Berlin

Tuman M 1992 *Word Perfect: Literacy in the Computer Age*. Falmer, London

Wallis L W 1990 *Modern Encyclopedia of Typefaces 1960—1990*. Lund Humphries, London

Whalley P 1993 An alternative rhetoric for hypertext. In: McKnight C, Dillon A, Richardson J (eds.) 1993 *Hypertext: A Psychological Perspective*. Horwood, Chichester

Zachrisson B 1965 *Legibility of Printer Text*. Almqvist and Wiskell, Stockholm

Seybold Report is an important source for news on print technology: Seybold Publications Inc., PO Box 644, Media, PA 19063 USA

软件出版(Software Publishing)

20 世纪 80 年代以来,出现了一种新型行业,即教育软件出版。这一行业很奇特,它起源于学校使用计算机的时期,常常通过电话在远程工作站和终端之间建立连接。学校所用的软件通常是免费的,以至于学校常常认为这些软件没有内在价值,也就是说,这些软件都是不需要购买的。独立微型计算机的出现,给教育软件提出了一个要求,教育软件在发展初期，在独立的微型计算机上的使用功效常常不如在远程主机上更大。1977 年以来，微型计算机在颜色、存储容量、速度、屏幕控制、用户界面、声音、屏幕抖动以及可携带性上都在加速发展，而且没有慢下来的迹象。然而，软件开发者和出版者们在开发新技术的同时，还要保持经济上的生存能力，这方面的问题现在变得更加突出了。另一个发展是，教师开始使用那些专门为企业和商业市场编写的特殊软件，更多的是由于那些软件在课堂使用中的效力和可靠性，而不是它们适合于教学。一些出版商把他们的活动延伸到包含课程材料的范围，帮助教师在教育背景下使用商业软件。

1. 软件开发者

最早在学校中使用的教育软件，在大多数的情况下，都是由“热心人士”而不是由专业人员开发的。这些热心人士常常是教师，他们为自己的学生编写程序，并使其他的老师也可以用这个程序，有时要收取一点小费用，有时则是免费。几乎所有的软件都不被整理成文档，与课程内容也没有任何关系。尽管有很多这样的程序流通于 20 世纪 70 年代末 80 年代初，不过它们的质量都很低下，而且很少能存活下来。

1.1　政府主动行为

到了 20 世纪 80 年代中期，顾客，也就是说教师，开始要求质量，而不是数量，结果，激发了许多提高标准、生产出更符合老师需要的软件的主动行为。这些主动行为中突出的有英国的微电子教育工程，法国的学校微电脑项目，美国的明尼苏达教育计算公司，巴基斯坦的 PACES 项目以及印度的 CLASS 工程。这些项目大多数都是由政府发起的，它们开发的软件都是以作为教师培训、信息技术课程开发和计算机意识培养的广大领域的活动为特征的。它们通常是由大学和其他高等教育机构团体去设计、编写和测试软件，这些也都是作为政府主动行为中的一部分。英国的伦敦皇家学院和诺丁汉大学在提高标准、研究革新的设计以及改善“用户友好”界面方面做了很多贡献。

1.2　开发团队

与通常由单个作者完成的传统课本的制作不同，教育软件包是由课程专家、程序员、图像设计师，甚至可能还有教育心理学家组成的高级专门小组来开发的。在 20 世纪 90 年代，用于学习的超级软件包大多数都是由这样的小组开发的，小组里还有教育专家和技术专家。教师的角色在这个开发阶段也不能被遗忘。通常，一个软件在发行之前都要经过反复修改。由学生来使用软件，教师对使用进行现场跟踪，帮助找出软件中的漏洞，对课程和学习目的进行评价，使软件适合于当前的课程。20 世纪 80 年代初期以来，软件在设计风格上有了重大的改变，从刻板的辅导性或说教性的方法转变为更有启发性的环境。在控制上也有了相当大的转变，从由软件设计者控制转变为学习者控制。到了 20 世纪 90 年代初期，教育软件的用户已经感觉到能更多地支配他们自己的学习策略。

1.3　标准

现在已经出现了一些标准，这些标准一部分是由于硬件制造者和商业软件生产者共同影响的结果，一部分是由于成熟了的客户的需要。这些标准包括使用图标描述一个活动；命令菜单，下拉式的或直接可见于屏幕的；使用鼠标或追踪环绕屏幕移动；在一个屏幕上显示一个或更多窗口的概念，使活动能在这个屏幕内发生。标准工具之间的兼容，如字处理、电子数据表格、数据库查询等等，现在都很平常了，用户们发现很容易实现从一种工具到另一种工具的转换。

2. 出版商

软件出版商可以分为很多类。有些是成立已久的传统的书本出版机构，在某些情况下，他们在业务上增加了这种新的媒体，甚至是把他们的活动扩展到 CD 出版以及使用光盘的交互媒体上。他们出版的软件可以是政府开发的项目，也可以是私人创作的或是内部开发的。例如 Comet Verlag（德国）、Otava（芬兰）、Hatier（法国）、Scholastic 和 Sunburst（美国）以及 Longman（英国）等公司都属于这一类。虽然各国的数量都不同，但是传统的书本出版机构在整个市场仅占很小的比例。

在一些国家，中央和地方政府代理机构通常通过政府项目出版软件。例如 Atenaea 工程（西班牙)，Minerva 工程(葡萄牙)，Catalunya Programma d'Informatica Education(西班牙东北部)，挪威皇家教育、研究和教堂事物计算的最初工程，丹麦的 Orfeus 工程，巴基斯坦的 PACES 项目以及 MEU 威尔士的 Cymru 工程。或许最成功的教育软件出版者就是那些专门从事这个领域工作的机构。这些也有可能是完全私人的，例如西班牙的 Edicinco，荷兰的 Visiria，英国的 4Mation 和 Sherston，芬兰的 Softmill，俄罗斯的 Almanac，印度的 Interprint 或美国的 Softcat。

最后一类可以描述成学院机构。有相当数量的学院和大学出版他们自己的软件，有时还十分专业。例如英国的 Newman 学院，Helsinki、Athens、Leuven、Genoa、Wroclaw 和圣比得堡的造船机构以及新西伯利亚的西伯利亚科学学院。在 20 世纪 90 年代初期，仅英国的教育软件出版机构的总数就超过了 400 家，全世界的数量估计在2 000到3 000之间。在英国，更多重要的出版商形成了商会，著名的有教育软件出版协会(ESPA)，它们在质量上保护购买者和出版商，并且开发了有关发行的标准，例如许可证和版权。

3. 生产制作

一个教育软件包是由大量的不同元素构成的。就拿它最简单的形式来说，购买者至少期望获得一个装有一张磁盘和一本小册子的文件夹或小盒子。对于这张磁盘或一整套磁盘，出版商可以提供超过一种的尺寸格式或机器版本。学校中使用的绝大多数微机的磁盘都是两种尺寸，即直径为 5.25 英寸(13cm)的和 3.5 英寸(8.9cm)的，这种类型的磁盘很容易损坏，只能存储很少的数据。用通俗的话说，它们常常分别被称为“软磁盘”和“硬磁盘”。3.5 英寸盘又分为双倍密度(DD)和高密度(HD)。一张高密度的 3.5 英寸盘能存储 1.44 兆字节或 150 万个字符。一些机器，例如 Amstrad PCW，磁盘小于 5.25 英寸，带有一个长方形的套，与带有正方形的套的 5.25 英寸软盘不同。

出版商于是面临决定迎合哪种机器类型和磁盘驱动器尺寸的难题。对潜在市场的研究将有助于范围的缩小。购买者需要精确地定义他们购买的软件是用于什么系统的。磁盘应该带有程序的名字、出版者、版本号，例如 v4.0g—— 一个有日期的版权通知机器类型。这个比较靠后的信息是微机的名字，例如苹果 Macintoshj 或一个操作系统/环境，例如微软(Microsoft)的磁盘操作系统(MS-DOS)。和软件一起的小册子可包括一个(技术)参考指南、一个个别教学指南、一个教师指南、课程应用或一个学生指南。有些包还可以包括地图、图表、活动卡片和一个视频或音频磁带，用来扩展学习经验。随着技术如此飞速的进步，人们很快就能期待包含交互软件和数据的 CD-ROM 和光学媒体，逐渐把软盘取代。

3.1 包装和发行

当软件要出版的时候，出版商还是以书本的形式来思考它们。许多软件包装都是 A4 或 A5 或与此等价的美国标准形式，当软件包放在书架上的时候，在设计上应把软件名称显示在书脊上。有些出版者提供的软件包都带有国际标准书号(ISBNs)，以确保它们是系统地罗列在如“BOOKBANK”这样的书目数据库上。

一般的购买方法是通过邮件订购。很少能在商店里找到教育软件包。通常，出版者不得不经常给学校发邮件告诉他们有新软件上市，或在国家教育期刊和杂志上做广告。

4. 许可证

学校或学院中大量独立的微机上的软件的多重备份，导致出版商提出了各种许可证计划。最简单的例子，一个计算机软件许可证，在任一时间内仅允许在一台机器上使用该软件。如果一个学校希望“批量购买”某个软件包的很多份，以用于固定数量的独立或联网的微机上，出版者将提供一个价格，捆绑的软件数目通常能满足最大规定数量的机器。出版商常常也会提供一个特定地点的无限制使用的许可证价格，允许教育机构可在规定位置的任何地方灵活使用该软件。有关单个用户价格的多重因素可分为 1~10 类，但正常状态下主要围绕 5 类定价。有时候许可证价格会隐藏在包含大量网站和一个捆绑的文件包，或包括在整个网络都可用的软件的全部价格里面。在这个网络里增加更多的站点会导致先前的许可证协议失效。软件购买者通常要求签署两份许可证协议，一份由出版商保管，另一份交给“站点”管理者。

4.1 软件保护

出版者采用大量的方法保护他们的软件。一个把软件装在内部硬盘上的程序，就可以允许用户只执行有限次数的操作，比方说两次。用于网络的软件也能“调整”为只在一个指定的网络中工作。Dongle，一个把软件钥匙包含在芯片上的小装置，必须把它插在微机背后，程序才能工作，或更普遍的是，装了该软件后，磁盘会被一定程度上“锁定”，防止对它进行拷贝。在罗列了各种各样的使用方法后，必须指出，许多出版者都信任教育机构能遵守许可证制度，常常鼓励教师为了他们自己的安全起见，对所买的每一张盘都做个备份。

5. 版权问题

版权和文本、图片或视频图像等电子材料出版，对出版者和用户来说都是一个相当混乱的领域。版权的存在是为了保护创作者的知识产权。负责任的出版者会把版权很清楚地写在电子媒体和随附的文档上。不幸的是，许多出版者都不这么做。有时候，注意一个版权会以这样的形式出现，例如“(c)1993 ABC 软件出版。这些程序可以在规定地域的教育机构中自由拷贝”。这就暗示了关于国家或地区的许可证，已经在特定范围的学校中协商好了，或是国家或当地政府投资了程序开发，政府和出版商之间已经进行了协商，可自由使用该软件。关于这个主题的可能变化是无止境的。事实上，在有些情况下，版权提示并不印在材料上，这也并不暗示版权不存在。实际上，任何个人或公司的任何形式的纯粹出版材料，都是自动激活版权，使它随着材料一起存在的。

5.1 非法拷贝

并非所有的国家都是关于版权的《伯尔尼协定》的签约国。在有清楚的国家版权法存在的地方，非法拷贝则构成偷窃，要依法惩处。没有版权法存在的地方，教师和其他关心教育的人有责任示范版权道德责任，甚至在商业软件市场上面对相反的趋势的时候。教育软件生产相关的行业是非常脆弱的。普遍的非法拷贝或更糟糕的盗版（也就是，通过拷贝以及销售来获利）会大大妨碍世界出版的创造性和责任。

6. 网络

对局域网（LAN）在教育中的应用所提供的优势的探索在不断深入。许多软件出版商在他们的产品中对单机版和网络版做了区分。用户购买网络版时要支付更多的钱，但是可以获得大量的利益。如果一个班级中 30 个学生共用 15 台独立的机器，都使用同样的软件包，那么装载程序以及在文件和数据间建立联系、等待打印机上的硬拷贝以及在软盘上保存个人的工作，会浪费相当多的老师和学生的宝贵时间。在某些情况下，出版商更愿意出版用于网络环境的软件，他们的软件在网络环境下可以用软件来保护，而单机版的软件拷贝和分发上没有任何保护措施。

7. 版本制作

高质量的教育软件对开发和出版来说，都是一个昂贵的资源。典型的，开发一个有意义的软件包要花超过两年的时间。教育购买者在购买的时候总是要经过严格的预算，结果，出版商就需要为他们的产品寻找最广泛的可能市场。这可以通过给用于大量的机器平台和操作系统的相同软件包进行升级，或通过把程序和文档从最初的语言翻译到另一种语言实现。

7.1 程序语言

版本制作需要相当大的工作量。它或许意味着把一个用 BASIC 写的程序改写为用 C 语言写的程序，除非采用了软件仿真程序，否则编码很耗时间，而且是单调乏味的。软件仿真程序很少能完全地奏效，特别是在加速和屏幕图形呈现的时候。不同机器平台和操作系统通常有自己的属性，很难在替代的环境中进行完全地开发。例如，在 Acorn Archimedes 5000 中获得的声音，不可能在一个标准的 IBM 个人电脑上创造出来。尽管存在这么多的困难，出版商还是十分频繁地生产同一软件的大量版本，这些细节在他们的目录中反映出来了。关于 CD－ROM 光盘媒体的多媒体软件包的升级，是

20世纪90年代初期的一个研究领域，它要依靠许多要素，包括软件界面的国际标准。

7.2 翻译

由于编写原始软件的标准的出现，在相同的机器平台上执行一种编写语言到另一种编写语言的翻译变得愈加容易了。本质上，如果出现在屏幕上的文本不是隐藏在源代码下，而是从一个很好定义的文件中访问，那么翻译工作只要几天就可以完成。最大的问题在于在屏幕框架或窗口中安装新的语言翻译，以及找出合适的方式来表示第二语言中的命令或行为。在欧共体里，有一个关于这个特殊活动的出版商和开发商网络——EPES（欧洲教育软件库）。在库的外面，软件已经成功地从英语翻译为其他语言如芬兰语和俄语。在这里，文档翻译不再是非常昂贵的任务。重写课程材料以适合当地课程和文化，这对输入国家来说，或许是一种障碍。

8. 远程软件

远程软件意味着软件不在本地。在通过电视和收音机广播传输和通过电信系统（例如电话）发行教育软件上进行了大量的实验。广播软件的经济性意味着出版商很少从产品中获利，所有的实验都是短命的。最终，一些人不得不对这样的服务付费，终端用户既没有办法也没有意愿要这么做。通过公共电话网传送软件取得了一点成功：在这种情况下给终端用户适当的硬件和电信软件，它就有可能在监控和收费下进行传送，出版者也可以从“卖”中获得一些收入。在一些地方这点做得相当成功，例如法国的 Minitel 系统和英国的 Prestel，不过，由于传送速度和缺少任何文档，引起了进一步的问题。结果是大多数软件都有琐细的本质。严肃的教育软件出版商已经趋向于不把远程软件作为他们产品的发行机制。

9. 软件出版的将来

随着这个行业的逐步稳定，在世界范围内致力于这个领域的出版商可能会越来越少。国际行业标准中被商业和贸易承认的部分将影响硬件设计和主要的软件环境。多媒体标准将由娱乐业来规定，就像规定电影和录像的标准一样。出版者将增加专门的研究，用于教育领域的 CD - ROM 的范围将有很大的增长。到2000年，便携式电脑将有可能像计算器那样普遍，而且相对其他而言，将非常便宜。教育和娱乐之间的区别将变得模糊，出版商将努力寻找能满足世界“教育娱乐”要求的软件。

M. H. 阿斯顿（M. H. Aston） 著

王周秀　武法提 译

附录

Aston M H 1981 Towards an integrated approach to distribution of educational software. In: *Computers in Education.* (Proceedings of the Third World Conference on Computers in Education [WCCE 81], Lausanne) North-Holland, Amsterdam

Aston M H, Rantanen J 1986 Towards a set of European standards for the development of educational software tools for 16/32-bit micros. (Proceedings of EURIT 86) University of Twente, Enschede

Aston M H, Dolden R 1993 *Logiciel sans Frontières.* Proceedings of CAL 93, University of York. Pergamon Press, Oxford

British Council 1990 *The British Educational Software Publishers Handbook.* The Advisory Unit, Computers in Education, Hatfield

Commission of the European Communities 1990 *Versioning of Educational Software: Final Report.* CPI, Copenhagen

Crabb G 1988 *The Production of Software for Distribution in EEC Countries: Copyright and Contract Issues.* CET, London

Hall W S 1991 Adapt your program for world-wide use with Windows internationalization support. *Microsoft Systems Journal* 6(6): 29—59

Hojsholt-Poulson L 1992 *European Pool for Software (EPES) Strategy Paper.* Orfeus, Arhus

International Publishers Association 1992 *Rights: Copyright and Related Rights in the Service of Creativity*, Vol. 6, No. 2. IPA, Paris

Leiblum M D 1990 Cataloguing CAL courseware: An

exposé. *Comp. Educ.* 15(1—3):7—12

National Council for Educational Technology 1992 *Educational Software: A Directory of Currently Available Software for Schools and Colleges.* Whitaker, London

National Educational Resources Information Service (NERIS) On-line and CD-ROM subscription (published 3 times annually). NERIS, Woburn

Scottish Council for Educational Technology 1990 *Portability of Educational Software in Relation to the Creation of a Viable European Market.* Office for Official Publications of the European Communities, Luxembourg

Tagg W et al. 1990 *Advice to Schools on Software Licences and Copyright.* NAACE, St Albans

静态媒体的制作(Still Media, Production of)

许多用于演示的静态媒体在形式上没有变化，但是用来生产它们的一些方法却有了重大的改变。有时，生产方法的变化又导致了结果的重大变化，例如顶置投影仪，现在使用基于计算机的图像在液晶显示(LCD)板上显示。其他情况是，生产方法发生了变化但是结果和以前没有本质区别，例如电脑激光打印机制作出的透明胶片和那些用静电或热敏复印机制作出的透明胶片的比较。

生产之变化导致新的结果与生产之变化产生同样的结果之间还是有关键区别的。新的结果可能直接改变教与学的实际过程，因为它引进了一种新的媒体形式。而产生相同结果的新的生产方法不能直接改变教学。它们的影响在于支持教学过程的基础设施的变化，例如，使媒体的性价比更高或更易生产。

有一点或许更重要，新的媒体形式模糊了传统媒体类型之间的区别(例如“静态媒体”)。这就提出了关于特定媒体在学习上的效果的传统看法问题。例如，使用计算机演示有限的动画，并通过投影仪上液晶显示板进行投影，就可以被认为是投影媒体吗，即使它的屏幕效果和幻灯片或动画循环播放是一样的？如果同样的呈现显示在录像机上又会怎样呢？那它是什么媒体？作为一种媒体其效果的普遍性是什么呢？类似的，影碟也可以携带静态图像或完全的动画，有或没有音频。这种情况下应该考虑生产媒体还是输出媒体呢？

本词条不对媒体作严格的分类。相反，它回顾了用于大多数教学机构的三种常见的静态演示媒体，并对每一种媒体形式的生产做了简要的评论。这些媒体包括：(a)图表、翻转图以及演示板；(b)投影仪(包括计算机制作的材料)；(c)幻灯片。附随的图表提供了考虑何时生产和使用这些媒体的关键因素的简要概括。

注意：现代生产技术使任何事物都可能成为现实。一张幻灯片可以通过扫描和再生产成为一张3英尺×4英尺的彩色海报。可以数字化地捕捉视频的帧，在电脑上进行操作，加上文本和图片，就可以产生幻灯片。接下来的图表中的信息描绘了更常见且能提供的媒体生产方法。

1. 图表、翻转图以及演示板

这个类别涵盖了非投影媒体——永久的和暂时的。这类媒体通常用于少量的观众，几乎总是由教师或培训人员自己准备。因为它们的简易性和灵活性，这些媒体在以教师为中心的演示中占据了主要位置。教师能在课堂中改变和创造(商品化生产的地图和图表例外)新的信息。而且，相对低廉的价格使这些媒体在信息或观众人数可能变化的时候很流行(看表1和表2)。

图表、翻转图以及演示板是主要的一种教师主导的媒体。在所有这些媒体的使用中，教师或演示人员和媒体之间都有相当大的交互。除了商品化的图表和地图之外，媒体的每一次使用都是单一事件——事实上，只使用一次。这与顶置的投影透明胶片以及幻灯片形成鲜明的对比，在后者中，材料可以被重复使用或用简单的再生产方法进行复制。

2. 顶置投影

近几十年中，顶置投影从偶尔使用变成普遍存

表 1　图表、翻转图以及演示板的特征(a)

	通常什么时候准备或添加信息?	信息的永久性如何?	媒体通常由谁准备?	最大观众数量
图表、海报、地图(印刷的,通常是商品化的)	在演示之前	永久的	商业准备	小于中间数
演示板(例如,粉笔板、白板)	在演示的过程中	暂时的	总是由教师准备	小于中间数
翻转图	在演示之前或演示的过程中	暂时的/永久的	教师(有时候是观众)	小于中间数

表 2　图表、翻转图以及演示板的特征(b)

	灵活性(内容变化)	原版的相对费用	再版的费用	携带性	(a)易于生产(b)易于使用
图表、地图(印刷的,通常是商业制作)	非常低	高	大量购买的情况下就降低	有些:根据尺寸	(a)困难(如果是商业制作的) (b)容易使用
演示板(例如,粉笔板,白板)	非常高	低	不变	通常固定:有些可移动	(a)容易(改变信息) (b)容易使用
翻转图	非常高	低	不变	有些:根据尺寸	(a)容易生产(b)容易使用

在的媒体。现在,培训室和教室通常都配有顶置投影仪。投影仪的一个被忽略的优点是它自身的机械用途几乎没有变化,而与此同时,材料使用上却有相当大的变化,而投影仪既能适用老的、简单的材料,也适用于那些最新的、复杂的材料。除了演示不透明的物体以及当作投影黑板使用之外,投影仪还适用于许多方法制造的透明胶片。

顶置投影有两项重要的新发展。第一个新发展是静电彩色复印机质量的巨大发展——特别是采用数字真彩色。在 20 世纪 80 年代期间,透明胶片的质量有了很大的提高,开始成为摄影透明胶片的竞争对手——至少,许多投影仪都用它们进行演示。除此之外,静电复印的生产时间与摄影过程的相比,要少得多。

第二个新发展是 LCD 控制板。LCD 控制板,与任何透明胶片一样,位于投影仪上方。然而,它们使用计算机输出(直接链接到计算机或者把信息存储在自已的控制板内存上)形成图像。控制板自身从相对模糊的黑白图像到明亮的多彩图像发展十分迅速,这些多彩图像能被充分、迅速地改变(通过计算机),创造出粗糙的动画。

生产顶置投影材料需要设计和生产上的技能。然而,生产 LCD 控制板还需要计算机专业技能。与其他任何媒体的生产方法相比,顶置投影透明胶片或许有更多的制造方法。更普通的方法都列在表 3 上了。

这里所说的真彩色,指的是再现的色彩(包括各种色调和色彩)和它们在原版以及单一的透明胶片上的一样。有些方法通过分离不同的透明胶片上的色彩,以及把它们进行结合以获得一个色调和色彩的范围来获得真彩色。

由于它的灵活性——能在各种环境下使用任何不同的材料——以及它的普遍性,顶置投影仪成为会议、演示和培训中最常用的演示装置。顶置投

表 3 顶置投影生产的特点

生产方法	加工和材料	母版/原版要求	评论
手工制作	干净基底(醋酸盐)干燥的移动字体;某些记号;油墨	没有;原物仅仅是副本的制作	最灵活、最迅速,但受制作者图形技能的限制
热转印	特殊的材料,用于红外的和热处理;干燥,单步处理;各种材料(纯黑或彩色;反转或底片图像;纯彩色)非真彩色再现	被拷贝的信息必须有碳粉在原版上;仅仅是线条再现(尽管半色调将拙劣地拷贝);副本和原版大小相同;当需要改变大小时常常使用静电复印来制作原版	也称为热传真;热敏材料,如果受热会变黑
静电(静电复印的,黑白和彩色)	在干燥处理复印机中使用静电复印过程;需要特殊的醋酸盐(足够分量以经得起加热或处理,以使墨粉附着);在彩色机器上真彩再现	任何原版都能用于正常的静电复印中;有些机器允许改变副本的大小。线条原版的黑白再现比连续的色调的要好;大面积的黑色不能达到最高密度。可以在硬拷贝或 2 英寸 ×2 英寸幻灯片原版中使用色彩。	也称为静电复印;对黑白印刷来说,迅速且相当便宜;不是所有的复印机都能制作透明胶片;彩色原版不如黑白的再现效果好
摄影——黑白	摄影处理需要大格式的照相机(或放大器);使用摄影材料;线条或连续的色调;常规的或专门的处理方法	一切原版;胶片类型应和主题匹配(线条 vs. 连续的色调);任何大小的原版;如何合适的再现装备可利用的话	能结合其他的方法;线条有起皱边缘且含黑;一些低曝光指数(EI)的艺术图形胶片常常需要强烈的光照或长期的曝光
摄影——彩色	摄影处理需要大格式的照相机或放大器;通常是彩色反转胶片;非常好的真彩色再现	一切	8 英寸 ×10 英寸彩色透明胶片相对昂贵,但是在所有生产方法中,具有最高的分辨率
重氮	特殊的材料(处理过程和蓝图生产类似);使用氨,需要很好的通风;每一个锡箔一种颜色;纯彩色(或反转);非真彩色再现	原版必须是半透明的;不缩小/放大;没有连续的色调	也称为“奥萨里德”晒图机,副本常常被称为“锡箔”;基本上已被更新的方法代替
多色处理(非摄影的)	印刷业上一般使用不同的专有系统来检查色彩分离;通常需要特殊的装备和材料	原版可以是已经分离的或照相机能通过滤波器的分离曝光进行分离;依靠所使用的机器或系统来缩小/放大	在印刷系统中要比在视听设备生产中更常见
计算机演示面板	计算机驱动位于投影上的演示面板;纯蓝黑;可用的多色面板,但为了最好的效果需要黑暗的房间	没有特别地要求要有母版;创造的演示都存储在计算机中;完善度与面板质量无关,和软件程序有关	演示面板由于质量和完善度的原因变化很大;高级模式中可在面板内存中存储图像,不需要计算机就可以演示;和其他的投影相比,经常需要更暗淡的房间光线

影仪是媒体领域中不容争议的役马。

3. 幻灯片

如果说顶置投影仪是演示世界中的役马,那么 2×2 幻灯片就是赛马。在幻灯装置中,术语“幻灯片”常常涉及的是摄影材料的彩色反转透明片,它的外部尺寸为 2 英寸乘 2 英寸(所谓的 2×2)以及使用“幻灯投影”进行投影。用于 2×2 装置的最常用的图像区大约为 24 毫米 ×36 毫米(约 1 英寸 ×1.5 英寸)。幻灯片装置可放映任何种类的投影材料，最常见的材料是35毫米彩色反转胶片。然而，术语幻灯片也用于其他尺寸的摄影透明胶片，例如：

(a) $1\frac{5}{8}$ 英寸×$1\frac{5}{8}$ 英寸的图片区在2英寸×2英寸装置中（称为超级幻灯片）。

(b) $2\frac{1}{4}$ 英寸×$2\frac{1}{4}$ 英寸（120和220胶片），要求用特殊的投影仪。

(c) 3英寸×4英寸（常常叫作幻灯片），也要求用特殊的投影仪。

有些场合，任何用于顶置投影仪的透明胶片都称为"幻灯片"（或许是来自8英寸×10英寸彩色透明胶片的使用）。在本词条中，幻灯片指的是通过幻灯投影光学系统演示的彩色反转透明胶片（通常来自2×2装置中的35毫米胶片）。

一般来说，幻灯片（技术上来说，彩色反转透明胶片）比投影透明胶片有更强的视觉影响——即使两者都是用相同的高分辨率彩色透明胶片制成的。幻灯片的优势来自下面的两个原因。首先，幻灯投影光学系统通常优于顶置投影仪。第二，和顶置投影透明胶片相比，幻灯片通常能用于更黑的环境。通常，更好的光学系统和观看条件能使屏幕上的图像更好。尽管大多数幻灯片通过摄影过程制作，该过程的输入可以是一架传统的照相机、一种特殊效果的照相机（具有用于照片和图形效果的多次曝光能力）或计算机产生的输出。现在，幻灯片的复杂性范围已经从纯背景上的简单文本一直延伸到复杂的图片和图形效果。

4. 从任何输入到任何输出

计算机的引进，特别是精制的计算机图片—图形程序，模糊了静态媒体生产的传统方法。例如，绘制或摄影的图像（来自视频，来自电子摄影，来自CD-ROM或来自高分辨率的扫描仪）能被输入计算机，通过对它进行操作几乎可产生任何可想像得到的可视结果。这些结果是：(a)通过视频投影仪（传统的或LCD）显示；(b)在使用LCD控制板（黑白或彩色）的顶置投影仪上显示；(c)转化成为彩色反转透明胶片（从35毫米到8英寸×10英寸）；(d)在静电复印机或绘图机上以2英尺×3英尺或更大的尺寸打印（可以是黑白的或彩色的）。因此，用于许多传统材料的生产技术还保持原样，用于高技术的静态媒体的生产技术是互相重叠的。尽管计算机技能（主要是图形应用程序的使用）是重要的，好的设计还是占据至高无上的地位。计算机技能，不管如何好，都无法取代沟通和教学的能力。

5. 静态媒体的选择

抛开它们物理上的局限性（例如，能清楚观看媒体的人数）不说，静态媒体几乎是可互换的，也就是说，演示者给观众演示的时候，能达到大致相同的结果。以下是选择和生产静态媒体时要考虑的因素：(a)交流或培训的目的；(b)演示环境（一个物理局限性）；(c)观众的特点；(d)会议的结构和气氛；(e)生产原料（不仅仅是费用）；(f)费用（以及费用有效性）。

虽然使媒体和目标相匹配通常被认为是最重要的考虑因素，但实际上大多数演示者都把演示环境作为首要的考虑对象。例如，在演示微妙的色彩的时候，幻灯片是最佳的选择，但是幻灯片要求在黑暗的房间。如果房间黑暗程度达不到，幻灯片——不管它如何适合目标——可能成为很差的选择。下面是三种静态媒体的一些常见的属性。

5.1 图表、翻转图以及演示板

这些媒体通常要求演示者和媒体之间有很强的交互（特别是对翻转图而言）。因为图像的大小是受限的，因此观众的人数也是受限的。由于它们的传统使用方式（在一个小组中，由演示者来添加信息），翻转图带来了非正式的和亲切的气氛，能鼓励观众参与其中。图表（不管是已经准备好了的还是在演示过程中作的）能张贴在整个房间，作为演示时候的参考。这些演示媒体不要求准备电源或特殊的房间，是自发的小组会议的理想选择。

5.2 顶置投影

虽然顶置投影仪的使用仅仅限于翻转图或黑板，但是由于投影能增大图像，因此观众的人数也可以更多。顶置投影能用于相对明亮的房间，只要

光线不直接照在屏幕上。大多数顶置投影仪都有固定的聚焦镜,限制了投影仪及屏幕的布局以及房间的布局。投影仪能投影很多种材料——因此,能演示非常不正式(可以是手写的材料)或非常有结构的材料(如同通过 LCD 面板演示的计算机产生的材料一样),以满足演示者的需要。材料的范围意味着其费用和准备时间的范围,要依据所使用的材料的技术复杂性而定。因为大多数顶置投影仪都有一个很亮的区域,位于图像的中心(所谓的"热区"),材料,特别是摄影材料,都必须相应地设计和生产。在顶置投影仪的使用中,一些演示者不能自如地改变和操作透明胶片——在这种情况下,应该配备助手。

5.3 幻灯片

幻灯片通常要求在一个很黑的房间演示(特别是使用高强度的投影仪的时候,但是相对要昂贵些)。由于房间是黑的,因此就无法进行一些非正式的、观众参与的活动。除此之外,演示者还不能监控观众的反应。在设备安装以及房间变暗上,与投影仪及翻转图相比,需要更多的演示协调和准备。与其他的静态媒体相比,幻灯片通常需要更多的生产时间。放映机的大小(和投影仪相比)以及变焦镜头,允许房间布局能比使用顶置投影仪更灵活。使用幻灯投影机,可以给分散单元演示一个非常平滑、顺畅的外观。

记住,前面的都是归纳出来的东西,在每个陈述中都可以找到例外。不存在对所有呈现都适用的单一的、正确的媒体。随着生产方法的逐渐老练(特别是计算机产生的设计和生产),使得在相同的输入下,能相对容易地生产出大量的媒体形式。媒体使用成功的关键在于,为了达到有效的交流,尽可能地利用可利用的资源。

C. J. 沃林顿(C. J. Wallington) 著

王周秀 武法提 译

附录

Anderson R H 1976 *Selecting and Developing Media for Instruction.* Van Nostrand, Reinhold, New York

Reiser R A, Gagné R M 1983 *Selecting Media for Instruction.* Educational Technology Publications, Englewood Cliffs, New Jersey

Wallington C J 1987 Audiovisual methods. In: Craig R L (ed.) 1987 *Training and Development Handbook*, 3rd edn. McGraw-Hill, New York

How to Make a Better Technical Presentation. 3M Company, St Paul, Minnesota

有关教育中应用计算机的组织和刊物(Computers in Education, Organizations and Journals on)

20 世纪 80 年代是技术迅速发展的 10 年,因此,个人计算机价格相应下降,而在教育机构中拥有最大幅上升,相应支持机构和杂志大量增加。1993 年,世界有超过1 000家组织机构从事计算机教育应用或相关领域的研究。要从所有组织中进行选择和过滤,首先需要把它们分成两大类:(a)继续教育和高等教育机构;(b)对计算机教育应用有兴趣的其他机构。第一类包括了大学的系科、计算中心以及软硬件在教育和培训中的开发与应用的具体中心(遍及小学、中学和大学层次)。第二类包括了与计算机教育应用相关的国际、国内各种专业的营利或非营利组织。

类似的划分可以在奥斯本(Osborne 1991)的《国际教育与培训技术年鉴》中得到印证。这种分类是在充分考虑了所有有关组织及各大学专业系科、中心等的具体情况后做出的,在第二类中只给出了一部分国家的国家级机构或组织,选择的标准是:国家的大小、国家在领域内的影响以及国家在全球地理位置的分布。所有的组织都在本词条第 2 部分列出,并给出了参考地址(Osborne 1991)。

一些国家级的组织(如英国教育技术国家委员会)出版信息技术教育应用的研究与发展方面的目录册,国际和地方性的组织(例如,在第2 部分列出的 ISTE 和 DELTA)出版其组织成员的地址及简单介绍的目录(主要指非个人的成员)。

对于本词条中所列选的计算机教育应用方面的期刊、杂志、公告等,主要使用了尤里奇(Ulrich)国际期刊目录(1992)。因为在进行新信息技术在教育中应用方面的研究、开发和利用的专业团体中,英语基本已作为一种"官方"语言,所以大多数期刊是以英文出版的。

所有的出版者和发行者的信息都可以在《尤里奇期刊目录》中查到。组织的选择与第一部分列出的期刊、杂志相类似,并且尽可能将在第二部分中列举的专业组织所出版的各种期刊、杂志、简讯、公告等都囊括进来。

1. 计算机教育应用及相关领域的期刊、杂志、简讯、公告等

视听杂志(荷兰)[*AV Magazine* (*The Netherlands*)]

信息教育公告(哥伦比亚)[*Boletin de informática Educativa*(*Colombia*)]

英国教育技术杂志(*British Journal of Educational technology*)

计算机教育(*Computer Education*)

计算机与教育(*Computers and Education*)

教育中的计算机(*Computers in Education*)

人类行为中的计算机(*Computers in Human Behavior*)

新西兰学校中的计算机应用(*Computers in New Zealand Schools*)

COS(荷兰)[*COS* (*The Netherlands*)]

CTISS 卷宗(*The CTISS File*)

Datorn I Utbildningen(瑞典)

DLT 新闻——欧洲新技术与学习(*DLT News-New Technologies and Learning in Europe*)

教育与计算技术(*Education and Computing*)

教育计算研究(*Educational Computing Research*)

国际教育媒体(*Educational Media International*)

教育技术(*Educational Technology*)

教育技术——研究与开发(*Educational technology-Research and Development*)

教育技术系统(*Educational Technology Systems*)

国际教育与培训技术(*Educational and Training Technology International*)

电子学习(*Electronic Learning*)

欧洲快递(*Eurostep Courier*)

人机交互(*Human-Computer Interaction*)

超媒体(*Hypermedia*)

信息教育(阿根廷)[*Informática Educativa* (*Argentina*)]

信息技术与学习(*Information Technology and Learning*)

智能指导媒体(*Intelligent Tutoring Media*)

计算机交互——人机交互的跨学科杂志(*Interacting with Computer. The Interdisciplinary Journal of Human-Computer Interaction*)

交互式学习环境(*Interactive Learning Environments*)

国际交互式学习(*Interactive Learning International*)

交互式多媒体(*Interactive Multi Media*)

教学媒体国际杂志(*International journal of Instructional Media*)

教育技术与设计国际杂志(*International journal of Technology and Design Education*)

教育中的人工智能(*Journal of Artificial Intelligence in Education*)

计算机辅助学习(*Journal of Computer Assisted Learning*)

基于计算机的教学(*Journal of Computer Based Instruction*)

数学与科学教学中的计算机应用(*Journal of Computers in Mathematics and Science Teaching*)

儿童教育中的计算技术(*Journal of Computing in Childhood Education*)

教师教育中的计算技术(*Journal of Computing in Teacher Education*)

教育多媒体与超媒体(*Journal of Educational Multi Media and Hypermedia*)

超媒体与多媒体研究[*Journal of Hypermedia and Multimedia Studies* (*Hypernexus*)]

教育计算技术研究(*Journal of Research on Computing in Education*)

结构学习(*Journal of Structural Learning*)

登录(*Login*)(德国)

基于机器的学习(*Machine Mediated Learning*)

多媒体计算技术(*Multi Media Computing*)

多媒体评论(*Multimedia Review*)

多媒体与视频监控(*Multimedia and Videodisc Monitor*)

绩效与教学(*Performance and Instruction*)

学校与计算机(荷兰)[*School and Computer* (*The Netherlands*)]

学习模拟/游戏(*Simulation/ Games for Learning*)

计算机社会科学应用评论(*Social Science Computer Review*)

教学与计算机(*Teaching and Computers*)

技术与学习(*Technology and Learning*)

为教育、培训决策者提供的技术趋势(*Tech Trends for Leader in Education and Training*)

计算机教师(*The Computing Teacher*)

教育中的技术视野[*THE Journal* (*Technological Horizons in Education*)]

2. 计算机在教育、培训中与应用相关的组织

2.1 国际组织

教育与培训技术协会(Association for Educational and Training Technology, AETT), c/o Centre for Continuing Education, City University, Northampton Square, London EC1V 0HB, United Kingdom

ERIC 信息资源中心(ERIC Clearinghouse on Information Resources), Syracuse University, Syracuse, NY 13244-2340, USA

政府间信息项目(The Intergovernmental Informatics Programme, IIP), Secretariat, UNESCO, 7 Place de fontenoy, F-75700 Paris, France

国际传播研究所(International Communications Institute, ICI). Box 1414, Main Post Office, Rockhampton, Queensland. Australia

国际教育媒体委员会(International Council for Educational Media, ICEM). 28 rue d'Ulm, 75230 Parl, Cedex 05, France

信息处理国际联盟(International Federation for Information Processing, IFIP), Secretariat, 16 Place Longemalle, CH-1204 Geneva, Switzerland

国际模拟与游戏协会(International Simulation and Gaming Association, ISAGA), c/o Professor Dr Jan H G Klabbers, Faculty of Social Sciences, RUU, PO Box 80140, 3508 TC Utrecht, The Netherlands

国际教育技术学会(International Society for Technology in Education, ISTE), University of Oregon, 1787 Agate Street, Eugene, OR 97403, USA

联合国开发计划署(United Nations Development Programme, UNDP), 1 United Nations Plaza, New York, NY 10017, USA

联合国教科文组织教育研究所(UNESCO Institute for Education), Feldbrunnenstrasse 58, D02000 Hamburg 13, Germany

联合国教科文组织国际教育处(UNESCO International Bureau of Education, IBE), Case Postale 199, CH-1211 Geneva 20, Switzerland

联合国教科文组织改革、技术与研究部高等教育与研究分部(UNESCO Section of Innovation, Technology and Research within the Division of Higher Education and Research), 7 Place de Fontenoy, F-75700 Paris, France

2.2 地区性组织

阿拉伯教育技术中心(The Arab States Educational Technology Centre, ASETC), PO Box 24017, Safat, Kuwait 13101

教育改革发展亚太项目(Asia and the Pacific Programme of Educational Innovation for Development, APEID), UNESCO Principal Regional Office for Asia and the Pacific, 920 Sukhumvit Road, PO Box 967, Prakanong Post Office, Bankok 10110, Thailand

欧洲技术促进学习发展项目(Development of European Learning through Technological Advance, DELTA) Rue de la Loi 200, B-1049 Brussels, Belgium

EuroPACE, CNIT-INFOMART, B. P. 529, 2Place de la Defénse, F-92053 Paris-La Defénse, France

欧洲培训与教育项目卫星使用者协会(European association of Users of Satellites in Training and Education Programmes, EUROSTEP), Rapenburg 63,

2311 GJ Leiden, The Netherlands

欧洲教师继续教育信息中心(European Information Centre for Further Education of Teachers, EICFET), Charles University, Kaprova 14, 11000 Praha, Czech Republic

欧洲交互媒体有限公司(European Interactive Media Ltd.), 22 Brook Street, London W1Y 1AE, United Kingdom

欧洲开放学习联盟(European Open Learning Network,一个企业与远程教学和培训机构的联合团体),(SATURN) Office, Keizersgracht 756, 1017 EZ Amsterdam. The Netherlands

教育改革与技术地区中心(Regional Center for Educational Innovation and Technology, INNOTECH), Commonwealth Avenue, University of The Philippines, Diliman, Quezon City, the Philippines

2.3 英国

Ace 中心(Aids to Communication in Education), Ormerod School. Waynflete Road, Headington, Oxford OX3 8DD

微技术教育咨询会(Advisory Unit for Microtechnology in Education), Endymion Road, Hatfield, Hertfordshire AL10 8 AU

CIMTECH(National Centre for Information Media and Technology,国家信息媒体与技术中心), College Lane, Hatfield, Hertfordshire AL10 9AB

计算机教育工作组(Computer Education Group, CEG), c/o Staffordshire Polytechnic, Computer Centre, Blackheath Lane, Stafford ST18 0AD

爱尔兰教育媒体协会(Educational Media Association of Ireland, EMAI), Dr David Ruddick, Educational Technology, University of Ulster, Jordanstown, Co Antrim, BT37 0QB

Eurotech, Oakfield Road, East Wittering, West Sussex PO20 8TP

计算机教育中的微机(Microcomputers in Computer Education, MICE), c/o Computer Education Group, BCS, 13 Mansfield Street, London W1M 0BP

微机与初等教育及管理(Micros and Primary Education, Administration, MAPE), the Old Vicarage, Normanton-on-Trent, Nottinghamshire NG23 6RR

中学教育中的微机用户(Micro Users in Secondary Education, MUSE), PO Box 43, Houghton on the Hill, Leicester Le7 9GX

教育技术国家委员会(National council for Educational technology), Sir William Lyons Road, Science Park, Coventry CV4 7EZ

教育技术苏格兰委员会(The Scottish Council for Educational Technology, SCET), Dowanhill, 74 Victoria Crescent Road, Glasgow G12 9JN

增进游戏与模拟在教育和培训中的应用学会(Society for the Advancement of Games and Simulation in Education and Training, SAGSET), c/o Centre for Extension Studies, University of Technology, Loughborough, Leicestershire LE11 3TU

Sundridge Park Management Centre, Plaistow Lane, Bromley, Kent BR1 3TP

2.4 美国

计算技术教育应用促进协会(Association for the Advancement of Computing in Education, AACE). PO Box 2966, Charlottesville VA 22902

计算机教学系统发展协会(Association for the Development of Computer-based Instructional Systems, ADCIS), 229 Ramseyer Hall. 29 W. Woodruff Ave., Columbus. OH 43210

教育传播与技术协会(Association for Educational Communications and Technology, AECT). 1126 Sixteenth Street NE. Washington, DC 20036

CALICO(计算机辅助语言学习与教学联盟, Computer Assisted Language Learning and Instruction Consortium). 3078 JKHB. Brigham Young University. Provo. UT 84602

EDUCOM, 1112 16th Street NW, Washington, DC 20036

明尼苏达教育计算公司(Minnesota Educational Computing Corporation, MECC), 3490 Lexington Ave North, St. Paul, MN 55126—8097

国家绩效与教学学会(National Society for Performance and Instruction, NSPI), 1300 L Street NW, Suite 1250, Washington, DC 20005

学习技术应用学会(Society for Applied Learning Technology, SALT), 50 Culpeper Street, Warrenton, VA 22186

2.5 其他国际性组织

澳大利亚

澳大利亚教育技术协会(Australian Society for Educational Technology, ASET). PO Box 372, Hawthorn, Victoria 3122

国家软件协调部, ASCIS 信息服务, 课程部(National Software Coordination Unit, ASCIS Information Services, Curriculum Corporation), 141 Rathdowne Street, Carlton South, Victoria 3053

奥地利

Institut für Unterrichtstechnologie und Medienp? dagogik(教育技术与媒体教育研究所, Institute of Educational Technology and Media Pedagogics), Universit? tsstrasse 65—67, 9020 Klagenfurt

比利时

Centrum Voor Informatieve Spelen vzw(前身是 Informatief Spelmateriaal vzw; 情报游戏中心 Centre for Informational Games), Naamsesteenweg 164, 3000 Leuven

加拿大

ACCESS 联盟, Educational Technology Centre, Alberta Educational communications Corporation, 295 Midpark Way SE, Calgary, Alberta T2X 28A

加拿大教育媒体与技术协会(Association for Media and Technology in Education in Canada, AMTEC), 163 Princess Street East, Clinton, Ontario N0M IL0

加拿大信息处理学会(Canadian Information Processing Society, CIPS), 243 College Street, 5th floor, Toronto, Ontario M5T 2Y1

安大略教育计算组织(Educational Computing Organization of Ontario, ECOO), Box 2699, Station B, Richmond Hill, Ontario, L4E 1A7

教育技术项目(Educational Technology Program), Infotech Centre, Manitoba-Education and Training, 1970 Ness Avenue, Winnipeg, Manitoba, R3J 0Y9

开放系统协作组(Open Systems Group), 452 Commerce Circle, Victoria BC, V8Z 4M2

中华人民共和国

华东师范大学现代教育技术研究所, 上海市中山北路 3663 号 200062

教育管理研究所, 北京 100875

现代教育技术研究所, 北京市新街口外大街

法国

Centre National de Documentation Pédagogique (CNDP), (国家教学资源中心, National Teaching Resource Centre), 29 rue D'Ulm, 75230 Paris Cedex 05

Institut National de Recherches Pédagogique(INRP), Département des Technologies Nouvelles et de l'Education 91 rue Gabriel Péri, 92120 Montrouge

Observatoire des Technologies pour l'Education en Europe, 38 rue de Bourgogne, 75007 Paris

Unité de recherché "Télématique" INRP-Département Technologies nouvelles et enseignement, 91 rue Gabriel Péri, 92120 Montrouge

德国

Deutscher Didacta Verband eV, Eppsteiner Strasse, 36, d—6000 Frankfurt am Main 1

FWU Institut für Film und Bild in Wissenschaft umd Unterricht Gemeinnützige GmbH, Bavaria-ilm Platz 3, D—8022 Grünwald

Zentralstelle für Computer im Unterricht [计算机教育应用与程序学习中央组织(巴伐利亚), The Central Organization for Computers in Education and Programmed Learning in Bavaria], Schertlinstrasse 9 D—8900 Augsburg

印度

全印度教育技术协会(All India Association for Educational Technology, AIAET), c/o National Institute of Educational Planning and Administration, 17—B Sri Aurobindo Man New Delhi 110016

以色列

教育技术中心(Centre for Educational Technology), 16 Klausmet Street, Ramat Aviv

意大利

Centro Televisivo Universitario (CTU), Via Celmia 20,20133 Milan

Instituto Technologie Didattiche (ITD), National research Council (CNR), Via Poera Pia 11, 10145 Genoa

日本

教育技术研究与发展中心(Centre for Research and development of Educational Technology, CRADLE), 2—12—2 Ohokayama Meguro-ku, Tokyo 184

教育技术实验室(Laboratory of Educational Technology), Tokyo Institute of Technology, 2—12—1 Ohokayama Meguro-ku, Tokyo 152

教育系统技术实验室(Laboratory of Educational Systems Technology), Graduate School of General Science and Technology, Tokyo Institute of Technology. 459 Nagatsuta-cho Midori-ku. Yokohamashi Kanapawa 227

荷兰

教育与信息技术中心(Centre for Education and Information Technology, COI), PO Box 217, 7500 AE Enschede

Media Design BV, Van Diemenstraat 200, 1013 NH Amsterdam

Nederlands Instituut voor Audio-Visuele Media (NIAM), Neuhuyskade 94, 2596 XM The Hague

西班牙

EPISE, SA, Ensenanza Programada e Ingenieria de Sistemas Educativos, Muntaner 430, 08006 barcelona

FUNDESCO, Alcalá 61, 28014 Madrid

I. 斯坦齐夫(I. Stanchev) 著

李海霞 译

附录

Osborne C W (ed.) 1991 *International Yearbook of Educational and Training Technology*. Oryx Press, Phoenix, Arizona

R R Bowker Staff 1992 *Ulrich's International Periodicals Directory: A Classified Guide to a Selected List of Current Periodicals, Foreign and Domestic*, 31st edn. Bowker, New York

有关远程教育的国际性组织与刊物(Distance Education, International Organizations and Journals on)

远程教育领域有组织的国际性活动从数量和质量上都在增长。大多数活动都包括了比较宽泛的背景,如欠发达的非洲国家的基本医疗保健,或经济发达地区的信息技术教育应用等。

1. 国际远程教育委员会

远程教育领域最重要的国际性组织是国际远程教育委员会(ICDE)。它是唯一的国际性非政府组织,涉及各种类型的远程教育系统,从基础教育、高等教育,到非正规教育和专业培训等。其成员包括远程教学机构、政府部门、政府间以及非政府组织、网络和协会,还有个人会员。ICDE 成立于 1987 年,但它的前身 ICCE(国际函授教育委员会)却有很长的历史。

ICCE 成立于 1936 年,在前 20 年,其成员主要来自北美,并且主要关注大中小学生利用印刷媒体的函授方法。公立部门和私立部门在组织中都有代表。ICCE 的成长与发展反映在它大约 3 年一次的国际会议中,在 1938 ~ 1948 年间,由于第二次世界大战,会议暂停。1965 年的斯德哥尔摩大会是第一次真正意义上的国际会议,共有来自 27 个国家的 223 位代表参加。之后的会议保持了它的国际性,并且来自公立部门高等教育机构的参加不断增多。在 1972 年维吉尼亚大会上首次发行了《ICCE 通讯》,之后以不同的形式(从 1982 年开始变为《ICDE 公告》)连续出版,成为世界范围内教育哲学与教育实践的信息来源。1978 年的新德里大会被公认为第一次在发展中国家召开的 ICCE 国际会议。

尽管直到 1982 年,委员会的名称才由"函授教育"改为"远程教育",但这种变化的端倪早在 1979 年英格兰伯明翰国际会议上,就由于英国开放大学的参加显露出来。它表明,当时的 ICCE 没有满足一些新兴远程教育机构的要求。因此,就存在了一个明显的威胁,即可能会有人建立竞争的组织来更直接地满足它们的需求。这就产生了为组织更换名称的迫切要求，并在 1982 年温哥华会议上得到了体现。但是，“国际远程教育委员会”的更名不仅仅是语义的变化，新的名称表明了委员会的发展经历了很长的一段路程，它从 1936 年成立之初，主要代表公立中等函授学校和私立学院，已逐渐认识到从 20 世纪 70 年代开始出现的政府支持、利用多媒体的开放学院和大学这一浪潮。

正如在 ICDE 的章程中所列，其宗旨为：(a) 促进世界范围内远程教育的知识和发展；(b) 负责国际远程教育的协调工作。ICDE 的主要活动包括：传播信息，举办国际会议及其他会议，促进远程教育的研究和学术，帮助地区性和各国远程教育协会的发展及壮大。国际会议依然是 ICDE 日程中的主要事务。其他的活动还包括每年出版 3 期 ICDE 公告，作为成员们交流远程教育研究的主要渠道，还有项目报告、编者按、各地的作品、附属协会的报告及计划进展的消息等等。

委员会与联合国大学主办的远程学习国际中心(ICDL)合作并为其提供经济上的支持。ICDL 是一个信息和文献中心，拥有 ICCE 的各成员可能引用的各种文献的复印件或计算机文档。

2. 其他组织

以下的组织只是世界远程或开放教育组织中很少的一部分。此处选择的都是某些在世界上特殊地区有重要影响的组织。

2.1　亚洲开放大学协会

亚洲开放大学协会(AAOU)是一个自主并合法成立的高等教育机构的非营利性协会，主要关注远程教育问题。全球的发展中国家都面临着教育需求持续增长，而教育设施短缺的严重问题。这些国家都在探索减轻这种严峻形势，及提高不断增长的人口的生活质量的途径。因此，许多国家，尤其是亚太地区，已经建立了自己的远程教学机构，使用大量的媒体手段来作为除传统教育系统的另一种选择。

AAOU 的理念起源于 1986 年在泰国举办的第一次远程教育地区性研讨会。研讨会由亚洲发展银行及 STOU 主办，由联合国教科文组织亚太地区办公室协办。那次研讨会为亚洲开放大学的领导们提供了一个机会来探讨 AAOU 的建立，并草拟了协会的章程，由各机构带回进行深入讨论。随后，所有 AAOU 的预期成员做出了一项严格的承诺来支持和加入 AAOU，同意为增加本地区所有人的受教育机会进行合作。

AAOU 的首次会晤和研究会议于 1987 年在日本召开，由 STOU、空中大学、日本国家多媒体教育研究所组织，PROAP 协办。

协会的目标是：

(a) 为本地区所有人扩展受教育的机会，通过交流管理信息、教学素材和研究成果等提高各成员机构的成本效益。

(b) 通过远程教学系统促进教育发展，发掘其潜力。

(c) 帮助提高远程教育者的职业和道德水平。

(d) 与官方和其他对远程教育有直接或非直接兴趣的机构合作。

(e) 促进与其他类似的地区性或国际团体在以上各项目标上的合作。

(f) 完成其他所有相关的或有利于达成以上目标的工作。

2.2　学习共同体(COL)

学习共同体是这样一个机构，它旨在通过各英联邦政府的参与成为一个国际性组织。

COL 的目标是通过促进英联邦各大学、学院及其他教育机构的合作，并充分利用远程教育和通讯技术在教育中的潜力，来创造和拓展学习机会。COL 的活动旨在加强各成员国开发其经济和社会发展所需的人力资源的能力，并且会优先考虑那些需要用到联邦合作的发展要求。它工作方式非常灵活，而且有能力对变化的需求做出有效反应。它以和联邦的原则相一致的方式为联邦和各教育机构提供服务。为完成己任，COL 努力寻求合适的项目和远程教育的技术，以满足各成员国家的特殊需要。

在此宏观框架内，COL 的功能和目标包括：

(a) 帮助各成员国建立和发展远程教育制度的能力。

(b) 帮助开拓远程教育项目和计划的来源渠道。

(c)为远程教育的各种问题包括选择恰当的技术等,提供信息和咨询服务。

(d)承担和支持远程教育技术及管理的人员培训。

(e)促进机构间的交流。

(f)承担和支持远程教育的评估和应用研究。

(g)帮助教学素材的获取和传送,使其更易获得和使用。

(h)授权及促进学术资料的改写及开发。

(i)建立及维护学术声誉的认证程序。

(j)帮助地方学生支持服务的发展。

(k)鼓励和支持 COL 兴趣范围内可能为行政管理者委员会所赞同的任何其他活动。

学习共同体的运作通过设在加拿大范库弗峰(北美洲)的总部,在英联邦其他地区即将设立的类似机构以及教学、信息和研究机构等连成网络。为完成其功能,共同体充分考虑了协作机构的完整性、利益以及独立工作的权利。

2.3 欧洲远程教学大学协会(EADTU)

EADTU 建立于 1987 年 1 月,由欧洲主要的远程教学机构的负责人发起,鼓励致力于远程高等教育的欧洲组织间的合作。协会的成员是非营利的机构或团体,包括独立的高等教育教学机构、大学的系科以及从事远程课程教学与研究的研究所等。EADTU 的成员基本上都根植于国家教育系统,拥有自己的学生和合法的学位授予权。在 1993 年,有超过325 000名学位学生注册为 EADTU 的成员。

EADTU 的任务是促进和支持欧洲远程高等教育网络的建立直至欧洲开放大学网的发展。

协会的目标是:

(a)促进欧洲远程高等教育的发展。

(b)支持各成员大学研究人员双边或多边的交流。

(c)促进在研究、课程开发、课程传送、学分互认等方面的合作。

(d)为远程高等教育开发新的方法和技术,包括新的媒体技术等。

(e)通过与欧洲的政府和企业合作,组织这些领域共同的项目。

(f)为 EADTU 的成员增加在欧洲接受高等教育的机会。

2.4 欧洲函授学校协会(AECS)

AECS 是一个国际的非营利性协会,1985 年由欧洲函授教育委员会(CEC)和欧洲家庭学习委员会(EHSC)合并而来。成员面向所有在欧洲提供函授教育的机构和对此感兴趣的个人。

AECS 的目标是:

(a)促进函授教育知识的发展及其潜力的发挥。

(b)促进函授教育的职业和道德标准的规范。

(c)促进成员间思想和研究的交流合作。

(d)与各教育、政府和非政府组织及其他对函授教育有兴趣的官方团体保持联系并进行合作。

(e)促进和保护成员及学生的兴趣。

(f)促进国家委员会及函授学校协会的建立与合作。

现在 AECS 的成员组织超过 70 个,不仅有欧洲组织,也有来自世界各地的组织,它们都旨在促进函授和远程教育。

2.5 “土星”

“土星”——欧洲开放学习网,是一个独立的欧洲协会,成员包括开放及灵活的多媒体学习的提供者和使用者、各企业和教育机构等。它不仅包括了欧共体资助的培训计划的主要承担者和支持者,也包括了国家和地方的权威人士。在欧洲的教育和培训领域,它的地位不断提升,例如,参与了欧共体倡导下的 COMETT、DELTA、LINGUA 和 TEMPUS 项目等等。它有来自 13 个欧洲国家的大约 90 个成员,都积极从事开放和灵活学习。

3. 杂志

以下是远程教育领域一些比较重要的杂志:

《美国远程教育杂志》(*American Journal of Distance Education*),ISSN 0892—3647。1987 年创刊。其宗旨为:“致力于发布信息并担任美国远程教育研究与实践的批评和争论的论坛。”

《远程教育》(*Distance Education*),ISSN 0158—7919。每年两期,3 月和 9 月出版,1980 年创刊。为澳大利亚和南太平洋外部学习协会(ASPESA)的咨询杂志。面向全世界发行。

《Epistolodaktika:欧洲远程教育杂志》(*Epistolodaktika: The European Journal of Distance Education*)。每年两期。1963年创刊。欧洲函授学校协会的会刊。

《国际远程教育委员会通讯》(*International Council for Distance Education Bulletin*),ISSN 0264—0201。每年3期。1983年创刊。包括来自世界各地的文章、信息、新闻和评论等。

《远程教育国际会刊》(*The International Publication about Distance Education*),创刊于1974年,由国际推广学院(International Extension College, IEC)出版,包括许多发展中国家的问题,与《IEC新闻》(*News about IEC*)合办,每年两期(从1988年开始),直接从国际推广学院定购。有许多期与发展中国家有关。

《IEC新闻》(*News about IEC*,后更名为*IEC News*),第一期于1991年9月出版。

《远程教育杂志》(*Journal of Distance Education*),ISSN 0830—0445。每年5月、10月出版2期"加拿大远程教育协会[Canadian Association for Distance Education(CADE)]的国际性刊物。其宗旨是促进和鼓励实践及理论的学术工作"。

《开放学习》(*Open Learning*),ISSN 0268—0513,每年2月、6月和9月出版3期。1986年创刊,前身是由开放大学在1974至1985年间共出版了26期的《远程教学》(Teaching at a Distance)。杂志分为两个部分,第一部分主要是带有参考文献的长文章,第二部分包括问题争鸣、基础观察、研究笔记、会议报道及评论等。"杂志主要面向英国公立和私立的学前教育及培训机构,同时对世界远程教育工作者有重要价值。"

《远程教育研究》(*Research in Distance Education*),季刊,创刊于1989年。副标题"远程教育研究者论坛",此杂志是有关远程教育研究各个领域的文章、评论、通知及大量信息的载体。

《拉美远程教育评论》(*Revista Iberoamericana de Education Superior a Distancia*),每年在10月、2月和6月出版3期。1988年创刊,取代1983年开始的ALESAD's Boletin informativo,是西班牙远程教育协会的会刊,主要刊载其成员机构的文章、信息和评论等。

以下的各地区和各国的出版物,一部分是杂志,一部分是时事通讯等,是当前远程教学活动以及各地区、各国感兴趣的话题的宝贵的信息来源。

《共同学习》(*Comlearn*):学习共同体的新闻会刊,1990年创刊。免费。

《交流》(*Communiqué*),每年6期。是CADE的时事通讯,向会员提供新闻和加拿大国内外的信息。

《远程教育与培训网络时讯》(*Distance Education and Training Network Newsletter*),每年4期,面向国家绩效与教学协会(NSPI)的远程教育与培训网的成员,创刊于1987年。

《EADTU新闻》(*EADTU News*):欧洲远程大学协会的时事通讯,不定期出版。创刊于1989年。

《印度远程教育杂志》(*Indian Journal of Distance Education*),目前每年1期,计划变成每年2期。1988年创刊。

《从不遥远》(*Never Too Far*),不定期出版。由泰国Sukhothai Thammathirat开放大学和联合国教科文组织亚太地区教育办公室联合发行。创刊于1983年。免费。

《南非远程学习协会时讯》(*Newsletter of the Distance Learning Association of Southern Africa*),创刊于1990年。

《OLS新闻》(*OLS News*),季刊,每年6月、9月、12月和3月出版。创刊于1980年。

《远程教育与传播在线杂志》(*Online Journal of Distance Education and Communication*)。1988年首次在线出版。免费。

《今日开放学习》(*Open Learning Today*),英国开放学习协会的时讯。创刊于1989年。

《SATURNOVA》,季刊。创刊于1987年。

许多杂志会经常或偶尔刊登一些与远程教育有关的文章。经常刊登此类文章的杂志基本上都是关注教育和技术在教育中的应用的杂志。偶尔刊登远程教育类文章的杂志常常是那些致力于覆盖某一实践领域的杂志。

欧盟为提倡各成员国教育之间的交流与合作,提出了一系列项目。如TEMPUS(Trans-European

Mobility Scheme for University Studies)是欧盟发起的一个成员国与中欧和东欧国家、欧洲自由贸易组织(EFTA)以及其他国际组织和国家之间进行合作的项目。Lingua 语言项目,目的是在数量和质量上提高欧洲公民的外语知识,为所有外语教师提供在所学语言国学习一段时间的机会,鼓励有关人员在学校外的环境教外语等。

H. C. 德・沃尔夫(H. C. de Wolf) 著
李海霞 译

有关教育媒体的组织和刊物(Educational Media, Organizations and Journals on)

这些年有两种教育媒体组织有了很大的发展:(a)广泛地基于各种协会,包括了大量教育技术的应用者和支持者的组织;(b)那些把自己的发展兴趣或者限制在一些特殊技术领域(计算机和卫星远程教育等),或者针对某种教育技术的专门使用者(医学教育者、合作训练者)的组织。本词条重点讨论伞状结构的教育媒体组织。

由媒体组织所提供的基本服务从举办年会到发行各种印刷、电子和视音频的出版物不等。大部分国际教育技术的杂志是由各专业组织出版,并且不断帮助本领域理论与实践的建立与发展。

1. 教育媒体组织的主要功能

复杂的教学系统使用诸如交互视频和远程教育等技术,需要知识渊博的从业者才能够取得成功。因为教育技术的应用发展迅速,教育媒体组织也给他们的成员提供有价值的技术转让服务。在全世界范围内,这些组织在成员学习相关新技术以及如何最佳地使用教育技术来满足特殊的教学和学习需要等方面给予帮助。这些年来,已经有越来越多的会员服务都在努力达到实现技术转让这一功能。

年会可以传播教育技术的最新研究发现和应用进展情况。在年会上,各种专题讨论组为成员们提供如何应用技术来解决特殊问题的实践方面知识。会议张贴的海报,鼓励对特殊环境中教育媒体的新的研究与应用等方面的信息充分共享。即便是在最普通的某个国家教育媒体组织所举办的展览中,都能看到对于这个国家所能获得的最新的技术——包括硬件和软件方面的。这样的集会,通过非正式的面对面的接触和各种社交场合,也同样促进了职业承诺的结合。

在举办年度(或者其他定期)会议的同时,媒体组织还出版学术性的期刊,同时印刷更多的非正式出版物以及视音频形式的材料,后者包括录像带、录音带和计算机磁盘等。

2. 对会员的额外服务

相对于年会和出版物而言,人们较少关注那些鼓励对组织进行支持的持续的会员服务。这些服务包含的范围很广泛:从为学校媒体中心建立模板性规范,到为人寿保险计划提供团体费用等。尽管所有的教育媒体组织主要依靠志愿者和成员们不拿报酬的工作,但对于那些提供更广泛服务的组织而言,都要拥有秘书长和辅助人员。

协会鼓励训练新的教育技术专家和对会员进行持续的培训(参阅本词条 2. 2)。一些组织,例如英国教育培训与技术协会(AETT),就鼓励他们的会员进行咨询服务。

比较大的组织都有常设的委员会来处理专业事务。美国教育传播与技术协会(AECT)有一个常设委员会来更新领域内的定义,与此同时,另一个委员会负责维持教育技术专家的职业道德规范标准。媒体组织则在教育媒体专家的资格认证方面对政府提出相关建议(参阅本词条 2. 3)。

2. 1 分散的群体

除了典型的缺乏运作资金之外,伞状结构的媒体组织要获得成功经常要面对三个障碍:成员分布在非常广泛的地域范围里;成员具有不同的附属专业;成员们所服务的对象五花八门。所以一个组织如果要获得长足的发展,必须把这些艰难的障碍有创造性地加以克服。

在地理面积不大的国家或地区里,绝大多数媒体组织的成员彼此熟悉并且在整个一年中保持密切的联系,因此这种组织的研究是个性化的并且高度反映成员们的兴趣。这种组织的例子包括比较活跃的中国香港、新加坡和中国台湾的教育技术协会等。

与此相对照,澳大利亚教育技术学会(ASET)的成员们在这个国家广袤的国土上分布广泛,而且成员集中在大城市中。对于ASET的会员们来说,州分会分散到各个地方。这种安排只要求他们每两年才举办一次全国研讨会,目的是为了降低会员往返奔波参加国家级协会会议的花费。

会员多样性的其他方面(如附属专业和服务的受众),则需要组织上的灵活性。教育电视的制作者同计算机教育应用人员具有不同的技术背景。在学校中的会员也和其他来自商业和工业领域的会员们拥有不同的研究兴趣。

为了尽量满足大多数会员们的需要,伞状结构的组织建立了一些专门兴趣组。举例来说,AECT分为9个正规分支机构,每个分支机构都有自己的工作人员、财政预算和时事通讯。这种制度上的灵活性使得组织的分支机构可以从事某些领域的特殊课题的研究,如媒体制作、教育发展、媒体中心管理、研究和理论等等,这些都是在整个组织的背景之中。此外,17个专门的国际和国内组织(如国际视觉素养协会和健康科学传播协会)和AECT有着"从属"关系,所以他们的会员可以在这个更大的伞状组织中额外获益(AECT 1992)。

2.2 会员们的继续教育

教育媒体组织可以成为其成员继续教育的一个主要资源。在年会之前或者之后,组织就会确定关于特定主题的短期学习班、专题讨论会和座谈会的时间表。对于大学里的专业机构而言,通过深入的技术转让活动(案例研究、软硬件的使用经验交流等)和专业教育媒体组织保持合作,是维持自己专业水准的一个有效途径。

在发展比较快的发展中国家,对于会员们的继续教育正日益获得高度的重视。马来西亚教育技术协会(META),在本领域的国际学术带头人访问东南亚地区的时候,安排他为本协会的成员进行演讲。全印度教育技术协会(AIAET)每年在全国主办大量的专业发展活动(Osborne 1991)。

2.3 促进专业化发展

尽管教育技术从传统观点看并非一个专业,但它已经吸引了大量的教育者和培训者,而这些人原来的角色并不符合像教师、图书馆员、管理人员和研究人员等的传统分类。为了培养一种专业感觉,教育媒体组织制定了相应的学术道德标准,为成员的行为设定标准并提高组织成员间的学术自由。因为教育技术学专家可以影响总数可观的设备和材料花费,所以针对利益冲突来制定高标准的道德规范,对于维持该领域的诚信非常重要。

各国政府为提高本国教育媒体专家们的水平而设计了必备的资格要求。教育媒体组织非常希望能够得到咨询,他们也鼓励那些提供教育技术课程和学位的大学在建立课程以支持这些资格要求方面进行合作。在美国,AECT和美国学校图书馆员协会(AASL)共同制定了任职资格标准的模板,以供50个州的教育部门的授权机构来使用,这些机构构成了国家资格认证的主体(Saettler 1990)。

3. 与其他组织和政府机构的关系

具有广泛基础的教育技术组织与那些相对更集中的同样的组织之间的合作,常常是各组织之间会员交叉重叠的结果,以及会员对拥有专业知识和这个快速发展的领域中更全面的知识的愿望。在某些情况下,这种愿望可能仅仅就是通过订阅几种公开出版物来跟上该领域发展的步伐,尤其是当订阅出版物的花费比一个全职会员的费用(包括提供的杂志)只少一点点的时候。

有的时候,数个小组之间也会通过联合,组成执行委员会来追求共同的目标。一般这种联合行为的目的,经常是试图影响政府部门或者通过立法,这对教育技术非常有利。随着强大的计算机通讯(CMC)网络的日益拓展,教育技术专家和信息专家们共同提醒政府,他们的用户进行通讯需求的重要性丝毫不亚于在商业、工业以及政府部门的工作人员之间的通讯需求。在华盛顿,几个对教育技术有广泛兴趣的团体的首脑定期会晤,并且组成一个名为"协会秘书长论坛委员会"的机构,来讨论立法事宜,并代表诸如AECT、美国图书馆协会、公立学校校长协会等组织进行游说。

4. 趋势

教育技术的发展趋势反映出技术在社会上的广泛应用。对于专业组织而言,会员制度的服务仍然成为组织之所以存在的重要原因,但是这种服务的传输方式正在发生改变,而且经常可以通过恰当设计的技术得到增强。

4.1 不断扩展的通讯工具

远程通讯是教育技术应用的主要部分(Ely 1992)。媒体组织反映了这种趋势。无论是在国际和国内,视音频会议都既用来进行出版物和政策方针的讨论,也用来进行继续教育的讨论。计算机网络通过公告板、讨论会和电子邮件等,扩大了使用,也增加了创造力。在20世纪80年代末90年代初,传真机迅速普及到世界每一个角落。这些都已经成为教育媒体组织用来接受和传送日常管理信息的非常有价值而且操作简单的通讯工具。

与其他技术取向的协会一样,教育媒体组织也在最大限度地使用这些联系方式来进行管理、制定年会计划以及对可能发表的论文进行同行评议等工作。例如,会员分布十分分散的ASET国家委员会,经常通过电话会议制定协会的政策方针(Osborne 1991)。在协会经济紧张、差旅费用削减的财政条件下,这种通过电子渠道联系的方式日益增加。可以用普通电话线进行传输的不断发展的视频技术,将增加委员会各成员之间的个人接触,并且使得在讨论中使用图表和视频图像成为可能。

4.2 教育技术组织的增加

在世界范围内,随着教育技术在教育和培训中的应用日益广泛,以及新的教育技术使用者不断增加,各专业组织(如关于多媒体、商业和工业中视频会议应用等)的数目会不断增加。同样,在比较大型的、已经建立起来的组织中,教育技术的通才已经发现了这个领域的全面的方法,这时,其中的各个兴趣小组也会相应增加。

由于政治界限的重新调整和主权国家的增加,各国媒体协会的数目可能会稳步增长。在这变换的决策环境中,教育决策可能会相应地使经济计划变得更宽松,因此拥有教育技术专家的专业组织将充当更重要的角色。

新兴的工业化国家,特别是亚洲国家,对教育技术的研究兴趣日益增加,它们为使专业组织更加成熟而重新调整政策和应用等方面,都提供了很好的机会。这些新生的专业组织很自然地会研究那些已经建立的、较大的组织在工业化国家中所担当的角色,从而来决定如何最佳地塑造它们自身在教育技术界的领导地位。这种情况反过来也会使得已经建立的专业组织打破国家界线,转而采用更全球化的视角来审视教育技术。例如,日本视听教育协会(JAVEA)已经成立了日本视听信息国际服务中心(Osborne 1991)。

4.3 电子出版物的增加

既然教育媒体组织的主要功能之一是向它的成员们提供出版物,所以通过计算机通讯网络提供时事通讯和杂志的趋势也加速了。最初国际上可以获得的教育技术电子出版物之一就是《DEOS》,即《远程教育在线讨论》以及它的姊妹篇《DEOS—L通讯》,1991年诞生于宾夕法尼亚州立大学并且可以通过国际互联网获得。

由于国际互联网和其他电子网络可以接收、存储并且传送图像和多媒体文件,教育技术专家可以将他们的出版物的格式和发送方法,从印刷品、音频、视频和计算机磁盘等扩展至计算机通讯网络。这种技术克服了印刷品在传播过程中,尤其当目的地是海外的时候,所产生的时间滞后和花费较高的缺点。

5. 国际组织

一些专业的教育技术协会被认为是真正国际化的[例如国际远程教育理事会(ICDE)],并且可以接收个别成员,但是现在还没有服务于个别成员的国际的、具有广泛基础的教育技术协会。教育媒体国际理事会(ICEM)是一个由各国代表组成的国际集会,其中多数人是他们国家的组织团体的领导,并且是由他们政府委派来参加ICEM的。

联合国教科文组织(UNESCO)是一个联合国的专门机构,拥有来自30个国家和地区的代表(Scotland and Catalonia),ICEM是UNESCO的一个咨询团体。从20世纪50年代早期到70年代之间,在关注发展中国家大众媒体的作用之前,UNESCO 促进了全世界范围内的教育技术的各种应用。在 20 世纪 90 年代早期,UNESCO 在改进教育技术应用上起着更加积极的作用,尤其是在远程教育区域性活动的支持方面。

UNESCO 是一个自然的实体组织,鼓励发展中国家成立支持教育技术专家的国际教育媒体组织,并促进各国教育技术协会之间更紧密的合作。

6. 关于教育媒体的刊物

教育媒体协会出版的刊物为组织的成员和其他订阅者提供了一个交流思想、研究结果和新闻的标准方法。杂志内的部门可能满足了组织中的专业化群体的兴趣,并且提供书评外加研究摘要来帮助组织成员跟上这个领域的发展。这些出版物的实例包括:美国 AECT 的研究杂志《教育技术研究与开发》和英国 AETT 出版的《国际教育培训和技术》。在印度,AIAET 出版了《人类资源开发的媒体和技术》,这些都是季刊。在加拿大,加拿大教育媒体和技术协会(AMTEC)每年出版三期《加拿大教育通讯》杂志。ASET 的杂志,即《澳大利亚教育技术》杂志每年出版两期。在日本,JAVEA 出版一种月刊,即《视听教育》。

对于拥有高水平教育技术活动的国家,那些参与研究和教学的人可能需要阅读许多杂志。这些杂志包括一本或者更多来自前面提到的具有广泛基础的协会,再加上一本或更多本来自较窄的专门群体。

除了专业协会出版的刊物,还有一些很重要的刊物由出版公司或者非会员制的组织独立出版。在日本,日本教育技术杂志协会出版了《教育技术研究》和《日本教育技术》杂志。而英国的《英国教育技术》杂志则是由教育技术国家委员会出版的。美国的《教育技术》是由教育技术出版社出版的。ICEM 的季刊称为“国际教育媒体”。这些都是根据国际标准进行裁定和编辑出版的刊物的实例。

D. D. 吉尔特罗(D. D. Giltrow) 著
李海霞 译

附录

Association for Educational Communication and Technology (AECT) 1992 *Membership Directory*. AECT, Washington, DC

Ely D P 1992 *Trends and Issues in Educational Technology* IR—93. ERIC Clearinghouse on Information Resources, Syracuse, New York (ERIC Document No. ED 346 850)

Osborne C W 1991 *The International Yearbook of Educational and Training Technology 1991*. Kogan Page, London

Saettler L P 1990 *The Evolution of American Educational Technology*. Libraries Unlimited, Englewood, Colorado

其他参考文献

Ely D P, Minor B (eds.) 1992 *Educational Media and Technology Yearbook 1991*, Vol. 18. Libraries Unlimited, Englewood, Colorado

有关图书馆的组织和刊物(Libraries, Organizations and Journals on)

图书馆在提供所需要的信息方面起着重要的作用,影响使用者获得信息的因素,包括图书馆的运作方式以及馆藏的质量和结构,而使用者的知识和技巧是其他方面的重要因素。在不断增加获取信息机会方面的发展,由专业人员和他们的组织、杂志等发起并推动。

1. 图书馆和信息的发展

1.1 馆藏

任何图书馆馆藏的价值不仅在于它的内容,而且在于它的内容如何进行索引和编目,通过图书目录的方式搜索附加信息的可能性也会影响图书馆馆藏的质量。由于 20 世纪末的“信息爆炸”,提高所储存信息的精确度开始变得日渐重要。图书馆馆藏的特征也相应改变了,馆藏不再仅仅包括专著和期刊杂志,也包括一些视听材料,比如录像带、

表 1 专业组织及其主办刊物

组织名称	缩写	刊物
国际组织:		
国际信息和文献联盟(International Federation for Information and Documentation)	FID	FID 新闻公告(*FID News Bulletin*)
图书馆协会与机构国际联盟(International Federation of Library Associations and Institutions)	IFLA	IFLA 会刊(*IFLA Journal*)
欧洲图书馆研究会(League of European Research Libraries)	LIBER	欧洲图书馆合作研究(*European Research Libraries Cooperation*)
图书馆、信息和文献协会欧洲处(European Bureau of Library, Information and Documentation Associations)	EBLIDA	
国家组织:		
澳大利亚图书馆与信息协会(Australian Library and Information Association)	ALIA	澳大利亚图书馆(*Australian Library Journal*)
巴西图书馆协会联盟(Federa? ao Brasileira de Associa? oes de Bibliothecários, Brazilian Federation of Library Associations)	FEBAB	巴西图书馆长评论(*Brazilian Review of Librarianship*)
加拿大图书馆协会(Canadian Library Association)	CLA	加拿大图书馆(*Canadian Library Journal*)
法国图书管理员协会(Association des Bibliothécaires Fran? ais, Association of French Librarians)	ABF	*Bulletin d'Informations de l'ABF*
德国图书馆协会(Verein Deutscher Bibliothekare e. V., Association of German Libraries)	VDB	*Zeitschrift für Bibiothekswesen und Bibliograhpie*
匈牙利图书馆协会(Magyar K? nyvtárosok Egyesülete, Hungarian Library Association)	MKE	公告(*Bulletin*)
日本图书馆协会(Nihon Toshokan Kyokai, Japan Library Association)	NI-TOKYO	*Toshokan Zasshi*: *Library Journal*
荷兰图书馆员、文献工作者及信息官员协会(Nederlandse Vereniging van Bibliothecarissen, Documentalisten en Literatuuronderzoekers, Netherlands Association Of Librarians, Documentalists and Information Officers)	NVB	开放(*Open*)
瑞典大学与研究性图书馆协会(Svenska Bibliotekarisamfundet, Swedish Association of University and Research Libraries)	SBS	交流(*Communications*)
Aslib, 信息管理协会(英国)(The Association for Information Management, UK)	ASLIB	Aslib 学报(*Aslib proceedings*)
图书馆协会(英国)(Library Association, UK)	LA	图书馆协会报告(*Library Association Record*)
美国图书馆协会(American Library Association)	ALA	美国图书馆(*American Libraries*)
图书馆与信息科学教育协会(美国, ALA 的分支机构)(Association for Library and Information Science Education, USA, division of ALA)	ALISE	图书馆与信息科学教育(*Journal of Education for Library and Information Science*)
美国学习图书馆员协会(美国, ALA 的分支机构)(American Association of School Librarians, USA, division of ALA)	AASL	学校图书馆媒体(季刊)(*School Library Media Quarterly*)
大学与研究性图书馆协会(美国, ALA 的分支机构)(Association of College and Research Libraries, USA, division of ALA)	ACRL	大学与研究性图书馆(*College and Research Libraries*)

资料来源: Gand and Songe 1990, Ulrich's International Periodicals Directory 1992, The World of Learning 1992

互动性的激光影碟和CD光盘等。

有很多图书馆开始增加图书馆内部以及和其他图书馆之间的合作,例如,有些图书馆在收集信息方面进行协调,另一些图书馆则致力于研究如何传输信息和获得信息。这些课题同时也纳入了很多国内和国际专业组织的议程。

1.2 图书馆的商业行为

技术的发展改变了图书馆收集和提供信息的特征,并导致了一些革新,例如在线的公众目录查询(OPAC),还有一些组织提供的在线数据库等,这些组织包括DIALOG、欧洲空间协会(ESA)、科学技术网(STN)等。对教育研究工作者来说,比较知名的数据库包括教育资源信息中心(ERIC)、教育索引和社会科学引文索引(SSCI)等。

这些在线数据库已经越来越多地使用菜单进行查询——很多在CD-ROM中都可以得到,这给终端使用者带来了便利,特别是当光盘放置到本地网络时,这就提供了一种可能性,使得使用者可以不用去图书馆也不必依靠专家就可以查询信息。终端使用者使用这种系统需要一些额外技能,但是使用这种系统所获得的好处要超过掌握这类技能所需要的投入。

20世纪80年代,图书馆文档的分类和处理速度显著变快了。不仅文档搜索的速度加快,而且文档处理的速度,如图书馆间文档传递和在线订阅的速度也加快了。

1.3 培训

这里提到的所有的改变,都要求专业的图书管理员们相应地调整技能,同时,职业道德规范也更新了(Finks 1991)。开始的和后续的职业培训计划必须适应新的挑战——训练计划需要不断变化。

信息的最终使用者也需要新技能。从20世纪70年代中期以来,用于训练使用者所花费的精力越来越多。教学辅助设施已经从使用随身听改为计算机,图书馆的教学和最终使用者的研究领域之间的联系也日益引起关注。

1.4 研究

图书馆进行研究工作比原先更加普遍。例如:关于馆藏质量的研究(Jakubs 1989),关于最终使用者如何处理信息的研究(Barbuto and Cevallos 1991),使用者培训计划的评估(Teifel 1989, Braaksma and Pilot 1993)以及图书馆科学理论方面的研究等。关于此类研究的最重要资源是《图书馆和信息科学摘要》(LISA)及其他此类期刊,如《大学与研究性图书馆》、《文献》、《图书馆与信息技术》、《美国信息科学学会会刊》等。

2. 图书馆组织的特点

有很多关于图书馆和信息情报的国家级或国际性组织,这些组织都有各自的宗旨和目标,并各自处理图书馆和与信息相关的组织之间的关系。大多数国家都至少有一个总的组织,这些组织都既拥有某种机构的会员(图书馆或者文献中心),也拥有专业的个人会员(见表1)。例如,"美国图书馆协会"(ALA),它是一个历史悠久、传统优良的协会。另外,可能还有一些其他常规性组织,只有机构的或者个人的会员。建立于1992年的"图书馆信息与文献协会欧洲处"(EBLIDA),就是一个

表2 18个专业组织的宗旨与目标的分析[a]

	合作	教育	促进
FID(国际)	×	×	
IFLA(国际)	×	×	×
LIBER(国际)	×	×	
EBLIDA(国际)	×		×
CLA(加拿大)	×	×	
ALA(美国)	×	×	×
ALISE(美国)		×	×
ACRL(美国)		×	×
FEBAB(巴西)	×		×
ALIA(澳大利亚)		×	×
ASLIB(英国)	×		×
LA(英国)	×		×
NVB(荷兰)	×	×	×
VDB(德国)	×	×	×
SBS(瑞典)	×	×	
ABF(法国)	×		×
MKE(匈牙利)	×	×	×
NITOKYO(日本)	×	×	×

a 各缩写组织名称的详细解释见表1

很年轻的国际组织。也有一些国家的和国际的组织把注意力放在一些特殊领域,例如图书馆研究或者图书馆教育领域,有时候这些组织和总的组织之间的联系非常密切,比如"美国学校图书馆协会"(AASL)和"图书馆与信息科学教育协会"(ALISE),这两个协会和"美国图书馆协会"(ALA)之间都有联系。还有一些组织,例如"国际信息与文献联盟"(FID)与其他的组织之间并没有直接的联系。

很多专业组织都是"国际图书馆联盟"(IFLA)的会员。"国际图书馆联盟"是一个"独立的国际非官方协会,不以营利为目的,其目标是促进国际间图书馆领域内的所有方面事务的理解、合作、讨论、研究与发展,包括参考书目、信息服务和人员教育等,并且为图书馆界提供了一个就国际间共同感兴趣问题展开讨论的团体"(Fang and Songe 1990)。

图书馆组织的目的和目标在很多方面具有共同点。一个关于18个不同的国家和国际组织的宗旨与目标的分析显示,开展专业会员和组织之间的合作、进行使用者和专业会员的培训、促进图书馆之间的信息交流,这些工作是绝大多数组织的共同任务(见表2)。

J. 布拉克斯马(J. Braaksma) 著
李海霞 译

附录

Barbuto D M, Cevallos E E 1991 End-user searching: Program review and future prospects. *RQ*31(2):214—227

Braaksma J, Pilot A 1993 Training library-users in searching literature systematically with computer assisted learning: The fidelity of a simulation. (manuscript)

Fang J R, Songe A H 1990 *World Guide to Library, Archive and Information Science Associations*. Saur, München

Finks L W 1991 Librarianship needs a new code for professional ethics. *American Libraries* 22(1):84—92

Jakubs D 1989 *Qualitative Collection Analysis: The Conspectus Methodology*. Association of Research Libraries, Office of Management Studies, Washington, DC

The World of Learning, 43rd edn. 1992 Europe Publications Ltd., London

Teifel V 1989 Evaluating a library user program a decade experience. *College and Research Libraries* 50(2): 249—259

Ulrich's International Periodicals Directory, 31st edn. 1992 New Providence, Bowker

科学学习实验包(Laboratory Packages for Science Learning)

实验活动可以让学生直接接触真实的科学材料和仪器,它是研究者深入考察的一个重要主题(Hegarty-Hazel 1990)。在使用"学生实验包"这一说法时,人们常常引用贝克尔(Baker 1985)的描述,把"包"看作是一种学习情境,其中需要有一种以上的物品。实验包可以定义为一组配套的教学材料,供学生在实际的科学情境中使用(Hegarty 1985)。实验包包括了供学生使用的实验器材系列用具和可能用到的学生课本、实验手册、记录本、测评程序、评分记录、教师指南以及挂图、幻灯片、录像带、电影、计算机和软件等辅助材料。一个包可能包括了一个学生在一天、一个学期乃至一年的实验活动器材。传统的情况是大学或中小学中的科学实验室,与真实的科学研究现场有所不同。包中所包含的系列用具可能可以在普通实验室中使用,也可能在没有实验室装备的活动教室或家中使用。在生物、物理、健康与医学、电子和工程以及兽医和农业科学等的教学中都会使用实验包。实验包可以购买,也可以自制。

本词条将按照现代课程发展的两个阶段来介绍实验包。在较早的阶段(20世纪50~70年代)强调的是包含了完整的系列用具材料(书、学生实验手册、实验程序、电影、测验和器材箱等)的课程包,由科学家设计,目的是让教师明白要教什么科学内容,同时也试图让学生群体具有某种程度的同质性。这些实验用具因其智力价值而备受青睐,它试图把理论和实验结合起来,在建立新的实验材料标准方面发挥了一定的作用。教育者对这些用具爱护有加,尽管也有一些值得关注的问题,诸如教师不具备为他们的其他课程开发具有相当质量的实验用具所需的资源,他们也没有得到关于这种课程开发形式的技能培训。

后来的课程开发表现出了一种方向性的变化,学校课程常常只能配给很少量的新的设备包。这部分是因为节省开支的政策而造成的。这种在20世纪90年代早期出现的科学实验课程开发方式似乎更少地受科学专家所主宰,它要求教师来设计课堂活动,以满足他们的所有学生的需求,而不是像早期的实验包那样基本只针对能力高的学生。

贝克尔(1985)认为,课程用具包将会与技术(尤其是个人计算机)和理论发展联系起来,当前把计算机整合到实验包中已经时机成熟了(Prosser and Tamir 1990)。另一方面,人们也用计算机来模拟实验室中的实际操作。尽管这在处理危险性以及昂贵的材料方面具有一定的好处,但用模拟来代替对真实事件的研究还是值得关注的。

1. 实验包、国家课程改革运动与学习心理学

20世纪50~70年代,西方国家设置了科学课,发展这门课程主要是为了应对国家的科学领先地位所受到的威胁。人们注意到,学校中的科学过于强调原理知识的传递,而轻视了科学探究能力和科学态度的发展。新的科学课程试图更新课程内容,使其更为严谨,更具有探究性。这些课程中大多都包含实验包,学生可以在整个学年的学习中使用,或者用在扩展性的活动中。比如,美国在高中阶段有PSSC物理、化学研究、BSCS生物,英国有纳菲尔德(Nuffield)基金会资助的各种项目。在初中阶段,"澳大利亚科学教育项目"(ASEP)、"美国整合性科学课程研究"都是很好的整合性的课程(Edwards and Power 1990)。

各种课程用具确保了教师能具有足够的实验资源,但它造成了教师的依赖性,使得很多教师越来越不会开发自己的课程。在行为主义的传统之下所开发的课程用具的典型特征是:可操作性的目标描述、自定步调的学习、逐渐增加难度、主动参与、提供反馈等(Baker 1985)。

尽管这些课程用具代表了一种进步,但它们只适合于齐曼(Ziman 1980)所说的具有"研究职业取向"的精英学生。当这种趋势日益表现出来时,人们开发了新的实验包,比如哈佛物理项目,它体现了更明显的文化性,强调让学生理解现代物理中的重大思想的发展。20世纪70年代,荷兰的PLON项目试图将物理体现在人们的日常生活之中,考虑物理在各领域中的各种应用方式。面对"全体人的科学"(Fensham 1990)这一理念,科学课程必须更为平等,满足不同学生的科学学习需要。

在大学阶段,多数实验包是为了在相当短的时间单元内使用的,常常是每个实验包一节课。大学中传统的技术技能练习和示例性练习大多都是较短的实验包,其中包括对学习目标的描述、对学生的指导以及相关的材料和仪器(Bond et al. 1989)。对实验包内容的掌握的标准可能在材料中说明,也可能由教师提供。我们可以在文献中找到很多此类练习的例子,比如化学中的移液管使用、物理中的测量、微生物学中的缩微复制,等等。这些包常常配有演示性的电影或录像。关于技术技能发展的研究表明,整体观摩和练习是关键的因素。

很多基于问题或问题取向的学习计划中都包含有实验包。比如在医学中,一个实验包中可能会包括病例记录以及上面提到的其他材料。澳大利亚为医科学校开发了微生物学个案研究系列用具,这种实验包的目的是为了培养学生在实际诊断各种病症时的批判性思维能力(Hegarty-Hazel 1987)。与此类似,克里(Cree)在护士专业的课程中也使用了包含有临床器材的实验包(Cree and Rischmiller 1989)。

2. 实验包与学习观

为什么科学课程的学习对于很多学生来说如此困难?如此不成功?研究者们围绕此问题进行了研究,这些研究为学校科学课程的改革提供了依据。科学课程开始更少地受控于科学专家,而是要求教师设计课堂活动,满足各种学习者(不只是早期课程的开发者所关注的高能力学生)的需要。

这种方法开始更少地关注知识传递,而更多关注如何帮助学生发展自己关于自然、物理和技术世界的概念。它是基于这样的信念，即在学习者建构和调整他们对各种现象的理解的过程中，他们也在建立与科学观点相一致的世界观。这种心理学理论将如何认识实验包的作用，这个问题还不很明确。实验室在帮助学生建构世界观的过程中会发挥怎样的作用，这是当前研究者正在探索的问题。

人们也曾把实验包用在了关于概念发展的课堂教学研究中。这些实验包主要是针对常见的甚至有些简陋的器材而设计的，这些器材与很多科学器材相比不易让人望而生畏，也不像很多具体器材（如打点计时器）那样需要刻意设计。当人们关注重要的科学思想是否能与年轻学习者的世界观相整合时，这种实验包被看作是一种很重要的方法。这种方法目前仍在发展，比如福雷特（Forret 1992）研究了初中学生对电学的学习。在美国，施泰伯格（Steinberg 1985）基于 Pasco 科学公司销售的电容器提出了一种电学概念教学的方法。与此类似，科斯格罗夫和奥斯本（Cosgrove and Osborne 1983）采用概念发展的方法开发初中电流教学的系列用具，这可以在教育资源中心找到（Waikato Education Center，Hamilton）。史密斯（Smith 1992）为小学开发了类似的系列用具（Middlesex Science and Technology Resource Centre）。

人们对一些原来为在普通家庭中使用而设计的实验包进行了改造，把它们用在了学校和大学的教学中。如 Fischer Technic 和 Lego。这些现代化的工具以彩色的塑料块为基础，装配以轮子、螺钉、齿轮、马达和传感器等，可以用电池驱动，并能很方便地连接到计算机上。这些模块性的工具可以在实验室中发挥重要作用，可以代替早期的器材（如 PSSC 实验车），可以通过更扩展的方式用在控制技术和机器人的模拟中。的确，这些原来为儿童在家中使用而设计的器材现在在高等教育活动中（如机械制造工程、教师教育）得到了有效的应用。在更高级的水平上，这些器材使我们可以在现代化的情境（如模件）中进行重要概念的教学，从而可以在中小学教授控制技术、专家系统之类的内容。

这种现代化的实验包有时是由学校以外的机构提供的，向学校提供租赁服务，用专门设计的运输车送到学校。比如，在英国，一家技术公司组织了一个装有控制技术教学器材的高速封闭车的车队，可以开到各个学校。博物馆机构基于其馆藏资源，提供小规模的展示材料服务，可以向学校短期租借。

自从 20 世纪 80 年代早期以来，世界范围内（如新加坡、旧金山、巴黎、布里斯托尔、堪培拉等）的交互性科学中心的出现反映了此领域的新发展。尽管这些中心在方法和领域上有很大差异，但它们都反映了人们在推进儿童和成人科技教育和改进学校教学方面的尝试。实质上，这些中心是展示科学学习资源包的地方，在那里也可以找到一些教育人员和辅助资料。随着这些资源在中心地点的累积，以往学校无法见到的一些高级的科学展示现在已经成为可能。有些最初以娱乐形式建立起来的展示场所（如迪斯尼乐园）扩展了实验包的概念，比如在学习像血液循环这样的内容时，可以利用计算机图像技术和飞机飞行模拟器把学习者放进模拟的血管中。

3. 趋势与问题

在杜威和皮亚杰的学习观点的影响下发展起来的动手活动将学校以外的器材带进了学校中，为学校中的科学课增加了实践活动。其中有些资源经过改进成了实验包，20 世纪 50～70 年代成了实验包的鼎盛时期。这一传统在模件工程化的系列用具中和以计算机为界面的设备中得到了延续。在 90 年代早期的主要发展方向是把一些科学学习器材集中到高质量的交互性中心里去，这里精心收集了很多复杂精密的仪器，大大超过了以前的水平。

随着认知学习观的发展，一个研究任务是探讨实验室、实验包、交互性中心和博物馆等在促进学生高质量的科学学习方面的作用。

E. 黑泽尔（E. Hazel）
M. 科斯格罗夫（M. Cosgrove） 著
张建伟 译

附录

Baker E 1985 Curriculum packages. In: Husén T, Postlethwaite T N (eds.) 1985 *International Encyclo-*

pedia of Education. Pergamon, Oxford

Boud D J, Dunn J G, Hegarty-Hazel E 1989 *Laboratory Teaching*, rev. edn. Open University/Society for Research in Higher Education and Nelson, London

Cree L, Rischmiller S 1989 *Science in Nursing*, 3rd edn. Saunders, Sydney

Cosgrove M, Osborne R 1983 *Electric Current—Developing Learners' Views*. Waikato Resource Centre, Hamilton

Edwards J, Power C 1990 Role of laboratory work in a national junior secondary science project: Australian Science Education Project (ASEP). In: Hegarty-Hazel E 1990b

Fensham P 1990 Practical work and the laboratory in science for all. In: Hegarty-Hazel E 1990b

Forret A M 1992 *A Study of the Learning and Teaching of Electronics in Junior Secondary Schools*. Faculty of Education, University of Waikato, Hamilton

Hegarty E H 1985 Science laboratory teaching. In: Husén T, Postlethwaite T N (eds.) 1985 *International Encyclopedia of Education*. Pergamon, Oxford

Hegarty-Hazel E 1987 Prior learning, challenges, and critical thinking in the laboratory. In: Cox K R, Ewan C E (eds.) 1987 *The Medical Teacher*, Vol. 2. Churchill-Livingstone, Edinburgh

Hegarty-Hazel E 1990a Learning technical skills in the student laboratory. In: Hegarty-Hazel E 1990b

Hegarty-Hazel E (ed.) 1990b *The Student Laboratory and the Science Curriculum*. Routledge, London

Prosser M T, Tamir P 1990 Developing and improving the role of computers in student laboratories. In: Hegarty-Hazel E 1990b

Steinberg M S 1985 Construction of causal models: Experimenting with capacitor-controlled transients as a means of promoting conceptual change. In: Duit R et al. (eds.) 1985 *Aspects of Understanding Electricity*. Proceedings of an International Workshop, 1984, Institut fur die Pedagogik der Naturwissenschaften, Kiel

Ziman J 1980 *Teaching and Learning about Science and Society*. Cambridge University Press, Cambridge

其他参考文献

Baird J R 1990 Metacognition, purposeful enquiry and conceptual change. In: Hegarty-Hazel E 1990b

Gunstone R F, Champagne A B 1990 Promoting conceptual change in the laboratory. In: Hegarty-Hazel E 1990b

Novak J D 1990 The interplay of theory and methodology. In: Hegarty-Hazel E 1990b

Smith G 1992 *The Middlesex Science and Technology Centre*. Middlesex Polytechnic, London

基于计算机的实验室与科学教育 (Microcomputer-based Laboratories and Science Education)

基于计算机的实验室(MBL)最早在20世纪70年代得到使用,当时,廷克(Tinker)及其同事为教育的目的开发了最早的界面。廷克作为一位先驱提出了"基于计算机的实验室"一词,指用于教育的实验室接口(Tinker 1991)。

基于计算机的实验室为科学教学和学习提供了一种技术环境,把计算机用作工具来实时采集数据、呈现数据、分析数据。MBL使学生可能在计算机的帮助下进行实验活动。教师可以用MBL进行课堂演示。

MBL的主要组成部分包括了一个监控用户与计算机之间通讯的软件包,另外也需要一些辅助的硬件:一个探测器(如用计算机来测量温度或距离)和计算机与探测器的通讯接口。多数MBL都是为科学教育中的特定主题而设计的,比如热力学、运动等。所开发的软件包可供多种MBL使用,它们通常设计成通用的工具,包括了电子表格和建模系统。但每一种特定的MBL都需要有专门的探测器。

1. 为什么在科学教育中使用MBL

实时采集数据的功能使MBL在科学教育中备受青睐,这主要是因为,当把MBL用在学生实验活动或课堂演示活动之中时,我们可以:(a)加快实验过程,以便在有限的教学时间内能重复实验;(b)提高测量的质量;(c)用不同的形式呈现数据,包括表格、统计图等;(d)快速地分析数据;(e)在数据采集过程中动态地显示变化情况,同时绘制出相应的统计图(Rogers 1987,Briotta et al. 1987)。

利用计算机采集、分析和呈现数据的一个好处是可以免去机械琐碎的实验工作,使学生可以集中关注其中隐含的原理规律(Thornton 1987,Tinker 1991)。

2. MBL 的使用

1989 年,国际教育成就评价协会(IEA)开展的关于计算机教育应用的研究对 19 个国家的教育系统中的计算机一般应用现状做了分析(Pelgrum and Plomp 1991),并专门分析了计算机在科学教育中的应用(Plomp and Voogt)。从这一研究来看,学校中的计算机数量有限,使用计算机进行教学的科学课教师数量有限,只有很少量的学校有实验室接口系统。使用计算机比例最高的是西德(26% 的高中,18% 的初中),之后是荷兰(高中和初中分别为 19% 和 16%)和美国(18% 和 7%)。鉴于除软件之外,MBL 还需要有辅助的硬件设备,这对很多学校来说是很昂贵的。因此,在 1989 年,学生对 MBL 的实际使用还很不普遍,或许只是局限于教师的课堂演示。但是,有迹象表明,教师已经把 MBL 看作是科学教育中的一种重要工具,这在美国依阿华州的初步调查中可以反映出来(Andre and Veldhuis 1991)。

3. 关于效果的研究

尽管在 20 世纪 80 年代末 MBL 在课堂中的实际使用仍然只是很个别的事情,MBL 在科学教育中的潜力却引起了研究者的兴趣。研究者认为,MBL 可以促进探究性学习,尤其是可以鼓励学生理解图形化的数据,可以促进学生对较困难的科学概念的理解,促进学生间的协作,激发和促进学生对研究问题的关注。MBL 应该能给科学教育带来诸多好处,尤其是在学生以小组形式使用 MBL 时,其效果更明显。在将 MBL 用于课堂演示方面,目前尚没有关于其效果的研究证据。

有一项关于 MBL 的范围广泛的长期研究是由林恩(Linn)及其同事完成的(最早在 1987 年发表)。在"计算机作为实验同伴"(CLP)课程中(Linn and Songer 1991),他们把 MBL 作为技术环境用在 8 年级(13 岁)的热力学学习中。为了促进学生对热力学概念的理解,他们对课程进行了成功的改造。结果,学生关于热力学知识的理解有了 2~4倍的增长效果。CLP 项目的研究中提出了前文所述的论断。下面将介绍该项目以及其他研究的有关结果。

3.1 *探究性学习与图形化数据的理解*

很多研究都关注科学探究的一个侧面,这就是对以图形方式呈现的结果的理解和解释。只有一些研究探讨了科学探究的其他侧面的问题。CLP 项目的研究结果表明,MBL 鼓励学生理解图形信息,因为它可以动态地显示出现象的变化。使用 MBL 的学生能够识别图形中的趋势,推论所呈现信息的意义。莫克罗斯和廷克(Mokros and Tinker 1987)也报告了与此一致的结果。他们认为,应该利用宝贵的课时教学生理解图形,而不必花很多时间教学生作图。而当前的教学则花很多时间教学生作图,只留很少的时间让学生理解和解释图形。

在 MBL 发展之初,人们对 MBL 在支持探究性学习方面的可能性抱有很高的期望,比如,促进学生生成假设,作预测,分析结果,学习像计划、检验和修改实验这样的程序技能等。CLP 项目表明,探究性学习并不能自动实现。需要教学生如何精确地观察,如何利用一次实验的结果来预测其他相关实验的结果。在大量使用 MBL 之后,学生能够辨认出不准确的图形,但只有在教学之后他们才能明白导致图形不准确的原因。斯特里利(Striley 1987)发现,学生在很大程度上关注于实验的实施,她建议应该把学生的注意力集中到探究活动的相关特征上,促使学生得出那些基本的科学概念的结论。

3.2 *理解科学概念*

为了利用 MBL 学习科学概念,必须把 MBL 整合到合适的课程材料中(Thornton and Sokoloff 1990)。CLP 项目明确关注科学概念的学习。在此项目中,通过提供关于热和冷的多种表征,学生形成了对热能和温度的深入理解。这表明,通过"实用主义模式"来形成对科学概念的整合性理解是有效的,因为这种方法不太抽象,可以很容易地与学生的实验联系起来。

3.3 学生之间的协作

CLP 项目的一个没有预料到的发现是学生之间的大量合作活动。研究表明,通过让学生合作撰写报告,让他们很容易地获得其他学生的数据(通过计算机屏幕),MBL 增加了学生之间相互提供反馈信息的机会。至今为止,研究者对这些反馈还不十分清楚。索卡罗夫和桑顿(Sokoloff and Thornton 1990)也报告了学生间的合作活动的增加。

3.4 动机与集中注意

众所周知,学生喜欢在科学课上使用计算机,对于 MBL 的使用也是如此(Findhammer et al. 1986)。而且,研究表明,学生在 MBL 情境中可以坚持工作,很少有走神的时间(Striley 1987, Findhammer et al. 1986)。

J. M. 沃格特(J. M. Voogt) 著

张建伟 译

附录

Andre T, Veldhuis G H 1991 Use of computers by physics and physical science teachers. *Journal of Computerbased Instruction* 18(4): 113—117

Briotta D A, Seligman P F, Smith P A, Spencer C D 1987 The appropriate use of microcomputers in undergraduate physics labs. *American Journal of Physics* 55 (10):891—897

Findhammer W J, Verkerk G, Heijeler R 1986 Het gebruik van een microcomputer bij het practicum natuurkunde. *Tijdschrift Didactiek β-wetenschappen* 4(3): 168—177

Linn M C, Songer N B 1991 Teaching thermodynamics to middle school students: What are appropriate cognitive demands? *J. Res. Sci. Teach.* 28(10):885—918

Mokros J R, Tinker R F 1987 The impact of microcomputer-based labs on children's ability to interpret graphs. *J. Res. Sci. Teach.* 24(4):369—383

Pelgrum W J, Plomp T 1991 *The Use of Computers in Education World Wide:—Results from the IEA Computers In Education Survey in 19 Educational Systems.* Pergamon Press, Oxford

Plomp T, Voogt J in press Using new technologies effectively. In: Fraser B, Walberg H (eds.) in press *Improving Science Education: What Do We Know?*

Rogers L T 1987 The computer-assisted laboratory. *Phys. Educ.* 22(4):219—224

Striley J S 1987 The computer as lab partner: Classroom experience gleaned from one year's microcomputerbased laboratory use. *Journal of Educational Technology Systems* 15(3):225—236

Thornton R K 1987 Tools for scientific thinking: Microcomputer-based laboratories for physics teaching. *Phys. Educ.* 22(4):230—238

Thornton R K, Sokoloff D R 1990 Learning motion concepts using real-time microcomputer-based laboratory tools. *American Journal of Physics* 58(9):858—867

Tinker B 1991 *Thinking about Science.* CEEB

其他参考文献

Journal of Computers in Mathematics and Science Teaching

教育中的多媒体系统(Multimedia Systems in Education)

多媒体系统是基于计算机的可以交互性地生成和呈现文本、图形、图像、音频、视频等数据的工具,它在教育中具有多种潜在作用。本词条讨论了这种技术的应用、优势、障碍和趋势。

1. 定义

"多媒体"一词在当前的教育技术领域频频使用,但它并不是个新词。早在 20 世纪 60 年代,人们曾用它指"对不同呈现设备分别呈现的媒体的组合”(Barker and Tucker 1990 P. 20),比如由印刷材料、幻灯片、录音带等构成的学习包。在20世纪90年代,这个词是指“一种由计算机驱动的交互性通讯系统,它可以生成、存储、传输和提取文本的、图形的和听觉形式的信息网络”(Gayeski 1992 P. 3)。

1.1 多媒体的历史

多媒体的技术先驱是电影、视频、计算机图形、电子数据库、基于计算机的教学和交互性视盘。基于计算机的教学(开始于20世纪70年代)与多媒体的一个主要差别是后者综合使用了声音和视频。在这些方面,多媒体系统与20世纪80年代的视盘/计算机系统类似,所不同的是在大多数的多媒体系统中,所有的声音和视频文件都是以数字式方式存储和呈现的,而视盘是模拟式媒体。另外,这些声音和视频文件通常是存储在计算机的硬盘或CD-ROM上,而不是外部的视盘播放机中。

多媒体的理念先驱是程序教学和模拟(两种教学技术均强调个别化、高度交互性和参与性学习)、百科全书和数据库(提供可以自由访问的数据)。多数的多媒体软件采用了若干种技术,从高度结构化的个别指导教学(与程序教学类似)到用户控制的开放的实验和模拟,综合了引导性探究和指导教学的方法。

2. 多媒体在教育中的作用

多媒体是教育者的灵活工具,它可以用来完成各种任务,包括:

(a)计算机生成的讲座辅助(投影呈现计算机文本、图像,能够随意访问和即时编辑,包括在某些情况下可以让学生投票,做出反应)。

(b)在线交流(利用计算机与诸如调制解调器、电话线或局域网这样的通讯设备支持信息发送和会议活动,其中包括呈现图形和活生生的视频信息)。

(c)数据库研究(通过对远程数据库的在线访问或使用内部的CD-ROM数据库来做研究活动,包括提取文本、图形、声音和视频信息)。

(d)超文本/超媒体(非线性、可以随机访问的参考资料,其中包括文本和图形信息,在超媒体中还包括视频和声音)。

(e)CBI(也称为基于计算机的培训或计算机辅助教学,这是交互性的个别指导教学程序,其中应用了文本和图形,在交互性视频中还有视频和声音)。

(f)模拟(模拟其他系统的模型,学生可以通过操作模拟软件来进行实际练习)。

(g)电子绩效支持系统(以计算机为基础的工作助手,比如术语集、地图集等,它可以通过提供建议、记忆辅助手段或示范模型来帮助用户完成日常任务)。

尽管多媒体系统的典型应用是个别化教学,但多媒体系统也可以很好地、方便地用在课堂情境中,支持讲授或辅助协作活动。比如,教师可以采用多媒体配以视频投影仪,或放置在投影仪上的液晶显示器,而不是一堆很不方便的录像带、电影、幻灯片、胶片和一块黑板。利用多媒体可以很容易地生成、编辑文字,为学生印发材料。而且可以随时方便地呈现静态图片、录音片段、图形和视频信息。

联网的多媒体计算机可以支持协作学习。比如,学生可以合作研究和共同撰写报告,利用局域网支持普通的数据库、文字处理器或桌面出版系统。实际上,用户不需要亲自出现在同一设备前:他们可以通过电话线发送数字化的数据,可以发送文本或实际参加不同站点之间进行的视频会议。这些技术构成了强大的远程教育系统的基础,这些远程教育系统可以为残疾学生或难以到传统大学中学习的成人学习者、继续教育或研究生教育提供教学内容和服务。

3. 多媒体的优势

传统的实际教学情境受制于时间(在过程上必须同步)和空间(各方必须聚集于一地)。传统的教学媒体,诸如印刷媒体、视频媒体、甚至教师本人,在带宽和为用户提供个别化反馈的能力上有一定的限制。多媒体系统可以很好地支持异步交流,提供了广泛的信息编码手段,允许用户选择步调、内容和信息传送方式,并提供了即时反馈和保持记录的手段(Gayeski 1993)。

很多研究表明,交互性媒体是达成教学目标的有效手段。许多研究发现,学生利用多媒体进行学习与传统方式相比同样有效或者更为有效,通常在教学时间上可以减少30%左右。研究常常发现，学生喜欢通过多媒体进行学习。利用多媒体，学生可以独立学习，可以接受与其需要和学习风格相适应的教学，这正是多媒体的内在魅力。

3.1 个别化教学

随着传统教育机构和企业培训领域中的学生群体的日益多元化，个别化教学成了一种更具吸引力的甚至是必要的教学方法。个别化的多媒体程序能够自动适应每个学生的水平、步调、学习风格、甚至语言。在向每个学生提供教学时无需在集中的地点组建班级。

3.2 整合性测验

学生可以直接完成测验，计算机可以同时进行记录和评分。比如，为美国一家计算机公司开发的关于新药品的计算机教学软件包含有掌握测验，其中需要受培训的销售代表实际运用关于销售技能和特定药品的知识。计算机会自动将他们的应答记录在磁盘中，其管理者可以对他们在这一教学情境中的表现进行评估分析。

3.3 主动的学习策略

一些新的教学方法鼓励学生成为主动的研究者和知识综合者，而不只是只能机械地记忆学习材料的重复者，教育者对这些方法越来越感兴趣。比如，美国梅森大学研制的原型多媒体课件包括了(a)探究方法教学：一个具有情境敏感性的教练，可以帮助学生发展研究技能；(b)制作控制台：给学生提供了一些工具，可以用来操纵数据库，创建自己的“行程”和日志；(c)引导旅行功能：提供了一个实例，说明如何对某组数据进行结构化的探究。在这些数据库中包含了大量的原始资料以及采自优秀教育节目的录像片段，像美国公共广播系列中的《国内战争》(Eddy 1992)。

3.4 仿真性模拟

借助完善的模拟软件和虚拟现实系统，学生可以替代性地探索真实的或虚构的“世界”，甚至操纵某个虚拟环境中的规则。在模拟中，这些丰富而逼真的经验在认知与情感方面均可得以体现，可以为学生提供各种情境下的实践。它们不是给学生提供一堆答案，而是鼓励学生通过发现和合作进行学习。这类应用的例子包括“中西部火警服务”(英国)火险控制视盘和CD-ROM软件(Powell et al. 1992)，英国铁路公司采用的关于列车驾驶的数字视频交互式模拟软件(Nowak 1992)，英国国家计算中心为苏格兰警察学院研制的关于拥挤控制策略的模拟软件，该模拟采用了网络化视盘技术(Eary 1992)。

3.5 对压缩存储数据的快速访问

大量的图书、许多的声音文件、成百的图片、甚至是录像片都可以存储在CD-ROM上。随着数据压缩和查询—提取技术的发展，通过桌面计算机所能有效访问的数据量正在扩展。这个方面的一个例子是米兰大学教学电视中心制作的关于人体解剖和珍惜海生动物的多媒体CD-ROM系统。一些资源原来只能在个别收藏馆和图书馆中见到，现在则可以很便宜地复制，可以在教室和家中使用。比如，像《康普顿(Ccmpton)多媒体百科全书》这一类的产品包括了上千页的文字，配以大量的图片和声音文件。用户可以通过多种方法查找关于某主题的内容，包括关键词查找、历史时间线、地图或在某个博物馆中对某个“展室”的探索。随着学生们对通过电视等视觉媒体进行学习的习惯化，也由于教育者需要利用除文本以外的手段向阅读技能低的学生提供信息，图形、视频和声音在教育中的应用变得越来越适宜，越来越广泛。

4. 障碍

鉴于多媒体系统的灵活性和内在吸引力，人们预计它将在教育和产业培训中得到广泛的应用，尤其是在硬件系统的价格降低、软件也容易得到的情况下。但是，很多统计表明，作为多媒体的前身的基于计算机的教学和交互视盘并没有得到广泛采用，或者说并没有如10年前人们所预期的那样迅速扩展。尽管很多组织采用了基于计算机的教学，但其中大多是对计算机技能的个别指导教学，比如文字处理教学。交互视盘的应用在1986~1990年间基本没有扩展，在美国只有15%的组织在培训中应用了交互视盘(Geber 1990)。1988年，一项研究对美国40项用于教育和培训的重要交互视盘项目的长期效果做了调查，发现只有不到一半的受调查者在继续使用这些软件，或者在继续制作此类软件(Gayeski and Williams 1989)。

尽管很多学校中已经安装了计算机,但目前还不足够让每个学生使用,也没有足够的软件来教授课程中的某个主要模块。很多机构为了尝试这种技术而制作或购买了一些软件,但很少有机构把它用作主要的教育媒体。

为什么这些交互性教学技术未能得到广泛实施呢? 下面可能是一些主要的障碍。

4.1 设计低劣

即便人们应用了交互性多媒体,也常常未能充分发挥其作用。据此领域的大多数研究者看来,很多软件都是关于计算机软件的传统的个别指导教学,"电子闪现卡",或者是存储在庞大硬件上的不便于使用的百科全书。只有为数不多的开发者熟知这种技术的复杂的、多侧面的功能特性。

4.2 缺乏硬件标准

多媒体应用中的一个最大的缺陷是缺乏硬件标准,这从20世纪80年代早期以来就困扰着交互视频市场。一项关于视盘市场的研究表明,在1987年有22种视盘播放机、73种控制设备、69种触摸屏、70种著作软件、43种集成性系统,多数产品彼此之间互不兼容(Miller 1987)。从那时起,情况并没有什么好转。事实上,数字视频和支持视频的CD-ROM系统的产生导致了上百种新系统的出现。现在还没有标准的多媒体平台,尽管一些大的多媒体软件公司(如微软、Tandy)和行业协会(如交互性多媒体联盟)正在为此目标而努力。在20世纪90年代早期,CD-I、DVI、苹果QuickTime以及MPC等技术互相竞争市场份额,试图成为事实上的标准,但更清晰的标准还有待出现。

4.3 教育传统

几十年以来,教育的典型方式总是一个教师向一群学生授课,按照学生在各门课中所花的时间授予学分。多媒体系统向这一传统提出了挑战,摆脱了以教师为中心和以时间为中心的教育和认证方式。很多多媒体的倡导者们预计,教师将成为多媒体的制作者和教练。但是,这种情形还并没有实现,比如教师还没有在很大程度上成为录像的制作者。除非有可以很容易地得到和很容易地使用的视频系统和功能强大而又便宜的软件,否则,视频就很难在教育和企业培训中流行。

另外,很多教师不具备设计和制作交互媒体的技能,没有制作高质量课件所需要的大量时间和设备,而且通常也不能像更传统的工作(如管理学生俱乐部或发表研究性文章)那样,因为制作交互性课程而得到奖励或回报。

4.4 成本

多媒体系统的制作和发行费用都很昂贵。在学校和企业培训都面临经济压力的时代,往往很难找到经费来提供足够的多媒体系统,以便对教学实践产生有效的影响。目前,在多媒体开发系统和多媒体播放系统的开支之间存在一种此涨彼消的交易关系。比如,在1992年,一套CD-I的制作系统(含硬件和软件)大约800美元。一套基于Macintosh或MS-DOS的交互视频系统著作工具在20世纪90年代初大约1万美元,课件大约20万美元,而播放系统大约5 000美元。

尽管像CD-I这样的播放设备并不贵,但教师无法利用这种平台改造或创建课件。而更灵活的平台十分昂贵,学校无力承受。面向中小学和大学的课件由于发行量有限而价格不菲。在1992年,一般的教育或企业培训视盘/计算机课件包大约500~3 500美元不等。但像百科全书和教育游戏这样的面向用户的多媒体软件则可以便宜到50美元左右。

4.5 制作材料所需的时间

尽管很多多媒体演示软件都很吸引人,但这些软件的制作都需要大量的资源。一些大的项目,像美国IBM的Ulysses和Columbus多媒体软件、英国的Domesday项目,都要用几年的时间来完成,预算超过10亿美元。有经验的开发者制作简单的交互性教学软件的基本标准是,用200小时开发1小时的教学内容。显然,这对个体教师是不可能的,除非有专门的项目。由于缺乏硬件的标准,出版机构并不乐意资助一般性课件的制作,这种课件可能对问题提供了一个解决方案,但却需要大量的时间和预算。在企业培训中,由于培训需求的特定性,开发一般性培训资源常常是不可能的,等到开发出了多媒体软件,内容已经过时了。

4.6 取代人际交互

多彩的三维图像、数字化视频和生动的声音，这些都魅力无限，但多媒体软件能像人那样灵活、有力和有效吗？很多教师、学生和教育软件开发者担心多媒体系统会取消人际交互。显然，一种重要的教育目标是促进学生沟通合作技能的发展，但这在现有的交互性多媒体课程中几乎没有加以训练。与此相关的另一个问题是人们的定势，只把交互性媒体看作是个别化教学的工具，而不是把它看作是既可以支持传统课堂中教师主导的教学、也可以支持协作学习的工具。

5. 值得注意的应用

自20世纪80年代早期以来，世界范围内对于交互性媒体在学校和企业培训中的应用做了许多努力。政府的项目在一定程度上支持了硬件的购置。比如，英国政府为每个学校购买的第一台计算机支付一半的费用，法国中央政府负责支付硬件和软件开发的费用，荷兰中央政府为每所中学提供11台计算机和相应的软件（这个政策后来推及小学之中）。像IBM、苹果、Tandy等硬件商也向学校捐赠了设备，作为示范点。目前，在发达国家的多数学校都有了计算机，但多数学校的设备都不足以支持多媒体课件的运行，也不足以支持大量课程的多媒体教学。

英国的Domesday项目是最早的大规模的交互性媒体教育项目之一。它在一系列的视盘上制作了关于英国历史与文化的内容，其中有各种照片、地图、文本、访谈等。这个为期两年的项目耗资25亿英镑，开发群体有60人。不幸的是，这套视盘并没有得到广泛使用，这大大出乎开发者所料，但它的确提高了教育人士对交互视盘的关注（Bradley 1986）。

在当前实际使用的为数不多的公开出版的多媒体课程中，有一部分是由得克萨斯学习技术集团研制的，他们关于科学的视盘被美国的若干州用作官方指定的“课本”。该集团的方法是制作主要供教师用作资源的材料，而不是孤立的需要在个别计算机上运行的教学软件。一些大学也在（通过合作）销售大学水平的多媒体课程，主要是关于科学和心理学的。

多媒体流行的另一个领域是外语教学。比如，卡尔加里大学的VI—CONTE项目制作了一套视盘，用以在法裔加拿大文化背景中教授法语作为第二语言。它首先讲一个故事，没有任何词语的讲解，然后逐渐引入语言。其中包括关于蒙特利尔和魁北克市的幻灯片、照片和油画，也有传统的传奇故事。配有两种解说，一种是标准的法语，另一种是有地方口音的魁北克口语。在美国，伯明翰大学研制了类似的语言类多媒体教程，依阿华大学研制了三语视盘，法语学校系统在应用多媒体方法教中学外语。

企业界为多媒体教学材料的开发提供了而且在继续提供一定的推动力和资金。美国的一些试图建立新的教育模式的公司，如“教室2000”、“艾迪森（Edison）项目”，正在将多媒体用作其课程的主要材料。企业培训在应用多媒体教学上发展更快，因为企业需要以个别化和分散性的方式为员工提供信息。

很多新的教学系统都是由大学和产业界合作开发的。比如，在荷兰，陶滕（Twente）大学教育系和AKZO Hengelo公司合作开发了一个关于化工生产的多媒体模拟软件（Min et al. 1991）。挪威冶金业联盟、Agder工程学院和一些挪威的职业学校也开发了类似的关于冶金的模拟软件（Gonzalez 1991）。

为了促进多媒体课件的广泛而快速的制作，人们开发了很多著作系统。最早，为Apple II计算机开发的SupperFILOT语言使对交互视盘和视盘播放机的控制更为容易了。之后出现了很多这一类的著作软件产品，包括HyperCard，一种为Macintosh计算机开发的简便的超媒体工具。更近期的工具包括陶腾大学开发的Inigo著作系统（Bruggencate and Laagland 1991），面向微软Windows环境，支持图形用户界面和多窗口操作，可以包含视频，并可以在不同窗口之间交换数据。其他的基于Windows的著作环境包括Toolbook和Authorware。

6. 未来的发展

正如贝克尔和塔克（Barker and Tucker 1990

P. 24)指出的,“老一代”的交互媒体很昂贵,是模拟媒体与数字计算机技术的复杂组合,需组合复杂的硬件和个别指导型教学课件;现在这种老的交互媒体正在向新一代的“交互式多媒体”发展,这种技术开支更小,面向学习者,完全数字化,高度集成。在未来,可能会有更少数量的、更标准化的硬件系统,会由出版商大批量生成课件,并更强调学生的协作、高级思维和分析技能的发展。学校课堂可能不会变成一组单个的工作站,但将会有更多的企业培训和绩效支持借助于计算机实现,课堂讲课工具也将会更多地形成以基于计算机的产品和展示工具为中心的形式。

D. 加伊斯基(D. Gayeski) 著
张建伟 译

附录

Barker J, Tucker R N (eds.) 1990 *The Interactive Learning Revolution: Multimedia in Education and Training*. Kogan Page, London

Bradley R 1986 Domesday 1986. University of London Audio-visual Centre, London. Videodisk newsletter

Bruggencate G C, Laagland E F 1991 Inigo, a new authoring system. *Proceedings of the 33rd Int. ADCIS Conference*. St. Louis, Missouri

Dede C 1992 The future of multimedia: Bridging to virtual worlds. *Educ. Technol.* 32(5):54—60

Eary J 1992 Networked interactive video for group training. *Interactive Learning International 8* (2): 105—107

Gayeski D 1992 Making sense of multimedia. *Educ. Technol.* 32(5):9—13

Gayeski D 1993 *Corporate Communications Management: The Renaissance Communicator in Information-age Organizations*. Focal Press, Stoneham, Massachusetts

Gayeski D, Williams D V 1989 Videodisk and the ‘teflon’ factor: does it stick? *Videodisc Monitor* June: *22—26*

Geber B 1990 Interactive video. *Training* 64

Gonzalez J 1991 Simulation of metallurgical processes. In: *Proceedings of the 4th International Conference on Computer and Video in Corporate Training*. Istituto Dalle Molle di Metodologie Interdisciplinari, Lugano, pp. 115—120

Miller R 1987 *Compatibility of Interactive Videodisk Systems*. Future Systems, Falls Church, Virginia

Min F B, van Schaick P G, Reimerink B, Maijling M R 1991 Computer simulation with hypermedia for training operators in chemical industry. In: *Proc. 4th Int. Conf. Computer and Video in Corporate Training*. Istituto Dalle Molle di Metodologie Interdisciplinari, Lugano, pp. 143—146

Nowak S 1992 Developing a train driving simulator. *Interactive Learning International* (8)2:145—148

Powell J et al. 1992 Fire play: ICCARUS. *Interactive Learning International* (8)2:109—126

其他参考文献

Schwier R 1987 *Interactive Video*. Educational Technology Publications, Englewood Cliffs, New Jersey

Tucker R N (ed.) 1989 *Interactive Media: The Human Issues*. Kogan Page, London

印刷材料的教育应用(Printed Materials in Education)

印刷材料在教育中的关键作用是不言而喻的。然而发展中国家和一些发达国家却普遍面临书籍短缺问题。比如,伦敦大学教育研究所的新大楼并没有提供新图书馆的空间。在很多发展中国家,教科书的开支只占了整个教育预算的1% ~2%,但近年来还在进一步削减,以补充教师的工资。与此类似,英国政府有关中小学图书和大学图书馆藏书的基金一直连年不足。而世界银行认为,课本供给是发展中国家投资效益最高的提高教育质量的投资(Loackheed and Verspoor 1990)。

1. 印刷材料的不同种类

印刷材料在物理形式上互不相同,但通常都是印在纸张上的。其中要考虑经济和耐用期限的问题，这在教育领域中非常重要。有时人们也用塑料来印刷不易毁坏的书籍，比如，为携带供氧设备的潜水员研究海底植物和动物群落而印制的书籍。由于成本的原因，普通教育中一般不这样做，而且教育中的材料必须不断更新，不需要非常高的耐久性。酸性纸的使用会大大降低印刷材料的寿命，这给包括教育机构在内的文档收藏部门带来了危机和威胁。因此，人们开始采用永久性的无酸纸张，而不是采用替代纸的媒体。

印刷材料可以装订成书，也可以做成小册子，或者折或者不折地单页呈现。不装订的印刷材料在小学教育中更普遍，这与它们的作用有关。装订成书的印刷材料便于对某学科的全面系统学习，有利于学习技能（前后对照、使用索引、回顾内容列表等）的使用和发展。高等或继续教育中的学生已经具备了这些学习技能，更低年级的学生需要学习这些技能。

印刷材料的不同种类是与教育阶段、学习内容的性质、购买资金额度等因素密切相关的。各门课程需要很多种印刷材料：文献、参考书、地图、工作单与工作卡片、资源集和专题性书籍等。但在多数学科中，课本被看作是最重要的材料，在发展中国家，各学科的课本可能是唯一的可供使用的材料。有些印刷材料针对的是特定的学科内容，比如科学课的实验手册、写作课的工作书、历史或文学课中的档案材料、科学课上的图表等。对印刷材料寿命的要求在一定程度上决定了装订风格：硬皮装订适于长期使用，软皮线装适于中等的寿命，而“精致”（非线装）的书保存期较短。

这些印刷材料的物理差别也关系到购买者的购买力。如果某本书针对的是十多岁的学生，而不是成年人或图书馆，出版商会选择便宜些的制作标准。这会导致便宜的装订方法、便宜的不太耐久的纸张（如新闻纸）、更少的插图、更少的印刷颜色。各种不同的软皮书有不同的成本、工艺条件和耐久性。它们可以采用便宜的装订，如印刷量很大的面向巨大市场的平装本，通常超过 10 万册，但会因为不小心的处理而更快地零落。软皮书可以线装或钉装，这比非线装的书造价更高，但可以少量印刷，保持更高的耐久性。面向小学教育的软皮书几乎都是线装或钉装的，因为这些年幼的学生拿书时不够小心，非线装的书难以保持足够的耐久性。

针对小学生的印刷材料的一个特点是多数的文本都配有图。随着年级的增高，插图逐渐变少。常见的类型诸如针对团体活动的闪卡、挂图、阅读卡，针对个别活动的图画书，可供消耗的工作书、活动书、课本等。消耗性的印刷材料只能供一个儿童使用，通常比非消耗性的书成本更低。在小学阶段的阅读学习书、兴趣阅读书、特定学科的书、专题性书籍、补充读物、参考书（如词典、百科全书）通常都是硬皮的，而不是更便宜不耐久的软皮书。教师的材料包括与学生课本配套的教学用书和有关相应学科的教学方法的书。

在中学教育中，学科课本成了更主导的印刷材料。课本系统地覆盖了某个教学大纲、某个阶段或某领域的内容，供班级整体使用，因此通常需要足够整个班级使用的课本。除了课本之外，各种参考文献和参考书、专题性书籍、资源集以及地图等都是很重要的。学校图书馆对学科学习来说具有更核心的意义，学生需要到这里查询各种出版物，包括报纸和杂志。

在中学后教育中，课本和图书馆资源（公共图书馆或机构性图书馆）也很重要，此外，程序化的学习书和自学出版物也变得更重要了。这样做是因为学生通常对学科知识的学习具有较强的动机，也是为了克服专业教师的缺乏问题（如在远程教育中），或者为了加速学生的学习。

在高等教育中，杂志、期刊或系列丛书对教育来说显得很重要，因为杂志的出版周期和多作者的特点便于对学科内容的更新，可以把研究结果迅速地传播开。关于某一个特定学科主题的专著、研究论文也得到了和课本一样多的使用，它们在更低的教育阶段上不占有如此中心的地位。在这个教育阶段上，图书馆收藏的印刷材料具有至关重要的意义，因为所需要的很多书籍和杂志往往都很贵，超出了学生的购买力。能否买得起，这在很多国家都是个问题。只是为一时参考的印刷材料没有必要个人占有，而图书馆是唯一的应该收藏这些印刷材料的机构。

2. 印刷材料在教育中的功能

“阅读是学习的关键，书是阅读的关键。”(Marland 1992)书被认为是可以通过多种方法使用的、可随身携带的数据库，配有各种查询和索引机制，具有信息和消遣的功能(Scottish Arts Council 1989)。

书可以具备这些功能特性，但教师制作的教案或分发材料不具备这些功能。书在出版过程中经过了编辑、设计、配插图，是一种完成的产品，而教案或分发材料是较粗的材料。另外，教案或分发材料限制学生只能接触某个单一来源的信息，而各种图书则提供了扩展阅读、比较、权衡证据、思考各种观点和做出判断的机会。印刷材料的一个功能是促进了分析性思维。

书的短缺使得学生只能靠记笔记学习，这极大地影响了学习的质量。一项研究对22个低收入国家的教科书供给做了分析，发现这些国家的平均学生—课本比分别是8:1(卢旺达)、9:1(中非共和国)、2:1(塞拉利昂)、22:1(坦桑尼亚)、2:1或3:1(巴布亚新几内亚的城市和乡村)(Paxman et al. 1989)。在英国，面向学生班级和图书馆的书籍供给也不充分。其中一个问题是教育当局缺少所认可的最低标准，而在某些学科(如中学科学)中，人们更倾向于买设备，胜于买书，即便人们都知道读书是学生理解知识的关键(Davies 1986)。在14所非洲大学中，图书馆的藏书量低于平均每个学生25本，而美国的学院和大学的图书馆平均藏书量可达每个学生78本(Saint 1992)。在英国国会的下议院，曾经有一份早期的提案指出，“各大学图书馆购书量仅为每年每个学生一本半书”，“早先的专科学校的图书馆情况更糟”。

兴趣性阅读和自愿阅读对儿童的个人发展而言具有重要意义，无论是就阅读材料的内容而言，还是就阅读能力发展和语言掌握而言。为了广泛地阅读，他们在学校和校外都需要各种小说或非小说类的书籍。在1980年，斐济实施了“书潮”项目，旨在澄清阅读儿童故事读物对于乡村小学生提高英语水平的作用。结果显示，那些接收了250本故事书的班级在阅读理解上的进步率上两倍于目标水平，在听力理解、英语结构、口语句子复述方面都有显著的效果，在其他方面也有临近显著的效果。对故事书的广泛接触和使用促进了语言的发展。该项目还提出了更好的英语教学模式，以应对英语都不是母语的教师的素质不足的问题(Elley and Mangubhai 1981)。

在世界范围内，课本是教育中最重要的印刷材料，它是作为信息来源，而非替代教师。如果对比有和没有课本的影响，我们就会清楚地看到它的作用。在世界银行资助的“菲律宾教科书项目”中，研究者改变了小学和中学的学生—课本比，从10:1到1977年的2:1。结果在成绩测验上，小学1年级菲律宾语，1～2年级的数学和科学的成绩都有显著的提高。课本对于贫困家庭的学生来说具有更为重要的作用。课本对于学习成绩的影响在工业化国家和发展中国家有相当大的不同。另外，在发展中国家，课本往往是在学校中实施各门课程的唯一途径。由于认识到课本对于提高发展中国家的学生成绩的作用，世界银行已经增加了对教学材料的资助力度。直到1983年以前，世界银行的教育项目中几乎半数的项目都有关于课本的内容(Searle 1984)，到1991年为止，有65%的教育项目都有关于图书/杂志的投资。

在说到小学教育中的教学材料时，洛克希德和韦斯波尔(Lockheed and Verspoor 1990)认为，它们是学习中的关键要素，没有教材就很难实施相应的课程。教材提供了教学信息，按照范围和顺序呈现它们，以及提供针对所学内容的促进性练习。课本是最最重要的教学材料，因为它承载了课程。只要学生—课本比达到了满意的程度，学生的成绩就能得以促进，教师可以把更多的时间用在教学活动上，而不是花费相当多的时间把信息和练习题从书上抄到黑板上。

教师用书在促进学生的成绩上也应该扮演重要角色，也有利于对课本的充分利用。教师用书可以提供使用和阅读课本的不同方法，可以补充教师在某些学科内容上的知识。在发达国家，教师用书还有另一项功能，研究表明，教师只接受在教师用书中见到的教育革新成果(Brunswic et al. 1991)。在发展中国家，教师用书的作用甚至可以超过学生的课本，但还没有关于教师用书对学生成绩的影响的定量研究。

学校图书馆中的各种印刷材料能够支持课程的实施，可供学生选择某些书进行兴趣性阅读或为获取某方面的信息而阅读，在此过程中可以发展和保持学生的读写能力，另外图书馆也有助于发展学生的文献技能。小学的图书馆藏书主要是为了鼓励兴趣性阅读和强化阅读技能。中学图书馆还有助于学生增进对学科内容的理解和学习能力。学生可以更多地为自己的学习负责，教师对信息的控制减少了。坦桑尼亚在规划其国家图书馆服务时希望它能够支持教育系统、终身教育和大众识字运动（Ilomo 1983）。

在大学教育（中学后教育）的图书馆中的印刷材料——包括专著、课本、参考文献、专业期刊、杂志——提供了有关的信息和原始资源，可以促进探索和研究活动。专业期刊在高等教育中尤其受到关注，它可以让学生了解学术性知识，进行批判性讨论。除了作为图书馆的一个成分之外，学术期刊也是国际学术界的交流媒介。

印刷材料中的一个特例是文学书，这种书本身就是这个学科的内容，而且所有内容都是以文字表现的。尽管有可能把这些文本存储在计算机磁盘上，但书的便携性、低成本、无需维护和便于快速阅读的特性使得这种印刷媒体在教育中具有了独特的优势。

3. 潜力与局限

印刷材料的上述功能必须在满足一定条件时才能实现。读者必须有接触这些材料的机会，材料的目标和内容质量必须适合特定的读者。

我们应该共同确定一个教育领域中印刷材料供给数量的最低标准，并付诸实施。这在教育领域中并不是一个单纯的问题，而是涉及支付能力的问题。如果没有花费的问题，达到最低的供给数量标准就不成问题了。印刷材料供给的基本要求或最低标准在一定程度上会因国家、材料类型、教育阶段而异。在发展中国家，研究发现，在小学低年级学生中，共用一本课本的学生和每人有一本课本的学生在学习成绩上并没有差别。参考书、阅读书、资源性和专题性书籍若干学生共享一册就够了，因为并非全体学生需要在同一时间看某一本书（一个特殊情况是让学生在课上练习查词典）。在更高的年级，学生需要有自己的课本。有些国家试图实现每个学生有一套课本，但可能会有支付能力的问题。那些非核心课程的印刷材料可以更经济些，比如可以只需教师有教师用书，不需要学生课本。

不管学生课本的最低数量是怎样的，图书馆收藏的印刷材料的最低标准是个有争议的问题。图书馆协会国际联盟确定的学校图书馆的起码藏书标准是每个学生 12 册。与此不同，牙买加教育部在 1992 年规划初中学校图书馆时确定的标准是每个学生 3 册，另外再配备一定的参考资料。

在争论图书和杂志的最低供给标准的基础上，人们进而开始讨论材料供给的理想水平，在这方面存在巨大的差异。比如，到 1992 年为止，冈比亚在小学阶段只有 1/4 的学科配有简单的工作书。布基纳法索的目标是每种核心课程都配课本。而在中国香港地区，仅小学英语课程本身就要求有 2 本学生课本、活动书、录音带、补充读物、挂图、闪现卡片、参阅书籍和教师的教案。从简单的学生课本到一套极其丰富的材料，这是一个连续体，我们应该在这个连续体上确定一个理想的材料组合水平，它可以使学生在学习成绩上达到最佳效果，但又不至于多余。理想的材料组合会因国家而异，因为它需要有相应水平和质量的教师职前培训和在职培训，需要教师有足够的教学时间，需要学校、学生父母、国家有相应的支付能力，需要有相应的教室设施条件。如果教师没有有效使用这些材料的能力、时间和态度，极其丰富的材料组合可能并不是最理想的。

印刷材料不能实现它们所能和所应实现的功能的另一个原因是材料的目标不适合于读者。科佩等人（Cope et al. 1989）对于 15 个发展中国家的研究发现，这些国家为小学生编写的阅读和数学书的目标太高。毫无疑问，一部分原因是因为他们的课程体系的目标也不合适，而这些书是为这些课程编写的。这为教材的编写指出了一个重要原则：教材的作者应该不同于课程大纲的作者。这不仅是因为这两项工作要求有不同的技能，而且，如果编写课程大纲的人同时编写教材，那就失去了校正错误（如目标不当）的机会，失去了客观批评的机会。

大量经验让教育学家充分认识到,这两种编写任务必须分开(Brunswic et al. 1991)。如果出版机构能够很好地完成其工作,出版经过认真研究、测试、编辑、配图和设计的学校用书,那么这种“意图”中的课程和“实施”中的课程的区分将是很有益的。为此,出版机构需要有受过良好教育、培训的有经验的出版工作人员,需要有一个有利于教学材料开发的法律、财务和商业环境。最后,在开发和提供印刷材料的过程中所涉及的相互关联的各方(作者、出版社、教育和财政部、教师、图书馆等)需要很好地协调配合。否则,对于印刷材料在教育中的作用的高度认识可能会导致材料开发无果而终,尽管其愿望很好。比如,在斐济,教育部主管教材出版的部门认识到了图书馆藏书在学校教育中的重要性。但不幸的是,一些教师和学校并不认为阅读书、参考文献、补充性书籍等具有和教材一样的重要性,并没有做出任何努力让学生在学校中能接触这些材料。于是,为了克服这一问题,教材出版商试图把这些图书馆资料(包括阅读短文、背景信息、各种活动)放进容纳教学内容的课本中。课本变得很厚,也比简洁的课本本身成本高了很多,这使得许多学校和家长感到课本太贵了。于是,某些学校不仅无力购买图书馆资源,也无力购买课本了。

由此得到的教训是,不要混淆印刷材料的不同功能,而试图发明全能的教育材料。如果不能解决好一些潜在的问题,比如教师的态度、教师培训、政府资助等,教育材料就无法充分发挥其教育作用。

C. 丹宁(C. Denning)
A. 里德(A. Read) 著

张建伟 译

附录

Brunswic E, Hajjar H, Valerien J 1991 *Seminar on the Development of School Textbooks and Teaching Materials: Report of an IIEP Seminar, Paris, 27—30 November, 1990*. International Institute for Educational Planning, Paris

Cope J, Denning C, Ribeiro L 1989 *Content Analysis of Reading and Mathematics Textbooks in 15 Developing Countries*. PHREE/World Bank, Washington, DC

Davies F 1986 *Books in the School Curriculum*. Educational Publishers Council/National Book League, London

Elley W B, Mangubhai F 1981 *The Impact of a Book Flood in Fiji Primary Schools*. New Zealand Council for Educational Research, Wellington

Ilomo C S 1983 Practice, experience and lessons of library development planning in Tanzania. In: Parker J S (ed.) 1983 *Aspects of Library Development Planning*. Mansell, London

Lockheed M E, Verspoor A M 1990 *Improving Primary Education in Developing Countries: A Review of Policy Options*. World Bank, Washington, DC

Marland M 1992 *Books in Schools*. Book Trust Report No. 1 Book Trust, London

Paxman B, Denning C, Read A 1989 *Analysis of Research on Textbook Availability and Quality in Developing Countries*. PHREE 89/20 World Bank, Washington, DC

Saint W S 1992 *Universities in Africa: Strategies for Stabillization and Revitalization*. World Bank Technical Paper No. 194; World Bank, Washington, DC

Scottish Arts Council 1989 *Readership Report*. Scottish Arts Council, Edinburgh

Searle B 1984 *General Operational Review of Textbooks*. World Bank, Washington, DC

其他参考文献

Altbach P G (ed.) 1992 *Publishing and Development in the Third World*. Vistaar Publications, New Delhi

Altbach P G, Kelly G P, Petrie H G, Weis L (eds.) 1991 *Textbooks in American Society: Politics, Policy, and Pedagogy*. State University of New York Press, Albany, New York

Buchan A, Denning C, Read T 1991 *African Book Sector Studies: Summary Report*. World Bank, Washington, DC

Denning C 1990 *But Would the Books Be Good Enough Anyway?* Institute of Education, Department of International and Comparative Education, London

Farrell J P, Heyneman S P (eds.) 1989 *Textbooks in the Developing World: Economic and Educational Choices.* World Bank, Washington, DC

Fuller B 1985 *Raising School Quality in Developing Countries: What Investments Boost Learning?* EDTT/World Bank, Washington, DC

Parker J S (ed.) 1983 *Aspects of Library Development Planning.* Mansell, London

Richaudeau F 1980 *Conception et Production des Manuels Scolaires.* UNESCO, Paris

《教育大百科全书》专题名录及英文版主编

教育管理	主编	美国宾夕法尼亚大学教育学院　W. L. 博伊德(W L Boyd)教授
教育政策与规划	主编	加拿大安大略教育研究院国际教育和发展教育中心主任 J. P. 法雷利(J P Farrell)教授
教育评价	主编	美国伊利诺伊大学　H. J. 沃尔博格(H J Walberg)教授
教育人类学	主编	美国加利福尼亚大学伯克利分校　J. U. 奥布(J U Ogbu)教授
教育哲学	主编	美国斯坦福大学　D. C. 菲利普斯(D C Phillips)教授
教育社会学	主编	澳大利亚国立大学　L. J. 萨哈(L J Saha)教授
女性与教育	主编	澳大利亚墨尔本大学教育研究院 G. 拉可姆斯基(G Lakomski)教授
教育史	主编	瑞典斯德哥尔摩大学国际教育研究所 S. 马克隆德(S Marklund)教授
教育心理学	主编	比利时卢汶大学教育心理学和教育技术中心 E. 德・科尔特(E De Corte)教授
人的发展	主编	德国马克斯・普朗克心理学研究所主任 F. E. 韦纳特(F E Weinert)教授
特殊需要儿童教育	主编	美国坦普尔大学教育研究中心　M. C. 王(M C Wang)教授
学前教育	主编	美国伊利诺伊大学初级教育和儿童早期教育中心主任 L. G. 卡茨(L G Katz)教授
成人教育(上、下)	主编	荷兰图文特大学　A. 图季曼(A Tuijnman)教授
职业技术教育	主编	英国爱丁堡大学　K. 金(K King)教授
各国(地区)教育制度(上、下)	主编	德国汉堡大学　T. N. 波斯尔斯韦特(T N Postlethwaite)教授
比较教育与国际教育	主编	美国匹兹堡大学教育学院　D. 亚当斯(D Adams)教授
课程	主编	以色列特拉维夫大学　A. 莱维(A Lewy)教授
教育技术	主编	荷兰图文特大学　T. 普洛波(T Plomp)教授 美国锡拉丘兹大学教育学院　D. P. 埃利(D P Ely)教授
教学	主编	美国南加州大学　L. W. 安德森(L W Anderson)教授
教师教育	主编	美国南加州大学　L. W. 安德森(L W Anderson)教授
教育研究方法(上、下)	主编	澳大利亚富林德斯大学　J. P. 基夫斯(J P Keeves)教授
教育经济学	主编	美国斯坦福大学　M. 卡诺伊(M Carnoy)教授 美国斯坦福大学　H. M. 莱文(H M Levin)教授

《教育大百科全书》
《教育技术》翻译、译审及编辑工作人员

翻译及译审人员

刘美凤　宋继华　王周秀　王春蕾　王雅杰　李国玉　李海霞

李婧妍　武法提　张建伟　杨琰华　徐恩芹

编辑人员

卢　旭　任志林　任建成　刘　平　刘江华　刘春卉　吴兆理

宋建勋　宋艳先　张红芳　张金花　张渝佳　李　红　李　玲

李远毅　李智勇　周安平　杨　萍　杨光明　郑持军　秦　路

黄　璜　曾　艳　程　晋　程　鹏　蓝　菊　满福玺　廖　伟

熊远梅